Magna Carta

Ein Kommentar zur Großen Charta von König John; Mit einer historischen Einführung

William Sharp McKechnie

Writat

Diese Ausgabe erschien im Jahr 2023

ISBN: 9789359255842

Herausgegeben von
Writat
E-Mail: info@writat.com

Inhalt

VORWORT ....- 1 -

HISTORISCHE EINFÜHRUNG. ....- 4 -

TEIL I. EREIGNISSE, DIE ZU MAGNA CARTA FÜHREN. .- 5 -

I. Wilhelm I. bis Heinrich II. – Hauptproblem: die Monarchie. .- 8 -

II. Wilhelm I. bis Heinrich II. – Problem der Kommunalverwaltung. ....- 16 -

III. Wilhelm I. bis Heinrich II. – Problem von Kirche und Staat. ....- 20 -

IV. Richard I. und John. ....- 23 -

V. Die Jahre der Krise, 1213–15. ....- 31 -

VI. Runnymede und danach. ....- 39 -

TEIL II. FEUDALE BESCHWERDEN UND MAGNA CARTA. - 54 -

I. Die unmittelbaren Ursachen der Krise. ....- 55 -

II. Die Krone und die feudalen Verpflichtungen. ....- 61 -

III. Königliche Gerechtigkeit und Feudaljustiz. ....- 88 -

TEIL III. MAGNA CARTA: SEINE FORM UND INHALT. ...- 105 -

I. Seine Prototypen: Frühere Urkunden. ....- 106 -

II. Magna Carta: ihre Form und rechtliche Natur. ....- 116 -

III. Magna Carta: ihr Inhalt und ihre Eigenschaften. ....- 122 -

IV. Magna Carta: eine Schätzung ihres Wertes. ....- 135 -

VI. Magna Carta: Wert traditioneller Interpretationen. ....- 144 -

VII. Magna Carta. Sein traditioneller Bezug zum Schwurgerichtsverfahren. ....- 148 -

TEIL IV. HISTORISCHE FORTSETZUNG VON MAGNA CARTA. ....- 153 -

I. Neuauflagen und Bestätigungen der Großen Charta. ....- 154 -

II. Magna Carta und die Reformen von Edward I. ....- 174 -

TEIL V. ....- 180 -

I. Manuskripte der Magna Carta und zugehörige Dokumente. .- 181
-

II. Frühere Ausgaben und Kommentare. ....- 191 -
TEXT, ÜBERSETZUNG UND KOMMENTAR.
MAGNA CARTA. ....- 198 -
PRÄAMBEL. [322] ....- 199 -
KAPITEL EINS. ....- 205 -
KAPITEL ZWEI. ....- 212 -
KAPITEL DREI. ....- 222 -
KAPITEL VIER. ....- 224 -
KAPITEL FÜNF. ....- 229 -
KAPITEL SECHS. ....- 233 -
KAPITEL SIEBEN. ....- 236 -
KAPITEL ACHT. ....- 242 -
KAPITEL NEUN. ....- 244 -
KAPITEL ZEHN. ....- 247 -
KAPITEL 11. ....- 255 -
KAPITEL ZWÖLF. ....- 256 -
KAPITEL DREIZEHN. ....- 265 -
KAPITEL VIERZEHN. ....- 272 -
KAPITEL FÜNFZEHN. ....- 281 -
KAPITEL SECHZEHN. ....- 286 -
KAPITEL SIEBZEHN. ....- 288 -
KAPITEL ACHTZEHN. ....- 296 -
KAPITEL NEUNZEHN. ....- 309 -
KAPITEL ZWANZIG. ....- 312 -
KAPITEL EINZWANZIG. ....- 324 -
KAPITEL ZWEIUNDZWANZIG. ....- 327 -
KAPITEL DREIUNDZWANZIG. ....- 329 -
KAPITEL VIERUNDZWANZIG. ....- 335 -
Kapitel fünfundzwanzig. ....- 348 -

KAPITEL SECHSUNDZWANZIG. ....- 352 -

KAPITEL SIEBENUNDZWANZIG. ....- 357 -

KAPITEL ACHTUNDZWANZIG. ....- 361 -

KAPITEL NEUNUNDZWANZIG. ....- 365 -

KAPITEL DREISSIG. ....- 367 -

KAPITEL EINDREISSIG. ....- 369 -

KAPITEL ZWEIDREISSIG. ....- 370 -

Kapitel dreiunddreißig. ....- 377 -

KAPITEL VIERDREISSIG. ....- 381 -

KAPITEL FÜNFUNDDREISSIG. ....- 389 -

Kapitel sechsunddreißig. ....- 392 -

KAPITEL SIEBENDREISSIG. ....- 402 -

Kapitel achtunddreißig. ....- 405 -

KAPITEL NEUNUNDDREISSIG. ....- 411 -

KAPITEL VIERZIG. ....- 432 -

Kapitel einundvierzig. ....- 437 -

Kapitel zweiundvierzig. ....- 446 -

Kapitel dreiundvierzig. ....- 450 -

KAPITEL VIERUNDVIERUND. ....- 454 -

Kapitel fünfundvierzig. ....- 469 -

Kapitel sechsundvierzig. ....- 475 -

KAPITEL SIEBENVIERZIG. ....- 477 -

Kapitel achtundvierzig. ....- 481 -

KAPITEL NEUNVIERZIG. ....- 484 -

KAPITEL FÜNFZIG. ....- 488 -

KAPITEL EINUNDFÜNFZIG. ....- 492 -

KAPITEL ZWEIUNDFÜNFZIG. ....- 493 -

KAPITEL DREIUNDFÜNFZIG. ....- 496 -

KAPITEL VIERUNDFÜNFZIG. ....- 498 -

KAPITEL FÜNFZIG. ....- 502 -

KAPITEL SECHSUNDFÜNFZIG. ....- 505 -

KAPITEL SIEBENUNDFÜNFZIG. ....- 507 -

KAPITEL ACHTUNDFÜNFZIG. ....- 509 -

KAPITEL NEUNUNDFÜNFZIG. ....- 510 -

Kapitel sechzig. ....- 516 -

Kapitel einundsechzig. ....- 518 -

Kapitel zweiundsechzig. ....- 533 -

Kapitel dreiundsechzig. ....- 535 -

ANHANG. DOKUMENTE, DIE SICH AUF
DIE MAGNA CARTA DES JOHANNES BEZIEHEN ODER DIESE
VERANSCHAULICHEN. ....- 537 -

I. Die Charta der Freiheiten Heinrichs I. [1094] ....- 538 -

II. DIE ZWEITE ODER OXFORD-CHARTA VON
STEPHEN. [1095] (1136.) ....- 540 -

III. Charta von Heinrich II. [1096] (UM 1154.) ....- 542 -

IV. DIE SOGENANNTE „UNBEKANNTE CHARTA DER
FREIHEITEN" VON JOHANNES [1097] ....- 543 -

V. DIE ARTIKEL DER BARONE. [1098] (1215.) ....- 545 -

VI. SCHREIBT ERGÄNZUNG ZU JOHNS GROßER CHARTA. -
551 -

VII. DIE GROSSE CHARTA VON HEINRICH III. [1106]
(ZWEITE NEUAUFLAGE, 6. NOVEMBER 1217.) ....- 555 -

VIII. CARTA DE FORESTA. [1107] (6. NOVEMBER 1217.) .- 562 -

WÄHLEN SIE BIBLIOGRAPHIE UND LISTE DER GENANNTEN
BEHÖRDEN. ....- 567 -

I. KOMMENTARE UND ANDERE WERKE ZU MAGNA
CARTA (CHRONOLOGISCH GEARBEITET). ....- 568 -

II. Chroniken und Annalen. ....- 569 -

III. SAMMLUNGEN VON STATUTEN, STATUTEN UND
VERTRÄGEN. ....- 570 -

IV. SAMMLUNGEN VON BITTEN, VERFAHREN UND
ANDEREN BEWEISEN. ....- 572 -

V. Juristische Abhandlungen – Mittelalter. ....- 573 -

VI. Juristische Abhandlungen – modern. ....- 574 -

VII. Rechts- und Verfassungsgeschichte. ....- 575 -

VIII. ALLGEMEINE GESCHICHTEN. ....- 576 -

IX. GESCHICHTEN BESONDERER PERIODEN. ....- 577 -

X. VERSCHIEDENES. ....- 578 -

XI. BEITRÄGE ZUR PERIODISCHEN LITERATUR. ....- 580 -

XII. BERICHTE, BIBLIOGRAFIEN
UND WÖRTERBÜCHER. ....- 581 -

VORWORT

Bisher wurde vom Standpunkt der modernen Forschung kein Kommentar zur Magna Carta verfasst. Bisher wurde kein ernsthafter Versuch unternommen, die 1642 bzw. 1829 veröffentlichten und nun hoffnungslos veralteten Werke von Coke und Richard Thomson zu ersetzen oder auch nur angemessen zu ergänzen. Dieser Mangel an Unternehmungsgeist mag zum Teil auf eine natürliche Zurückhaltung zurückzuführen sein, eine so mühsame Aufgabe zu übernehmen, scheint aber auch darauf hinzudeuten, dass er der Meinung von Bischof Stubbs stillschweigend zustimmt, dass kein gesonderter Kommentar erforderlich sei, da „die gesamte Verfassungsgeschichte Englands ist kaum mehr als ein Kommentar zur Magna Carta." Doch gerade aus diesem Grund ist die Große Charta sicherlich würdig, zum Gegenstand einer besonderen und detaillierten Untersuchung gemacht zu werden, da nur wenige Dokumente mit ihr in Bezug auf die Vielfalt und das Interesse ihres Inhalts, in der Lebendigkeit ihres historischen Kontexts oder in der Lage mithalten können Einfluss, den es auf den Kampf für die verfassungsmäßige Freiheit ausgeübt hat. Dass diese auffällige Lücke in unserer historischen und juristischen Literatur so lange ungefüllt geblieben ist, ist angesichts des großen Fortschritts, der fast einer Revolution gleichkommt, der seit Coke und Thomson stattgefunden hat, umso bemerkenswerter. Insbesondere in den letzten zwanzig Jahren wurde eine Fülle neuer Materialien mit bemerkenswerten Ergebnissen erforscht. Es wurden Entdeckungen gemacht, die unsere Sicht auf jedes Rechtsgebiet, jedes Regierungsorgan und jeden Aspekt des gesellschaftlichen und individuellen Lebens im mittelalterlichen England tiefgreifend beeinflussten. Bisher wurde jedoch nichts unternommen, um die so angesammelten neuen Wissensbestände für die systematische Aufklärung der Magna Carta anzuwenden.

Mit diesem Ziel vor Augen habe ich mich über mehrere Jahre harter, aber sympathischer Arbeit bemüht, die Masse an Beweisen aus vielen verstreuten Quellen zu sammeln, zu sichten und zu ordnen, die geeignet sind, Licht auf die Große Charta des Johannes zu werfen. Die Ergebnisse wurden nun im Kommentar zusammengefasst, der zwei Drittel des vorliegenden Bandes ausfüllt. Dieser Versuch, die 63 Kapitel der Magna Carta Punkt für Punkt zu erklären und dabei alle Themen – rechtliche, politische, wirtschaftliche und soziale – zu umfassen, an denen John und seine Barone ein lebenswichtiges Interesse verspürten, erforderte eine Analyse in einigen Einzelheiten des gesamten öffentlichen und privaten Lebens Englands im dreizehnten Jahrhundert. Dem Kommentar geht eine historische Einleitung voraus, die die Ereignisse beschreibt, die zur Krise von 1215 führten, die Missstände analysiert, die die Barone zum Aufstand trieben, den Inhalt und die

Merkmale der Charta erörtert, ihren Zusammenhang mit dem weiteren Verlauf der englischen Geschichte nachzeichnet, und gibt einen Bericht über frühere Ausgaben und Kommentare.

Während stets auf Originalquellen verwiesen wurde, sofern diese verfügbar waren, wurde auch gerne auf die Arbeit anderer zurückgegriffen. Wenn hier eine Dankbarkeit gegenüber früheren Kommentatoren gewürdigt werden muss, so gebührt eine viel tiefere Schuld vielen Gelehrten, die in den letzten Jahren durch ihre Arbeit auf verschiedenen Gebieten, die nicht direkt mit der Magna Carta in Zusammenhang stehen, nebenbei Licht auf Themen dieser Themen geworfen haben die Charta behandelt. Über Bischof Stubbs ist es fast unnötig, zu sprechen, da seine Werke den gemeinsamen Ausgangspunkt aller Historiker und Verfassungsjuristen der heutigen Generation bilden. Leser, die sich mit moderner Literatur auskennen, werden den Einfluss von Prof. Maitland, Herrn J. Horace Round, Sir Frederic Pollock, Herrn LO Pike und Prof. Prothero leicht nachvollziehen; während auf die zahlreichen anderen im Beitrag aufgeführten Autoritäten in den Fußnoten und der beigefügten Bibliographie Bezug genommen wird. Es wurde häufig auf zwei unabhängige und wissenschaftliche Berichte über die Regierungszeit von John verwiesen, die kürzlich erschienen sind: *„ John Lackland" von Miss Norgate* und *„ Anjou Empire" von Sir James H. Ramsay* . Von den älteren Büchern, die sich direkt mit dem vorliegenden Thema befassen, hat sich Sir William Blackstones *„ Great Charter"* als das beste erwiesen; während unter den modernen Werken die *Chartes* von M. Charles Bémont das wertvollste sind. Auch auf den unerschöpflichen Fundus von Madox' *„ History of the Exchequer"* wurde großzügig zurückgegriffen.

Während diese Seiten durch die Presse gingen, erschien auf den Seiten der *Independent Review* vom November 1904 ein brillanter Aufsatz von Herrn Edward Jenks, dessen Titel *„The Myth of Magna Carta"* auf die unkonventionellen und ikonoklastischen Grundsätze hinweist, auf denen er aufbaut. Er argumentiert mit Nachdruck, dass die Charta das Produkt des eigennützigen Handelns der Barone war, die ihre eigenen Interessen durchsetzten, und nicht einer uneigennützigen oder nationalen Bewegung; dass es keineswegs „ein großer Meilenstein in der Geschichte" war; und dass es, anstatt eine materielle Hilfe für Englands Fortschritt in Richtung verfassungsmäßiger Freiheit zu sein, eher „ein Stolperstein auf dem Weg des Fortschritts" war und in seinen Absichten und Auswirkungen völlig feudal und reaktionär war. Schließlich macht er Sir Edward Coke für die meisten verbreiteten Missverständnisse verantwortlich. Inwieweit der Verfasser dieser Meinung mit diesen Meinungen übereinstimmt, wird sich aus den folgenden Seiten ergeben. Die Position von Herrn Jenks scheint jedoch in mindestens dreierlei Hinsicht einer Änderung zu bedürfen: (1) Einige der Bestimmungen von John's Charter sind keineswegs zutreffend reaktionärer Natur. (2) Coca-Cola kann nicht als Urheber aller oder auch nur der meisten populären Irrtümer angesehen werden, die sich im Laufe der Jahrhunderte so stark um die Charta herum angesammelt haben. (3) Herr Jenks unterschätzt möglicherweise die Bedeutung traditioneller Interpretationen, die sich in der Fortsetzung als überaus wertvoll im Kampf um die Freiheit erwiesen haben, selbst wenn sie auf unsicheren historischen Grundlagen basieren.

Ich schulde vier Freunden Dank, die freundlicherweise meine Korrekturbögen gelesen haben, Herrn WRJ Gray und Herrn Robert A. Moody, deren gute Dienste in dieser Richtung jetzt nicht zum ersten Mal geleistet werden, sowie zwei Mitgliedern von Meine Ehrenklasse von 1903 bis 1904, Herr AC Black, Jun., und Herr DB Mungo, die alle eifrig in der Hilfe und fruchtbar in den Vorschlägen waren.

KNIGHTSWOOD, ELDERSLIE,
RENFREWSHIRE, *6. Februar 1905*

HISTORISCHE EINFÜHRUNG.

TEIL I.
EREIGNISSE, DIE ZU MAGNA CARTA FÜHREN.

Die Große Charta wird allzu oft als Ergebnis rein zufälliger Ursachen betrachtet. Wer seinen Ursprung erforscht, begnügt sich manchmal damit, ihn als ein bloß greifbares Produkt des erfolgreichen Widerstands zu erklären, der durch die Tyrannei von König John hervorgerufen wurde. Es wird behauptet, dass die persönlichen Missetaten dieses Monarchen eine erbitterte, unerschütterliche Opposition zu entschlossenem Handeln anspornten, die nie ruhte, bis sie Erfolg hatte; und das Ergebnis dieses Erfolgs war der Gewinn der Großen Charta der Freiheiten. Die treibenden Ursachen für Ereignisse von so gewaltiger Tragweite werden somit in den Eigenschaften und Lastern eines einzelnen Menschen gesucht. Hätte Johannes nie gelebt und gesündigt, so scheint es, wären die Grundlagen der englischen Freiheit nie gelegt worden.

Solche oberflächlichen Ansichten der Geschichte verharmlosen unnötigerweise das Ausmaß und die Unvermeidlichkeit der Abfolge von Ursachen und Wirkungen, von denen große Probleme wirklich abhängen. Die zwingende Logik der Ereignisse erzwingt einen Weg zu ihrer eigenen Erfüllung, unabhängig von den Launen, Zielen und Ambitionen einzelner Menschen. Die Ereignisse in Johns Karriere sind die Anlässe und nicht die Ursachen der großen nationalen Bewegung, die den Grundstein für die englischen Freiheiten legte. Der Ursprung der Magna Carta liegt zu tief, als dass er durch rein zufällige oder zufällige Phänomene bestimmt werden könnte. Es ist ebenso unklug wie unnötig anzunehmen, dass der Verlauf der Verfassungsentwicklung in England allein aufgrund der Unfähigkeit oder der Missetaten des vorübergehenden Throninhabers plötzlich und gewaltsam in eine völlig neue Richtung gelenkt wurde. Die Quelle der Unzufriedenheit, die durch die Unterdrückung des Johannes entfacht wurde, muss in früheren Regierungszeiten gesucht werden. Die Entstehung der Charta kann nicht ohne ihre historischen Vorgeschichten verstanden werden, und diese sind untrennbar mit der gesamten Geschichte verbunden, wie England zu einer Nation heranwuchs.

Um den Ursprung der Charta darzulegen, ist es notwendig, kurz zu erzählen, wie die verstreuten angelsächsischen und dänischen Stämme und Gebiete, die ursprünglich nicht miteinander verbunden waren, nach und nach zusammengeschweißt wurden und zu England heranwuchsen; wie diese Verschmelzung durch das Wachstum einer starken Form zentralisierter monarchischer Regierung dauerhaft gemacht wurde, die alle Versuche lokaler Unabhängigkeit zunichte machte und drohte, zum absolutistischsten Despotismus in Europa zu werden; und wie schließlich die Krone aufgrund der Fülle ihrer Macht den Widerstand herausforderte und Kräfte ins Spiel brachte, die den königlichen Vorrechten und königlichen Aggressionen Grenzen setzten und gleichzeitig den Grundstein für die Herrschaft des Rechts legten. Ein kurzer Überblick über die frühe Geschichte Englands bildet eine notwendige Voraussetzung für ein richtiges Verständnis der Magna Carta. Bei einer solchen Untersuchung treten zwei führende Bewegungen hervor, von denen die eine die andere ablöst; nämlich die Errichtung einer starken Monarchie, die in der Lage ist, aus der Anarchie Ordnung zu schaffen, und die anschließende Errichtung von Schutzmaßnahmen, um zu verhindern, dass diese Quelle der Ordnung zu einer ungezügelten Tyrannei verkommt und so nicht nur die Anarchie, sondern auch die legitime Freiheit vernichtet. Die spätere Bewegung zugunsten der Freiheit und der Großen Charta war die natürliche Ergänzung und teilweise die Konsequenz der früheren Bewegung in Richtung einer starken Regierung, die in der Lage war, den Frieden durchzusetzen. In der historischen Abfolge geht die Ordnung der Freiheit voraus.

Diese beiden Probleme, von denen jedes das Gegenstück zum anderen darstellt, treten notwendigerweise in der Geschichte jeder Nation und in jedem Zeitalter auf; das Problem der *Ordnung* oder wie man eine Zentralregierung gründet, die stark genug ist, um die Anarchie zu unterdrücken, und das Problem der *Freiheit* oder wie man einer Autokratie Grenzen setzt, die die individuelle Freiheit zu überschatten droht. Keines dieser Probleme kann jemals ignoriert werden, nicht einmal im 20. Jahrhundert; obwohl es die über Jahrhunderte angesammelte politische Erfahrung heute ermöglicht hat, moderne Nationen, zumindest solche, die in der Selbstverwaltung ausreichend ausgebildet sind, in den Hintergrund und aus dem Blickfeld zu drängen. In Äsops Fabel von Jupiter und den Fröschen ist möglicherweise noch immer tiefe politische Einsicht zu erkennen. König Log erweist sich gegen ausländische Invasionen als ebenso wirkungslos, wie er die innere Freiheit nicht verletzt; König Storch sichert seinen Untertanen in Kriegszeiten den Triumph, verschlingt sie jedoch in Friedenszeiten. Alle Nationen müssen sich in ihren frühen Bemühungen um eine effiziente Regierung zwischen diesen beiden Herrschertypen entscheiden – zwischen einer harmlosen, aber schwachen Exekutive; und einer, der mächtig genug ist, um die Regierungsgeschäfte im In- und Ausland effektiv zu leiten, aber auch bereit, die ihm anvertrauten Befugnisse zum Wohle aller für seine eigenen egoistischen Zwecke und die Verletzung der Freiheiten seiner Untertanen einzusetzen.

Im Großen und Ganzen war das Elend der langen Jahrhunderte der angelsächsischen Herrschaft hauptsächlich auf die Schwäche der Krone zurückzuführen; während England bei der normannischen Eroberung dem milden Zepter der Ineffizienz entkam, nur um unter das grausame Zepter der selbstsüchtigen Stärke zu fallen. Doch die fähigen Könige der neuen

Dynastie, so mächtig sie auch waren, mussten kämpfen, um ihre Vormachtstellung zu behaupten; Denn obwohl die eroberten englischen Völker nicht in der Lage waren, gemeinsam Widerstand gegen ihre normannischen Herren zu leisten, kämpften die widerspenstigen außerirdischen Barone energisch darum, die königliche Kontrolle abzuschütteln.

Während eines Jahrhunderts der normannischen Herrschaft kam es zu ständigen Kriegen zwischen zwei großen Prinzipien: dem Monarchen, der im Großen und Ganzen für Ordnung eintrat und die Anarchie vernichten wollte, und dem Oligarchen oder Baronialen, der im Großen und Ganzen für die Freiheit eintrat und gegen die Tyrannei der autokratischen Macht protestierte . Manchmal war einer davon im Aufwind; manchmal das andere. Die Geschichte des mittelalterlichen England ist der Pendelschlag zwischen diesen beiden Extremen.

Die Haupthandlung der frühen englischen Geschichte dreht sich also um den Versuch, eine starke Monarchie zu gründen und ihrer Stärke dennoch Grenzen zu setzen. Mit dieser Haupthandlung sind untergeordnete Handlungsstränge verwoben. Hierzu zählen vor allem die Notwendigkeit, die Beziehungen der Zentralregierung zur lokalen Regierung zu definieren, sowie die Notwendigkeit einer anerkannten Grenze zwischen den Bereichen Kirche und Staat. Auf der anderen Seite fehlt die gesamte interessante Gruppe von Problemen im Zusammenhang mit der *idealen* Regierungsform, die sowohl in den Tagen des Aristoteles als auch in unseren Tagen viel diskutiert wurde, und ist dem mittelalterlichen Europa nie durch die Logik der Ereignisse aufgedrängt worden . Offensichtlich wurde die Monarchie als das einzig mögliche Regierungssystem angenommen; während die relativen Vorzüge von Aristokratie und Demokratie oder der viel gepriesenen Verfassung, die als „gemischt" bekannt ist, nicht untersucht wurden, da diese Verfassungsformen nicht in den Bereich der praktischen Politik fielen.

Der Geschichtsstudent wird gut daran tun, seine Aufmerksamkeit zunächst auf das Hauptproblem zu konzentrieren und gleichzeitig die Nebenprobleme in ihren Beziehungen zur zentralen Strömung zu betrachten.

I. Wilhelm I. bis Heinrich II. – Hauptproblem: die Monarchie.

Die Aufmerksamkeit des flüchtigsten Studenten wird durch die Betrachtung der Schwierigkeiten gefesselt, die die englische Nation in ihren frühen Kämpfen um ihre bloße Existenz umgaben. Das große Problem bestand erstens darin, sich selbst ins Leben zu rufen und sich dann vor den Kräften des Zerfalls zu schützen, die unaufhörlich danach strebten, es wieder in Stücke zu reißen. Der Beginn der englischen Geschichte zeigt den Beginn jenes langen, langsamen Prozesses der Konsolidierung, bei dem die unbewusste Vernunft eine tiefere Rolle spielte als der menschliche Wille, wodurch viele uneinige Stämme und Rassen, viele unabhängige Provinzen zu etwas zusammengedrückt wurden, das grob einer Einheit ähnelte Nation. Bei der Erreichung dieses Ergebnisses kamen viele Kräfte zusammen. Der Zwang starker Stämme gegenüber ihren schwächeren Nachbarn, der Druck äußerer Feinde, das Anwachsen einer Gesetzessammlung und der öffentlichen Meinung, der Einfluss der Religion in Richtung Frieden – all das trug dazu bei, ein Chaos widersprüchlicher und kriegerischer Elemente zusammenzuschweißen zusammen.

Es ist bemerkenswert, dass jeder der drei Einflüsse, die letztendlich dazu bestimmt waren, diesen Vereinigungsprozess wesentlich zu unterstützen, zu einem bestimmten Zeitpunkt eine gegenteilige Wirkung zu haben drohte. So tendierten die Rivalitäten der kleineren Königreiche zunächst zu einem völligen Zerfall, bevor es Wessex gelang, eine unangefochtene Vormachtstellung zu behaupten; Die Christianisierung Englands, teilweise durch keltische Missionare aus dem Norden und teilweise durch Abgesandte aus Rom, drohte das Land in zwei Teile zu spalten, bis ihre gegenseitigen Rivalitäten nach der Synode von Whitby im Jahr 664 beruhigt wurden; und eine Auswirkung des Einmarsches der Dänen war die Schaffung einer absoluten Barriere zwischen den Ländern, die auf beiden Seiten der Watling Street lagen, bevor das ganze Land dem einigenden Druck von Cnut und seinen Söhnen erlag.

Die strenge Disziplin ausländischer Eroberungen war erforderlich, um die nationale Einheit zu ermöglichen; und mit der Wiederherstellung der alten Wessex-Dynastie in der Person von Edward Confessor machten die Kräfte des Zerfalls erneut Fortschritte. England drohte erneut zu zerfallen, doch zum entscheidenden und bestimmten Zeitpunkt vollendete die eiserne Herrschaft der Normannen, was die Dänen ein halbes Jahrhundert zuvor begonnen hatten. Da die Schwäche der angelsächsischen Könige und die Zerrüttung des Landes Hand in Hand gegangen waren, war der Prozess, der nach der Eroberung England einte, identisch mit dem Prozess, der den Thron der neuen Dynastie auf einem starken Thron errichtete , dauerhafte

Basis. Die vollständige Vereinigung Englands war das Ergebnis des normannischen Despotismus.

Danach war es die Stärke seiner Monarchie, die England im mittelalterlichen Europa einzigartig machte. Vor allem drei große Könige trugen durch ihr Können und ihre unbezwingbare Willenskraft zu diesem Ergebnis bei: Wilhelm der Eroberer, Heinrich Beauclerk und Heinrich Plantagenet. In gewissem Sinne war die Arbeit aller drei die gleiche, nämlich den Aufbau der zentralen Autorität gegen die zerfallenden Auswirkungen der feudalen Anarchie; aber die Politik eines jeden wurde notwendigerweise durch veränderte Zeiten und Bedürfnisse geändert. Der Grundstein für das Ganze wurde vom Eroberer gelegt, dessen Charakter und Umstände ihm zusammen eine in der Geschichte beispiellose Chance eröffneten. Die Schwierigkeiten seiner Aufgabe und die Methoden, mit denen er sie zu einem erfolgreichen Ergebnis führte, lassen sich am besten im Zusammenhang mit der Art des Widerstands verstehen, den er fürchten musste. Der Feudalismus war die große Strömung des Zeitalters – eine Flut, die aus vielen zusammenlaufenden Strömen bestand, die alle in die gleiche Richtung flossen und unvernünftig waren wie die blinden Kräfte der Natur, die jedes Hindernis auf ihrem Weg wegrissen und überschwemmten. In anderen Teilen Europas – in Deutschland, Frankreich und Italien sowie in Schottland – wurden die Throne der fähigsten Monarchen durch diese feudale Strömung untergraben. Allein in England konnte die Monarchie der Flut trotzen. Wilhelm I. verzichtete klugerweise auf jeden wahnsinnigen Versuch, den Strom aufzuhalten; aber während er es akzeptierte, unterwarf er es stillschweigend seinen eigenen Zwecken. Er beobachtete und modifizierte sorgfältig die Tendenzen zum Feudalismus, die er bei seiner Ankunft in England vorfand, und er veränderte die feudalen Bräuche und Rechte, die seine Anhänger aus dem normannischen Boden verpflanzten, grundlegend. Die besonderen Mittel, die er zu diesem Zweck einsetzte, sind wohlbekannt und stehen alle in engem Zusammenhang mit seiner geschickten Politik, die angelsächsische Grundlage seiner Herrschaft gegen den importierten normannischen Überbau auszubalancieren und nach eigenem Ermessen diejenigen Elemente auszuwählen, die ihm passten in beiden. Er förderte die Einführung oder Intensivierung des Feudalismus in England, der als System des Landbesitzes und als System sozialer Unterscheidungen auf der Grundlage des Landbesitzes betrachtet wurde; aber er bemühte sich erfolgreich, die Übel seines ungehemmten Wachstums in seinen anderen ebenso wichtigen Aspekten einzudämmen, nämlich als ein System lokaler Regierung, das von der Krone unabhängig sein wollte, und als ein System der Gerichtsbarkeit. Als politisches System war es für William immer ein Gegenstand des Misstrauens, denn er betrachtete es im Lichte seiner doppelten Erfahrung in der Normandie als Feudalherr und feudaler Vasall.

Williams Politik war eine Politik des Abwägens. Seine gesamte Karriere in England begann charakteristischerweise mit dem Bemühen, seinen Anspruch auf den Thron auf doppelter Basis zu untermauern. Er begnügte sich nicht damit, sich nur auf das Eroberungsrecht zu verlassen, sondern bestand darauf, dass sein Titel von einer Körperschaft bestätigt wurde, die behauptete, das alte Witenagemot Englands zu vertreten, und behauptete weiter, dass er von seinem Verwandten, Edward Confessor, offiziell zum Nachfolger ernannt worden sei Die Nominierung wurde durch den Verzicht Harolds zu seinen Gunsten gestärkt. So könnte Wilhelm seinen normannischen Anhängern, die behaupteten, ihn mit Waffengewalt auf seinen Thron gesetzt zu haben, auf die Form der Wahl durch die Witan verweisen, während seine englischen Untertanen, die behaupteten, ihn gewählt zu haben, auf die Anwesenheit ausländischer Truppen verwiesen ein noch wirkungsvolleres Argument. Während seiner gesamten Regierungszeit bestand sein Plan darin, die alten englischen Gesetze und Institutionen mit den neuen normannischen in Einklang zu bringen , wobei er selbst als Schiedsrichter fungierte. So behielt er alles bei, was ihm an angelsächsischen Bräuchen gefiel. Roger von Hoveden erzählt uns, wie im vierten Jahr seiner Herrschaft zwölf unterworfene Engländer aus jeder Grafschaft – edel, weise und in der Gesetzgebung bewandert – aufgefordert wurden, die alten Bräuche des Landes unter Eid aufzusagen. [1] Er behielt auch die alten Volksverhandlungen oder Versammlungen des Shire and Hundert als Gegengewicht zu den feudalen Gerichtsbarkeiten bei; der Fyrd oder die Miliz aller freien Männer als Ausgleich zur Feudalabgabe; und solche Vorfälle der alten angelsächsischen Landbesitztümer, die seinen Anforderungen entsprachen.

So wurde das Subjekt Englisch mit seinen Bräuchen und alten Institutionen als Mittel zur Modifizierung der Auswüchse des Feudalismus genutzt. William schreckte jedoch nicht vor Innovationen zurück, wenn diese seinen Zwecken entsprachen. Die großen Grafschaften, in die England bis zur normannischen Eroberung aufgeteilt war, wurden abgeschafft. Es wurden zwar neue Grafschaften geschaffen, aber auf einer ganz anderen Grundlage. Sogar die großen Offiziere, die später als Earls Palatine bekannt wurden und deren Zahl immer gering war, erreichten weder die Ausdehnung des Territoriums noch die Unabhängigkeit der angelsächsischen Eldormen. William scheute sich davor, auch nur gewöhnliche Grafen zu ernennen, und die von ihm geschaffenen Grafen wurden bald zu bloßen Trägern leerer Ehrentitel, während sie von den normannischen Vizekomites oder Sheriffs aller wirklichen Macht verdrängt *wurden* . Kein englischer Graf war ein „Graf" im kontinentalen Sinne (also ein wirklicher Herrscher einer „Grafschaft"). Darüber hinaus war es keinem Grafen gestattet, innerhalb seines Titelbezirks ein zu großes Anwesen zu besitzen; und obwohl Wilhelm gezwungen war, die Dienste seiner Anhänger mit großen Besitztümern zu belohnen, achtete er darauf, dass diese auf weit verstreute Bezirke seines Königreichs aufgeteilt wurden. Dadurch wurden die großen Feudalherren daran gehindert, ihre Ressourcen gegen die Krone zu konsolidieren.

Zur Eindämmung der auf dem Kontinent vorherrschenden feudalen Auswüchse wurden verschiedene raffinierte Mittel eingesetzt. Die Rechte auf Privatkrieg, Münzprägung und Burgenbau wurden sorgfältig überwacht und eingeschränkt; während private Gerichtsbarkeiten zwar als notwendiges Übel toleriert, aber in Grenzen gehalten wurden. Das Herrenhaus war in England die normale Einheit der herrschaftlichen Gerichtsbarkeit, und höhere Ehrengerichte waren so außergewöhnlich, dass sie eine vernachlässigbare Zahl darstellten. Es gab keine feudale Berufung vom herrschaftlichen Gericht eines Magnaten an das seines Oberherrn, während zumindest in späteren Regierungszeiten Berufungen bei der *Curia Regis gefördert wurden* . Fast am Ende von Wilhelms Herrschaft kam es zu einem erneuten Eingriff in den feudalen Geist, als der Eroberer auf der Ebene von Salisbury alle Grundherren dazu zwang, dem König persönlich einen Eid der Huldigung und Treue zu leisten.

Die Ergebnisse dieser Politik lassen sich treffend als „eine starke Monarchie, ein relativ schwaches Baronat und ein homogenes Volk" zusammenfassen.

Während der Herrschaft Wilhelms II. (1087-1100) machte die Verfassung keine nennenswerten Fortschritte. Der Grundstein war gelegt; aber Rufus war mehr auf die Jagd und seine Vergnügungen bedacht als auf die tieferen Angelegenheiten der Staatskunst. Einige kleinere Details der feudalen Organisation wurden zweifellos in diesen dreizehn Jahren vom Schatzmeister des Königs, Ralph Flambard, geregelt und definiert; aber das Ausmaß, in dem er die Praxis des älteren William erneuerte, ist umstritten. Im Großen und Ganzen muss die Herrschaft als Ruhezeit zwischen zwei Vormarschperioden betrachtet werden.

Heinrich I. (1100-1135) nahm mit weitsichtigem Staatsmannsblick und viel Elan die Konsolidierungsarbeit in Angriff. Seine Politik stellt einen Fortschritt gegenüber der seines Vaters dar. William hatte sich damit begnügt, die wichtigsten Laster des Feudalismus zu kontrollieren und einzudämmen, während er die einheimischen englischen Institutionen dagegen ausspielte. Heinrich ging noch einen Schritt weiter und führte innerhalb der *Curia Regis* selbst eine neue Klasse von Männern ein, die ein neues Regierungsprinzip vertraten. Die großen Staatsämter, die zuvor von Männern mit Baronialrang innegehabt worden waren, waren nun mit Geschöpfen Heinrichs besetzt, Männern bescheidener Herkunft, deren Verdienste sie zu seinen Gunsten erhoben hatten und deren einziger Machtanspruch in seinem guten Willen lag. Der Einsatz dieser rein professionellen Klasse von Administratoren war einer der Hauptbeiträge

Heinrichs zum Wachstum der Verfassung. Seine andere große Errungenschaft war die Organisation der Staatskasse, die in erster Linie als königliche Einnahmequelle diente, sich aber bald als nützliches Mittel erwies, um seinen Willen in jedem Winkel Englands spürbar zu machen. Für dieses großartige Werk hatte er das Glück, mit Roger, dem Bischof von Salisbury, die Hilfe eines Mannes zu gewinnen, der Genie mit sorgfältigem Können verband. Bei der vom König und seinem Minister organisierten Schatzkammer legte der Sheriff jedes Landkreises zweimal im Jahr, zu Ostern und zu Michaelis, Rechenschaft über jede Zahlung ab, die durch seine Hände geflossen war. Sein Kontostand wurde vor allen großen Beamten des Königshauses angepasst, die seine Konten einer genauen Prüfung und Kritik unterzogen. Es wurden offizielle Aufzeichnungen erstellt, von denen eine – die berühmte Pfeifenrolle von 1130 – noch heute erhalten ist. Da sich die vom Sheriff erhaltenen Beträge auf jede Gesellschaftsschicht in Stadt und Land auswirkten, ermöglichten diese halbjährlichen Prüfungen den Beratern des Königs, das Leben und Verhalten aller wichtigen Personen im Land zu prüfen. Diese halbjährlichen Untersuchungen wurden durch die Existenz umfangreicher Aufzeichnungen aller Grundbesitztümer in England bei der Staatskasse noch wirksamer. Damit konnten die Berichte der Sheriffs überprüft und verglichen werden. So fand Henrys Schatzkammer eine ihrer mächtigsten Waffen in der großen Domesday Survey, dem nachhaltigsten Beweis für die Staatskunst des Eroberers, auf dessen Befehl und unter dessen Leitung sie erstellt worden war.

Die zentrale Kontrolle innerhalb der beiden Kammern des Finanzministeriums wurde durch gelegentliche Inspektionen in jedem Landkreis ergänzt. Die Vertreter des Königs, darunter meist einige der Beamten, deren Aufgabe es war, die halbjährliche Rechnungsprüfung zu leiten, besuchten in immer noch unregelmäßigen Abständen die verschiedenen Grafschaften. Diese Eyres, wie sie genannt wurden, dienten zunächst hauptsächlich finanziellen Zwecken. Der Hauptzweck bestand darin, die Aussagen der verschiedenen Sheriffs in Westminster am Ort ihrer Arbeit zu überprüfen. Von Anfang an umfassten solche Finanzermittlungen zwangsläufig die Verhandlung von Klagegründen. Beschwerden über die Unterdrückung durch den örtlichen Tyrannen des Kreises wurden natürlich vor Ort erhoben und entschieden; Allmählich, aber erst in einer späteren Regierungszeit, erlangte das Justizgeschäft die gleiche Bedeutung wie das Finanzwesen und schließlich sogar noch größere Bedeutung.

Bei seinem Tod im Jahr 1135 schien Heinrich seine kongeniale Aufgabe, eine starke Monarchie auf den von Wilhelm I. gelegten Grundlagen aufzubauen, fast abgeschlossen zu haben. Ein Großteil seiner Arbeit blieb jedoch eine Zeit lang ungeschehen, während alles in unmittelbarer Gefahr schien für immer zugrunde zu gehen, weil er keinen männlichen Erben seines Leibes hinterließ, der ihm auf dem Thron nachfolgen könnte. Die Ansprüche seiner Tochter wurden von Stephen, dem Sohn der Tochter des Eroberers und einem Kadetten des Hauses Blois, aufgehoben, dem Heinrich gegenüber den nachsichtigen Onkel gespielt hatte und der die Großzügigkeit seines Wohltäters zurückzahlte, indem er sich zu seinem Erben ernannte. Vom ersten Moment seiner Herrschaft an erwies sich Stephanus als unfähig, die Monarchie vor den wilden Mächten zu bewahren, die den Thron umzingelten. Einige führen sein Scheitern auf seine persönlichen Eigenschaften zurück, andere auf die Mangelhaftigkeit seines Titels, verbunden mit der Anwesenheit eines Rivalen auf dem Feld in der Person seiner Cousine, Heinrichs Tochter, der Ex-Kaiserin Matilda. Die neunzehn Jahre der Anarchie, die nominell seine Herrschaft prägten, trugen nicht dazu bei, das Werk seiner großen Vorfahren fortzusetzen – und noch schlimmer als nichts. Die Macht der Krone wurde geschwächt, und England wurde durch die selbstsüchtigen Ansprüche rivalisierender Feudalmagnaten auf lokale Unabhängigkeit fast in Stücke gerissen.

Mit der Thronbesteigung Heinrichs II. (1154) Das Blatt wendete sich schnell und endgültig.

Von den zahlreichen Schritten, die Henry Plantagenet unternahm, um das Werk der früheren Baumeister der englischen Monarchie zu vervollständigen, müssen hier nur einige erwähnt werden. Als er im frühen Mannesalter den Thron bestieg, brachte er den ihm eigenen staatsmännischen Instinkt mit, zusammen mit der unbesiegbaren Energie, die seiner Rasse eigen war. Er erneuerte rasch jede bestehende Institution und jeden Zweig der Verwaltung. Die ständige *Curia Regis* wurde nicht nur wieder in einen effizienten Betriebszustand versetzt, sondern auch in jeder ihrer vielen Aspekte verbessert – als Haushalt des Königs, als Finanzbüro, als Verwaltungszentrum des gesamten Königreichs und als besonderes Vehikel der königlichen Verwaltung Gerechtigkeit. Die Staatskasse, die in finanzieller Hinsicht ursprünglich nur die *Kurie war*, erhielt die so dringend notwendige Neuorganisation nach den schrecklichen Belastungen, denen sie durch die Streitereien von Stephanus und Mathilde ausgesetzt gewesen war. Die Pipe Rolls wurden wiederbelebt und verschiedene kleinere Reformen in Finanzangelegenheiten durchgeführt. Alle örtlichen Gerichte (sowohl die alten Volksgerichte von Hundert und Kreis als auch die Feudalgerichte) wurden durch verschiedene Hilfsmittel der wirksameren Kontrolle der Zentralregierung unterstellt. Die wichtigste davon war die Wiederherstellung des Systems von Eyres mit ihren reisenden Richtern (eine natürliche Ergänzung zur Wiederherstellung des Finanzministeriums), deren Besuche nun regelmäßiger und systematischer erfolgten. Ebenso wichtig waren die persönliche Sorgfalt des Königs bei der Auswahl geeigneter Männer für die Aufgaben des Sheriffs, die häufigen Strafen und Amtsenthebungen von

Straftätern sowie das strikte Beharren auf einer effizienten Ausbildung und Rechtschaffenheit bei allen, die Autoritätsämter unter der Krone innehatten. Heinrich war stark genug, um bedeutendere Männer als die *Novi Homines* seines Großvaters zu beschäftigen, ohne zuzulassen, dass sie den Interessen ihres Prinzen weniger ergeben waren. Ein weiteres Mittel zur Kontrolle der örtlichen Gerichte war die Anrufung von Fällen vor seiner eigenen zentralen feudalen *Kurie* oder vor jenen Kammern professioneller Richter, der künftigen King's Bench und Common Pleas, die bisher lediglich Ausschüsse der *Kurie* als Ganzes bildeten.

Eng verbunden mit der so eingeführten Kontrolle über die örtlichen Gerichte war das von Heinrich eingeführte neue Verfahrenssystem. Das Hauptmerkmal bestand darin, dass jeder Rechtsstreit mit einem entsprechenden königlichen Erlass der Kanzlei beginnen musste. Bald wurde für jede Klageklasse ein spezieller, auf sie zugeschnittener Schriftsatz ausgearbeitet, und das gesamte Verfahren wurde als „Writ-Prozess" bekannt – ein wichtiges System, dem die englische Rechtsprechung sowohl ihre Form als auch die Richtung ihrer Entwicklung verdankt. Viele Reformen, die auf den ersten Blick nur mit winzigen Punkten des Rechtsverfahrens verbunden zu sein scheinen, waren in Wirklichkeit von enormer Bedeutung für die spätere Entwicklung des englischen Rechts und der englischen Freiheiten. Eine große Zukunft war bestimmten Hilfsmitteln vorbehalten, die Heinrich zur Beilegung von Streitigkeiten über den Besitz oder das Eigentum an Land einführte, und auch bestimmten Hilfsmitteln zur Reform der Strafjustiz, die durch eine große Verordnung aus dem Jahr 1166, bekannt als Assize, eingeführt oder systematisiert wurden von Clarendon. [2] Ein bemerkenswertes Merkmal von Heinrichs Politik war die mutige Art und Weise, mit der er die Türen seiner königlichen Gerichtshöfe für alle öffnete und dort – immer gegen hartes Geld, um es so zu sagen – einen besseren Artikel bereitstellte einen Namen von Gerechtigkeit, der anderswo in England oder auch anderswo in Europa erreicht werden könnte. So wurde nicht nur die Staatskasse mit Bußgeldern und Gebühren gefüllt, sondern Heinrich zehrte auch heimtückisch und ohne die Gefahr eines Frontalangriffs an den Kräften der großen Feudalmagnaten und lenkte den Strom der Prozessparteien von den herrschaftlichen Gerichten auf seine eigenen um. Dieselbe Politik hatte noch ein weiteres Ergebnis: Sie erleichterte das Wachstum eines Gewohnheitsrechts, das in der gesamten Länge und Breite Englands einheitlich war und den unterschiedlichen Gepflogenheiten an Orten oder sogar an einzelnen Baronialgerichten entgegenstand.

Diese Reformen beeinflussten nicht nur den Lauf der Ereignisse in England auf vielfältige Weise, sowohl direkt als auch indirekt, und trugen auch dazu bei, den Thron Heinrichs und seiner Söhne zu stärken. Eine andere Art von

Reformen trug wesentlich zum gleichen Ergebnis bei, nämlich die Neuorganisation der Armee. Dies wurde auf verschiedene Weise erreicht: zum Teil durch die Wiederbelebung und strengere Durchsetzung der Verpflichtungen im Zusammenhang mit dem alten angelsächsischen Fyrd oder der Miliz im Rahmen des Assize of Arms im Jahr 1181, das jeden Freeman dazu zwang, auf eigene Kosten Waffen und Kriegsgerät zu unterhalten Ausrüstung, die seinem Stand im Leben entspricht; teilweise durch die geniale Methode, den Betrag der von den Pächtern der Krone geschuldeten Feudaldienste zu erhöhen, basierend auf einer von der Krone eingeleiteten Untersuchung und auf den schriftlichen Antworten der Barone, die Historikern als „die *Cartae* von 1166" bekannt sind; und teilweise durch die Entwicklung (nicht, wie üblicherweise angenommen, die *Erfindung*) des Prinzips der Scutage, eines Mittels, mit dem unwilliger Militärdienst, der durch lästige Zeit- und Ortsbeschränkungen begrenzt war, nach Belieben des Militärdienstes ausgetauscht werden konnte Krone gegen Geld, mit dem eine flexiblere Söldnerarmee angeheuert werden könnte.

Mit diesen Mitteln und vielen anderen hob Heinrich die englische Monarchie, die seit der Eroberung stets auf dem Vormarsch war, auf den Höhepunkt ihrer Macht und hinterließ seinen Söhnen die gesamte Regierungsmaschinerie in einwandfreiem Zustand, verbunden mit hoher Verwaltungseffizienz mit großer Kraft. Obwohl seine 35-jährige Herrschaft voller erbitterter Kämpfe und Nöte gewesen war, hatte nichts die Kraft und den Erfolg der Politik beeinträchtigt, mit der er seinen Einfluss auf England festigte. Weder der lange, erbitterte Kampf mit Becket und der Kirche, der in Heinrichs persönlicher Demütigung endete, noch der unnatürliche Krieg mit seinen Söhnen, der für den König tiefes persönliches Leid bedeutete und seinen Tod im Jahr 1189 beschleunigte, durften dazwischenkommen seine Reformprojekte in England.

Die letzten zwanzig Jahre seines Lebens waren für ihn düster gewesen und hatten sich im Vergleich zu seinen kontinentalen Herrschaftsgebieten als äußerst unruhig und anarchisch erwiesen; aber in England herrschte tiefer Frieden. Der letzte ernsthafte Aufstand der Mächte der feudalen Anarchie war 1173 mit der für ihn charakteristischen Gründlichkeit und Mäßigung niedergeschlagen worden. Danach behielt die englische Monarchie ihre Vormachtstellung fast mühelos.

II. Wilhelm I. bis Heinrich II. – Problem der Kommunalverwaltung.

Es ist notwendig, die englische Monarchie eine Zeit lang auf ihrem Höhepunkt zu belassen, während sie sich im Jahr 1189 noch der Macht und des Rufs erfreute, die Heinrich von Anjou ihr verliehen hatte, und unsere Schritte zurückzuverfolgen, um zwei untergeordnete Probleme zu betrachten, von denen jedes getrennt werden muss Behandlung – das Problem der Kommunalverwaltung und das der Beziehungen zwischen Kirche und Staat. Das Versäumnis der Fürsten des Hauses Wessex, angemessene Mechanismen zu entwickeln, um die dänischen und anglianischen Provinzen ihrem Willen unterzuordnen, war eine der Hauptursachen für die Schwäche ihrer Monarchie. Als Herzog Wilhelm dieses Problem löste, machte er einen enormen Schritt in Richtung einer sichereren Grundlage für seinen Thron.

Jedes Zeitalter muss sich auf seine eigene Weise mit einer Gruppe von im Wesentlichen gleichen Schwierigkeiten auseinandersetzen, obwohl sie so unterschiedliche Namen wie Hausherrschaft, Kommunalverwaltung oder Föderation annehmen. Probleme hinsichtlich der Eigenart der Kommunalverwaltung, des Umfangs der ihr sicher übertragenen Befugnisse und ihrer Beziehung zur Zentralregierung müssen ständig gelöst werden. Die damit verbundenen Schwierigkeiten, die immer groß waren, waren in einer Zeit, in der es praktisch keinen Verwaltungsapparat gab und in der schnelle Kommunikation und benutzbare Straßen unbekannt waren, unbeschreiblich größer. Ein lebhaftes Mitgefühl wird durch die Betrachtung der fast unüberwindlichen Schwierigkeiten geweckt, die den Weg von König Edgar oder König Ethelred bedrängten, als sie versuchten, von Winchester aus die fernen Stämme fremder Rassen zu regieren, die Northumbria, Mercia und East Anglia bewohnten. Wenn ein solcher König einen Schwächling als Herrscher über eine entfernte Provinz einsetzen würde, würde dies zu Anarchie führen und seine eigene Autorität könnte zusammen mit der seines ineffizienten Vertreters gefährdet sein. Wenn er jedoch die Herrschaft über diese Provinz einem zu starken Mann anvertraute, könnte es sein, dass ihm ein Vizekönig, der seine Position gefestigt hatte und sich dann seinem König widersetzte, seine Oberherrschaft abschwächte. Hier liegen also die beiden Enden eines Dilemmas, die beide durch den Verlauf der frühen englischen Geschichte veranschaulicht werden. Als Wessex ein gewisses Maß an Autorität über rivalisierende Staaten erlangt hatte und schnell zu England heranwuchs, bestand die zunächst verfolgte Politik darin, jede Provinz einfach ihrer alten einheimischen Herrscherlinie zu belassen, die nun eine nominelle Abhängigkeit von dem regierenden König einräumte Winchester. Die frühen westsächsischen Fürsten schwankten zwischen zwei gegensätzlichen politischen Linien. Krampfhafte Zentralisierungsversuche wechselten mit der umgekehrten Politik der lokalen Autonomie. In den Tagen, als Dunstan die geistlichen Pflichten des Bistums von Canterbury mit den weltlichen Pflichten des Chefberaters von König Edgar vereinte, wurde das Problem der Kommunalverwaltung dringlicher. Dunstans Plan wurde manchmal als eine Politik der Bundes- oder Selbstverwaltung beschrieben – als offene Kapitulation des Versuchs, die gemischte Bevölkerung Nord- und Mittelenglands ausschließlich von einem Zentrum aus zu kontrollieren. Sein Lösungsversuch bestand darin, die Bindung zu lockern, statt sie noch weiter zu festigen; den örtlichen Vizekönig oder Eldorman in jedem Bezirk mit weitreichenden Befugnissen und Wahlrechten zu betrauen und sich so mit einem losen föderalen Imperium zufrieden zu geben – einer Union der Herzen und nicht einem zentralisierten Despotismus, der auf Zwang beruht. Die Gefahren eines solchen Systems werden umso offensichtlicher, wenn man bedenkt, dass jeder Eldorman die Truppen seiner eigenen Provinz befehligte.

Cnuts Politik war Gegenstand vieler Diskussionen und wurde offenbar manchmal missverstanden. Die bessere Meinung ist, dass er sich mit seinen dänischen Truppen im Rücken stark genug fühlte, Dunstans Taktik umzukehren und einen entscheidenden Schritt in Richtung Zentralisierung oder Einheit zu unternehmen. Seine Provinzvizekönige (Jarls oder Earls, wie sie jetzt genannt wurden, und nicht mehr mit ihrem alten, vagen Titel Eldormen) wurden auf einer völlig neuen Grundlage ernannt. England sollte in neue Verwaltungsbezirke eingeteilt werden, in der Hoffnung, die alten Stammesunterschiede zu beseitigen. Jeder von ihnen sollte einem Vizekönig unterstellt werden, der keine erbliche oder dynastische Verbindung zu der von ihm regierten Provinz hatte. Auf diese Weise versuchte Cnut, den Prozess abzuwenden, durch den das Land langsam in eine Reihe kleiner Königreiche zerfiel.

Wenn diese Vizekönige eine Quelle der Stärke für den mächtigen Cnut waren, waren sie eine Quelle der Schwäche für den heiligen Beichtvater, der gezwungen war, sich der Kontrolle seiner Provinzherrscher wie Godwin und Leofric zu unterwerfen, da jeder nacheinander die Oberherrschaft erlangte Hand im Feld oder im Witan. Dieser Zerfallsprozess hielt an, bis das Kommen des Eroberers die Beziehungen der Monarchie zu allen anderen Faktoren im nationalen Leben völlig veränderte.

Eines der wichtigsten Mittel des normannischen Herzogs zur Unterwerfung seiner Lehnsherrschaften in England unter die Krone war die völlige Abschaffung der alten Provinzen, die früher von separaten Eldormen oder Jarls regiert wurden. Abgesehen von den außergewöhnlichen Wahlrechten, die später als Palatine Earldoms bekannt wurden, war der eigentliche Vertreter des Königs in jeder Gruppe von Grafschaften nun der Sheriff oder

Vizekommissar , nicht der Earl. Diese lateinische Bezeichnung für *Vicecomes* ist irreführend, da der sogenannte Offizier in keiner Weise den Earl oder *Comes vertrat* , sondern als direkter Vertreter der Krone fungierte. Der Name „Vizekönig" beschreibt seine tatsächliche Position und Funktion genauer, da er direkt der Krone unterstellt und vom Grafen unabhängig war. Das Problem der Kommunalverwaltung wurde jedoch nicht durch die Ersetzung des Earls durch den Sheriff als oberster Richter im Landkreis beseitigt; es nahm nur eine andere Form an. Die Sheriffs selbst neigten dazu, zu mächtig zu werden, wenn sie der Rivalität und Kontrolle des Earls enthoben waren. Auch wenn es ihnen nie im Traum einfiel, sich der königlichen Macht offen zu widersetzen, so vereitelten sie doch zumindest indirekt deren Ausübung, indem sie Einnahmen für ihre privaten Zwecke nutzten, ihre eigenen Interessen durchsetzten und ihre eigenen Feinde bestraften, während sie im Namen des Königs handelten. Das Amt drohte territorial und erblich zu werden [3] und seine Inhaber strebten die Unabhängigkeit an. Es mussten neue Kontrollen entwickelt werden, um zu verhindern, dass sich diese neue lokale Behörde erneut der Zentralgewalt widersetzt . Es wurden neue Schutzmaßnahmen gefunden, teils in der Organisation des Finanzministeriums, teils in der Vorrichtung, in regelmäßigen Abständen umherziehende Richter auf den Kreis zu entsenden, die Vorrang vor dem Sheriff hatten, Beschwerden gegen seine Missetaten in seinem eigenen County anhörten und es der Krone so ermöglichten, eine zu behalten wachsames Auge auf seine Vertreter. Durch solche Maßnahmen schien Heinrich I. diese Probleme vor seinem Tod fast gelöst zu haben; aber sein Erfolg war eher scheinbar als real.

beide Ämter für sich zu erobern ; Große Grafen wie Ralph von Chester und Geoffrey von Essex zwangen den König, sie nicht nur als Sheriffs in ihren eigenen Titulargrafschaften zu bestätigen, sondern ihnen auch das ausschließliche Recht zu verleihen, dort als Richter zu fungieren.

Mit der Thronbesteigung Heinrichs II. Dank seiner Energie und Genialität wurde das Problem zufriedenstellender gelöst oder zumindest noch einmal in den Hintergrund gedrängt. Dieser große Herrscher war stark genug, um die Ausbreitung des Erbprinzips zu verhindern, das sowohl auf Ämter des Haushalts als auch auf örtliche Beamte angewendet wurde. Die Sheriffs wurden häufig ausgewechselt, nicht nur durch die drastische und einzigartige Maßnahme, die als Inquest of Sheriffs bekannt ist, sondern auch systematisch und als normales Mittel der Verwaltung. Die lokale Regierung blieb vorerst in ordnungsgemäßer Untertanenhaltung der Krone; und nach und nach löste sich das Problem von selbst. Die Macht der Sheriffs nahm im 13. Jahrhundert tendenziell ab, vor allem weil sie wichtige Rivalen nicht nur in den umherziehenden Richtern fanden, sondern auch in zwei neuen Offizieren, von denen man erstmals unter Richard I. hörte, den Vorläufern des modernen Coroner und Friedensrichter bzw. Alle Befürchtungen, dass die Sheriffs als Verwaltungsoberhäupter der Bezirke die praktische Unabhängigkeit der Krone durchsetzen würden, waren damit zu Ende. Dennoch blieb jeder von ihnen ein kleiner Tyrann über die Bewohner seiner eigenen Vogtei. Während die Krone in der Lage und willens war, jede direkte Vernachlässigung ihrer eigenen Interessen zu rächen, war sie nicht immer wachsam genug, um das ihren bescheidenen Untertanen zugefügte Unrecht zu rächen. Das Problem der Kommunalverwaltung verlor für die Krone schnell an Bedeutung und nahm eine neue Form an, nämlich die Notwendigkeit, die Schwachen vor ungerechtfertigten Geldstrafen und Unterdrückungen zu schützen, die ihnen von den örtlichen Richtern auferlegt wurden. Die lokale Macht des Sheriffs stellte für den Monarchen nicht mehr eine Quelle der Schwäche dar, sondern war zu einem wirksamen Teil der Maschinerie geworden, die es der Krone ermöglichte, ungestraft ihre ständig steigenden Steuern zu erheben.

III. Wilhelm I. bis Heinrich II. – Problem von Kirche und Staat.

Die nationale Kirche befand sich schon früh in einem stillschweigenden Bündnis mit der Krone. Die freundliche Hilfe einer langen Reihe staatsmännischer Prälaten von Dunstan an aufwärts hatte der angelsächsischen Monarchie einen Großteil ihrer geringen Stärke verliehen. Vor der Eroberung war die Verbindung zwischen Kirche und Staat so eng gewesen, dass niemand daran dachte, eine scharfe Trennlinie zwischen ihnen zu ziehen. Was später zu zwei getrennten Einheiten wurde, die immer mehr in aktiven Gegensatz gerieten, waren zunächst nur zwei Aspekte eines Ganzen – eines Ganzen, das alle Klassen des Volkes umfasste, sowohl in ihren geistigen als auch in ihren zeitlichen Beziehungen. Mit der normannischen Eroberung kam es zwangsläufig zu Veränderungen, als die englische Kirche in engeren Kontakt mit Rom und den auf dem Kontinent vorherrschenden kirchlichen Idealen kam. Dennoch kam es zu keiner grundlegenden Änderung; Die freundschaftlichen Beziehungen, die die englischen Prälaten an den englischen Thron verbanden, blieben intakt, während englische Kirchenmänner weiterhin nach Canterbury und nicht nach Rom suchten, um Führung zu erhalten. Die Kirche behielt im neuen Reich Wilhelms des Eroberers mehr nationalen Charakter als in jeder anderen Nation Europas.

Dankbarkeit gegenüber dem Papst für seine moralische Unterstützung bei der Eroberungsarbeit änderte nie Wilhelms Entschlossenheit, keine ungerechtfertigte päpstliche Einmischung in seine neuen Herrschaftsgebiete zuzulassen. Sein sowohl freimütiger als auch höflicher Brief als Antwort auf päpstliche Forderungen ist noch erhalten. „Ich weigere mich, Treue zu halten, und werde es auch nicht tun, weil ich es weder versprochen habe, noch finde ich, dass meine Vorgänger es euren Vorgängern angetan haben.“ Den Petersgroschen war er bereit, zu dem von seinen sächsischen Vorgängern anerkannten Satz zu zahlen; aber alle Übergriffe würden höflich zurückgewiesen.

Bei der Besiedlung des Landes, das nun unter seiner Herrschaft stand, fand der Herzog der Normandie seinen wertvollsten Berater in einem ehemaligen Abt der normannischen Abtei von Bec, den er zum Primas von ganz England erhob. Über einen ernsthaften Streit zwischen William und Lanfranc liegen uns keine Aufzeichnungen vor.

Die im Wesentlichen freundschaftlichen Beziehungen zwischen ihren Nachfolgern in den Ämtern des Königs und des Erzbischofs blieben bestehen, ungeachtet Anselms Verurteilung der bösen Taten von Rufus. Anselm unterstützte nachdrücklich die Autorität des Königs über die normannischen Magnaten, auch wenn er sich über seine bösen Praktiken gegenüber der Kirche ärgerte. Er begnügte sich mit einem würdevollen Protest (der durch den Rückzug seiner Anwesenheit aus England noch verstärkt wurde) gegen die neuen Anforderungen an die englischen Prälaten und gegen die langen Zeiträume, in denen offene Stellen unbesetzt blieben. Als Anselm nach Rufus' Tod aus einer Art ehrenvoller Verbannung nach Rom zurückkehrte, um Heinrich bei der Aufrechterhaltung der Ordnung und der friedlichen Thronbesteigung zu helfen, sah sich Anselm durch sein Gewissen und die jüngsten Beschlüsse eines Laterankonzils gezwungen, sich auf den großen Kampf einzulassen die Investituren. Kirche und Staat lösten sich allmählich voneinander; aber in mancher Hinsicht waren die geistigen und weltlichen Kräfte noch immer unauflöslich miteinander verbunden. Insbesondere war jeder Bischof ein Vasall des Königs, Inhaber einer Kronbaronie sowie ein Prälat der Heiligen Kirche. Von wem sollte dann ein Bischof ernannt werden, von der geistlichen oder von der weltlichen Macht? Konnte er ohne Sünde den Gütern seines Stuhls huldigen? Wer sollte ihn mit Ring und Krummstab ausstatten, den Symbolen seines Amtes als Seelenhirte? Anselm vertrat die eine, Heinrich die andere. Ein glücklicher Kompromiss, der durch die Staatskunst des Königs angeregt wurde, heilte den Bruch vorerst. Der Ring und der Krummstab als Abzeichen geistlicher Autorität sollten nur von der Kirche verliehen werden, aber jeder Prälat musste dem König die Treue erweisen, bevor er diese Symbole erhielt, und musste danach seine Ehrerbietung erweisen, jedoch bevor er tatsächlich zum Bischof gesalbt wurde. Die kanonische Wahl wurde nominell vom König zugestanden; aber auch hier wurde eine praktische Kontrolle ersonnen, um diese Macht unschädlich zu machen. Den Mitgliedern des Domkapitels wurde das theoretische Recht zuerkannt, zu ernennen, wen sie wollten, aber eine solche Ernennung muss am Königshof oder in der Kapelle erfolgen, um dem mächtigen Monarchen vollständige Kenntnis des Geschehens und die Möglichkeit zu geben, anwesend zu sein und dabei zu sein praktisch die Auswahl seines eigenen Kandidaten erzwingen.

Die Kirche gewann während der Regierungszeit Stephans stark an Macht und verdiente die Macht, die sie erlangte, da sie das einzige stabile Zentrum einer guten Regierung blieb, während alle anderen Institutionen um sie herum zusammenbrachen. Es war nicht unnatürlich, dass Kirchenmänner neue Ansprüche vorbrachten, und wir stellen fest, dass sie die später so berühmte Losung „daß die Kirche frei sein sollte" übernahmen, eine unbestimmte Phrase, die zweifellos dazu bestimmt war, in der Magna Carta verankert zu werden. Der Umfang der so beanspruchten Immunität wurde nie klar definiert, und diese Unbestimmtheit war wahrscheinlich beabsichtigt, da eine dehnbare Formulierung erweitert werden könnte, um mit den ständig wachsenden Ansprüchen der Kirche Schritt zu halten. Kirchenmänner machten jedoch deutlich, dass sie damit mindestens zwei Grundsätze einschließen wollten – jene Rechte, die später als „Vorteile des Klerus" bzw. „kanonische Wahl" bekannt wurden.

Der Versuch Heinrichs II., eine klare Definition zu erzwingen, die 1164 in den Verfassungen von Clarendon verankert wurde, scheiterte deutlich, hauptsächlich weil seine Pläne nach der Ermordung Beckets scheiterten. Doch obwohl die Rechte der Kirche seit den Tagen Stephans theoretisch unverändert blieben, spürten sie den Druck, den Heinrichs energischer Arm gegen alle Ansprüche auf Privilegien ausübte. Die theoretisch gleichen Rechte schrumpften auf kleinere praktische Grenzen, gemessen an der Stärke Heinrichs im Vergleich zur Schwäche Stephanus . Die kanonischen Wahlen blieben somit am Ende der Regierungszeit Heinrichs II. bestehen. die gleiche Farce wie zu Zeiten Heinrichs I. Die „Wahl" oblag dem Kapitel des vakanten Stuhls; aber der König sagte ihnen deutlich, wen sie wählen sollten. Die anderen Rechte der Kirche, die sie am Ende der Regierungszeit von Henry Plantagenet tatsächlich genoss, unterschieden sich nicht wesentlich von denen, die in den Verfassungen von Clarendon festgelegt waren, obwohl diese weder von Canterbury noch von Rom offiziell anerkannt wurden. So standen die Dinge zwischen Kirche und Staat, als Heinrich seinen Söhnen den englischen Thron vermachte. Es blieb Johns überstürzter Provokation und seinem schnellen und feigen Rückzug überlassen, um eine neue Definition der Grenze zwischen den spirituellen und den weltlichen Mächten zu erzwingen.

IV. Richard I. und John.

Heinrich II. hatte vor seinem Tod die Aufgabe erfüllt, die Ordnung wiederherzustellen, zu der ihn das Schicksal berufen hatte. Um dies zu erreichen, hatte er einen Regierungsapparat von seltener Exzellenz zur Perfektion gebracht, der gleichermaßen gut für Zwecke der Besteuerung, der Rechtsprechung und der allgemeinen Verwaltung geeignet war. So groß die Macht dieses neuen Instruments zum Guten in den Händen eines weisen und gerechtigkeitsliebenden Königs war, so mächtig zum Bösen war es in den Händen eines arroganten und ungerechten oder sogar eines nachlässigen Monarchen. Alle alten Feinde der Krone waren vernichtet worden. Die Kommunalverwaltung, wie sie jetzt systematisiert ist, bildete eine Quelle der Stärke, nicht der Schwäche; während die Kirche, deren höchste Ämter nun mit Beamten besetzt waren, die in Heinrichs eigenem Haushalt und der Staatskasse ausgebildet waren (Geistliche nur dem Namen nach, im Gegensatz zu heiligen Mönchen wie Anselm), immer noch der enge Freund der Krone blieb. Die Monarchie war stark genug, sich jedem Teil der Nation zu widersetzen, und unter den Ständen des Reiches war noch keine Neigung erkennbar, gemeinsame Sache gegen den Thron zu machen.

Die Gründlichkeit, mit der die Krone all ihre anfänglichen Schwierigkeiten überwunden hatte, löste bei Heinrichs Nachfolgern, Männern, die im Purpur geboren wurden, ein übertriebenes Sicherheitsgefühl und die Tendenz aus, sich durch übermäßige Arroganz zu übertreffen. Gleichzeitig bereitete gerade die Erniedrigung der verschiedenen Faktoren der Nation, die jetzt unter der Ferse der Krone lagen, sie darauf vor, ihr gegenseitiges Misstrauen zu zerstreuen und ein stillschweigendes Bündnis zu schließen, um sich mit ihrem gemeinsamen Unterdrücker zu verbünden. Die Befugnisse, die Heinrich in Maßen und im Großen und Ganzen für nationale Zwecke einsetzte, wurden von seinen Söhnen nacheinander für rein egoistische Zwecke missbraucht. Richards hohe Besteuerung und seine verächtliche Gleichgültigkeit gegenüber englischen Interessen versöhnten die Menschen nach und nach mit Gedanken an Veränderung und bereiteten die Grundlage für eine gemeinsame Opposition gegen eine Macht, die drohte, alle anderen Mächte zu Pulver zu zermahlen.

In keinem Bereich waren diese Missbräuche so schwerwiegend zu spüren wie im Steuerbereich. Der Finanzapparat war bis zur Perfektion ausgefeilt, und durch eine zusätzliche Umdrehung der Schraube konnten aus jeder Schicht des Landes große zusätzliche Summen herausgequetscht werden. Richard brauchte sich darüber nicht einmal zu ärgern, da die Minister, die seine Instrumente waren, ihn vor der Unbeliebtheit seiner Maßnahmen schützten, während er im Ausland in Kriegen und Turnieren seinem eigenen Vergnügen nachging, ohne sich auch nur dazu herabzulassen, die von ihm behandelten

Untertanen zu besuchen unterdrückt. Während seiner zehnjährigen Herrschaft besuchte Richard England nur zweimal, jeweils für einige Monate.

In seiner Abwesenheit wurden neue Besteuerungsmethoden entwickelt und neue Vermögensklassen dieser Besteuerung unterworfen; Insbesondere persönliche Gegenstände – Handelswaren und andere Besitztümer – die nur einmal zuvor (im Jahr 1187 für den Saladin-Zehnten) unter Kontribution gestellt worden waren, wurden nun zu einer regelmäßigen Einnahmequelle des Königs. Dem isolierten Präzedenzfall der Regentschaft Heinrichs folgte man gerne, als die Nation eine außerordentlich schwere Last tragen musste, um das Lösegeld für Richards Freilassung aus dem Gefängnis aufzubringen. Die Herzlichkeit, mit der England Opfer brachte, um dem Monarchen in seiner Not beizustehen, richtete sich gegen die Steuerzahler. Richard zeigte keine Dankbarkeit; und da er keinerlei freundliches Interesse an seinen Untertanen hatte, argumentierte er, dass das, was einmal bezahlt worden war, genauso gut noch einmal bezahlt werden könne. So bildete er sich übertriebene Vorstellungen von den aus England zu erwirtschaftenden Einnahmen. Aus dem Ausland sandte er eine Forderung nach der anderen an seine überlasteten Richter und forderte immer größere Geldbeträge. Die wichtigsten Lehren aus der Herrschaft hängen mit dieser übermäßigen Besteuerung und der daraus resultierenden Unzufriedenheit zusammen, die den Weg für die neue Gruppierung der politischen Kräfte unter Johannes bereitete.

Einige kleinere Lektionen können erwähnt werden:

(1) In Richards Abwesenheit fiel der Zorn für seine Forderungen auf seine Minister zu Hause, die damit die Last seiner eigenen gefühllosen Schultern trugen, während er sich aufgrund seines Mutes und seiner Leistungen, so übertrieben diese auch waren, einer unverdienten Popularität erfreute Heiligenschein der Romantik, der einen fernen Helden umgibt. Daraus lässt sich eine schwache Vorahnung der Doktrin der ministeriellen Verantwortung ableiten, auch wenn solche Analogien zur modernen Politik nicht zu weit getrieben werden dürfen.

(2) Während der gesamten Regierungszeit wurden viele Teile von Heinrichs System, technische Details der Besteuerung und Reformen in der Rechtspflege, von Erzbischof Hubert Walter ausgearbeitet. Prinzipien, die eng mit dem Schwurgerichtsverfahren einerseits und mit Wahl und Vertretung andererseits verbunden waren, wurden stillschweigend entwickelt und sollten in anderen Zeitaltern eine wichtige Rolle spielen.

(3) Von Richard wird manchmal behauptet, er habe das goldene Zeitalter der Kommunen eingeläutet. Zweifellos zeugen viele noch erhaltene Urkunden von der großzügigen Hand, mit der er den entstehenden Städten zumindest auf dem Papier Konzessionen und Privilegien gewährte. John Richard Green

sieht das wahre Interesse der Regierung nicht in den Kreuzzügen des Königs und den französischen Kriegen, sondern vielmehr darin, dass er sich um das Wachstum kommunaler Unternehmen kümmerte. Die Bedeutung der Folgen einer solchen Politik wird nicht durch die Tatsache geschmälert, dass Richard aus schmutzigen Motiven handelte – er verkaufte Privilegien, die allzu oft rein nomineller Natur waren, da er alles andere verkaufte, was einen Preis bringen würde.

Der Tod Richards am 6. April 1199 brachte mindestens eine wichtige Veränderung mit sich; England sollte nicht länger von einem Abwesenden regiert werden. John, der ebenso ungeduldig gegenüber Kontrolle wie inkompetent war, versuchte, sich von den Zwängen mächtiger Minister zu befreien, und beschloss, die Regierungsarbeit auf seine eigene Weise zu leiten. Das Ergebnis war ein abruptes Ende der in der vorherigen Regierungszeit erzielten Fortschritte in Richtung ministerieller Verantwortung. Der Hass, der sich einst auf Richards Richter erschöpfte, richtete sich nun auf John. Während Männer zuvor in einem Ministerwechsel Wiedergutmachung gesucht hatten, konnten solche vergeblichen Erwartungen nicht mehr täuschen. Zu den lange verärgerten Verletzungen kam ein neues Element der Bitterkeit hinzu, und die Adligen, die die hohe Besteuerung zu spüren bekamen, waren gezwungen, in einer völlig neuen Richtung Wiedergutmachung zu suchen. Alle Kräfte der Unzufriedenheit spielten offen um den Thron.

Wie es bei Beginn einer neuen Herrschaft üblich ist, hofften die Unzufriedenen, dass ein Herrscherwechsel Erleichterung bringen würde. Die übermäßige Besteuerung der späten Regierungszeit war das Ergebnis außergewöhnlicher Umstände. Es wurde erwartet, dass der neue König zu den weniger belastenden finanziellen Maßnahmen seines Vaters zurückkehren würde. Solche Hoffnungen wurden schnell enttäuscht. Johns Bedürfnisse erwiesen sich als ebenso groß wie die von Richard, und das Geld, das er erhielt, wurde für Zwecke verwendet, die niemandem außer ihm selbst zusagten. Die überhöhten Anforderungen sowohl an Geld als auch an Dienstleistungen, gepaart mit der unpopulären Verwendung dieser Mittel, bilden den Grundgedanken der gesamten Herrschaft. Sie bilden auch den Hintergrund der Magna Carta.

Die Herrschaft gliedert sich natürlicherweise in drei Perioden; die Jahre, in denen Johannes einen verlorenen Krieg mit dem König von Frankreich führte (1199–1206), der Streit mit dem Papst (1206–13), der große Kampf Johannes mit den Baronen (1213–16).

Die ersten sieben Jahre verliefen für England vergleichsweise ereignislos, abgesehen von der allmählich zunehmenden Abneigung gegen John und all seine Wege. Die kontinentalen Herrschaftsgebiete drohten zu verlieren, und

Johannes beschleunigte die Katastrophe durch seine Ungerechtigkeit und Zögerlichkeit. Die Leichtigkeit, mit der die Normandie verloren ging, zeigt mehr als nur die Unfähigkeit des Königs als Herrscher und Anführer – John Softsword, wie ihn zeitgenössische Schriftsteller verächtlich nennen. Es zeigt, dass die Feudalarmee der Normandie den englischen Souverän als einen fremden Monarchen betrachtete und sich weigerte, zur Unterstützung der Herrschaft eines Ausländers zu kämpfen. Auch die mangelnde Bereitschaft der englischen Adligen, John aktiv zu unterstützen, hat ihre Bedeutung. Die Nachkommen der Männer, die Wilhelm I. bei der Eroberung Englands halfen, hatten nun jegliches Interesse an dem Land verloren, aus dem sie kamen. Sie waren jetzt rein englische Landbesitzer und unterschieden sich stark von den ursprünglichen normannischen Baronen, deren Interessen ebenso wie ihre Ländereien auf beiden Seiten des Kanals gleichmäßig verteilt waren.

Der Tod von Erzbischof Hubert Walter im Juli 1205 beraubte König Johann der Dienste des erfahrensten Staatsmannes Englands. Es bewirkte mehr, denn es markierte das Ende der langen Freundschaft zwischen der englischen Krone und der Nationalkirche. Die unmittelbare Folge war die Schaffung einer Stelle, deren Besetzung zu einem erbitterten Streit mit Rom führte.

John versäumte es, wie üblich, die Verdienste fähigerer Männer anzuerkennen, und sah im Tod seines großen Justiziars und Erzbischofs nur die Aufhebung einer unwillkommenen Zurückhaltung und die Eröffnung einer wünschenswerten Schirmherrschaft für die Krone. Er bereitete sich darauf vor, bei der Wahl eines Nachfolgers für den Sitz von Canterbury das Äußerste von seinen Rechten zu verlangen, und zwar zugunsten eines seiner eigenen Geschöpfe, eines gewissen John de Grey, der bereits durch königlichen Einfluss Bischof von Norwich war. Unerwarteter Widerstand gegen seinen Willen leisteten die Kanoniker der Domkirche, die sich zu einer mutigen Politik entschlossen, nämlich ihr nominelles Recht auf kanonische Wahl in die Realität umzusetzen und ihren eigenen Kandidaten zu ernennen, ohne auf die Zustimmung des Königs zu warten oder die Zusammenarbeit der Suffraganbischöfe der Provinz, die während der letzten drei Vakanzen den Anspruch auf Teilnahme an der Wahl geltend gemacht und stets ihren Einfluss zugunsten des Kandidaten des Königs geltend gemacht hatten. Reginald, der Subprior, wurde heimlich von den Mönchen gewählt und eilte ins Ausland, um in Rom eine Bestätigung zu erhalten, bevor die Ernennung veröffentlicht wurde. Reginalds Eitelkeit hinderte ihn daran, sein Versprechen der Geheimhaltung einzuhalten, und ein Gerücht drang an Johns Ohr, der Druck auf die Mönche ausübte, die nun Angst vor ihrer eigenen Kühnheit hatten, und de Greys Ernennung bei einer zweiten Wahl sicherte. Der Bischof von Norwich wurde tatsächlich in Canterbury inthronisiert und vom König mit den weltlichen Befugnissen des

Bischofssitzes ausgestattet. Alle Parteien schickten nun Vertreter nach Rom. Dieser etwas kleinliche Streit nützte keinem der ursprünglichen Streitparteien; für den klugen Innozenz III. erkannte schnell die Gelegenheit zur päpstlichen Vergrößerung. Beide Wahlen wurden durch ein Dekret der päpstlichen Kurie annulliert, und die Abgesandten der verschiedenen Parteien wurden gezwungen oder überredet, dort und dann in Anwesenheit des Papstes den Kandidaten des Papstes zu ernennen, einen gewissen Kardinal, der in England geboren, aber bisher wenig bekannt war England, Stephen Langton mit Namen, war dazu bestimmt, eine wichtige Rolle in der zukünftigen Geschichte seines Geburtslandes zu spielen.

Johannes weigerte sich, diesen Triumph der päpstlichen Arroganz im Lichte eines Kompromisses zu betrachten – die Ansicht, die Innozenz diplomatisch vertreten hatte. Der König stürzte sich mit dem für seine Rasse typischen heißen Blut und dem schlechten Urteilsvermögen, das ihm eigen war, kopfüber in einen Streit mit Rom, den er jedoch nicht zu einem erfolgreichen Abschluss bringen konnte. Die Einzelheiten des Kampfes, die vom Papst verhängten Verbote und Exkommunikationen und die Vergeltungsmaßnahmen des Johannes gegen den unglücklichen englischen Klerus müssen nicht besprochen werden, da sie keinen direkten Einfluss auf die Hauptverschwörung haben, die in Runnymede ihren Höhepunkt fand.

Johannes mangelte es zwar nicht an einem gewissen Maß an Scharfsinn, einer selbstsüchtigen und kurzsichtigen Art, aber es mangelte ihm völlig an weitsichtiger Staatskunst. Eines Tages sollte er die Früchte dieses Streits in bitterer Demütigung und der Niederlage seiner liebsten Ziele ernten; aber im Moment schien der Bruch mit Rom zu einem Triumph für den König zu führen. Die päpstlichen Übergriffe lieferten ihm einen geeigneten Vorwand, um das Eigentum des Klerus zu beschlagnahmen. So wurde seine Staatskasse reichlich aufgefüllt, während er eine Zeit lang in der Lage war, seine erbittertsten Gegner, die nördlichen Barone, zu versöhnen, indem er mehrere Jahre lang die verhasste Bürde einer Scutage erließ, die in anderen Perioden seiner Herrschaft dazu neigte, eine zu werden jährliche Auferlegung. John hatte jedoch nicht die Absicht, auf sein Recht zu verzichten, die Praxis der jährlichen Scutages wieder aufzunehmen, wann immer es ihm passte. Im Gegenteil, er führte eine Maßnahme durch, die darauf abzielte, sie künftig lohnender zu machen. Dies war die große Dienstinquestur, die am 1. Juni 1212 angeordnet wurde. [4]

In diesen Jahren ließ John jedoch vorübergehend den Druck auf seine feudalen Pächter nach. Dadurch konnte er nichts von ihrem Wohlwollen zurückgewinnen, während er die Basis künftigen Widerstands verbreiterte, indem er seine Unterdrückung auf den Klerus und durch ihn auf die Armen verlagerte.

Einige Vorfälle im Herbst 1212 bedürfen einer kurzen Bekanntmachung, sowohl aus eigenem Interesse als auch weil sie in den Worten der Magna Carta ein Echo finden. Es gab ernsthafte Probleme mit Wales. Llywelyn (der Johns leibliche Tochter Joan geheiratet und seine Macht unter dem Schutz des englischen Königs gefestigt hatte) nutzte nun die Gelegenheit, um die Grenze zu überschreiten, während John seine Pläne für eine neue Kontinentalexpedition vorbereitete. Der König änderte seine Pläne und bereitete sich darauf vor, seine Truppen nach Wales statt nach Frankreich zu führen. Für September wurde in Nottingham eine Versammlung einberufen, und John ging dorthin, um sie zu treffen. Bevor er Fleisch probierte, erhängte er, wie uns in der anschaulichen Erzählung von Roger von Wendover erzählt wird, achtundzwanzig walisische Geiseln, Jungen aus adliger Familie, die er als Bürgen dafür ansah, dass Llywelyn den Frieden wahren würde. [5]

Fast unmittelbar danach trafen gleichzeitig zwei Boten aus Schottland und Wales mit unerwarteten Neuigkeiten ein. Johns Tochter Joan und der König von Schottland warnten ihn jeweils unabhängig voneinander, dass seine englischen Barone unter dem Schutz der Absolution des Papstes von ihrer Loyalität zum Aufstand bereit seien und ihn entweder töten oder an die Waliser verraten würden. Der König wagte es nicht, ihnen eine so gute Gelegenheit zu bieten. In Panik löste er die Feudalabgaben auf; und zog nur in Begleitung seiner Söldner langsam zurück nach London. [6]

Zwei der Barone, Robert Fitz-Walter, später Marschall der Armee, die sich später in Runnymede gegen John stellte, und Eustace de Vesci, zeigten, dass sie über Johns Verdacht Bescheid wussten (wenn sie ihn nicht rechtfertigten), indem sie sich heimlich von seinem zurückzogen Gericht und Flucht. Der König ließ sie in ihrer Abwesenheit verbieten, beschlagnahmte daraufhin ihre Ländereien und zerstörte ihre Burgen. [7]

Diese Ereignisse im September 1212 erschütterten Johannes jäh aus dem falschen Sicherheitsgefühl, in das er sich einige Monate zuvor gehüllt hatte. Im Frühjahr desselben Jahres schien er noch immer den vollen Wohlstand zu genießen; und er muss ein mutiger Prophet gewesen sein, der es wagte, wie Peter von Wakefield den baldigen Untergang des Königs vorherzusagen – eine Prophezeiung, deren Hauptinhalt (wenn auch nicht die Einzelheiten) tatsächlich erfüllt wurde. [8]

Johns scheinbare Sicherheit täuschte; er hatte die gegen ihn aufgebotenen Mächte unterschätzt. Noch vor Jahresende war ihm in einem plötzlichen Lichtblick klar geworden, dass der Papst in seinen damaligen Verhältnissen zu stark für ihn war. Es kann durchaus sein, dass Johannes, wenn sein Thron auf einer soliden Grundlage der Liebe seiner Untertanen geruht hätte, den Donner Roms ungestraft getrotzt hätte; aber obwohl er immer noch ein uneingeschränkter Despot war, ruhte sein Despotismus nun auf einem hohlen Fundament. Seine Barone, insbesondere die eifrigen Geister des Nordens, hielten von einer offenen Rebellion nur so lange Abstand, bis sich ihnen eine passende Gelegenheit bot. Die päpstliche Exkommunikation eines Königs entbindete seine Untertanen von ihren Treueeiden, und dies könnte ihre absichtliche Revolte gefährlich und möglicherweise tödlich machen. An diesem kritischen Punkt spielte Innozenz seine wichtigste Karte aus und lud den König von Frankreich ein, als Vollstrecker des Exkommunikationsurteils gegen seinen Bruder König zu fungieren. Johannes erkannte sofort, dass die Zeit gekommen war, Frieden mit Rom zu schließen.

Vielleicht sollten wir die plötzliche Inspiration bewundern, die dem König zeigte, dass sein Spiel gespielt und verloren war, während wir die Demütigung seiner Kapitulation und die frühere Blindheit bedauern, die nicht ein Stück weit nach vorne blicken konnte.

Am 13. Mai 1213 traf Johannes mit Pandulf, dem päpstlichen Legaten, zusammen und akzeptierte bedingungslos seine Forderungen, die er einige Monate zuvor verächtlich abgelehnt hatte. Der Kirche sollte volle Wiedergutmachung geleistet werden. Stephen Langton sollte von seinen verbannten Bischöfen, Freunden und Verwandten in allen Ehren als Erzbischof empfangen werden. Das gesamte Kircheneigentum sollte wiederhergestellt und der entstandene Schaden entschädigt werden. Eine der Nebenbedingungen der Absolution des Johannes war die Rückgabe der Besitztümer an Eustace de Vesci und Robert Fitz-Walter, von denen sie überzeugt waren, dass Innozenz aufgrund ihrer Loyalität gegenüber Rom verwirkt worden war. [9]

Johns Demütigung hörte auch hier nicht auf. Zwei Tage später verzichtete er auf die Kronen von England und Irland und empfing sie erneut als Lehnsherren des Papstes, wobei er versprach, persönliche Huldigungen zu leisten, falls die Gelegenheit dies erlaubte. Dies war der Preis, den der König nun für das aktive Bündnis des Papstes gegen seine Feinde im In- und Ausland zu zahlen bereit war, da die frühere Unterwerfung lediglich die Exkommunikation freigekauft hatte. John hoffte, sich so aus seinen wachsenden Schwierigkeiten zu befreien und sich so an seinen fürstlichen Feinden rächen zu können. Die Übergabe der Krone wurde in einem formellen Rechtsdokument festgehalten, das von John „mit dem gemeinsamen Rat unserer Barone" erstellt werden sollte. Waren das bloß formelle Worte? Möglicherweise war dies bei der ersten Verwendung der Fall; doch zwei Jahre später behaupteten die Gesandten der aufständischen Barone in Rom, dass der Kredit (so behaupteten sie es jetzt) für die gesamte Transaktion bei ihnen liege. Vielleicht stimmten die Barone der Kapitulation zu, weil sie dachten, dass die Ernennung des Papstes zum Oberherrn Englands die Einwohner vor der unverantwortlichen Tyrannei von John schützen würde; während Johannes hoffte (mit besserem Grund, wie die Ereignisse zeigten), dass die Freundschaft des Papstes seine Fähigkeit erhöhen würde, seinen bösen Willen auf seine Feinde auszuüben. Jedenfalls scheint es zum Zeitpunkt der Übergabe von niemandem aktiven Widerstand oder Protest gegeben zu haben. Dieser für spätere Autoren so abstoßende Schritt scheint von den Zeitgenossen nicht als Schande empfunden worden zu sein. Tatsächlich beschreibt Matthew Paris, der in der nächsten Generation schreibt, es als „eine Sache, die man für alle Zeiten verabscheuen muss"; Aber dann waren die Ereignisse zu Matthews Zeiten gereift, und er war eher ein eifriger Politiker als ein unparteiischer Zuschauer. [10]

Stephen Langton, der nun sicher war, dass er in dem hohen Amt, in das er gegen Johns Willen gedrängt worden war, willkommen geheißen wurde, landete in Dover und wurde am 20. Juli 1213 vom König in Winchester empfangen. John schwor auf die Evangelien, die Heilige Kirche zu schätzen und zu verteidigen , um die guten Gesetze Edwards wiederherzustellen und allen Menschen ihre Rechte zu gewähren, indem sie praktisch die Worte des Krönungseids wiederholen. Darüber hinaus versprach er, für alles Eigentum, das der Kirche oder den Kirchenmännern entzogen wurde, Wiedergutmachung zu leisten. Dieser Eid mit dem dazugehörigen Versprechen war die Bedingung für seine Freisprechung, vorläufig von Langton und formeller von einem Legaten, der eigens zu diesem Zweck aus Rom entsandt wurde.

V. Die Jahre der Krise, 1213–15.

Für eine kurze Zeit, nachdem Johannes seinen Frieden mit Rom geschlossen hatte, schien er sich über erhebliche Früchte seiner Diplomatie zu freuen. Wieder einmal wurde die Kurzsichtigkeit seiner Fähigkeiten deutlich; Ein kurzer Triumph führte zu einem tieferen Sturz. Der König war im Moment mit einiger Vernunft davon ausgegangen, dass er die Herrschaft über seine Feinde im In- und Ausland wiedererlangt hatte. Philipps drohende Invasion musste aufgegeben werden; das Volk bekräftigte seine Treue zur Aufhebung des päpstlichen Urteils; Die Barone mussten sich so gut sie konnten versöhnen und warteten auf eine bessere Gelegenheit zum Aufstand. Wenn John sich auf seine inneren Angelegenheiten beschränkt hätte, hätte er die endgültige Explosion vielleicht hinausgezögert; er konnte sich jedoch nicht mit dem Verlust des großen kontinentalen Erbes seiner Vorfahren abfinden. Seine Versuche, die Normandie und Anjou zurückzugewinnen, teils mit Waffengewalt, teils durch eine große Koalition, führten zu neuen Forderungen und neuem Murren, endeten jedoch mit einem völligen Scheitern, was ihn diskreditiert und mittellos der Gnade der Unzufriedenen auslieferte heim.

Sein geplanter Feldzug in Poitou würde alle Abgaben erfordern, die er aufbringen konnte. Mehr als einmal forderte Johannes ihren Lehnsdienst, und seine Barone lehnten ihn ab. Es wurden viele Ausreden vorgebracht. Zunächst lehnten sie es ab, einem König zu folgen, der noch nicht vollständig freigesprochen worden war. Doch als Erzbischof Stephan am 20. Juli 1213 den päpstlichen Tadel gegen John in Winchester aufhob, nachdem er versprochen hatte, eine gute Regierung zu haben, weigerten sich die nördlichen Barone immer noch. Ihr neues Argument bestand darin, dass die Besitzverhältnisse, die sie über ihr Land besaßen, sie nicht dazu zwangen, im Ausland zu dienen. Sie fügten hinzu, dass sie durch Expeditionen innerhalb Englands bereits erschöpft seien. [11]

Johannes betrachtete dies als offenen Widerstand und beschloss, mit Truppen im Rücken (*per vim et arma*) den Gehorsam zu erzwingen.

Bevor seine Vorbereitungen abgeschlossen waren, hatte sich am 4. August eine wichtige Versammlung in St. Albans getroffen, um eine eidesstattliche Untersuchung über das Ausmaß des Schadens durchzuführen, der den Kirchenmännern während der Jahre von Johns Streit mit Rom zugefügt wurde. Die Versammlung ist nicht nur aufgrund des Anlasses ihrer Einberufung, sondern auch aufgrund ihrer Zusammensetzung bemerkenswert. Es ist der früheste Nationalrat, in dem das Prinzip der Vertretung anerkannt wurde (soweit unsere Aufzeichnungen vorliegen). [12] Vier rechtmäßige Männer und der Vogt aus jedem Dorf oder Herrenhaus auf dem königlichen Anwesen waren anwesend, aber, das muss man bedenken, nur in sehr bescheidenem Umfang – nur um eine eidesstattliche Untersuchung über die Höhe des Schadens durchzuführen Erledigt. Solche Untersuchungen durch die einfachen Vertreter der Dörfer waren vor Ort durchaus üblich; Die Neuerung liegt darin, dass ihr Urteil nun in einer Nationalversammlung gefällt wurde. Auf derselben Versammlung wurden im Namen des Königs Anweisungen erlassen, in denen Sheriffs, Förster und andere angewiesen wurden, die Gesetze Heinrichs I. einzuhalten und sich ungerechter Forderungen zu enthalten, da sie ihre Gliedmaßen und ihr Leben wertschätzten. [13]

Am 25. August, nachdem John mit seinen Söldnern aufgebrochen war, um mit Waffengewalt die Weigerung seiner nördlichen Magnaten zu bestrafen, ihm auf den Kontinent zu folgen, wozu er sie aufgrund ihrer feudalen Verpflichtungen verpflichtet hatte, hielt Stephen Langton eine Versammlung ab mit den großen Männern des Südens. Viele Bischöfe, Äbte, Prioren und Dekane sowie einige Laienmagnaten der südlichen Grafschaften trafen ihn in St. Paul's in London. Das angebliche Ziel dieser Versammlung bestand darin, zu bestimmen, welchen Gebrauch der Erzbischof von seiner Macht machen sollte, um eine teilweise Lockerung des Interdikts zu gewähren, das noch immer seinen Schandfleck über England ausübte – das nicht endgültig aufgehoben werden konnte, bis der Legat mit umfassenderen Befugnissen eintraf. Wenn wir Roger von Wendover glauben dürfen, wurden in Abwesenheit des Königs wichtigere Geschäfte abgewickelt. Stephen erinnerte die Magnaten daran, dass Johns Absolution an das Versprechen einer guten Regierung geknüpft war, und als Maßstab für die Beurteilung der Bedeutung einer solchen Regierung legte er eine Kopie der Charta der Freiheiten Heinrichs I. vor. Alle Anwesenden schworen, „für diese Freiheiten zu kämpfen, wenn es nötig wäre, sogar bis zum Tod." Der Erzbischof versprach seine Hilfe, „und da zwischen ihnen ein Bündnis geschlossen worden war, wurde die Konferenz aufgelöst." [14]

Stephen Langton wünschte sich jedoch, wenn möglich, eine friedliche Lösung, und drei Tage später finden wir ihn nach einer etwas eiligen Reise am 28. August in Northampton, wo er ernsthaft und mit Erfolg versucht, einen Bürgerkrieg zwischen John und dem zu verhindern widerspenstige Kronpächter im Norden.

Seine Argumentation verdient besondere Beachtung. Er drängte darauf, dass der König seinen Untertanen keinen Krieg auferlegen dürfe, bevor er ein gerichtliches Urteil gegen sie erwirkt habe. Der Inhalt dieses Ratschlags sollte mit den Bestimmungen von Kapitel 39 der Magna Carta verglichen werden. John ärgerte sich über die Einmischung von Stephen in Laienangelegenheiten und setzte seinen Marsch nach Nottingham fort; aber die Androhung neuer Exkommunikationen veranlasste ihn schließlich dazu, zuzustimmen, die Gewalt durch ein Gerichtsverfahren zu ersetzen und einen Tag für den Prozess gegen die Säumigen vor der Curia Regis festzulegen – *ein* Prozess, der nie stattfand. [15]

Offensichtlich setzte John seine Reise bis nach Durham fort, kehrte aber zurück, um den neuen päpstlichen Legaten Nicholas zu treffen, dem er am 3. Oktober in St. Paul's die versprochene Hommage erwies und den formellen Akt der Kapitulation wiederholte. [16] Nachdem er so sein Bündnis mit dem Papst vollendet hatte, war er zuversichtlich, seine Feinde in Frankreich und England besiegen zu können. Da die meisten, wenn nicht alle, der großen Magnaten gegen ihn waren, sah er, dass es gut wäre, seine Position durch die Unterstützung der Klasse unter ihnen im feudalen System der Gesellschaft zu stärken. Vielleicht war es das, was John dazu veranlasste, die Basis der Nationalversammlung zu verbreitern. Der große Rat, der am 15. November 1213 in Oxford zusammentrat, zeichnete sich dadurch aus, dass neben den Kronpächtern auch Vertreter der verschiedenen Grafschaften anwesend waren. Die Sheriffs sollten nach den Worten des Königs veranlassen, alle bereits einberufenen Ritter (d. h. die Kronpächter) und vier diskrete Männer jeder Grafschaft „ad loquendum nobiscum de negotiis regni nostri" zu *versammeln* . Miss Norgate [17] betont die Tatsache, dass diese Verfügungen nach dem Tod des großen Justizbeamten Geoffrey Fitz-Peter und vor der Ernennung eines Nachfolgers erlassen wurden. John, so argumentiert sie, handelte aus eigener Initiative und gebührt daher das Verdienst, der erste Staatsmann zu sein, der Vertreter der Landkreise in die Nationalversammlung entsandte. Die Bedeutung dieses Präzedenzfalls muss nicht durch die selbstsüchtigen Beweggründe, auf die er zurückzuführen war, verdeckt werden. Ritter, die Pächter von Mesne-Lords waren (Miss Norgate sagt „Yeomen"), wurden eingeladen, als Gegengewicht zu den Baronen zu fungieren. Diese Neuerung nahm den späteren Fortschritt von de Montfort und Edward I. vorweg. Im Vergleich dazu müssen die oft gelobten Bestimmungen von Kapitel 14 der Magna Carta als antiquiert und sogar reaktionär angesehen werden.

Im Frühjahr 1214 betrachtete John seine häuslichen Probleme als beendet und konnte nun die durch seine Diplomatie gebildete Koalition gegen Frankreich einsetzen. Anfang Februar reiste er ins Ausland und ließ Peter des Roches, den unbeliebten Bischof von Winchester, zurück, um gemeinsam mit dem päpstlichen Legaten den Frieden als Justiciar zu wahren und seine Interessen zu wahren. Obwohl Johann von den nördlichen Baronen verlassen wurde, verließ er sich teilweise auf seine Söldner, vor allem aber auf Kaiser Otto und seine anderen mächtigen Verbündeten. Das immer wankelmütige Glück war ihm zunächst zugute, um am Ende alle seine Pläne noch mehr zunichte zu machen. Der Absturz ereignete sich am Sonntag, dem 27. Juli 1214, als der König von Frankreich in der entscheidenden Schlacht von Bouvines über die Verbündeten triumphierte. Drei Monate später war John gezwungen, einen fünfjährigen Waffenstillstand mit Philip zu unterzeichnen und alle Ansprüche aufzugeben, seine kontinentalen Herrschaftsgebiete zurückzugewinnen.

Er hatte zu Hause Feinde zurückgelassen, die gefährlicher waren als diejenigen, die ihn bei Bouvines besiegten – Feinde, die mit zitternder Spannung die Wechselfälle seines Schicksals im Ausland beobachtet hatten. Seine früheren Erfolge lösten bei den Unzufriedenen in England Bestürzung aus, da sie Angst vor der wahrscheinlichen Fortsetzung seiner triumphalen Heimkehr hatten. Mit Sorge, aber nicht untätig, warteten sie auf den Höhepunkt seines Feldzugs und hielten sich klugerweise von einer offenen Rebellion fern, bis ihnen die Nachricht von seinem Scheitern oder Erfolg zu Ohren kam. In der Zwischenzeit organisierten sie im Stillen ihr Reformprogramm und ihre Widerstandsmaßnahmen. Johns energische Bemühungen, Geld und Dienste einzufordern, während er seine Staatskasse nicht wie erhofft füllte, hatten die schlummernde Feindseligkeit zu einer aktiven Konföderation zum Widerstand herangereift. Als England den Ausgang der Schlacht erfuhr, glaubten die Barone, dass der Moment zum Handeln gekommen sei.

Selbst im Ausland hatte John seine Bemühungen, Forderungen aus England zu erzwingen, nicht nachgelassen. Ohne Zustimmung oder Vorwarnung hatte er dem Ritterhonorar einen Scutage in der beispiellosen Höhe von drei Mark auferlegt. Am 26. Mai 1214 waren die Bescheide für die Einziehung erlassen worden, wobei tatsächlich eine Ausnahme für Pächter vorgesehen war, die persönlich in der Armee des Königs in Poitou anwesend waren. Die nördlichen Barone, die sich bereits geweigert hatten, persönlich zu dienen, weigerten sich nun ebenfalls, die Scutage zu bezahlen. Diese Ablehnung wurde in besonders kühnen und umfassenden Worten ausgedrückt; Sie lehnten die Verpflichtung ab, dem König nicht nur nach Poitou, sondern in jeden Teil des Kontinents zu folgen. [18]

Als John Mitte Oktober 1214 zurückkehrte, sah er sich mit einer in der englischen Geschichte einzigartigen Krise konfrontiert. Während seiner Abwesenheit hatten sich die Gegner seiner Missherrschaft zusammengefunden, ihre Beschwerden formuliert und ihre Pläne ausgereift. Die Peinlichkeiten auf dem Kontinent, die den König schwächten, ermutigten die Opposition. Die nördlichen Barone übernahmen die Führung. Ihr Kelch des Zorns, der sich schon lange füllte, strömte über, als die Strafe von drei Mark verhängt wurde. Innerhalb von zwei Wochen nach seiner Landung führte John am 4. November 1214 in Bury St. Edmunds ein Interview mit den Unzufriedenen. [19] Es wurde kein Kompromiss erzielt. John drängte auf Zahlung der Scutage, und die Barone lehnten ab.

Es scheint wahrscheinlich, dass nach Johns Rücktritt eine Konferenz privaterer Art abgehalten wurde, bei der unter dem Vorwand, die Abtei zum Gebet zu besuchen, eine Verschwörung gegen John geschworen wurde. Roger von Wendover gibt einen anschaulichen Bericht darüber, was passiert ist. Die Magnaten kamen „wie zum Gebet" zusammen; Aber da war noch etwas anderes in der Sache, denn nachdem sie viele geheime Gespräche geführt hatten, wurde in ihrer Mitte die Urkunde von König Heinrich I. hervorgebracht, die dieselben Barone in London erhalten hatten ... von Erzbischof Stephen von Canterbury. " [20] Es wurde ein feierlicher Eid abgelegt, ihnen die Treue zu entziehen (eine Drohung, die am 5. Mai des folgenden Jahres tatsächlich in Kraft trat) und gegen den König Krieg zu führen, es sei denn, er gewährte ihnen Freiheiten; und ein Termin – kurz nach Weihnachten – wurde festgelegt, an dem sie ihre formellen Forderungen stellen sollten. In der Zwischenzeit trennten sie sich, um sich auf den Krieg vorzubereiten. Der König erkannte auch, dass ein Rückgriff auf die Waffen unmittelbar bevorstand. Während er versuchte, Söldner zu sammeln, versuchte er erfolglos, Zwietracht unter seinen Gegnern zu säen. Insbesondere hoffte er, die Feindseligkeit der Kirche durch eine gesonderte Charta, die er am 21. November herausgab, loszuwerden. Dies soll „im gegenseitigen Einvernehmen unserer Barone" gewährt worden sein. Ihr Ziel war es, die Kirche zu befriedigen, indem sie die kanonische Wahl von einer Scheinwahl in die Realität umwandelte. Die Wahl von Prälaten, ob groß oder klein, sollte von nun an in allen Dom- und Konventskirchen und Klöstern wirklich frei sein, wobei der Krone das Vormundschaftsrecht während vakanter Stellen vorbehalten blieb. Johannes versprach, seine Zustimmung zu einer Wahl niemals zu verweigern oder zu verzögern, und übertrug den Wählern die Befugnis, im Falle einer Wahl ohne ihn vorzugehen. Der König wurde bitter enttäuscht von seiner Hoffnung, dass er durch diese Bestechung die Landeskirche von der Seite der Barone auf die eigene Seite bringen würde.

John wusste wahrscheinlich genau, was nach seiner Abreise in St. Edmunds geschah, und er wusste auch, dass das Ende des Jahres der Zeitpunkt war, an dem Forderungen gestellt werden sollten. Er verbrachte ein wohl sorgenvolles Weihnachtsfest in Worcester (immer ein beliebter Ruheort dieses Königs), blieb aber nur einen Tag und eilte zum Tempel in London, wo ihm die Nähe des Towers ein Gefühl der Sicherheit geben würde . Dort traf ihn am 6. Januar 1215 eine Abordnung der Aufständischen, ohne zu verheimlichen, dass ihre Forderungen mit Gewalt untermauert wurden. Zu diesen Forderungen gehörten, so sagten sie ihm, die Bestätigung der Gesetze von König Edward und der in Henrys Charta festgelegten Freiheiten.

Auf Anraten des Erzbischofs und des Marschalls, die als Vermittler fungierten, bat Johannes um einen Waffenstillstand bis Ostern, der gegen das Versprechen gewährt wurde, dann eine angemessene Entschädigung zu leisten. Als Wertpapiere des Königs wurden der Erzbischof, der Marschall und der Bischof von Ely benannt.

Am 15. Januar überreichte Johannes der Kirche erneut die Charta und verlangte von allen seinen Untertanen eine Erneuerung der Huldigung. Die Sheriffs in jedem Bezirk wurden angewiesen, den Eid in einer besonders strengen Form abzulegen; Alle Engländer müssen nun schwören, „gegen alle Menschen an seiner Seite zu stehen". Inzwischen wurden von beiden Seiten Abgesandte nach Rom entsandt. Eustace de Vesci, als Sprecher der Unzufriedenen, forderte Innozenz als Oberherr von England auf, Johannes zur Wiederherstellung der alten Freiheiten zu zwingen, und verlangte eine Prüfung mit der Begründung, dass die Übergabe von Johannes an den Papst unter dem von ihnen auf den König ausgeübten Druck erfolgt sei – alles ohne Wirkung. Johannes dachte daran, den Papst durch die Annahme des Kreuzes zu besänftigen, eine politische Maßnahme (deren Datum von einer Autorität als 2. Februar und von einer anderen als 4. März angegeben wird), die auch dazu dienen sollte, ihn vor persönlicher Gewalt zu schützen, und die Folgendes ermöglichte: er, wie mehrere Kapitel der Magna Carta gut verdeutlichen, eine fruchtbare Entschuldigung für die Verzögerung bei der Behebung von Missbräuchen. Im April trafen sich die nördlichen Barone, überzeugt davon, dass der Moment zum Handeln gekommen war, in Stamford mit Waffen und marschierten nach Ostern (als der Waffenstillstand abgelaufen war) südwärts nach Brackley in Northampton. Dort wurden sie am 27. April vom Erzbischof und dem Marschall als Abgesandte des Königs empfangen, die verlangten, was sie wollten. Sie erhielten als Antwort einen bestimmten Zeitplan und brachten ihn mit zu John zurück, der zum größten Teil aus alten Gesetzen und Bräuchen des Reiches bestand, mit der zusätzlichen Drohung, dass die Rebellen Zwang ausüben würden, wenn der König sein Siegel nicht sofort anbringen würde ihn, indem er seine Burgen, Ländereien und Güter beschlagnahmte. [21]

Dieser Zeitplan kann als grober Entwurf des Dokuments angesehen werden, das sechs Wochen später ausführlicher ausgearbeitet wird und allgemein als „Artikel der Barone" bekannt ist. [22]

Als John diese Forderungen las, antwortete er mit Nachdruck. „Warum fordern die Barone nicht mit diesen ungerechten Forderungen mein Königreich?" Dann erklärte er wütend mit einem Eid, dass er ihnen niemals solche Freiheiten gewähren würde, wodurch er sich zum Sklaven machen würde. [23]

Am 5. Mai verzichteten die Barone offiziell auf die Treue [24] und wählten Robert Fitz-Walter zum Kommandeur, der sich fromm und hochtrabend als „Marschall der Armee Gottes und der Heiligen Kirche" bezeichnete.

Die Aufständischen, die immer noch am Rande eines Bürgerkriegs zitterten, zögerten, nach Süden zu marschieren. Vieles würde von der Haltung Londons mit seinem Reichtum und seiner zentralen Lage abhängen; und John bat hoch um die Unterstützung seiner Bürger. Am 9. Mai wurde den Londonern eine neue Charta [25] verliehen, die nun ein lang ersehntes Privileg erhielten, nämlich das Recht, ihren Bürgermeister jährlich zu wählen und ihn am Jahresende abzusetzen. Dies markierte den Höhepunkt einer langen Reihe progressiver Zuschüsse zu ihren Gunsten. Zuvor hatte der Bürgermeister sein Amt auf Lebenszeit inne, und Henry Fitz-Aylwin, der erste Amtsinhaber (vielleicht 1191 ernannt), war 1213 gestorben.

Für diese Charter wurde offenbar kein Preis gezahlt; aber John erwartete im Gegenzug zweifellos die dankbare Unterstützung der Londoner, genau wie er die Unterstützung von Kirchenmännern erwartet hatte, als er zweimal eine Charta zu ihren Gunsten erteilte. In beiden Fällen war er enttäuscht. Am nächsten Tag unterbreitete er den Baronen, wahrscheinlich als Verzögerung, ein Schlichtungsangebot. Während die militärischen Vorbereitungen in vollem Gange waren, erließ er ein Schreiben mit folgenden Worten: „Wissen Sie, dass wir unseren Baronen, die gegen uns sind, zugestanden haben, dass wir sie oder ihre Männer nicht nehmen oder vernichten und auch nicht per *vim vel per arma* gegen sie vorgehen werden. ", es sei denn durch das Gesetz unseres Landes oder durch das Urteil ihrer Standesgenossen *in curia nostra* , bis vier, die wir unsererseits wählen werden, und vier, die sie ihrerseits wählen werden, und der Lordpapst, der … werden über sie herfallen" – Worte, die einen sorgfältigen Vergleich mit denen in Kapitel 39 der Magna Carta verdienen. Das Angebot konnte nicht ernst genommen werden, da es die Entscheidung über alle wichtigen Fragen praktisch dem Papst überließ, dem die Barone misstrauten. [26]

Ein weiterer königlicher Erlass von zwei Tagen später zeigt einen raschen Politikwechsel, der zweifellos auf die verächtliche Ablehnung des Schiedsverfahrens zurückzuführen ist. Am 12. Mai befahl John den Sheriffs, genau das zu tun, was er angeboten hatte, nicht zu tun. Ihnen wurde gesagt, sie sollten gewalttätige Maßnahmen gegen die Rebellen ergreifen, ohne auf ein „Urteil ihrer Kollegen" oder andere Formalitäten zu warten. Ländereien, Güter und Eigentum der Feinde des Königs sollten beschlagnahmt und zu seinen Gunsten verwendet werden. [27]

Die Barone lehnten alle Angebote ab und marschierten über Northampton, Bedford und Ware in Richtung der Hauptstadt. London schloss sich trotz der acht Tage zuvor erhaltenen Charta kühn den Aufständischen an, denen es am 17. Mai seine Tore öffnete. [28] Dem Beispiel Londons folgten schnell andere Städte und viele zögerliche Adlige. Die Konföderierten fühlten sich stark genug, Briefe an alle zu richten, die noch dem König anhingen, in denen sie sie aufforderten, ihn unter Androhung des Verfalls zu verlassen.

John war im Moment ohne die Möglichkeit, wirksamen Widerstand zu leisten; und stimmte einem Treffen mit seinen Gegnern zu, wahrscheinlich um Zeit zu gewinnen, anstatt sich unwiederbringlich einer Einschränkung seiner Vorrechte zu verpflichten. Als Voraberteilung erteilte er am 8. Juni den Vertretern der Barone ein sicheres Geleit für ein Treffen mit ihm in Staines innerhalb der folgenden drei Tage. Dies war offenbar zu kurzfristig, denn am 10. Juni gewährte John, jetzt in Windsor, eine Fristverlängerung und sicheres Geleit bis Montag, den 15. Juni. Wilhelm der Marschall und andere Gesandte wurden von Windsor mit einer Botschaft der Kapitulation zu den Baronen nach London geschickt. Den Baronen wurde gesagt, dass John „den Gesetzen und Freiheiten, die sie verlangten, freiwillig zustimmen würde", wenn sie einen Ort und einen Tag für ein Treffen festlegen würden. Die Vermittler, um es mit den Worten von Roger von Wendover zu sagen, [29] „brachten den Baronen ohne Arglist die Botschaft zurück, die ihnen betrügerisch aufgezwungen worden war" – was andeutete, dass John keine Versprechungen machen wollte, außer solche, die unaufrichtig waren. Doch die Barone, *immenso fluctuantes gaudio* , bestimmten als Zeitpunkt des Treffens den letzten Tag des verlängerten Waffenstillstands, Montag, den 15. Juni, auf einer bestimmten Wiese zwischen Staines und Windsor, bekannt als Runnymede.

VI. Runnymede und danach.

Am 15. Juni trafen sich der König und die Barone. Auf der Seite der Aufständischen erschien ein großes Heer; Auf Seiten des Monarchen handelte es sich lediglich um eine kleine Gruppe von Magnaten, die der Person des Königs treu ergeben waren, ihn aber bestenfalls halbherzig unterstützten. Ihre Namen können in der Präambel der Charta gelesen werden: Der Anführer unter ihnen, Stephen Langton, nominell immer noch neutral, war dafür bekannt, dass er in voller Sympathie mit den Rebellen stand.

Dr. Stubbs [30] behauptet, dass das gesamte Baronat Englands in diese aufwühlenden Ereignisse verwickelt war, und gibt eine meisterhafte Analyse seiner auffälligeren Mitglieder in vier große Gruppen: (1) die Northumbrani oder Norenses der Chronisten, Namen, die in der Geschichte berühmt sind nördliche Grafschaften, die als erste die Fahne des offenen Aufstands erhoben hatten und die ganze Zeit über die Führung behielten; (2) die anderen Adligen aus allen Teilen Englands, die sich schon früh zur Zusammenarbeit mit den Nordländern bereit gezeigt hatten – „die großen Baronialfamilien, die klug genug gewesen waren, die feudalen Bestrebungen ihrer Vorfahren aufzugeben, und die aufstrebenden Häuser, die aus dem Ministeradel hervorgegangen waren"; (3) die gemäßigte Partei, die, bereit, die aufgehende Sonne anzubeten, John verließ, nachdem London sich den Rebellen angeschlossen hatte, darunter sogar der Halbbruder des Königs (der Earl of Salisbury), der treue Marschall Hubert de Burgh und andere Minister von die Krone, deren Namen in der Präambel der Charta aufgeführt sind; und (4) die Werkzeuge von Johns Missregierung, meist Männer ausländischer Herkunft, die sowohl aus Interesse als auch aus persönlicher Loyalität an John gebunden waren, da ihre Differenzen mit den Baronialführern zu tief gingen, um eine Versöhnung zu ermöglichen, von denen die meisten namentlich gebrandmarkt wurden in der Magna Carta als für immer unfähig, ein Amt im Reich zu bekleiden. Allein diese Männer mit verzweifeltem Schicksal blieben mit ganzem Herzen auf Johns Seite, als die Krise kam. [31]

Als die Konferenz begann, befand sich die vierte Gruppe nicht in der Nähe von John, da sie anderweitig mit dem Kommando über Burggarnisonen oder tatsächlich im Feld befindliche Truppen beschäftigt war; die dritte Gruppe, eine kleine, war bei ihm; und die erste und die zweite Gruppe stellten sich in ihrer imposanten Stärke gegen ihn auf.

Leider hindert uns die Unbestimmtheit zeitgenössischer Berichte daran, den Fortschritt der Verhandlungen an jenem ereignisreichen 15. Juni und den wenigen darauffolgenden Tagen mit Sicherheit wiederzugeben. Einige Schlussfolgerungen lassen sich jedoch aus den Worten der vollständigen

Charta selbst und denen mehrerer eng damit zusammenhängender Dokumente ziehen. Einer davon, die Artikel der Barone, [32] wird manchmal in seinen Bestimmungen mit dem Zeitplan identisch sein, der den Abgesandten des Königs bereits am 27. April in Brackley vorgelegt worden war. [33] Wahrscheinlicher ist jedoch, dass in den inzwischen vergangenen sieben ereignisreichen Wochen die ursprünglichen Forderungen etwas abgewandelt wurden. Es ist nicht unwahrscheinlich, dass dieser Zeitraum genutzt wurde, um die Bedingungen der vorgeschlagenen Vereinbarung vollständiger und spezifischer zu gestalten. Der Zeitplan vom April war wahrscheinlich nur ein grober Entwurf der Artikel, wie wir sie kennen, und diese bildeten wiederum den neuen Entwurf, auf dem die fertige Charta basierte. Artikel und Charta werden gleichermaßen mit dem Abdruck des großen Siegels des Königs beglaubigt, ein unbestreitbarer Beweis dafür, dass die Bedingungen jedes einzelnen von ihnen tatsächlich seine offizielle Zustimmung erhalten haben.

Diese Tatsache lässt die starke Vermutung zu, dass zwischen der Annahme des ersten durch den König und der endgültigen Fertigstellung des zweiten eine Zeitspanne verstrichen sein muss; denn es wäre absurd gewesen, das, was praktisch ein Entwurf war, gleichzeitig mit dem Hauptinstrument zu versiegeln. Die Wahrscheinlichkeit eines solchen Intervalls darf bei jedem Versuch, die Phasen der Verhandlungen in Runnymede in chronologischer Reihenfolge zu rekonstruieren, nicht außer Acht gelassen werden.

Einige unbestrittene Tatsachen bilden einen Ausgangspunkt, auf dem Schlussfolgerungen basieren können. Johns Hauptquartier war von Montag, dem 15. Juni, bis zum Nachmittag des Dienstag, dem 23., in Windsor stationiert. An jedem dieser neun Tage (möglicherweise mit Ausnahme des 16. und 17.) besuchte er Runnymede, um sich mit den Baronen zu beraten. [34]

Zwei entscheidende Etappen dieser Verhandlungen wurden eindeutig am Montag, dem 15. (dem Datum, das in der Magna Carta selbst festgelegt ist) und am Freitag, dem 19. (dem Tag, an dem Johannes in mehr als einer Schrift feststellte, dass der Frieden geschlossen worden sei) erreicht. Was an jedem dieser beiden Tage genau geschah, ist allerdings zum Teil Gegenstand von Vermutungen. Hier wird mit einiger Zuversicht behauptet, dass am Montag der Inhalt der Forderungen der Barone vorläufig angenommen und die Artikel dann versiegelt wurden; Am Freitag wurde diese Vereinbarung schließlich bestätigt und die Magna Carta selbst in mehreren Ausfertigungen besiegelt.

Um diese Schlussfolgerungen zu rechtfertigen, ist eine detailliertere Prüfung der verfügbaren Beweise erforderlich. Das früheste Treffen zwischen John und den Baronialführern fand, da sind sich alle Autoritäten einig, am Montag, dem 15. Juni, statt, wahrscheinlich am frühen Morgen. Die Barone kamen zweifellos mit einer genauen Liste der Beschwerden, die sie unbedingt beheben wollten, zur Konferenz. Am 27. April zuvor hatten die Rebellen einen schriftlichen Zeitplan an den König geschickt, zusammen mit der Aufforderung, dass er seine Annahme durch Anbringen seines Siegels zum Ausdruck bringen sollte; [35] Sie dürften am 15. Juni nicht weniger gut vorbereitet gewesen sein.

John seinerseits würde natürlich eine Politik der Ausflüchte und Verzögerungen versuchen; und wenn diese eindeutig nutzlos waren, würde er sich bemühen, Änderungen der angebotenen Bedingungen zu erreichen. Diese Taktik hatte keinen Erfolg. Seine Gegner forderten eine klare Akzeptanz ihrer klar geäußerten Forderungen. Noch vor Einbruch der Dunkelheit sah sich John, beeindruckt von ihrer Standhaftigkeit und der Zahl der Streitkräfte hinter ihnen, zur Kapitulation gezwungen. Er überließ kleinere Detailfragen der späteren Anpassung und akzeptierte vorläufig den Inhalt der langen Liste von Reformen, die ihm von den Baronen vorgelegt wurden, unter der Voraussetzung, dass sie ihre Treue erneuern und ihm eine gewisse Sicherheit geben würden, dass sie den Frieden wahren würden. Als Beweis für diesen Handel wurden die Kopfzeilen des Abkommens rasch mit der Zahl 49 in Pergament eingraviert, und das große Siegel wurde in das Wachs des Etiketts eingeprägt, wo es noch heute zu sehen ist. [36]

Das Pergament mit diesen Artikeln der Barone könnte der identische Zeitplan gewesen sein, der tatsächlich von den Rebellenführern vor dem Treffen erstellt wurde; aber wahrscheinlicher ist, dass es während der Konferenz am 15. (oder zwischen zwei Konferenzen an diesem Tag) in Runnymede von einem der Angestellten der königlichen Kanzlei verfasst wurde. Dies steht eher im Einklang mit der Überschrift (von derselben Hand geschrieben und offenbar gleichzeitig mit dem Hauptteil der Urkunde): *Ista sunt capitula quae barones petunt et dominus rex concit* .

Wahrscheinlich folgte es genau den Worten des Baronialplans; aber es könnte einige geringfügige Änderungen zugunsten der Krone enthalten haben. Zumindest ein solcher wurde offenbar nachträglich eingefügt (vielleicht auf Intervention des Königs oder eines seiner Freunde); Die Artikel 45 und 46 wurden in ihrer ursprünglichen Fassung später durch eine grobe Klammer verbunden und ein qualifizierender Vorbehalt hinzugefügt, der dem Erzbischof praktisch die Befugnisse eines Schiedsrichters einräumte, zu entscheiden, ob beide Artikel zugunsten der Krone geändert werden sollten oder nicht. [37] Das gesamte Dokument befindet sich in fließender Handschrift und scheint schnell, aber sorgfältig geschrieben worden zu sein. Es muss mehrere Stunden gedauert haben, es mit einem Federkiel auf Pergament zu zeichnen; aber ein fleißiger Kopist würde es nicht außerhalb seiner Kräfte finden, die Aufgabe an einem Tag zu erledigen.

Am Dienstag, Mittwoch und Donnerstag wurde weiter über Einzelheiten verhandelt; bei der Reduzierung der bereits akzeptierten Vertragsinhalte auf die verbindlichere Form einer Feudalurkunde; und zur Erhöhung der Sicherheit mehrere Kopien anfertigen. Für eine endgültige Regelung am Freitag, den 19., war jedoch alles bereit. Auf der an diesem Tag abgehaltenen Konferenz umfasste der Abschluss der endgültigen Einigung wahrscheinlich mehrere Schritte; unter anderem die Ernennung von 25 Baronen als Testamentsvollstrecker gemäß Kapitel 61 durch die Opposition mit stillschweigender Zustimmung des Königs, [38] die feierliche Versiegelung und Übergabe mehrerer Originalexemplare der Großen Charta in ihrer endgültigen Fassung Ablegen eines Eides durch alle Parteien, sich an die Bestimmungen zu halten, und Herausgabe der ersten Reihe von Weisungsschreiben an die Sheriffs.

Blackstone [39] glaubt, dass die Barone an diesem Tag ihre Treue- und Huldigungseide erneuerten. Es ist wahrscheinlicher, dass sie sich offiziell weigerten, den Treueschwur zu schwören, bis Johannes die in der Magna Carta versprochenen dringenderen Reformen tatsächlich durchgeführt hatte, sich jedoch vor den Anhörungen der beiden Erzbischöfe und anderer Prälaten verpflichteten, den Frieden zu wahren und stellen Sie zu diesem Zweck Sicherheit in jeder Form, die John nennen könnte, außer nur durch Übergabe ihrer Burgen oder Geiseln. [40]

Die Aussage, dass Freitag, der 19. Juni, der Tag war, an dem endlich Frieden geschlossen wurde, beruht auf zweifelsfreien Beweisen. Am 21. Juni schrieb John von Windsor aus an Wilhelm von Cantilupe, einen seiner Kapitäne, und wies ihn an , seit dem vorangegangenen Freitag, „an dem Tag, an dem zwischen den beiden Frieden geschlossen wurde, die Zahlung unbezahlter „Tenseries" [[41] nicht durchzusetzen König und seine Barone." [42]

Viele Historiker gehen davon aus, dass der Frieden endgültig geschlossen wurde und die Große Charta tatsächlich am 15. und nicht am 19. besiegelt und ausgestellt wurde. [43] Die Tatsache, dass alle vier noch erhaltenen Exemplare der Magna Carta dieses Datum tragen, scheint in diesem Punkt als absolut schlüssig angesehen worden zu sein. Fachleuten der Diplomatie ist jedoch seit langem bekannt, dass ausführliche Urkunden und andere Dokumente, deren Vorbereitung viel Zeit in Anspruch nahm, in der Regel nicht das Datum ihrer tatsächlichen Ausführung, sondern das Datum des Abschlusses der darin enthaltenen Transaktionen trugen der Datensatz. Rechtsinstrumente waren daher üblicherweise vordatiert (wie es nach der modernen Rechtspraxis zu erwarten wäre). Daher ist es alles andere als sicher, aus der Angabe des Datums in der Magna Carta zu schließen, dass das große Siegel tatsächlich am 15. Juni in Kraft gesetzt wurde.

Die bestehende Vermutung deutet in die andere Richtung. Die Große Charta ist ein langes und ausführliches Dokument, und es ist kaum möglich, dass eines der vier uns bekannten Originale innerhalb eines Tages hätte vertieft werden können (ganz zu schweigen von der Anpassung von Inhalt und Form). Es ist nicht nur viel länger als die Artikel, auf denen es basiert; Aber selbst der beiläufigste Vergleich wird jeden unvoreingenommenen Geist davon überzeugen, dass die Charta langsamer in Anspruch genommen wird. Alle vier Exemplare weisen Zeichen großer Sorgfalt auf, während insbesondere die in Lincoln und Salisbury exquisite Beispiele gemächlicher und aufwändiger Schreibkunst sind. Die sorgfältig ausgearbeiteten Anfangsbuchstaben der ersten Zeile und andere Zierelemente können aufschlussreich mit der schlichten, sachlichen, schnellen Handschrift der Artikel verglichen werden. Wie viele weitere heute verschollene Exemplare mit demselben Datum existierten, lässt sich nicht sagen; aber jeder der noch vorhandenen Texte dürfte durchaus vier Tage in Anspruch genommen haben. [44]

Ein Vergleich zwischen den beiden Dokumenten zeigt nur wenige wesentliche Änderungen im Tenor. [45]

Die einzige herausragende Ergänzung ist die nachdrückliche Einfügung einer allgemeinen Erklärung zugunsten der Freiheit und Rechte der Kirche sowohl am Anfang als auch am Ende der Charta. Die Schlussfolgerung scheint zu sein, dass zwischen der Ausarbeitung des Entwurfs und der Ausarbeitung der Charta ein neuer Einfluss zum Tragen kam. Es waren der Erzbischof von Canterbury und seine Freunde, die das ursprüngliche Manifest des Barons in etwas umwandelten, das eher einer Erklärung der Rechte für die Nation als Ganzes ähnelte. Ein oder zwei geringfügige Änderungen scheinen der Krone leicht zugute zu kommen, [46] während mehrere andere, richtig betrachtet, auf einen für die Städte und Handelsklassen ungünstigen Einfluss schließen lassen. [47]

Zusätzlich zu den verschiedenen Originalen der Charta, die unter dem großen Siegel ausgestellt wurden, sieht Kapitel 62 vor, dass beglaubigte Kopien angefertigt und durch „Letters Testimonial" unter den Siegeln der beiden Erzbischöfe mit dem Legaten und den Bischöfen als korrekt bestätigt werden sollten. Dies wurde zwar getan, das genaue Datum ihrer Ausstellung ist jedoch unbekannt. [48]

Am selben Freitag, an dem die Verhandlungen abgeschlossen wurden, wurden auch die ersten Briefe mit Anweisungen an die verschiedenen Sheriffs verschickt, in denen ihnen mitgeteilt wurde, dass durch Gottes Gnade ein fester Frieden zwischen John und den Baronen und Freemen der Sheriffs geschlossen worden sei Königreich, wie sie anhand der erstellten Charta hören und sehen konnten, die im gesamten Bezirk veröffentlicht und strikt eingehalten werden sollte. Jedem Sheriff wurde außerdem befohlen, alle in seiner Vogtei zu veranlassen, den fünfundzwanzig Baronen oder ihren Anwälten einen Eid gemäß der Form der Charta zu leisten, und außerdem für die Ernennung von zwölf Rittern der Grafschaft im gesamten County Court zu sorgen. damit sie unter Eid alle bösen Bräuche erklären könnten, die einer Reform bedürfen, sowohl der Sheriffs als auch ihrer Diener, Förster und anderer. [49] Dies gelte vor allem für die Behebung von Waldbeschwerden.

Anscheinend vergingen vier Tage, bis ähnliche Briefe, denen Kopien der Charta beigefügt waren, an jeden Sheriff geschickt werden konnten. In denselben Tagen wurden mehrere Schreiben (von denen einige bereits erwähnt wurden) an Militärkommandeure versandt, in denen sie den Befehl erhielten, die Feindseligkeiten einzustellen. Aus einigen Schriftstücken, die größtenteils vom 25. Juni stammen, geht hervor, dass einige unausstehliche Sheriffs abgesetzt wurden, um besseren Männern Platz zu machen. Hubert de Burgh, ein gemäßigter, aber treuer Anhänger und ein allgemein geachteter Mann, wurde zum Justiziar im Amt des verhassten Peter des Roches ernannt. Am 27. Juni wies ein weiterer Erlass die Sheriffs und die gewählten Ritter an, alle, die sich weigerten, innerhalb von vierzehn Tagen den fünfundzwanzig Testamentsvollstreckern zu schwören, mit der Einziehung von Ländereien und Eigentum zu bestrafen. Alle diese verschiedenen Anweisungen können als Teil der Regelung vom 19. Juni angesehen werden und wurden mit der größtmöglichen Geschwindigkeit versandt.

Auch nach der Einigung am Freitag blieben einige kleinere Streitpunkte bestehen. Die Barone weigerten sich, sich ohne wesentliche Sicherheit zufrieden zu geben, dass die vereinbarten Reformen und Restaurierungen vom König durchgeführt würden; Sie forderten, dass sowohl die Stadt London als auch der Tower of London bis zum 15. August oder länger, wenn die Reformen noch nicht abgeschlossen waren, vollständig unter ihrer Kontrolle bleiben sollten, als Unterpfand von Johns Treu und Glauben . John erhielt eine geringfügige Änderung dieser Forderungen; er übergab die Stadt London seinen Gegnern, wie diese verlangten; stellte den Turm jedoch in die neutrale Obhut des Erzbischofs von Canterbury. Diese Bedingungen wurden in einem Zusatzvertrag verankert, der sich selbst als *Conventio facta inter Regem Angliae et barones ejusdem regni bezeichnet* . [50] Wenn die Barone John misstrauten, war er ihnen gegenüber ebenso misstrauisch und forderte die Sicherheit, die sie für die Erfüllung ihres Teils des ursprünglichen Vertrags versprochen hatten. Er forderte nun eine formelle Charta zu seinen Gunsten, in der sie die Einhaltung des Friedens und ihrer Huldigungseide forderten, die sie jedoch schlicht ablehnten. Der König appellierte erfolglos an die Prälaten. Die Erzbischöfe und mehrere Suffragane legten jedoch formellen

Protest gegen das Versprechen der Barone und die anschließende Weigerung ein, es einzuhalten. [51]

Die beiden Erzbischöfe und ihre Mitprälaten erhoben einen zweiten Protest anderer Art. Sie scheinen beunruhigt zu sein über die drastischen Maßnahmen, die ergriffen wurden oder wahrscheinlich ergriffen werden, basierend auf den Urteilen der zwölf in jedem Landkreis gewählten Ritter, um die verschiedenen Klauseln der Großen Charta gegen Missbräuche der Waldgesetze in die Tat umzusetzen. Offenbar befürchtete man, dass es zu weitreichenden Reformen kommen würde, die praktisch zur vollständigen Abschaffung der königlichen Wälder führen würden. Dementsprechend legten sie ihren Protest offiziell zu Protokoll – zweifellos im Interesse der Krone, da sie das Gefühl hatten, als Vermittler in gewissem Maße auf Fairplay achten zu müssen. Sie wandten sich gegen eine überzogene Auslegung des Wortlauts der Charta und vertraten die Auffassung, dass die fraglichen Artikel als begrenzt zu verstehen seien; alle für den Erhalt der Wälder notwendigen Bräuche sollen in Kraft bleiben. [52]

Bei den genannten Bestimmungen handelte es sich, wie mittlerweile allgemein bekannt ist, um die Kapitel 47, 48 und 53 der Magna Carta selbst und nicht, wie Roger von Wendover feststellt, um eine separate Waldcharta. [53] Der Verfasser wurde zu diesem unglücklichen Fehler verleitet, indem er die von König Johann erteilte Urkunde mit der Neuausstellung durch seinen Sohn im Jahr 1217 verwechselte, als Bestimmungen zur Reform des Forstgesetzes in einer separaten Zusatzurkunde zusammengefasst *wurden*. Seit Rogers Zeit gelten die Urkunden Heinrichs III. wurden in allen Texten und Abhandlungen anstelle der eigentlichen, von Johannes tatsächlich erteilten Urkunde wiedergegeben. Sir William Blackstone war der erste Kommentator, der diesen schwerwiegenden Fehler entdeckte, und er betonte deutlich die gravierenden Unterschiede zwischen den von John und denen seines Sohnes gewährten Bedingungen und zeigte insbesondere, dass der ehemalige König überhaupt keine separate Waldcharta gewährte. [54]

Bevor die Konferenzen in Runnymede zu Ende gingen, schien das Vertrauen in die guten Absichten der fünfundzwanzig Testamentsvollstrecker, das, wie man sich erinnern muss, ausschließlich aus dem Teil des Baronats stammte, der in ihren Ansichten am extremsten und John gegenüber am unfreundlichsten war, völlig verschwunden zu sein verloren. Wenn wir Matthew Paris glauben dürfen, [55] wurde ein zweites Gremium oder Komitee aus 38 Baronen ernannt, das andere und gemäßigtere Teile des Baronats vertrat, um als Kontrolle über die ansonsten allmächtige Oligarchie von 25 Despoten zu fungieren. Falls dieser zweite Ausschuss tatsächlich jemals ernannt wurde, sind weder Einzelheiten über das Datum seiner Wahl noch über die genauen Befugnisse, die ihm übertragen wurden, erhalten geblieben.

Wenn die Rebellenführer bei ihrem Treffen mit dem König am Morgen des 15. Juni damit rechneten, zu einer dauerhaften Beilegung ihrer Streitigkeiten zu gelangen, muss allen vor dem 23. Juni klar gewesen sein, dass Johannes den Handel nur in Ordnung machte um Zeit und Kraft zu gewinnen, um es zu brechen. Drei Wochen bevor Johannes die Magna Carta gewährte, hatte er tatsächlich mit den Vorbereitungen für deren Aufhebung begonnen. In einem an den Papst gerichteten Brief vom 29. Mai ist noch seine eigene Erklärung der Ursachen des Streits zu lesen und wie er mit der ihm eigentümlichen geringen List darauf hinwies, dass die Feindseligkeit der Rebellen die Erfüllung seiner Verpflichtungen verhinderte Kreuzzugsgelübde. Abschließend brachte er seine Bereitschaft zum Ausdruck, sich in allen Streitfragen an die Entscheidung des Papstes zu halten.

Johannes wartete also in Runnymede lediglich auf zwei Ereignisse, die ihn in die Lage versetzen würden, die Maske abzuwerfen – die positive Antwort, die er zuversichtlich vom Papst erwartete, und die Ankunft ausländischer Truppen. Unterdessen war die Verzögerung doppelt zu seinen Gunsten; denn die gegen ihn gebildete Vereinigung würde sich in kurzer Zeit auflösen. Es handelte sich, um es mit den glücklichen Worten von Dr. Stubbs zu sagen, [56] lediglich um eine „Koalition", nicht um eine „organische Union" – eine Koalition, die momentan in der Gefahr war, sich in ihre ursprünglichen Bestandteile aufzulösen. Den Baronen fehlten die nötigen Kriegskräfte, um einen langwierigen Kampf zu einem erfolgreichen Ausgang zu führen. Schon bald bereiteten sich beide Seiten des Friedensvertrages auf einen Krieg vor. Die nördlichen Barone, die erwarteten, dass der König direkt gegen den Pakt verstoßen würde, begannen, ihre Burgen zu befestigen. Johannes schrieb in ebenso böser Absicht für ausländische Verbündete, während er gespannt auf die Antwort des Papstes auf seine Berufung wartete.

Langton und die Bischöfe kämpften immer noch darum, die Harmonie wiederherzustellen. Der 16. Juli wurde für eine neue Konferenz festgelegt. John war nicht anwesend; aber wahrscheinlich wurde auf diesem Konzil in seiner Abwesenheit eine päpstliche Bulle verlesen, die einer dreiköpfigen Kommission – dem Bischof von Winchester, dem Abt von Reading und dem Legaten Pandulf – die volle Vollmacht übertrug, alle „Störer des Königs und des Königreichs" zu exkommunizieren ." Es wurden keine Namen genannt, aber diese Kräfte könnten eindeutig gegen Langton und seine Freunde eingesetzt werden. Die Vollstreckung dieses Urteils verzögerte sich in der grundlosen Hoffnung auf einen Kompromiss bis Mitte September, als zwei der Kommissare, Pandulf und Peter von Winchester, den Erzbischof aufforderten, es zu veröffentlichen; und als er sich weigerte, suspendierten sie ihn im Rahmen ihrer päpstlichen Autorität sofort von seinem Amt. Stephan reiste nach Rom, und seine Abwesenheit zu einem kritischen

Zeitpunkt erwies sich als nationales Unglück. Die Aufständischen verloren in ihm nicht nur ihre Verbundenheit, sondern auch eine gesunde Zurückhaltung. Seine Abwesenheit muss zu den Ursachen der bald stattfindenden royalistischen Reaktion gezählt werden. Nach seiner Abreise traf (Ende September) eine päpstliche Bulle vom 24. August ein. Dies ist ein wichtiges Dokument, in dem Innozenz in den einfachsten Worten die Charta annulliert und aufhebt, nachdem er alle Tatsachen übernommen und alle vom König vorgebrachten Argumente wiedergegeben hat. Beginnend mit einer ausführlichen Beschreibung von Johns Bosheit und Reue, seiner Kapitulation Englands und Irlands, seiner Annahme des Kreuzes, seinem Streit mit den Baronen; Weiter wird die Magna Carta als das Ergebnis einer Verschwörung beschrieben und kommt zu dem Schluss: „Wir verurteilen und verurteilen jede Vereinbarung dieser Art aufs Schärfste und verbieten unter dem Bann unseres Anathemas dem vorgenannten König, sich anzumaßen, sie einzuhalten, und den Baronen und." ihre Komplizen, ihre Erfüllung einzufordern, die Charta selbst sowie die Verpflichtungen und Garantien, die entweder zu ihrer Durchsetzung oder in Übereinstimmung mit ihr übernommen wurden, für nichtig zu erklären und vollständig abzuschaffen, so dass sie zu keinem Zeitpunkt ihre Gültigkeit verlieren." [57]

Eine ergänzende Bulle von einem Tag später erinnerte die Barone daran, dass die Oberhoheit Englands Rom gehörte und dass daher im Königreich ohne päpstliche Zustimmung nichts unternommen werden könne. [58] Danach exkommunizierte Innozenz auf einem Laterankonzil offiziell die englischen Barone, die „Johannes, König von England, Kreuzfahrer und Vasall der Kirche von Rom, verfolgt hatten, indem sie versucht hatten, ihm sein Königreich, ein Lehen des Heiligen Stuhls, wegzunehmen." ." [59]

Unterdessen waren die strittigen Punkte dem groben Schiedsverfahren des Bürgerkriegs unterworfen worden, in dem König John mit der Eroberung von Rochester Castle am 30. November den ersten nennenswerten Erfolg hatte. Die Barone hatten Ludwig, dem Sohn des französischen Königs, bereits Annäherungsversuche gemacht und ihm als Belohnung für seine Hilfe, wenn auch vielleicht nicht ganz aufrichtig, die Krone Englands versprochen. Gegen Ende November trafen etwa siebentausend französische Truppen in London ein, wo sie den Winter verbrachten – einen Winter, den John damit verbrachte, von Ort zu Ort zu marschieren und im Großen und Ganzen Erfolg zu haben, insbesondere im Osten Englands. Johns bester Verbündeter war der Papst, der nicht die Absicht hatte, einem französischen Prinzen zu erlauben, den Thron von jemandem an sich zu reißen, der jetzt sein bescheidener Vasall war. Gualo wurde von Rom zu Philipp, dem König von Frankreich, geschickt, um die Invasion seines Sohnes zu verbieten und um Schutz und Unterstützung für Johannes als päpstlichen Vasallen zu bitten. Philipp, der bestrebt war, der Wucht der

Argumente des Papstes mit einem Interventionstitel zu begegnen, der gewichtiger war als die Einladung einer Gruppe von Rebellen, antwortete mit einer raffinierten Reihe von Fiktionen. Er versuchte, Mängel in Johns Titel als König von England zu finden und zu argumentieren, dass John daher nicht *berechtigt war* , dem Papst die Rechte eines Oberherrn zu gewähren. Unter anderem wurde vorgebracht, dass John wegen Hochverrats verurteilt worden sei, als Richard König war, und dass dieses Urteil den Verfall aller Erbrechte der Krone durch den Verräter mit sich brachte. Somit war der Anspruch des Papstes auf Intervention ungültig, während Prinz Louis seine eigene Einmischung mit einem eingebildeten Recht rechtfertigte, von dem er genialerweise argumentierte, dass es ihm durch die Mutter seiner Frau zugefallen sei.

Johannes hatte sich nicht ausschließlich auf den päpstlichen Schutz verlassen. Eine große Flotte, die in Dover versammelt war, um Louis mit seinen kleineren Schiffen im Hafen von Calais zu blockieren, wurde am 18. Mai 1216 zerstört. Der Kanal war so von englischen Schiffen befreit, und der französische Prinz, der in der Nacht des 20. Mai in See stach, landete als nächstes Morgen ohne Widerstand. John, der auf Söldner angewiesen war, wagte es nicht, sich seiner Landung zu widersetzen. Gualo, jetzt in England, exkommunizierte Ludwig am 28. Mai namentlich und stellte London unter Interdikt. Solche Blitze hatten nun durch häufige Wiederholung ihre Sprengkraft verloren und zeigten keinerlei Wirkung mehr. Am 2. Juni marschierte Ludwig unter Jubelrufen in London ein und marschierte gegen John bei Winchester, das er am 14. Juni erreichte, nachdem John geflohen war. Zehn Tage später ergab sich die alte Hauptstadt Wessex mit ihren Burgen. Am nächsten Tag griff der französische Prinz Dover an, dessen tapferer Verteidiger Hubert de Burgh nach einigen Monaten hartnäckigen Widerstands am 14. Oktober einen Waffenstillstand erwirkte, damit die Garnison mit dem König kommunizieren konnte. Bevor Huberts Boten ihn erreichen konnten, lag John im Sterben. In diesen Monaten, als im Süden das Kriegsurteil gegen ihn ausfiel, hatte er im Norden energisch und nicht ohne Erfolg gehandelt. Das Problem schwankte immer noch in der Schwebe. Eine royalistische Reaktion hatte begonnen. Die Unverschämtheit der französischen Truppen führte dazu, dass die Barone desertierten.

Am 10. Oktober erkrankte John an einer Krankheit, von der er sich nie wirklich erholte, nachdem er von den treuen Bürgern von Lynn exzessiv gefeiert worden war. Neun Tage später starb er in den frühen Morgenstunden des 19. Oktober 1216 in Newark Castle, erschöpft von seinen Kriegen sowie von Aufregung und Kummer, an diesem kritischen Punkt, an dem sich das Schicksal plötzlich hätte wenden können. Sein Tod rettete die Situation und machte einen Kompromiss möglich. Fast sofort kam es zu einer völlig neuen Gruppierung politischer Kräfte innerhalb und außerhalb Englands. Es kam zu einem stillen Kompromiss, bei dem alle Parteien nach und nach zu ihrer natürlichen Loyalität gegenüber dem Sohn von John zurückkehrten, mit der Maßgabe, dass die Charta in ihren Grundzügen als Grundlage seiner Regierung akzeptiert werden sollte. Prinz Louis wurde bald abgesetzt. Auch Rom schloss sich an; Der Tod von Innozenz am 16. Juni 1216 war ebenso günstig wie der Tod von Johannes vier Monate später und beseitigte ein Hindernis auf dem Weg des Friedens. Gualo stimmte im Namen von Innocents Nachfolger der Neuausstellung der Charta durch die Berater des jungen Königs Heinrich zu.

---

1 . R. Hoveden, *Chronica* , II. 218.

2 . Die Einzelheiten dieser Reformen werden *weiter unten* unter der Überschrift „ Königliche Justiz und Feudaljustiz “ ausführlich besprochen, und einige ihrer endgültigen Auswirkungen unter der Überschrift „ Gerichtsverfahren “.

3 . In einer Grafschaft, Westmoreland, wurde das Amt tatsächlich erblich.

4 . Siehe Round, *Commune of London* , *273. Diese Maßnahme wird unten auf* den Seiten 91-2 besprochen .

5 . R. Wendover, III. 239.

6 . W. Coventry, II. 207; R. Wendover, III. 239.

7 . Aufgrund ihres möglichen Zusammenhangs mit dem Wortlaut des berühmten Kapitels 39 der Magna Carta könnte es sich lohnen, den genauen Wortlaut zu zitieren, in dem Ralph de Coggeshall, *Chronicon Anglicanum* , S. 165, beschreibt dieses Ereignis, das er (wahrscheinlich fälschlicherweise) in das Jahr 1213 einordnet: „Rex Eustachium de Vesci et Robertum filium Walteri, in comitatibus tertio requisitos, cum eorum fautoribus utlaghiari fecit, castra eorum subvertit, praedia occupavit.“

8 . Siehe Miss Norgate, *John Lackland* , 170, und die dort zitierten Autoritäten.

9 . *Ebenda.* , 292–3.

10 . Der verstorbene Kardinal Manning besteht in einem Artikel in der *Contemporary Review* vom Dezember 1875 (inzwischen in Buchform veröffentlicht) über den Papst und die Magna Carta darauf, wahrscheinlich zu Recht, dass die zeitgenössische Meinung in der Kapitulation nichts Schändliches sah, sondern eher das Gegenteil.

11 . R. Coggeshall, p. 167.

12 . Stubbs, *Const. Hist.* , I. 566.

13 . R. Wendover, III. 261-2.

14 . Roger von Wendover, III. 263-6. Blackstone (*Große Charta* , Einleitung, S. VI) macht den treffenden Kommentar, dass es unwahrscheinlich erscheint, dass die Entdeckung einer wahrscheinlich bereits bekannten Charta durch den Erzbischof „eine Angelegenheit von solch einer Neuheit und einem solchen Triumph sein sollte".

15 . R. Wendover, III. 262-3.

16 . Die Urkunde, die diesen Akt dokumentiert, kann in *New Rymer* , I. 115 gelesen werden. Sie wurde nicht in vergänglichem Wachs, sondern in massivem Gold versiegelt.

17 . *John Lackland* , 195.

18 . Siehe W. Coventry, II. 217, *dicentes se propter terras quas in England tenent non debere regem extra regum sequi nec ipsum euntem scutagio juvare* . Die Rechtmäßigkeit dieser Behauptung wird *unten auf* den Seiten 83–86 erörtert .

19 . Siehe Miss Norgate, *John Lackland* , S. 221.

20 . R. Wendover, III. 293.

21 . R. Wendover, III. 298.

22 . Ist es nicht möglich, dass die sogenannte „unbekannte Charta der Freiheiten" (siehe *unten* unter Teil V. und Anhang) genau der von Wendover erwähnte Zeitplan war? Es wurde in Form einer Charta verfasst, um für die sofortige Prägung des von ihnen geforderten Siegels bereit zu sein.

23 . R. Wendover, III. 298.

24 . Blackstone, *Große Charta* , S. Xiii. sagt unter Berufung auf die *Annalen von Dunstable* (S. 43), dass sie in Wallingford von einem Kanoniker aus Durham freigesprochen wurden.

25 . Die Charta erscheint *verrottet. Diagramm.* , P. 207. *Vgl.* unter Kapitel 13 *unten* , wo die Rechte der Londoner besprochen werden.

26 . Der Schriftsatz wird im *Rot verfasst. Klopfen.* , 1. 141, und auch in *New Rymer* , I. 128.

27 . Zum Schreiben siehe *Rot. Klaus.* , 204.

28 . Einige Behörden geben als Datum den 24. Mai an. Es muss der 17. gewesen sein; seit *New Rymer* , S. 121, unter dem Datum 18. Mai, druckt ein Schreiben von John, in dem er Rowland Blaot über die Übergabe Londons an die Barone informiert. Darauf folgte am 20. Mai (*NR* , S. 121) ein weiterer königlicher Erlass, der allen Gerichtsvollziehern und anderen Gläubigen befahl, die Londoner auf jede erdenkliche Weise zu belästigen.

29 . III. 301.

30 . *Konst. Hist.* , I. 581-3.

31 . Die einzelnen Namen können bei Stubbs, *ebenda, nachgelesen werden.* ; und Leser, die biografisches Wissen suchen, werden auf Bémont, *Chartes* , 39–40, und für ausführlichere, wenn auch weniger zuverlässige Informationen auf Thomson, *Magna Charta* , 270–322 verwiesen.

32 . Siehe Anhang.

33 . Siehe *oben* , S. 40 .

34 . Bisher kann es keinen Zweifel geben. Entweder in den *Close Rolls* oder in den *Patent Rolls* (siehe dort) sind Kopien eines oder mehrerer Schriftstücke aufbewahrt, die an jedem dieser Tage aus Windsor stammen, und auch eines oder mehrere, die aus Runnymede stammen und auf den 15., 18., 19., 20., 21. und 22. datiert sind und 23. Juni.

35 . R. Wendover, III. 298.

36 . Im British Museum. Siehe *unten* unter Teil V.

37 . Vgl. Blackstone, *Great Charter* , xvii.: „in eiligerer Hand unterschrieben, ... als ob es auf Veranlassung der Beauftragten des Königs nach reiferer Überlegung hinzugefügt worden wäre."

38 . Siehe *unten* in diesem Kapitel.

39 . *Große Charta* , S. xxiv.

40 . Siehe Protest der Erzbischöfe *unten* , S. 52.

41 . Mr. Round erklärt dieses Wort in einem gelehrten Anhang (*Geoffrey de Mandeville* , S. 414) so, dass es „Erpressung" bedeutet, *also* „Geld, das unter dem Vorwand des Schutzes oder der Verteidigung erpresst wird".

42 . Siehe *Rot. Klaus.* , P. 225 (17 John Membran 31). Die Beweise dieses Schreibens stehen nicht allein. In einem anderen Schreiben auf derselben Membran des *Close Rolls* vom 19. Juni informiert John seinen Halbbruder, den Earl of Salisbury, dass er Frieden geschlossen hat, und weist ihn an, bestimmte Ländereien und Burgen sofort wiederherzustellen, wie dies vereinbart worden war eine Bedingung des Friedens. Siehe auch das Schreiben an Stephen Harengod *unten* , S. 49.

43 . Blackstone spricht jedoch (*Große Charta* , xv.) von einer „Konferenz, die mehrere Tage dauerte und erst am Freitag, dem 19. Juni, zu einem Abschluss kam".

44 . Miss Norgate, *John Lackland* , S. 234 stimmt der allgemein verbreiteten Ansicht zu und legt den Montag als den Tag fest, an dem die endgültige

Einigung erzielt wurde. Als Beweis stützt sie sich jedoch auf eine mehr als zweifelhafte Interpretation dessen, was zweifellos ein Fehler in der erscheinenden Kopie einer Urkunde von König John ist auf den *Patentlisten* . Diese Urkunde, die in der Kopie in den *Aktenbüchern* mit dem Datum 18. Juni versehen ist (fälschlicherweise, wie sich sofort zeigen wird), ist an Stephen Harengod gerichtet (in Worten, die denen der bereits zitierten Urkunde aus den an Wilhelm von Cantilupe adressierten *Close Rolls sehr ähneln).* und verkündete *unter anderem* , dass „letzten Freitag" Friedensbedingungen vereinbart worden seien. Miss Norgate behauptet mit Recht, dass irgendwo ein Fehler vorliegen muss, da am Freitag vor dem 18. die Verhandlungen noch nicht einmal begonnen hatten. Sie ist zuversichtlich, dass „das ‚die Veneris', das in der Schrift dreimal vorkommt, in jedem Fall ein unbestreitbarer, wenn auch unerklärlicher Fehler für ‚die Lunae' ist." Dennoch ist es unwahrscheinlich, dass ein Schreiber drei Tage nach einem so bedeutsamen Anschreiben schreibt Das Ereignis könnte den Wochentag verwechselt haben. Es ist unendlich wahrscheinlicher, dass beim Schreiben von xxiij. Er bildete das zweite „x" so nachlässig, dass es vom Anmeldebeamten für ein „v" gehalten wurde. Das korrekte Datum ist somit der 23. und die Referenz bezieht sich auf Freitag, den 19. Diese Vermutung wird zur Gewissheit, wenn man sie mit den Worten des Schreibens an Wilhelm von Cantilupe vom 21. vergleicht (von dessen Existenz Miss Norgate wahrscheinlich nichts wusste).

45 . Blackstone, *Great Charter* , xviii., hat eine sorgfältige Analyse der Unterschiede gegeben.

46 . ZB Kapitel 48 und 52. Für Änderungen, die sich auf die Handelsklassen beziehen, siehe Kapitel 12, 13, 35 und 41 *unten* .

47 . Miss Norgate, *John Lackland* , 233, vertritt eine andere Ansicht und vertritt die Auffassung, dass der Einfluss von Stephen Langton aus einer früheren Zeit stammt. Die Originalartikel „sind offensichtlich nicht die Zusammensetzung der unter Robert Fitz-Walter versammelten Barone", die nie zu „der hohen Konzeption gelangen konnten, die in der Charta verankert ist – der Konzeption eines Vertrags zwischen König und Volk, der gleiche Rechte gewährleisten sollte." jede Klasse und jedes Individuum in der Nation." Die Richtigkeit dieser Schätzung wird *weiter unten besprochen* .

48 . Es ist nicht bekannt, dass ein Exemplar dieses Briefzeugnisses existiert, aber eine Kopie ist auf Folio 234 des *Roten Schatzbuchs erhalten* . Siehe Anhang.

49 . Siehe *Rot. Klopfen.* , I. 180, und *Select Charters* , 306–7.

50 . *New Rymer* , I. 133. Siehe Anhang. Es ist undatiert, muss aber später sein als die Briefe an die Sheriffs bezüglich der Wahl von zwölf Rittern, auf die es anspielt.

51 . *Verrotten. Klopfen.* , P. 181. Da wir für unser Wissen über diesen wichtigen Protest auf ein Exemplar angewiesen sind, das auf der Rückseite einer Membran einer offiziellen Liste eingraviert ist (Nr. 18 aus Johns 17. Lebensjahr), ist es möglich, an seiner Echtheit zu zweifeln; Es ist jedoch unwahrscheinlich, dass es sich um eine reine Fälschung handelt.

52 . Siehe *Rot. Klopfen.* und *New Rymer* , I. 134.

53 . Siehe R. Wendover, III. 302-318.

54 . *Große Charta* , S. xxi.

55 . *Chron. Maj.* , II. 605-6.

56 . Stubbs, *Const. Hist.* , II. 3.

57 . Der Originalbulle mit dem noch angebrachten Siegel Innozenz wird im British Museum aufbewahrt (Cotton, Cleopatra E 1) und sorgfältig gedruckt von Bémont, *Chartes des Libertés Anglaises* , S. 41. Es kann *unter anderem auch* bei Rymer und Blackstone gelesen werden.

58 . Der Text stammt von Rymer.

59 . Siehe Rymer und Bémont, *Chartes* , xxv.

TEIL II.
FEUDALE BESCHWERDEN UND MAGNA CARTA.

I. Die unmittelbaren Ursachen der Krise.

Es wurden viele Versuche unternommen zu erklären, warum der Sturm, der sich schon lange zusammenbraute, schließlich im Jahr 1214 ausbrach und genau im Juni des folgenden Jahres seinen Höhepunkt erreichte. Sir William Blackstone [60] zeigt, wie sorgfältig Historiker nach einem bestimmten Ereignis oder Ereignis gesucht haben, das in diesen Jahren stattgefunden hat und von solcher Bedeutung war, dass es für sich allein den Aufstand erklären konnte, der in Runnymede für einen Moment mit Erfolg gekrönt war. So führt Matthäus Paris, wie er uns erzählt, die ganze Bewegung auf die plötzliche Entdeckung der Urkunde Heinrichs I. zurück, die längst vergessen war, wie er annimmt, während andere Chronisten übereinstimmend darin übereinstimmen, dass Johns übermäßige Ausschweifung die Ursache für die zivilen Meinungsverschiedenheiten war, und verweilten bei seinem persönliche Missetaten, real und imaginär. „Sordida foedatur foedante Johanne, gehenna." [61] Blackstone selbst schlägt ein drittes Ereignis vor, die Ernennung des verhassten Außerirdischen und Emporkömmlings Peter des Roches zum Regenten in Johns Abwesenheit und sein Fehlverhalten in diesem Amt.

Es besteht absolut keine Notwendigkeit, in solch trivialen Ursachen die Erklärung einer großen, wirklich unvermeidlichen Bewegung zu suchen, deren Vorläufer tief in der Vergangenheit verwurzelt waren. Gerade der Erfolg von Henry Plantagenet bei der Erfüllung der großen Aufgabe der Wiederherstellung der Ordnung in England, zu deren Durchführung ihm besondere Befugnisse eingeräumt worden waren, machte die Weitergabe dieser Befugnisse an seine Nachfolger unnötig. Spätestens ab dem Tag von Heinrichs Tod waren Kräfte am Werk, die nur gebündelt werden mussten, um die Lizenz der Krone zu kontrollieren. Als der Kampf um die Ordnung endgültig gewonnen war – die vollständige Niederschlagung des Aufstands von 1173 kann in diesem Zusammenhang als entscheidendes Datum angesehen werden –, musste fast zwangsläufig der Kampf um die Freiheit begonnen werden. Das Clamant-Problem der Stunde bestand nicht mehr darin, die Schwäche der Krone zu stützen; sondern vielmehr, wie man seiner ungezügelten Stärke Grenzen setzen kann.

Wir müssen uns nicht wundern, dass die Krise endlich kam, sondern vielmehr, warum sie so lange auf sich warten ließ. Allerdings waren die Ereignisse vor der Thronbesteigung von Johannes noch nicht reif für eine Rebellion, und vor 1215 gab es keinen günstigen Anlass. Die Doktrin des Momentums erklärt in der Politik den langen Fortbestand alter Institutionen in einem Zustand sogar instabilen Gleichgewichts; Ein völlig verrottetes Regierungssystem kann ewig bestehen bleiben, bis zum bestimmten Zeitpunkt der letzte Schock kommt. Johannes erwies künftigen

Generationen einen großen Segen, als er durch seine Arroganz und sein Unglück alle Klassen und Interessen der Gemeinschaft gegen sich vereinte.

Der Hauptfaktor in der Koalition, die letztendlich über John triumphierte, war zweifellos die Baronialpartei, angeführt von den eifrigen Adligen des Nordens, die zweifelsohne durch ihre eigenen persönlichen und Klassenverfehlungen zum aktiven Widerstand gedrängt wurden, nicht durch altruistische Opferbereitschaft sich für das Gemeinwohl einsetzen. Auch ihre Beschwerden, wie sie in den unvergänglichen Aufzeichnungen der Magna Carta zum Ausdruck kommen, basieren hauptsächlich auf Verstößen gegen die technischen Regeln des feudalen Brauchtums und nicht auf der breiten Grundlage verfassungsrechtlicher Grundsätze.

Die feudalen Missstände, die am heftigsten verärgert werden, lassen sich unter die eine oder andere von zwei Kategorien einordnen: Zunahme des Gewichts feudaler Verpflichtungen und Verletzung feudaler Gerichtsbarkeiten. Während die Krone von ihren Pächtern das größtmögliche Maß an gesetzlich zustehenden Leistungen verlangte, griff sie gleichzeitig beharrlich in jene Rechte und Privilegien ein, die ursprünglich die Verpflichtungen ausgeglichen hatten. Die Barone waren gezwungen, mehr zu geben, während sie weniger erhielten.

Mit der ersten Gruppe der fürstlichen Missstände kann die Nachwelt voll und ganz mitfühlen, da die Zunahme der feudalen Verpflichtungen zweifellos Härten für die Pächter der Krone mit sich brachte, während deren Beseitigung keine wirkliche Gefahr für den Verfassungsfortschritt darstellte. Alle in dieser ersten Gruppe enthaltenen Missstände konnten verurteilt werden (wie sie in verschiedenen Kapiteln der Magna Carta verurteilt wurden), ohne die Effizienz der Monarchie, die sich noch unter Johannes bildete, übermäßig zu beeinträchtigen, wie sie es unter Wilhelm I. getan hatte einzige Quelle der Sicherheit gegen die Gefahren der feudalen Anarchie. Die Nachwelt kann jedoch nicht gleichermaßen mit den Bemühungen der Barone sympathisieren, ihre zweite Klasse von Unrecht wiedergutzumachen. Wie groß auch die unmittelbaren Nöte gewesen sein mögen, die den Mitgliedern der Aristokratie durch die Aufhebung ihrer Feudalgerichte zugefügt wurden, Liebhaber des verfassungsmäßigen Fortschritts können sich nur darüber freuen, dass alle Bemühungen, sie wiederherzustellen, gescheitert sind. Diese Klauseln der Magna Carta, die darauf abzielten, die großen Strömungen in Richtung königlicher Gerechtigkeit und weg von der privaten Baronialjustiz umzukehren, hatten keine dauerhafte Wirkung, und die Nachwelt hatte Grund, sich über ihr Scheitern zu freuen.

Jede Gruppe feudaler Missstände – diejenigen, die mit der Erhöhung der feudalen Verpflichtungen verbunden sind, und diejenigen, die mit der Einschränkung feudaler Immunitäten verbunden sind – erfordert eine besondere und detaillierte Behandlung. [62] Mit jeder Klasse ist ein doppeltes Interesse verbunden, da der von beiden hervorgerufene Groll ein so entscheidendes Element bei der Ausbreitung jenes Geistes des entschlossenen Widerstands gegen König John bildete, der zum Gewinn der Magna Carta führte, und da darüber hinaus ein Die genaue Kenntnis der genauen Natur dieser Missstände wirft ein Licht auf viele ansonsten unklare Bestimmungen der Großen Charta und ermöglicht es uns abzuschätzen, inwieweit die versprochenen Abhilfemaßnahmen in späteren Regierungszeiten letztendlich in die Praxis umgesetzt wurden.

Die Beschwerden der Barone, so vielfältig sie auch waren, waren jedoch nicht das einzige Unrecht, das Wiedergutmachung erforderte. Es ist wahrscheinlich, dass die Baronialpartei, wenn sie isoliert von den anderen Ständen des Reiches gehandelt hätte, 1215 gescheitert wäre, wie sie bereits 1173 gescheitert war. Wenn die Krone die aktive Sympathie der Kirche und des einfachen Volkes bewahrt hätte, John hätte sich dem Baronat erfolgreich widersetzen können, wie es sein Vater vor ihm getan hatte. Im Gegenteil, er hatte der Monarchie alle Stände und Interessen entfremdet und die Basis der Opposition gegen den Thron verbreitert, indem er die Handelsklassen und die Bauernschaft misshandelte, die von der Herrschaft Wilhelms I. bis zur Herrschaft Heinrichs II ., waren die schnellen, wenn auch bescheidenen Freunde der Krone geblieben. Die ordnungsliebenden Kaufleute der Städte waren zuvor bereit gewesen, sich den Schutz von Heinrich um den Preis hoher, ja erdrückender Steuern zu erkaufen; Doch als John weiterhin den Preis forderte und es ihm dennoch nicht gelang, im Gegenzug eine gute Regierung zu liefern, verlor er seine Herrschaft über die Nation völlig. Weit davon entfernt, die Niedrigen vor Unterdrückung zu schützen, war er selbst der wichtigste zentrale Unterdrücker, und er ließ außerdem seine ausländischen Offiziere und Günstlinge als kleine örtliche Unterdrücker in all den zahlreichen Ämtern des Sheriffs, Kastellans und Gerichtsvollziehers los. Weit davon entfernt, die perfektionierten Mechanismen der Staatskasse, der Kurie und der lokalen Verwaltung im Interesse einer guten Regierung zu nutzen, schätzte John sie lediglich als Instrumente der Erpressung und Empörung – als Diener seiner Lust und Gier.

Die niederen Stände waren keineswegs von der erhöhten Besteuerung ausgenommen, die sich für die feudalen Pächter als so ärgerlich erwies. Als Johannes während seines Streits mit Rom jedes neue Anathema des Papstes mit neuen Plünderungsakten gegen die nationale Kirche vergelte, wurden die Leiden des Klerus von den Armen geteilt. Indem er die Güter der Klöster beschlagnahmte, zerstörte er die wichtigste Versorgung für die Armenfürsorge, die im 13. Jahrhundert bekannt war. Die dadurch bewirkte Entfremdung der Zuneigung der großen Massen der Engländer der unteren Klasse wurde nie ganz rückgängig gemacht, selbst durch die Versöhnung

Johannes' mit dem Papst. Ungeachtet der Vollständigkeit und sogar Erbärmlichkeit von Johannes' Kapitulation gegenüber Rom gab er sich keine besonderen Mühen, sich zu Hause wieder in die Gunst der Kirche zu bringen. Innocent, sicher im Lateran, hatte seine Blitze abgefeuert; und Johns Gegenschläge trafen nicht ihn, sondern den englischen Klerus – vom Prälaten bis zum Pfarrer, vom Abt bis zum bescheidensten Mönch. Die im Jahr 1213 und danach ergriffenen Maßnahmen, um diesen Opfern einen Teil der erlittenen schweren Verluste zu ersetzen, waren völlig unzureichend. Die Interessen der Universalkirche unterschieden sich oft stark von denen der Nationalkirche, und diese Vielfalt war nie deutlicher ausgeprägt als in den letzten Jahren der Herrschaft des Johannes.

Nach 1213 brachte das Bündnis des Johannes mit Rom neue Gefahren mit sich. Das gemeinsame Vorgehen zweier Tyrannen, von denen jeder höchste weltliche und geistliche Macht beanspruchte, drohte die Freiheit der englischen Nation und der englischen Kirche auszulöschen. „Das Land sah, dass die Unterwerfung Johannes unter Innozenz seine Freiheit zeitlich und geistig seiner Gnade auslieferte; und forderte sofort Schutzmaßnahmen." [63]

Dieser Tyrannenbund führte natürlich zu einem weiteren Bund, der ihn schachmatt machte, denn die freiherrliche Opposition verbündete sich mit der kirchlichen Opposition. Die Dringlichkeit ihres gemeinsamen Bedarfs brachte Prälaten und Barone auf eine Linie – vorerst. Der notwendige Anführer wurde in Stephen Langton gefunden, dem es gelang, zu verhindern, dass die etwas unterschiedlichen Interessen der beiden Stände sie in entgegengesetzte Richtungen führten.

Alle Dinge waren also reif für die Rebellion und sogar für die *vereinte* Rebellion; Es war nur eine Gelegenheit erforderlich. Eine solche Gelegenheit bot sich 1214 in verlockender Form; denn der König hatte damals durch sein Scheitern in den Kriegen mit Frankreich Ansehen und Macht verloren. Durch seinen Streit mit Rom hatte er das Vertrauen seiner Untertanen verloren, und es gelang ihm nicht, es durch seine Versöhnung wiederzugewinnen. Er hatte die Freundschaft der Landeskirche verloren. Seine Unbeliebtheit und sein schwankendes Wesen waren gründlich demonstriert worden. Schließlich gelang es ihm im Jahr 1191, als er eine Verschwörung gegen seinen abwesenden Bruder Richard plante, den Regenten Longchamp erfolgreich anzugreifen und aus dem Amt zu verdrängen, womit er ein Beispiel für Rebellion und eine erfolgreiche konzertierte Aktion gegen die Zentralregierung lieferte.

Das Ergebnis war, dass, als die Barone – die wildesten Geister der nördlichen Grafschaften, die immer die Führung übernahmen – ihre aktiven Operationen zu einem für ihre Ambitionen günstigsten Zeitpunkt in Johns Schicksal begannen, sie nicht nur keinen Widerstand hatten, den sie von

Kirchenmännern oder Kaufleuten fürchten mussten Freibauer oder Bauer, aber sie konnten auf die Sympathie aller und die aktive Mitarbeit vieler zählen. Darüber hinaus hatte Johns Politik der Missherrschaft zwei normalerweise gegensätzliche Interessen gegen ihn gebündelt: die Partei des Fortschritts und die Partei der Reaktion. Der Einfluss jedes dieser Punkte ist in den verschiedenen Kapiteln der Magna Carta deutlich zu erkennen.

Die fortschrittliche Partei bestand hauptsächlich aus den Oberhäuptern der neueren Baronialhäuser, Männern, die in den Verwaltungsmethoden Heinrichs II. geschult waren und lediglich wünschten, dass das Regierungssystem, das sie kannten, ordnungsgemäß durchgesetzt und bis zu seinen logischen Schlussfolgerungen umgesetzt werden sollte. Sie forderten vor allem, dass der König die Geschäfte der Staatskasse und der Kurie nach den von Heinrich II. festgelegten Regeln führen sollte. Routine und Ordnung unter dem neuen System waren das, was diese Partei wünschte, und nicht eine Rückkehr zu den widerspenstigen Tagen von Stephen. Viele der Neuerungen des großen Anjou waren inzwischen von allen Schichten der Nation loyal und endgültig angenommen worden; und diese fanden dementsprechend eine dauerhafte Ruhestätte in den Bestimmungen der Großen Charta. In vorübergehender Zusammenarbeit mit dieser Partei war die normalerweise rivalisierende Partei der Reaktion bereit, vorübergehend gegen den gemeinsamen Feind vorzugehen. Unter Johanns Herrschaft gab es noch Magnaten der alten feudalen Schule, die hofften, der geschwächten Hand des Königs ein gewisses Maß an feudaler Unabhängigkeit abzuringen. Zwar hatten sie solche Reformen akzeptiert, die ihnen passten, viele andere lehnten sie jedoch erbittert ab. Insbesondere widersetzten sie sich den Übergriffen der königlichen Gerichte, die nach und nach ihre Privatgerichtsbarkeit verdrängten. Für den Moment vereinte Johns listige Politik, die so gut darauf ausgerichtet war, unmittelbare Ziele zu erreichen, und im Licht der späteren Geschichte so unklug war, diese beiden Strömungen, die normalerweise bereit waren, sich gegenseitig zu vereiteln, zu einer vereinten Opposition gegen seinen Thron. Da er gleichzeitig von den Anhängern des traditionellen Brauchtums und von den Anhängern der Reform, von den Baronen, den Handelsklassen und dem Klerus angegriffen wurde, blieb ihm nichts anderes übrig, als nach Belieben zu kapitulieren. Die Bewegung, die in Runnymede ihren Höhepunkt erreichte, lässt sich daher am besten als Ergebnis einer Reihe unterschiedlicher, aber konvergierender Kräfte verstehen, von denen einige fortschrittlich und andere reaktionär waren.

---

60 . *Die Große Charta* , S. vii.

61 . Mehrere der am häufigsten wiederholten Vorwürfe, König Johann habe den Frauen und Töchtern seiner Barone persönliches Unrecht zugefügt, wurden in den letzten Jahren widerlegt. Siehe Miss Norgate, *John Lackland* , S. 289.

62 . Siehe *unten* die beiden unmittelbar folgenden Abschnitte (II. und III.).

63 . Stubbs, *Select Charters* , 270.

II. Die Krone und die feudalen Verpflichtungen.

Unter den vielen Übeln, die zu Beginn des 13. Jahrhunderts in England lautstark nach Wiedergutmachung riefen, sprach keines mit eindringlicherer Stimme als diejenigen, die mit feudalen Missbräuchen in Zusammenhang standen. Der Einspruch der nördlichen Barone, die am 26. Mai 1214 geforderte Scutage zu zahlen, war der Funke, der die Mine in Brand setzte. Das hervorstechendste Merkmal der Charta ist die überall gezeigte Sorge, den genauen Umfang der feudalen Dienste und Abgaben festzulegen und zu verhindern, dass diese willkürlich erhöht werden. Eine einigermaßen detaillierte Kenntnis des Feudalismus und der feudalen Verpflichtungen ist eine notwendige Voraussetzung für jedes genaue Studium der Magna Carta.

Die genauen Beziehungen zwischen der normannischen Eroberung und dem Wachstum des Feudalismus in England sind kompliziert und Gegenstand zahlreicher Kontroversen. Die heute allgemein und mit Recht akzeptierte Ansicht ist, dass die Politik Wilhelms des Eroberers den Prozess in einer Richtung beschleunigte, ihn in einer anderen jedoch verzögerte. Die schlimmsten Tendenzen des Feudalismus, der als Regierungssystem betrachtet wurde, wurden durch den großen Umbruch, der auf die Ankunft Herzog Wilhelms folgte, eingedämmt, wenn nicht sogar ausgerottet. Der Feudalismus, der als System des Landbesitzes und als soziales System betrachtet wurde, wurde im Gegenteil formuliert und entwickelt. Es handelt sich hierbei hauptsächlich um ein System des Landbesitzes, das hier betrachtet werden soll. Ursprünglich beinhaltete das Verhältnis zwischen Vermieter und Pächter, das auf dem Doppeleigentum an Land beruhte (von dem jeder in einem anderen Sinne Eigentümer war), Verpflichtungen auf beiden Seiten. Der Herr gewährte Schutz, während der Pächter Dienste verschiedener Art schuldete. Es kam jedoch vor, dass mit den Veränderungen, die die Zeit mit sich brachte, die gesetzlichen Verpflichtungen des Herrn nicht mehr so wichtig waren, während die des Vasallen immer belastender wurden. Die Verpflichtungen des Mieters variierten in Art und Umfang je nach Art des Mietverhältnisses. Es ist schwierig, eine genaue Liste der verschiedenen Amtszeiten zu erstellen, die früher im englischen Recht als unterschiedlich anerkannt wurden: teilweise weil die klassischen Autoren verschiedener Epochen, von Bracton bis Blackstone, einander widersprechen; und teilweise aufgrund der Unklarheit über den Prozess, durch den diese Amtszeiten allmählich differenziert wurden. Das Wort „Tenure" bedeutete ursprünglich „eine Beteiligung jeglicher Art". Nachdem Sir William Blackstone [64] die abhängige Natur allen Grundeigentums in England erklärt hat, fährt er folgendermaßen fort: „Die gehaltene Sache wird daher als Mietshaus bezeichnet , die Besitzer davon als *Pächter* und die Art und Weise ihres Besitzes als *Besitz* ." Unter „Tenture" versteht man also die Bedingungen, zu denen ein Pächter Immobilien unter seinem Eigentümer besitzt, und die Anzahl der Besitzverhältnisse variiert mit der Anzahl der akzeptierten Arten.

Die antike Klassifizierung unterscheidet sich erheblich von der heute verwendeten. Der moderne englische Anwalt beschäftigt sich (es sei denn, er hat eine antiquarische Gesinnung) nur mit drei Amtszeiten: Freehold (jetzt praktisch identisch mit Scage), Copyhold und leasehold.Die beiden letztgenannten können schnell abgetan werden, da sie in den Augen von geringer Bedeutung waren von Littleton oder von Coke: Pachtrecht umfasst nur vorübergehende Interessen, beispielsweise die eines Mieters nach Belieben oder für einen begrenzten Zeitraum von Jahren; während Copyhold die moderne Form des Besitzes ist, zu der das alte unfreie Dorfleben langsam herangereift ist. Den antiken Autoren ging es dagegen hauptsächlich um sowohl dauerhaften als auch unentgeltlichen Besitz (im Gegensatz zu Pachtbesitz einerseits und Dorfbesitz andererseits). Von solchen freien Besitztümern können im dreizehnten Jahrhundert mindestens sieben unterschieden werden, die nun alle durch denselben der drei anerkannten modernen Besitztümer repräsentiert werden, nämlich Freehold oder Socage. Die im mittelalterlichen England existierenden freien Besitztümer können in die folgenden Kategorien eingeteilt werden: Ritterdienst, Freihof, Honorarfarm, Frankalmoin, Großserjeantie, Kleinserjeantie und Burgage.

(1) *Ritterdienst.* Der mittelalterliche Feudalismus hatte viele Aspekte; Es war im Wesentlichen eine Kriegsmaschine und ein System des Landbesitzes. Der normale Ertrag, für den ein Nachlass gewährt wurde, bestand in der Verdienste im Feld einer bestimmten Anzahl von Rittern. Daher wurde der normale feudale Besitz als Ritterdienst oder Ritterzeit bezeichnet – dessen Bedingungen ständig im Auge behalten werden mussten, da durch diese Regeln die Beziehungen zwischen John und seinen widerspenstigen Vasallen bestimmt wurden. Als es bei der Restauration endgültig abgeschafft wurde, fiel mit dem Ritterdienst, man muss es nicht sagen, das feudale System des Landbesitzes in England. „Tenure by Barony" wird manchmal als eigenständige Art bezeichnet, könnte aber korrekter als eine Variante der Herrschaft im Rittertum angesehen werden. [65]

(2) *Freier Käfig.* Die frühe Geschichte des Socage mit seiner Unterteilung in gewöhnliche und privilegierte Gesellschaften ist mit Unklarheiten behaftet, die für den gegenwärtigen Zweck nicht geklärt werden müssen. Die zu erstattenden Leistungen waren für beide Varianten nicht militärischer, sondern landwirtschaftlicher Art und waren in ihrer genauen Art und Höhe sehr unterschiedlich. Obwohl es nicht so ehrenhaft war wie die Ritterlichkeit, war der freie Hofstaat insofern weniger belastend, als zwei der lästigsten feudalen Vorfälle, Vormundschaft und Heirat, keine Anwendung fanden. Als der Ritterdienst abgeschafft wurde, sollten diejenigen, die zuvor ihr Land

dadurch gehalten hatten, ob unter der Krone oder unter einem Mesne-Lord, fortan in freier Herrschaft gehalten werden, was nach der Restauration zum normalen Besitz in ganz England wurde. [66]

(3) *Als Feenfarm* bezeichnete man Landbesitz, der als Gegenleistung für Dienstleistungen gehalten wurde, die weder militärischer noch landwirtschaftlicher Art waren, sondern nur aus einer jährlichen Geldzahlung bestanden. Der Begriff „Farm" gibt also die gezahlte Pacht an, die offenbar unbegrenzt variieren kann, obwohl lange Zeit behauptet wurde, dass eine Pachtpacht mindestens ein Viertel des Jahreswertes betragen muss. Dieser Fehler scheint auf einer falschen Auslegung des Statuts von Gloucester beruht zu haben. [67] Einige Behörden [68] lehnen den Anspruch der Honorarfarm ab, als eine von der Sozialarbeit getrennte Amtszeit zu gelten; obwohl Kapitel 37 der Magna Carta den Unterschied anzuerkennen scheint.

(4) *Frankalmoin* ist der Besitz, mit dem fromme Gründer Ländereien für die Nutzung eines Ordenshauses gewährten. Es war auch der Besitz, in dem die überwiegende Mehrheit der Glebe-Ländereien in ganz England von den Dorfpriestern, den Pfarrern der Pfarrkirchen, gehalten wurde. Die Zuwendung wurde in der Regel *als „liberam eleemosinam "* oder „kostenloses Almosen" (also als unentgeltliche Gabe, für die keine *zeitlichen* Dienste zu erbringen waren) erklärt . [69] In schottischen Urkunden war die formell festgelegte Rückgabe *preces et lacrymae* (die Gebete und Tränen der heiligen Männer der Stiftung für die Seele des Gründers).

(5) *Großserjeantität* war eine äußerst ehrenvolle Amtszeit, die die Auszeichnungen und belastenden Umstände des Ritterdienstes teilte, sich jedoch dadurch auszeichnete, dass der Pächter anstelle gewöhnlicher militärischer Pflichten ein bestimmtes Amt im Feld ausübte, wie zum Beispiel das Tragen des königlichen Amtes Er trug ein Banner oder eine Lanze oder fungierte als sein Konstabler, Marschall oder anderer Haushaltsbeamter im Palast oder leistete bei der Krönung einen wichtigen Dienst. [70]

Ein oft zitiertes Beispiel einer Serjeantie ist das von Sir John Dymoke und seiner Familie, die bei aufeinanderfolgenden Krönungen von Richard II. als Fürsprecher des Souveräns fungierten. an Königin Victoria, die bereit ist, den Titel des Monarchen auf dem Thron, falls er in Frage gestellt wird, durch Kampf in der alten Form zu verteidigen.

Großserjeantien unterlagen der Vormundschaft und der Heirat sowie der Entlastung, in der Regel jedoch nicht der Zahlung von Scutage. [71] William Aguilon, so erfahren wir von Madox, [72] „wurde bei der Staatskasse wegen mehrerer Escuages angeklagt. Aber als sich bei der Untersuchung von zwölf Rittern von Surrey herausstellte, dass er seine Ländereien in dieser Grafschaft nicht durch militärische Amtszeit innehatte." , aber durch die Serjeantität, bei der Krönung des Königs einen Koch zu finden, der in der Küche des Königs Proviant zubereitet, wurde er von den Escuages freigesprochen.

(6) *Kleiner Serjeantismus* kann mit den Worten von Littleton beschrieben werden als „wo ein Mann die Ländereien unseres Herrn, des Königs, behält, um ihm jährlich einen Bogen oder ein Schwert, einen Dolch oder ein Messer zu überlassen ... oder um etwas anderes abzugeben." kleine Dinge, die zum Krieg gehören." [73]

Die Gewährung von Ländereien auf solchen privilegierten Besitztümern erfolgte in der Anfangszeit häufig aufgrund der besonderen Gunst, die der König dem ursprünglichen Berechtigten entgegenbrachte, möglicherweise aufgrund der Erinnerung an einen großen Dienst, der dem König zu einem kritischen Zeitpunkt erbracht wurde Person oder Interessen. Aus der lebhaften Beschreibung eines Gelehrten, auf dessen Genauigkeit man sich verlassen kann, seien einige anschauliche Beispiele angeführt. Serjeanties waren, wie uns Miss Bateson erzählt, „weder immer militärisch noch immer landwirtschaftlich tätig, kamen aber möglicherweise dem Dienst von Rittern oder dem Dienst von Bauern sehr nahe ... Die Serjeantie, den Kopf des Königs zu halten, wenn er eine schwierige Passage über das Meer machte." Kanal, wie er an einem Seil zog, als sein Schiff landete, wie er am Weihnachtstag seine Schachfiguren zählte, wie er Treibstoff in sein Schloss brachte, wie er Tischlerarbeiten verrichtete, wie er seine Töpferwaren fand, wie er seine Eisen für seine Pflüge schmiedete, wie er seinen Garten pflegte Die Pflege der bei der Jagd aufgespießten und verletzten Hunde, der Dienst als Tierarzt für seine kranken Falken, das und viele andere könnten die zeremoniellen oder niederen Dienste sein, die einem bestimmten Serjeant zustehen." [74]

In den Tagen, bevor die gesetzliche Definition ihre Arbeit getan hatte, muss es oft schwierig gewesen sein zu sagen, auf welcher Seite der Grenze zwischen den Petty Serjeanties und den Grand Serjeanties ein bestimmter Besitz lag. Nach und nach wurden jedoch wichtige und praktische Unterscheidungen getroffen, die es erforderlich machten, die Grenze genau zu definieren. Insbesondere wurde die Regelung festgelegt, dass Petty Serjeanties, obwohl sie anspruchsberechtigt waren, gänzlich von den belastenden Angelegenheiten der Vormundschaft und Heirat befreit waren, die Grand Serjeanties mit Ländereien teilten, die sich im Besitz gewöhnlicher Baronien oder Ritter befanden. [75] Damit war der Weg für die spätere praktische Gleichsetzung der Petty Serjeanties mit dem gewöhnlichen Socage bereitet.

(7) *Burgage* , das ausschließlich auf Ländereien innerhalb freier Bezirke beschränkt ist, wird von Littleton als separater Besitz erwähnt, [76] und seine Autorität wird durch die Worte von Kapitel 37 der Magna Carta gestützt.

Unsere höchsten modernen Autoritäten [77] sind jedoch der Ansicht, dass es nie ausreichend ausgeprägte Merkmale erlangt hat, um seine Anerkennung als solches zu rechtfertigen. Sie betrachten es eher als eine besondere Art von Sozialwohnungen, die dort genutzt werden, wo die Mieter Mitglieder einer Körperschaft sind. Wenn ihre Meinung für England akzeptiert werden muss, folgt daraus, dass sich aus gemeinsamen Vorgeschichten in Schottland bzw. in England völlig unterschiedliche Ergebnisse entwickelt haben. Während nördlich des Tweed mehrere der etablierten englischen Herrschaftsgebiete ihr Recht auf getrennte Anerkennung nicht wahr gemacht haben, hat sich Burgage zweifelsohne etabliert. Selbst der Nivellierungsprozess, der durch den Conveyancing (Scotland) Act von 1874 vollzogen wurde, hat seine getrennte Existenz nicht vollständig abgeschafft.

Die Erklärung dieser Unterschiede zwischen dem englischen und dem schottischen Sprachgebrauch liegt auf der Hand. Als der Feudalismus zum ersten Mal Fuß fasste, waren die verschiedenen Schattierungen der Besitzverhältnisse außerordentlich zahlreich und verschmolzen in unmerklichen Stufen miteinander. Die Definitionsarbeit erfolgte später, war im Wesentlichen künstlicher Natur und nahm in verschiedenen Ländern unterschiedliche Formen an. [78]

Diese Amtszeiten, ursprünglich sechs oder sieben (je nachdem, ob wir das Bürgertum ausschließen oder einbeziehen), haben dem einigenden Druck vieler Jahrhunderte nachgegeben. Frankalmoin und Grand Serjeanty existieren immer noch, aber eher als Geister denn als Realitäten; die anderen wurden alle im Socage verschlungen, was somit praktisch identisch mit „Freehold" geworden ist. [79] Dieser Triumph des Socage ist das Ergebnis eines langen Prozesses. Feenhof, Bürgertum und Kleinserjeanttum, die immer viele Gemeinsamkeiten aufwiesen, wurden nach und nach in fast jeder Hinsicht assimiliert, während ein Statut (12. Karl II., ca. 24) auch die Ritterschaft in ein Gesindeamt umwandelte. Der einstmals bescheidene Staat hat sich so stark entwickelt und umfasst nun den größten Teil des Landes England. [80]

Das Interesse der Historiker konzentriert sich natürlich auf die Herrschaft im Ritterdienst, die den eigentlichen Kern des Feudalsystems darstellt. Mangelnde Definition war im Mittelalter eine fruchtbare Quelle für Streit. Mehr als ein Jahrhundert nach der normannischen Eroberung blieben die genaue Höhe und Art der Militärdienste, die ein Pächter seinem Herrn schuldete, vage und unbestimmt. Die frühen normannischen Könige hatten nach und nach die alten angelsächsischen Kronpächter durch neue normannischer oder französischer Abstammung abgelöst, ohne für die Zukunft ein Regelwerk zu formulieren. Ganz England war auf diese Weise in eine Reihe von Landgütern aufgeteilt worden – die größeren wurden als Honorons oder Baronien bezeichnet, die kleineren als Manors. Jeder

Kronpächter (mit zwei Ausnahmen, zu denen auch die Battle Abbey gehörte, die Lieblingsgründung des Eroberers) behielt sein Land unter der Bedingung, dass er eine bestimmte Anzahl voll bewaffneter und berittener Soldaten zur Verfügung stellte, die stets bereit waren, im Kriegsfall dem Ruf des Königs Folge zu leisten. Die hohen Behörden sind unterschiedlicher Meinung darüber, wann und von wem die Höhe der Dienste jedes Vasallen festgelegt wurde. Die gängige Ansicht (die von Prof. Freeman [81] mit seiner üblichen Vehemenz vertreten wird) schreibt die Zuteilung spezifischer Dienste Ranulf Flambard zu, dem skrupellosen Werkzeug von William Rufus. Herr JH Round [82] hat kürzlich überzeugende Gründe für die ältere Ansicht angeführt, die sie Wilhelm I. zuschreibt. Zwei Tatsachen sind offenbar sicher: dass innerhalb eines halben Jahrhunderts nach der Eroberung jeder Militärpächter mit einem bestimmten Betrag belastet wurde des Ritterdienstes; und außerdem, dass zu diesem Zeitpunkt keine formelle Aufzeichnung über den Umfang dieser Dienstleistung erstellt wurde. Da es noch keine schriftlichen Urkunden gab, blieb die Möglichkeit von Streitigkeiten bestehen. Wahrscheinlich würden solche Zuschüsse vollständig von *der Curia* gewährt werden , und die einzigen Aufzeichnungen über die Bedingungen würden im Gedächtnis des Gerichts selbst liegen.

Lange vor dem Datum der Magna Carta wurden die verschiedenen Verpflichtungen in drei Klassen eingeteilt, die nach ihrer relativen Bedeutung als *Dienstleistungen* , *Vorfälle* und *Hilfsmittel geordnet werden können* . Unter jedem dieser drei Punkte kam es ständig zu Streitigkeiten zwischen dem Herrn, der sie forderte, und dem Vasallen, der sie leistete. [83]

Das eigentliche Wesen der feudalen Beziehung zwischen dem König als Oberherr und dem Kronpächter als Vasall bestand in der Verpflichtung des letzteren, „Anspruch und Dienst" zu leisten, das heißt, in Kriegszeiten dem Banner seines Herrn zu folgen und dessen zu dienen Gericht in Friedenszeiten. Bequemer wäre es jedoch, sich die volle Berücksichtigung dieser Leistungen vorzuenthalten, bis die vergleichsweise unkomplizierten Verpflichtungen, die sogenannten Zwischenfälle und Hilfsmittel, erst einmal besprochen wurden.

I. *Feudale Vorfälle.* Zusätzlich zu „Klage und Dienst" erntete der Lord auf Kosten seiner Pächter eine Reihe von Gelegenheitsgewinnen, die somit unregelmäßige Ergänzungen zu seinen Einnahmen darstellten. Diese Gewinne, die nicht jährlich, sondern beim Eintreten außergewöhnlicher Ereignisse anfielen, wurden als „feudale Vorfälle" bezeichnet. Sie wurden nach und nach mit mehr oder weniger Genauigkeit definiert, und ihre Zahl kann mit sechs angegeben werden, nämlich:

Erleichterungen, Hinterziehungen, Vormundschaften, Ehen, Primer Seisins und Geldstrafen für Entfremdung. [84]

(*a*) *Erleichterung* ist leicht zu erklären. Die Gebühr oder das *Feudum* oder der erbliche Lehensbesitz scheint das Ergebnis einer allmählichen Entwicklung vom alten *Beneficium* (oder Besitz, der nur für ein Leben gehalten wurde) und wiederum vom älteren *Precarium* (oder Besitz, der nur während des Testaments gehalten wurde) gewesen zu sein des Oberherrn). Landgewährungen, die ursprünglich vom Herrn widerrufen werden konnten, hatten während der gesamten Lebensdauer des ursprünglichen Bewilligungsempfängers nach und nach eine feste Dauer erlangt; und später wurden sie auf seine Nachkommen übertragbar. Das Erbprinzip siegte schließlich völlig; Das Kapitular von Kiersey (877 n. Chr.) soll die erste maßgebliche Anerkennung des absoluten Rechts des Erben auf Erfolg gewesen sein. Der Prozess verlief schrittweise, und es scheint, dass diese Regel der erblichen Abstammung auch nach der normannischen Eroberung nicht ohne Zweifel etabliert wurde. [85] Dieses Nachfolgerecht des Erben blieb immer von einer Bedingung abhängig, nämlich der Zahlung eines Geldbetrags, der als „Entlastung" bezeichnet wird. Dies war theoretisch ein Eingeständnis, dass das Eigentumsrecht des neuen Pächters unvollständig war, bis es von seinem Vorgesetzten anerkannt wurde – eine Reminiszenz an das frühere *Prekariat* , aus dem sich das *Feudum* entwickelt hatte.

Erleichterung ist also der Betrag, den ein Erbe einem Feudalherrn für die Anerkennung seines Titels als Nachfolger des letzten Pächters im Besitz zahlt. Der Betrag blieb lange unbestimmt, und der Herr verlangte häufig exorbitante Beträge. [86]

(*b*) *Treuhand* bedeutet, so heißt es, „die Rückgabe eines Nachlasses an einen Grundherrn, entweder aufgrund der Nichterfüllung durch den Pächter oder aufgrund einer Straftat des Pächters." [87] Diese klare Beschreibung vermittelt eine gute allgemeine Vorstellung von Hinterziehung; aber es ist in mindestens zweierlei Hinsicht ungenau. Es geht nicht auf die Fälle ein, in denen es zu Hinterziehung kommt, und es irrt, wenn von der „Rückgabe" eines Nachlasses an einen Herrn gesprochen wird, wenn, genauer gesagt, dieser Nachlass ihn nie verlassen hat, sondern immer sein Eigentum geblieben ist und nur einem Herrn unterliegt Belastung, die nun beseitigt wurde. Theoretisch war die feudale Gewährung von Land immer an Bedingungen geknüpft; und als die Bedingung gebrochen wurde, fiel die Schenkung zurück, und der Herr war sozusagen automatisch wieder der absolut unbelastete Eigentümer, wie er es vor der Gewährung der Schenkung gewesen war. Danach behielt er das Land als Eigentum, es sei denn, er entschloss sich, einem anderen Pächter eine neue Schenkung zu gewähren. Das Wort „Escheat" wurde gleichgültig auf das Recht des Herrn auf solche Rückgaben und auf die tatsächlichen Ländereien angewendet, die dadurch zurückgegeben worden waren. In kriegerischen und unruhigen Zeiten war das Recht wertvoll, da ganze Familien schnell aussterben konnten. Als der letzte Mieter keinen Erben hinterließ, war es offensichtlich, dass der ursprüngliche Zuschuss erschöpft war. Wenn ein Landbesitzer wegen eines Verbrechens verurteilt wurde, wurde sein Blut, wie es später hieß, in die Blutsverwandtschaft gebracht, und niemand konnte durch ihn auf irgendeinen Besitz gelangen. Wenn ein Mann bei der Wasserprobe scheiterte, die der Assize von Clarendon im Jahr 1166 denjenigen zur Verfügung stellte, die abscheulicher Verbrechen angeklagt waren, fielen auch seine Besitztümer an seinen Herrn. Es stimmt, dass es zu einer Komplikation kam, als der Mieter wegen Hochverrats verurteilt wurde. In diesem Fall hatte der König als Geschädigte frühere Rechte, die die des Herrn ausschlossen. Die Ländereien der Verräter fielen an die Krone. Selbst im Falle eines Verbrechens hatte der König während eines in der Magna Carta genau festgelegten Zeitraums ein begrenztes Recht auf das Land. [88]

Das Verbrechen des Mieters und das Scheitern der Ausgabe waren die beiden Hauptgründe für den Treuhandbetrug, aber nicht die einzigen; Auch die Güter von Justizflüchtlingen und formell Geächteten wurden entzogen, und Glanvill fügt einen weiteren Fall hinzu, [89] nämlich weibliche Mündel, die sich der Unkeuschheit schuldig gemacht haben (ein Vergehen, das dem König den Markt verdarb). Auch die Nichtbefolgung einer Aufforderung zur Feudalabgabe in Kriegszeiten konnte als Verfallsgrund gewertet werden. [90]

Escheat war daher ein besonders wertvolles Recht sowohl für die Krone als auch für die Mesne-Lords. Die Wirkung war einfach folgende: Ein Glied in der Feudalkette wurde herausgeschlagen und die Glieder auf beiden Seiten wurden zusammengefügt. Wenn der Säumige ein Pächter der Krone war, stiegen alle seine früheren Unterpächter, ob Grundbesitzer oder Gutsbesitzer, eine Stufe auf der Feudalleiter auf und standen fortan direkt dem König zur Verfügung, der über den gesamten Komplex gesetzlicher Rechte verfügte, die zuvor der Säumige in Anspruch genommen hatte zusätzlich zu dem, was er zuvor genossen hatte: Mieten, Ernten, Holz, Gelegenheitsgewinne und Advowsons für leerstehende Kirchen; Gerichtsbarkeiten und die Gewinne von Gerichtsbarkeiten; Dienstleistungen von Schurken; Erleichterungen, Vormundschaften und Ehen von Grundbesitzern, sobald diese anspruchsberechtigt wurden.

Die Krone darf jedoch, obwohl sie alles nimmt, was der Säumige vor dem Zahlungsverzug hätte nehmen können, nichts mehr nehmen – so sieht es zumindest die Magna Carta [91] vor. Die Rechte und der Status unschuldiger Untermieter dürfen nicht durch die Missetaten ihres säumigen Mesne-Lords beeinträchtigt werden.

(c) *Mündelschaften* werden im *Dialogus de Scaccario* als „Verzicht zusammen mit dem Erben" (*escaeta cum herede*) beschrieben. [92] Dieser Ausdruck kommt nirgendwo anders vor, aber es wäre unmöglich, eine Beschreibung der

Vormundschaft zu finden, die mehr Licht auf ihre Natur und Konsequenzen wirft. Wenn der Erbe eines verstorbenen Pächters aufgrund seines zarten Alters nicht mehr in der Lage war, Waffen zu tragen, waren die Ländereien während seiner Minderjährigkeit praktisch ohne effektiven Eigentümer. Der Herr behandelte sie dementsprechend als vorübergehend enteignet. Während der Nichtaltersperiode betrat der Herr den Besitz, bezog die Einnahmen und verwendete sie für seine eigenen Zwecke, vorbehaltlich der einzigen Verpflichtung, den Erben in einer seinem Stand im Leben angemessenen Weise zu unterhalten und auszubilden. Dabei wurden häufig erhebliche Summen ausgegeben. Die *Pfeifenrolle* aus dem siebzehnten Jahr Heinrichs II. zeigt, wie aus einem Gesamtumsatz von 50 £ 6s. 8d. von der Ehre „Belveeir", £18 5s. wurden für die Kinder des verstorbenen Mieters aufgewendet. [93] Die Mündelschaft endete mit dem vollen Alter des Mündels, d fünfzehntens, und im Falle eines Bürgers, wenn der Junge Geld zählen, Stoffe abmessen usw. kann." [94] Die Vormundschaft für Frauen endete normalerweise im Alter von vierzehn Jahren, „da eine Frau in diesem Alter möglicherweise einen Ehemann hat, der in der Lage ist, Ritterdienste zu leisten." [95]

Alle lohnenden Konsequenzen, die sich aus dem Hinterhalt ergaben, ergaben sich auch aus der Vormundschaft – Mieten, Nebengewinne, Advowsons, Dienste von Schurken und Erleichterungen. Im Gegensatz zu Treuhandverträgen war das Recht der Krone hier jedoch nur vorübergehend, und Magna Carta wollte [96] vorsehen, dass die impliziten Bedingungen von den Gerichtsvollziehern oder Kandidaten der Krone respektiert werden sollten. Die Ländereien dürfen nicht verschwendet oder erschöpft werden, sondern müssen dem jungen Besitzer zurückgegeben werden, wenn er volljährig ist, und zwar in demselben guten Zustand wie zu Beginn der Vormundschaft.

Ein wichtiger Aspekt dieses Rechts sollte besonders hervorgehoben werden. Die Vormundschaft der Krone betraf sowohl Bistümer als auch Laienbaronien und erstreckte sich über die Zeiträume eines Bischofssitzes zwischen dem Tod eines Prälaten und der Amtseinführung seines Nachfolgers. Daher lag es im Interesse des Königs, allen Ernennungen vakanter Bistümer Hindernisse in den Weg zu legen, denn je länger die Verzögerung, desto länger zog die Staatskasse die Einnahmen und Gelegenheitsgewinne ab. [97]

Dieses Recht wurde der Krone sorgfältig vorbehalten, sogar in der sehr umfassenden Charta, in der John vom 21. November 1214 die Wahlfreiheit gewährte. [98]

(*d*) *Die Ehe* als feudaler Vorfall des Herrn lässt sich nur schwer allgemein definieren, da sich ihre Bedeutung änderte. Ursprünglich schien es kaum mehr zu bedeuten als das Recht eines Herrn, einer Erbin, die ein Lehen unter sich hatte, zu verbieten, einen persönlichen Feind oder jemanden zu heiraten, der sonst ungeeignet war. Ein solches Veto war nur vernünftig, da der Ehemann der Erbin Eigentümer des Honorars und Pächter des Herrn werden würde. Dieses negative Recht hatte fast zwangsläufig eine positive Seite; Der Anspruch, bei der Wahl eines Ehemanns mitzuwirken, weitete sich nach und nach zu einem absoluten Recht des Herrn aus, durch Verkauf oder auf andere Weise über das Land und die Person seiner weiblichen Mündel zu verfügen. Der Preis könnte als Bestechung an jeden skrupellosen Glücksritter gehen, der sein Schwert dem König zur Verfügung stellt, oder er könnte zum Gegenstand einer Auktion an den Meistbietenden gemacht werden. Die Dame galt als bloße Ergänzung ihres eigenen Besitzes und hatte streng genommen kein Mitspracherecht bei der Wahl eines Partners fürs Leben. Sie könnte sich tatsächlich vor einem unausstehlichen Ehemann schützen, indem sie ihre verschiedenen Verehrer überbot. Für die Erlaubnis, eine bestimmte Person zu heiraten oder ledig zu bleiben, wurden häufig hohe Beträge gezahlt.

Dieses Recht scheint zu einem ungewissen Zeitpunkt von Frauen auf Männer ausgeweitet worden zu sein, und in den *Pipe Rolls finden sich Beispiele für auf diese Weise gezahlte Beträge* . Auf den ersten Blick ist es schwer vorstellbar, wie die Krone einen Markt für Waren wie männliche Mündel fand; aber wahrscheinlich waren wohlhabende Väter bereit, begehrenswerte Ehemänner für ihre Töchter zu kaufen. So zahlte 1206 ein gewisser Heinrich von Redeman vierzig Mark für die Hand und Ländereien des Erben von Roger von Hedon, „ *ad opus filiae suae* “, [99] während Thomas Basset sich in der Person des jungen Erben von Walerand einen Preis sicherte, Earl of Warwick, zur Nutzung durch eine seiner Töchter. [100] Diese Ausweitung auf männliche Erben wird üblicherweise auf eine gespannte Konstruktion von Kapitel 6 der Magna Carta zurückgeführt, die Anfänge der Praxis lassen sich jedoch viel früher als 1215 zurückverfolgen. [101] Das Recht der Herren, ihre Erben zu verkaufen Schutzzauber wurden im Statut von Merton, Kapitel 6, anerkannt und definiert. Die Versuche, einige der schwerwiegendsten Missbräuche dieser Praxis zu beheben, können in der Magna Carta nachgelesen werden. [102]

Herr Hallam [103] ist der Ansicht, dass „die Rechte oder feudalen Vorfälle der Vormundschaft und Ehe fast nur England und der Normandie vorbehalten waren“ und dass die französischen Könige [104] „diese Eigenschaft der Souveränität nie in ein Einnahmemittel verwandelten“. ”

(e) *Primer Seisin* , der üblicherweise als separater Vorfall betrachtet wird und als solcher in Blackstones Liste auftaucht, sollte vielleicht besser verstanden werden, nicht als Vorfall, sondern vielmehr als ein spezielles Verfahren – wirksam und zusammenfassend –, das die Krone durchführen konnte die vier bereits beschriebenen Vorfälle durchzusetzen. Es war ein ausschließliches Vorrecht der Krone, das den Mesne-Lords verweigert wurde. [105] Wenn ein Pächter der Krone starb, hatten die Beamten des Königs das Recht, bei sofortigem Besitz einzutreten und den Erben auszuschließen, der die Ländereien seines Vaters ohne ausdrückliche Genehmigung der Krone nicht berühren durfte. Er musste zunächst seinen Titel durch eine gerichtliche Untersuchung nachweisen, eine Sicherheit für etwaige Restzahlungen und andere unbezahlte Schulden leisten und eine Huldigung leisten. [106] Es ist leicht zu erkennen, welche starke strategische Position dies dem König bei etwaigen Streitigkeiten mit dem Erben eines toten Vasallen sicherte. Wenn die Staatskasse zweifelhafte Ansprüche gegen den Verstorbenen hatte, konnten sich ihre Beamten davon überzeugen, bevor sie den Erben zum Besitz zuließen. Wenn der Erbe die Tendenz zeigte, sich der Zahlung feudaler Vorfälle zu entziehen, konnte die Krone seine Züge schachmatt setzen. Wenn die Nachfolge umstritten war, könnte der König den Antragsteller bevorzugen, der ihm am meisten gefiel oder ihn am meisten bezahlte; oder, unter dem Vorwand des Streits, sich weigern, den Nachlass gänzlich herauszugeben, indem er ihn analog zur Vormundschaft in Gewahrsam hält und in der Zwischenzeit die Gewinne abzieht. Wenn der Sohn und Erbe zum Zeitpunkt des Todes seines Vaters nicht zu Hause war, würde es ihm bei seiner Rückkehr wahrscheinlich große Schwierigkeiten bereiten, die Krone zur Wiederherstellung der Besitztümer zu zwingen. Dies war die Erfahrung von William Fitz-Odo, als er 1201 aus Schottland zurückkehrte, um das Land seines Vaters in Bamborough zu beanspruchen. [107] Primer seisin war somit weniger ein separater Vorfall als vielmehr ein der Krone eigentümliches Recht, zusammenfassende Maßnahmen zur Befriedigung aller Vorfälle oder sonstigen Ansprüche gegen einen verstorbenen Mieter oder seinen Erben zu ergreifen. Magna Carta erkannte dieses Vorrecht an, hütete sich jedoch vor Missbrauch. [108]

(*f*) *Bußgelder wegen Entfremdung* nehmen einen eigenständigen Platz ein. Im Gegensatz zu anderen bereits besprochenen Vorfällen wurden sie nicht mit dem Tod des Pächters anspruchsberechtigt, sondern mit dem Wunsch, seinen Nachlass noch zu seinen Lebzeiten einem anderen zu überlassen, sei es als Geschenk oder gegen Zahlung eines Preises. Wie weit konnte er dies ohne Zustimmung seines Herrn bewerkstelligen? Dies war jahrhundertelang Gegenstand häufiger und hitziger Auseinandersetzungen, die oft durch Kompromisse beigelegt wurden, bei denen der Pächter dem Herrn eine Geldstrafe für die Erlaubnis zum Verkauf zahlte. Solche Bußgelder sind heute in Schottland (unter der Bezeichnung „Kompositionen") für vor 1874 gewährte Feus zu zahlen; und wenn in der Feu-Charta kein Betrag erwähnt wurde, definiert das schottische Recht den erstattungsfähigen Betrag als eine Jahresmiete. Johns Magna Carta enthält keine Bestimmungen zu diesem Thema. Später im 13. Jahrhundert kam es zu langen und erbitterten

Auseinandersetzungen; aber ihre Geschichte ist für die vorliegende Untersuchung irrelevant. [109]

II. *Feudalhilfen.* Vom feudalen Pächter wurde erwartet, dass er nicht nur alle wesentlichen Anforderungen des feudalen Verhältnisses erfüllte und alle bereits aufgezählten belastenden Vorfälle erfüllte, sondern auch, dass er seinem Herrn in jeder besonderen Krise oder Notlage zu Hilfe kam. Die so geleistete Hilfe galt keineswegs als Zahlung für die übrigen Verpflichtungen, die ebenfalls vollständig zu begleichen waren. Die auf diese Weise gewährten zusätzlichen Beträge wurden technisch als „Beihilfen" bezeichnet. Die Anlässe, zu denen diese verlangt werden könnten, waren zunächst vielfältig und unklar. Nach und nach wurden sie jedoch auf drei beschränkt. Glanvill [110] erwähnt tatsächlich nur zwei, nämlich die Ritterung des ältesten Sohnes des Oberherrn und die Heirat seiner ältesten Tochter; aber er beabsichtigt diese vielleicht nur als Illustrationen und nicht als eine erschöpfende Liste. Vor Beginn des 13. Jahrhunderts gab es eindeutig drei anerkannte Hilfsmittel: die Freilassung des Königs und die beiden bereits erwähnten. Dieses Verständnis wurde in der Magna Carta verankert. [111]

Es ist schon früh überliefert, dass es sich bei diesen Hilfen in Wirklichkeit um freiwillige Gaben des Mieters als Zeichen seiner Zuneigung handelte, die nicht zu seinen gesetzlichen Verpflichtungen gehörten. [112]

Dies wurde jedoch im Hinblick auf die vom Gewohnheitsrecht anerkannten Hilfsmittel eindeutig zu einer juristischen Fiktion; Der Mieter wagte es nicht, die Zahlung der anerkannten Drei zu verweigern. Was etwaige weitere Zahlungen anbelangt, handelte es sich keineswegs um eine Fiktion. Wenn die Krone aus einem anderen Grund Beiträge einfordern wollte, musste sie die Zustimmung des *Commune Concilium einholen* . Dies geschah beispielsweise durch Heinrich III. bevor er eine Hilfe bei der Heirat seiner ältesten Schwester in Anspruch nahm. Die Bedeutung der Notwendigkeit einer solchen Zustimmung kann in ihrem Einfluss auf den Ursprung der Rechte des Parlaments kaum überbewertet werden.

Die Große Charta bestätigte zwar den durch die Sitte erzielten stillschweigenden Kompromiss, wonach ohne Zustimmung des Baronats nur die drei Hilfsmittel in Anspruch genommen werden durften, ließ jedoch die Höhe dieser Hilfsmittel *unbestimmt* und begnügte sich mit der äußerst vagen Bestimmung, dass sie „angemessen" sein sollten. " Beispiele für solche Zahlungen, sowohl vor als auch nach der Gründung der Charta, sind in den Schatzlisten leicht zu finden. So nahm dieser König im vierzehnten Regierungsjahr Heinrichs II. eine Mark pro Ritterhonorar ein, als er seine Tochter Maud mit dem Herzog von Sachsen heiratete. Heinrich III. hat 20s gedauert. und Edward I. 40er Jahre. für einen ähnlichen Zweck. Für Richards Lösegeld 20 Shilling. war von jedem Ritterhonorar eingezogen worden (mit

Ausnahme derjenigen, die Männern gehörten, die tatsächlich im Feld dienten); und Heinrich III. hat 40s gedauert. in seinem achtunddreißigsten Lebensjahr bei der Ritterung seines Sohnes. Wahrscheinlich gab es schon früh ein gewisses Verständnis darüber, innerhalb welcher Grenzen die „Angemessenheit" gerechnet werden sollte, aber der Betrag wurde nie vor dem dritten Jahr von Edward I. schwarz auf weiß angegeben. Das Statut von Westminster I. [113] legte die „angemessene" Beihilfe, die nicht an die Krone, sondern an die Mesne-Lords zu zahlen war, auf 20 Shilling fest. pro Ritterhonorar und 20s. für jeden Nachlass in der Gemeinde mit einem jährlichen Wert von 20 £. Dieser Satz beträgt, wie man beobachten wird, ein Fünftel der Erleichterung des Ritters. [114] Indem die Krone den Mesne-Lords auf diese Weise „Vernunft" auferlegte, schien sie nie beabsichtigt zu haben, dass die gleiche Grenze ihre eigenen Geschäfte mit den Pächtern der Krone behindern sollte, sondern verlangte weiterhin höhere Beträge, wann immer sie es für richtig hielt. [115]

So wurden 1346 bei der Ritterung des Schwarzen Prinzen 2 £ pro Honorar eingenommen. Ein Statut von Edward III. [116] endlich wurde auf die Krone das gleiche Maß an „Vernünftigkeit" ausgeweitet, das ein Dreivierteljahrhundert zuvor auf Mesne-Lords angewendet worden war. Die letzten Fälle der Einziehung von Beihilfen in England ereigneten sich erst in der Regierungszeit von James I., der 1609 eine Beihilfe für die Ritterung des unglückseligen Prinzen Heinrich und 1613 eine weitere für die Heirat seiner Tochter Elisabeth verlangte an den Prinzen von Oranien.

III. *Anzug und Service.* Dieser Satz drückt die wesentlichen Verpflichtungen aus, die der Natur des feudalen Verhältnisses innewohnen. Es kann (in Bezug auf die Amtszeit im Rittertum) erweitert werden auf die Pflicht zur Anwesenheit am Hof des Lords, sei es zu Verwaltungs- oder Gerichtszwecken oder aus Gründen der bloßen Zurschaustellung, und die weitere Pflicht zum Militärdienst unter dem Banner dieses Lords im Feld. Vor der Herrschaft von Johannes war eine Klage oder die Anwesenheit vor Gericht keine dringende Frage mehr. Tatsächlich hatten die Barone keineswegs Einwände dagegen, dort anwesend zu sein, sondern näherten sich allmählich der modernen Auffassung an, die es als ein Privileg und nicht als eine Bürde betrachtet, am *Commune Concilium* – dem embryonalen Parlament – des Königs teilzunehmen. Sie drängten insbesondere darauf, dass nur vor einem vollwertigen Feudalgericht, bei dem jeder Großpächter der Krone das Recht habe, zu erscheinen, einer von ihnen in einem Klagegrund wegen Verlust von Land oder persönlichem Status verurteilt werden dürfe. [117]

Ganz anders verhielt es sich mit den Pflichten des Militärdienstes, die von Jahr zu Jahr widerwilliger erbracht wurden, teils wegen der zunehmenden Häufigkeit kriegerischer Expeditionen, teils wegen der höheren Kosten für

Feldzüge in fernen Ländern wie Poitou, teils weil die englischen Barone vollständig waren aus Sympathie mit Johns Außenpolitik und mit ihm. Wir haben gesehen, dass der Mangel an Definition und die Lockerheit der Praxis in der Regierungszeit Wilhelms des Eroberers den künftigen Zeitaltern ein Erbe hinterlassen haben, das zu Streitigkeiten animiert. Wilhelm I. und seine Barone lebten in der Gegenwart; und die Gegenwart verlangte nicht dringend nach einer Definition. Daher blieben die genaue Dauer des zu leistenden Militärdienstes und die genauen Bedingungen (falls vorhanden), unter denen eine Befreiung beantragt werden konnte, ursprünglich recht vage. Eine solche Nachlässigkeit ist leicht zu erklären. Sowohl die Krone als auch die Barone hofften, dass sie die Dinge zu ihrem eigenen Vorteil ändern könnten, indem sie die Dinge undefiniert ließen. Diese Politik würde sicherlich in der Zukunft zu erbitterten Auseinandersetzungen führen, doch die Umstände verzögerten deren Ausbruch. Die Magnaten folgten William zunächst bereitwillig auf das Feld, wohin er auch ging, da ihre Interessen mit seinen identisch waren, während die Kriegsführung ihre normale Beschäftigung war.

Die genaue Höhe des Militärdienstes wurde nach und nach durch den Brauch festgelegt, und beide Seiten gaben sich damit einverstanden, die fällige Gegenleistung (*Servitium debitum*) für jedes Ritterhonorar oder *Scutum* als den Dienst eines vollbewaffneten Reiters während vierzig Tagen zu berechnen. Es gab jedoch immer noch unzählige kleinere Punkte, über die es zu Streitigkeiten kommen konnte, und diese blieben auch im Jahr 1215 bestehen. Obwohl in mehreren Kapiteln der Großen Charta versucht wurde, bestimmte dieser umstrittenen Punkte zu regeln, blieben andere als Streitpunkte für spätere Herrschaften übrig : zum Beispiel die genaue Ausrüstung eines Ritters; die Verpflichtung, nach Erhalt der Vergütung für die zusätzliche Zeit mehr als vierzig Tage abzuleisten; Welchen Umfang der Befreiung (falls überhaupt) könnten Kirchenmänner, die Baronien innehaben, mit der Begründung beanspruchen, dass sie nicht persönlich kämpfen könnten? Inwieweit könnte ein Mieter Kompromisse bei der tatsächlichen Leistung eingehen, indem er Geld anbietet? ob nicht sowohl Anwesenheit als auch Geld verweigert werden könnten, wenn der König seine Streitkräfte nicht persönlich anführte; und ob von allen Ständen gleichermaßen Dienst für Kriege im Ausland wie für Kriege im Inland geschuldet wurde. [118]

Solche Schwierigkeiten wurden mit der Zeit eher größer als beseitigt. Die Anhänger des Eroberers besaßen wie ihr Herr Ländereien auf beiden Seiten des Kanals: Seine Kriege gehörten ihnen. Vor der Herrschaft des Johannes waren diese einfachen Beziehungen durch zwei Überlegungen kompliziert geworden. Durch Einziehungen und die Aufteilung des Erbes zwischen den Söhnen eines Vaters waren die Inhaber englischer Lehen und die Inhaber normannischer Lehen unterschiedlich geworden; Für die englischen Barone stand im Jahr 1213 bei den selbstsüchtigen Vergrößerungs- oder Verteidigungsplänen der Krone nichts auf dem Spiel. Das England von John Lackland lehnte es wie das England von Wilhelm von Oranien ab, sich im Interesse ausländischer Besitztümer des Königs in ausländische Kriege verwickeln zu lassen. Andererseits erhöhte die allmähliche Ausweitung der Herrschaftsgebiete der Träger der englischen Krone die Zahl ihrer Kriege mit der Zahl ihrer Interessen und erhöhte auch die Mühe und die Kosten jeder Expedition. Die kleinen Kriege mit Wales und Schottland belasteten die Ressourcen der englischen Magnaten ausreichend, ohne dass sie in den Zwischenzeitjahren zum Kampf in Maine oder der Gascogne herangezogen wurden. Die größere Zahl der Kampagnen könnte durchaus als Verstoß gegen den Geist der ursprünglichen Vereinbarung angesehen werden.

Waren die Barone verpflichtet, John in einem vergeblichen, von ihnen missbilligten Versuch zu folgen, seine verlorenen Lehen von der französischen Krone zurückzugewinnen? Oder waren sie verpflichtet, ihn nur bei seinen legitimen Plänen als König von England zu unterstützen? Oder waren sie kompromisslos für Dienste in den identischen Besitztümern verantwortlich, die Wilhelm der Eroberer zu dem Zeitpunkt besaß, als ihre Vorfahren erstmals ihre Lehen erhielten – also nur für Kriege in England und der Normandie? Ein Gespür für juristische Feinheiten oder strenge Logik konnte man von den Unzufriedenen der nördlichen Grafschaften, die unter einem dummen Gefühl des Unrechts litten, kaum erwarten. Sie verachteten alle schönen Definitionen und erklärten 1213 rundheraus, dass sie England überhaupt keinen Dienst schuldeten. [119] Diese extreme Behauptung brachte sie eindeutig in Unrecht, da Johannes ihnen viele gegenteilige Präzedenzfälle vorlegen konnte. Als der König bei seiner Rückkehr von seiner unglücklichen Expedition im Jahr 1214 von allen, die ihm nicht nach Poitou gefolgt waren, ein Scutage verlangte, erklärten die Unzufriedenen, dass sie weder verpflichtet seien, ihm aus dem Königreich zu folgen noch ein Scutage zu zahlen stattdessen. [120] Papst Innozenz hatte wahrscheinlich Recht, als er diese Behauptung verurteilte, da sie weder auf englischem Recht noch auf feudalen Bräuchen beruhte. [121] Es gibt einige Gründe zu der Annahme, dass ein Kompromiss auf der Grundlage erörtert wurde, dass die Barone zustimmen sollten, in der Normandie und der Bretagne sowie in England zu dienen, sofern sie von Kämpfen anderswo im Ausland befreit seien. [122]

Zu einer endgültigen Einigung über diese lebenswichtige Frage kam es nie – nicht einmal auf dem Papier, da sich Kapitel 16 der Magna Carta mit der bloßen Bestimmung begnügte, dass bestehende Dienste nicht erweitert werden sollten (ohne zu definieren, was diese waren). Dies diente lediglich dazu, die Schwierigkeit beiseite zu schieben: Der Streit ging in verschiedenen

Formen weiter und führte zu einem heftigen Konflikt der Willen in dem unziemlichen Streit zwischen Edward I. und seinem Constable und Marschall, der in einer klassischen Passage von Walter von Hemingburgh dramatisiert wurde. [123] Seltsamerweise lässt die *Bestätigungskarte* von 1297, die teilweise das Ergebnis dieses späteren Streits war, (wie die Magna Carta selbst) [124] jeden Hinweis auf den Auslandsdienst aus. Bemerkenswert ist das völlige Fehlen jeglicher Erwähnung des Hauptstreitgrundes in beiden Urkunden. Es muss jedoch daran erinnert werden, dass sich die Frage der Pflicht zum Dienst im Ausland praktisch in die Frage der Pflicht zur Bestattung aufgelöst hatte und dass die Kapitel 12 und 14 der Charta von 1215 eine angemessene Kontrolle der Erhebung aller Bestattungen vorsahen; Dies ist jedoch ein Thema von entscheidender Bedeutung, das einer gesonderten und detaillierten Behandlung bedarf.

IV. *Scutage*. Die Krone bestand nicht immer auf einer tatsächlichen persönlichen Leistung, war jedoch häufig bereit, eine Ablösung in Form einer Geldzahlung zu akzeptieren. Dieses Thema der Scutage ist eine der schwierigsten Fragen; Alle Meinungen von gestern wurden heute in den Schmelztiegel geworfen. Es wurden kaum ernsthafte Versuche unternommen, das gesamte Thema konstruktiv wiederzugeben; und noch keine Schlussfolgerungen haben allgemeine Akzeptanz gefunden.

Drei Modifikationen der Theorien von Stubbs und Freeman, die einmal allgemein akzeptiert waren, dürften sich jedoch wahrscheinlich bald durchsetzen: (1) dass „scutage" ein mehrdeutiger Begriff mit einer vagen allgemeinen Bedeutung sowie einer engen technischen Bedeutung ist; (2) dass die Bedeutung der von Heinrich II. eingeführten Änderungen. in den Jahren 1156 und 1159 wurde stark übertrieben; und (3) dass Scutage zu einem späteren Zeitpunkt, wahrscheinlich während der Herrschaft von John, seinen Charakter änderte. Normalerweise handelte es sich dabei nicht mehr um eine Ablösung des Militärdienstes, da er von der Krone nicht selten zusätzlich *zum* tatsächlich geleisteten Militärdienst verlangt wurde. Jeder dieser Sätze bedarf einer Erklärung.

„Scutagium" oder „Schildgeld" bedeutet zwar oft eine bestimmte Summe von so viel pro Ritterhonorar (normalerweise zwanzig Schilling), die der König als Ersatz für den persönlichen Dienst in seiner Armee annimmt, den seine Pächter im Jahr *schulden Kapitel* . Somit ist es, wie Dr. Stubbs erklärt, „eine ehrenvolle Ablösung für persönliche Dienste"; [125] Es wird aber auch lose verwendet [126] , um jede Art von Forderung zu bezeichnen, die auf feudaler Grundlage (das heißt, die ausschließlich von Lehensinhabern erhoben wird) unabhängig vom Anlass ihrer Erhebung erfolgt. Daher wird Geld, das im Namen einer der drei Feudalhilfen eingenommen wurde, *manchmal* als Scutage bezeichnet; und andere Beispiele könnten angeführt werden.

Auch hier tendiert die Gelehrtenmeinung zu der Annahme, dass Heinrich II. keine radikale oder überraschende Änderung vorgenommen. Professor Freeman, Dr. Stubbs und ihre Anhänger machten eine vergangene Generation von Historikern mit der Ansicht vertraut, dass eine von Henrys wichtigsten Reformen darin bestand, seinen Kronpächtern nach eigenem Ermessen zu erlauben, die alte Verpflichtung zum persönlichen Dienst vor Ort durch Geldzahlungen zu ersetzen – Diese Option wurde 1156 den Geistlichen und 1159 den Laienbaronen eingeräumt. Eine solche Theorie hatte *a priori* viel zu empfehlen. Eine Maßnahme dieser Art verlieh zwar den Ressourcen der Krone Volumen und Elastizität, war aber auf subtile Weise darauf ausgelegt, die Grundlage der feudalen Bindung zu untergraben; Doch Heinrich konnte als weitsichtiger Staatsmann die Ideale seiner Generation nicht verwerfen. Es liegen keine Beweise dafür vor, dass er eine tiefgreifende Änderung vorgenommen hat. Von seinem Großvater, Heinrich I., wird durch die erhaltenen Urkunden nachgewiesen, dass er Geld anstelle der Dienste von Rittern angenommen hat, *wenn es ihm gefiel* (insbesondere aus Kirchenlehen im Jahr 1109), [127] und es gibt keine Beweise (direkte oder indirekt), um zu zeigen, dass der Enkel eine solche Umwandlung akzeptierte, *als sie ihm nicht passte* . Die Schlussfolgerungen, die Herr J. Horace Round mit seiner gewohnten Energie formuliert hat, liegen implizit in den Beispielen aus den *Pipe Rolls*, die im großartigen Werk von Madox enthalten sind. Daraus geht hervor, dass die Vorgehensweise des Schatzamtes des großen Anjou und seiner beiden Söhne durch einige Vorschläge wie diese erklärt werden könnte:

(*a*) Die Möglichkeit, den Dienst in Scutage umzuwandeln, lag bei der Krone und nicht bei den Mietern, weder einzeln noch als Körperschaft. Als der König seine Feudalarmee zusammenrief, konnte kein Baron (wie Professor Freeman uns glauben machen wollte) einfach fernbleiben, unter der Verpflichtung, eine kleine feste Summe an die Staatskasse zu zahlen. Im Gegenteil, Heinrich und seine Söhne bewahrten sich eifersüchtig das Recht, auf *persönlichen* Service zu bestehen, wann immer es ihnen passte; selbst wirksame Substitute wurden nicht immer akzeptiert, geschweige denn Geldzahlungen.

(*b*) Wenn die Person zu Hause bleiben wollte, musste sie eine besondere Vereinbarung treffen, um die vom König akzeptierte Strafe zu zahlen – und manchmal musste sie zusätzlich einen Ersatz schicken. Die *Pipe Rolls* zeigen viele solcher Zahlungen von „Stay-at-homes *ne transfretent* " oder „*pro remanendo ab exercitu* ". So zahlte im zwölften Jahr von Johns Herrschaft ein Kronpächter eine Geldstrafe, „damit er zwei Ritter schicken konnte, die für ihn in der irischen Armee dienten". [128]

Manchmal tatsächlich Heinrich II. Er könnte ankündigen, dass Zahlungen in einer bestimmten Höhe generell als Dienstangelegenheiten akzeptiert werden würden, aber das geschah, wenn es ihm passte, und nicht, wenn es seinen Militärpächtern passte. In diesem Zusammenhang wurden zwanzig Schilling pro Gebühr als üblicher, wenn auch keineswegs notwendiger Satz anerkannt.

(*c*) Im Normalfall befand sich der Ritterpächter in einer schlimmen Lage, wenn er weder persönlich erschien noch von der Krone die Erlaubnis erhielt, fernzubleiben. Säumige waren „ *in Gnade* "; Manchmal verwirkten sie ihre gesamten Ländereien an die Krone [129] und waren möglicherweise froh, solche Begnadigungsbedingungen anzunehmen, die ein gnädiger König ihnen zu gewähren geruhte. Es stimmt, dass es manchmal zu ganz kleinen Beeinträchtigungen kam; Der Abt von Pershore entkam 1196 mit einem Angriff von 40 Sekunden. [130] Eine solche Nachsicht war jedoch außergewöhnlich und das Ergebnis einer besonderen königlichen Milde.

Das Recht, die Höhe der zu nehmenden Amercements zu bestimmen, lag in der Zuständigkeit der Barons of the Exchequer, die auch beurteilten, ob Ländereien standardmäßig entzogen worden waren oder nicht.

Heinrich II. scheint im Namen der Belagerung nur dann Geld erhoben zu haben, wenn er sich tatsächlich im Krieg befand – insgesamt sieben Mal während einer 35-jährigen Herrschaft; und nur einmal mit einer Geschwindigkeit von mehr als 20 Sekunden, wenn wir Herrn Round vertrauen dürfen, [131] und das, als er eine besondere Anstrengung gegen Toulouse unternahm. Richard I. erhob trotz all seiner Raubgier offenbar innerhalb von zehn Jahren nur vier Scutages und einen Steuersatz von 20 Schilling. Selbst in der Stunde höchster Not des Königs – im Jahr 1194, als die Rückstände seines Lösegeldes beglichen und gleichzeitig Vorbereitungen für den Krieg in der Normandie getroffen werden mussten – wurde die Höchstgrenze nie überschritten.

Bei der Thronbesteigung von Johannes könnte man also davon ausgehen, dass drei Regeln die gesamte präskriptive Kraft einer langen, ungebrochenen Tradition hatten, nämlich (1) dass die Scutage eine Reserve für außergewöhnliche Notfälle war und keine normale jährliche Belastung; (2) dass das anerkannte Maximum 20 Sekunden betrug. pro Ritterhonorar, während gelegentlich ein niedrigerer Satz (13 Schilling, 4 Schilling und sogar 10 Schilling) akzeptiert wurde; und (3) dass die Zahlung von Scutage an den König zu einem zuvor von ihm festgelegten Satz eine vollständige Erfüllung aller für diesen Anlass fälligen Verpflichtungen darstellte.

Wenn bewiesen werden kann, dass John fast seit seiner Thronbesteigung absichtlich alle drei dieser etablierten Regeln geändert hat, und dies auch gegen den scharfen Widerstand eines übermütigen Baronats, dessen Mitglieder sowohl ihren Stolz als auch ihr Ansehen verloren fühlten Als ihre Geldsäcke angegriffen wurden, ist ein deutlicher Schritt zum Verständnis der

Krise von 1215 getan. Dieses Wissen würde erklären, warum in der Regierungszeit von John weder früher noch später ein Sturm ausbrach, der sich schon lange anbahnte; und sogar warum einige der verrufenen Geschichten, die von den Chronisten erzählt und von Blackstone und anderen akzeptiert wurden, Erfinder und willige Gläubige fanden.

Hier wird behauptet, dass Johannes tatsächlich Änderungen in alle drei Richtungen vorgenommen hat; und außerdem, dass die Häufigkeit dieses Anstiegs der feudalen Lasten durch zwei Überlegungen noch unerträglicher wurde: – weil bei seiner Thronbesteigung große Rückstände der während der Regierungszeit seines Bruders auferlegten Scutagen (insbesondere aus den Lehen der nördlichen Ritter) unbezahlt blieben , [132] und weil Johannes im Juni 1212 die feudale Kette durch eine drastische und ärgerliche Maßnahme fester zog. In diesem Monat führte er eine strenge Untersuchung der Höhe der Feudaldienste ein, die von jedem Landgut in England zu beanspruchen waren, um zu verhindern, dass Abgaben seinem weiten Netz entgingen, und um alle Dienste und Zahlungen wieder aufzunehmen, die verfallen waren oder vom Verfall bedroht waren.

Dass er die ersten beiden Änderungen vorgenommen hat, ergibt sich aus einem Blick auf die Tabelle der während seiner Regierungszeit tatsächlich erpressten Scutages, da diese hier einer Liste entnommen sind, die von einem Autoritätsautor zusammengestellt wurde, der keine spezielle Theorie zu stützen hat, [133] nämlich .:

Erste Rettung der Herrschaft –			1198-9—	2	Mark pro Ritterhonorar.	
Zweite	"	"	1200-1	2	"	"
Dritte	"	"	1201-2	2	"	"
Vierte	"	"	1202-3	2	"	"
Fünfte	"	"	1203-4	2	"	"
Sechste	"	"	1204-5	2	"	"
Siebte	"	"	1205-6	20er Jahre.		"
Achte	"	"	1209-10	2	Markierungen	"
Neunte	"	"	1210-11	2	"	"

| Zehntel | " | " | 1210-11 | 20er Jahre. | | " |
| Elfte | " | " | 1213-14 | 3 | Markierungen | " |

Man sieht, dass Johannes im allererste Jahr seiner Herrschaft eine Scutage nahm, und zwar mit einer Rate, die über dem etablierten Normalwert lag, nämlich zwei Mark pro Scutum (nur einmal erreicht, dreißig Jahre zuvor, und dann darunter). spezielle Umstände). Schon eine einzige dieser Forderungen muss dazu geführt haben, dass die ohnehin schon mürrischen Kronmieter schief dreinblickten.

Nächstes Jahr ließ John ihnen klugerweise eine Atempause; dann wurden im dritten, vierten, fünften, sechsten und siebten Jahr seiner Herrschaft ununterbrochen Scutages in schneller Folge in hoher Höhe von zwei Mark erpresst. Wenn John beabsichtigte, dies als einen neuen Normalsatz festzulegen, tat er dies nicht ohne Grund, da damit genau der Lohn eines Ritters zu 8 d gezahlt würde. *pro Tag* (der damals aktuelle Satz) für einen Zeitraum von vierzig Tagen (der genaue Zeitraum, der in der öffentlichen Meinung als Höchstwert des feudalen Pflichtdienstes anerkannt wird).

Geldstrafen wurden offenbar zusätzlich zu dieser Ermäßigung von zwei Mark von denen verlangt, die den notwendigen Kompromiss für die persönliche Leistung nicht rechtzeitig eingegangen waren. [134]

Diese Scutages wurden immer schwieriger einzutreiben, und nach und nach häuften sich die Zahlungsrückstände an. aber der Widerstandsgeist nahm noch schneller zu. Im Jahr 1206 war offenbar der Bruchpunkt fast erreicht. [135] Dementsprechend wurde in diesem Jahr eine leichte Lockerung zugelassen – die jährliche Scutage wurde von zwei Mark auf 20 Schilling reduziert. Johns Bedürfnisse waren jedoch so groß wie eh und je und würden alle weiteren Zugeständnisse in den kommenden Jahren verhindern, sofern nicht etwas Unvorhergesehenes geschah. Im Sommer 1207 geschah etwas Ungewöhnliches, als Johannes mit dem Papst *stritt* . Dieses Ereignis kam rechtzeitig, und zwar nicht, um John zu *verhindern* , sondern, wie die Fortsetzung bewies, lediglich , um die Krise des Streits mit dem Baronat *hinauszuzögern* . John hatte vorerst den gesamten beschlagnahmten Besitz des Klerus in seinen Händen. Der Tag der Abrechnung mit diesem Luxus war noch in weiter Ferne, und der König konnte sich unterdessen über eine volle Staatskasse freuen, ohne seine Kronpächter zur Rebellion anzustacheln. Drei Jahre lang wurde keine Scutage verhängt. Im Jahr 1209 wurde John jedoch erneut von finanziellen Engpässen heimgesucht, und es wurde eine neue Scutage in Höhe von zwei Mark erhoben. Im nächsten Jahr folgten tatsächlich zwei Scutages, der erste von zwei Marks gegen Wales und der zweite von 20ern. gegen Schottland. John wusste nie, wann er aufhören sollte. Diese drei Abgaben, die sich innerhalb von zwei Jahren auf insgesamt fünfeinhalb Mark pro Honorar beliefen, brachten die Spannungen fast bis zum Äußersten.

In den beiden darauffolgenden Geschäftsjahren (Michaelmas 1211 bis Michaelis 1213) wurde keine Scutage verhängt. John hatte jedoch nicht die Absicht, dies für längere Zeit zu tun, obwohl er damit die Spannung ein zweites Mal entspannte. Im Gegenteil, er beschloss, zu prüfen, ob es nicht möglich sei, Scutages so zu gestalten, dass sie in Zukunft mehr Ertrag bringen könnten. Mit Schreiben vom 1. Juni 1212 leitete er eine große Untersuchung im ganzen Land ein. Es wurden Kommissare ernannt, die vor örtlichen Geschworenen eidesstattliche Urteile über die Höhe der Haftung jedes einzelnen Kronvasallen fällen sollten. Herr Round [136] ist der Ansicht, dass frühere Autoren die Bedeutung dieser Maßnahme unerklärlicherweise ignoriert haben, „einer Inquestur, die es wert ist, in Zukunft von Historikern in Verbindung mit denen von 1086 und 1166 benannt zu werden" [137] und beschreibt sie als eine ^{Anstrengung} „ angeblich erloschene Rechte der Krone wiederzubeleben." Es ist möglich, dass John bei dieser gerichtlichen Untersuchung im Jahr 1212 auch (erfolglos, wie die Fortsetzung bewies) versuchte, das zu tun, was Henry bereits 1166 erfolgreich getan hatte – nämlich die Höhe der Ritterhonorare zu erhöhen, auf die sich jeder Pächter der Krone stützte wird ermittelt, indem zur vorherigen Gesamtzahl die Anzahl der kürzlich belehnten Ritter addiert wird.

John hatte mit dieser Untersuchung, deren Ergebnisse am 25. Juni 1212 fällig waren, eindeutig die Absicht, die notwendigen Maschinen vorzubereiten, um aus der nächsten Scutage den äußersten Penny herauszupressen, wenn sich dafür erneut die Gelegenheit ergab. Dieser Anlass kam im Jahr 1214.

Bis zu diesem Zeitpunkt hatte selbst John es nicht gewagt, einen Satz von mehr als zwei Mark pro Ritterhonorar zu verlangen; aber das Gewicht seiner ständigen Beschimpfungen wurde durch die Tatsache erhöht, dass er manchmal zusätzlich persönliche Dienste verlangte und dass er erdrückende Geldstrafen gegen diejenigen verhängte, die weder zum König gingen noch vorher die Bedingungen für einen Vergleich mit dem König vereinbarten. [138]

So nahm der Strom feudaler Verpflichtungen über viele verschiedene Kanäle während der gesamten Regierungszeit Johanns allmählich und heimtückisch zu, bis die Barone befürchteten, dass nichts von ihrem Eigentum vor der Flut gerettet werden würde. Der normale Satz der Scutage war erhöht worden, die Häufigkeit ihrer Verhängung war erhöht worden, die Bedingungen des Auslandsdienstes waren belastender und die Ziele ausländischer Expeditionen unbeliebter geworden; während manchmal versucht wurde, sowohl Service als auch Scutage im selben Jahr zu verlangen. Die Grenze der Ausdauer der Barone war erreicht, als John am 26. Mai 1214, bereits diskreditiert durch seine erfolglosen Expeditionen in Poitou, auf die bald der völlige Sturz seiner Verbündeten in Bouvines folgte, einen Scutage-Antrag auf das Ungehörte erließ - mit einem Satz von drei Mark, der zweifellos auf der Untersuchung von 1212 beruhte und in den darin behandelten Themen ungewöhnlich weitreichend war. [139]

Dann kam der letzte Absturz; Dieses Schreiben war wie ein Aufruf zu den Waffen – ein Aufruf, nicht dem Banner des Königs zu folgen, sondern gegen ihn zu kämpfen.

----

64 . *Kommentare* , II. 59.

65 . Siehe Pollock und Maitland, *History of English Law* , I. 218.

66 . Siehe Statut 12 Karl II. C. 24.

67 . Siehe Pollock und Maitland, I. 274, Anm.

68 . Pollock und Maitland, I. 218.

69 . Littleton, II. viii. S. 133.

70 . Littleton, II. viii. S. 153.

71 . Littleton, II. viii. S. 158.

72 . *History of Exchequer*, I. 650, unter Berufung auf *die Pfeifenrolle* von Heinrich III. aus dem Jahr 18.

73 . Siehe Littleton, II. ix. S. 159. Damit kann die Definition in Kapitel 37 der Magna Carta verglichen werden, wo Johannes von Land spricht, das auf diese Weise von einem Vasallen gehalten wird, als „quam tenet de nobis per servitium reddendi nobis cultellos, vel sagittas vel hujusmodi".

74 . *Mittelalterliches England* , S. 249–250. Eine ähnliche Amtszeit gibt es in Schottland immer noch unter dem Namen „Blench" – eine Amtszeit, bei der der Reddendo schwer fassbar ist, nämlich die jährliche Abgabe so kleiner Dinge wie eines Pfeils, eines Pennys oder eines Pfefferkorns, „wenn nur darum gebeten wird" (*si petatur tantum*).

75 . Littleton, II. viii. S. 158.

76 . *Ebenda.* , II. xs 162.

77 . Pollock und Maitland, I. 218.

78 . Littleton und Coke scheinen fast zwei weitere Anstellungen zu befürworten, nämlich die Anstellung durch Scutage oder Escuage und die

Anstellung durch den Burgwächter. Pollock und Maitland betrachten beide als alternative Namen für den Ritterdienst. (Siehe I. 251 und I. 257.) Letzteres wird *weiter unten* unter c besprochen. 29 der Magna Carta.

79 . Jenks, *Modern Land Law* , S. 14.

80 . Es wurde von Pollock und Maitland (I. 294) treffend als „die große verbleibende Amtszeit" beschrieben. In Schottland ist die „Residuary Tenure" nicht „Scage", sondern „Feu" (ähnlich der englischen Fee-Farm). Beteiligungen an Feu sind schottischen Anwälten immer noch vertraut. Sie werden durch eine formelle Urkunde mit anschließender Registrierung (das moderne Äquivalent der Lehnung oder feudalen Investitur) ins Leben gerufen und bewahren so eine ungebrochene Verbindung mit der feudalen Eigentumsübertragung des Mittelalters.

81 . *Normannische Eroberung* , V. 377; *Hist. von William Rufus* , 335–7.

82 . *Feudal England* , S. 228 *ff.*

83 . Alle drei Formen der feudalen Verpflichtung – Dienst, Vorfälle und Hilfen – sind in England längst überholt. Das Statut 12 Karl II. C. 24 fegte zusammen mit dem Feudalsystem die feudalen *Vorfälle hinweg;* Jahrhunderte zuvor waren *Scutages* anstelle des Militärdienstes *im* Zuge des Übergangs vom System der feudalen Finanzen zum System der nationalen Finanzen, den die Krone im 13. und 14. Jahrhundert vollzog, obsolet geworden. Auch feudale *Hilfen* waren längst überholt, obwohl Jakob I. in verzweifelter Geldnot versucht hatte, zwei davon wiederzubeleben. In Frankreich blieb das Feudalsystem mit all seinen belastenden Verpflichtungen in voller Kraft, bis es in einer Nacht durch das berühmte Dekret der Nationalversammlung vom 4. August 1790 abgeschafft wurde. In Schottland existiert das Feudalsystem des Landbesitzes immer noch Bestimmte seiner Vorfälle (*z*. B. Erleichterungen und Vergleiche oder Geldstrafen wegen Entfremdung) werden bis heute verhängt.

84 . Blackstone, *Kommentare* , II. 63 ordnet diese jedoch in einer anderen Reihenfolge und erwähnt als siebten Vorfall „Hilfsmittel", die hier einer gesonderten Behandlung vorbehalten sind.

85 . Siehe Pollock und Maitland, I. 296.

86 . Siehe *unten* , unter c. 2 , für die Schritte im schrittweisen Prozess, durch den dieses Übel behoben wurde.

87 . R. Thomson, *Magna Charta* , S. 236.

88 . *Infra* , c. 32 .

89 . VII. 17.

90 . Madox, I. 663.

91 . Siehe *unten* , c. 43 .

92 . Siehe Hughes' Ausgabe, S. 133.

93 . Siehe *Dialogus* , S. 222 (unter Berufung auf *Pipe Roll* , S. 27).

94 . Glanvill, VII. C. 9. In den Amtszeiten von Sögen und Bürgern wurde kein Fall von Vormundschaft anerkannt; Die Vormundschaft lag bei den Verwandten des Mündels und nicht bei seinem Lehnsherrn. Etwas komplizierte, aber äußerst gerechte Regeln für den Umgang. Die Verwandtschaft mütterlicherseits hatte das Sorgerecht, wenn die Ländereien väterlicherseits stammten; die väterliche Verwandtschaft, wenn sie mütterlicherseits stammt (Glanvill, VII. c. 11). Im Klartext: Der Junge und sein Eigentum wurden denen anvertraut, die kein Interesse an seinem Tod hatten.

95 . Littleton, II. iv. S. 103.

96 . Siehe unter c. 5 .

97 . Welche das waren, lässt sich in den *Pfeifenlisten nachlesen* , *z. B.* in denen von Heinrich II. im Jahr 14, als das Bistum Lincoln vakant war.

98 . Siehe *Statuten des Reiches, Kap. der Freiheiten* , S. 5 und *Sel. Urkunden* , S. 288: „Salva nobis et haeredibus nostris custodia ecclesiarum et monasteriorum vacantium quae ad nos relevant." Vergleichen Sie die Bedingungen von Stephens Oxford Charter; *Sel. Charters* , S. 120-1.

99 . *Rotuli de oblatis et finibus* , S. 354.

100 . *Verrotten. Klaus.* , S. 37, 55.

101 . Pollock und Maitland, I. 305.

102 . Siehe *unten* in den Kapiteln 6, 7 und 8.

103 . *Mittelalter* , II. 429.

104 . P. 437.

105 . Der Bischof von Durham genoss es, so scheint es in einer Urkunde zu stehen, die ihm 1303 von den Männern seines Lehens erpresst wurde (siehe Lapsley, *Pal. of Durham* , S. 133). Dies stellt jedoch keine wirkliche Ausnahme dar; da der Bischof als Pfalzgraf außerordentlich die *Insignien* eines Königs genoss.

106 . Siehe Pollock und Maitland, I. 292. Es geht aus der Satzung von Marlborough, c. 16, dass sich *Primer Seisin* über Ländereien erstreckte, die sowohl der Serjeantität als auch dem Ritterdienst gehörten.

107 . *Rotuli de oblatis* , S. 114.

108 . Sir Edward Coke (*Coke upon Littleton* , 77 A) ist die ursprüngliche Quelle großer Verwirrung über die Natur des Primer-Seisins, das er offenbar als eine zweite und zusätzliche von der Krone geforderte Erleichterung in Höhe der gesamten Rente der ersten angesehen hat Jahr. Die Päpste, so vertrat er weiter (ebenso fälschlicherweise), ahmten diese Praxis nur nach, als sie von jeder neu gewährten Pfründe unter dem Namen „Erstlinge" eine Jahresrente verlangten. Diese Fehler wurden weithin befolgt (*z. B.* Thomson, *Magna Charta* , S. 416, Taswell Langmead, *Const. Hist.* , S. 50).

109 . Siehe Taswell Langmead, *Const. Hist.* , S. 51-2; auch Pollock und Maitland, II. 326. *Vgl.* , jedoch c. 39 der Neuauflage der Magna Carta im Jahr 1217.

110 . IX. C. 8.

111 . Siehe *unten* , Kapitel 12.

112 . So spricht die Abingdon-Version der *Angelsächsischen Chronik* (II. 113) von „auxilium quod barones michi dederunt"; während Bracton sagt (Buch II. c. 16, S. 8): „Auxilia fiunt de gratia et non de jure; cum dependant ex gratia tenentium, et non ad voluntatem dominorum."

113 . 3 Edward I. c. 36.

114 . Auf 100 Sek. festgelegt. von c. 2 der Magna Carta.

115 . Ein Eintrag in der *Memorandenliste* von 42 Heinrich III. (zitiert Madox I. 615) scheint dem auf den ersten Blick zu widersprechen. Es scheint, dass in diesem Jahr zugegeben wurde, dass die Krone nicht mehr als 20 Dollar einfordern konnte. der Hilfe pro Ritterhonorar; aber im Jahr 1258 war die Opposition der Barone im Finanzministerium wie anderswo stark.

116 . 25. Aufl. III. stat. 5, c. 11.

117 . Siehe *unten* , Kapitel 39.

118 . Einige dieser Fragen könnten im Einzelfall durch die Bestimmungen spezieller Chartas beantwortet werden. So berichten die *Hundred Rolls* (1279), wie Hugh de Plesens das Herrenhaus von Hedington besaß und für das Honorar eines Ritters verantwortlich war, als die Scutage lief; dass er mit dem König gehen und andihm vierzig Tage lang auf eigene Kosten und danach auf Kosten des Königs dienen muss. *Verrotten. Hund.* , II. P. 710; vgl. für *Frankreich, Etablissements de St. Louis* , I. c. 65.

119 . Siehe R. Coggeshall, S. 167; Die Barone argumentierten: *non in hoc ei obnoxios esse secundum munia terrarum suarum* .

120 . W. Coventry, II. 217.

121 . Siehe seinen Brief vom 1. April 1215 in *New Rymer* , I. 128, in dem er den Baronen befiehlt, die Bestattung von Poitou zu zahlen.

122 . Die Belege dafür sind überwiegend schlussfolgernder Natur, würden jedoch erheblich gestärkt, wenn wir die Echtheit der von Herrn JH Round, Herrn Prothero und Herrn Hubert Hall in Eng. diskutierten Charta nachweisen könnten . *Hist. Rev.* , VIII. 288 und IX. 117 und 326. Siehe das Dokument im Anhang.

123 . *Chronicon* , II. 121.

124 . Siehe jedoch *unten* unter c. 16 .

125 . Stubbs, *Const. Hist.* , I. 632.

126 . Wie schon vor langer Zeit von Madox, I. 619, hervorgehoben wurde.

127 . Siehe Round, *Feudal England* , S. 268.

128 . Madox, I. 658.

129 . Siehe *Pipe Roll* of 12 John, zitiert in Madox, I. 663.

130 . Siehe *Pfeifenrolle* von Richard I., zitiert *ebenda*.

131 . *Feudal England* , 277 *ff.*

132 . Miss Norgate, *John Lackland* , S. 122.

133 . Miss Norgate, *John Lackland* , S. 123 Anmerkung, die Swerefords Listen im *Red Book of Exchequer korrigiert* .

134 . Siehe (für das Jahr 1201) Ramsay, *Angevin Empire* , S. 390 und die dort zitierten Behörden.

135 . Vgl. Miss Norgate, *John Lackland* , S. 125.

136 . *Commune of London* , S. 273-4.

137 . Zwei Historiker, die kürzlich wertvolle und unabhängige Berichte über die Herrschaft des Johannes vorgelegt haben, sagen jedoch wenig über ihren Wert aus. Sir James Ramsay (*Anjou Empire* , S. 432) behandelt es kurz, und Miss Norgate (*John Lackland* , S. 163) nimmt es kaum wahr.

138 . Miss Norgate (*John Lackland* , S. 123) beschreibt die Erpressungen, die die Scutages ergänzten: „Diese Scutages waren unabhängig von den Geldstrafen, die von den Baronen gezahlt wurden, die den König bei seiner ersten Rückkehr in die Normandie im Jahr 1199 nicht begleiteten, von dem Geld, das von der … Host als Ersatz für seinen Dienst im Jahr 1201, der Ausrüstung und Bezahlung der „dezimierten" Ritter im Jahr 1205 und der von allen Ritterpässen nach der Entlassung des Hosts im selben Jahr geforderten Geldstrafen sowie der tatsächlichen Dienste, die viele derjenigen,

die die Scutage bezahlt hatten, in den Feldzügen von 1202–1204 und 1206
erbrachten.“

139 . Siehe Miss Norgate, *John Lackland* , 210, und vgl. *oben* , S. 37 .

III. Königliche Gerechtigkeit und Feudaljustiz.

Ein bekannter Aphorismus aus juristischen Lehrbüchern, der in ungewöhnlich bildlicher Sprache formuliert ist, erklärt den König zum „einzigen Quell der Gerechtigkeit". So richtig es auch ist, diese Metapher auf den gegenwärtigen Zustand der Verfassung anzuwenden, wäre es ein Anachronismus und ein Fehler, sie in das 13. Jahrhundert zu übertragen. Unter der Herrschaft des Johannes gab es – wie schon seit Jahrhunderten – nicht nur eine, sondern viele konkurrierende Gerichtsbarkeiten. Es war keineswegs eine Selbstverständlichkeit, dass die Königsgerichte die richtigen Gerichtshöfe waren, an die sich ein geschädigter Mensch wenden musste, um Wiedergutmachung zu verlangen. Im Gegenteil, die große Masse der Landbevölkerung, die Gutsbesitzer, hatte keine *Klagebefugnis* außer im Hof des Herrenhauses, zu dem sie gehörten; während die Türen der königlichen Höfe vor der Herrschaft Heinrichs II. für den einfachen Ehrenbürger verschlossen waren. Die königliche Justiz war immer noch die Ausnahme, nicht die Regel. Jeder Mann muss im Normalfall vor Ort Rechtsmittel einlegen. Der Nation als Ganzes Gerechtigkeit widerfahren zu lassen, gehörte nicht zu den normalen Aufgaben eines mittelalterlichen Königs.

I. *Rivalisierende Gerichtssysteme.* Im 13. Jahrhundert gab es nicht nur eine Quelle der Gerechtigkeit, sondern viele. Rivalisierende Gerichte, die eifrig darum kämpften, ihren eigenen Wirkungsbereich zu erweitern und ihre eigenen Gebühren zu erhöhen, existierten in einer verwirrenden Vielzahl. Abgesehen von den christlichen Gerichten, den Borough Courts, den Forest Courts und allen außergewöhnlichen oder besonderen Gerichtshöfen gab es drei große konkurrierende Gerichtssysteme, die in der Reihenfolge benannt werden können, in der sie nacheinander in England an Bedeutung gewannen.

(1) *Lokal- oder Bezirksgerichte.* Gerechtigkeit war ursprünglich ein lokales Produkt und wurde in einfachen Tribunalen verwaltet, die mehr oder weniger volkstümlichen Charakter hatten. Jedes Grafschaft hatte seinen eigenen Rat oder seine eigene Versammlung zur Anhörung von Klageanträgen, die in angelsächsischen Zeiten als „shire-moot" und nach der normannischen Eroberung üblicherweise als „ *comitatus* " bekannt war; während jeder der kleineren Bezirke, die das Auenland unterteilen und Verwaltungseinheiten für Steuer-, Verteidigungs-, Justiz- und Polizeizwecke bilden, einen eigenen Moot oder Rat hatte, der als Gericht diente und dem die Bewohner der verschiedenen Bezirke beitraten In erster Instanz brachten die Dörfer ihre Bitten ein. Diese kleineren Bezirke waren im Süden als Hunderte und im Norden als Wapentakes (ein Name, der aus dem Dänischen stammt) bekannt.

Die allgemein verbreitete Theorie besagt, dass alle freien Männer ursprünglich Freier an den Höfen des Auenlandes und der Hundert waren und dass die Gesamtheit der Anwesenden, der einfache Bauer („ceorl") ebenso wie der Mann von adligem Blut („eorl") , beteiligte sich aktiv an dem Verfahren und verkündete die dort verkündeten Urteile oder Urteile (oder stimmte ihnen zumindest zu); aber dass im Laufe der Zeit die Mehrheit der angelsächsischen Ceorls in die halb unterwürfige Position von Dorfbewohnern herabsank – Männer, die ihr Leben lang an den Boden des Herrenhauses gebunden waren und wie Eigentum vom Vater auf den Sohn übergingen. Obwohl diese Gutsherren immer noch der Bürde des Dienstdienstes und einigen anderen Pflichten ihres früheren freien Standes unterworfen waren, wurden sie aller Rechte beraubt, die einst das Gegenstück zu den Pflichten gebildet hatten. Eine andere Schule von Historikern bestreitet zwar, dass die Masse der Bevölkerung schon in sehr frühen Zeiten jemals das Recht hatte, sich aktiv an der Rechtsprechung zu beteiligen. Es erübrigt sich hier, eine Lösung dieser und vieler anderer komplizierter Probleme im Zusammenhang mit der Zusammensetzung und den Funktionen der Gerichte von Shire und Hundert zu versuchen; oder um die noch schwierigere Frage zu diskutieren, inwieweit die kleine Versammlung der Dorfbewohner jeder Gemeinde es wert ist, als formelles Gericht angesehen zu werden. Es genügt zu betonen, wie wichtig es ist, dass es seit jeher ein vollständiges Netz von Gerichten gibt, von denen jedes Recht für die Bevölkerung seines eigenen Bezirks spricht.

(2) *Feudalgerichte.* Jahrhunderte vor der normannischen Eroberung sah sich dieses System der Volks- oder Bezirksgerichtsbarkeit mit einem konkurrierenden System von Gerichtsbarkeiten konfrontiert – den unzähligen Privatgerichten, die den Feudalherren der verschiedenen Stände gehörten, in die ganz England aufgeteilt worden war. Dieses neue System privater Gerichtshöfe (gleichgültig bekannt als Feudalgerichte, herrschaftliche Gerichte, herrschaftliche Gerichte oder erbliche Gerichtsbarkeiten) erlangte langsam aber sicher, so die allgemein, wenn auch nicht allgemein akzeptierte, orthodoxe Ansicht, gegenüber dem älteren System der Volksgerichte des Auenlandes, Hundert und Wapentake. [140]

Praktisch jeder Landbesitzer in England wurde auch Inhaber eines Gerichts für die Bewohner dieses Landes. Die Doppelbedeutung des Wortes „ *Dominus* " verdeutlicht die Doppelstellung des Mannes, der somit sowohl Besitzer als auch Herr war. [141] Im Kampf zwischen zwei Rechtssystemen siegten die Tribunale der feudalen Magnaten leicht, schafften ihre Rivalen jedoch nie völlig ab. Die früheren Volksgerichte lebten noch weiter; Aber das System der Bezirksgerichtsbarkeit, das einst ganz England umfasste, wurde durch das Wachstum der Feudalgerichte völlig durcheinander gebracht. Als jedes einstmals freie Dorf unter die Herrschaft eines Herrn überging und nach und nach zu einem Herrenhaus oder Embryo-Herrenhaus wurde, wich das Dorfsprengel (mit so rudimentärer Autorität, wie es ursprünglich besessen haben mag) einem neuen herrschaftlichen Hof, der mit viel ausgestattet war umfassendere Befugnisse und wirksamere Sanktionen für deren Durchsetzung. Als außerdem ganze Hundertschaften unter die Kontrolle besonders mächtiger Magnaten fielen, wurden die gesamten Gerichte dieser Hundertschaften durch Feudalgerichte ersetzt oder in diese umgewandelt; Franchises ersetzten somit viele der alten populären Diskussionen. Dennoch behielt das ältere System dank des Schutzes, den ihm die Krone in der Stunde der Not gewährte, den Besitz eines Teils des umstrittenen Bodens. Die große Mehrheit der Hunderten beugte sich nie der ausschließlichen Herrschaft eines einzelnen Lords, und die Höfe der Grafschaften wurden von den normannischen Königen eifersüchtig vor dem Übergriff selbst der mächtigsten Barone geschützt. Es stimmt, dass sie der Unterwerfung unter einen örtlichen Grundbesitzer nur entgingen, um unter die mächtigere Herrschaft der Krone zu fallen. Doch die bloße Tatsache, dass sie weiter existierten, wirkte zumindest als Hemmnis für das Wachstum des rivalisierenden Systems herrschaftlicher Gerichtshöfe.

Obwohl es die Politik der normannischen Könige war, zu verhindern, dass ihre Barone übermäßige Gerichtsbefugnisse erlangten, war es keineswegs ihre Politik, sich diesen Gerichtsbarkeiten gänzlich zu widersetzen. Im Gegenteil, der Eroberer und seine Söhne waren froh, dass in jenen Bezirken Englands, in die der Arm der Krone nicht weit genug reichte und in denen die Popularität herrschte, die Ordnung durchgesetzt und die Gerechtigkeit ausgeübt werden konnte, selbst auf grobe Art und Weise Gerichte würden sich wahrscheinlich als ineffizient erweisen. Somit existierten das alte und das neue System nebeneinander; Es lag im Interesse der Zentralregierung, das eine gegen das andere auszuspielen.

In späteren Tagen (aber erst lange nach der Magna Carta) teilte sich jedes herrschaftliche Tribunal in drei verschiedene Gerichte auf, je nach der Art der Klagegründe, die es zu verhandeln hatte. Spätere Autoren unterscheiden sich absolut voneinander: der Hofbaron, der zivilrechtliche Streitigkeiten zwischen den Eigentümern des Herrenhauses regelt; das Court Customary, das über nichtstrafrechtliche Fälle unter den Schurken entscheidet; und das Court Leet, ein Kleinstrafgericht, das Ordnungen durchsetzt und kleine Vergehen bestraft. Die Befugnisse dieser Gerichte können variieren, und in vielen Bezirken lag die Zuständigkeit für Vergehen nicht beim Verwalter des Gutsherrn, sondern beim Sheriff in seinen halbjährlichen Rundgängen oder „Tourns“ durch die Grafschaft. In den unvollkommen feudalisierten Bezirken übte der Tourn des Sheriffs als Vertreter der Krone die gleichen Funktionen aus wie der Court Leet in den Territorien eines Franchises.

(3) *Königliche Gerichte.* Ursprünglich war der Königshof lediglich ein Feudalgericht unter anderen Feudalgerichten gewesen, das sich eher im Grad als in der Art von denen der großen Grafen oder Barone unterschied. Als Feudalherr sorgte der König für Recht unter seinen feudalen Pächtern (ob Barone und Freie oder nur unterwürfige Untertanen), so wie jeder Baron oder Freie unter *seinen* Pächtern, ob Knecht oder Freier, Recht übte. Zur Zeit der normannischen Könige hätte sich niemand träumen lassen, dass die *Curia Regis* die enorme Arbeit auf sich nehmen würde oder könnte, die darin besteht, Recht für die ganze Nation zu sprechen (oder auch nur die Gerichte zu überwachen, die es rechtfertigen). Im Gegenteil, jeder Einzelne muss die Wiedergutmachung von Unrecht entweder beim Gericht des Volkes seines eigenen Bezirks oder beim Gericht seines Herrn beantragen. Königliche Gerechtigkeit für alle (im modernen Sinne) war einfach unmöglich. Die Monarchie verfügte über keine Maschinerie, um dies zu bewerkstelligen. Es handelte sich um eine gigantische Aufgabe, die kein angelsächsischer König, nicht einmal Wilhelm I., hätte bewältigen können. Bis zur Herrschaft Heinrichs II. unternahm die Krone keinen Versuch in dieser Richtung, der teils durch die Umstände, vor allem aber durch seine großen Fähigkeiten in eine beispiellose Machtposition gebracht wurde. Selbst er, der geborene Reformer, hätte die Regierungsarbeit nie so sehr gesteigert, wenn er nicht klar erkannt hätte, wie enorm die Änderung sowohl die Sicherheit seines Throns als auch die Einnahmen seiner Staatskasse steigern würde.

Unter normalen Umständen war der Königshof vor der Angevin-Zeit also lediglich ein Schiedsgericht für die Abwicklung der eigenen Angelegenheiten des Königs oder für die Verhandlung von Streitigkeiten zwischen den unmittelbaren Pächtern der Krone. Schon in jungen Jahren waren die Geschäfte des Monarchen jedoch aufgrund der bloßen Tatsache, dass er Oberherr war, zwangsläufig umfassender als die Geschäfte eines Mesne-Lords. In gewisser Weise muss es auch von Anfang an klar gewesen sein, dass Verstöße gegen die bestehende Ordnung auch Verstöße gegen den König waren und dass es daher die Aufgabe des Königs war, sie an den königlichen Gerichten wiedergutzumachen. Darüber hinaus wurden die Vorrechte des Souveräns schnell gestärkt und ermöglichten es ihm, seinen Wünschen in dieser wie auch in anderen Angelegenheiten nachzukommen. Die Krone machte geltend, sie habe das Recht (wobei sie keine entsprechende Pflicht einräumte), alle Klagegründe von besonderer Bedeutung zu untersuchen, seien sie zivil- oder strafrechtlich. Dennoch hatte die königliche Justiz bis zur normannischen Eroberung und danach unter Wilhelm und seinen Söhnen keinen bewussten Versuch unternommen, eine nationale Justiz zu werden oder die feudale Justiz zu ersetzen. Jeder hielt sich an seine anerkannte Provinz. Der Kampf zwischen beiden begann erst mit den Reformen Heinrichs II. [142]

So folgten die drei großen Gerichtssysteme, Volksgerichtsbarkeit, Feudalgerichtsbarkeit und Königsgerichtsbarkeit (die jeweils auf einem anderen Prinzip beruhten), im Großen und Ganzen in der Reihenfolge, in der sie hier genannt werden, aufeinander. Dennoch ist die Abfolge in mancher Hinsicht eher logisch als chronologisch. Es lässt sich keine absolute Linie ziehen, die zeigt, wo die Vorherrschaft eines Prinzips endete und die des nächsten begann. Alle drei existierten jahrhundertelang nebeneinander und kämpften um die Vorherrschaft. Die Keime einer herrschaftlichen Gerichtsbarkeit dürften schon früh vorhanden gewesen sein. Shire-Courts und Hundert-Courts waren ständig in Gefahr, unter die Herrschaft mächtiger lokaler Magnaten zu geraten. Dennoch gelang es den Grafschaftsgerichten bis zuletzt (dank königlicher Gunst), ihre Unabhängigkeit von den herrschaftlichen Gerichtsbarkeiten und ihren Herren aufrechtzuerhalten; während nur ein Teil der hundert Höfe in die Knechtschaft geriet.

Die königlichen Gerichte wiederum übten seit der Gründung der Monarchie eine wichtige Gerichtsbarkeit aus; und der König persönlich oder durch seinen Stellvertreter entzog den Bezirksgerichten schon früh besondere Anliegen und mischte sich auch in herrschaftliche Wahlrechte ein. Schließlich wurden die Gerichtsbarone nie abgeschafft, sondern durch die Politik Heinrichs II. nur stillschweigend untergraben. und seine Nachfolger, bis sie allmählich verfielen, ohne wirklich aufzuhören zu existieren.

Mit diesen Vorbehalten kann man jedoch gewissermaßen davon ausgehen, dass die drei Systeme in der genannten Reihenfolge aufeinander folgen: Volksjustiz, Feudaljustiz, Königsjustiz.

II. *Rechtsverfahren.* Das in der angelsächsischen und normannischen Zeit angewandte Verfahren bei Rechtsstreitigkeiten war in allen drei Klassen von Gerichten im Wesentlichen ähnlich und unterschied sich erheblich von der Praxis der heutigen Gerichte. Einige Kenntnisse über die deutlicheren Kontraste zwischen alten und modernen Verfahren können hier gewinnbringend diskutiert werden, nicht nur aufgrund des Interesses, das dem Thema innewohnt, sondern auch, weil es zum Verständnis mehrerer ansonsten unklarer Bestimmungen der Magna Carta beitragen wird.

Unter Vermeidung technischer Sprache und Eliminierung spezieller Verfahren, die einem einzelnen Gericht oder Land eigen sind, können die wichtigsten Phasen eines normalen Rechtsstreits in einem modernen Gericht kurz wie folgt beschrieben werden:

(1) Auf die Beschwerde der geschädigten Partei – des Klägers – wird von einem Gerichtsbeamten eine Vorladung oder ein Gerichtsbescheid erlassen. Das Verfahren wird durch die an den Angeklagten gerichtete Aufforderung

eröffnet, vor Gericht zu erscheinen und sich zu den gegen ihn erhobenen Vorwürfen zu äußern.

(2) Jede Partei reicht schriftliche Erklärungen zu ihren Tatsachen und Klagegründen ein, d seiner Verteidigung und der Rechtsgrundsätze, die er aus diesen Umständen abzuleiten gedenkt. Nach der Überarbeitung und Anpassung dieser Sachverhaltsdarstellungen und Klagegründe liegen dem Gericht nun die vollständigen Daten vor; Jede Partei hat abschließend dargelegt, was sie für ihren Fall als wesentlich erachtet.

(3) Der Beweis wird zu gegebener Zeit erbracht; das heißt, jeder Partei wird die Möglichkeit gegeben, die von ihr behaupteten Tatsachen zu beweisen (und die durch die Ablehnung ihres Gegners beweispflichtig sind). Dies kann er durch Dokumente, Zeugen oder auf andere Weise tun. Jede Partei hat darüber hinaus das Privileg, die Aussage ihres Gegners durch ein Kreuzverhör zu erschüttern.

(4) Die nächste wichtige Phase ist die Debatte, deren Hauptziel darin besteht, durch rechtliche Argumente die Klagegründe darzulegen; die Rechtsfolgen abzuleiten, die sich aus den bewiesenen Tatsachen ergeben.

(5) Abschließend fällt der Richter seine Entscheidung. Er muss nach Abwägung der von beiden Parteien vorgelegten Beweise feststellen, welche Tatsachen tatsächlich festgestellt wurden und inwieweit die verschiedenen Klagegründe des Klägers bzw. des Beklagten in diesen Tatsachen impliziert sind. Daher ist eine beträchtliche Menge an Überlegungen und Überlegungen erforderlich, die nur von einem hochqualifizierten Juristen erfolgreich durchgeführt werden können, bevor ein Richter in einem modernen Gericht das endgültige Urteil oder Urteil verkünden kann.

Ein Prozess in angelsächsischer und früher normannischer Zeit steht in bemerkenswertem Gegensatz zu all dem in fast allen wesentlichen Phasen und Verfahren und noch radikaler in dem Geist, der das Ganze durchdringt. Somit war die Verhandlung vom ersten bis zum letzten Verfahren rein mündlich, es gab keine Originalschrift oder Vorladung, keine schriftlichen Schriftsätze und keine Aufzeichnungen über die Entscheidung, außer im Gedächtnis der Anwesenden. Die Funktionen der „Richter" waren völlig unterschiedlich und erforderten keine vorherige berufliche oder juristische Ausbildung, da von ihnen nicht verlangt wurde, eine Menge Beweise abzuwägen oder die Tragweite subtiler rechtlicher Argumente zu bestimmen, sondern lediglich für Fairplay zu sorgen Entscheiden Sie nach einfachen Regeln, die durch jahrhundertelange Tradition etabliert sind, nach welcher Prüfung die Behauptungen des Klägers bzw. des Beklagten Bestand haben oder scheitern sollen. Schließlich war die Anordnung der Phasen des Rechtsstreits völlig unterschiedlich. Mit einem gewissen Schock erfährt der moderne Anwalt, dass in zivil- und strafrechtlichen Fällen das „Urteil" stets dem „Prozess" vorausgeht. Das Nachdenken wird ihn bald davon überzeugen, dass jedes dieser Wörter im Mittelalter eine andere Bedeutung hatte als heute. Diese alten Bedeutungen lassen sich am besten verstehen, wenn man den Schritten des alten Verfahrens folgt.

(1) Die anfängliche Schwierigkeit bestand darin, die Anwesenheit des Angeklagten vor Gericht zu erreichen, da eine seltsame Abneigung bestand, entweder seine Anwesenheit zu erzwingen oder ein Versäumnisurteil gegen ihn zuzulassen. Es wurde kein erster Erlass erlassen, der ihn zu seinem Erscheinen aufforderte; Es wurden nahezu endlose Verzögerungen zugelassen.

(2) Als beide Parteien nach vielen Vertagungen tatsächlich vor Gericht standen, wurden die Klage- und Verteidigungserklärungen gleichermaßen mündlich und in festgelegten Formeln abgegeben, wobei auch der kleinste Ausrutscher oder das geringste Stolpern in den Worten *berücksichtigt* wurde war ein völliger Misserfolg. Dies ist lediglich ein Beispiel für die ungeheuer formale und technische Natur des frühen Rechtsverfahrens, die allen halbentwickelten Rechtssystemen gemeinsam war.

(3) Bevor der Kläger den Beklagten endgültig verteidigen konnte, musste er eine vorläufige Vermutung über die Wahrscheinlichkeit oder *Glaubwürdigkeit* seines Falles nachweisen. Dies tat er in der Regel dadurch, dass er zwei Freunde hervorbrachte, die bereit waren, seine Behauptung zu untermauern, was manchmal als seine „Klage" (lateinisch *secta*) oder seine „Vorzeugen" bekannt ist. Ihre Aussage wurde nicht gegen die später vom Angeklagten vorgebrachten „Beweise" abgewogen; Ihr Zweck bestand lediglich darin, das Gericht zu rechtfertigen, von diesem überhaupt „Beweise" zu verlangen. [143]

(4) Dann kam das Urteil – das Haupt- oder „mittlere" Urteil, das so genannt wurde, um es von dem weniger wichtigen endgültigen Urteil oder Dekret zu unterscheiden, das zu einem späteren Zeitpunkt erging. Dieses mediale Urteil oder „Untergang", um das angelsächsische Wort zu verwenden, hatte keinerlei Anteil an der Natur des Urteils eines modernen Tribunals. Es kam *vor* dem Beweis oder der Verhandlung, nicht danach. Es bestand in der Tat darin, zu entscheiden, ob der Angeklagte aufgrund des vorangegangenen Verfahrens überhaupt einer Beweisaufnahme unterzogen werden sollte oder nicht; und wenn ja, *welcher* „Beweis" sollte verlangt werden.

Nun schwankte die genaue Prüfung, die das Gericht anordnen sollte, je nach den Umständen etwas, aber die altbewährte Sitte hatte mit einiger Genauigkeit eine Regel festgelegt, die auf jeden Fall anwendbar war, der auftreten könnte; und außerdem waren die möglichen Beweisarten äußerlich auf etwa vier oder fünf beschränkt. In angelsächsischer Zeit handelte es sich dabei vor allem um Compurgation, Tortur, Zeugen (deren Funktionen sich jedoch stark von denen der Zeugen im modernen Recht unterschieden) und

Urkunden. Die normannische Eroberung führte für die Neuankömmlinge eine in England bisher unbekannte Beweisform ein – den „Kampfprozess" –, die zumindest für die Oberschicht dazu neigte, alle früheren Verfahrensmethoden zu ersetzen. Der „Beweis", welcher Art auch immer, der so von den „Richtern" für die Leistung des Angeklagten bestimmt wurde, wurde technisch als „Gesetz" (lateinisch *lex*) im Sinne von „Prüfung", „Verhandlung" oder „Aufgabe" bezeichnet ", abhängig von seinem Erfolg oder Misserfolg, bei dem sein Fall bestehen oder scheitern sollte. [144]

Es ist offensichtlich, dass die Verkündung eines „Urteils" in diesem Sinne eine einfache Angelegenheit war, eine bloße Formalität im gewöhnlichen Fall, bei dem Raum für Zweifel kaum zugelassen werden konnte; und so war es möglich, dass ein „Urteil" von allen Mitgliedern eines Feudalgerichts gefällt wurde, oder sogar von allen Freiern, die bei einer Sitzung des Hundert- oder Grafschaftsgerichts anwesend waren.

(5) Die entscheidende Phase, dieser „Prozess", der somit auf das „Urteil" folgte, bestand darin, dass eine Partei (normalerweise der Angeklagte) am vereinbarten Tag versuchte, das Gericht durch die Ausführung der Aufgabe von der Richtigkeit seiner Behauptungen zu überzeugen oder „Gesetz", das ihm auferlegt oder „zum Scheitern verurteilt" war. Wenn dies in der Vorlage einer Urkunde oder von „Transaktionszeugen" bestand (d. h. der Aussage derjenigen Beamten, die in jeder Marktgemeinde ernannt wurden, um den Abschluss von Geschäften wie dem Verkauf von Vieh zu bescheinigen), empfiehlt es sich ohne weiteres, dies zu tun das moderne Verständnis und die Zustimmung. Häufiger fand es jedoch die Form eines „Eides mit Eideshelfern" statt, bei dem der Kläger elf oder zwölf seiner treuen Freunde oder Angehörigen mitbrachte, um nach ihm die Worte eines langen und umständlichen Eides zu schwören, unter dem Risiko eines Schwurs für jeden Fehler in der Formel als Meineidiger bestraft werden. Dies wurde auch als Compurgation bezeichnet. Manchmal wurde die Entscheidung auf das Eingreifen der Vorsehung zurückgeführt, indem man sich auf die Prüfung des glühenden Eisens oder die gefürchtetere Prüfung des Wassers berief. Nach der normannischen Eroberung fand der Prozess in allen Rechtsstreitigkeiten zwischen hochrangigen Männern in Form eines *Duells* oder eines gesetzlich geregelten Kampfes zwischen den Parteien statt. Der Angeklagte gewann seinen Fall, wenn er den Kläger dazu veranlasste, sich durch das Aussprechen des Wortes „feig" zu benachteiligen. Er gewann seinen Fall gleichermaßen, wenn er nur bis zum Einbruch der Dunkelheit (als der Kampf endete) den Versuchen des Klägers standhielt, ihn zu zwingen, dieses schicksalhafte Wort auszusprechen. [145]

Der Kampf wurde vor den „Richtern" ausgetragen, die im Falle eines Grafen oder Barons die anderen Grafen und Barone waren, die als seine Standesgenossen am Hofe des Königs versammelt waren; und im Falle des

Pächters eines Mesne-Lords waren dies die anderen Grundbesitzer desselben Herrenhauses.

Der antike „Prozess" (dessen Bedeutung durch die Tatsache erhöht wird, dass er lange nach 1215 andauerte und in mehreren Abschnitten der Magna Carta nachgezeichnet werden kann) [146] war somit etwas völlig anderes als der moderne „Prozess". Man kann ohne Übertreibung sagen, dass es überhaupt keinen „Prozess" in der heutigen Bedeutung des Wortes gab – keine Abwägung der Aussagen einer Gruppe von Zeugen gegen eine andere, keine offenen Beweise und kein Kreuzverhör, keine Debatte über die Rechtsgrundsätze beteiligt. Der antike „Prozess" war lediglich eine formelle Prüfung, die, außer im Fall einer Schlacht, völlig einseitig war. Der Begriff „Beweislast" sei nicht anwendbar. Der Prozessbeteiligte, dem „ein Gesetz" zugewiesen wurde, hatte das „Beweisprivileg" und nicht die „Beweislast", und er gewann seinen Fall in der Regel – insbesondere im Compurgement und sogar im Gerichtsverfahren, wenn er die Angelegenheit ordnungsgemäß mit dem Priester geklärt hatte der den Vorsitz führte. [147]

(6) Das Ganze wurde durch das endgültige „Urteil" oder Dekret abgeschlossen, das praktisch die Form eines über die Besiegten gefällten Urteils annahm. Von den Richtern konnte kaum gesagt werden, dass sie den Fall entscheiden würden, da dieser praktisch bereits durch den Erfolg oder Misserfolg der Partei entschieden worden war, der der Beweis vorgelegt worden war. Diejenigen, die das Urteil verhängten, waren lediglich „Schiedsrichter" im Sinne von Schiedsrichtern, die gemäß den anerkannten Regeln des Verzweiflungsspiels für Fairplay für beide Spieler sorgten. [148]

In gewisser Hinsicht wurde das endgültige (im Gegensatz zum medialen) „Urteil" von den Parteien selbst oder von einer von ihnen bestimmt; in einem anderen und höheren Sinne wurden die strittigen Tatsachen der Vorsehung überlassen; ein Wunder würde, wenn nötig, den gerechten Anspruch des unschuldigen Mannes bezeugen. Diejenigen, die den endgültigen Untergang herbeiführten, hatten eine rein formale Aufgabe zu erfüllen und hatten wenig mit den „Richtern" eines modernen Gerichts gemein. [149]

Die Grundprinzipien dieses Verfahrens waren in der normannischen Zeit die gleichen wie in der angelsächsischen Zeit, und zwar in allen drei Klassen von Tribunalen – Volksgerichten, herrschaftlichen Gerichten und königlichen Gerichten.

Zwei Neuerungen machten die normannischen Könige; Sie führten den Kampfprozess ein (bereits ausreichend diskutiert) und ebenso die kontinentale Methode zur Informationsbeschaffung über eidesstattliche Aussagen. Eines der wertvollsten Vorrechte der normannischen Herzöge war das Recht, die eidesstattliche Aussage von zuverlässigen Männern aus jedem Bezirk zu erzwingen – Männer, die speziell für diesen Zweck ausgewählt wurden und einen Eid leisteten, bevor sie die ihnen gestellten Fragen beantworteten, wodurch ihre Ewigkeit gefährdet wurde im Falle einer Unwahrheit für ihr Wohlergehen zu sorgen und sich bei Meineid zeitlichen Strafen auszusetzen.

aus der Sicht der Regierung, die die Untersuchung durchführte, als *inquisitio (oder das Einholen von Informationen) und* aus der Sicht derjenigen, die es lieferten, als *recognitio (oder die Erteilung von Informationen) bezeichnet.* Dieses äußerst einfache und praktische Gerät war flexibel und konnte in den geschickten Händen der normannischen Könige in England auf endlose neue Einsatzmöglichkeiten erweitert werden. Wilhelm der Eroberer nutzte es, um die Gesetze und Bräuche des eroberten Volkes zu sammeln und später das Domesday Book zusammenzustellen. während seine Nachfolger es zum Instrument verschiedener Experimente in der Steuerwissenschaft machten. Es hat einen doppelten Anspruch auf das Interesse des Verfassungshistorikers, denn es war einer der Einflüsse, die zur Gestaltung unserer parlamentarischen Institutionen beigetragen haben; und weil mehrere der neuen Verwendungszwecke, für die es genutzt wurde, in engem Zusammenhang mit der Entstehung des Schwurgerichtsverfahrens standen. Die Anerkennungsberechtigten waren in der Tat einfach lokale Geschworene in einer unhöflichen oder einfachen Form. [150]

III. *Reformen Heinrichs II. in Gerichten und Rechtsverfahren.* Es war Heinrich von Anjou vorbehalten, eine völlig neue Ära in den Beziehungen der drei Gerichtsklassen einzuleiten. Er war der erste König, der bewusst den Sturz der Feudalherrschaften plante, indem er sie heimtückisch, wenn nicht sogar durch offene Angriffe, untergrub. Er war der erste König, der die alten Bezirksgerichte so vollständig unter die Kontrolle königlicher Beamter stellte, dass sie praktisch in königliche Gerichte umgewandelt wurden. Er war auch der erste König, der die Türen seiner eigenen Gerichtshöfe für jedermann, für alle Freien, öffnete, das heißt, denn der verachtete Landsmann musste jahrhundertelang noch beim Gericht dieses Herrn von selbst um Wiedergutmachung bitten das Herrenhaus, das allzu oft sein Unterdrücker war.

Kurz gesagt verfolgte Heinrich zwei Ziele: Er wandelte die Bezirksgerichte praktisch in königliche Gerichte um, da in ihnen nun königliche Beamte die königliche Rechtsprechung nach den gleichen Regeln ausübten, die auch in der Kurie des Königs *galten* ; und alle herrschaftlichen oder privaten Gerichte auf die Bedeutungslosigkeit zu reduzieren, indem er Klagegründe an seine eigene *Kurie umleitete* und die rivalisierenden Gerichte nach und nach der Unanständigkeit sterben ließ. Beide Zweige dieser Politik hatten letztlich vollen Erfolg, auch wenn die Entscheidung noch lange nach seinem Tod in der Schwebe lag. Obwohl sich die Barone teilweise von der schrittweisen und heimtückischen Natur von Heinrichs Reformen täuschen ließen, taten sie, was sie konnten, um ihn zu vereiteln. aber der Lauf der Dinge war gegen sie und auf der Seite der Krone. Die königliche Justiz griff immer stärker in die Feudaljustiz ein. Einer der letzten Aufstände der Barone hat seine Spuren hinterlassen, die deutlich in mehreren Kapiteln der Magna Carta niedergeschrieben sind. [151]

Diese enthalten auf den ersten Blick scheinbar lediglich triviale Änderungen technischer Punkte des Gerichtsverfahrens; untrennbar mit ihnen verbunden sind jedoch Grundsätze von weitreichender politischer und verfassungsrechtlicher Bedeutung. Henrys Politik bestand darin, radikale Reformen so lange zu verschleiern, bis sie wie kleine Verfahrensänderungen aussahen; Daraus folgt, dass die Verfasser der Magna Carta zwar lediglich die Umkehrung dieser trivialen Punkte anzustreben schienen, in Wirklichkeit jedoch eine Rückkehr zu den völlig anderen Bedingungen anstrebten, die vor den Reformen Heinrichs geherrscht hatten.

Eine kurze Darstellung der Grundzüge des neuen Verfahrenssystems dieses Monarchen bildet eine notwendige Voraussetzung für ein vollständiges Verständnis dieser wichtigen Kapitel der Magna Carta. Ein solches Konto lässt sich natürlich in zwei Abteilungen unterteilen.

(1) *Strafjustiz.* (*a*) Durch seine Assizes von Clarendon und Northampton behielt Henry alle wichtigen Verbrechen strikt der ausschließlichen Prüfung durch seine eigenen Richter vor, sei es im Bezirk oder an seinem Gericht; und zu diesem Zweck verlangte er für diese Richter den Eintritt in Wahlrechtsverbände, wie mächtig sie auch sein mögen. In diesem Teil seiner Politik war der König völlig erfolgreich; Abscheuliche Verbrechen wurden zu Beginn des 13. Jahrhunderts überall als „Plädoyer der Krone" (d. h. Fälle, die ausschließlich der königlichen Gerichtsbarkeit vorbehalten waren) zugegeben; und Magna Carta unternahm keinen Versuch, diesen Teil der Politik der Krone umzukehren. Die Änderung wurde als unvermeidlich akzeptiert. Im Jahr 1215 wurde lediglich versucht, ein Versprechen zu erhalten, dass diese Aufgaben, die nun für immer der Krone übertragen waren, von den Beamten der Krone ordnungsgemäß wahrgenommen werden sollten. [152]

(*b*) Henrys üblicher gesunder Menschenverstand, der in dieser Angelegenheit durch einige bemerkenswerte Justizirrtümer angeregt wurde, veranlasste ihn, die Billigkeit des Verfahrens in Frage zu stellen, das normalerweise bei strafrechtlichen Klagegründen angewandt wird, nämlich durch „Berufung" oder förmliche Anklage durch den oder die geschädigte Partei nächster überlebender Verwandter. Er ersetzte, wann immer möglich, die individuelle Anklage durch eine gemeinschaftliche Anklage; Das heißt, die Pflicht, die mutmaßlichen Kriminellen jedes Bezirks vor den Richtern des

Königs zu verkünden (oder anzuklagen), wurde nicht länger privater Initiative überlassen, sondern wurde einer speziell für diesen Zweck ausgewählten Gruppe von Nachbarn übertragen – den Vorgängern der Grand Jury von spätere Tage. Dieses neue Verfahren ergänzte zwar das ältere Verfahren, statt es zu ersetzen; Dennoch war es ein deutlicher Fortschritt. Von Berufungen wurde abgeraten und es wurden genaue Regeln festgelegt, die das Recht auf Anklage auf bestimmte Fälle und Einzelpersonen beschränkten. [153]

(*c*) Eine notwendige Ergänzung zur Abschreckung von Berufungen war auch die Abschreckung von „Gefechtsprozessen", da diese die natürliche Folge darstellten. Ein geniales Gerät wurde erfunden und nach und nach auf immer mehr Fälle ausgeweitet; Ein Angeklagter konnte einen als „ *de odio et atia" bezeichneten Gerichtsbeschluss beantragen* und so das *Duell* ganz vermeiden, indem er seine Schuld oder Unschuld von einer Jury aus Nachbarn feststellen ließ. [154]

(2) *Ziviljustiz.* Ebenso wichtig waren Heinrichs Innovationen unter dieser Leitung.

(*a*) Es wurde die unumstößliche Regel eingeführt, dass kein Fall vor dem königlichen Gericht verhandelt werden darf, bis ein Gerichtsbeschluss von der Kanzlei eingeholt wurde. Dies musste bezahlt werden, manchmal zu einem festen Satz, manchmal zu der von der Krone verlangten Summe. Das gesamte Verfahren vor den königlichen Gerichten, das auf die Ausstellung eines solchen Gerichtsbeschlusses folgte, wurde als „Schreibprozess" bekannt. Sobald es ausgestellt wurde, müssen alle Verfahren vor anderen Gerichten eingestellt werden. Insbesondere eine besondere Form der Urkunde (bekannt als *Praecipe) wurde zu einem königlichen Instrument, um vor der Kurie des Königs* Fälle zu beseitigen, die bei den herrschaftlichen Gerichten der Mesne-Herren anhängig waren. Dies zu tun bedeutete, den König auf Kosten eines Barons oder eines anderen freien Mannes zu bereichern, indem Gebühren in die Staatskasse eingebracht wurden, die andernfalls an den Eigentümer des Privatgerichts gezahlt worden wären . Dies diente eindeutig dazu, „einen freien Mann dazu zu bringen, seinen Hof zu verlieren" – ein Missbrauch, der in Kapitel 34 der Großen Charta besonders angesprochen wird.

(*b*) Die Masse an Neugeschäften, die von den Königshöfen angezogen wurden, machte es notwendig, den Personalbestand der Richter zu erhöhen und die Arbeit unter ihnen zu verteilen. Eine natürliche Einteilung bestand darin, dass gewöhnliche Klagegründe (oder gemeinsame Klagegründe) vor einer Gruppe von Richtern verhandelt werden sollten und königliche Klagegründe (oder Klagegründe der Krone) vor einer anderen. Diese Unterscheidung wird in vielen separaten Kapiteln anerkannt. [155] So wurden zwei Gruppen von Richtern gebildet, von denen jede zunächst eher ein Komitee der größeren *Kurie* als Ganzes als ein unabhängiges Tribunal war; aber in späteren Jahren entwickelten sich die beiden Gerichte schnell zu völlig getrennten Gerichten – dem Court of Common Pleas (zunächst als Bench bekannt, d. h. die gewöhnliche Bank) und dem Court of King's Bench (d. h. der königlichen Bank). zunächst auch als Gericht *Coram Rege bekannt*, da es immer in Anwesenheit des Königs abgehalten werden sollte.

(*c*) Ein besonderes Verfahren zur Feststellung umstrittener Landtitel oder Besitzrechte wurde ebenfalls von Heinrich erfunden, um die alte Methode des Kampfgerichtsverfahrens zu ersetzen. Diese Assizes, wie sie genannt wurden, werden an anderer Stelle ausführlich besprochen. [156] Der Grand Assize wurde von den Baronen mit Misstrauen als ein Verfahren betrachtet, das nur vor den königlichen Gerichten zuständig war und daher eng mit den anderen Plänen des Königs verknüpft war, seine eigene Gerichtsbarkeit an die Stelle der Privatgerichte zu setzen. Im Gegensatz dazu stießen die kleinen Schwurgerichte auf große Zustimmung, und die Barone hatten im Jahr 1215 keine Einwände gegen ihre Fortführung, sondern verlangten, dass sie viermal im Jahr in jeder Grafschaft Englands zu regelmäßigen Sitzungen abgehalten werden sollten.

Dies waren die wichtigsten Neuerungen, die es Heinrich ermöglichten, während er viele Reformen einführte, die dringend erforderlich waren und von der Masse seiner Untertanen gerne begrüßt wurden, gleichzeitig eine Revolution in den Beziehungen der königlichen Justiz zur feudalen Justiz herbeizuführen. Im Laufe der Zeit wurden ständig neue königliche Erlasse und Rechtsbehelfe ausgearbeitet, um neuen Arten von Fällen gerecht zu werden. und die Prozessparteien strömten immer bereitwilliger zu den königlichen Gerichten, so dass die herrschaftlichen Gerichte weder Geschäfte noch Gebühren hatten. Dies war jedoch nicht die einzige Beschwerde der Barone. Wenn einer von ihnen einer Straftat bezichtigt oder beschuldigt wurde, die mit dem Verlust der Freiheit oder des Landes einherging, könnte er von der Krone unter Heinrich und seinen Söhnen gezwungen werden, sich der Beurteilung der Straftat oder der Durchführung eines Strafverfahrens durch einen von ihnen zu unterwerfen neue Bänke (durch ein Tribunal bestehend aus etwa vier oder fünf Beamten des Königs) anstelle des altehrwürdigen Urteils seiner im *Commune Concilium* (dem Vorgänger des modernen Parlaments) versammelten Kollegen.

Können wir uns wundern, dass die Barone dagegen waren, von ihren Untergebenen beschimpft und beurteilt zu werden? [157] Können wir uns wundern, dass sie die vollständige, wenn auch schrittweise Ablösung ihrer eigenen profitablen Gerichtsbarkeiten durch die königlichen Gerichte verübelten? [158] Oder dass sie jede neue rechtliche Entwicklung der königlichen Justiz mit Argwohn betrachteten? Können wir uns wundern, dass sie, als sie König Johann für einen Moment in ihrer Macht zu haben schienen, Wiedergutmachung für diese Gruppe von Missständen forderten, ebenso wie für diejenigen, die mit der willkürlichen Erhöhung der feudalen Lasten verbunden waren?

Es ist vielmehr verwunderlich, dass ihre diesbezüglichen Forderungen nicht umfassender und drastischer waren. Für ihre Väter war es eine Sache, die Übergriffe eines so starken Königs wie Heinrich II. ertragen zu müssen – ein viel zu kluger Staatsmann, um klar zu zeigen, wohin seine Innovationen letztendlich führten, und (ungeachtet einiger Fehler) im Großen und Ganzen ein gerechter Herrscher. er nutzte seine erweiterten Vorrechte mit Maß und für nationale Zwecke. Es war etwas ganz anderes, die gleichen Übergriffe (oder schlimmere) von einem unpopulären König wie John zu ertragen, der diskreditiert war und in ihrer Macht stand, der seine Arroganz weder verhehlt noch seine Vorrechte sinnvoll genutzt hatte. Die königliche Gerechtigkeit, wie sie von John ausgeübt wurde, war der königlichen Gerechtigkeit, wie sie unter den wachsamen Augen seines Vaters ausgeübt wurde, in jeder Hinsicht unterlegen. Doch die verärgerten Barone akzeptierten in der Stunde ihres Triumphs tatsächlich und herzlich die eine Hälfte der königlichen Gerechtigkeit; während sie nur die andere Hälfte abschaffen wollten. Die Kapitel, die sich mit der Frage der Gerichtsbarkeit befassen, können daher in zwei Gruppen eingeteilt werden: einige sind reaktionär, andere befürworten Heinrichs Reformen. Einerseits darf kein Gutsherr seines Hofes dadurch beraubt werden, dass der König vor den königlichen Höfen Streitigkeiten zwischen zwei Grundbesitzern des Gutsherrn vorbringt; [159] Kein freier Mann darf von den Beamten des Königs gerichtet oder verurteilt werden, sondern nur vor der Gesamtheit seiner Standesgenossen (d. h. seiner Mitgrafen und Barone, wenn er ein Graf oder Baron ist, und seiner Mitpächter des Königs). Herrenhaus, wenn er einen Mesne-Lord besitzt); [160] Grafen und Barone dürfen nur von ihresgleichen akzeptiert werden. [161] Andererseits akzeptierten die Barone stillschweigend dieses neue Verfahren selbst und die damit verbundenen königlichen Eingriffe, indem sie Abhilfemaßnahmen für verschiedene Missbräuche im Zusammenhang mit zahlreichen Zweigen des Rechtsverfahrens vorschrieben, die kürzlich an den königlichen Gerichten eingeführt wurden. Beispielsweise wurde das Recht der Krone, „Common Pleas" abzuhalten, stillschweigend anerkannt, als die Barone darum baten und die Zusage erhielten, dass diese an einem bestimmten Ort (d. h. in Westminster) verhandelt werden sollten. [162] Doch genau diese Klagegründe, gewöhnliche Klagegründe, an denen die Krone im Gegensatz zu den Klagegründen der Krone, an denen sie kein besonderes Interesse hatte, kein besonderes Interesse hatten, müssen viele Fälle umfasst haben, die vor den Reformen Heinrichs II. nicht der Fall gewesen wären wurde vor einem königlichen Gericht verhandelt. Auch hier wird in den Kapiteln 18 und 19 bei der Regelung der verschiedenen Petty Assizes das

Recht der Krone anerkannt, sie abzuhalten. Solche Assizes müssen künftig viermal im Jahr abgelegt werden. Hier, wie auch in Kapitel 40, liegt der Klagegrund nicht darin, dass es zu viel königliche Gerechtigkeit gibt, sondern eher darin, dass es zu wenig davon gibt; es darf fortan weder hinausgezögert noch geleugnet werden. Darüber hinaus sind die Eingriffe Heinrichs II. im Jahr 1166 über die Rechte privater Franchisenehmer im Bereich der Strafgerichtsbarkeit werden durch Zustimmung zur in Kapitel 24 implizierten Definition des Königs für „Pleas of the Crown" homologiert.

Dies sind also die beiden klar gegensätzlichen Gruppen, in die die von Heinrich und seinen Söhnen im Bereich der Gerechtigkeit vorgenommenen Neuerungen aus Sicht der Gegner von Johannes im Jahr 1215 natürlich eingeordnet wurden: Einige von ihnen wurden nun herzlich begrüßt, und diese , so wurde darauf bestanden, müsse von der Krone fortgeführt werden; während einige von ihnen immer noch so erbitterten Widerstand hervorriefen wie eh und je, und diese, so wurde darauf bestanden, müssten vollständig hinweggefegt werden.

———

140 . Dieser Bericht über die Beziehungen der beiden Gerichtshöfe fand die Unterstützung neuerer Autoren wie Maitland und Round sowie der älteren Generation wie Stubbs und Freeman. Herr Frederic Seebohm kann als der vielleicht überzeugendste Verfechter der gegenteiligen Ansicht genannt werden, der die herrschaftlichen Gerichte als ebenso frühen oder früheren Ursprungs ansieht wie die von Hundert und Shire.

141 . Vgl. "Vermieter."

142 . Die verschiedenen Phasen des schrittweisen Prozesses, der sich von der Herrschaft Heinrichs I. bis zur Herrschaft Eduards I. erstreckte und in dem die königliche Justiz heimtückisch in die Feudaljustiz eingriff, können in Professor Maitlands bewundernswert klarem Bericht untersucht werden, der Sel vorangestellt ist . *Klagegründe vor herrschaftlichen Gerichten* , S. liii. seq. Siehe auch Pollock und Maitland, I. 181-2.

143 . Manchmal waren keine Zeugen erforderlich; Wählen Sie beispielsweise einen offensichtlichen Fall, in dem der Anspruch auf die Rückgabe gestohlenen Viehs gerichtet war, das durch „Geschrei" bis zum Haus oder Stall des Beklagten zurückverfolgt werden konnte. Die Schuldvermutung war hier so stark, dass bestätigende Beweise unnötig waren. Der nicht unterstützte Eid des Klägers reichte somit aus, um den Angeklagten vor seinen „Prozess" zu stellen. Da andererseits weder Vermutungen noch Zeugen zur Unterstützung des Eides des Klägers vorhanden waren, kam der Angeklagte ohne jegliche „Verhandlung" davon.

144 . Siehe *unten* in den Kapiteln 38 und 39, wo die Bedeutung von *lex* besprochen wird.

145 . Einzelheiten können in Dr. George Neilsons *Trial by Combat nachgelesen werden* .

146 . Siehe *unten* , Kapitel 38 und 39.

147 . Tortur und Compurgation sowie andere Formen der *Lex werden weiter unten* in den Kapiteln 38 und 39 besprochen .

148 . Vgl. Thayer, *Evidence* , S. 8. „Das Konzept des Prozesses war das eines Verfahrens zwischen den Parteien, das öffentlich und in Formen durchgeführt wurde, die von der Gemeinschaft überwacht wurden.“

149 . Diese Verfahrensschritte werden alle vollständig durch die tatsächlichen Worte aufgezeichneter Fälle aus dem 13. Jahrhundert veranschaulicht. Zwei davon, beide aus der Regierungszeit von Johannes, einer wurde durch eine Schlacht entschieden, der andere durch eine Prüfung, können hier zitiert werden. (1) „Hereward, der Sohn von William, appelliert an Walter, den Sohn von Hugh, ihn im Frieden des Königs angegriffen, ihn mit einer eisernen Gabel am Arm verletzt und ihm eine weitere Wunde am Kopf zugefügt zu haben; und das.“ Er bietet an, an seinem Körper zu beweisen, wie das Gericht es ernennen wird. Und Walter verteidigt alles mit seinem Körper. Und es wird von den Gerichtsmedizinern und der ganzen Grafschaft bezeugt, dass derselbe Hereward seine Wunden zur richtigen Zeit gezeigt und gemacht hat ausreichende Ausrüstung. Daher wird beschlossen, dass es zu einer „Schlacht“ kommen soll. ... Sie sollen bewaffnet kommen, zwei Wochen nach St. Swithins Tag, in Leicester. *Sel. Pleas of Crown* (Selden Society), S. 18. (2) „Walter Trenchebof soll Inger aus Faldingthorpe das Messer übergeben haben, mit dem er Guy Foliot getötet hat, und wird dessen verdächtigt.“ Er soll sich mit Wasser reinigen, wenn er damit nicht einverstanden ist. Er hat versagt und wird gehängt.“ *Ebenda.* , P. 75.

150 . Der Zusammenhang zwischen „Anerkennung“ und dem Schwurgerichtsverfahren wird ausführlich *weiter unten in* Teil III, Abschnitt 7 erörtert.

151 . *ZB* 34 und 39.

152 . Siehe *unten* , Kapitel 24 und 45.

153 . Siehe *unten* , Kapitel 54.

154 . Siehe *unten* , Kapitel 36.

155 . Siehe *unten* , Kapitel 17 und 24.

156 . Siehe *unten* , Kapitel 18.

157 . Siehe *unten* , Kapitel 21 und 39.

158 . Siehe *unten* , Kapitel 34.

159 . C. 34

160 . C. 39 .

161 . C. 21 .

162 . C. 17 .

TEIL III.
MAGNA CARTA: SEINE FORM UND INHALT.

I. Seine Prototypen: Frühere Urkunden.

So umfangreich und verstreut die Quellen auch waren, aus denen der Inhalt der Großen Charta stammte, ihre formale Abstammung lässt sich durch eine ununterbrochene Reihe von Vorgeschichten leicht bis zu einem sehr frühen Zeitpunkt zurückverfolgen. Die Magna Carta geht direkt auf die Charta der Freiheiten Heinrichs I. zurück, und auch diese war eine schriftliche Ergänzung zu den Gelübden, die dieser Monarch bei seiner Krönung abgelegt hatte, und war in ähnlichen Worten formuliert wie die Gelübde, die die Anglo-Regierung stets bei ihrer Salbung geschworen hatte. Sächsische Könige Englands, von Edgar bis Edward Confessor.

Die Verbindungen, die so die Versprechungen König Johns einer guten Regierung mit den gleichlautenden Versprechungen der Fürsten der alten Dynastie von Wessex bei ihrer Krönung verbinden, sind keineswegs zufälliger Natur. Die inhaltliche Identität bleibt nicht nur zumindest teilweise durchgehend erhalten; Aber die Versprechen waren das Ergebnis eines wesentlichen Merkmals der alten englischen Verfassung – eines Merkmals, das so tief verwurzelt war, dass es den Schock der normannischen Eroberung überlebte. Dieses so grundlegende und für große Themen so produktive Merkmal war der Wahl- oder Quasi-Wahlcharakter der Monarchie. Während der angelsächsischen Ära kämpften zwei rivalisierende Prinzipien, das Wahlprinzip und das Erbrecht, um die Vorherrschaft bei der Bestimmung der Thronfolge. In einer unsicheren Gesellschaftslage können Nationen nicht zulassen, dass das Zepter in die Hände eines Säuglings oder Schwächlings gelangt. Wenn ein König starb und einen Sohn im zarten Alter hinterließ und einen Bruder mit anerkannten Fähigkeiten und reifen Kräften hinterließ, war es nur natürlich, dass letzterer im Interesse von Frieden und Ordnung dem Thron vorgezogen wurde. In solchen Fällen wurde das strenge Prinzip der Erstgeburt nicht befolgt. Die Magnaten des Königreichs, die sogenannten Witan, beanspruchten das Recht, einen geeigneten Nachfolger zu wählen; Dabei achteten sie jedoch in der Regel so sehr auf die Ansprüche der Verwandten, wie es die Umstände erlaubten. Die genauen Beziehungen zwischen Wahl- und Erbgrundsätzen wurden nie mit absoluter Präzision festgelegt. Tatsächlich war der Mangel an Definition in allen Verfassungsfragen charakteristisch für diese Zeit – eine Wahrheit, die von Autoren der Schule von Kemble und Freeman nicht ausreichend erfasst wurde. Die von den Witenagemot üblicherweise angewandte Praxis bestand darin, einen Verwandten des verstorbenen Königs zum neuen Herrscher zu wählen, der in enger Beziehung zu ihm stand und gleichzeitig für das hohe Amt geeignet war. Der so ernannte König musste sich, bevor sein Titel vollständig war, einer weiteren Zeremonie unterziehen: Er verlangte eine feierliche Salbung durch den Vertreter der geistlichen Macht, und dies verschaffte der Kirche einen wichtigen Anteil bei der Entscheidung, wer König werden sollte. Zu einem frühen Zeitpunkt – wann genau, ist nicht bekannt, aber sicherlich nicht später als zu Edgars Zeiten – wurde es zur unveränderlichen Praxis, dass der amtierende Erzbischof vom gewählten König vor seiner endgültigen Krönung einen Eid auf gute Regierung verlangte . Die genauen Bedingungen dieses Eides wurden stereotyp; und so wie sie von Dunstan an König Ethelred verwaltet wurden, sind sie immer noch vorhanden. [163]

Es kann kurz in drei Versprechen unterteilt werden: Frieden für Gottes Kirche und sein Volk; Unterdrückung von Gewalt gegen Männer jeden Ranges; Gerechtigkeit und Barmherzigkeit in allen Gerichten. Dies war der berühmte dreigliedrige Eid, den die Könige der alten angelsächsischen Rasse nach der Feier der Messe über die heiligsten Reliquien ablegten, die in Anwesenheit der Kirche und des Volkes auf dem Hochaltar niedergelegt wurden. Als Wilhelm I., der in allen Dingen darauf bedacht war, die Rechtmäßigkeit seines Titels zu stärken, den Eid in dieser feierlichen Form ablegte, schuf er einen Präzedenzfall von enormer Bedeutung, obwohl er ihn im Moment vielleicht als leere Formalität betrachtete. [164]

Dieser Schritt war doppelt wichtig: als Verbindung zur Vergangenheit, als Präzedenzfall für die Zukunft. Auf diese Weise wurde eine Brücke über die soziale und politische Kluft der normannischen Eroberung geschlagen und die Kontinuität der Monarchie und der Grundlage, auf der sie gegründet wurde, gewahrt. Der Wahlcharakter des Königtums, die Notwendigkeit einer Krönung durch die Kirche und (die natürliche Ergänzung beider) dieser dreigliedrige Eid, der zwar wertvolle, wenn auch vage Versprechen einer guten Regierung enthielt, blieben erhalten.

Dies war von entscheidender Bedeutung, da damit zumindest in der Theorie Vorrechte eingeschränkt wurden, die in der Praxis zu absoluten Rechten zu werden drohten. Zweifellos war die Macht der normannischen Könige sehr groß und könnte fast als verantwortungsloser Despotismus beschrieben werden, der durch die Angst vor Rebellion gemildert wurde. Drei Kräfte wirkten tatsächlich als Schranken: die praktische Notwendigkeit, die Curia Regis (oder Versammlung der Kronvasallen) zu konsultieren, bevor ein wichtiger Schritt unternommen wurde; der zügelnde Einfluss der Nationalkirche, unterstützt durch die geistlichen Mächte Roms; und zwar in vager Form das Anwachsen einer öffentlichen Meinung, die bisher auf die Oberschicht beschränkt war.

Alle diese Elemente zählten etwas, konnten aber selbst einen durchschnittlichen König nicht ausreichend zurückhalten; während sie gegen einen starken Herrscher wie Wilhelm I. machtlos waren. Der einzige Moment, in dem die Krone mit einem klaren Nachteil eingenommen werden konnte, war während des Interregnums, das auf den Tod des letzten Throninsassen folgte. Zwei oder mehr rivalisierende Erben könnten die hohe Position anstreben und wären bereit, als Gegenleistung für Unterstützung Zusagen zu machen. So gelang es William Rufus nach dem Tod seines Vaters, seinen älteren Bruder, Herzog Robert, daran zu hindern, seinen Anspruch auf den englischen Thron geltend zu machen, hauptsächlich durch die Freundschaft von Lanfranc. Um dies zu erreichen, musste er Versprechen einer guten Regierung abgeben und dem Beispiel seines Vaters folgen, indem er den Eid in der alten Form ablegte, in der er von Dunstan an Ethelred geleistet worden war. In derselben Regierungszeit begann die Praxis, mündliche Versprechen durch versiegelte Urkunden zu ergänzen, die in gewisser Hinsicht einfach als der alte Krönungseid betrachtet werden müssen, der bestätigt, erweitert und schriftlich niedergelegt wurde. Weder von Rufus noch von seinem Vater wurde bei ihrer Krönung eine solche Urkunde ausgestellt ; doch der jüngere Wilhelm scheint in einer kritischen Phase seiner späteren Regierungszeit eine kurze Charta der Freiheiten erteilt zu haben, deren genauer Inhalt uns nicht überliefert ist. Nach dem Tod von Rufus geriet sein jüngerer Bruder Heinrich I. im Wettbewerb um die englische Krone durch Herzog Robert (den ältesten Sohn des Eroberers) in große Bedrängnis. Durch einen 1091 in Caen geschlossenen Vertrag hatten Herzog Robert und Rufus vereinbart, dass jeder den anderen zu seinem Erben machen sollte. Somit war Heinrich gewissermaßen ein Usurpator, und dieser Umstand machte es für ihn notwendig, hohe Gebote für einflussreiche Unterstützung abzugeben. [165] Diesem zweifelhaften Titel, gepaart mit dem Wissen um die weit verbreitete Unzufriedenheit, verdanken die Engländer den Ursprung der ersten überlieferten Charta der Freiheiten. [166]

Diese Charta war der Preis, den Heinrich für die Unterstützung zahlte, die er bei seiner Kandidatur für die Krone benötigte. Indem er es gewährte, erkannte er gewissermaßen die vertragliche Grundlage seines Königtums an. Bei der Erörterung des Tons und des allgemeinen Tenors gibt es reichlich Raum für Meinungsverschiedenheiten. Dr. Stubbs [167] behauptet, dass Heinrich sich damit „definitiv den Pflichten eines nationalen Königs verpflichtet". Autoren mit nahezu gleicher Autorität modifizieren diese Ansicht etwas und vertreten die Auffassung, dass, obwohl die Umstände Heinrich dazu zwangen, sich als Führer der gesamten Nation auszugeben, in der Charta, deren Grundlage offenbar eher feudaler als nationaler Natur war, nichts davon nachzulesen sei . [168]

Diese Ansicht wird durch die Analyse der tatsächlichen Bestimmungen der Charta gestärkt. Während der Kirche und den Kronpächtern wichtige und eindeutige Zugeständnisse gemacht wurden, waren die Zugeständnisse an das Volk insgesamt selten und vage – so vage, dass sie kaum praktischen Nutzen hatten. Die Kirche, so wurde erklärt, „sollte frei sein", ein weit gefasster Satz, zu dem diese Einzelheiten hinzugefügt wurden, nämlich, dass die Vormundschaft von Bischöfen während vakanter Stellen nicht verkauft oder vermietet werden sollte und dass keine Beträge im Namen verlangt werden sollten Entlastungen von den Grundstücken oder Pächtern eines Sees, wenn ein Todesfall eingetreten ist. Das „Baronat" (um einen bequemen Anachronismus für „die Kronpächter insgesamt zu verwenden") erhielt Wiedergutmachung für seine schlimmsten Beschwerden in Bezug auf Erleichterungen und andere feudale Verpflichtungen. In dieser Hinsicht nahm Heinrichs Charta einige der Reformen von 1215 vorweg und ging sogar darüber hinaus. [169]

Es ist wahr, dass die Masse des Volkes von vielen dieser Bestimmungen indirekt profitiert haben könnte; aber wenn wir nach Maßstäben direkt populären Charakters suchen, können nur drei gefunden werden, nämlich Versprechen, den Frieden im Land durchzusetzen, böse Bräuche abzuschaffen und die Gesetze von Edward Confessor in der von Wilhelm I. geänderten Fassung einzuhalten. Das ist Eine zu dürftige Grundlage, um den Anspruch auf den Rang eines „Nationalkönigs" zu begründen, selbst wenn Heinrich die Absicht hatte, seine Versprechen zu halten. Es ist mittlerweile berüchtigt, dass kein einziges Versprechen ungebrochen blieb. [170]

Aus einer anderen Sicht ist die Charta eine Kritik an der Verwaltung von Rufus (und in gewissem Maße auch an der des Eroberers), verbunden mit dem Versprechen einer Änderung. Heinrich gab sich somit als Reformator aus und verzichtete auf die bösen Bräuche seines Vaters und seines Bruders. Der große Wert der Charta liegt jedoch darin, dass es sich um die erste formelle Annahme (veröffentlicht unter Siegel und in ordnungsgemäßer Rechtsform) des alten Gesetzes des angelsächsischen England durch einen Herrscher der neuen außerirdischen Dynastie handelt; Doch damit vollendete Henry nur das, was sein Vater begonnen hatte. Diese Überlegungen tragen dazu bei, die fast übertriebene Bedeutung zu erklären, die Heinrichs Urkunde während der Regierungszeit von John beigemessen wurde.

Wenn alle Bemühungen, Heinrichs Nachfolge zu verhindern, scheiterten, wurde die Nachfolge seiner Tochter Matilda triumphierend bestritten. Stephen nutzte die Abwesenheit seiner Cousine und ihre persönliche Unbeliebtheit aus, machte mit der krampfhaften Energie, die ihn auszeichnete, einen schnellen Überfall auf England und eroberte erfolgreich die Krone. Auf englischem Boden in englischer Sprache ausgebildet, war er schnell zur Stelle und sehr beliebt. Diese Eigenschaften, die zu seinen Gunsten sprachen, machten seine Stellung gegenüber der Tochter und Erbin eines so starken Königs wie Heinrich I. jedoch nicht völlig sicher, dem Stephanus selbst zusammen mit allen Magnaten Englands bereits dreimal geschworen hatte Treue. Er war nur einer von zwei Konkurrenten um die

Krone, mit nahezu gleichen Chancen. Vom Moment des Todes des alten Königs an „behandelten die normannischen Barone die Nachfolge als offene Frage". In diesen Worten von Bischof Stubbs [171] findet Herr JH Round [172] den Grundgedanken der Herrschaft. Stephan war auf seinem Thron nie sicher und musste zunächst wahllose Versprechungen machen, um seine Position zu erhalten und später zu behalten. Er war daher bereit, für die Unterstützung viel höhere Gebote abzugeben, als Henry sich dazu gezwungen gefühlt hatte. Es musste mühsam Anhänger nacheinander gewonnen werden, indem jedem Einzelnen, dessen Unterstützung sich lohnte, besondere Gefälligkeiten gewährt wurden.

Es wurden Verhandlungen mit den Londonern, mit Stephens Bruder Heinrich von Blois (Bischof von Winchester), mit den Hütern des Königsschatzes, mit dem Erzbischof von Canterbury und mit dem Justiziar (Bischof Roger von Salisbury) geschlossen. Die Unterstützung der beiden Letztgenannten ging mit der Unterstützung der Kirche und des Verwaltungspersonals des verstorbenen Königs einher, konnte jedoch nur durch weitreichende Zugeständnisse erreicht werden. So stimmte Stephanus fünf Jahrhunderte später wie Wilhelm von Oranien zu, „König unter Bedingungen" zu werden. Eine Charta der Freiheiten und ein feierlicher Eid zur Sicherung der „Freiheit der Kirche" – zwar eine vage Formulierung, aber nichtsdestoweniger gefährlich – bildeten zusammen den Preis für Stephans Weihe; und dieser Preis war vielleicht nicht allzu hoch, wenn wir uns daran erinnern, dass „die Wahl eine Ansichtssache war, die Krönung eine Tatsache" – ein feierliches Sakrament, das kaum rückgängig gemacht werden konnte. [173]

Doch selbst diese wichtige Zeremonie brachte Stephanus Thron ins Wanken; er war gezwungen, die Anhängerschaft mächtiger Magnaten durch großzügige Land- und Konzessionskonzessionen zu erkaufen; und es existieren noch immer verschiedene Urkunden zugunsten einzelner Adliger als Zeugen solcher Bestechungen. Der Prozess, mit dem er sich einen Titel für die Krone erarbeitete, gipfelte offenbar im Ostern 1136, als er sich die Unterstützung von Matildas Halbbruder Robert, Earl of Gloucester, sicherte, dessen Beispiel schnell von anderen einflussreichen Adligen gefolgt wurde. Alle diese neuen Anhänger huldigten dem König jedoch unter einem wichtigen Vorbehalt, nämlich dass ihre zukünftige Loyalität strikt von der ihnen zuteil werdenden Behandlung durch Stephan abhängig sein würde. Durch die Duldung einer solchen bedingten Loyalität war dieser unglückliche Monarch daher gezwungen, die inhärente Schwäche seiner Position selbst im Moment seines nominellen Triumphs anzuerkennen. [174]

Diese wichtigen Transaktionen fanden offenbar in Oxford statt, [175] und gleichzeitig erließ der König seine zweite oder Oxford-Charta, die den Inhalt früherer Urkunden und Eide verkörperte und erweiterte. Diese Oxford-

Charta, deren Datum nachweislich Anfang April liegt, [176] ist aufgrund der Umstände, unter denen sie erteilt wurde, bemerkenswert, da sie den Grundstein für den schrittweisen Prozess legte, durch den Stephanus zum König „gewählt" wurde , und auch wegen seines Inhalts, der den früheren Eid an die Kirche und die vage, unbefriedigende frühere Charta an das Volk mit den neuen Bedingungen verband, die von Earl Robert und seinen Anhängern erzwungen wurden.

Die einleitenden Worte, in denen Stephanus sich selbst als „König der Engländer" bezeichnet, können als mühsamer Versuch gelesen werden, einen gültigen Anspruch auf den Thron darzulegen. Jeder Verweis auf Vorgänger wird sorgfältig vermieden, und der Usurpator erklärt sich selbst zum König „durch die Ernennung des Klerus und des Volkes, durch die Weihe des Erzbischofs und des päpstlichen Legaten und durch die Bestätigung des Papstes." [177]

Vielleicht handelt es sich bei seinen wichtigsten Bestimmungen um solche zugunsten der Kirche, die eine vage Erklärung, dass die Kirche „frei" sein sollte, durch spezifische Versprechen ergänzen, dass die Bischöfe die ausschließliche Gerichtsbarkeit und Macht über Kirchenmänner und ihre Güter haben sollten, zusammen mit dem alleinigen Recht, über sie zu herrschen Verteilung nach dem Tod. Dies war eine klare Bestätigung des Rechts der christlichen Gerichte auf ein Monopol aller Klagegründe, die den Klerus oder sein Eigentum betrafen. Es ist die erste eindeutige Verkündung des Grundsatzes, der später als „Vorteil des Klerus" bekannt wurde, in England – und das in einer weitreichenderen Form, als sie später jemals wiederholt wurde. Stephen verzichtete außerdem ausdrücklich auf alle der Krone innewohnenden Rechte, die Ländereien der Kirche während der Vakanz zu betreuen – eine Kapitulation, von der weder Heinrich I. noch Heinrich II. geträumt hätten.

Es folgten Zuschüsse an die Allgemeinheit. Eine Generalklausel, die Frieden und Gerechtigkeit versprach, wurde erneut durch spezifische Zugeständnisse von praktischerem Wert ergänzt, nämlich das Versprechen, alle Forderungen, ungerechten Praktiken und „falschen Bezeichnungen" durch Sheriffs und andere auszurotten und gute, alte und gerechte Bräuche einzuhalten Respekt vor Mordstrafen, Klagegründen und anderen Gründen.

Seltsamerweise gibt es nur eine Bestimmung, die speziell den Feudalmagnaten zugute kommt, nämlich den Verzicht des Königs auf alle seit der Zeit der beiden Williams aufgeforsteten Landstriche. Die Unterlassung weiterer feudaler Zugeständnisse darf weder der Stärke Stephans noch einem Geist der Mäßigung oder Selbstaufopferung der Magnaten zugeschrieben werden. Jeder Baron von ausreichender Bedeutung hatte bereits eine Sonderurkunde zu seinen Gunsten erpresst, die aufgrund ihrer persönlichen Natur nachdrücklicher und verbindlicher und dementsprechend wertvoller war als eine bloße allgemeine Bestimmung zugunsten aller und aller. Solche privaten Zuwendungen beinhalteten im Allgemeinen eine Bestätigung des Rechts des Zuwendungsempfängers, seine eigene feudale Festung zu behalten, und versetzten ihn so in eine Position praktischer Unabhängigkeit.

Es ist aufschlussreich, diese weitreichenden Versprechen Stephanus mit den dürftigen Worten der Charta zu vergleichen, die Heinrich von Anjou bei oder kurz nach seiner Krönung gewährte. [178] Heinrich II. verzichtet sorgfältig auf jede Erwähnung von Stephanus und seinen Urkunden, nicht, wie manchmal angenommen wird, weil er die Existenz eines Usurpators nicht anerkennen wollte, sondern weil dieser Usurpator der Kirche großzügige Zuwendungen gewährte. Heinrich hatte weder die Absicht, die „Vorteile des Klerus" in einer so umfassenden Form zu bestätigen, wie es Stephan getan hatte, noch auf die Vormundschaft über die Ländereien vakanter Bistümer zu verzichten.

Gegenüber der Kirche wie auch gegenüber den Baronen bestätigt Henry Plantagenet nur das, was sein Großvater bereits zugegeben hatte. Selbst im Vergleich mit dem Standard der Charta Heinrichs I. ist der des jüngeren Henry kürzer und weniger explizit und daher schwächer und eher anfällig für Aufhebung – Merkmale, die Stephen Langton in seiner Bevorzugung des älteren Dokuments rechtfertigten. Wenn Heinrich II. Obwohl er eine kurze und widerwillige Urkunde erhielt, erteilte keiner seiner Söhne bei der jeweiligen Krönung überhaupt eine Urkunde. Die Gründe für die Unterlassung liegen auf der Hand; Die Krone war stark genug geworden, auf diese unwillkommene Formalität zu verzichten, teils weil es keine konkurrierenden Konkurrenten um den Thron gab, teils wegen der Perfektion, zu der die Regierungsmaschinerie gebracht worden war. Das Äußerste, was die Kirche von Richard und Johannes als Preis für ihre Weihe herausfordern konnte, war die Erneuerung der drei vagen Versprechen, die in den Worten des Eides enthalten waren, die jetzt als reine Formsache angesehen wurden. Das Versäumnis, Urkunden zu erteilen, war lediglich ein Symptom der Krankheiten des Staatskörpers, die eine Folge der überheblichen Macht der Krone waren, und beweist, wie dringend die Notwendigkeit einer erneuten Geltendmachung der Freiheiten der Nation war, wie es 1215 der Fall war.

Zumindest Johannes durfte sich nicht von den Verpflichtungen seines Eides oder von dem Versprechen befreien, die darin enthaltenen alten Gesetze und Bräuche des Landes zu bestätigen. Bevor Stephen Langton ihn von den Folgen seines Streits mit Rom freisprach, zwang er ihn, die Bedingungen des Krönungseids zu erneuern. [179]

Das war noch nicht alles; Bei einem Treffen am 4. August 1213 in St. Albans wurden im Namen des Königs Schriftsätze an die verschiedenen Sheriffs erlassen, in denen sie aufgefordert wurden, die Gesetze Heinrichs I. einzuhalten und sich ungerechtfertigter Forderungen zu enthalten. [180] Drei Wochen später (am 25. August) soll die Vorlage einer vereinzelten Kopie von Heinrichs Urkunde durch Roger von Wendover bei allen Anwesenden einen verblüffenden Eindruck hinterlassen haben, [181] und die gleiche Urkunde erschien ein zweites Mal erstellt am 4. November 1214 in Bury St. Edmunds und wurde von den Unzufriedenen als Modell akzeptiert, das, modifiziert und erweitert, als Grundlage für die Behebung der Missstände der Regierung dienen könnte. [182]

Daher ist es sowohl entschuldbar als auch notwendig, dieser Abfolge von Krönungsschwüren und -urkunden großen Nachdruck zu verleihen, da sie sowohl zur Form als auch zum Inhalt der Magna Carta des Johannes beiträgt. Dennoch muss der Tendenz, die Vorgeschichte der Großen Charta zu eng zu betrachten, sorgfältig vorgebeugt werden. Viele Zutaten flossen in die Herstellung ein. Zahlreiche Reformen Heinrichs II., ob in einer oder mehreren der uns überlieferten Verordnungen oder Assisen enthalten oder nicht, müssen dazu gezählt werden, ebenso wie jene Verfassungsdokumente, die zufällig in der den Urkunden eigentümlichen Form abgefasst sind verliehen unter dem großen Siegel des Königs. Es ist auch notwendig, sich an die besonderen Schenkungen zu erinnern, die aufeinanderfolgende Könige Englands der Kirche, London und anderen Städten sowie einzelnen Prälaten und Baronen gewährten. In gewissem Sinne floss die gesamte Vorgeschichte Englands in die Entstehung der Magna Carta ein. Die Abfolge der Krönungseide und Urkunden ist nur eine Abstammungslinie; Die Große Charta des Johannes kann ihren Ursprung auf viele andere Linien angesehener Vorfahren zurückführen.

---

163 . Die Wörter sind uns in zwei Versionen überliefert: einer angelsächsischen und einer lateinischen. Ersteres ist erhalten in *Memorials of St. Dunstan* (Rolls Series), S. 355, wo es von Dr. Stubbs übersetzt wird:

„Im Namen der Heiligen Dreifaltigkeit verspreche ich dem christlichen Volk und meinen Untertanen drei Dinge: erstens, dass Gottes Kirche und alle christlichen Menschen meiner Herrschaftsgebiete wahren Frieden bewahren; zweitens, dass ich Raub und alle ungerechten Dinge aller Ordnungen verbiete." ; und drittens, dass ich Gerechtigkeit und Barmherzigkeit verspreche und in allen Schicksalen verspreche, damit der gnädige und barmherzige Gott seiner ewigen Barmherzigkeit uns allen vergeben möge, die leben und regieren. Der Name des Königs wird nicht erwähnt und könnte entweder Edward oder Ethelred gewesen sein, wird aber normalerweise mit Letzterem identifiziert. Siehe Kemble, *Saxons in England*, II. 35.

164 . Zwei unabhängige Autoritäten, die beide aus englischer Sicht schreiben, Florence of Worcester und der Autor der Worcester-Version des *Chronicle*, stimmen darin überein, dass der Eroberer den Eid geleistet hat; Die normannischen Behörden widersprechen dem weder und bestätigen es nicht. „Wilhelm von Poitiers und Guy schweigen über den Eid." Freeman, *Normannische Eroberung*, III. 561, Anmerkung.

165 . Stubbs, *Const. Hist.*, I. 328-9, und die dort zitierten Behörden.

166 . Siehe Anhang.

167 . *Konst. Hist.*, I. 331.

168 . Siehe Prothero, *Simon de Montfort*, 16: „Diese Charta hatte hauptsächlich feudalen Charakter; es enthielt keine Bestimmung für eine verfassungsmäßige Regierungsform und deutete kaum eine solche an."

169 . Einzelheiten sind der Prüfung gemäß den Feudalklauseln der Großen Charta vorbehalten.

170 . Siehe Round, *Feudal England*, 227, und Pollock und Maitland, I. 306.

171 . Stubbs, *Const. Hist.*, I. 345.

172 . Rund, *Geoffrey de Mandeville*, S. 1.

173 . Rund, *Geoffrey de Mandeville*, S. 6. Mr. Round, *ebenda.*, P. 438 erklärt, dass der Grund dafür, dass in dieser früheren Charta des Stephanus (im Gegensatz zu der ausführlicheren und wichtigeren, die vier Monate später folgte) jegliche Erwähnung der Kirche weggelassen wurde, darin bestand, dass Stephen sie zum Zeitpunkt der Gewährung durch die mündliche Ergänzung ergänzte Versprechen aufgezeichnet von Wilhelm von Malmesbury, *de libertate reddenda ecclesiae et conservanda*.

174 . Der ganze Vorfall ist so bemerkenswert, dass es angebracht erscheint, die genauen Worte Wilhelms von Malmesbury II. zu zitieren. 541: „*Itaque homagium regi fecit subconditione quadam, scilicet quamdiu ille dignitatem suam integre custodiret et sibi pacta servaret*."

175 . Round, *Geoffrey*, 22.

176 . Runde, *Geoffrey*, 23–4.

177 . Stephen war in dieser letzten Annahme nicht berechtigt. Siehe Round, *Geoffrey*, 9.

178 . Die Urkunde Heinrichs II. ist in Bémont, *Chartes*, 13, und in *Select Charters*, 135 enthalten. Es scheint der Mühe wert, in diesem Zusammenhang

einen bemerkenswerten Fehler eines Schriftstellers zu erwähnen, dessen übliche Genauigkeit von seinen Historikerkollegen beneidet wird. Herr JH Round (*Engl. Hist. Rev.* , VIII. 292) erklärt, dass „die königliche Macht so stetig zugenommen hatte, dass Heinrich II. und seine Söhne hatten auf die Ausstellung von Urkunden verzichten können und lediglich den alten dreiseitigen Eid geleistet."

179 . Siehe *oben* , S. 32 und Round, *Eng. Hist. Rev.* , VIII. 292.

180 . *Supra* , S. 34 .

181 . *Supra* , S. 35.

182 . *Supra* , S. 38.

II. Magna Carta: ihre Form und rechtliche Natur.

Es wurde viel Einfallsreichtum aufgewendet, ohne angemessene Gegenleistung zu erbringen, um herauszufinden, welche besondere Kategorie der modernen Rechtswissenschaft die Große Charta des Johannes am genauesten beschreibt. Handelt es sich um ein erlassenes Gesetz oder einen Vertrag? die königliche Antwort auf eine Petition; oder eine Erklärung der Rechte? Handelt es sich um einen einfachen Pakt, eine Abmachung oder eine Vereinbarung zwischen Vertragsparteien? Oder handelt es sich um eine Kombination aus zwei oder mehreren davon? Für fast jede mögliche Sichtweise wurde etwas gesagt, was möglicherweise mehr zur Verwirrung als zur Aufklärung von Geschichtsstudenten führt, die sich nicht für juristische Feinheiten interessieren.

Der Anspruch der Magna Carta auf den Rang eines formellen Gesetzgebungsakts wurde mit der Begründung gestützt, dass sie praktisch in einem *Gemeindekonzil verkündet wurde* . Es wird behauptet, dass König Johann in einer Nationalversammlung alle Stände seines Reiches, die damals mit politischen Rechten ausgestattet waren, versammelte, und diese stimmten ihm bei der Gewährung der Magna Carta zu. Die Zustimmung aller, die einen Anteil an der Ausarbeitung oder Aufhebung von Gesetzen beanspruchten – Erzbischöfe, Bischöfe, Äbte, Grafen und Kronpächter, ob groß oder klein – berechtigt die Charta zu einem regulären Gesetz.

Gegen diese Auffassung können jedoch technische Informalitäten eingefordert werden. Sowohl die Zusammensetzung des Rates als auch das dort angewandte Verfahren waren unregelmäßig. Es waren keine formellen Vorladungsbescheide ausgestellt worden, und daher kam es nie zu einer ordnungsgemäßen Konstituierung der Versammlung; Viele Anwesenheitsberechtigte hatten keine Möglichkeit, anwesend zu sein. Darüber hinaus war das gesamte Verfahren turbulent; Die Barone versammelten sich in militärischer Aufstellung und erzwangen die Zustimmung von John durch Turbulenzen und Gewaltdemonstrationen. Aus diesen Gründen würde die moderne Rechtsprechung, wenn sie angerufen würde, den Anspruch der Charta, als ordentliches Gesetz eingetragen zu werden, ablehnen.

Andererseits könnte man argumentieren, dass die Magna Carta zwar weniger als ein Gesetz, aber auch etwas mehr ist. Ein vom König in einer Nationalversammlung erlassenes Gesetz könnte vom König in einer anderen aufgehoben werden; wohingegen die Große Charta von den Baronen als unveränderlich gedacht war. Es wurde ihnen und ihren Erben für immer gewährt; und im Gegenzug war ein Preis gezahlt worden, nämlich die

Erneuerung ihrer Treue – eine Grundvoraussetzung dafür, dass John weiterhin den Thron innehatte. [183]

Auch die Magna Carta wurde häufig als Vertrag bezeichnet. Das ist das Urteil von Dr. Stubbs. [184] „Obwohl die Große Charta in Form einer königlichen Schenkung verfasst wurde, war sie in Wirklichkeit ein Vertrag zwischen dem König und seinen Untertanen ... Es ist das kollektive Volk, das in Wirklichkeit die andere hohe Vertragspartei der großen Kapitulation bildet." ." [185] Diese Ansicht wird durch bestimmte Worte in Kapitel 63 der Charta selbst gestützt: „*Juratum est autem tam ex parte nostra quam ex parte baronum, quod haec omnia supradicta bona fide et sine malo ingenio observabuntur*."

Es reicht nicht aus, gegen diese Theorie zu argumentieren, wie dies manchmal der Fall ist, dass die Einigung in böser Absicht von einer oder beiden Vertragsparteien geschlossen wurde. Es stimmt zwar, dass der darin enthaltene Kompromiss lediglich als Deckmantel für die Kriegsvorbereitung akzeptiert wurde; Dennoch achtet die Rechtsprechung bei der Behandlung formeller Dokumente, die unter Siegel ausgestellt wurden, nicht auf Aufrichtigkeit oder Unaufrichtigkeit, sondern achtet lediglich auf den formellen Ausdruck der Zustimmung.

Es könnten auch interessante Fragen aufgeworfen werden, inwieweit es richtig ist, die gesetzliche Regel, die alle durch Gewalt oder Angst herbeigeführten Verträge und Vereinbarungen für nichtig oder anfechtbar erklärt, auf Verträge auszudehnen. In gewissem Sinne würde jeder Vertrag, der einen großen Krieg beendet, unter eine solche Verurteilung fallen, da sich die besiegte Nation immer der *höheren Gewalt beugt*. Solche Ansprüche, wie die Große Charta möglicherweise als Vertrag gelten muss, werden daher nicht unbedingt durch Johns spätere Behauptung geschwächt, dass er bei der Gewährung der Charta kein freier Agent gewesen sei.

Es gibt jedoch einen radikaleren Einwand. Ein Vertrag ist ein öffentlicher Akt zwischen zwei Vertragsmächten, die, um den Anforderungen der modernen Rechtsprechung zu genügen, unabhängige Staaten oder deren akkreditierte Vertreter sein müssen; während John und seine Gegner lediglich Fragmente einer Nation oder eines Staates waren, zerrissen durch gegenseitige Ängste und Eifersüchteleien.

Einige Autoritäten verwerfen gleichermaßen die Theorie der Gesetzgebung und die Vertragstheorie und machen Platz für eine dritte, nämlich die, dass die Magna Carta lediglich ein Vertrag, ein Pakt oder eine private Vereinbarung sei. M. Emile Boutmy ist dieser Meinung. „Der Charakter dieses Aktes ist klar definiert. [186] Da er kein bestimmtes Merkmal ist, kann er nicht in Anwesenheit zweier rechtmäßiger Souveränitäten in zwei Nationen anwesend sein; er ist nicht mehr als ein Gesetz ; Sie ist von

Unregelmäßigkeit und Gewalt betroffen; das ist ein Kompromiss oder ein Pakt." [187]

So betrachtet würde die stolzeste Tat des Nationaldramas ihren Platz in der vergleichsweise bescheidenen rechtlichen Kategorie einnehmen, zu der Transaktionen wie die Miete eines Wagens oder der Verkauf einer Ladung Mais gehören. Allerdings gibt es auch fatale Einwände gegen diese Theorie. Es ist schwer vorstellbar, dass die Einrede der „Gewalt", wenn sie ausreicht (wie M. Boutmy fordert), um die Verabschiedung eines öffentlichen Gesetzes für nichtig zu erklären, nicht noch wirksamer bei der Reduzierung einer privaten Vereinbarung wäre. Wenn die Magna Carta keine andere Grundlage als die erklärte Zustimmung der Vertragsparteien hat, erscheint es sicherer, sie als öffentlichen Vertrag zu bezeichnen, als als einen privaten oder zivilen Pakt ohne politische Bedeutung.

Auch andere Theorien sind möglich; wie zum Beispiel, dass die Große Charta den Charakter einer Erklärung der Rechte hat, wie sie in der politischen Geschichte Frankreichs und der Vereinigten Staaten eine so herausragende Rolle gespielt haben; während ein neuerer amerikanischer Autor über die Entwicklung der englischen Verfassung es fast als einen Kodex zu betrachten scheint, der eine formelle Verfassung für England schafft – allerdings in einer groben und embryonalen Form. „Wenn das Hauptziel einer Verfassung die Verhinderung von Übergriffen und die Harmonisierung staatlicher Institutionen ist, entspricht Magna Carta dieser Beschreibung zumindest teilweise." [188]

Es wäre leicht, Beispiele für Versuche zu finden, einen Kompromiss zwischen diesen konkurrierenden Theorien zu finden, indem man zwei oder mehr davon kombiniert. So erklärt eine hohe englische Autorität, dass „die Große Charta teils eine Erklärung von Rechten, teils ein Vertrag zwischen Krone und Volk" ist. [189]

Der wesentliche Charakter dessen, was im Juni 1215 in Runnymede geschah, ist klar, wenn man von rechtlichen Feinheiten absieht. Zwischen dem König und den aufständischen Magnaten wurde ein Handel geschlossen, dessen Zweck darin bestand, dass letztere ihre Treue- und Huldigungseide erneuern und die Sicherheit geben sollten, dass sie diese Eide halten würden, während John im Gegenzug „den Freien" gewährte von England und seinen Erben für immer" sind die in dreiundsechzig Kapiteln aufgezählten Freiheiten. Niemand kam auf die Idee zu fragen, ob es sich bei der so abgeschlossenen Transaktion um einen „Vertrag" oder einen privaten „Vertrag" handelte.

Die Bedingungen dieses Abkommens mussten jedoch in der richtigen Rechtsform verfasst werden, um für alle Zeiten die genaue Natur der darin enthaltenen Bestimmungen und auch die Echtheit von Johns Zustimmung dazu zu bestätigen. Daher beschränkte man sich auf die Niederschrift, und

das resultierende Dokument war natürlich in der Form abgefasst, die
ausnahmslos für alle unwiderruflichen Schenkungen verwendet wurde, die
vom Vater auf den Sohn übertragen werden sollten, nämlich eine feudale
Urkunde, die durch die Hinzufügung eines Siegels beglaubigt wurde – genau
wie in im Fall einer Grundstücksgewährung und mit vielen der für eine solche
Gewährung geeigneten Klauseln. [190]

John gewährt den Freien Englands und ihren Erben bestimmte Rechte und
Freiheiten, als ob es sich dabei lediglich um so viele Häute oder Hektar Land
handeln würde. *Concessimus etiam omnibus liberis hominibus regni nostri, pro nobis et
haeredibus nostris in perpetuum, omnes libertates subscriptas, habendas et tenendas, eis et
haeredibus suis, de nobis et haeredibus nostris.* [191] Die rechtliche Wirkung eines
solchen Zuschusses ist schwer zu bestimmen; und jeder Versuch, seine
Rechtsfolgen im Sinne des modernen Rechts darzulegen, ist mit
unüberwindlichen Schwierigkeiten verbunden. [192] In Wahrheit passen Form
und Inhalt der Magna Carta schlecht zusammen. Sein Inhalt besteht aus einer
Reihe von Rechtsakten sowie politischen und bürgerlichen Rechten; Seine
Form ist dem Stilbuch des Feudaljuristen für die Verleihung eines Titels an
Grundbesitz entlehnt. [193]

Die Ergebnisse dieser Untersuchung scheinen dann völlig negativ zu sein. Es
ist sinnlos, Phänomene des 13. Jahrhunderts in moderner Ausdrucksweise zu
beschreiben, die für die Zeitgenossen unverständlich gewesen wären.
Mittelalterliche Juristen hatten große Schwierigkeiten, die tatsächlichen
Fakten ihrer Zeit in Kategorien der römischen Rechtswissenschaft
auszudrücken, die den Untergang Roms und der römischen Zivilisation
überdauert hatten. Es gibt keine der alten oder modernen Kategorien, die mit
Sicherheit auf die Große Charta oder auf die Transaktion, deren
Aufzeichnung sie darstellt, angewendet werden können. Magna Carta kann
vielleicht als ein Vertrag oder Vertrag beschrieben werden, der eine Reihe
von Regeln und Bräuchen in England erlässt oder als verbindlich verkündet
und sie in der ungeeigneten Form einer Feudalurkunde niederschreibt, die
König John den Freien Englands und Englands gewährt hat ihre Erben.

---

183 . Die *Gegenleistung*, die der König erhielt, war lediglich das Versprechen
einer *bedingten* Huldigung, die (wie wir aus Kapitel 63 erfahren) von der
Einhaltung der Bedingungen der Charta abhängig war. Diese Vereinbarung
kann mit der Vereinbarung zwischen Stephen und dem Earl of Gloucester
im Jahr 1136 verglichen werden (siehe *oben* , S. 120) und weist einige
Analogien zu dem von den Verfassern der Bill of Rights angenommenen
Verfahren auf, das a einfügte Liste der Bedingungen im Gesetz des
Parlaments, die den Titel von William und Mary auf den Thron von England
begründeten.

184 . *Konst. Hist.* , I. 569.

185 . Herr Prothero ist derselben Meinung (*Simon de Montfort* , 15). Es handelte sich „in Wirklichkeit um einen Friedensvertrag, eine Vereinbarung, die nach einer Niederlage zwischen den Besiegten und seinen Siegern geschlossen wurde."

186 . Hier unterscheiden wir uns von ihm.

187 . *Études de droit Constitutionnel* , 41.

188 . Prof. Jesse Macy, *Englische Verfassung* , 162.

189 . Sir William R. Anson, *Law of the Constitution* , I. 14.

190 . In der strengen Rechtstheorie erforderte die vollständige Investitur des Stipendiaten, dass auf die „Charta" eine „Infeftment" oder Übergabe (real oder konstruktiv) des Stipendiengegenstandes folgen sollte. Im Fall von immateriellen Dingen wie politischen Rechten und Freiheiten wäre das eigentliche Pergament, auf dem die Charta geschrieben wurde, das natürlichste Symbol, das den Stipendiaten übergeben werden könnte.

191 . Siehe Kapitel 1. Die Schenkung, die somit vorgibt, für Johns Erben dauerhaft bindend zu sein, wurde in der Praxis als rein persönlich für John behandelt und erforderte die Bestätigung durch seinen Sohn. Dies stand jedoch auch in strikter Übereinstimmung mit der Feudaltheorie, die vom Erben verlangte, seinen Anspruch auf den Grundbesitz seines verstorbenen Vaters zu vervollständigen, indem er von seinem Herrn eine Konfirmationsurkunde erhielt, für die er „Entlastung" zahlen musste. Die Freiheiten der Freien waren nur eine neue Art von Grundbesitz.

192 . Prof. Maitland, *Township and Borough* , S. 76, erklärt einige der damit verbundenen Absurditäten: „Haben Sie jemals über die Form, das Schema, die Hauptidee der Magna Charta nachgedacht? Wenn ja, wird Sie Ihre Ehrfurcht vor diesem heiligen Text kaum davon abgehalten haben, ihn in der Privatsphäre Ihres eigenen Geistes zu verwenden." einige Wörter wie „unfähig" oder „kindisch". König John gewährt den Männern Englands und ihren Erben eine Bewilligung. Die Männer Englands und ihre Erben sollen bestimmte Freiheiten dieses Prinzen und seiner Erben für immer behalten. Stellen Sie sich vor, Sie wären ohne das rechtmäßige Urteil Ihrer Standesgenossen eingesperrt und würden sich bemühen, es zu beweisen Während Sie im Gefängnis schmachten, sind Sie der Erbe eines der ursprünglichen Stipendiaten. Heutzutage „erben" Engländer ihre Freiheiten, ihre Verfassung, ihr öffentliches Recht nur noch in einem rhetorischen Moment. Wenn sie nüchtern sind, tun sie nichts dergleichen. Aber Was auch immer Kardinal Langton und den Prälaten und Baronen von Runnymead „auf den Lippen gezittert" haben mag, die Rede, die kam, war die Rede der

Lehnsherrschaft. Das Gesetz muss, wenn es Bestand haben soll, vererbt werden. Wenn alle Engländer Freiheiten haben, dann jeder Der Engländer hat etwas, etwas, das er seinem Erben weitergeben kann. Das öffentliche Recht kann sich nicht von den Formen, den individualistischen Formen des Privatrechts befreien."

193 . Pollock und Maitland, I. 150, betonen diese Ungleichheit. „In Form einer Schenkung, einer vom König frei gewährten Konzessionsgewährung, in Wirklichkeit einem Vertrag, der von den konföderierten Ständen des Reiches von ihm erpresst wurde, ... handelt es sich auch um einen langen und vielfältigen Gesetzeskodex." Vgl. auch *ebenda*. , I. 658.

III. Magna Carta: ihr Inhalt und ihre Eigenschaften.

Die Bestätigung der in den 63 Kapiteln der Charta aufgeführten Rechte stellte den Preis dar, den Johannes für die erneuerte Treue der Rebellen zahlte. Diese Rechte werden im zweiten Teil des vorliegenden Bandes einzeln ausführlich erörtert. Eine kurze Beschreibung ihrer hervorstechenden Merkmale, wenn man sie als kollektives Ganzes betrachtet, ist daher alles, was hier erforderlich ist.

Bei dem Versuch, die Leitbestimmungen zu analysieren, wurden verschiedene Klassifizierungsprinzipien übernommen. Drei davon stechen hervor: Die verschiedenen Kapitel können nach den Funktionen der Zentralregierung geordnet werden, die sie einschränken sollten; je nach ihrem eigenen Charakter als fortschrittlich, reaktionär oder lediglich deklaratorisch; und schließlich nach den Klassen der Gemeinschaft, die den größten Nutzen daraus gezogen haben.

I. *Bestimmungen, klassifiziert nach den verschiedenen Vorrechten der Krone, die sie betreffen.*

Dr. Gneist [194] übernimmt dieses Einteilungsprinzip und ordnet die Kapitel der Magna Carta in fünf Gruppen ein, je nachdem, wie sie rechtliche Beschränkungen auferlegen (1) für die feudale Militärmacht der Krone, (2) für ihre richterliche Macht, (3).) auf seine polizeiliche Macht, (4) auf seine finanzielle Macht oder (5) eine rechtliche Sanktion für die Durchsetzung des Ganzen vorsehen. Trotz der hohen Autorität von Dr. Gneist ist es zweifelhaft, ob eine Analyse der Magna Carta nach diesen etwas willkürlichen Gesichtspunkten viel Licht auf ihre Hauptziele oder Ergebnisse wirft. Eine solche Unterteilung erscheint, wenn sie für bestimmte Zwecke zweckmäßig ist, künstlich und unwirklich, da sie auf Unterscheidungen beruht, die im 13. Jahrhundert nicht klar formuliert wurden. Die Annahme eines solchen Klassifizierungsprinzips mit Bezug auf eine Zeit, in der die verschiedenen Funktionen der Exekutive noch wahllos miteinander vermischt waren, ist gewissermaßen ein Anachronismus. [195]

II. *Bestimmungen, die danach klassifiziert werden, ob sie progressiver, reaktionärer oder deklaratorischer Natur sind.*

Unter den vielen Fragen, die einer Antwort bedürfen, erscheint keine natürlicher als diejenigen, die sich mit den Beziehungen zwischen den in der Charta gemachten Versprechen und dem tatsächlich unter Heinrich von Anjou und seinen Söhnen geltenden Regierungssystem befassen; oder die Beziehungen zwischen diesen Versprechen und den noch älteren Gesetzen von Edward Confessor.

Die allgemein vertretene Ansicht ist, dass die Bestimmungen der Magna Carta hauptsächlich, wenn nicht ausschließlich, deklaratorischer Natur sind. Die Große Charta wird seit vielen Jahrhunderten als Versuch beschrieben, bestehende Bräuche zu bestätigen und zu definieren, anstatt sie zu ändern. Mit den Worten von Blackstone [196] aus dem Jahr 1759: „Alle unsere Historiker sind sich darin einig, dass die Große Charta von König John zum größten Teil aus den alten Bräuchen des Reiches oder den Gesetzen von König Edward dem Bekenner zusammengestellt wurde." , womit sie normalerweise das Gewohnheitsrecht meinen, das unter unseren sächsischen Fürsten eingeführt wurde, bevor die Strapazen der feudalen Herrschaft und andere Nöte vom Kontinent importiert wurden." Im Wesentlichen dieselbe Doktrin wurde erst neulich von unserer höchsten Autorität verkündet. „Im Großen und Ganzen enthält die Charta wenig, was absolut neu ist. Sie ist wiederherstellend. Johannes hat in den letzten Jahren gegen das Gesetz verstoßen; daher muss das Gesetz definiert und schriftlich festgehalten werden. [197] Diese Ansicht scheint im Großen und Ganzen zu sein , eine richtige; die Aufständischen gaben im Jahr 1215 vor, nichts Neues zu fordern, sondern lediglich eine Rückkehr zu den guten Gesetzen von Edward Confessor, ergänzt durch die in der Charta Heinrichs I. enthaltenen Versprechen. Ein ununterbrochener Faden verläuft von der Magna Carta bis zurück die Gesetze und Bräuche des angelsächsischen Englands und die alten Krönungseide von Ethelred und Edgar. Doch die Große Charta enthielt vieles, was zu den Tagen des Bekenners unbekannt war und in den Versprechen Heinrichs I. keinen Platz hatte. In vielen Einzelheiten Die Ursprünge der Charta müssen eher auf den von Heinrich II. eingeführten Verwaltungsänderungen als auf dem alten Gewohnheitsrecht basieren, das vor der Eroberung herrschte.

Daher reicht es nicht aus, die Magna Carta lediglich als deklaratorischen Erlass zu bezeichnen; Es ist notwendig, zwischen den verschiedenen Quellen seiner Erklärung zu unterscheiden. Eine Vierteilung kann vorgeschlagen werden. (1) Die Magna Carta verkörperte einige der Gebräuche des alten Gewohnheitsrechts des angelsächsischen Englands und gab sie an künftige Zeitalter weiter. Sie wurden vom Eroberer oder seinen Nachfolgern nicht geändert und nun bestätigt und von Missbräuchen befreit. (2) Bei der Definition feudaler Vorfälle und Dienste bestätigte es viele Regeln des Feudalrechts, das die Normannen nach 1066 nach England brachten. (3) Es enthielt auch viele Bestimmungen, von denen Wilhelm I. und selbst Heinrich I. nicht mehr wussten taten es die angelsächsischen Könige – Neuerungen, die Heinrich von Anjou für seine eigenen Zwecke einführte, die aber nach einem halben Jahrhundert Erfahrung nun selbst von den erbittertsten Gegnern der Krone loyal akzeptiert wurden. Mit den Worten von Herrn Prothero: „Wir finden ... das von Heinrich II. eingerichtete Justiz- und Verwaltungssystem." blieb in der Magna Carta nahezu unversehrt erhalten, obwohl sein Missbrauch sorgfältig verhindert wurde." [198] Schließlich (4) zielte die Charta in einigen wenigen Punkten tatsächlich darauf ab, weiter zu gehen, als Heinrich II., der große Reformator, wie er war, beabsichtigt hatte. Um nur zwei Einzelheiten zu nennen: Die Petty Assizes müssen in jedem Bezirk viermal im Jahr abgehalten werden, während es Sheriffs und anderen örtlichen Richtern völlig untersagt ist, Klagen der Krone zu vertreten.

Es gibt zwei weitere Gründe, warum wir uns nicht mit einer Erklärung zufrieden geben können, die die Magna Carta mit der bloßen Aussage abtut, dass ihre Bestimmungen lediglich deklaratorischen Charakter hätten. Die Geschichte hat die universelle Wahrheit der Theorie bewiesen, dass ein rein deklaratorischer Erlass unmöglich ist; denn der bloße Zeitablauf, der einen veränderten historischen Kontext hervorbringt, verändert zwangsläufig den Sinn eines Gesetzes, wenn es in einem späteren Zeitalter erneut in Kraft gesetzt wird. Selbst wenn identische Wörter wiederholt werden, geben ihnen die neuen Umstände eine neue Bedeutung. Dies ist selbst dann der Fall, wenn die Verfasser dieser Nachstellungen völlig aufrichtig sind, was oft nicht der Fall ist. Für Innovatoren ist es kein ungewöhnliches Mittel, ihre Reformen schmackhafter zu machen, indem sie sie als Rückkehr in die Vergangenheit tarnen. Die Magna Carta bietet dafür viele Beispiele. Seine Klauseln, auch wenn sie vorgeben, lediglich den *Status quo zu bestätigen* , verändern in Wirklichkeit die bestehende Sitte.

Darüber hinaus ist es von entscheidender Bedeutung, die genaue Art der bestätigten oder erklärten Bestimmungen zu berücksichtigen. Eine Wiederholung einiger der neueren Reformen Heinrichs II. (oder denen von Erzbischof Hubert Walter, der in seine Fußstapfen tritt) führt logischerweise eher zum Fortschritt als zu bloßer Stabilität; während die angebliche Bestätigung angelsächsischer Bräuche oder alter feudaler Bräuche, die unter dem neuen *Regime schnell verschwinden* , eher einen Rückschritt als einen Stillstand impliziert. Zu dieser letztgenannten Art gehören beispielsweise die Kapitel 34 und 39 der Magna Carta. Sie fordern wirklich eine Rückkehr zu dem System, das vor den Innovationen Heinrichs II. in Mode war. wenn sie sich für feudale Gerichtsbarkeiten aussprechen. So handelt es sich bei einigen Bestimmungen der Großen Charta, die auf den ersten Blick richtigerweise als deklaratorisch beschrieben werden, in Wirklichkeit um Neuerungen; während andere zur Reaktion neigen.

III. *Bestimmungen, die nach den Ständen der Gemeinde geordnet sind, zu deren Gunsten sie konzipiert wurden.*

Dieses dritte Regelungsprinzip würde als völlig irreführend verurteilt werden, wenn man die so häufig aufgestellten Behauptungen über die absolute Gleichheit aller Klassen und Interessen vor dem Gesetz – wie dieses Gesetz verkörpert ist – im wörtlichen Sinne als wahr annehmen müsste Magna Carta.

Hier stehen wir also vor einer grundlegenden Frage von immenser Bedeutung: Schützt die Große Charta wirklich, wie die orthodoxe traditionelle Sichtweise so vehement behauptet, die Rechte der gesamten Masse der bescheidenen Engländer gleichermaßen wie die des stolzesten Adligen? Ist es wirklich ein großes Bollwerk der verfassungsmäßigen Freiheiten der Nation, wenn man sie im weitesten Sinne des Wortes als Nation betrachtet? Oder handelt es sich vielmehr im Wesentlichen um eine Reihe von Zugeständnissen an den feudalen Egoismus, die dem König von einer Handvoll mächtiger Aristokraten abgerungen wurden? In solchen Fragen gehen die Meinungen der Gelehrten stark auseinander, obwohl sich eine überwältigende Mehrheit der Autoritäten auf der populären Seite befindet, von Coke (der auf jeder Seite seines *Zweiten Instituts davon ausgeht*, dass die im Jahr 1215 gewonnenen Rechte für den Dorfbewohner ebenso wertvoll waren wie für die … Baron) bis hin zu Schriftstellern der Gegenwart. Lord Chatham bestand in einer seiner großen Reden [199] darauf, dass die Barone, die John die Charta entrissen, Ansprüche auf die Dankbarkeit der Nachwelt begründeten, weil sie „sie nicht auf sich allein beschränkten, sondern sie als gemeinsamen Segen dem ganzen Volk überreichten." "; und Sir Edward Creasy [200], der Chathams Worte mit Zustimmung zitiert, krönt sie mit noch ekstatischeren eigenen Worten und erklärt, dass eine Wirkung der Charta darin bestehe, „jedem Menschen vollen Schutz für Eigentum und Person zu gewähren und zu garantieren. " atmet englische Luft." Lord Chatham sprach tatsächlich mit der unbändigen Begeisterung eines Redners; Dennoch scheinen biedere Anwälte und Historiker wie Blackstone und Hallam mit ihm in ähnlichen Äußerungen zu wetteifern. „Eine gleiche Verteilung der Bürgerrechte auf alle Klassen freier Menschen macht die besondere Schönheit der Charta aus"; So erzählt es uns Hallam. [201] Bischof Stubbs vertrat unmissverständlich dieselbe Doktrin. „Klausel für Klausel werden die Rechte des Gemeinwesens ebenso wie die Rechte des Adels gewährleistet ... Dies beweist, wenn überhaupt ein Beweis nötig wäre, dass die Forderungen der Barone keine selbstsüchtigen Forderungen nach Privilegien für sich selbst waren." [202]

Dr. Gneist ist derselben Meinung. „Magna Carta war ein Versprechen der Versöhnung zwischen allen Klassen. Seine Existenz und Ratifizierung hielten jahrhundertelang die Vorstellung von Grundrechten aufrecht, die für alle Klassen gelten, in dem Bewusstsein, dass die höheren Klassen keine Freiheiten für längere Zeit aufrechterhalten würden, ohne Garantien für persönliche Freiheiten auch für die Bescheidenen." [203]

„Die Rechte, die die Barone für sich selbst beanspruchten", sagt John Richard Green, [204] bevor er sie aufzählt, „beanspruchten sie für die Nation als Ganzes." Die Aussage eines sehr jungen Autors, Dr. Hannis Taylor, [205] könnte diese Reihe abschließen. „Da alle drei Orden gleichermaßen an seinen

Früchten teilnahmen, war die große Tat in Runnymede im wahrsten Sinne des Wortes eine nationale Handlung und nicht nur eine bloße Handlung des Baronats im Namen ihrer eigenen besonderen Privilegien." Es wäre leicht, diese „Wolke von Zeugen" zu ergänzen, aber es wurde genug gesagt, um zu beweisen, dass es seit vielen Jahrhunderten eine allgemeine Prahlerei der Engländer war, dass die Bestimmungen der Großen Charta zur Sicherung gedacht waren und dies auch tatsächlich getan haben , die Freiheiten jeder Klasse und jedes Einzelnen der Nation, nicht nur die der feudalen Magnaten, auf deren Initiative der Streit entfacht wurde.

Es darf jedoch nicht vergessen werden, dass die Wahrheit historischer Fragen nicht von der Auszählung der Stimmen oder dem Gewicht der Autorität abhängt; auch nicht, dass auf der anderen Seite immer eine energische Minderheit protestiert hätte. „In letzter Zeit ist es Mode geworden", gesteht Hallam, „den Wert der Magna Charta abzuwerten, als ob sie dem privaten Ehrgeiz einiger weniger selbstsüchtiger Barone entsprungen wäre und nur einige feudale Missbräuche wiedergutgemacht hätte." [206] Es ist nicht sicher, die zitierten Meinungen selbst von so hohen Autoritäten ohne sorgfältige Prüfung der Beweise zu akzeptieren. „Gleichheit" ist im Wesentlichen ein modernes Ideal: Im Jahr 1215 hatten sich die verschiedenen Stände des Reiches zwar auf den Weg gemacht, der sie letztlich zu dieser Vorstellung führen sollte, aber sie hatten ihr Ziel noch nicht erreicht. Nach dem 13. Jahrhundert behielt die Klassengesetzgebung noch viele Jahrhunderte lang ihren herausragenden Platz in den Statutenlisten, und die Interessen der verschiedenen Klassen waren keineswegs immer identisch.

Zwei verschiedene Teile der Charta haben Einfluss auf diese Frage; nämlich Kapitel 1, in dem erklärt wird, wem die Rechte gewährt wurden, und Kapitel 61, in dem erklärt wird, von wem sie durchgesetzt werden sollten. Die Worte des Johannes sagen uns deutlich, dass die Freiheiten „allen Freien meines Königreichs und ihren Erben für immer" bestätigt wurden. Dies wirft die entscheidende Frage auf: Wer waren im Jahr 1215 *freie Männer*?

Der an seiner Stelle natürliche und sogar lobenswerte Enthusiasmus, der die Verdienste der Magna Carta durch die Überhöhung ihrer Bestimmungen und die größtmögliche Ausweitung ihres Geltungsbereichs hervorheben will, hat Kommentatoren dazu veranlasst, die Bedeutung zu erweitern, auch wenn sie sich negativ auf die historische Genauigkeit ihrer Ergebnisse auswirkt des „Freeman" bis an seine äußersten Grenzen. Das Wort wurde sogar so behandelt, dass es die gesamte Bevölkerung Englands umfasste, darunter nicht nur Kirchenmänner, Kaufleute und Freibauern, sondern auch Dorfbewohner. Es gibt jedoch Gründe zu der Annahme, dass es in einem viel engeren Sinne verstanden werden sollte, obwohl das Thema durch die Unbestimmtheit des Wortes und die Schwierigkeit, zu bestimmen, ob es eine technische Bedeutung hat oder nicht, verdunkelt wird. „Homo" hat im lateinischen Recht des Mittelalters eine besondere Bedeutung und wurde ursprünglich als Synonym für „Baro" verwendet – alle feudalen Vasallen, ob der Krone oder der Mesne-Lords, wurden als „Männer" oder „Barone" beschrieben. Das Wort wurde manchmal tatsächlich lockerer verwendet, wie es vielleicht in Kapitel 1 der Fall war. Doch Magna Carta ist eine feudale Urkunde, und die Vermutung spricht für die technische feudale Bedeutung des Wortes – eine Vermutung, die durch den Zusatz sicherlich nicht geschwächt wird eines Adjektivs, das es auf „frei" beschränkt. Dieses qualifizierende Wort schloss sicherlich Dorfbewohner und möglicherweise auch die große Bürgerschicht oder viele von ihnen aus. Es gibt eine Passage im *Dialogus de Scaccario* (vom Ende der Regierungszeit Heinrichs II.), in der Richard Fitz-Nigel selbst die reichsten Bürger und Händler für nicht völlig frei hält. Er erörtert die rechtliche Situation eines Ritters (*Miles*) oder eines anderen freien Mannes (*Liber Homo*), der seinen Status verliert, indem er Handel treibt, um Geld zu verdienen. [207] Dies beweist nicht, dass reiche Stadtbewohner zu den *Villani* der ländlichen Bezirke gezählt wurden; Es lässt jedoch ernsthafte Zweifel aufkommen, ob die Worte *„liberi homines"* in der strengen Rechtssprache feudaler Urkunden von zeitgenössischen Juristen so interpretiert würden, dass sie die Handelsklassen einschließen. Solche Zweifel werden durch eine genaue Prüfung derjenigen Passagen der Charta verstärkt, in denen der Begriff vorkommt. In Kapitel 34 wird offenbar davon ausgegangen, dass der *Liber Homo ein Grundbesitzer mit einer privaten herrschaftlichen Gerichtsbarkeit ist, die ihm möglicherweise entzogen wird.* Mit anderen Worten: Er ist der Besitzer eines Grundbesitzes einigermaßen – einer großen Baronie oder zumindest eines Herrenhauses. In diesem Teil der Charta ist der „Freeman" eindeutig ein County-Gentleman.

Ist der „Freeman" aus Kapitel 1 etwas anderes? Die Frage muss als offen betrachtet werden; aber es könnte viel für die Meinung gesagt werden, dass „Freeman", wie es in der Charta verwendet wird, gleichbedeutend mit „Freeholder" ist; und dass daher nur eine begrenzte Klasse als Begünstigte oder deren Erben einen *Rechtsanspruch* auf Teilhabe an den durch die Magna Carta gesicherten Freiheiten geltend machen könnte. [208]

Auf die Frage, wer befugt war, ihre Bestimmungen durchzusetzen, hat die Große Charta ebenfalls eine klare Antwort, nämlich eine ausgewählte Gruppe oder ein Quasi-Komitee aus 25 Baronen. Obwohl unter ihnen der Bürgermeister von London ausgewählt wurde, ist es klar, dass sich keine starke Unterstützung für irgendeine demokratische Interpretation der Magna Carta auf die Wahl der Testamentsvollstrecker stützen kann; da diese eine ausgesprochen aristokratische Körperschaft bildeten. Doch dieser Tendenz, die Macht ausschließlich einer Oligarchie zu übertragen, die sich aus den Oberhäuptern großer Familien zusammensetzt, könnte, so kann man behaupten, durch die Einladung des gleichen Kapitels an die Communa totius terrae entgegengewirkt worden sein, die fünfundzwanzig Testamentsvollstrecker dagegen *zu* unterstützen der König im Falle seines Glaubensbruchs. Leider ist es aufgrund der extremen Unbestimmtheit des Ausdrucks äußerst voreilig, auf solchen Grundlagen Schlussfolgerungen zu ziehen. Es ist möglich, die Worte *„communa totius terrae" so* zu interpretieren, dass sie sich lediglich auf „die Gemeinschaft der Grundbesitzer" oder sogar auf „die Gemeinschaft der Barone des Landes" sowie auf „die Gemeinschaft aller Güter (einschließlich) beziehen." Kirchenmänner, Kaufleute und Bürger des Landes", wie dies normalerweise ohne Autorität geschieht, außer aufgrund von Vermutungen. Jede Körperschaft wurde im 13. Jahrhundert als *Kommuna bezeichnet* ; ein Wort mit äußerst lockerer Konnotation.

Bisher beweisen unsere Untersuchungen keineswegs, dass die Gleichheit aller Klassen oder die gleichberechtigte Teilhabe aller an den Privilegien der Charta ein bewusstes oder unbewusstes Ideal der Anführer der Revolte gegen König John war. Die Magna Carta selbst enthält Beweise, die in die andere Richtung weisen, nämlich auf die Existenz einer Klassengesetzgebung. Am Anfang und am Ende der Charta werden sorgfältig Klauseln eingefügt, um der Kirche ihre „Freiheit" und Privilegien zu sichern; Kirchenmänner müssen in ihrem besonderen Interesse geschützt werden, wer auch immer sonst leiden mag. Der so gesicherte „Vorteil des Klerus" impliziert das genaue Gegenteil von „Gleichheit vor dem Gesetz". Auch andere Interessen werden gesondert und privilegiert behandelt. Viele, vielleicht die meisten Kapitel haben keinen Wert außer für Grundbesitzer; Einige wenige betreffen ausschließlich Handwerker und Bürger, während in den Kapiteln 20 bis 22 unterschiedliche Regelwerke für die Bewältigung des einfachen Freeman, des Kirchenmanns und des Grafen bzw. Barons festgelegt werden – fast eine Vorwegnahme der späteren Aufteilung in die drei Stände von das Reich – Gemeinwesen, Klerus und weltliche Herren. Gelegentlich (z. B. in Kapitel 20) wird sorgfältig zwischen dem freien Mann und dem Schurken unterschieden, und letzterer wurde (wie später bewiesen wird) sorgfältig von vielen Vorteilen ausgeschlossen, die die Magna Carta anderen gewährte. In diesem Zusammenhang ist es interessant zu überlegen, wie jede einzelne Klasse davon betroffen gewesen wäre, wenn Johns Versprechen loyal gehalten worden wären.

(1) *Die feudale Aristokratie.* Selbst ein flüchtiger Blick auf die Klauseln der Großen Charta zeigt, wie deutlich der Missbrauch feudaler Rechte und Pflichten in den Augen ihrer Befürworter vorherrschte. Bestimmungen dieser Art sind in erster Linie als Zugeständnisse an die feudale Aristokratie zu betrachten – obwohl die in erster Linie für sie bestimmten Erleichterungen indirekt auch anderen Klassen zugute kamen.

(2) *Kirchenmänner.* Die Position der Kirche ist leicht zu verstehen, wenn wir die Privilegien vernachlässigen, die ihre großen Männer *als* Barone und nicht

als Prälaten genießen. Die besonderen Kirchenklauseln fanden überhaupt keinen Platz in den Artikeln der Barone, sondern scheinen nachträglich hinzugefügt worden zu sein, wahrscheinlich aufgrund des Einflusses von Stephen Langton. [209] Darüber hinaus bestätigen sie hauptsächlich die separate Charta, die in den letzten Monaten bereits zweimal gewährt wurde. Tatsächlich hatte die Nationalkirche bei allem Patriotismus sorgfältig darauf geachtet, sich ihren eigenen egoistischen Vorteil zu sichern, bevor die politische Krise ausbrach.

(3) *Mieter von Mesne Lords.* Als die Barone Truppen aufstellten, um Johann mit bewaffneter Macht zur Gewährung der Magna Carta zu zwingen, waren die Barone zwangsläufig auf die treue Unterstützung ihrer eigenen Grundherren angewiesen. Es war wichtig, dass die Ritter und andere, die ihnen unterstanden, bereit waren, für ihre Mesne-Herren zu kämpfen und nicht für den König, ihren obersten Herrn. Es war daher unbedingt erforderlich, dass diese Untermieter in den Bestimmungen der Schlussabrechnung eine gewisse Anerkennung ihrer Ansprüche erhielten. Zu ihren Gunsten konzipierte Zugeständnisse sind in zwei Klauseln (offensichtlich in keinem besonders großzügigen Geist formuliert) enthalten, nämlich in den Kapiteln 15 und 60. Ersteres begrenzt die Anzahl der Fälle, in denen Beihilfen von Untermietern durch ihre Mesne-Lords erpresst werden könnten, auf die dieselben drei, die im Fall der Krone anerkannt wurden. Weniger hätten die Barone kaum gewähren können. Kapitel 60 sieht allgemein und in vagen Worten vor, dass alle Bräuche und Freiheiten, die Johannes gegenüber seinen Vasallen einhalten will, auch von Mesne-Lords, ob Prälaten oder Laien, gegenüber ihren Untervasallen eingehalten werden sollen. Diese Bestimmung hat bei modernen Schriftstellern großen Beifall gefunden. Prof. Prothero erklärt [210] , dass „der Untermieter in allen Fällen ebenso sorgfältig geschützt wurde wie der Obermieter." Dr. Hannis Taylor [211] ist sogar noch begeisterter. „Beseelt von einem breiten Geist großzügigen Patriotismus legten die Barone im Vertrag fest, dass jede Einschränkung, die ihnen zum Schutz der feudalen Rechte des Königs auferlegt wurde, auch auf ihre Rechte als Mesne-Lords zugunsten der Unterpächter, die sie besaßen, angewendet werden sollte ihnen." [212] Es muss jedoch beachtet werden, dass eine vage Generalklausel weniger Schutz bietet als ein bestimmtes spezifisches Privileg; und dass in einer rauen Zeit eine solche allgemeine Grundsatzerklärung bei gegebener Gelegenheit leicht verletzt werden könnte. Die Barone waren gezwungen, für ihre Untermieter etwas zu tun oder so zu tun, als würden sie etwas tun. Anscheinend taten sie so wenig, wie sie aus Sicherheit oder Anstand konnten.

(4) Auch für die *Kaufmanns- und Handelsklassen* wurde etwas getan, aber wenn wir abziehen, was demokratische Enthusiasten späterer Zeitalter in die Charta hineingelesen haben, nicht so viel, wie man vernünftigerweise in einem wirklich nationalen Dokument erwarten könnte. Die bestehenden

Privilegien der großen Stadt London wurden ohne nähere Angabe in den Artikeln der Barone bestätigt; und dann wurden einige geringfügige Reformen zugunsten seiner Bürger (nicht allzu eindeutig formuliert) hinzugefügt. Eine sorgfältige Untersuchung scheint jedoch darauf hinzuweisen, dass diese Privilegien sorgfältig abgeschwächt wurden, als die Artikel in der Magna Carta auf ihre endgültige Form reduziert wurden. Das Recht, London und andere Städte zu bebauen, war sorgfältig der Krone vorbehalten, während die Rechte des freien Handels, die Ausländern gewährt wurden, eindeutig im Widerspruch zur Monopol- und Schutzpolitik standen, die den Londonern am Herzen lag. Eine bloße Bestätigung bestehender Bräuche an die Bürger, die bereits zu einem hohen Preis erkauft und bezahlt wurden, scheint nur eine dürftige Gegenleistung für die Unterstützung zu sein, die sie der Aufstandsbewegung in einem kritischen Moment gegeben haben, als Johannes auf der Gegenseite hohe Gebote abgab. und als ihre Einhaltung ausreichte, um den Ausschlag zu geben. Das Wunder ist, dass so wenig für sie getan wurde. [213]

(5) Die Beziehung des *Villein* zu den Vorteilen der Charta wurde heftig diskutiert. Coke behauptet für ihn, zumindest im Hinblick auf die wichtigen Bestimmungen von Kapitel 39, dass er als *Liber Homo* und daher als vollwertiger Teilnehmer an allen Vorteilen der Klausel anzusehen sei. [214] Diese Behauptung ist nicht begründet. Selbst wenn man die Relativität des Wortes „ *Liber* "im 13. Jahrhundert anerkennt und auch anerkennt, dass der „Villein" einige seiner Pflichten erfüllt, auch wenn er keines der Rechte des Freigeborenen genoss, bleibt die formale Beschreibung „ *Liber Homo* "bestehen , wenn sie in einem Feudalsystem verwendet wird Die Charta kann nicht auf jene nützlichen herrschaftlichen Besitztümer ausgedehnt werden, die keinen anerkannten Platz im feudalen System der Gesellschaft oder in der politischen Verfassung Englands hatten, so notwendig sie auch im System des jeweiligen Herrenhauses sein mögen, mit dessen Boden sie verbunden waren .

Auch wenn wir den Dorfbewohner von den allgemeinen Vorteilen des Zuschusses ausschließen, kann und wurde behauptet, dass ihm einige wenige Privilegien in seinem eigenen Namen zugesichert wurden. Zumindest eine Klausel ist speziell zu seinem Schutz formuliert. Der Bösewicht, so heißt es in Kapitel 21, darf nicht so grausam gequält werden, dass er völlig mittellos zurückbleibt; sein Pflug und seine Ausrüstung müssen ihm gerettet werden. Solche Zugeständnisse stehen jedoch durchaus im Einklang mit der Verweigerung aller *politischen* Rechte und sogar aller *Bürgerrechte* , wie sie in der Moderne verstanden werden. Die Krone und die Magnaten, so kann man behaupten, berücksichtigten nur ihre eigenen Interessen, als sie dem Dorfbewohner die Mittel überließen, seine landwirtschaftlichen Betriebe weiterzuführen und so den Rest seiner Schulden in der Zukunft zu begleichen. Die enge Bindung an den Gutsherrn machte es unmöglich, den einen zu vernichten, ohne den anderen leicht zu verletzen. Der Bösewicht wurde nicht als anerkanntes Subjekt gesetzlicher Rechte geschützt, sondern weil er ein wertvolles Gut seines Herrn darstellte. Diese Haltung wird durch einen etwas eigenartigen Ausdruck in Kapitel 4 veranschaulicht, der die Beeinträchtigung des Vermögens eines Mündels durch „Verschwendung von Menschen oder Dingen" verbot. Wenn ein Vormund einen Dorfbewohner in den Status eines Freien erhob, bedeutete dies, dass er dem entrechteten Bauern auf Kosten seines jungen Herrn zugute kam. [215]

Andere Klauseln sowohl der John's Charter als auch der verschiedenen Neuauflagen zeigen gewissenhafte Sorgfalt, um eine Verletzung der Eigentumsrechte zu vermeiden, die Grundherren gegenüber ihren Untertanen genießen. Der König konnte die Schurken anderer Leute nicht hart bestrafen, obwohl die auf seinen eigenen Farmen nach seinem Ermessen verhandelt werden könnten. Kapitel 16 verbietet zwar sorgfältig jede willkürliche Erhöhung des Dienstes aus Grundeigentum, lässt aber schlussfolgernd alle Grundbesitze der Schurken ungeschützt. Dann könnten die „Farmen" oder Pachtzinsen der alten Herrschaften von der Krone willkürlich erhöht werden [216] und Tallagen könnten willkürlich erhoben werden (Maßnahmen, die die Klasse der Gutsbesitzer wahrscheinlich kaum belasten würden). Der Bösewicht wurde absichtlich den schlimmsten Formen der Auslieferung ausgesetzt, wovor die Kapitel 28 und 30 seine Vorgesetzten retteten. Die Pferde und Geräte der *Villanus* waren immer noch den Lieferanten der Krone ausgeliefert. Die Neuauflage von 1217 bestätigt diese Ansicht; Während die Wagen der Herrschaft geschützt waren, blieben die Wagen der Schurken frei. [217] Auch hier macht das Kapitel, das an die Stelle des berühmten Kapitels 39 von 1215 [218] tritt, deutlich, dass Landbesitz, der als Gutsherrschaft gehalten wird, nicht vor willkürlicher Enteignung oder Enteignung geschützt werden darf. Nach dem Gewohnheitsrecht blieb der Gutsbesitzer lediglich ein Pächter nach Belieben – vorbehaltlich der willkürlichen Ausweisung durch seinen Herrn –, egal wie dürftig er auch unter dem „Brauch des Herrenhauses", wie er vom Gericht des unterdrückenden Herrn interpretiert wurde, Schutz erhalten konnte ihn.

Selbst wenn es möglich wäre, die Bedeutung eines dieser eher trivialen Punkte zu vernachlässigen, wird ihre Bedeutung klar, wenn man sie alle nebeneinander stellt. Wenn der Großteil der englischen Bauernschaft überhaupt durch die Magna Carta geschützt wurde, dann nur deshalb, weil sie wertvolle Vermögenswerte ihrer Herren darstellten. Die Charta betrachtete sie als „Villeins Considerant" – als Eigentum eines Herrenhauses, nicht als Mitglieder eines englischen Commonwealth. [219]

Die allgemeine Schlussfolgerung, die aus dieser Umfrage abgeleitet werden kann, ist, dass den Baronialführern zwar viel Lob für ihr vergleichsweise

liberales Interesse an den Rechten anderer zusteht, sie jedoch kaum
Anspruch auf die übermäßige Würdigung haben, die sie manchmal erhalten
haben. Die groben Anfänge vieler Merkmale, die seitdem in englischen
Institutionen an Bedeutung gewonnen haben (z. B. die Vorstellungen von
Patriotismus und Nationalität sowie die Grundsätze der Gleichheit vor dem
Gesetz und die zärtliche Achtung der Rechte der Demütigen), sind
möglicherweise im Keim zu finden in einigen Teilen der abgeschlossenen
Charta; Aber die Artikel der Barone waren, wie ihr Name andeutet, ein
baroniales Manifest, das hauptsächlich darauf abzielte, die privaten
Beschwerden der Initiatoren auszuräumen, und hauptsächlich aus
egoistischen Motiven bestand.

Doch wenn alle Schlussfolgerungen gezogen wurden (und es schien
notwendig, dies mit Nachdruck zu tun, um das durch die Übertreibungen
von Enthusiasten geschaffene falsche Gleichgewicht wiedergutzumachen),
sticht die Große Charta immer noch als herausragender Meilenstein in der
Abfolge der Ereignisse hervor haben in einer ununterbrochenen Kette zur
Konsolidierung der englischen Nation und zur Errichtung einer freien und
verfassungsmäßigen Staatsform auf einer so dauerhaften Grundlage geführt,
dass sie nach mehr als acht Jahrhunderten des Wachstums immer noch ihre
Kraft und Kraft behält Auftrieb der Jugend.

194 . *Hist. Engl. Konst.* , Kapitel XVIII.

195 . Dr. Gneist gibt dies tatsächlich fast zu, wenn er sich bei der Erörterung
der Grenzen der Finanzmacht gezwungen sieht, zu sagen, dass viele davon
„bereits in den Bestimmungen enthalten sind, die die feudale Macht
berühren".

196 . *Große Charta* , vii.

197 . Pollock und Maitland, I. 151.

198 . *Simon de Montfort* , 17.

199 . House of Lords, 9. Januar 1770.

200 . *Geschichte der englischen Verfassung* , 151.

201 . *Mittelalter* , II. 447.

202 . *Konst. Hist.* , I. 570-1.

203 . Gneist, *Hist. von engl. Parl.* (Übers. von AH Keane), 103. Vgl. sein *Konst.
Hist.* (übers. von PA Ashworth), 253. „Ein getrenntes Recht für Adlige,
Bürger und Bauern war nicht mehr möglich."

204 . *Kurze Geschichte des englischen Volkes* , 124.

205 . *Englische Verfassung* , I. 380.

206 . *Mittelalter* , II. 447. Siehe *z.* B. Robert Brady, *A Full and Clear Answer* (1683).

207 . *Dialogus* , II. xiii. C.

208 . Zusätzlich zu seinem Vorkommen an den beiden im Text erwähnten Stellen erscheint das Wort „Freeman" in fünf weiteren Kapiteln, nämlich 15, 20, 27, 30 und 39. Die drei letzten Stellen geben kein Aufschluss über die Bedeutung des Wortes , da der jeweilige Kontext entweder mit einer weiteren oder einer engeren Auslegung zufrieden wäre. Anders verhält es sich jedoch mit Kapitel 15, wo die Freemen notwendigerweise die feudalen Pächter eines Mesne-Lords sind – das heißt Freeholder; und mit Kapitel 20, wo der Freeman in Sachen Streit deutlich vom *Villanus abgehoben wird* . Wenn darüber hinaus eindeutig Männer von unterwürfiger Herkunft gemeint sind, werden sie allgemein als *probi homines beschrieben* (*z.* B. in den Kapiteln 20, 29 und 48) und an einer Stelle, Kapitel 26, als *legales homines* . Kapitel 44 erwähnt *Homines* ohne jegliche Qualifikation. Daraus lässt sich mit Sicherheit ableiten, dass in der Großen Charta nie von „Freien" die Rede war, obwohl damit die einfache Bauernschaft oder die Dorfbewohner gemeint waren. In Kapitel 39 der Neuauflage von 1217 wird *liber homo* eindeutig als Synonym für „Freeholder" verwendet.

209 . Vgl. *oben* , S. 50 .

210 . *S. de Montfort* , 17.

211 . *Englische Verfassung* , I. 383.

212 . Bischof Stubbs, Vorwort zu *W. Coventry* , II. lxxii. stellt die Barone in ihrem Eifer für abstraktes Recht so dar, dass sie tatsächlich ihre eigenen Vasallen gegen sich selbst unterstützen: „Die Barone von Runnymede beschützen das Volk sowohl vor sich selbst als auch vor dem gewöhnlichen Tyrannen."

213 . Einzelheiten finden Sie *unten* unter cc. 12 , 13 , 35 und 41 . Es ist aufschlussreich, diese Kapitel mit den entsprechenden Bestimmungen der Artikel der Barone (nämlich Artikel 32, 12 und 31) zu vergleichen. Die (wenn auch geringfügigen) Änderungen scheinen zu zeigen, dass ein neuer Einfluss, der nur das spätere Dokument betraf, den Städten feindlich gesinnt war.

214 . Siehe Coke, *Second Institute* , S. 45: „Denn sie sind frei gegen alle Menschen, außer gegen ihren Herrn."

215 . Vgl. unter c. 4 *infra* .

216 . Siehe unter c. 25 *infra* .

217 . Siehe Kapitel 26 von 1217.

218 . Siehe Kapitel 35 von 1217.

219 . Dr. Stubbs vertritt eine ganz andere Ansicht. Er räumt zwar ein, dass „die Schurken in der Satzung so wenig berücksichtigt werden", erklärt die Auslassung jedoch offenbar mit zwei unterschiedlichen Gründen: (1) dass sie weniger Beschwerden zu beheben hatten als Mitglieder anderer Klassen, und (2) dass sie sich beteiligten in allen Zuschüssen, von denen sie nicht ausdrücklich ausgeschlossen waren. „Es lag nicht daran, dass sie keinen Sprecher hatten, sondern dass sie frei von den dringenderen Beschwerden waren und von allen allgemeinen Bestimmungen profitierten." Vorwort zu *W. Coventry* , II., lxxiii.

IV. Magna Carta: eine Schätzung ihres Wertes.

Es sind keine Beweise dafür erhalten, dass die Männer der Regierungszeit Johannes der Großen Charta übermäßige oder übertriebene Bedeutung beigemessen haben; Doch ohne Unterbrechung stieg die Wertschätzung seither stetig an, bis es unter englischen Anwälten und Historikern fast schon als Fetisch galt. Keine Schätzung seines Wertes kann zu hoch sein und keine Worte können zu nachdrücklich oder glühend sein, um seine Anhänger zufriedenzustellen. In vielen Zeiten nationaler Krisen wurde die Magna Carta selbstbewusst als ein Grundgesetz angeführt, das zu heilig sei, um geändert zu werden – als einen Talisman, der einen Zauberspruch enthielt und in der Lage sei, nationales Unglück abzuwenden.

Sind diese Schätzungen des Wertes durch Fakten gerechtfertigt oder handelt es sich um grobe Übertreibungen? Hat es wirklich eine Epoche in der englischen Geschichte ausgelöst? Wenn ja, worin genau lag seine Bedeutung?

Die zahlreichen Faktoren, die zum Wert der Magna Carta beigetragen haben, können in zwei Arten unterschieden werden: intrinsische und extrinsische. (1) Sein innerer Wert hängt von der Art seiner eigenen Bestimmungen ab. Die von den Baronen geforderten und durch diese Charta gewährten Reformen waren gerecht und gemäßigt. Die Vermeidung aller Extreme tendierte zu einer dauerhaften Lösung, da Mäßigung sowohl Anhänger gewinnt als auch hält. Seine Ziele waren sowohl praktisch als auch moderat; Die Sprache, in der sie formuliert waren, war klar und direkt. Eine hohe Autorität hat die Charta als „ein äußerst praktisches Dokument" beschrieben. [220] Diese *Praktikabilität* ist ein wesentlich englisches Merkmal und bildet den Grundton fast jeder großen Reformbewegung, die einen festen Platz in der englischen Geschichte eingenommen hat. Eng mit diesem Merkmal verbunden ist ein anderes: die im Wesentlichen *rechtliche* Natur des Ganzen. Da die Magna Carta in den Köpfen der späteren Gegner des Despotismus selten fehlte, wurde den Bemühungen der Engländer in vielen Zeitaltern eine praktische und rechtliche Richtung gegeben. [221] Darin liegt ein weiteres englisches Merkmal. Während demokratische Enthusiasten in Frankreich und Amerika oft versucht haben, ihre Rechte und Freiheiten auf einer hohen, aber instabilen Grundlage philosophischer Theorie zu gründen, die in den Erklärungen der Rechte verankert ist; Die Engländer haben niedrigere, aber sicherere Wege beschritten und strebten nach praktischen Abhilfemaßnahmen für tatsächliches Unrecht, anstatt theoretische Plattitüden auszusprechen, denen keine Realitäten entsprechen.

Ein weiterer wesentlicher Vorzug der Charta bestand darin, dass sie klarstellte, was zuvor vage war. Definition ist ein wertvoller Schutz der Schwachen gegen die Starken; wohingegen Unbestimmtheit die Macht des

Tyrannen erhöht, der interpretieren kann, während er das Gesetz durchsetzt. Nebelrechte waren nun auf eine greifbare Form reduziert und konnten nicht mehr ungestraft gebrochen werden. Die Magna Carta enthielt keine groben Neuerungen und bestätigte viele Prinzipien, deren Wert durch ihr Alter noch gesteigert wurde. Durch die Anerkennung von Teilen des alten angelsächsischen Gewohnheitsrechts stellte König John Kontakt zu nationalen Traditionen und der Vergangenheit der Nation her.

Darüber hinaus zeugt die Art der Bestimmungen von der breiten Grundlage, auf der die Siedlung errichtet werden sollte. Ungeachtet der Bedeutung, die der Beseitigung feudaler Missstände beigemessen wurde, wurden in der Charta auch andere Missstände beseitigt. Darin lässt sich der Einfluss der Kirche und insbesondere ihres Primas nachvollziehen. Auch den Rechten der Unterpächter und selbst der Kaufleute wurde wenig Beachtung geschenkt, während die Schurken und Fremden nicht völlig ungeschützt blieben. Somit hatte die in der Charta enthaltene Regelung eine breite Grundlage in der Zuneigung aller Klassen.

(2) Ein Teil des Wertes der Magna Carta kann auf äußere Ursachen zurückgeführt werden; auf die Umstände, die es hervorgebracht haben – auf seinen lebendigen historischen Rahmen. Die Bedeutung jeder einzelnen seiner Bestimmungen wird durch die Anschauungslektionen hervorgehoben, die seine Einführung begleiteten. Die ganze Christenheit staunte über das Schauspiel, wie der König einer großen Nation gezwungen war, sich nach Belieben seinen eigenen Untertanen zu ergeben, und das noch dazu, nachdem er alle Kompromissvorschläge verächtlich zurückgewiesen hatte. Die Tatsache, dass John gezwungen wurde, die Charta anzunehmen, bedeutete einen Verlust des königlichen Ansehens und war auch eine große Ermutigung für zukünftige Rebellen. Was einmal passiert war, könnte wieder passieren; und die Demütigung des Königs prägte sich als eindringliches Bild in die Köpfe künftiger Generationen ein.

Solche Überlegungen rechtfertigen beinahe Enthusiasten, die meinen, die Erteilung der Magna Carta sei der Wendepunkt in der englischen Geschichte gewesen. Von nun an war es für den König schwieriger, in die Rechte anderer einzugreifen. Während zuvor die Unbestimmtheit des Gesetzes zur Umgehung geeignet war, wurde der König durch seine klare Neuformulierung und Ratifizierung im Jahr 1215 an eine bestimmte Frage gebunden. Er konnte sich nicht länger darauf berufen, dass er aus Unwissenheit gesündigt hatte; er musste sich entweder an das Gesetz halten oder sich ihm offen widersetzen – ein Mittelweg war nicht möglich.

Nachdem dies alles gesagt ist, kann man immer noch bezweifeln, ob der Glaube der Enthusiasten an die übermäßige Bedeutung der Magna Carta völlig berechtigt ist. Viele andere Triumphe, fast ebenso wichtig, wurden in der Sache der Freiheit errungen, und zwar unter fast ebenso bemerkenswerten Umständen; und viele Gesetze wurden verabschiedet, die diese verkörpern. Warum sollte die Magna Carta dann immer als das Palladium der englischen Freiheiten gepriesen werden? Ist der ihm zugeschriebene außerordentliche Wert nicht letzten Endes hauptsächlich sentimentaler oder fantasievoller Natur? Solche Fragen müssen teilweise bejaht werden. Ein Großteil seines Wertes *hängt* von der Stimmung ab. Doch in gewissem Sinne basiert jede Regierung auf Gefühlen – manchmal auf Zuneigung, manchmal auf Angst. Psychologische Überlegungen sind in den praktischen Angelegenheiten des Lebens allmächtig. Immaterielle und sogar unwirkliche Phänomene haben in der Geschichte jeder Nation eine wichtige Rolle gespielt. Die Bindung, die die britischen Kolonien heute an das Mutterland bindet, ist größtenteils eine emotionale Bindung; Doch die Soldaten aus Kanada und Neuseeland, die dem Ruf Großbritanniens in seiner Stunde der Not folgten, erbrachten praktische Ergebnisse offensichtlicher Art. Das Gefühlselement in der Politik kann niemals ignoriert werden.

Es ist also keine Herabwürdigung der Magna Carta, zuzugeben, dass ein Teil ihrer Kraft von späteren Generationen in sie hineingelesen wurde und in dem Heiligenschein, fast der Romantik, liegt, der sich im Laufe der Jahrhunderte nach und nach um sie gelegt hat. Es wurde zu einem Schlachtruf für zukünftige Zeitalter, zu einem Banner, zu einem Sammelpunkt, zu einem Anreiz für die Fantasie. Für einen König, der danach offen gegen die in der Großen Charta enthaltenen Versprechen verstieß, hieße das, die Bitterkeit der öffentlichen Meinung herauszufordern – sich selbst offensichtlich im Unrecht zu beweisen. Für einen gekränkten Mann, wie bescheiden er auch sein mag, bedeutete die Begründung seiner Rechte auf diesen Bedingungen, dass er die herzliche Sympathie aller gewann. Immer wieder, vom Krieg der Barone gegen Heinrich III. Bis zu den Tagen von John Hampden und Oliver Cromwell bot die Möglichkeit, sich auf die Worte der Magna Carta zu berufen, einen praktischen Grund für den Widerstand; ein leicht verständliches Prinzip, für das man kämpfen muss; eine befestigte Position gegen die Feinde der nationalen Freiheit. Wie genau dieses Dokument – so trocken seine Details auf den ersten Blick auch erscheinen mögen – als Ganzes betrachtet die öffentliche Vorstellungskraft beflügelt hat, ist schwer zu bestimmen. Eine solche Aufgabe liegt eher im Bereich des Psychologiestudenten als des Geschichtsstudenten, wie üblicherweise angenommen wird. So schwierig es auch sein mag, dieses Phänomen zu erklären, es besteht kein Zweifel an seiner Existenz. Die Bedeutung der Großen Charta, die sich ursprünglich sowohl aus den bereits beschriebenen intrinsischen als auch aus den extrinsischen Merkmalen ergab, hat stark zugenommen, da sich Traditionen, Assoziationen und Bestrebungen immer dichter um sie herum angesammelt haben. Diese haben in jedem folgenden

Zeitalter die Verehrung, die ihm entgegengebracht wurde, gesteigert und seinen Einfluss auf die Vorstellungskraft des Volkes immer fester gemacht.

Somit hat die Magna Carta neben ihrem rechtlichen Wert auch einen politischen Wert ebenso nachdrücklicher Art. Abgesehen von der heilsamen Wirkung der vielen nützlichen Gesetze, die es enthielt, hat sein moralischer Einfluss zu einem deutlichen Fortschritt des Nationalgeistes und damit der nationalen Freiheiten beigetragen. Einige Aspekte dieses Fortschritts verdienen es, hervorgehoben zu werden. Indem der König die Charta in feierlicher Form erteilte, gab er zu, dass er kein absoluter Herrscher war – er gab zu, dass er einen Herrn über die Gesetze hatte, gegen die er oft verstoßen hatte, denen er nun aber zu gehorchen geschworen hatte. Von der Magna Carta wird also wahrhaftig gesagt, dass sie „die Herrschaft des Rechts" oder „die Rechtsstaatlichkeit" in dem durch Professor Dicey berühmten Ausdruck verkündet und einleitet. [222]

Es markiert auch den Beginn einer neuen Gruppierung politischer Kräfte in England; in der Tat wäre es ohne eine solche Neuordnung unmöglich gewesen, die Charta zu gewinnen. Während der gesamten Regierungszeit von Richard I. war die alte stillschweigende Übereinkunft zwischen dem König und den unteren Klassen durch die hohe Steuerlast gefährdet; Doch zum eigentlichen Zerfall des alten Bündnisses kam es erst in der Krise der Herrschaft Johanns. Von nun an lässt sich eine allmähliche Veränderung des Parteiengleichgewichts im Gemeinwesen feststellen. Krone und Volk sind nicht länger vereint im Namen von Recht und Ordnung gegen das Baronat und stehen für den Zerfall des Feudalismus. Die Masse der bescheidenen Freien und die Kirche sind im Moment mit den Baronen verbündet, im Namen von Recht und Ordnung, gegen die Krone, die kürzlich zum Hauptgesetzbrecher geworden ist.

Die Möglichkeit der Existenz eines solchen Bündnisses, auch nur auf vorübergehender Basis, erforderte die Annahme einer neuen fürstlichen Politik durch seine wichtigsten Mitglieder. Bislang hatte jeder Großbaron seine eigene Unabhängigkeit oder Vergrößerung angestrebt, indem er einerseits neue Machtrechte für sich selbst erlangte oder den Umfang der bereits bestehenden Machtrechte erweiterte und andererseits den König schwächte und ihn außerhalb dieser Machtrechte hielt Franchises. Diese Politik, die sowohl in Frankreich als auch in Schottland erfolgreich war, war bereits vor Johns Herrschaft in England kläglich gescheitert, und die englischen Barone kamen nun im Großen und Ganzen zu der Erkenntnis, dass eine Wiederaufnahme des Kampfes um die feudale Unabhängigkeit aussichtslos war. Sie ersetzten dieses Ideal einer früheren Zeit durch eine fortschrittlichere Politik. Dem König, dessen Einmischung sie nicht mehr ganz abzuschütteln hoffen konnten, musste zumindest beigebracht werden, gerecht und der Herrschaft entsprechend einzugreifen; er darf nur nach

Gesetz und Sitte wandeln, nicht nach den Launen seines bösen Herzens. Die Barone versuchten von nun an, die königliche Macht zu kontrollieren, die sie nicht ausschließen konnten; Sie wünschten sich einen entscheidenden Anteil an den Nationalräten, wenn sie nicht länger darauf hoffen könnten, in den vier Ecken ihrer Lehen eigene kleine Nationen zu gründen. Die Magna Carta war das Ergebnis dieser neuen Politik.

Es wurde oft und mit Wahrheit wiederholt, dass die Große Charta auch eine Etappe im Wachstum der nationalen Einheit oder Nationalität markiert. Hier gilt es jedoch, sich vor Übertreibungen zu hüten. Es handelt sich lediglich um eine Bewegung in einem Prozess und nicht um eine endgültige Errungenschaft. Aussagen, die die Charta als „den ersten dokumentarischen Beweis für die Existenz einer vereinten englischen Nation" bezeichnen, müssen wir etwas zurückweisen, obwohl wir ihnen im Großen und Ganzen immer noch zustimmen; oder mit den oft zitierten Worten von Dr. Stubbs, dass „die Große Charta der erste große öffentliche Akt der Nation ist, nachdem sie ihre eigene Identität erkannt hat." [223]

Von einer geeinten englischen Nation, ob sie sich ihrer Identität bewusst war oder sich unconsciousihrer Identität bewusst war, kann man nicht sagen, dass sie im Jahr 1215 existierte, außer unter mehreren Voraussetzungen. Der Begriff „Nationalität" im modernen Sinne ist vergleichsweise jungen Ursprungs und erfordert, dass sowohl die unteren als auch die höheren Klassen innerhalb seiner Grenzen erfasst werden. Darüber hinaus war die Koalition, die dem königlichen Tyrannen die Charta entriss, im Wesentlichen vorübergehender Natur und zerfiel schnell wieder. Auch während des Bündnisses waren die Interessen der verschiedenen Klassen, wie bereits gezeigt wurde, bei weitem nicht identisch. Politische Rechte wurden als Monopol einiger Weniger behandelt (wie aus den rückläufigen Bestimmungen des Kapitels 14 für die Zusammensetzung der *Commune Concilium hervorgeht*); und Bürgerrechte waren alles andere als allgemein verbreitet. Die Führer der „nationalen" Bewegung gaben den verachteten Dorfbewohnern, die mehr als drei Viertel der gesamten Bevölkerung Englands ausmachten, sicherlich keine *politischen Rechte;* während ihre *Bürgerrechte* in den Bestimmungen der Charta fast vollständig ignoriert wurden.

Die Magna Carta markierte zweifellos einen Schritt, einen wichtigen Schritt im Prozess, durch den England eine Nation wurde; aber dieser Schritt war weder der erste noch der letzte.

V. Magna Carta. Seine Mängel.

Die große Schwäche der Charta lag darin, dass sie nicht mit angemessenen Sanktionen versehen war, um die Durchsetzung ihrer Bestimmungen sicherzustellen. Das einzige Mittel, das vorgeschlagen wurde, um den König zu zwingen, seine Versprechen zu halten, war zugleich ungeschickt und revolutionär und als funktionierender Regierungsplan völlig wertlos. Tatsächlich war es nicht so sehr gedacht, den König daran zu hindern, seinen Glauben zu brechen, sondern ihn zu bestrafen, wenn er dies getan hatte. Mit anderen Worten: Es wurde kein richtiger Verfassungsapparat erfunden, um die Rechtstheorien der Magna Carta in die Praxis umzusetzen. In seiner Abwesenheit finden wir das, was manchmal als „ein Recht auf legalisierte Rebellion" beschrieben wurde, das einem Exekutivkomitee aus 25 Feinden des Königs verliehen wurde.

Dies ist der Hauptmangel, aber nicht der einzige. Viele kleinere Fehler und Auslassungen können auf eine ähnliche Ursache zurückgeführt werden. Alle großen Verfassungsprinzipien fehlen in Wirklichkeit auffällig. Die Bedeutung eines Rats oder eines embryonalen Parlaments, das nach wirklich nationalen Grundsätzen zusammengesetzt ist (von dem sich im Jahr 1213 einige Ansätze finden lassen); das Recht eines solchen Gremiums, die Politik des Königs sowohl in normalen als auch in Krisenzeiten zu beeinflussen; die Doktrin der ministeriellen Verantwortung (bereits in der Regierungszeit Richards angedeutet); die Notwendigkeit, die verschiedenen Funktionen der Regierung, der Gesetzgebung, der Judikative und der Verwaltung zu unterscheiden – all diese Grundprinzipien werden von der Charta völlig ignoriert. Keine der zahlreichen Klauseln liefert den Beweis dafür, dass die damaligen Staatsmänner eine, auch nur rudimentäre, Vorstellung von den Prinzipien der Politikwissenschaft hatten.

Man kann sagen, dass sich nur fünf der dreiundsechzig Kapitel direkt auf die Verfassungsmaschinerie (im Gegensatz zum rein rechtlichen Mechanismus) beziehen, und die meisten von ihnen tun dies nur nebenbei, nämlich die Kapitel 14, 21, 39, 61 und 62 .

Das *Commune Concilium* wird tatsächlich erwähnt; und seine Zusammensetzung und Art der Aufforderung sind in Kapitel 14 klar definiert. Es muss jedoch daran erinnert werden, dass dieses Kapitel nur als ein nachträglicher Einfall erscheint – als Anhang zu Kapitel 12; Sein zufälliger Charakter wird durch die Tatsache bewiesen, dass es in den Artikeln der Barone keine Entsprechung gibt. Die Rebellenmagnaten waren von entscheidender Bedeutung an der engen Frage der Scutage, nicht an den weitreichenden Möglichkeiten, die die Existenz eines Nationalrates mit sich brachte. Das *Commune Concilium wurde* nicht aufgrund seiner eigenen Verdienste in die Charta aufgenommen , sondern lediglich als praktisches Mittel zur Verhinderung der willkürlichen Zunahme feudaler Forderungen. Dass dies so war, wird auch durch die Tatsache bewiesen, dass beide Parteien damit zufrieden waren, in der Neuausgabe von 1217 jegliche Erwähnung des Konzils wegzulassen, als eine alternative Möglichkeit zur Eindämmung der willkürlichen Erhöhung der Scutage entwickelt worden war.

Hätten die Verfasser von Johns Magna Carta ein Verständnis für verfassungsrechtliche Grundsätze gehabt, hätten sie gerne die Gelegenheit genutzt, die ihnen die Erwähnung des Gemeinsamen Rates in den Kapiteln 12 und 14, wenn auch beiläufig, geboten hätte, um die Befugnisse möglichst sorgfältig zu definieren was sie dafür behaupteten. Vielmehr wird keine Liste seiner Funktionen erstellt; Auch enthalten die Worte der Charta nichts, was darauf hindeutet, dass sie andere Befugnisse als die der Zustimmung zu Scutages und Hilfsmitteln ausgeübt hat. Es wird kein Wort über das dem Rat innewohnende Recht verloren, an der Gesetzgebung mitzuwirken, die Exekutive zu kontrollieren oder auch nur zu beraten oder bei der Wahl der großen Minister der Krone mitzuwirken. Ihm sind weder Beratungs-, Verwaltungs- noch Gesetzgebungsbefugnisse zugesichert, während seine Kontrolle über die Besteuerung streng auf das Recht beschränkt ist, gegen Scutages und Beihilfen ein Veto einzulegen – das heißt, sie erstreckt sich nur auf die sehr enge Kategorie von Forderungen, die die Militärpächter betrafen die Krone. Es stimmt, dass die Kapitel 21 und 39 möglicherweise als Bestätigung der *richterlichen* Befugnis des Rates in einer bestimmten begrenzten Gruppe von Fällen interpretiert werden können. Grafen und Barone dürfen nur von ihren Standesgenossen (*per pares suos*) geschwächt werden, und der natürliche Ort, an dem sich diese „Gleichgestellten" eines Kronvasallen zu diesem Zweck versammeln, wäre das *Commune Concilium* . Dies ist jedoch lediglich eine Frage der Schlussfolgerung; Kapitel 21 erwähnt den Rat nicht; und es ist ebenso möglich, dass seine Anforderungen durch die Anwesenheit einiger weniger Kronpächter unter den Beamten des Finanzministeriums erfüllt würden. [224] Eine ähnliche Argumentation gilt für die Bestimmungen von Kapitel 39 (Schutz der Personen und des Eigentums freier Männer durch Beharren auf der Notwendigkeit eines „Prozesses durch Gleichaltrige"), soweit sie Grafen und Barone betreffen.

Es ist klar, dass die Oppositionsführer im Jahr 1215 die verfassungsmäßigen Befugnisse eines nationalen Parlaments nicht als den besten Schutz der theoretisch durch die Charta garantierten Rechte und Freiheiten betrachteten. Ihnen scheint nur ein praktischer oder verfassungsrechtlicher Ausweg in den Sinn gekommen zu sein, nämlich der in Kapitel 61 dargelegte. 25 Barone sollten von ihren Mitbaronen als Vollstrecker der Charta ernannt werden; aber ihre Funktionen sollten offenbar nur dann ins Spiel kommen, wenn König John oder seine Offiziere gegen eine der Bestimmungen der Charta verstoßen würden. Sollte dies geschehen, könnte ein kleinerer, aus vier Mitgliedern bestehender Unterausschuss aus den 25 Unterausschüssen beauftragt werden, und diese vier würden sofort den König bitten, die beanstandete Beschwerde zu beheben. Wenn dies nicht innerhalb von vierzig Tagen geschah, gewährte Johannes dem Komitee von 25, unterstützt von „der gesamten Gemeinschaft des Reiches", das Recht, praktisch Krieg gegen ihn zu führen. Er übertrug ihnen in den deutlichsten Worten die volle Macht,

„uns auf jede erdenkliche Weise zu bedrängen und zu bedrängen, indem sie unsere Burgen, Ländereien, Besitztümer und jede andere Art beschlagnahmten, die ihnen möglich war, bis die Missstände nach ihrem Belieben beseitigt wurden."

Eine solche Bestimmung kann kaum als verfassungsgemäß bezeichnet werden, da sie vielmehr die Negation aller Verfassungsprinzipien darstellt – nicht mehr und nicht weniger als legalisierte Rebellion. Es sind keine Vorkehrungen für die ordnungsgemäße Führung der Regierung getroffen, sondern vielmehr für die Schaffung einer Organisation, die unter bestimmten außergewöhnlichen Umständen, die festgelegt werden, Krieg gegen den König führen kann. Ein solcher Plan war eindeutig undurchführbar, und die Tatsache, dass er sich den Baronen als mögliches Mittel empfahl, zeugt beredt von ihrer völligen Unkenntnis der elementarsten Prinzipien der Regierungswissenschaft. Ein Bürgerkrieg, der aufgrund eines zuvor vom König erteilten Haftbefehls verhängt wird, wird als verfassungsrechtliches Mittel zur Wiedergutmachung bestimmter auftretender Missstände angesehen. [225]

Die gleiche Unfähigkeit, praktische Abhilfemaßnahmen für bestimmte Übel zu finden, lässt sich in mehreren Nebenbestimmungen der Charta nachweisen. [226] Als Johannes in Kapitel 16 versprach, dass niemand zu größeren Diensten gezwungen werden dürfe, als ihm zuvor von einem Besitz zugestanden worden sei, wurde im Streitfall kein Versuch unternommen, verfassungsrechtliche Mechanismen bereitzustellen, um zu definieren, was ein solcher Dienst tatsächlich sei; während Kapitel 45, das vorsah, dass nur Männer, die das Gesetz kannten und es einhalten wollten, zu Justizbeamten, Sheriffs oder Gerichtsvollziehern ernannt werden sollten, kein Kriterium für die Eignung festlegte und keinen Hinweis darauf enthielt, wie ein so lobenswerter Ehrgeiz in irgendeiner Weise sein könnte erkannte.

So durchdacht und staatsmännisch die Bestimmungen der Magna Carta auch waren und so umfassend der Themenbereich, den sie abdeckten, auch viele wichtige Auslassungen konnten festgestellt werden. Einige entscheidende Fragen scheinen nicht vorhergesehen worden zu sein, andere, beispielsweise die Auslandsdienstpflicht, wurden bewusst zurückgestellt [227] – und ließen so Raum für zukünftige Missverständnisse. Das von seinen Verfassern zu Recht verdiente Lob für die Sorgfalt und Präzision, mit der sie eine lange Liste der schwerwiegenderen Missbräuche definiert haben, muss angesichts des Versäumnisses, ein Verfahren zur Verhinderung ihres erneuten Auftretens vorzusehen, relativiert werden. Die Menschen hatten die Bedeutung der Maxime, die so eng mit allen späteren Reformbewegungen in England verbunden ist, noch nicht erkannt, dass ein Recht ohne ein geeignetes Mittel zu seiner Durchsetzung wertlos ist. [228]

220 . Prof. FW Maitland, *Social England* , I., 409.

221 . Vgl. Gneist, *Const. Hist.* , Kapitel XVIII.: „Durch die Magna Carta hat die englische Geschichte unwiderruflich die Richtung eingeschlagen, die verfassungsmäßige Freiheit durch Verwaltungsrecht zu sichern."

222 . AV Dicey, *Gesetz der Verfassung* , Teil II.

223 . *Konst. Hist.* , I. 571. Vgl. *Ebenda.* , I. 583, „Der Akt der vereinten Nation, der Kirche, der Barone und des Gemeinwesens, zum ersten Mal völlig in einem." Wer waren im Jahr 1215 „die Gemeinen"? Die Frage ist schwer zu beantworten. Vgl. auch Herr Prothero, *Simon de Montfort* , 18, „Der Geist der Nationalität, dessen Hauptteil der Magna Carta zugleich das Produkt und das Siegel war."

224 . Dies ist die Ansicht von Herrn LO Pike, *House of Lords* , 204.

225 . Einzelheiten zu diesem Schema und eine ausführlichere Diskussion seiner Mängel finden Sie *weiter* unten in Kapitel 61.

226 . Magna Carta wurde mit den bereits mit Zustimmung zitierten Worten als „ein äußerst praktisches Dokument" beschrieben, Professor Maitland, *Social England*, I. 409; Dies erfordert jedoch eine gewisse Qualifikation. Wenn es praktisch war, die Verurteilung eindeutiger praktischer Missstände der Darlegung philosophischer Prinzipien vorzuziehen, war es unpraktisch, auf Mechanismen zur Umsetzung seiner Bestimmungen zu verzichten.

227 . Außer soweit cc betroffen ist. 12 und 16 .

228 . Herr Prothero schätzt den verfassungsrechtlichen Wert der Magna Carta viel höher ein: „Die Verfassungskämpfe des folgenden halben Jahrhunderts wären weitgehend vorweggenommen worden, wenn sie ihre ursprüngliche Form beibehalten hätte." – Simon de Montfort, *14* .

VI. Magna Carta: Wert traditioneller Interpretationen.

Die Große Charta war in allen Epochen der englischen Geschichte ein beliebtes Thema für Redner und Politiker, teils wegen ihres eigentlichen Werts, teils wegen des dramatischen Hintergrunds ihres historischen Umfelds, vor allem aber, weil sie es seit ihrer Entstehung war bis heute ein Schlachtruf und schützendes Bollwerk in jeder Krise, die die nationalen Freiheiten zu gefährden drohte.

Die Verwendungszwecke und die darin enthaltenen Interpretationen sind so zahlreich und vielfältig, dass eine gesonderte Abhandlung erforderlich wäre, um ihnen gerecht zu werden. Die Magna Carta wurde nicht nur, wie in einem späteren Abschnitt ausführlicher gezeigt wird, häufig neu herausgegeben und bestätigt, sondern ihre Bestimmungen wurden immer wieder im Parlament, in den Gerichten und in institutionellen Arbeiten geltend gemacht und erneut geltend gemacht zur Rechtswissenschaft. Sein Einfluss war somit dreifach; und jeder Versuch, seinen Einfluss auf die spätere Geschichte der englischen Freiheiten zu erklären, würde eine Unterscheidung zwischen diesen drei getrennten und gleichermaßen wichtigen Aspekten erfordern. (1) Es war ein mächtiges Instrument in den Händen von Politikern, insbesondere der Führer des Unterhauses im 17. Jahrhundert, als sie den Kampf um die verfassungsmäßige Freiheit gegen die Stewart-Dynastie führten. (2) Sein rechtlicher Aspekt war ebenso wichtig wie sein politischer, da er in unzähligen Rechtsstreitigkeiten vor den verschiedenen Gerichten angeführt wurde. Im Laufe der juristischen Debatte und der gerichtlichen Stellungnahmen ist es Gegenstand zahlreicher und widersprüchlicher Interpretationen gewesen, von denen einige richtig und andere falsch waren. (3) Schließlich wurde es in vielen Kommentaren erörtert, die sich entweder ausschließlich seiner Erläuterung widmeten oder es im Rahmen allgemeiner Darstellungen des englischen Rechts nur nebenbei behandelten.

Eine umfassende Suche in den sieben Jahrhunderten, die uns seit 1215 trennen, nach Beispielen, in denen die Magna Carta in der Politik, auf dem Richtertisch oder in juristischen Abhandlungen aufgetaucht ist, würde sich als gigantische Aufgabe erweisen, könnte aber kaum umhin, die unschätzbaren Dienste zu veranschaulichen es hat den Engländern Freiheiten verschafft.

Angesichts der wichtigen Rolle, die die Magna Carta somit über viele Jahrhunderte der englischen Geschichte hinweg gespielt hat, muss es nicht verwundern, dass die Wertschätzung, die ihr schon in sehr frühen Zeiten entgegengebracht wurde, bis dahin allmählich zugenommen hat hat alle gebotenen Grenzen überschritten und ist völlig übertrieben und verzerrt geworden. Während eine gewisse Sympathie für solch übertriebene

Bewunderung empfunden werden kann, was unter den gegebenen Umständen nicht unnatürlich ist, ist es eindeutig die Pflicht des Kommentators, falsche Eindrücke zu korrigieren. Es ist angebracht, darauf hinzuweisen, dass kein Dokument menschlichen Ursprungs der übertriebenen Lobrede, deren Gegenstand die Große Charta ist, wirklich würdig sein kann; Leider wurde es häufiger als übertriebene Rhetorik denn als nüchterne methodische Analyse beschrieben. [229]

Auch ist diese Tendenz zur gedankenlosen Bewunderung nicht ausschließlich auf populäre Schriftsteller beschränkt; Richter und institutionelle Autoren, sogar Sir Edward Coke selbst, haben allzu oft die Fähigkeit zu kritischer und exakter Wissenschaft verloren, wenn sie mit den Tugenden der Großen Charta konfrontiert werden. Es gibt kaum einen großen Grundsatz der heutigen englischen Verfassung oder überhaupt einer Verfassung zu irgendeinem Zeitpunkt, der darauf abzielt, die nationalen Freiheiten zu sichern oder auf andere Weise die Wertschätzung der Menschheit zu gewinnen, der nicht von Kommentatoren in die Bestimmungen hineingelesen wurde Magna Carta. Insbesondere die politischen Führer des 17. und 18. Jahrhunderts entdeckten in seinen Kapiteln jede wichtige Reform, die sie in England einführen wollten, und verschleierten so den revolutionären Charakter vieler ihrer Projekte, indem sie sie in das Gewand der Vergangenheit kleideten.

Viele Beispiele der Verfassungsgrundsätze und -institutionen, deren Ursprung aufeinanderfolgende Kommentatoren fälschlicherweise der Großen Charta zugeschrieben haben, werden in den entsprechenden Kapiteln der Fortsetzung erläutert. In der Zwischenzeit wird es ausreichen, die Verhandlungen durch Geschworene aufzuzählen; das Recht jedes Gefangenen, eine Habeas Corpus-Urkunde zu erhalten; die Abschaffung aller willkürlichen Inhaftierungen auf Befehl des Königs; das vollständige Verbot von Monopolen; die Verkündung einer engen und unauflöslichen Verbindung zwischen Besteuerung und Vertretung; Gleichheit aller und aller vor dem Gesetz; eine ausgereifte Vorstellung von Nationalität, die Hohe und Niedrige, Freie und Bösewichte gleichermaßen umfasst: All dies und noch mehr wurde in verschiedenen Klauseln der Großen Charta entdeckt. [230]

Wenn diese Tendenzen zu übermäßigem und manchmal ignorantem Lob aus einem Blickwinkel unglücklich waren, waren sie aus einem anderen Blickwinkel äußerst glücklich. Die rechtlichen und politischen Aspekte müssen scharf gegenübergestellt werden. Einerseits gilt dies nicht für die vagen und ungenauen Worte, mit denen selbst große Anwälte wie Coke über die Charta sprachen (die nicht unbedingt so großartig waren wie Historiker, da sie in einer Zeit lebten, in der die Geschichtswissenschaft unbekannt war). haben nur die Tragweite vieler Kapitel verschleiert, aber dem Studium der Entwicklung des englischen Rechts deutlich geschadet. Andererseits waren die bei der Stellungnahme zur Charta gemachten Fehler fast ausschließlich auf den lobenswerten Wunsch zurückzuführen, ihre Bestimmungen so weit wie möglich zugunsten der individuellen und nationalen Freiheiten auszudehnen und ihre Bedeutung allgemein zu vergrößern; Der Dienst, den genau diese Fehler für den Verfassungsfortschritt geleistet haben, ist unermesslich. Auch wenn die Interpretation vieler der berühmtesten Klauseln von politischer Voreingenommenheit beeinflusst wurde, kam der daraus resultierende Nutzen nicht einer einzelnen engen Partei oder Fraktion, nicht einer einzelnen Klasse oder einem einzelnen Interesse zugute, sondern vielmehr der gesamten Politik und der Sache nationalen Fortschritt in seinen umfassendsten und besten Entwicklungen.

Daher kann es sich der Historiker der Magna Carta nicht leisten, den Wert traditioneller Interpretationen zu verachten oder zu unterschätzen, obwohl er an korrekte Schätzungen gebunden ist, die sich im Lichte der modernen Forschung nun als falsch erweisen. Die Bedeutungen, die von den gelehrten Männern späterer Zeitalter darin hineingelesen wurden und die von der damaligen öffentlichen Meinung akzeptiert wurden, hatten eine gleichermaßen starke Wirkung, unabhängig davon, ob sie historisch begründet oder schlecht begründet waren. Das Stigma, durch die Große Charta verboten zu werden, war für jede Institution oder Politik in der Regel eine zu große Belastung. Wenn die Überzeugung vorherrschte, dass ein beanstandeter Missbrauch tatsächlich durch die Magna Carta verboten sei, hätte selbst der willkürlichste König Schwierigkeiten, Richter zu finden, die ihn für legal erklären würden, oder vertrauenswürdige Minister, die ihn beharrlich durchsetzen würden. Die Verbreitung eines solchen Glaubens war der Hauptpunkt; Ob es gut oder schlecht begründet war, war für politische Zwecke völlig unerheblich. Die Größe der Magna Carta liegt nicht so sehr darin, was sie für ihre Verfasser im Jahr 1215 war, sondern vielmehr darin, was sie später für die politischen Führer, die Richter und Anwälte und die gesamte Masse der Männer Englands in späteren Zeiten wurde.

---

229 . Übertriebene Schätzungen seines Wertes werden jedem leicht einfallen, der mit der Fachliteratur vertraut ist. Beispielsweise erklärt Sir James Mackintosh (*History of England* , I. 218, Hrsg. 1853), *dass wir „verpflichtet sind, mit ehrfürchtiger Dankbarkeit von den Autoren der Großen Charta zu sprechen.“* Es hervorgebracht zu haben, es bewahrt zu haben, es reifen zu lassen, macht den unsterblichen Anspruch Englands auf die Wertschätzung der Menschheit aus. Ihre Bacons und Shakespeares, ihre Miltons und Newtons usw. usw. Eine solche unkritische Lobrede trägt nichts zum Verständnis der Magna Carta bei.

230 . Edmund Burke (*Works* , II. 53, Hrsg. 1837, Boston) schreibt Magna Carta die Gründung des Unterhauses zu! „Die Magna Charta hat uns, wenn sie uns nicht ursprünglich das Unterhaus bescherte, zumindest ein Unterhaus mit Gewicht und Bedeutung beschert." Wie in der Folge gezeigt wird, ist Kapitel 14 der Großen Charta (das einzige, das sich mit diesem Thema befasst) in Wirklichkeit reaktionärer Natur, indem es das Recht auf Teilnahme am Commune Concilium auf die Anteilseigner der Krone beschränkt und *davon* abweicht Präzedenzfall von zwei Jahren zuvor, bei dem Vertreter jedes Landkreises vorgestellt wurden.

VII. Magna Carta. Sein traditioneller Bezug zum Schwurgerichtsverfahren.

Ein hartnäckiger Irrtum, der jahrhundertelang allgemein angenommen wurde und bis heute schwer zu widerlegen ist, besteht darin, dass die Große Charta ein Gerichtsverfahren durch eine Jury zuließ oder garantierte. [231] Dieser Glaube, der so lange Bestand hatte und in der politischen Theorie eine so herausragende Rolle spielte, wird nun jedoch von allen zuständigen Autoritäten für völlig unbegründet gehalten. Keine der drei Formen eines modernen Geschworenenprozesses hatte im Jahr 1215 endgültig Gestalt angenommen, obwohl das Grundprinzip, aus dem alle drei später hervorgingen, seit der normannischen Eroberung ständig angewendet wurde. Heinrich II. hatte in der Tat viel dazu beigetragen, bestehende Tendenzen in Richtung aller drei seiner Formen weiterzuentwickeln, nämlich der Grand Jury, der Jury für Kleinstrafsachen und der Jury für Zivilklagen.

Die Magna Carta, die viele Neuerungen Heinrichs von Anjou verkörpert, enthält zwangsläufig Hinweise auf die Existenz dieser Tendenzen. Da diese jedoch zufällig in verschiedenen Bestimmungen nicht zusammenhängender Kapitel vorkommen und aufgrund der technischen Sprache, in der sie normalerweise abgefasst sind, und der scheinbar trivialen Punkte des Rechtsverfahrens, auf die sie sich beziehen, nicht ohne weiteres erkannt werden können, scheint es angebracht, dies zu tun Der gesonderten Betrachtung jedes einzelnen von ihnen in seinem entsprechenden Kapitel leiten wir einen kurzen Bericht über ihre gegenseitigen Beziehungen ein. Dies wird zu einem klaren Verständnis sowohl des Schwurgerichtsverfahrens als auch der Großen Charta selbst beitragen.

Ein Schwurgerichtsverfahren in jeder der drei Formen, in denen es dem modernen englischen Recht bekannt ist, ist in der Lage, einen ununterbrochenen Stammbaum (wenn auch durch drei verschiedene Abstammungslinien) auf denselben Vorfahren zurückzuführen, nämlich auf das Prinzip, das als recognitio oder *inquisitio* bekannt *ist* wurde von den Normannen in England eingeführt und war lediglich die Praxis, bei der die Krone Informationen über lokale Angelegenheiten aus der eidesstattlichen Aussage einheimischer Männer erlangte. Während wir so einen ausländischen Ursprung für dieses „Palladium der englischen Freiheiten" postulieren, erhalten wir Trost durch die Erinnerung an eine Tatsache, die einige moderne Autoritäten allzu gerne vernachlässigen, nämlich dass der Boden durch angelsächsische Arbeit dafür vorbereitet wurde Pflanzen. [232]

Die alte englische Institution des Frithborh – die Praxis, kleine Gruppen von Nachbarn zusammenzuschließen, um den Frieden zu wahren – und der Brauch, Vertreter der Dörfer zu den Hundert Höfen zu entsenden, hatten die Eingeborenen gleichermaßen an gemeinschaftliche Aktionen gewöhnt und sich in irgendeiner Form gebildet Präzedenzfälle für das, wozu ihre normannischen Herren sie zwangen, nämlich gemeinsam und unter Eid in lokalen Angelegenheiten auszusagen. Darüber hinaus wird eine Form der Jury – die Jury der Anklage – deutlich (trotz des völligen Bruchs der Kontinuität in der Zwischenzeit) durch die Anweisungen vorhergesagt, die den zwölf hochrangigen Thegns jedes Wapentakes durch ein bekanntes Gesetz von Ethelred gegeben wurden . Doch das Verdienst, das Geschworenensystem als eine grundlegende Institution in England etabliert zu haben, gebührt zweifellos den normannischen und angevinischen Königen, obwohl sie in ihren eigenen Interessen und nicht in denen ihrer unterdrückten Untertanen handelten und obwohl sie keine klare Vorstellung vom Endgültigen hatten Konsequenzen dessen, was sie getan haben. Die Verwendung der *Inquisitio* durch William und seine Söhne bei der Gestaltung *des Domesday Book* , der Sammlung von Informationen über bestehende Gesetze und der Rechtsprechung wurde bereits besprochen. [233]

Es war Heinrich II. vorbehalten. der Institution eine weitere Entwicklungskarriere zu ermöglichen; Er war es, der damit den Grundstein für das moderne Geschworenensystem legte. Merkwürdigerweise tat er dies nicht nur in einer seiner Formen, sondern in allen dreien.

(1) Bei der Neuorganisation der Mechanismen zur Unterdrückung und Bestrafung von Straftaten durch die Schwurgerichte von Clarendon und Northampton legte er den allgemeinen Grundsatz fest, dass Strafverfahren (im Normalfall) mit einer formellen Anklage gegen den Angeklagten durch ein repräsentatives Gremium beginnen sollten Nachbarn haben geschworen, die Wahrheit zu sagen. [234] Hierbei handelte es sich lediglich um eine systematische Durchsetzung einer der vielen bereits verwendeten Formen der *Inquisitio ;* Von diesem Zeitpunkt an wurde die so etablierte Praxis in England befolgt. Eine Strafverfolgung kann nicht aufgrund eines bloßen Verdachts oder unverantwortlicher Beschwerden eingeleitet werden. Man kann sagen, dass die Anklagejury (oder Präsentationsjury) im Jahr 1166 eingesetzt wurde und seitdem weiterhin in Gebrauch ist und sich in einer ununterbrochenen Entwicklung bis zur heutigen Grand Jury entwickelt hat. [235]

(2) Indem Henry darauf bestand, dass die Tortur der einzig angemessene Beweis für die Schuld oder Unschuld eines Angeklagten sei, bereitete er unbewusst den Weg für eine zweite Form der Jury. Als das vierte Laterankonzil im selben Jahr der Magna Carta den Priestern verbot, Prüfungen durch ihre Anwesenheit oder ihren Segen zu unterstützen, wurde dieser Form des Verfahrens oder „Tests" tatsächlich ein Todesstoß versetzt, da ihre Autorität auf Aberglauben beruhte. Ein Kanoniker der Kirche hatte damit plötzlich den Dreh- und Angelpunkt weggerissen, auf dem Heinrich

sein gesamtes Verbrechersystem aufgebaut hatte. Es musste dringend ein Ersatz gefunden werden. Um dies zu gewährleisten, wurde die kleine Jury (oder ihr unhöflicher Vorläufer) ins Leben gerufen. Der Mann , der durch die Stimme seiner Nachbarn öffentlich als mutmaßlich schuldig angeklagt worden war, wurde gefragt, ob er bereit sei, durch eine weitere und endgültige Bezugnahme auf den Eid einer zweiten Jury aus Nachbarn zu bestehen oder zu *fallen* . Dieses zweite Urteil war also die neue „Prüfung" oder das neue „Gesetz", das, wenn der Angeklagte zustimmte, sein altes Recht, sich durch die Tortur seine Unschuld zu beweisen, ersetzte. Durch unklare Schritte, über die sich diejenigen, die am besten berechtigt sind, mit Autorität zu sprechen, noch nicht einig sind, entwickelte sich diese Jury, die ein zweites und endgültiges Urteil fällte, allmählich zur zwölfköpfigen Strafjury, der kleinen Jury von heute, deren Merkmale sind bekannt ist und einen so wichtigen Einfluss auf die Entwicklung der verfassungsmäßigen Freiheiten in England und, wie es heißt, sogar auf den nationalen Charakter hatte.

Ein weiteres Hilfsmittel von Henrys Erfindung muss die Bewegung in Richtung der Strafjury unterstützt haben, nämlich das writ *de odio et atia* , indem es beantragte, dass ein Mann, gegen den ein Mann Berufung einlegte oder einer Straftat beschuldigt wurde, das ersetzen konnte, was praktisch das Urteil einer Jury war „Kampf", der zuvor im Normalfall selbstverständlich auf „Appell" folgte. [236]

(3) Die Ziviljury verdankt ihren Ursprung einer ganz anderen Reihe von Reformen, obwohl sie von demselben Reformer eingeleitet wurden. Zu den bösen Hinterlassenschaften Heinrichs II. Seit Stephens Regierungszeit waren die zahlreichen Ansprüche rivalisierender Magnaten auf die verschiedenen Ländereien und Konzessionen, die Matilda und Stephen mit ebenso großzügigen Händen, aber an verschiedene Personen verliehen hatten, nicht im geringsten beunruhigend. Heinrich erkannte die dringende Notwendigkeit, seinem Reich Ruhe zu verschaffen, indem er die Eigeninteressen schützte und ein rationaleres Mittel als den Kampfprozess einführte, um zwischen rivalisierenden Anspruchsberechtigten auf Grundbesitz zu entscheiden. Auch hier griff er auf eine neue Entwicklung der „Inquisition" zurück. In solchen Fällen wurde dem Angeklagten (dem Mann im Besitz, dem Mann mit einem berechtigten Interesse, das Schutz verdient) die Möglichkeit eingeräumt, die strittige Frage dem Urteil lokaler Anerkennungsrichter, in diesem Fall zwölf Rittern oder Grundbesitzern, vorzulegen Männer von irgendeiner Position. Der Name „Assize" wurde aus sofort zu erläuternden Gründen sowohl für das Verfahren selbst als auch für die zwölf Nachbarn, die das Urteil fällten, verwendet.

Dieses neue Mittel wurde, vielleicht weil man es mit Argwohn als eine gewalttätige und revolutionäre Neuerung betrachtete, zunächst nur auf einige Sonderfälle angewendet, nämlich auf bestimmte Streitigkeiten über

Besitzansprüche an Land. Es diente zur Beilegung von Ansprüchen auf den endgültigen Titel – das uneingeschränkte Eigentum an dem Land – und wurde damals als Grand Assize bezeichnet; Es wurde auch verwendet, um einige genau definierte Gruppen von Klagegründen wegen umstrittenen Besitzes beizulegen, und dann wurde es als Petty Assize bekannt (von dem es jedoch drei verschiedene und bekannte Varianten gab). [237]

In diesen Fällen könnte der Beklagte dem „Kampf" entkommen und den Kläger, auch gegen seinen Willen, zwingen, seinen Anspruch dem Urteil der Anerkennungsgerichte zu unterwerfen. Dieses neumodische Privileg des Beklagten hatte keine Grundlage im alten Brauch des Landes, sondern beruhte ausschließlich auf königlichen Vorrechten. Durch einen eigenmächtigen Machtakt begünstigte der König somit den Beklagten, indem er dem Kläger das Rechtsmittel entzog, das ihm nach dem Feudalrecht zusteht, nämlich den Rückgriff auf das gerichtliche Duell. Da das neue Verfahren somit auf einer königlichen Verordnung basierte, wurde ihm der Name „Assize" verliehen. Bei der *Assisa* handelte es sich um einen Rechtsbehelf, der streng auf vier Gruppen von Klagegründen beschränkt war.

Mit Zustimmung *beider* Parteien könnten jedoch Streitigkeiten fast aller Art auf ähnliche Weise entschieden werden; Sie wurden (unter der Aufsicht der Richter des Königs) dem Urteil lokaler Anerkennungsrichter überwiesen, normalerweise zwölf an der Zahl, die damals als *Jurata* bekannt waren (nicht als *Assisa*, da die beiden strikt gegensätzlich waren). Während die *Assisa* eng auf einige wenige Fallarten beschränkt war, war die *Jurata*, da sie keine Partei begünstigte, ein flexibles Rechtsmittel, das auf unbestimmte Zeit erweitert werden konnte, und wurde daher bald das populärere und wichtigere der beiden. Doch die antike *Assisa* und die antike *Jurata*, die immer eng miteinander verbunden sind und sich in den meisten wesentlichen Merkmalen ähneln, können beide behaupten, Vorfahren der modernen zivilen „Jury" zu sein – der Name der populäreren Institution ist erhalten geblieben. Die Magna Carta markierte einen Meilenstein in der Entwicklung des Zivilgerichts, indem sie die häufige Abhaltung der drei kleinen Schwurgerichte vorsah. während die Charta bei der Durchsetzung des Strafverfahrens von Henry Plantagenet und beim Schutz vor Missbrauch auch einen entscheidenden Einfluss auf die Entstehung der Grand Jury und der Petty Jury hatte.

Diese vereinzelten und zufälligen Hinweise auf noch vage und unbestimmte Tendenzen dürfen jedoch nicht als Hinweis auf das endgültige Verfahren missverstanden werden, zu dem sie später zusammenkamen: Die Magna Carta verspricht niemandem ein „Gerichtsverfahren durch eine Jury".

231 . Die Ursache dieses Fehlers war die Gleichsetzung des *judicium parium* in Kapitel 39 mit einem Schwurgerichtsverfahren. Dieser Fehler wird *weiter* unten in diesem Kapitel vollständig widerlegt.

232 . Die inzwischen allgemein anerkannte Theorie, dass der Ursprung des Geschworenenverfahrens in einem von den normannischen Herzögen eingeführten Verfahren und nicht in irgendeiner Form populärer angelsächsischer Institutionen zu suchen ist, wird von Pollock und Maitland, I. 119, und vom verstorbenen Professor geschickt vertreten JB Thayer, *Evidence* , S. 7. Zweifellos sind ihre Schlussfolgerungen im Großen und Ganzen richtig; aber in ihrem natürlichen Wunsch, Missverständnisse auszuräumen, begehen sie möglicherweise eine leichte Übertreibung. Der Schwurgerichtsprozess kann mehr als eine Ursache haben, und eine vollständige Würdigung des Wertes des normannischen Beitrags muss nicht dazu führen, dass der angelsächsische Beitrag völlig vernachlässigt wird. Akzeptierte Schlussfolgerungen in dieser Hinsicht könnten durch die Meinungen von Dr. Hannis Taylor, *English Constitution* , I. 308 und I. 323, gewinnbringend ergänzt werden.

233 . Siehe *oben* , S. 105–106 .

234 . Siehe Pollock und Maitland, I. 131. Es gehörte zu Henrys Politik, die frühere Berufung des Geschädigten oder seiner überlebenden Verwandten durch eine Anklage durch eine repräsentative Jury zu ersetzen. Das ältere Verfahren wurde jedoch nicht vollständig abgeschafft, obwohl es auf Ablehnung stieß. Sein Fortbestehen und auch seine Unbeliebtheit lassen sich beide in Kapitel 54 der Magna Carta nachvollziehen. Siehe *unten* .

235 . Kapitel 38 der Magna Carta scheint einer plausiblen Interpretation einer zugegebenermaßen obskuren Passage zufolge auf der Notwendigkeit einer solchen Anschuldigung durch die Jury zu bestehen: „ *non ... sine testibus fidelibus ad hoc inductis* ".

236 . Ausführlichere Einzelheiten finden Sie *unten* in Kapitel 36 und *oben auf* Seite. 108.

237 . Diese drei Petty Assizes werden in c namentlich erwähnt. 18 der Großen Charta, und unter dieser Überschrift wird das gesamte Thema ausführlicher erörtert. Siehe *unten* .

TEIL IV.
HISTORISCHE FORTSETZUNG VON MAGNA CARTA.

I. Neuauflagen und Bestätigungen der Großen Charta.

Während König Johann die in der Magna Carta enthaltenen Reformen widerwillig und unaufrichtig akzeptiert hatte, akzeptierten die Berater seines Sohnes sie in gutem Glauben. Drei Neuauflagen der Charta wurden 1216, 1217 und 1225 genehmigt, und es folgten zahlreiche Bestätigungen, deren vollständige Darstellung eine vollständige politische und rechtliche Geschichte Englands umfassen würde. Das Schema dieser historischen Einführung beschränkt sich auf die Erzählung von Tatsachen, die einen direkten Einfluss auf die Entstehung und den Inhalt der Charta des Johannes haben. Dennoch wäre kein Bericht über die Magna Carta vollständig, ohne auf die wichtigeren Änderungen in diesen drei Neuauflagen hinzuweisen.

Am 28. Oktober 1216 wurde Heinrich von Winchester vor einer kleinen Versammlung in Gloucester gekrönt. [238] Der junge König legte den üblichen Eid ab, wie vom Bischof von Bath angeordnet, und er huldigte auch dem Vertreter des Papstes, Gualo, denn der König von England war nun der Vasall Roms. Bei einem Rat, der am 11. November in Bristol stattfand, wurde William Marshal, Earl of Pembroke, *zum Rector regis et regni* ernannt ; und am nächsten Tag wurde die Charta im Namen des Königs neu herausgegeben. Dies war ein Schritt von äußerster Wichtigkeit, der die vorläufige Akzeptanz des Programms der Baronialopposition durch die Machthaber markierte.

Die Charta in ihrer neuen Form war eigentlich ein Manifest der gemäßigten Männer, die sich um den Thron des jungen Königs versammelten; Es kann in zweierlei Hinsicht betrachtet werden: als eine Erklärung des Regenten und seiner Co-Adjutoren über die Politik, zu der sie ihr Amt antraten, und als ein Gesuch um die Unterstützung der Barone, die immer noch der Fraktion des französischen Prinzen anhingen. Ihr Ausgang wurde in der Tat durch die entscheidende Situation diktiert, die durch die Anwesenheit von Prinz Ludwig von Frankreich in England, unterstützt von einer ausländischen Armee und einer großen Fraktion der englischen Barone, die ihm als ihrem König die Ehre geschworen hatten, entstanden war. Es war daher so formuliert, dass es geeignet war, diejenigen Oppositionsparteien zu versöhnen, die noch für eine Versöhnung offen waren. Dennoch konnte die neue Charta keine wörtliche Neuauflage der alten sein. Die veränderten Umstände erforderten wesentliche Änderungen. [239] Es war nicht mehr der Ausdruck einer widerstrebenden Zustimmung der damaligen Regierung zu den Forderungen ihrer Feinde, sondern vielmehr eine Reihe von Regeln, die diese Regierung bewusst zu ihrer eigenen Orientierung akzeptierte. Der oberste Tyrann, gegen den sich die ursprünglichen Bestimmungen gerichtet hatten, war nun tot, und bestimmte Formen der Tyrannei, so hoffte man zuversichtlich, waren mit ihm gestorben. Beschränkungen, die jetzt den

Vorrechten der Krone auferlegt werden, würden nur die Handlungsfreiheit der Männer behindern, die sie beschuldigt haben, und nicht die ihrer politischen Gegner. Die neue, wohltätige Regierung darf nicht für die Sünden der alten, bösen Regierung leiden. Der Regent war zwar bereit, viel für die Versöhnung zu tun, konnte es sich aber nicht leisten, seine eigene Leistungsfähigkeit zu lähmen, zu einer Zeit, als ausländische Eindringlinge die Hälfte Englands im Besitz hatten und es nur mit größter Anstrengung zu vertreiben war . Insbesondere darf die Krone in ihrem dringenden Bedarf an Geld, mit dem sie die Löhne ihrer Söldner bezahlen kann, keine unnötigen Einschränkungen ihrer Steuerbefugnisse erleiden. Der bestehende Bürgerkrieg machte es zwingend erforderlich, dass die Regierung freie Hand bei der Inanspruchnahme feudaler Dienste und bei der Erhebung von Scutages hatte. Moderat denkende Männer würden sich bereitwillig mit der Weisheit dieser Politik abfinden; während es sinnlos war, es in der Hoffnung zu ändern, die extreme Partei zu versöhnen, die sich unwiederbringlich mit Prinz Louis verbündet hatte.

Die Charta von 1216 zeichnet sich daher durch Auslassungen aus. Die wichtigsten davon können in fünf Gruppen eingeteilt werden. [240] (1) Die im Jahr 1215 auferlegten Beschränkungen der Steuerbefugnis der Krone verschwanden nun. Die Kapitel, die es dem König untersagten, die „Farmen" oder festen Pachtzinse der Grafschaften und Hundertschaften zu erhöhen, diejenigen, die die Beziehungen des Königs zu den Juden definierten und diejenigen, die die lukrativen Rechte einschränkten, die sich aus der strikten Durchsetzung der Forstgesetze ergaben, wurden verworfen . Ein noch wichtigeres Versäumnis war die Klausel, die das Recht der Krone auf eine willkürliche Erhöhung der Feudalbeiträge ohne Zustimmung des Gemeinsamen Rates abschaffte.

(2) Eine von der Landeskirche besonders geschätzte Klausel wurde ebenfalls weggelassen. Die Gewährung der Wahlfreiheit durch Johannes durch die Kanoniker der Kapitel wurde stillschweigend ignoriert; obwohl die vage Erklärung, dass die Kirche „frei sein sollte", bestehen bleiben durfte.

(3) Natürlich verschwanden zahlreiche Bestimmungen von rein vorübergehendem Interesse, darunter solche, die die Auflösung von Söldnertruppen und die Entlassung widerwärtiger Personen aus dem Amt vorsahen. Noch wichtiger war das Weglassen jeglicher Erwähnung des Instruments zur Durchsetzung der ursprünglichen Charta durch das Baronialkomitee aus 25 Testamentsvollstreckern.

(4) Mehrere geringfügige Versäumnisse sonstiger Art können zusammengefasst werden; zum Beispiel Kapitel 27, das vorsieht, dass die Habe jedes freien Mannes, der ohne Testament gestorben ist, unter der Aufsicht der Kirche aufgeteilt werden sollte; Kapitel 41, Gewährung der

Freiheit, das Königreich zu verlassen und ohne Zustimmung des Königs zurückzukehren; Kapitel 45, durch das sich die Krone bei der Auswahl von Justizbeamten und anderen Beamten einschränkte; und die zweite Hälfte von Kapitel 47, die sich auf die Ufer der Flüsse und ihre Wächter bezieht. [241]

(5) Diese verschiedenen Änderungen implizierten eher nebenbei als absichtlich, dass jegliche Erwähnung solcher Verfassungsmechanismen weggelassen wurde, die in den Worten der Großen Charta des Johannes einen Platz gefunden hatten. Die fünfundzwanzig Testamentsvollstrecker fielen mit den anderen vorübergehenden Bestimmungen; während Kapitel 14, das die Zusammensetzung und Art der Einberufung der *Commune Concilium regelte* , selbstverständlich weggelassen wurde, ebenso wie Kapitel 12, zu dem es lediglich eine Ergänzung darstellte. Offenbar hielt man es für unnötig, den Rat überhaupt zu erwähnen , und diese Haltung lässt sich teils damit erklären, dass die Verfasser der neuen Urkunde ihr Fortbestehen in der Zukunft ebenso wie in der Vergangenheit als selbstverständlich ansahen, teils durch die Überlegung, dass seine lebenswichtige Bedeutung als verfassungsrechtlicher Schutz war noch nicht erkannt worden. Kapitel 14 von 1215, dem moderne Autoren ausnahmslos große Bedeutung beimessen, hatte in den Köpfen seiner Verfasser wahrscheinlich einen eher untergeordneten Platz und wurde 1216 ganz aufgegeben und nie ersetzt. [242]

So natürlich die Erklärung auch sein mag, ist die Tatsache nicht weniger bemerkenswert, dass die einzigen Klauseln der ursprünglichen Charta, die verfassungsrechtlichen Charakter hatten, aus allen Neuauflagen vollständig verschwanden. Die von Henry gewährte Magna Carta befasst sich ausschließlich mit Angelegenheiten, die in den Bereich des Privatrechts fallen, und enthält keinen Versuch, einen Regierungsapparat zu entwickeln oder verfassungsrechtliche Garantien zum Schutz der nationalen Freiheiten zu schaffen. Die Umstände der Minderheit des Königs implizierten vielleicht eine verfassungsmäßige Kontrolle der Monarchie durch die notwendige Existenz von Vormündern, aber als Heinrich III. Nach Erreichen der Mehrheit würde die Magna Carta, ihrer ursprünglichen Sanktionen beraubt, mit dem Verschwinden der Regentschaft tendenziell zu einem leeren Protokoll königlicher Versprechen werden. Der gesamte Regierungsapparat blieb ausschließlich monarchisch; Sobald der König nicht mehr an der Spitze stand, würde er nur durch sein eigenes Ehrgefühl und die Angst vor bewaffnetem Widerstand zurückgehalten werden – durch moralische Kräfte, die weder gesetzlich noch verfassungsmäßig sind. Das logische Ergebnis im Laufe der Zeit war der Krieg der Barone.

Die Bedeutung der Auslassungen wird jedoch durch zwei Überlegungen erheblich minimiert. (*a*) Viele der ursprünglichen Bestimmungen waren lediglich deklaratorischer Natur, und ihre Weglassung im Jahr 1216 bedeutete keineswegs, dass sie dann abgeschafft wurden. Das Gewohnheitsrecht blieb das, was es zuvor war, obwohl es nicht als notwendig erachtet wurde, diese einzelnen Teile schwarz auf weiß zu spezifizieren. Insbesondere traf sich das *Commune Concilium während der gesamten Regierungszeit Heinrichs* häufig und wurde in der Praxis immer konsultiert, bevor eine Erhebung von Scutage- oder Hilfsgeldern erhoben wurde. (*b*) In der neuen Charta heißt es eindeutig, dass die Zweckmäßigkeit, diese ausgelassenen Klauseln zu ersetzen, einer weiteren Prüfung bei einem günstigeren Anlass vorbehalten blieb. In der sogenannten „Respiting-Klausel" (Kapitel 42) wurden sechs Themen wegen ihrer „schwerwiegenden und zweifelhaften" Bedeutung besonders als solche reserviert genannt: die Erhebung von Scutagen und Beihilfen, die Schulden der Juden, die Freiheit des Aus- und Ausziehens Rückkehr nach England, die Waldgesetze, die „Farmen" der Grafschaften und die Bräuche in Bezug auf Flussufer und ihre Wächter. Diese Aufschubklausel stellt eine definitive Verpflichtung des Königs dar, zu einem späteren Zeitpunkt (wahrscheinlich sobald der Frieden wiederhergestellt ist) ernsthaft zu prüfen, inwieweit es möglich wäre, die ausgelassenen Bestimmungen in eine neue Charta wieder einzufügen. Dieses Versprechen wurde ein Jahr später teilweise erfüllt. [243]

Bei der Umsetzung der Charta standen die Berater des jungen Königs vor einer praktischen Schwierigkeit. Seit der allgemeinen Verwendung von Siegeln hatte es keinen Fall einer Regentschaft mehr gegeben; und daher boten weder Gesetz noch Sitte Präzedenzfälle für die Ausführung von Dokumenten während der Minderheit eines Königs. Das Siegel eines Königs war, wie das eines gewöhnlichen Magnaten, für ihn persönlich und für seinen Erben nicht zugänglich. Tatsächlich war es Brauch, die Matrix bei einem Todesfall zu zerstören und so eine missbräuchliche Verwendung zu verhindern. Das große Siegel des Johannes konnte nicht mehr verwendet werden, [244] und die Berater Heinrichs III. schreckte vor der Verantwortung zurück, für den kleinen Monarchen ein neues zu schaffen. Doch keine Charta wäre bindend, wenn sie nicht mit allen anerkannten Formalitäten ausgeführt würde. Unter diesen Umständen wurde beschlossen, die neue Charta durch Einprägen der Siegel des päpstlichen Legaten und des Regenten zu authentifizieren. Henry musste erklären, dass die Charta in Ermangelung eines eigenen Siegels mit den Siegeln von Kardinal Gualo und William Marshal, Earl of Pembroke, „rectoris *nostri et regni nostri* ", versiegelt worden sei.

Die Ausgabe der neuen Charta führte nicht sofort zu einem Ende des Bürgerkriegs; doch ein Strom von Unentschlossenen strömte von Ludwig zu Heinrich, teils beeinflusst durch den Erfolg der nationalen Fraktion auf diesem Gebiet, teils durch die gemäßigte Politik der Regierung, die durch die Neuveröffentlichung der Charta gekennzeichnet war. Am 19. Mai 1217 errangen die Royalisten einen entscheidenden Sieg in der Schlacht, die als „Fair of Lincoln" bekannt war. und am darauffolgenden 24. August zerstörte

Hubert de Burgh, der Justiziar, die Flotte, auf die Ludwig angewiesen war. Der französische Prinz sah sich gezwungen, um Frieden zu bitten. Obwohl die Verhandlungen etwas langwierig waren, trägt der daraus resultierende Vertrag von Lambeth das Datum des 11. September 1217, dem Tag seiner Eröffnung. [245] Zwischen dem 11. und 13. September fanden in Lambeth mehrere Interviews statt, denen eine Generalkonferenz in Merton folgte, die am 23. September begann und an der Gualo, Louis, der Regent und viele englische Adlige teilnahmen. [246] Es bestehen gewisse Meinungsverschiedenheiten über die genauen Stadien dieser Verhandlungen, [247] und es scheint am besten, die letztendlich vereinbarte Einigung als Ganzes zu betrachten. „Der Vertrag von Lambeth steht der Charta selbst in praktischer Bedeutung kaum nach." [248] Es markierte die endgültige Anerkennung des Inhalts der Magna Carta durch die Berater der Krone als dauerhafte Grundlage der Regierung Englands in Friedenszeiten und nicht nur als vorläufiges Hilfsmittel in Kriegszeiten. Seine Bedingungen waren für beide Parteien gleichermaßen ehrenvoll: für den Regenten und seine Anhänger aufgrund der Mäßigung, die sie an den Tag legten; und an Ludwig, der zwar auf jeden Anspruch auf die englische Krone verzichtete, dies jedoch nur unter der Bedingung einer vollständigen Begnadigung seiner Verbündeten tat, verbunden mit der Garantie ihrer Sache, zumindest soweit dies in der Charta verankert war. An Ludwig wurden zehntausend Mark gezahlt, nominell als Entschädigung für seine Ausgaben; aber er musste im Gegenzug die Schatzlisten, die Urkunden der Juden (das sind die Listen, auf denen Kopien ihrer Sterne oder Hypotheken eingetragen waren), [249] die von John in Runnymede gewährten Freiheitsbriefe und alles andere wiederherstellen Nationalarchive in seinem Besitz. Sir William Blackstone hält es für wahrscheinlich, dass gemäß dieser Klausel des Vertrags das Original der Artikel der Barone übergeben und in den anderen Archiven des Erzbischofs von Canterbury im Lambeth Palace deponiert wurde, wo es bis zur Mitte des 17. Jahrhunderts blieb Jahrhundert. [250] Eine Bedingung dieser allgemeinen Befriedung war von größter Bedeutung – das Versprechen des Regenten und des päpstlichen Legaten, eine neue und überarbeitete Charta zu gewähren. Dieses Versprechen wurde etwa sechs Wochen später erfüllt, indem am 6. November 1217 eine Charta der Freiheiten und eine separate Waldcharta herausgegeben wurden. [251]

Die Ausgabe dieser beiden Chartas legte den Grundstein für die allgemeine Befriedung des Königreichs. Nach den weitreichenden Verwüstungen, die ein zweijähriger Bürgerkrieg angerichtet hatte, war es an der Zeit, dass der Regent eine endgültige und endgültige Erklärung über seine Politik abgab, England wieder in Frieden zu regieren. Durch den Vertrag von Lambeth war er nicht nur ehrenhaft an diesen Kurs gebunden, sondern es bot sich auch eine gute Gelegenheit, das in Kapitel 42 der Charta von 1216 gemachte Versprechen zu erfüllen. Dementsprechend verschwand die

Aufschubklausel dieses Dokuments nun ganz und teilweise An ihre Stelle traten neue Klauseln. Die als „ *gravia et dubitabilia* "der weiteren Diskussion vorbehaltenen Sachverhalte waren nun erneut überdacht und entweder endgültig aufgegeben oder mit mehr oder weniger radikalen Änderungen übernommen worden. Die Ergebnisse dieser Überlegungen finden sich in einer Reihe von Ergänzungen zur Charta der Freiheiten von 1217 wieder, von denen die Kapitel 44 und 46 die wichtigsten sind, sowie in den Bestimmungen einer nun erstmals erteilten Forstcharta.

Kapitel 46 ist eine „Sparklausel", die Erzbischöfen, Bischöfen, Äbten, Prioren, Templern, Hospitalitern, Grafen, Baronen und allen anderen Personen, Geistlichen und Laien, die Freiheiten und freien Bräuche vorbehält, die sie zuvor hatten. Die Unbestimmtheit dieser Bestimmung (ein bloßer Hinweis auf die undefinierte und neblige Vergangenheit) beraubte sie jeglichen praktischen Werts. Der andere Zusatz war von viel größerer Bedeutung.

In Kapitel 44 wurde festgelegt, dass Scutages in Zukunft so durchgeführt werden sollten, wie es zur Zeit Heinrichs II. üblich war. Nun waren die Scutage-Sätze und das Verfahren zu ihrer Erhebung in dieser Regierungszeit recht spezifisch und konnten noch immer in den kürzlich von Prinz Louis wiedererlangten Schatzlisten nachgelesen werden. So war es leicht, die verschiedenen Neuerungen der Herrschaft Johanns zu definieren, jene verhassten zusätzlichen Belastungen, die den Hauptgrund für den Bürgerkrieg geliefert hatten und die Heinrich III. Nun wurde versprochen, dass alles völlig weggefegt werden sollte. Zu dieser allgemeinen Verurteilung gehörten wahrscheinlich die zunehmende Häufigkeit von Johns Eintreibungen, die Bemessung der Scutages auf der neuen Grundlage der Inquestur von 1212, die kumulierte Erhebung von Scutage und Dienst und vor allem die Erhebung des hohen Satzes von drei Mark pro Ritterhonorar. Der Kern der Forderungen, die die Baronialführer im Jahr 1217 an die Regierung stellten, muss zweifellos die Rückkehr zum normalen Höchstsatz von 20 Schilling gewesen sein. pro Ritterhonorar. Wie wir gesehen haben, nahm Heinrich II. manchmal weniger, aber nur einmal mehr. [252] Es versteht sich von selbst, dass diese Bestimmung die Barone einzeln oder gemeinsam nicht daran hinderte, freiwillig einen höheren Beitrag zu leisten; und die Notwendigkeit solch außergewöhnlicher Beiträge würde natürlich auf den Sitzungen des *Commune Concilium entschieden werden* .

Die Ersetzung dieser eindeutigen Bestimmung einer Rückkehr zum bekannten Sprachgebrauch Heinrichs II. anstelle der verworfenen Kapitel 12 und 14 der Johannes-Charta (die eine „gemeinsame Zustimmung" für *alle* Scutages unabhängig von der Rate erforderlich machten) war ein natürlicher Kompromiss; und als die Barone dem zustimmten, waren sie aus ihrer eigenen mittelalterlichen Sicht wahrscheinlich zu Recht der Meinung, dass sie sich weder auf unfaire Einschränkungen ihrer Rechte einließen noch irgendwelche reaktionären Maßnahmen befürworteten, die dem Wachstum der verfassungsmäßigen Freiheit schadeten. [253] Doch wenn diese Änderung von modernen Augen im Licht der dazwischenliegenden Jahrhunderte des Verfassungsfortschritts betrachtet wird und wenn man bedenkt, dass die neue Klausel den Hauptteil der Zugeständnisse machte, die 1217 an die Ansprüche der Barone gemacht wurden, ist die Schlussfolgerung unweigerlich Es liegt nahe, dass das neue Abkommen der Beweis dafür ist, dass rückläufige Tendenzen erfolgreich am Werk sind. Jede Erwähnung des *Commune Concilium* – dieses Vorgängers des modernen Parlaments, dieser Keim von allem, was England auf dem Gebiet der Verfassungsgesetze und Freiheiten berühmt gemacht hat – verschwindet, offenbar ohne Protest oder Bedauern. Wenn die Kontrolle der Besteuerung durch eine Nationalversammlung, ob der Begriff der Repräsentation, ob die unauflösliche Verbindung dieser beiden Prinzipien miteinander jemals wirklich einen Platz in der Magna Carta finden sollte, wurden sie 1216 verächtlich aus ihr ausgeschlossen und fanden keinen Platz ein Champion im Jahr 1217, um ihre Wiederherstellung zu fordern.

Ein moderner Staatsmann, der den Wert verfassungsrechtlicher Grundsätze kennt, hätte die Gelegenheit der Überarbeitung der Bestimmungen der Charta gerne genutzt, um die Funktionen und Rechte des Großen Rates präzise und mit Nachdruck zu behaupten und zu definieren. Er hätte nicht leichtfertig die in den Kapiteln 12 und 14 von 1215 implizierte Anerkennung des Rechts eines Nationalrates, eine gesetzliche Kontrolle über die Erhebung von Steuern auszuüben, zumindest im Keim verworfen. Die Magnaten auf beiden Seiten begnügten sich jedoch im Jahr 1217 damit, alle abstrakten Prinzipien der Verfassungsentwicklung ihrem Schicksal zu überlassen, vorausgesetzt, sie konnten ihre Ländereien und Geldbeutel vor einer sofortigen Steuererhöhung schützen. Weitreichende Probleme der Zusammensetzung und der Privilegien des Parlaments wurden ohne Zögern aufgegeben, sobald eine andere Methode zur Abwehr einer willkürlichen Erhöhung der Scutage vorgeschlagen wurde. Die Barone verkauften zwar nicht ihr Geburtsrecht, aber ihr bestes Mittel, um neue Rechte von der Krone zu erlangen, für „eine Portion Suppe".

Solche Überlegungen dürfen jedoch nicht zu weit getrieben werden. Es darf nicht vergessen werden, dass im Jahr 1217 ebenso wie im Jahr 1216 niemand ernsthaft daran dachte, künftig auf Versammlungen der feudalen Pächter in der *Commune Concilium zu verzichten* . Während der Regierungszeit Heinrichs III. traten in der Tat immer häufiger große Konzilien zusammen, und die Zustimmung der darin versammelten Magnaten wurde gewöhnlich zu Scutagen eingeholt, und zwar sogar in einem geringeren Umfang, als es in der Regierungszeit Heinrichs II. üblich gewesen war. Manchmal wurde eine solche Zustimmung bedingungslos erteilt; manchmal als Gegenleistung für eine erneute Bestätigung der geschätzten Chartas; manchmal wurde ihm sogar mit einer absoluten Ablehnung begegnet – der erste eindeutige Fall davon scheint im Januar 1242 aufgetreten zu sein. [254]

Eine weitere Reihe von Bestimmungen, deren Überarbeitung in der Aufschubklausel von 1216 versprochen worden war, wurde in den Bestimmungen einer separaten Forstcharta umfassend wiederhergestellt. Dies ersetzte nicht nur bestimmte Kapitel der ursprünglichen Bewilligung von 1215, die 1216 weggelassen worden waren, sondern auch die Kapitel 36 und 38 der Bewilligung von 1216. Es wurde jedoch nichts unternommen, um andere wichtige Auslassungen wiederherzustellen, nämlich diejenigen im Zusammenhang mit der Juden, um die gesetzliche Erbfolge zu gewährleisten, um die freie Ein- und Ausreise nach England zu ermöglichen. Andererseits richteten sich zusätzliche Bestimmungen, die in der Aufschubklausel nicht versprochen wurden, gegen verschiedene Missbräuche der feudalen und anderen Vorrechte der Krone. [255]

Bisher kann die Charta von 1217 mit ihren Restaurierungen und Ergänzungen als eine politische Anstrengung angesehen werden, die Unterstützung der Barone durch die Befriedigung ihrer berechtigten Forderungen zu sichern; Es kann aber auch unter drei anderen Aspekten betrachtet werden: (1) Es enthält Bestimmungen zur Unterdrückung der in mehreren Bezirken immer noch vorherrschenden Anarchie, ein Erbe des Bürgerkriegs; (2) als Änderung einiger weniger Einzelheiten des ursprünglichen Zuschusses, die sich nach zweijähriger Erfahrung als fehlerhaft oder anstößig erwiesen hatten; und (3) als erster Versuch, bestimmte Regierungsprobleme zu lösen, die erst vor kurzem in den Vordergrund gerückt waren, mit denen man sich aber erst ein Dreivierteljahrhundert später erfolgreich auseinandersetzen konnte, als das gesetzgeberische Genie von Edward Plantagenet zum Vorschein kam Tragen Sie auf sie.

Unter den Kapiteln, die die Ordnung wiederherstellten, war das wichtigste, mit Ausnahme derjenigen, die die Verwaltungsmaschinerie umgestalteten, dasjenige, das die Zerstörung der „Ehebrecherburgen" anordnete, [256] das heißt der privaten Festungen, die von Baronen ohne die Lizenz von Baronen errichtet wurden die Krone. Diese blieben im Jahr 1217 bestehen, so wie sie es im Jahr 1154 gewesen waren, eine Folge des vergangenen Bürgerkriegs und eine Bedrohung für den Frieden und eine gute Regierung in der Zukunft. Es war das Ziel eines jeden effizienten Herrschers, alle befestigten Burgen – die im 13. Jahrhundert, als Artillerie unbekannt war, praktisch uneinnehmbar waren – außer denen des Königs abzuschaffen und dafür zu sorgen, dass die königlichen Burgen von „Konstablern" [257] anerkannten Befehlshabern befehligt wurden Loyalität. John hatte seine eigenen Festungen seinen eigenen

Geschöpfen unterstellt, die sich nach seinem Tod weigerten, sie dem Regenten seines Sohnes zu überlassen. Der Versuch, diese Glücksritter zwei Jahre später zu vertreiben, führte zu neuen Unruhen, bei denen der berühmte Falkes de Breauté eine führende Rolle spielte. [258] Die Zerstörung „ehebrecherischer" Burgen und die Wiedererrichtung königlicher Burgen waren beide notwendige Begleiterscheinungen einer echten Befriedung.

Die Neufassung von 1217 kann auch als eine gewisse Analogie zu einem modernen Änderungsstatut angesehen werden. Die Erfahrung hatte beispielsweise gezeigt, dass mehrere Änderungen im Verfahren zur Abhaltung kleiner Schwurgerichte wünschenswert sind. Gegen die Entsendung von Richtern und Kommissionen zur Abhaltung von Schwurgerichten in den verschiedenen Bezirken, und zwar häufig bis zu viermal im Jahr, waren viele Einwände erhoben worden. Man einigte sich nun darauf, diese Rundgänge von vierteljährlich auf einmal im Jahr zu reduzieren – ein Zugeständnis an diejenigen, die die Last einer zu häufigen Teilnahme verspürten. [259] Obwohl die Richter des Königs immer noch die Mitarbeit von Rittern aus den einzelnen Grafschaften genießen sollten, wurde nicht mehr ausdrücklich erwähnt, dass diese Ritter *gewählt werden sollten* . Alle Klagegründe wegen Darrein-Präsentation wurden der Zuständigkeit der zuständigen Richter entzogen und der Prüfung durch „die Richterbank" vorbehalten, die nun vermutlich in Westminster angesiedelt ist. [260] Die beiden anderen Assisen (novel disseisin und mort d'ancestor) wurden immer noch den Richtern des Königs in den jeweiligen Landkreisen überlassen, in denen die Ländereien lagen, aber schwierige Rechtsfragen waren „der Richterbank" vorbehalten. [261] Damit wurde die Unterlegenheit der Assize-Richter gegenüber den Westminster-Gerichten deutlich.

Die gleiche natürliche Abneigung derjenigen, die Klage bei den örtlichen Gerichten hatten, ihre eigenen Angelegenheiten zu vernachlässigen, um öffentliche Pflichten zu erfüllen, die zur Forderung nach weniger häufigen Besuchen der Assize-Richter führte, führte auch zu einer nachdrücklichen Neuformulierung des Alten übliche Regeln für die Anwesenheit vor Bezirksgerichten. Ordentliche Sitzungen sollten nicht häufiger als einmal im Monat abgehalten werden, und der Sheriff durfte auch nicht häufiger als zweimal im Jahr, nämlich zu Ostern und zu Michaelis, seine Tourn oder lokalen Rundgang durch die verschiedenen Hundert seiner Grafschaft machen, und zwar nur um Zu Michaelis sollte er das Frankpledge innehaben – eine der wichtigsten Funktionen, die er im Laufe seines Kreises ausübte. [262] Es war ein deutlicheres Zugeständnis an den feudalen Antizentralisierungsgeist, dass es dieser königlichen Sichtweise des Frankpledge – denn der Sheriff fungierte als Stellvertreter des Königs – verboten war, die Wahlrechte eines Freeman zu verletzen, unabhängig

davon, ob es solche Wahlrechte unter Heinrich II. gegeben hatte. oder
nachträglich erworben wurden. [263]

Zwei Fragen, die in Zukunft von größter Bedeutung sein werden, haben auch
bei dieser Neuauflage der Charta Spuren hinterlassen: – zu Kapitel 39 bzw.
43. Im ersteren geht es um die heikle Frage, ob ein feudaler Pächter das Recht
hat, über Teile seines Besitzes durch Schenkung oder Verkauf zu verfügen.
Es gab zwei unterschiedliche Methoden, dies zu bewerkstelligen – durch
Subinfeudation oder durch Substitution: Der Pächter konnte ein neues Glied
in der Feudalkette schaffen, indem er einen Teil seines Landes einem Dritten
überließ, der dadurch sein Vasall wurde neuer Zuschuss; oder er könnte
versuchen, den Beschenkten zum direkten Vasallen seines Oberherrn zu
machen und ihm das neu erworbene Land *zu übertragen* . Hier bestand ein
direkter Interessenkonflikt zwischen Oberherr und Pächter, der sich auf
beide Wege der Grundstücksvermittlung erstreckte. Die Freiheit, es zu
verkaufen oder zu verschenken, war eindeutig ein Vorteil für den Mieter;
Während der Herr Einwände gegen eine Transaktion erhob, die ihm neue
Vasallen aufzwingen könnte, die er nicht wollte, oder die Verpflichtungen,
die zuvor einem Vasallen oblagen, auf zwei oder mehr Vasallen aufteilen
könnte, was das Auftreten feudaler Belastungen ungewiss und ihre
Durchsetzung erschweren würde. Kapitel 39 enthielt einen Kompromiss.
Der Pächter konnte sich von einem Teil seines Eigentums trennen, sofern
der von ihm reservierte Rest ausreichte, um sicherzustellen, dass er selbst die
Verpflichtungen gegenüber dem Vermieter vollständig erfüllte. Der
ursprüngliche Vasall blieb somit in erster Linie für die gesamten feudalen
Verpflichtungen verantwortlich (welches Recht auch immer er auf
Entlastung gegenüber seinen Beschenkten oder Unterpächtern hatte) und
musste in seinen eigenen Händen ausreichend Land aus dem Erlös
reservieren, um diese zu erfüllen. Die endgültige Lösung des hier
vorübergehend gelösten Problems war in dem allgemein als *Quia Emptores
bekannten Statut* [264] enthalten , das es dem Pächter erlaubte, über Teile seines
Nachlasses im Wege der Substitution zu verfügen, während Subinfeudation
gänzlich verboten war.

Kapitel 43 markiert die wachsende Feindseligkeit gegen die Anhäufung von
Reichtum in Form von Grundbesitz durch die Klöster und beginnt mit der
Reihe gesetzgeberischer Maßnahmen, die im Statut von Mortmain gipfelten.
[265] Im Jahr 1217 waren die Zeiten für eine endgültige Lösung dieses
Problems noch nicht reif, und die Charta dieses Jahres begnügte sich mit dem
Versuch, lediglich einen der untergeordneten Missbräuche des Systems zu
beheben und nicht das Hauptübel abzuschaffen. Anwälte hatten ein geniales
Mittel erdacht, um es den Pächtern zu ermöglichen, ihre Herren um einige
der rechtmäßigen feudalen Vorfälle zu betrügen. Ordenshäuser bildeten eine
Art Körperschaft, und alle Körperschaften stellten schlechte Pächter dar, da

der Lehnsherr, da sie nie starben, der Möglichkeit einer Vormundschaft, Erleichterung oder eines Hinterlasses beraubt war. Das war eine Härte; aber es war nicht unfair, vorausgesetzt, dass die Transaktion, die die Abtei oder das Kloster zum Eigentümer der Untertanen machte, *gutgläubig war* . Manchmal wurden jedoch mehr oder weniger geheime Vereinbarungen zwischen einem Laiengrundbesitzer und einem Ordenshaus getroffen, wodurch zum Nachteil des Grundherrn des Grundherrn ein neues Glied in die feudale Kette eingefügt wurde. Der Grundbesitzer vermachte sein Land einem bestimmten Haus, das seinen Platz als neuer Pächter des Herrn einnahm und dann dieselben Untertanen dem ursprünglichen Pächter unterstellte, der so sein Land wieder zurückerhielt, aber nun Pächter der Kirche und nicht der Kirche wurde sein ehemaliger Herr. Der Lord blieb somit mit einer Körperschaft für seinen Pächter zurück und verlor alle gewinnbringenden Vorfälle, die nach der neuen Regelung der Kirche zufließen würden, wenn der Eigentümer starb. Solche Hilfsmittel wurden unter Androhung des Verfalls durch Kapitel 43 der Neuauflage von 1217 verboten; und dieses Verbot wurde von den Herren sehr großzügig zu ihren Gunsten ausgelegt. [266]

Dies waren die wichtigsten Änderungen, die 1217 im Tenor der Großen Charta vorgenommen wurden. [267] Diese Neuauflage ist von großer Bedeutung, da sie praktisch die endgültige Fassung der Charta darstellt und in späteren Ausgaben nur zwei Änderungen vorgenommen wurden. [268] Am 22. Februar 1218 wurden Kopien der Großen Charta in dieser neuen Form an die Sheriffs geschickt, um sie zu veröffentlichen und durchzusetzen. In den ihnen beigefügten Schriften zeigt die besondere Aufmerksamkeit, die der Klausel gegen unerlaubte Burgen gewidmet wird, die Bedeutung, die ihrem Abriss beigemessen wird. [269]

Der Regent und die Minister der Krone scheinen zunehmend die Unbequemlichkeit gespürt zu haben, die Regierung ohne ein großes Siegel des Königs zu führen. Es bestand eine natürliche Abneigung gegen die Annahme von Zuwendungen, die lediglich durch Stellvertreter beglaubigt wurden, da diese möglicherweise nicht als bindend für den Monarchen angesehen wurden, wenn er volljährig wurde. Der Regent stimmte schließlich der Gravur eines großen Siegels für Heinrich zu, allerdings nicht ohne Bedenken. Um zu verhindern, dass es von skrupellosen Ministern genutzt wird, um großzügige Zuwendungen an ihre eigenen Günstlinge zur Verarmung der Krone zu validieren, erließ der Rat auf Anraten des Regenten eine Proklamation, dass nach dem neuen Gesetz keine Charta oder andere Urkunde gewährt werden sollte, die eine Ewigkeit vorsah Siegel während der Minderheit des Königs – eine rettende Klausel, von der Heinrich auf überraschende Weise Gebrauch machen sollte. Diese Proklamation wurde wahrscheinlich kurz nach Michaelis 1218 erlassen. [270]

Am 14. Mai 1219 verlor England durch den Tod des alten Regenten einen vertrauenswürdigen Herrscher, dessen Loyalität, Festigkeit und Mäßigung so viel dazu beigetragen hatten, die durch Johns böse Taten und den daraus resultierenden Bürgerkrieg entstandenen Brüche im Staatswesen zu reparieren. Nach dem Tod des guten Earl of Pembroke kämpften der Bischof von Winchester und Hubert de Burgh mit abwechselndem Erfolg um den Spitzenplatz in Heinrichs Räten, aber keiner von ihnen erlangte den Titel Rector regis et *regni* . [271] Einige Jahre später schien der junge König unter den Zwängen einer Minderheit ungeduldig geworden zu sein, und die römische Kurie war bereit, sein Wohlwollen zu erwirken, indem sie ihn belehrte. Im Jahr 1223 erklärte Honorius III. mit einem Brief vom 13. April, dass Heinrich (damals erst im sechzehnten Lebensjahr) hinsichtlich der meisten Pflichten eines Königs volljährig sei. [272]

Der Wortlaut dieses päpstlichen Schreibens könnte einigen von Heinrichs Ratsmitgliedern die Möglichkeit nahegelegt haben, auf die Urkunden mit der Begründung zu verzichten, dass sie zum Nachteil des Königs gewährt worden seien, bevor er für volljährig erklärt worden sei. Einer seiner Schmeichler, William Briwere mit Namen, riet ihm bei einem „Kolloquium" im Januar 1223, die beiden Urkunden abzulehnen, als Stephen Langton ihn um Bestätigung bat. Briweres kühne Worte werden von Matthew Paris berichtet. [273] „ *Libertates quas petitis, quia gewalttätiger erpresst für den Fall, nicht debent de jure observari.* " „Diese Doktrin der Ablehnung erzürnte den Primas, und Henry, der immer noch daran gewöhnt war, Fäden zu führen, gab nach und schwor, die Bedingungen beider Chartas einzuhalten. Allerdings lag ein Element der Wahrheit in Briweres Rat, und der ganze Vorfall zeigte den weitsichtigeren Freunden der Freiheit wahrscheinlich die Notwendigkeit einer neuen und freiwilligen *Bestätigung* der Chartas durch den König. Eine Gelegenheit, dies sicherzustellen, ergab sich im nächsten Jahr, als Heinrich zu Weihnachten 1224 ein Fünfzehntel aller beweglichen Güter seiner Untertanen verlangte. Ihm wurde die feste Bitte entgegengebracht, dass er als Gegenleistung für einen so großen Zuschuss die Magna Charta erneuern sollte. Das Ergebnis war die Neuausstellung beider Urkunden am 11. Februar 1225, die natürlich jeweils durch den Abdruck des kürzlich angefertigten großen Siegels bestätigt wurden. Die Bedeutung der gesamten Transaktion wurde durch die Erklärung von Honorius III. noch verstärkt. Erst zwei Jahre zuvor war bekannt geworden, dass Henry volljährig war, um selbständig aufzutreten. Die neue Waldcharta war praktisch identisch mit der von 1217; während die einzigen Änderungen im Tenor der Charta der Freiheiten das Ergebnis einer lobenswerten Entschlossenheit waren, die Umstände, unter denen sie gewährt wurde, aktenkundig zu machen. In der neuen Präambel erklärte Heinrich, dass er es „ *spontanea et bona voluntate nostra* " zugestand, und jegliche Bezugnahme auf die Zustimmung seiner Magnaten wurde weggelassen, obwohl am Ende der Charta eine große Anzahl von Namen als

Zeugen auftauchen. Diese Änderungen sollten die Tatsache hervorheben, dass kein Druck auf ihn ausgeübt worden war, und damit künftigen Einwänden entgegenwirken, wie sie William Briwere 1223 vorgebracht hatte, nämlich dass die Bestätigung der Charta mit Gewalt erzwungen worden sei. [274]

Die „Erwägung" erscheint auch deutlich im Schlussteil der Charta, wo es heißt, dass als Gegenleistung für die oben genannte Schenkung von Freiheiten zusammen mit den in der Waldcharta gewährten Freiheiten die Erzbischöfe, Bischöfe, Äbte, Prioren, Grafen, Barone, Ritter, freie Pächter und alle anderen Reichsbewohner hatten dem König einen fünfzehnten Teil ihrer beweglichen Güter übergeben.

Die Hervorhebung dieses Merkmals bringt die in der Neuausgabe von 1225 verkörperte Transaktion (im Vergleich zur ursprünglichen Gewährung von 1215) der rechtlichen Kategorie „privater Handel" einen Schritt näher. Es handelt sich in gewisser Hinsicht lediglich um einen Kauf- und Verkaufsvertrag. Es folgt eine weitere wichtige neue Klausel – die wahrscheinlich auf einem Präzedenzfall aus Kapitel 61 der Charta von König John basiert: Heinrich muss bedeutsam erklären: „Und wir haben ihnen für uns und unsere Erben gewährt, dass weder wir noch unsere Erben etwas beschaffen werden." Sache, durch die die Freiheiten dieser Charta verletzt oder gebrochen werden; und wenn irgendjemand etwas beschafft, das diesen Prämissen widerspricht, wird davon ausgegangen, dass es keine Gültigkeit oder Wirkung hat." Diese Bestimmung richtete sich eindeutig gegen künftige päpstliche Dispensen oder Aufhebungen, wie sie König Johann 1215 von Innozenz erhalten hatte. Die Klausel wurde jedoch diplomatisch in ihrem Wortlaut recht allgemein gehalten. [275]

Ein Originalexemplar dieser dritten Neuauflage der Großen Charta wird in Durham aufbewahrt, wobei das große Siegel aus grünem Wachs immer noch perfekt ist, obwohl das Pergament „durch den unglücklichen Zufall, dass eine Flasche Tinte umgeworfen wurde, verunstaltet und ausgelöscht" wurde. [276] Eine zweite befindet sich in der Lacock Abbey in Wiltshire. Die dazugehörige Waldcharta wird auch in Durham aufbewahrt. [277]

Mit dieser dritten Neuauflage endet die Entstehungsgeschichte der Großen Charta. Es markierte die endgültige Form der Magna Carta; Anschließend wurden dieselben Wörter verwendet, die später stereotyp wurden und immer wieder ohne weitere Änderungen bestätigt wurden. Es ist diese Charta von 1225, auf die in den gewöhnlichen Ausgaben der Statuten, in den Gerichten, im Parlament und in einer langen Reihe klassischer Rechtsbücher, beginnend mit dem zweiten Institut von Sir Edward Coke, immer Bezug genommen *wird*. [278]

Obwohl die Charta somit im Jahr 1225 den dauerhaften Platz einnahm, den sie seitdem unter den Grundgesetzen Englands behielt, war sie noch nicht vor Angriffen sicher. Zwei Jahre später ließen die Handlungen Heinrichs den starken Verdacht aufkommen, dass er es gerne annullieren würde, wenn er es wagen würde.

Obwohl der Papst ihn 1223 in einer Bulle als volljährig erklärte, war der junge König in Wirklichkeit nur von einer Gruppe von Vormündern zur nächsten übergegangen; Er hatte lange unter der Herrschaft des fähigen, aber skrupellosen Peter des Roches, Bischof von Winchester, gelitten, als er Anfang 1227 plötzlich rebellierte. Wahrscheinlich handelte Heinrich auf Anraten von Hubert de Burgh, der an die Macht zurückkehren wollte, und beschloss, die Kontrolle von Bischof Peter abzuschütteln. Auf einem im Januar 1227 in Oxford abgehaltenen Konzil erklärte sich Heinrich, obwohl er noch keine zwanzig Jahre alt war, für volljährig; [279] und zeigte bald darauf, welchen Nutzen er von seiner neu erworbenen Freiheit zu machen gedenkt. In einer unerwarteten Anwendung der Proklamation des Regenten William Marshal aus dem Jahr 1218, dass das große Siegel während der Minderheit nicht zur Beglaubigung von ewigen Zuwendungen an königlichen Besitztümern oder anderen Rechten der Krone verwendet werden dürfe, beschloss Henry nun interpretierte dies so, dass es die Nichtigkeit aller Urkunden jeglicher Art implizierte, die seit seinem Beitritt unter dem großen Siegel ausgestellt worden waren. Er wandte diese verblüffende Doktrin sogar versuchsweise auf die Waldcharta an.

Henrys neue Politik schien von den anwesenden Magnaten gebilligt worden zu sein, und am 21. Januar 1227 erließ er von ihrem „gemeinsamen Anwalt" eine Reihe von „Abschlussbriefen", in denen er anordnete, dass alle Empfänger von Kronurkunden ihre Erneuerung beantragen müssen – eine Zeremonie Natürlich muss dafür reichlich bezahlt werden. Am 9. Februar wurde eine zweite Serie von „Schließungsschreiben" herausgegeben, die dazu führten, dass viele Wälder erneut bis zu ihren alten Grenzen ausgedehnt wurden. [280]

Offenbar unbegründete Befürchtungen, dass die Große Charta in Gefahr sei, scheinen weit verbreitet zu sein. Wenn Heinrich wirklich die Absicht hatte, die Magna Carta aufzuheben, ist es ein Glück, dass der Angriff darauf, den William Briwere dem König im Januar 1223 vorgeschlagen hatte, erst vier Jahre später ernsthaft versucht wurde. Die Verzögerung war von größter Bedeutung, da die dritte Neuausgabe der Charta dazwischengekommen war und die Erklärung enthielt, dass der König freiwillig gehandelt hatte, und durch die Tatsachen untermauert wurde, dass Honorius ihn zuvor für solche Zwecke als volljährig erklärt hatte und dass er hatte einen Preis für die Bestätigung der Charta akzeptiert. Heinrich konnte die päpstliche Dispensation, die er vier Jahre zuvor gerne angenommen und befolgt hatte, jetzt nicht mehr ablehnen. Auf diese Weise hatte die Neuausstellung beider Urkunden im Jahr 1225 einen großen Beitrag zur Sicherung der nationalen Freiheiten geleistet. Heinrich schreckte vor jeder offenen Verletzung der Großen Charta zurück; und obwohl es ihm teilweise gelang, die Wälder in ihren alten, größeren Grenzen wiederherzustellen und so viele Reformen seiner Minderheit rückgängig zu machen, ging er vor, ohne den Buchstaben der Waldcharta zu verletzen. Von nun an war Henrys Haltung gegenüber den Urkunden klar und leicht verständlich. Er bestätigte sie mit leichtem Herzen, wann immer er dafür Geld bekommen konnte, und tat danach so, als ob sie nicht existierten.

Von nun an geht es in der Geschichte nicht mehr um Neuauflagen, sondern um Bestätigungen der Großen Charta. Davon ist die Zahl beträchtlich, beginnend mit der Bewilligung in Westminster am 28. Januar 1237; [281] Es ist jedoch nicht Teil des Schemas dieser historischen Einführung, diese im Detail zu beschreiben. [282] Eine davon, die sogenannte *Firmatio Cartarum* vom 5. November 1297, ist besonders wichtig, nicht weil sie eine Bestätigung ist, sondern weil sie mehr ist. Es enthält neue Klauseln, die die Steuerbefugnis der Krone einschränken; und diese ersetzen gewissermaßen die Kapitel (12 und 14) der ursprünglichen Schenkung des Johannes, die in allen dazwischenliegenden Neuausgaben und Bestätigungen weggelassen worden waren.

Ein Statut von 1369 (42 Edward III. c. 1) bedarf besonderer Beachtung, da es vorschreibt, dass „die Große Charta und die Charta des Waldes in allen Punkten eingehalten und eingehalten werden müssen und, falls ein gegenteiliges Gesetz erlassen werden sollte, dies nicht der Fall ist." soll für niemanden gehalten werden." Das Parlament versuchte daher im Jahr 1369, künftigen Parlamenten die Befugnis zu entziehen, Änderungen an den Bedingungen der Magna Carta vorzunehmen. Wenn das Parlament jedoch in diesem Jahr die Macht hätte, der alten verbindlichen Kraft der Großen Charta durch eine neue gesetzgeberische Verordnung etwas hinzuzufügen, folgt daraus, dass nachfolgende Parlamente, die über gleiche Befugnisse verfügen, leicht durch ein zweites Gesetz das, was das frühere war, rückgängig machen könnten das Gesetz hatte bewirken wollen. Wenn das Parlament die Macht hatte, die heiligen Bestimmungen der Magna Carta selbst zu ändern, hatte es die gleiche Macht, das weniger heilige Gesetz von 1369 zu ändern, das es für unabänderlich erklärte. Die Bestimmungen dieses Gesetzes sind jedoch interessant, da sie vielleicht das früheste bekannte Beispiel für die unlogische Theorie sind (die in späteren Jahren häufig wiederholt wurde), dass das englische Parlament seine gegenwärtige gesetzgeberische Vormachtstellung in einer Weise nutzen könnte, um die gesetzgeberische Vormachtstellung anderer zu begrenzen Parlamente in der Zukunft.

238 . Siehe *Annalen von Waverley* , S. 286 und Stubbs, *Const. Hist.* , II. 18.

239 . Es ist eher verwunderlich, wie wenig Änderungen vorgenommen werden mussten. „Es ist jedoch keineswegs das unbedeutendste Merkmal der Geschichte, dass so wenige Änderungen nötig waren, um einen mit der Schwertspitze gewonnenen Vertrag in ein Manifest des Friedens und einer soliden Regierung umzuwandeln." Stubbs, *Const. Hist.* , II. 21.

240 . Diese Klassifizierung berücksichtigt keine Änderungen, die lediglich verbaler Natur zu sein scheinen oder eingefügt wurden, um Unklarheiten zu beseitigen, *z. B.* in den Kapiteln 22, 28 und 30 der ursprünglichen Charta.

241 . Diese Veränderungen zeigen Spuren eines gewissen Einflusses, der der Nationalkirche feindlich gesinnt ist. Nicht nur wird das Versprechen einer kanonischen Wahl zurückgezogen, auch die Auslassungen der Klauseln, die die gesetzliche Erbfolge regeln und die Freiheit garantieren, das Königreich zu verlassen (ein vom Klerus hochgeschätztes Privileg), scheinen den Interessen der englischen Kirchenmänner zu schaden. Nun war der päpstliche Legat ein aktiver Befürworter der Neuausstellung dieser Charta im Jahr 1216; wohingegen Rom sich in der Krise vom Juni 1215 erbittert gegen die ursprüngliche Gewährung der Magna Carta ausgesprochen hatte. Die Schlussfolgerung ist, dass Rom zum Nachteil der englischen Kirche nicht gegen diese Unterlassungen protestiert hat. Warum war das so? Die Erklärung liegt wahrscheinlich in der Divergenz der Interessen der nationalen Kirche von denen der universalen Kirche. Kanonische Wahlen zum Beispiel bedeuteten für Rom nichts; Aufeinanderfolgende Päpste sorgten in England eher für ihre Günstlinge, indem sie Druck auf den König ausübten als auf die Mönche der verschiedenen Kapitel. Heinrich III. gewohnheitsmäßig auf die Unterlassung reagiert; Er erzeugte weit verbreitete Unzufriedenheit, indem er die englischen Bischofssitze teilweise mit seinen eigenen ausländischen Favoriten und teilweise mit von der römischen Kurie ernannten Geistlichen besetzte. Der König und der Papst gingen somit eine stillschweigende Partnerschaft zum gegenseitigen Nutzen auf Kosten der englischen Nationalkirche ein.

242 . Bemerkenswert ist, dass es keinen Platz in der Charta von 1225 fand, die von der Nation mit einem Fünfzehntel der beweglichen Sachen bezahlt wurde.

243 . Dr. Stubbs vertritt die Theorie, dass diese Neuauflage von 1216 einen Kompromiss darstellt, bei dem die Zentralregierung im Gegenzug für größere Steuerbefugnisse den feudalen Magnaten erweiterte Gerichtsbarkeitsrechte einräumte. Er gibt jedoch keine Gründe für diese Annahme an, weder in *Select Charters* , S. 339, oder in seiner

Verfassungsgeschichte , II. 27. Es ist völlig klar, dass die Krone sich bei der Besteuerung freie Hand behielt, aber es scheint keine Beweise zu geben, die den anderen Teil der Theorie stützen, nämlich dass die Feudaljustiz im Jahr 1216 gegenüber der königlichen Justiz neues Terrain gewann, was noch nicht geschehen war 1215 gewonnen.

244 . Es ist unnötig, eine besondere Katastrophe zu erfinden, um das Verschwinden des Siegels des Johannes zu erklären. Blackstone (*Great Charter* , xxix.) sagt: „König Johns großes Siegel ist beim Durchqueren der Wäschen von Lincolnshire verloren gegangen.“

245 . Vergleichen Sie, was über die Verhandlungen in Runnymede gesagt wird, und das Datum von Johns Magna Carta, *siehe oben* , S. 48 .

246 . Blackstone, *Great Charter* , xxxiv.

247 . *Ebenda.*

248 . Stubbs, *Const. Hist.* , II. 25.

249 . Siehe *unten* unter Kapitel 9.

250 . *Große Charta* , xxxix., und *vgl. infra* , S. 201.

251 . Die in den Archiven der Kathedrale von Durham aufbewahrte Waldcharta trägt dieses Datum, und das allein lässt vermuten, dass die Charta der Freiheiten (undatiert), zu der sie eine Ergänzung darstellt, zur gleichen Zeit unterzeichnet wurde. M. Bémont akzeptiert dieses Datum; siehe seine *Chartes* , xxviii., und die dort zitierten Autoritäten. Blackstone, *Great Charter* , xxxix., gibt als wahrscheinliches Datum den 23. September an. Dr. Stubbs, in seinen Sympathien immer katholisch, nennt beide Daten, den 23. September in *Sel. Charters* , 344, und 6. November in *Const. Hist.* , II. 26. Diese Charta der Freiheiten von 1217, die ursprünglich in den Archiven der Gloucester Abbey und jetzt in der Bodleian Library in Oxford gefunden wurde, trägt noch immer den Eindruck von zwei Siegeln – dem von Gualo in gelbem Wachs und dem des Regenten in Grün. Siehe Blackstone, *Great Charter* , S. xxxv. Die Existenz der separaten Waldcharta wurde nur von Blackstone, *ebenda, vermutet.* , P. xlii.; doch kurz nachdem er es geschrieben hatte, wurde ein Original davon in den Archiven der Kathedrale von Durham gefunden. Für einen Bericht darüber und seiner Entdeckung siehe Thomson, *Magna Charta* , S. 443-45.

252 . Siehe *oben* , S. 88 .

253 . Herr Hubert Hall (*Eng. Hist. Rev.* , IX. 344) vertritt jedoch eine andere Ansicht und ist der Ansicht, dass eine Reduzierung der Scutages auf den alten Satz der Regierungszeit Heinrichs II. erforderlich sei. war unmöglich; er spricht von „dem erstaunlichen und vergeblichen Zugeständnis in c. 44 der

Charta von 1217.“ Die Klausel ist sicherlich weder erstaunlich noch sinnlos, wenn wir sie als Versprechen Heinrichs III. betrachten. dass er nicht mehr als 20 Sekunden verlangen würde. pro Ritterhonorar *ohne Zustimmung* , und wenn wir außerdem beachten, dass es während seiner Regierungszeit üblich war, eine solche Zustimmung vom *Commune Concilium* für Scutages, selbst wenn diese niedriger waren, einzuholen. Eine Abgabe von 10 Schilling wurde beispielsweise 1221 von einem Rat gewährt. Siehe Stubbs, *Const. Hist.* , II. 33.

254 . Prothero, *S. de Montfort* , 67.

255 . Siehe CC. 7, 26 und 38 von 1217. Blackstone (*Große Charta* , xxvii.) ist außerdem der Ansicht, dass c. 35 von 1217 enthält „umfassendere Bestimmungen gegen rechtswidrige Machenschaften“; und diese Meinung eines großen Anwalts wird von einem angesehenen Historiker geteilt. Herr Prothero (*Simon de Montfort* , 17 n.) findet, dass die Worte der Neuauflage „wesentlich ausführlicher und klarer sind als die entsprechende Erklärung in der Charta von 1215“. Es wird jedoch *weiter unten* in Kapitel 39 gezeigt, dass ein Zweck der Änderung darin bestand, klarzustellen, dass Besitztümer von Gutsbesitzern von der Projektion des *judicium parium ausgeschlossen waren* ; und dass andere Änderungen in der Charta von 1217 (*z. B.* Kapitel 16) sorgfältig mit einem ähnlichen Ziel vorgenommen wurden.

256 . C. 47 von 1217.

257 . Siehe *unten* unter cc. 24 und 45 .

258 . Stubbs, *Const. Hist.* , II. 32.

259 . C. 13 von 1217.

260 . C. 15 von 1217.

261 . C. 14 von 1217.

262 . C. 42 von 1217.

263 . *Ebenda.* Dies scheint zu implizieren, dass alle Aggressionen seit Heinrichs Herrschaft nicht auf einer Seite erfolgten. Als die Barone das Versprechen erhielten, die seit 1189 erworbenen „Franchises“ zu respektieren, gaben sie stillschweigend zu, dass sie kürzlich in königliche Vorrechte eingegriffen hatten. Durch das Statut von Gloucester und das anschließende *Quo Warranto* -Verfahren unternahm Edward I. einen teilweise erfolgreichen Versuch, das Gleichgewicht wiederherzustellen.

264 . 18 Edward I., auch bekannt als Westminster III.

265 . 7 Edward I., auch bekannt als Statute *de religiosis* .

266 . Siehe Pollock und Maitland, I. 314.

267 . Kleinere Abweichungen werden in den entsprechenden Kapiteln *weiter unten besprochen* . Eine vollständige Liste findet sich bei Blackstone, *Great Charter* , xxxvi.

268 . *Vgl.* Stubbs, *Const. Hist.* , II. 27. „Diese Neuauflage präsentiert die Große Charta in ihrer endgültigen Form."

269 . Die Bedingungen dieser Schriften sind im *Rot aufbewahrt. Klaus.* , I. 377.

270 . Stubbs, *Const. Hist.* , II. 30. Die *Annalen von Waverley* , S. 290 sprechen von einer Neuauflage der Urkunden zu diesem Datum; aber das resultiert wahrscheinlich aus einer Verwechslung mit dem, was ein Jahr zuvor geschah. Siehe Stubbs, *ebenda.*

271 . Stubbs, *Const. Hist.* , II. 31.

272 . Stubbs, *Const. Hist.* , II. 32 und dort zitierte Behörden.

273 . *Chronica Majora* , III. 76.

274 . Dr. Stubbs meint, dass durch die Vermeidung einer Gefahr eine noch größere Gefahr entstanden sei. „Es muss anerkannt werden, dass Hubert bei dem Versuch, das königliche Gewissen zu binden, die normale und primitive Form der Gesetzgebung aufgegeben und dem König den Anspruch eröffnet hat, durch souveräne Autorität ohne Rat oder Zustimmung Gesetze zu erlassen." (*Const. Hist.* , II. 37.) Dies scheint die Bedeutung eines isolierten Präzedenzfalls zu übertreiben, dessen Umstände einzigartig waren. Die Bestätigung war etwas, das weit von einem gewöhnlichen „Gesetzgebungserlass" entfernt war.

275 . Ein paar kleinere Änderungen, wie der Wegfall der Klausel gegen unerlaubte Burgen (jetzt unnötig) und einige verbale Änderungen müssen nicht erwähnt werden. Eine Liste davon findet sich bei Blackstone, *Great Charter* , l.

276 . Siehe Blackstone, *ebenda.* , xlvii. zu l.

277 . *Ebenda.*

278 . Eine kleine Ausnahme sollte beachtet werden. In einem Punkt hatte sich seit 1225 etwas geändert; Der von einer Baronie zu zahlende Entlastungssatz war von 100 Pfund auf 100 Mark gesenkt worden. Siehe *unten* unter Kapitel 2.

279 . Eine Bulle Gregors IX. vom 13. April 1227 bestätigte Heinrich in dieser Erklärung, dass seine Minderheit beendet sei. Siehe Blackstone, *Great Charter* , li., und Stubbs, *Const. Hist.* , II. 39.

280 . Siehe *Rot. Klaus.* , II. 169 und Stubbs, *Const. Hist.* , II. 40, wo angedeutet wird, dass „die Erklärung lediglich eine Erfindung zur Geldbeschaffung

gewesen zu sein scheint." Das ist nicht ganz korrekt. Herr GJ Turner, in seiner Einleitung zu *Select Pleas of the Forest* , S. xcix. to cii., gibt einen vollständigen und überzeugenden Bericht über Henrys Vorgehensweise und Motive. „Der König lehnte weder die Charta des Waldes ab noch annullierte er die Wanderungen, die er in seinen Kinderschuhen getroffen hatte. Er hat sie lediglich nach eingehender Nachfrage korrigiert."

281 . Blackstone, *Great Charter* , 68–9; Stubbs, *Sel. Urkunden* , 365–6.

282 . Die wichtigeren unter ihnen werden von Coke in seinem zweiten *Institute* , S. 12, aufgezählt. 1. Weitere Einzelheiten finden sich in Blackstone, *Great Charter* , lii.; Thomson, *Magna Charta* , 437–446; und in Bémont, *Chartes* , S. xxx. zu liii.

II. Magna Carta und die Reformen von Edward I.

Die Große Charta übte sowohl aufgrund ihrer Vorzüge als auch aufgrund ihrer Mängel einen starken Einfluss auf den Verlauf der Ereignisse während der beiden aufeinanderfolgenden Herrschaften aus. Es ist kaum übertrieben zu sagen, dass das Versäumnis der Magna Carta, angemessene Mechanismen für ihre eigene Durchsetzung bereitzustellen, für die Stimmung der Unruhe und für die langwierigen Kämpfe und Bürgerkriege verantwortlich ist, die die unruhige Herrschaft Heinrichs III. ausmachten; während die unterschiedliche Haltung Heinrichs und seines Sohnes Eduard gegenüber dem Reformplan, den sie verkörperten, den grundlegenden Unterschied zwischen den beiden Herrschaften erklärt – warum die erstere so voller Konflikte und Nöte war, während die letztere so wohlhabend und fortschrittlich war. Die Geschichte dieser Herrschaften im Detail nachzuzeichnen, liegt außerhalb des Rahmens dieser historischen Einführung. Es erscheint jedoch notwendig, solche herausragenden Ereignisse hervorzuheben, die in offensichtlichem und engem Zusammenhang mit der Großen Charta stehen, und auch die Politik Edwards zu skizzieren, die letztendlich zum Triumph der ihr zugrunde liegenden Prinzipien führte.

Der grundlegende Unterschied zwischen der Regierungszeit Heinrichs III. und Eduard I. liegt darin, dass, während Heinrich trotz zahlreicher nomineller Bestätigungen der Magna Carta die darin enthaltene Vereinbarung nie loyal akzeptierte, Eduard im Gegenteil mit den Hauptbestimmungen der Großen Charta einverstanden war, mit vielen subtilen Modifikationen Es ist wahr, aber im Großen und Ganzen ehrlich und mit der aufrichtigen Absicht, sie in die Praxis umzusetzen.

Gleichzeitig veränderte sich die Haltung sogar Heinrichs III. gegenüber der Magna Carta weist auf einen deutlichen Fortschritt gegenüber dem seines Vaters hin. Es war so, dass die Berater von Johns kleinem Erben im Namen der Krone feierlich die Bestimmungen der Charta akzeptierten und sich bemühten, sie während der Minderheit durchzusetzen; Mehr noch, als Heinrich die Mehrheit erlangte, bestätigte er die so getroffene Vereinbarung frei und aus eigener Initiative und sah sich danach nicht mehr in der Lage, den von ihm getroffenen Handel offen zurückzuweisen. Dennoch war die Beilegung der Meinungsverschiedenheiten zwischen Krone und Baronat immer noch eher nominell als real. In Ermangelung eines ordnungsgemäßen Verfassungsmechanismus war der König lediglich durch Pergamentbande gebunden, die er nach Belieben zerbrechen konnte. Der Sieg der Freunde der Freiheit erwies sich als hohl, da nicht unterstützte Versprechen in den großen Kämpfen für nationale Freiheiten wenig zählten. Sogar die groben Verfassungsinstrumente der Charta von 1215 verschwanden vollständig aus ihren Bestätigungen; und da es keinerlei Sanktionen für ihre Durchsetzung gab, wurde die Charta zu einem leeren Ausdruck guter Absichten. Wenn es zu einem Streit kam, gab es keine verfassungsrechtliche Möglichkeit, die Streitparteien zu versöhnen – nichts, was einen endgültigen Rückgriff auf das Schiedsgericht eines Bürgerkriegs verhindern könnte. Somit ist ein Teil der Schuld an den wiederkehrenden und verheerenden Kämpfen während der Herrschaft Heinrichs III. müssen auf die Mängel der Großen Charta zurückgeführt werden.

Das ganze Interesse der Herrschaft liegt in der Tat in den verschiedenen Versuchen, angemessene Mechanismen zur Durchsetzung der in der Magna Carta enthaltenen Freiheiten zu entwickeln. In der Hoffnung, die Theorie in die Praxis umzusetzen, wurden Experimente verschiedenster Art durchgeführt. Das in den Bestimmungen von Oxford von 1258 dargelegte Regierungssystem reproduzierte beispielsweise die Mängel des groben Schemas, das in Kapitel 61 der Großen Charta enthalten war, und fügte neue eigene Mängel hinzu. Sie versuchte, den König durch den Zwang einer Gruppe seiner Feinde auf dem Weg einer guten Regierung zu halten. Der Zweck dieses Baronialkomitees bestand nicht darin, mit Heinrich im Rahmen der normalen Regierungsarbeit freundschaftlich zusammenzuarbeiten, sondern vielmehr, um sein Recht, bestimmte königliche Vorrechte auszuüben, vollständig zu verdrängen. Von der wahren Lösung, die später mit Erfolg angenommen wurde, war noch kein Schimmer zu erkennen. Man erkannte noch nicht, dass der beste Weg, die Krone zu kontrollieren, durch die Agentur ihrer eigenen Minister und nicht durch eine feindliche Opposition, die zum Aufstand organisiert wurde, bestand – dass die richtige Politik darin bestand, es dem König schwer zu machen, anders zu regieren als durch reguläre Minister, und um sicherzustellen, dass alle diese Minister Männer sein sollten, denen das *Commune Concilium* Vertrauen entgegenbrachte und über die es die Kontrolle ausübte.

Es ist wahr, dass Simon de Montfort möglicherweise eine vage Vorstellung vom wirklichen verfassungsmäßigen Heilmittel für die Übel der Herrschaft hatte; doch seine Ideale wurden 1258 vom extremeren Teil der Baronialpartei außer Kraft gesetzt. Earl Simon hatte tatsächlich eine Gelegenheit, seine Theorien in die Praxis umzusetzen. Während der kurzen Zeitspanne zwischen der Schlacht von Lewes, die ihn vorübergehend zum Sieger machte, und der Schlacht von Evesham, die seine Karriere beendete, genoss er eine uneingeschränkte Kontrolle über die Reformbewegung; und einige Autoritäten finden in dem provisorischen Regierungsplan, mit dem er in den letzten Monaten des Jahres 1264 versuchte, seine politischen Ideale zu verwirklichen, Spuren des wahren Verfassungsbehelfs, der später erfolgreich als Lösung des Problems übernommen wurde. In einer Hinsicht hatte der Earl of Leicester zweifellos Einfluss auf die Entwicklung der englischen

Verfassung; Er lieferte den ersten Präzedenzfall für ein nationales Parlament, das Interessen widerspiegelte, die über die der Kronpächter und Grundbesitzer hinausgingen, indem er Vertreter der Bezirke einlud, ihre Plätze an der Seite der Vertreter der Landkreise im Nationalrat einzunehmen Er wurde im Januar 1265 zu einem Treffen einberufen. Seine Regierungspläne sollten jedoch nicht dauerhaft in die Tat umgesetzt werden. Der völlige Sturz seiner Fraktion folgte auf seine entscheidende Niederlage und seinen Tod bei Evesham am 4. August 1265.

Die persönliche Demütigung von Simon de Montfort sicherte jedoch in Wirklichkeit den endgültigen Sieg der Sache, die er sich zu eigen gemacht hatte. Prinz Edward war vom Augenblick seines glänzenden Sieges bei Evesham an nicht nur der Oberste über die Feinde seines Vaters, sondern fortan auch der Oberste in den Räten seines Vaters. Er war sofort in der Lage, einige seiner wichtigsten politischen Ideale zu verwirklichen; und vom Augenblick seines Sieges an übernahm er, allerdings mit einigen Modifikationen, die wichtigsten Verfassungsvorstellungen seines Onkels Earl Simon, der sein Freund und Lehrer gewesen war, bevor er zu seinem tödlichsten Feind wurde.

Edward Plantagenet akzeptierte sowohl als Hauptberater seines alten Vaters als auch nachdem er ihm auf dem Thron nachgefolgt war, nicht nur die Hauptbestimmungen der Großen Charta, [283] sondern verabschiedete gleichzeitig mit ihnen auch einen ⁿᵉᵘᵉⁿ Plan Regierung, die ihr notwendiges Gegenstück bildete. Edward ist die erste vage Idee einer „parlamentarischen Regierung" zu verdanken, zumindest soweit, dass der König als Oberhaupt der Exekutivregierung einen Nationalrat in die Arbeit der nationalen Verwaltung einbinden sollte. Seine politischen Ideale waren das natürliche Ergebnis der Erfahrungen, die er in den späteren Regierungsjahren seines Vaters gesammelt hatte; und er bemühte sich, in seinem Regierungsplan die besten Teile der verschiedenen Experimente zu verkörpern, an denen diese Herrschaft reich war. Obwohl seine Politik auf der seines Onkels Simon de Montfort basierte, wurde sie durch sein eigenes Genie tiefgreifend verändert. Allein die Tatsache, dass der Thronfolger die Ideale von Earl Simon übernahm, veränderte ihre Erfolgsaussichten völlig. Alle derartigen Pläne waren von vornherein zum Scheitern verurteilt, solange sie lediglich von einem noch so mächtigen Oppositionsführer ausgingen; Doch ihr Triumph war schnell gesichert, da sie vom Monarchen selbst als Reformprogramm akzeptiert wurden. Von nun an sollten die neuen politischen Ideale, zusammengefasst in der Idee eines nationalen Parlaments, durch die aktive Unterstützung der Krone gefördert und nicht nur der Monarchie von außen aufgedrängt werden.

Unter dem Schutz von Eduard I. – dem letzten der vier großen Baumeister der Verfassung – wuchs die *Commune Concilium* der Anjou-Könige (selbst eine

weiterentwickelte Form der Curia Regis des Eroberers und seiner Söhne)
zum englischen Parlament heran . Dies bedeutete keine plötzliche
dramatische Veränderung, sondern einen langen, langsamen
Anpassungsprozess unter der führenden Hand von Edward.

Die Hauptmerkmale seines Plans lassen sich kurz zusammenfassen: Edwards
Vorstellung von seiner Position als nationaler König, der nationale Ziele
verwirklicht, wobei die zur Verwirklichung erforderlichen Mittel von der
Nation bereitgestellt werden sollten, veranlasste ihn natürlich, ein
Steuersystem zu entwickeln, das diese Ziele erreichen würde der Staatskasse
und vermeidet gleichzeitig unnötige Reibungen mit dem Steuerzahler. Sein
Problem bestand darin, seine Staatskasse so zu füllen, wie es der Krone am
besten gefiel, und gleichzeitig die Unzufriedenheit und Unannehmlichkeiten,
die die gesamte Nation unter dieser Last verspürte, auf ein Minimum zu
reduzieren. Durch die Verbreiterung der Steuerbasis führte er dazu, die Basis
des Parlaments zu verbreitern; und so gelangte er von der feudalen
Vorstellung eines *Commune Concilium* , an dem nur Pächter der Krone
teilnahmen, zum edleren Ideal eines nationalen Parlaments, das Vertreter
aller Gemeinschaften und Klassen in England umfasste. Die
Zusammensetzung des großen Rates wurde geändert; Das Prinzip der
Repräsentation, das schon Jahrhunderte vor der Eroberung in der englischen
Kommunalverwaltung bekannt war, fand nun im englischen Parlament eine
Heimat, und wie sich herausstellte, eine dauerhafte Heimat. Es war
offensichtlich, dass das Parlament, dessen Zusammensetzung sich dadurch
veränderte, häufiger zusammentreten musste als früher. Edward erhob den
Nationalrat von seiner alten Position einer bloßen gelegentlichen
Versammlung, die besonderen Notfällen vorbehalten war, zu einem
normalen und ehrenvollen Platz im Regierungssystem. Von nun an waren
häufige Parlamentssitzungen eine Selbstverständlichkeit.

Mit der Erweiterung seiner Zusammensetzung erweiterten sich auch die
Befugnisse dieser Versammlung fast automatisch. Die Besteuerung war ihre
ursprüngliche Funktion, da dies der Hauptzweck war (so behaupten die
besten Behörden trotz einiger negativer Kritik), zu dem die Vertreter der
Kreise und Bezirke dorthin berufen worden waren. Bald kam die
Gesetzgebung bzw. das Vetorecht bei der Gesetzgebung hinzu – wenngleich
die Neuankömmlinge zunächst nur einen bescheidenen Anteil daran hatten.
Die Aufgabe, Beschwerden anzuhören und Ratschläge zu erteilen, oblag
bereits in den Tagen des Eroberers den großen Magnaten, die in der Curia
Regis ihrer Stimme Gehör verschaffen konnten; und ähnliche Rechte wurden
nach und nach auf die bescheideneren Mitglieder der erweiterten
Versammlung ausgedehnt. Die Vertreter der Landkreise und Städte behielten
auch nach der Spaltung des Parlaments in zwei Kammern das Recht auf freie
Diskussion. Diese Rechte, die durch die Befehlsgewalt über die Staatskasse

gestärkt wurden, nahmen tendenziell zu, bis sie den Commons ein gewisses Maß an Kontrolle über die Exekutivfunktionen des Königs sicherten. Diese parlamentarische Kontrolle schwankte in Ausmaß und Wirksamkeit je nach der Schwäche des Königs, seinem Geldbedarf und der jeweiligen politischen Situation.

Die neue Stellung und Befugnisse des Parlaments brachten logischerweise eine entsprechende Änderung der Stellung und Befugnisse des kleineren, aber dauerhafteren Rates oder *Concilium Ordinarium* (des künftigen Geheimen Rates) mit sich. Dieser hatte schon lange an Macht, Ansehen und Unabhängigkeit zugenommen, ein Prozess, der durch die Minderheit Heinrichs III. beschleunigt wurde. Der Rat wurde nun durch die Unterstützung eines mächtigen Parlaments gestärkt, das normalerweise im Bündnis mit den Führern der fürstlichen Opposition agierte. Die Mitglieder des Rates wurden im Allgemeinen aus dem Parlament rekrutiert, und ihre Ernennung zu Ministern des Königs und Mitgliedern der Kurie wurde stark von den Verfahren in der größeren Versammlung beeinflusst.

Der Rat wurde so zu einem neutralen Boden, auf dem die widersprüchlichen Interessen von König und Baron diskutiert und kompromittiert werden konnten. Wilde Pläne wie die in Kapitel 61 der Magna Carta oder wie sie in dem vom verrückten Parlament 1258 eingesetzten Ausschuss zum Ausdruck kamen, waren nun unnötig. Die vom Parlament unterstützten Minister des Königs wurden zu einem geeigneten Mittel zur Durchsetzung der in den königlichen Urkunden verankerten verfassungsmäßigen Beschränkungen. Damit war das Problem vorerst gelöst. Es war eine geeignete Sanktion erdacht worden, die dazu geeignet war, königliche Versprechen in die Tat umzusetzen.

Zusammenfassend lässt sich sagen, dass Eduards Ziel, als nationaler König zu regieren, die häufige Einberufung eines Zentralparlaments beinhaltete, das sich aus Personen zusammensetzte, die als Bindeglied zwischen der Krone und den verschiedenen Klassen der englischen Nation fungieren konnten und von denen er erwartete, dass sie einen Beitrag zur Staatskasse leisteten. Dies implizierte auch, dass die nationalen Geschäfte von Ministern geführt werden sollten, die das Vertrauen dieses Parlaments genießen könnten. [284] Somit war Edwards Politik ein schwacher Vorgeschmack auf einige der grundlegendsten Prinzipien der modernen verfassungsmäßigen Regierung – Parlament, Repräsentation, ministerielle Verantwortung. Edward Plantagenet war natürlich weit davon entfernt, die volle Bedeutung dieser Vorstellungen zu erkennen, und wenn er sie erkannt hätte, wäre er höchst unwillig gewesen, sie zu akzeptieren; Dennoch trug er unbewusst dazu bei, die Sache des verfassungsmäßigen Fortschritts voranzutreiben.

Diese vorübergehende Lösung eines immer wiederkehrenden Regierungsproblems während der Herrschaft von Edward I. wurde unter zwei verschiedenen Aspekten betrachtet. Manchmal wird es einfach als Ergebnis des Drucks der Ereignisse angesehen – als ein natürliches Phänomen, das sich entwickelt hat und Naturgesetzen unterliegt, um den Bedürfnissen der Zeit gerecht zu werden. Von anderen Autoren wird es der Weisheit und dem bewussten Handeln von König Edward zugeschrieben. Die beiden Ansichten sind vielleicht nicht so widersprüchlich, wie sie auf den ersten Blick scheinen, da große Männer im Einklang mit dem Zeitgeist arbeiten und Ereignisse zu kontrollieren scheinen, die sie nur interpretieren und zum Ausdruck bringen. Der in Runnymede zwischen dem englischen Monarchen und der englischen Nation geschlossene Handel fand vor dem Ende des 13. Jahrhunderts sein notwendiges Gegenstück und seine Sanktion in der Vorstellung eines Königs, der durch verantwortliche Minister und im Einklang mit einem nationalen Parlament regiert. Edward Plantagenet war lediglich das Instrument, durch dessen Vermittlung die neue Konzeption eine Zeit lang teilweise verwirklicht wurde. Dennoch verdient er die Dankbarkeit der Nachwelt für seinen Anteil an der Ausarbeitung eines funktionierenden Regierungsplans, der an die Stelle der ungeschickten Hilfsmittel trat, die die Barone im Jahr 1215 als Verfassungssanktionen vorgesehen hatten. Er lieferte die logische Ergänzung der Theorien, die darin vergeblich dargelegt wurden Johns Große Charta, wodurch leere Äußerungen guter Absichten in vollendete Tatsachen umgewandelt werden. Der endgültige Triumph der Prinzipien, die der Magna Carta zugrunde liegen, wurde durch die von Edward Plantagenet entwickelte Verfassungsmaschinerie sichergestellt.

283 . Der beste Beweis hierfür ist ein Vergleich der Magna Carta mit dem Statut von Marlborough und den wichtigsten Statuten von Edwards Herrschaft, insbesondere dem von Westminster I.

284 . Die Doktrin, dass die *Commune Concilium* ein Mitspracherecht bei der Ernennung der Minister der Krone haben sollte, war in der Tat bereits unter Heinrich III. mehrmals umgesetzt worden. Siehe Stubbs, *Const. Hist.* , II. 41.

TEIL V.

MAGNA CARTA: ORIGINALVERSIONEN, GEDRUCKTE AUSGABEN UND KOMMENTARE.

I. Manuskripte der Magna Carta und zugehörige Dokumente.

Die Barone, die König John die Große Charta aufgezwungen hatten, waren entschlossen, dass ihr Inhalt weithin bekannt und dauerhaft erhalten bleiben sollte. Es reichte nicht aus, dass das große Siegel offiziell auf einem Pergament eingeprägt wurde. Diejenigen, die Johannes dazu zwangen, sich zu unterwerfen, gaben sich nicht einmal mit der Ausführung seiner Bedingungen in zwei oder dreifacher Ausfertigung zufrieden, sondern bestanden darauf, dass das große Siegel an viele Kopien angehängt werden sollte, die alle praktisch identische Bedingungen und die gleiche Autorität hatten. Diese sollten im ganzen Land verteilt und in wichtigen Festungen sowie in den Archiven der Kapitel der Domkirchen aufbewahrt werden.

I. *Die erhaltenen Originalversionen.* Von den vielen Exemplaren der Charta, die unter dem großen Siegel des Johannes beglaubigt wurden, sind vier dem zerstörerischen Einfluss der Zeit entgangen und können auch nach fast sieben Jahrhunderten noch von der Öffentlichkeit eingesehen werden. Diese vier Datensätze sind:

(1) *The British Museum Magna Carta, Nummer eins* – offiziell zitiert als „Cotton, Charters XIII." 31 A. " Die jüngste Geschichte dieses Dokuments ist bekannt. Es wurde im 17. Jahrhundert in den Archiven von Dover Castle gefunden; und es ist nicht unwahrscheinlich, dass es schon Jahrhunderte zuvor dort gelegen hat, möglicherweise von einem Datum an, das nicht viel später als das seiner ursprünglichen Ausführung lag; denn das Schloss von Dover war wie der Tower of London ein natürlicher Ort für die Aufbewahrung von Dokumenten von nationalem Wert. Dort wurde es von Sir Edward Dering entdeckt, als er noch Aufseher des Schlosses war, und von ihm wurde es zusammen mit einem Brief vom 10. Mai 1630 Sir Robert Cotton geschenkt. [285] Es ist immer noch ein Gegenstand in der in den Briten aufbewahrten Sammlung Museum, das den Namen des berühmten Antiquars trägt.

Bei dem großen Brand am 23. Oktober 1731, der die Cottonian Library verwüstete, wurde diese wertvolle Urkunde schwer beschädigt und teilweise unleserlich gemacht, während das gelbe Wachs des Siegels teilweise geschmolzen war. Es ist möglich, dass dieser Zufall das Prestige dieses besonderen Exemplars der Magna Carta etwas gesteigert hat, das wie die drei anderen noch erhaltenen Exemplare durchgehend, wenn auch mit vielen Verkürzungen, in sauberer, fließender normannischer Hand geschrieben ist. Ein besonderes Merkmal dieser Version besteht darin, dass offenbar einige Auslassungen im Text der Urkunde gemacht und am Fuße des Pergaments ergänzt wurden. Es sind fünf an der Zahl. [286] Es ist möglich, sie als

Korrekturen klerikaler Auslassungen zu betrachten, die auf Nachlässigkeit oder Eile beim Vertiefen der Urkunde zurückzuführen sind; aber die Tatsache, dass eine der Ergänzungen eindeutig zu Gunsten des Königs ausfällt, lässt die starke Vermutung zu, dass es sich dabei um Ergänzungen handelte, die im Nachhinein zu dem gemacht wurden, was dem fesselnden Schreiber ursprünglich diktiert worden war, und dass sie auf Vorschlag des Königs eingefügt wurden, bevor er sich daran halten wollte tolles Siegel.

Die Bedeutung dieses Dokuments wurde vergleichsweise früh erkannt und etwa achtzehn Monate nach dem großen Brand von John Pine, einem bekannten Kupferstecher seiner Zeit, ein Faksimile angefertigt. Dem Stich liegt ein Zertifikat vom 9. Mai 1733 bei, aus dem hervorgeht, dass die Kopie auf dem Original basiert, das durch die Hitze zusammengeschrumpft war; aber dass dort, wo zwei Löcher verbrannt worden waren, die ausgelöschten Wörter aus der anderen Version (die gleich beschrieben wird) ersetzt wurden, die ebenfalls in der Cottonian-Sammlung aufbewahrt wurde.

(2) *The British Museum Magna Carta, Nummer zwei* – offiziell zitiert als „Cotton, Augustus, II." 106." Die frühe Geschichte dieses Dokuments ist unbekannt, aber irgendwann im 17. Jahrhundert gelangte es in den Besitz von Herrn Humphrey Wyems und von ihm wurde es am 1. Januar 1628/29 Sir Robert Cotton überreicht. Im Gegensatz zum anderen Cottonian-Exemplar befindet sich dieses erfreulicherweise in einem hervorragenden Erhaltungszustand; aber von einem Siegel ist keine Spur mehr übrig. [287] Drei der fünf am Fuße der zuvor beschriebenen Kopie eingefügten Nachträge finden sich hier an ähnlicher Stelle; aber der Inhalt der beiden anderen ist in der Urkunde enthalten. Am linken Rand erscheinen Titel, die später mehrere Kapitel beschreiben sollen. [288] Somit ist die Nation für die Erhaltung von zwei Originalexemplaren der nationalen Charta der Freiheiten Sir Robert Cotton zu Dank verpflichtet, aber für dessen antiquarischen Eifer hätten sie beide verloren gehen können. Offenbar muss jedoch eine von mehreren Autoren [289] erzählte Geschichte über das demütigende Schicksal, das der ursprünglichen Magna Carta drohte, zurückgewiesen werden. Sir Robert, so heißt es, habe „das Palladium der englischen Freiheiten" in den Händen seines Schneiders in dem entscheidenden Moment entdeckt, als die Schere es in Formen für einen Anzug verwandeln wollte. Dies ist zweifellos eine Fabel, da beide Manuskripte der Magna Carta in der Cottonian-Sammlung anderweitig belegt sind.

(3) *Die Lincoln Magna Carta.* Diese Kopie befindet sich in der Obhut des Dekans und Kapitels der Kathedrale, wo sie zweifellos viele Jahrhunderte lang gelegen hat. Es wurde vermutet, dass der von der römischen Kirche heiliggesprochene Bischof Hugh von Lincoln, dessen Name in der Liste der Magnaten steht, die Johns Stipendium zustimmten, es bei seiner Rückkehr nach Lincoln aus Runnymede mitgebracht haben könnte. Das Wort

„Lincolnia" ist von späterer Hand an zwei Stellen auf der Rückseite des Dokuments auf Pergamentfalten angebracht. Am Fuß sind keine Korrekturen oder Ergänzungen eingefügt, sondern an der richtigen Stelle sind alle Korrekturen aufgeführt, die in den bereits besprochenen Versionen vorkamen. Darüber hinaus ist es mit mehr Schnörkeln und in einer ausgefeilteren Art und Weise als diese ausgeführt, und daraus lässt sich schließen, dass es länger gedauert hat, bis es in die Tiefe ging. Die Record Commissioners betrachteten bei der Ausarbeitung der *Reichsstatuten* diese Version als von höherer Autorität als alle anderen und wählten sie dementsprechend als Kopie für ihren Stich der Magna Carta, der 1810 in diesem wertvollen Werk und auch im ersten Band veröffentlicht wurde ihrer Ausgabe von Rymers *Foedera* im Jahr 1816. [290]

(4) *Die Salisbury Magna Carta* – aufbewahrt im Archiv der dortigen Kathedrale. Die frühe Geschichte dieses Manuskripts konnte nicht zurückverfolgt werden, seine Existenz war jedoch Ende des 17. Jahrhunderts bekannt. [291] Sir William Blackstone leitete im April 1759 [292] eine Suche danach ein, jedoch ohne Erfolg – seine Nachforschungen ergaben, dass es etwa dreißig Jahre zuvor bei Reparaturarbeiten in der Kathedrale verloren gegangen sei Bibliothek. Da sein Verschwinden tatsächlich während der Amtszeit von Gilbert Burnet stattgefunden hatte, dessen antiquarische Interessen wohlbekannt waren, warfen ihm seine politischen Gegner vor, es sich angeeignet zu haben – eine unbestrittene Verleumdung, der jedoch durch spätere Tatsachen etwas Farbe verliehen wurde erklärt. Das Dokument war im Jahr 1800 nicht wiederentdeckt worden, als die königliche Kommission ihren Bericht über das Ergebnis ihrer Untersuchungen nach nationalen Aufzeichnungen veröffentlichte. [293] Zwei Unterkommissare besuchten 1806 Salisbury auf der Suche danach, fanden jedoch keine Zufriedenheit. Es scheint jedoch, dass es in den nächsten Jahren wiederentdeckt wurde, da es in einem 1814 veröffentlichten Buch erwähnt wird [294] und jetzt im Auftrag des Dekans und Kapitels der Kathedrale von Salisbury der Öffentlichkeit ausgestellt wird. Es ähnelt dem Lincoln-Exemplar sowohl durch die schöne, gemächliche Schrift als auch durch das Fehlen von Zusätzen am unteren Rand des Pergaments. [295]

II. *Vergleich der Originale.* Vor der Veröffentlichung von Sir William Blackstones großartigem Werk schien außerordentliche Verwirrung hinsichtlich der verschiedenen Chartas der Freiheiten geherrscht zu haben. Nicht nur wurde Johns Magna Carta mit den verschiedenen Neuauflagen von Henry verwechselt; Letztere waren jedoch nur aus einer offiziellen Kopie der Charta von 1225 bekannt, die in der Bestätigungsstatut des achtundzwanzigsten Regierungsjahres von Edward I. enthalten war und aufgrund des ersten Wortes der Erklärung des Königs als „Inspeximus" bekannt war dass er das Dokument gesehen habe, von dem er eine Kopie gegeben habe. Weder Madox [296] noch Brady [297] wussten von der Existenz eines der vier Originale; und in der ersten Ausgabe von Rymers *Foedera* , die 1704 erschien, werden sie nicht erwähnt. Herr Tyrrell scheint tatsächlich von der zweiten Originalkopie im British Museum und auch von der Salisbury-Version gewusst zu haben. [298] Herr Care [299] zeigte keine klare Kenntnis der verschiedenen Manuskripte, erwähnte jedoch die Existenz mehrerer. Sogar Sir William Blackstone stellte 1759 nur die beiden Cottonian-Abschriften zusammen, da er die von Salisbury nicht finden konnte und von der Existenz des Lincoln-Manuskripts nichts wusste. [300]

Da diese vier Versionen ihrem Inhalt nach praktisch identisch sind – die Abweichungen bestehen lediglich in der Verwendung von Kontraktionen oder anderen verbalen Änderungen trivialer Art –, scheint es bei der Diskussion, ob eine von ihnen einen größeren Wert hat, keine wichtige Frage zu geben als die anderen. Die Record Commissioners waren der Ansicht, dass die Lincoln-Kopie die erste war, die fertiggestellt wurde (und daher besondere Autorität besaß), da sie im Gegensatz zu den beiden Cottonian-Kopien keine Einfügungen am Fuß des Instruments enthielt. Es erscheint jedoch plausibler zu argumentieren, dass gerade diese Immunität gegenüber Schreibfehlern oder nach der Vertiefung vorgenommenen Ergänzungen beweist, dass es später und weniger eilig ausgeführt wurde als die anderen und daher von geringerer Autorität war, sofern eine Unterscheidung zulässig ist. Herr Thomson hat viel Grund für seine Behauptung, wenn er von der mit Brandflecken versehenen Version im British Museum spricht, dass „die gleichen Umstände wahrscheinlich ein Beweis für ihr überragendes Alter sein könnten, da es sich um die erste handelte, die tatsächlich in Form gebracht und versiegelt wurde." Runnymede, das Original, von dem die perfektesten Kopien stammen." [301]

In allen gedruckten Texten der Magna Carta ist der Inhalt in eine Präambel und dreiundsechzig Kapitel unterteilt, und jedes Kapitel ist nummeriert und wird in einem separaten Absatz behandelt. Dafür gibt es in keinem der vier Originale eine Garantie, die wie andere Feudalurkunden alle vom Anfang bis zum Ende laufen und keine Nummern oder andere Hinweise darauf enthalten, wo eine Bestimmung endet und eine andere beginnt. Streng genommen hat die Magna Carta also keine Kapitel: Es handelt sich hierbei um eine moderne Erfindung, die zur leichteren Bezugnahme erstellt wurde.

III. *Die Artikel der Barone.* Von kaum geringerem historischem Interesse als diese vier Originalexemplare der Großen Charta ist das Pergament, das die Köpfe der zwischen Johannes und den Rebellen am 15. Juni 1215 getroffenen Vereinbarung enthält, aus der die Charta später erweitert wurde. Das Pergament mit diesen Köpfen, bekannt als „Articles of the Barons", befindet sich jetzt im British Museum und wird offiziell als „Donation MSS" bezeichnet. 4838." Die sieben Jahrhunderte, die vergangen sind, haben überraschend wenige Spuren hinterlassen; Es ist durchgehend gut lesbar und trägt noch immer den Abdruck von Johns großem Siegel aus braunem Wachs. Es ist wahrscheinlich, dass dieses Dokument zusammen mit anderen englischen Aufzeichnungen während des Bürgerkriegs, der unmittelbar auf die Transaktion in Runnymede folgte, in die Hände von Prinz Louis gelangte; dass es gemäß dem im September 1217 geschlossenen Vertrag von Lambeth an den Regenten William Marshal übergeben wurde; und dass es danach im Lambeth Palace deponiert wurde, wo es bis zur Mitte des 17. Jahrhunderts blieb. Erzbischof Laud scheint sich seines historischen Interesses bewusst gewesen zu sein, da er es zu den wertvollsten Dokumenten in seinem Besitz zählte. Als ihm vom Langen Parlament eine Amtsenthebung drohte, hielt er es für klug, seine Papiere in Ordnung zu bringen; und am 18. Dezember 1640 schickte er zu diesem Zweck seinen Freund Dr. John Warner, Bischof von Rochester, in seinen bischöflichen Palast.

Es gab tatsächlich keine Zeit zu verlieren; Wenige Stunden später wurde Laud in die Obhut von Black-Rod übergeben und das House of Lords schickte einen offiziellen Boten, um seine Papiere zu versiegeln. Bischof Warner war jedoch mit den Artikeln der Barone entkommen, bevor dieser Bote eintraf; Er behielt es bis zu seinem Tod, und bei seinem Tod ging es an einen seiner Testamentsvollstrecker namens Lee über, und von diesem an seinen Sohn Colonel Lee, der es Gilbert Burnet überreichte, dem späteren Bischof von Salisbury und Autor der berühmten „ *History of His Own* ". Zeit . Als die Salisbury Magna Carta verschwand, wurde Burnet verdächtigt, sie für seine eigenen Zwecke missbraucht zu haben. Die Begründung, die den Falschdarstellungen seiner politischen Gegner scheinbar einiges Gewicht verlieh, bestand darin, dass ihm bei der Verfolgung seiner historischen Arbeiten besondere Möglichkeiten zur Durchsuchung öffentlicher Aufzeichnungen eingeräumt worden waren und dass er diese tatsächlich in seinem Besitz hatte – völlig rechtmäßig , wie wir jetzt wissen, die Artikel der Barone, die aufgrund der Nachlässigkeit früher Historiker mit der Magna Carta selbst verwechselt wurden. Die Verleumdung war so weit verbreitet, dass Burnet es für notwendig hielt, sie formell zu widerlegen, indem er erklärte, er habe die Artikel als Geschenk von Colonel Lee erhalten. „So liegt es jetzt in meinen Händen, und es ist mir sehr fair ergangen."

Bischof Burnet hinterließ es seinem Sohn Sir Thomas Burnet; und nach seinem Tod ging es an seinen Testamentsvollstrecker David Mitchell über, dessen Erlaubnis zum Drucken Blackstone 1759 erhielt. Kurz darauf wurde es von Mr. Mitchells Tochter von einem anderen großen Historiker, Philip, dem zweiten Earl of Stanhope, gekauft und von ihm geschenkt Es wurde 1769 dem British Museum übergeben. Heute wird es zusammen mit den beiden Cottonian-Kopien der Magna Carta der Öffentlichkeit ausgestellt.

Die Record Commissioners haben es 1810 in *den Statutes of the Realm* und 1816 auch im *New Rymer* als Faksimile wiedergegeben. [302]

Das Dokument beginnt mit dieser Überschrift: „ *Ista sunt Capitula quae Barones petunt et dominus Rex conedit.*" „Dann folgen die Artikel in 49 Absätzen unterschiedlicher Länge, getrennt, aber nicht nummeriert, wobei jedes neue Kapitel (im Gegensatz zu den Kapiteln der Magna Carta, die entsprechend ihrem Charakter als Charta direkt weiterlaufen) eine neue Zeile beginnt. Die in allen gedruckten Ausgaben stets vorkommenden Nummern haben im Original keine Gewähr.

Zwischen den Absätzen 48 und 49 befindet sich eine Leerstelle, die für zwei Zeilen ausreicht, was möglicherweise darauf hindeutet, dass das letzte Kapitel, das die revolutionäre Bestimmung für die Ernennung der fünfundzwanzig Testamentsvollstrecker enthält, nachträglich hinzugefügt wurde. Die Kapitel 45 und 46 sind durch eine grobe Klammer verbunden, und eine Klausel wird von derselben Hand wie die übrigen hinzugefügt, jedoch schneller, wodurch die Bestimmungen beider zugunsten des Königs geändert werden. Zumindest ist dies eindeutig ein nachträglicher Gedanke. [303]

IV. *Die sogenannte „unbekannte Charta der Freiheiten".* In den französischen Archiven ist die Kopie einer angeblich von König Johann erteilten Urkunde erhalten, deren Form jedoch unregelmäßig ist. Dieses Dokument wird in den *Archives du Royaume* in der *Section Historique* aufbewahrt und hat die Nummer J. 655. [304] Eine Kopie dieser Kopie wurde 1893 von Herrn J. Horace Round im Londoner Archivamt entdeckt, also vor diesem Datum scheint den englischen Historikern praktisch unbekannt gewesen zu sein, obwohl es dreißig Jahre zuvor von einem französischen Schriftsteller gedruckt worden war. [305] Herr Round teilte seine Entdeckung dieser „unbekannten Charta der Freiheiten" dem *English Historical Review mit*, auf dessen Seiten eine von ihm eingeleitete Diskussion über deren Natur und Gültigkeit stattfand. Drei Theorien wurden vorgeschlagen: (*a*) Herr Round behauptete, dass es sich bei dem Dokument um eine Kopie, vielleicht in verstümmelter Form, einer Urkunde handelte, die König John im Jahr 1213 tatsächlich den nördlichen Baronen erteilt hatte und die Zugeständnisse enthielt, zu deren Annahme sie sich bereit erklärt hatten zur Befriedigung ihrer Ansprüche. [306] (*b*) Herr Prothero zog es vor, es nicht als eine tatsächlich ausgeführte Urkunde zu betrachten, die zur Begleichung der verschiedenen streitigen Ansprüche ausgestellt und akzeptiert wurde, sondern eher als einen fehlgeschlagenen Vorschlag, den der König Anfang 1215 gemacht und vom König abgelehnt hatte Barone. [307] (*c*) Herr Hubert Hall wies das Dokument als Fälschung ab und beschrieb es als „eine Krönungsurkunde, die John im zweiten Jahrzehnt des dreizehnten Jahrhunderts von einem französischen Schreiber zugeschrieben wurde" – wahrscheinlich zwischen November 1216 und März

1217, als König Philipp beweisen wollte, dass Johannes einen Meineid begangen hatte, indem er seine Versprechen gebrochen hatte, und dadurch sein Recht auf die Krone von England verwirkt hatte. [308]

Herr Hall beschreibt die Vorgehensweise des Erstellers dieser angeblichen Fälschung. Er legte Kopien der Freiheitscharta Heinrichs I. und der 1216–17 herausgegebenen Urkunden Heinrichs III. vor sich und wählte aus diesen Quellen aus, was für seinen Zweck geeignet war, und „entweder aus Absicht oder aus Nachlässigkeit" Aus Unkenntnis der englischen Formen änderte er den Wortlaut seiner beiden Originale, um den Effekt einer mit Archaismen durchsetzten Paraphrase zu erzeugen." Diese äußerst geniale Theorie ist nicht ganz überzeugend. Um nicht auf die Anzahl der unbewiesenen Schlussfolgerungen zu verweisen, auf denen es basiert, scheint es einen gravierenden Fehler zu haben: Es ignoriert die Absurdität des Versuchs, Glaubwürdigkeit für eine derart ungeschickte Abfassung zu erlangen, insbesondere wenn bekannt war, dass John nie eine gegeben hatte Krönungsurkunde überhaupt. Selbst wenn ein geschickter Fälscher das Dokument als Grundlage für eine vollständige Urkunde hätte verwenden können, hätte dies immer noch den Abdruck von Johns großem Siegel erfordert, um ihm Gültigkeit zu verleihen. Eine solche Betrügerei konnte niemandem ernsthaft auferlegt werden.

Eine vierte Theorie kann sehr vorläufig vorgeschlagen werden, nämlich dass das fragliche Dokument eine Kopie des tatsächlichen Zeitplans ist, der von den Baronen vor dem 27. April 1215 erstellt wurde. Dass ein solcher Zeitplan existierte, wissen wir aus der ausdrücklichen Erklärung von Roger von Wendover , [309] der uns mitteilt, dass es an den König geschickt wurde mit der Forderung, dass sein Siegel sofort darauf angebracht werden sollte, da ein Bürgerkrieg drohte. Daraus lässt sich mit Sicherheit schließen, dass der Zeitplan, als er die Hände der Barone verließ, zur Ausführung bereit war; aber mangelnde Erfahrung bei der Ausarbeitung von Kronurkunden würde sie daran hindern, ein völlig reguläres Instrument zu produzieren. Sie würden sich sicherlich an der Charta Heinrichs I. orientieren, die all ihren Bemühungen ein klares Ziel gegeben hatte. Es wäre jedoch notwendig, dies durch Ergänzungen auf den neuesten Stand zu bringen, von denen wir *a priori* erwarten könnten, dass sie den Bestimmungen ähneln, die später in der in Runnymede getroffenen Vereinbarung mit mehr Ausführlichkeit angenommen wurden. Dieser schnell zusammengestellte Zeitplan würde dann wahrscheinlich viele der Merkmale enthalten, die Herr Hall tatsächlich in dem zur Diskussion stehenden Dokument entdeckt hat. Eine solche Identifizierung der „unbekannten Charta der Freiheiten" mit dem Zeitplan vom 27. April 1215 würde alle von Herrn Hall hervorgehobenen Merkmale erklären – die Archaismen, den fehlerhaften Stil und die Verwendung der dritten Person Singular, erstens, und dann der ersten Person Singular, anstatt überall die von Johannes ausnahmslos verwendete erste Person Plural zu verwenden. Es würde auch erklären, warum die erste Hälfte des Pergaments, auf dem die „unbekannte Urkunde" steht, eine Kopie der Urkunde Heinrichs I. enthält und warum die beiden so viele Gemeinsamkeiten aufweisen.

Es wäre eindeutig nicht ratsam, Schlussfolgerungen aus den Bedingungen eines Dokuments zu ziehen, dessen Natur und Authentizität Gegenstand so vieler konkurrierender Theorien sind; Aber selbst wenn weitere Untersuchungen beweisen, dass es sich um eine Fälschung handelt, kann eine Fälschung des zeitgenössischen Datums Licht auf ansonsten unklare Passagen in echten Urkunden werfen. Ein oder zwei Beispiele davon werden in der Fortsetzung zu finden sein.

---

285 . Dieser Brief wird auch im British Museum aufbewahrt und als „Cotton, Julius, C. III." zitiert. Fol. 191."

286 . Diese sind sorgfältig unter den von den Herausgebern der Charters of Liberties beschriebenen Variationen aufgeführt, die Teil I des ersten Bandes der *Statutes of the Realm bilden* . Diese Nachträge sind (1) am Ende von c. 48, „ *per eosdem, ita quod nos hoc sciamus prius, vel justiciarius noster, si in Anglia non fuerimus* ", sieht vor, dass der König über alle als „böse" gebrandmarkten Waldpraktiken informiert werden sollte, bevor sie abgeschafft werden; (2) zwei kleine Ergänzungen, nahe dem Anfang von c. 53, (a), „ *et eodem modo de justicia exhibenda* " und (b) „ *vel remansuris Forestis* "; (3) in c. 56, diese vier Wörter, „ *in Anglia vel in Wallia* "; und (4) in c. 61 die Worte „ *in perpetuum* " nach „ *gaudere* ". Im 2. British Museum MS. Drei dieser Ergänzungen erscheinen am Fuß, nämlich. (1), (2 *a*) und (2 *b*); aber die Worte von (3) und (4) sind in den Hauptteil dieser MS aufgenommen.

287 . „Die Falte und das Etikett sind jetzt abgeschnitten, obwohl es angeblich einst Schlitze für zwei Siegel gegeben haben soll, wofür es fast unmöglich ist, sie zu erklären; aber Dr. Thomas Smith stellt in seinem Vorwort zum *Cottonian Catalogue* , Oxford, 1695, Folio, fest, dass es sich um die der Barone handelte" (Thomson, *Magna Charta* , 425).

288 . Reproduktionen dieser Kopie werden im British Museum zum Preis von 2 Sekunden verkauft. 6d. jede.

289 . Siehe Isaac D'Israeli, *Curiosities of Literature* , I. 18, und Thomson, *Magna Charta* , 424.

290 . Der Stich wurde in ihrem Auftrag von James Basire ausgeführt.

291 . Siehe James Tyrrell, *History of England* , Bd. II. 821 (1697-1704).

292 . Blackstone, *Große Charta* , S. xvii.

293 . Siehe *Bericht* (1800), S. 341, mit der Rückgabe des Kapitelschreibers der Cathedral Church of Salisbury vom 15. Mai 1800.

294 . Dodsworth, *Historical Account of the Cathedral* , 202.

295 . Es ist unnötig, die Kopien der Urkunde, die nicht durch das Große Siegel des Johannes beglaubigt wurden, im Detail zu behandeln, obwohl einige von ihnen als sekundäre Autoritäten von großem Wert sind. Die vier wichtigsten sind (*a*) eine Kopie, die im Register der Gloucester Abbey erscheint, (*b*) das Harleian MSS., British Museum Nr. 746 (das auch die Namen der fünfundzwanzig Testamentsvollstrecker in einer Handschrift enthält, die wahrscheinlich aus der Zeit der Herrschaft stammt). von Edward I.), (*c*) im Red Book of the Exchequer. Es gibt auch (*d*) eine frühe französische Version, abgedruckt in D'Achery, *Spicilegium* , Bd. XII. P. 573, zusammen mit dem Schreiben vom 27. September an den Sheriff von Hampshire. Siehe Blackstone, *Great Charter* , S. xviii. und Thomson, *Magna Charta* , S. 428-430.

296 . Thomas Madox, *Firma Burgi* (1726). Auf P. 45, Madox bezieht sich nur auf den *Inspeximus* von Edward I.

297 . Robert Brady, *Complete History of England* , S. 126 des Anhangs zu Bd. I. (1685) übernimmt seinen Text der Charta von Matthew Paris, „verglichen mit dem Manuskript, das in der Bennet College Library gefunden wurde".

298 . James Tyrrell, *Geschichte Englands* (1697-1704). Auf S. 9 des Anhangs zu Bd. II. P. 821 druckt Tyrrell einen Text von John's Charter, der auf dem von M. Paris basiert und mit diesen beiden Originalen zusammengestellt wurde.

299 . Henry Care, *Englische Freiheiten im Erbe der freigeborenen Untertanen; enthaltend Magna Charta* usw. (1719), S. 5. Die erste Ausgabe trägt einen etwas anderen Titel und ist auf das Jahr 1691 datiert.

300 . Seltsamerweise erklärte Sir Thomas Duffus Hardy erst 1837 bei der Veröffentlichung seines *Rotuli Chartarum* (Einleitung, S. ii. Anmerkung 5), dass kein Original von Johns Charta existierte. Er wusste, dass viele Kopien „angefertigt und zum Zweck der Ewigkeit in allen wichtigen religiösen Häusern des Königreichs hinterlegt worden waren". Trotz aller Sorgfalt bei der Vervielfältigung von Kopien ist es jedoch einzigartig, dass kein zeitgenössisches Exemplar von King existierte Johns Magna Carta wurde noch gefunden. Die Lincoln MS. er tat es als „sicherlich nicht von so frühem Datum" ab, während er das einzige Manuskript des British Museum verwirrt. ihm aus den Artikeln der Barone bekannt. Er bekräftigt weiterhin den Irrtum, den Blackstone achtzig Jahre zuvor so deutlich aufgedeckt hatte, dass John eine separate *Carta de Foresta* herausgegeben hatte .

301 . Thomson, *Magna Charta* , 422.

302 . Reproduktionen davon sowie der zweiten Cottonian-Version der Charta werden von den Behörden des British Museum zum Preis von 2 Shilling verkauft. 6d.

303 . *Vgl. oben* , S. 47 und Blackstone, *Great Charter* , xvii.

304 . Siehe den Bericht von Herrn Hubert Hall, *English Historical Review* , IX. 326.

305 . Alexandre Teulet, *Layettes du Trésor* , I. p. 423 (1863).

306 . *Engl. Hist. Rev.* , VIII. 288-294.

307 . *Ebenda.* , IX. 117-121.

308 . *Ebenda.* , IX. 326-335.

309 . R. Wendover, III. 298, und *vgl. oben* , S. 40.

II. Frühere Ausgaben und Kommentare.

Jede allgemeine Geschichte Englands und fast jedes Buch, das jemals über englisches Recht erschienen ist, hat etwas in Form eines Kommentars zur Magna Carta zu sagen. Vielleicht sind aus diesem Grund nur sehr wenige Abhandlungen ausschließlich seiner Erläuterung gewidmet. Es sind zwar immer wieder Auflagen des Textes der Charta oder ihrer Neuauflagen erschienen, doch nur wenige davon waren mit noch so kurzen Erläuterungen versehen. Der Mangel an Versuchen, die Bedeutung der Charta zu erklären, ist fast bemerkenswerter als die Häufigkeit, mit der der Text wiedergegeben wurde. Die Magna Carta ist ein Dokument, das oft gedruckt, aber selten erklärt wird.

I. *Gedruckte Ausgaben des Textes der Magna Carta.* Vor 1759 litten selbst die am besten informierten Schriftsteller der englischen Geschichte unter großer Verwirrung hinsichtlich der verschiedenen Freiheitsrechte. Nur wenige von ihnen scheinen sich darüber im Klaren gewesen zu sein, dass zwischen der ursprünglichen, von Johannes erteilten Urkunde und den Neuauflagen Heinrichs III. grundlegende Unterschiede bestanden. Ein Großteil der Schuld für diese Verwirrung muss Roger von Wendover tragen, der in seinem Bericht über die Transaktionen in Runnymede anstelle von Johns Charta den Text der beiden von Henry gewährten Charters einbezog. [310]

Die frühen Historiker begnügten sich damit, sich entweder auf diese Version oder auf die im *Inspeximus* von Edward I. enthaltene Version zu verlassen. So folgt in allen frühen gedruckten Satzungssammlungen der Text, der angeblich die ursprüngliche Charta darstellt, in Wirklichkeit den Worten von Heinrichs drittem Re -Ausgabe. Die allererste gedruckte Ausgabe der Magna Carta scheint am 9. Oktober 1499 von Richard Pynson, dem Drucker des Königs [311] und einem Zeitgenossen von Wynkyn de Worde, veröffentlicht worden zu sein . Dies war natürlich nicht Johns Charta, sondern folgte Edwards *Inspeximus* von Henrys Charter von 1225.

Seit der Mitte des 18. Jahrhunderts wurden viele Ausgaben des Textes der Großen Charta des Johannes veröffentlicht, entweder allein oder zusammen mit dem Text der verschiedenen Neuauflagen aus der Regierungszeit Heinrichs III.; aber es erscheint unnötig, mehr als vier davon zu erwähnen.

(1) Im Jahr 1759 erschien Sir William Blackstones wissenschaftliches Werk mit dem Titel „ *The Great Charter and The Charter of the Forest*" , das genaue Texte aller wichtigen Themen der Charters of Liberties enthielt, die sorgfältig aus den Originalmanuskripten zusammengestellt wurden, soweit sie ihm bekannt waren. [312]

1810 veröffentlichten Ausgabe der *Statutes of the Realm* sogar Blackstones Arbeit verbessert. Ein besonderer Abschnitt des Bandes ist den Charters of Liberties gewidmet, wo nicht nur die Gewährungen von John und Heinrich III., aber auch die ihnen vorausgehenden Urkunden und ihre späteren Bestätigungen wurden ausführlich behandelt.

(3) Ein sorgfältig überarbeiteter Text, *Magna Carta regis Johannis* , wurde 1868 von Dr. Stubbs veröffentlicht; und die verschiedenen Urkunden sind auch in chronologischer Reihenfolge in seinem bekannten Band zu finden, der erstmals 1870 veröffentlicht wurde und den Titel „ *Select Charters and other illustrations of* " trägt *Englische Verfassungsgeschichte* , eine praktische Sammlung, die für alle Jura- und Geschichtsstudenten leicht zugänglich ist.

(4) Für das kontinuierliche Studium der Abfolge der Urkunden ist das beste Nachschlagewerk „ *Chartes de Libertés Anglaises* " von M. Charles Bémont aus dem Jahr 1892, auf dessen Seiten die verschiedenen Ausgaben der Urkunden von John und Henry zu finden sind Form, die für den Vergleich untereinander sowie mit früheren und nachfolgenden Dokumenten geeignet ist.

II. *Kommentare und Abhandlungen.* Es ist zweifelhaft, ob die Erstellung einer Liste aller Bücher, die gelegentliche Hinweise auf die Magna Carta oder ihre Bestimmungen enthalten, irgendeinen guten Zweck erfüllen würde; und es ist klar, dass die Aufgabe äußerst belastend sein würde. Es bereitet jedoch keine Schwierigkeiten, die wenigen Abhandlungen von herausragendem Wert zu nennen, die ausschließlich oder hauptsächlich der Darlegung der Großen Charta gewidmet sind. Von diesen bedürfen nur neun besonderer Erwähnung.

(1) Das mysteriöse mittelalterliche Gesetzbuch, bekannt als „ *Spiegel der Richter* ", enthält ein Kapitel über die Magna Carta, das in gewisser Weise den Rang eines Kommentars innehat, obwohl es eher die Meinungen eines politischen Pamphletisten als die eines unvoreingenommenen Richters wiedergibt. Das Datum dieser Abhandlung ist immer noch umstritten. Es ist üblich, es nicht vor den Jahren 1307–27 zu platzieren, vor allem weil darin „Edward II." erwähnt wird. Prof. Maitland datiert es jedoch früher und behauptet allgemein, dass es „sehr bald nach 1285 und wahrscheinlich vor 1290 geschrieben" wurde. [313] Er erklärt den Bezug zu „Edward II." als Bezug auf den Monarchen, der heute in England allgemein als Edward I. bekannt ist, in seiner eigenen Regierungszeit jedoch manchmal auch als Edward II. bekannt ist, um ihn von einem früheren Edward zu unterscheiden, der immer noch in der populären Vorstellung verankert ist, nämlich Edward Confessor. Herr Maitland ist nicht geneigt, dieses Werk eines unbekannten Autors allzu ernst zu nehmen und warnt Studenten vor

„seiner Ignoranz, seiner politischen Voreingenommenheit und seinen bewussten Lügen". [314]

Mirror" als gefährlichen und möglicherweise unaufrichtigen Leitfaden abtun , ist der früheste bekannte ernsthafte Kommentar der von Sir Edward Coke, dem ehemaligen Lord Chief Justice. Diese ausführliche Abhandlung, die das zweite von Cokes vier *Instituten bildete* , wurde 1642 unter der Leitung des Long Parliament veröffentlicht, nachdem das Unterhaus den Befehl am 12. Mai 1641 erteilt hatte. [315]

Obwohl dieser Kommentar, wie alles, was Coke geschrieben hat, lange Zeit als ein Werk von großem Wert galt, ist seine Methode in Wirklichkeit völlig unkritisch und unhistorisch. Der große Anwalt liest in die Magna Carta den gesamten Körper des Gewohnheitsrechts des 17. Jahrhunderts ein, dessen Meister er zugegebenermaßen war. Er scheint sich der großen Veränderungen kaum bewusst zu sein, die durch die Erfahrungen und Wechselfälle der vier ereignisreichen Jahrhunderte, die seit der ursprünglichen Erteilung der Charta vergangen waren, bewirkt wurden. Die verschiedenen Klauseln der Magna Carta sind daher lediglich Gelegenheiten, das Gesetz in seiner Fassung darzulegen, nicht zu Beginn des 13. Jahrhunderts, sondern in seiner Zeit. In den geschickten Händen von Sir Edward soll die Große Charta die Missbräuche von James oder Charles angreifen und nicht die von John oder Henry, die ihre Verfasser im Sinn hatten. Bei der Darlegung des *judicium parium* erläutert er beispielsweise sorgfältig viele Einzelheiten des Verfahrens vor dem Court of the Lord High Steward und beschreibt ausführlich die Art der Haftbefehle, die vor der Verhaftung einer Person durch die Krone ausgestellt werden müssen; während er in der Klausel von Henrys Charta, die ausländischen Kaufleuten in England eine offene Tür sichert, „sofern dies nicht öffentlich verboten ist", eine Erklärung entdeckt, dass das Parlament die alleinige Befugnis haben soll, solche Verbote zu erlassen, wobei er vergisst, dass die Regulierung des Handels ein ausschließliches Vorrecht war der Krone, in die sich das Parlament viele Jahrhunderte nach der Herrschaft Heinrichs III. nicht einmischen durfte.

(3) Im Jahr 1680 veröffentlichte Herr Edward Cooke, Rechtsanwalt, einen kleinen Band mit dem Titel *Magna Charta, erstellt im neunten Jahr von König Heinrich III. und im achtundzwanzigsten Jahr seiner Herrschaft von König Eduard I. bestätigt* . Diese enthielt eine Übersetzung von Henrys Magna Carta mit kurzen Erläuterungen, die hauptsächlich auf den Kommentaren von Sir Edward Coke basierten. In seinem Vorwort erklärte Herr Cooke, sein Ziel sei es, die Große Charta der breiten Öffentlichkeit zugänglicher zu machen, denn, wie er sagte: „Ich bin zuversichtlich, dass kaum einer von hundert einfachen Leuten weiß, was es ist."."

(4) Sir William Blackstones *Einleitung* zu seiner 1759 veröffentlichten Ausgabe der Urkunden enthält, wie bereits erwähnt, wertvolle Informationen über die von ihm herausgegebenen Dokumente; aber er lehnt ausdrücklich jede Absicht ab, einen Kommentar zu schreiben. Er betont sorgfältig, „dass es weder in seiner gegenwärtigen Absicht liegt noch (fürchtet er) im Rahmen seiner Fähigkeiten liegt, einen vollständigen und erläuternden Kommentar zu den in diesen Chartas enthaltenen Angelegenheiten abzugeben." [316]

(5) Der Hon. Daines Barrington veröffentlichte 1766 seine *Observations on the Statutes from Magna Charta to 21 James I.* Dieses Buch enthält einige Anmerkungen zur Charta, die ebenfalls hauptsächlich auf Cokes *Second Institute beruhten* ; seine ursprünglichen Beiträge sind nicht von herausragendem Wert.

(6) Im Jahr 1772 hielt Prof. Francis Stoughton Sullivan seine Vorlesungen, die er zuvor an der Universität Dublin gehalten hatte, unter dem Titel „*An Historical Treatise on the Feudal Law, with a Commentary on Magna Charta*" der *Öffentlichkeit vor* . Die eigenen Worte des Autors geben eine hinreichend genaue Vorstellung von ihrem Umfang und Wert: „Ich werde daher kurz auf *die Magna Charta* eingehen und dabei fast alles weglassen, was sich auf die Feudalherrschaften bezieht, was den größten Teil davon ausmacht. und beschränke mich auf das, was jetzt Gesetz ist." [317]

Geschichte des englischen Rechts von Herrn John Reeves , deren erste Auflage 1783–84 erschien, markierte den Beginn einer neuen Epoche in der wissenschaftlichen Erforschung der Entstehung des englischen Rechts. Indem er die Magna Carta beiläufig behandelt, zeigt er einen wunderbaren Einblick in die wahre Bedeutung vieler ihrer Bestimmungen, aber der Stand des historischen Wissens, als er schrieb, machte viele schwerwiegende Fehler unvermeidlich.

(8) Im Jahr 1829 veröffentlichte Herr Richard Thomson eine ausführliche Ausgabe der Urkunden, kombiniert mit einem Kommentar, der viele nützliche Informationen enthält, aber keinen ernsthaften Versuch unternimmt, die unhistorischen Erklärungen von Sir Edward Coke durch die Ergebnisse neuerer Untersuchungen in der Charta zu ergänzen Provinzen des Rechts und der Geschichte. Seine Arbeit ist ein Informationsspeicher, der jedoch mit Vorsicht genutzt werden muss.

(9) Der in vielerlei Hinsicht wertvollste Beitrag zur Aufklärung der Großen Charta ist der im Vorwort von M. Charles Bémont zu seinen *Chartes des Libertés Anglaises* aus dem Jahr 1892. Obwohl er sich den strengen Beschränkungen unterworfen hat, die ihm auferlegt wurden durch den geringen Umfang seines Bandes und durch den strikten Wunsch, nur unbestrittene Tatsachen darzulegen und Theorien strikt in Ruhe zu lassen; Dennoch hat er viel dazu beigetragen, das Studium der Chartas

voranzutreiben. Insbesondere hat er einen wichtigen Dienst geleistet, indem er auf der engen gegenseitigen Verbindung zwischen den verschiedenen Freiheitsstatuten bestand, von der von Heinrich I. bis zu den Bestätigungen von Edward I. und den nachfolgenden Königen. Es ist jedoch zweifelhaft, ob er gerade durch dieses Beharren auf dem schrittweisen Entwicklungsprozess, der in dieser langen Reihe verfolgt werden kann, sich nicht dem Missverständnis aussetzt, dass er eine zu enge Sicht auf den Geltungsbereich und die Beziehungen der Charta vertritt . Die Berührungspunkte der Magna Carta mit der vergangenen und zukünftigen Geschichte der englischen Freiheiten sowie der englischen Gesetze und Institutionen dürfen nicht auf diejenigen eingegrenzt werden, die in einer geraden Linie auftreten. Ihre Vorgeschichte darf nicht ausschließlich in Dokumenten in Form von Urkunden gesucht werden, noch dürfen ihre Ergebnisse lediglich in deren späteren Bestätigungen gesucht werden. Es ist unmöglich, es richtig zu verstehen, außer im engen Zusammenhang mit all den verschiedenen Aspekten des nationalen Lebens und der nationalen Entwicklung. Jedes Gesetz, das in den Satzungslisten erscheint, ist gewissermaßen ein Gesetz zur Änderung der Magna Carta; während solche Verordnungen wie das Statut von Marlborough und das Statut von Westminster I. eine ebenso enge Verbindung mit Johns großer Charta haben wie die *Firmatio Cartarum* oder die *Articuli super Cartas* . Dies ist eine Wahrheit, die M. Bémont zweifellos anerkennt, obwohl ihn die Systematik seines Buches eher dazu veranlasste, einen anderen und auf den ersten Blick widersprüchlichen Aspekt seines Themas hervorzuheben. Sein Ziel war es nicht, die vielfältigen Verflechtungen der Charters of Liberties mit der gesamten englischen Geschichte zu erklären, sondern lediglich eine Grundlage für die genaue Untersuchung eines ihrer wichtigsten Merkmale zu liefern. Sein Buch ist unverzichtbar, soll aber in keiner Weise einen Kommentar zur Magna Carta darstellen.

Es scheint daher, dass nur zwei ernsthafte Versuche unternommen wurden, Abhandlungen zu verfassen, die ausdrücklich und ausschließlich Kommentare zur Großen Charta darstellen, nämlich das *Second Institute* of Coke und die mühsame und nützliche Arbeit von Herrn Richard Thomson. Seit dem Erscheinen *der Magna Charta* von Herrn Thomson ist ein Dreivierteljahrhundert vergangen, was einen enormen Fortschritt in der Geschichts- und Rechtswissenschaft darstellt; Dennoch wurden die Ergebnisse der modernen Forschung, die so viel Licht auf die Thematik der Großen Charta werfen könnten, nie systematisch darauf angewendet. Dr. Stubbs, von dem eine solche Arbeit besonders willkommen gewesen wäre, begnügte sich damit, eine Paraphrase oder Zusammenfassung der Charta zu geben und dabei die tatsächlichen Wörter seines lateinischen Textes so wörtlich wie möglich in englische Äquivalente zu übertragen – ein vorsichtiger Ansatz, der nicht zielführend sein kann er führt seine Jünger in die Irre, überlässt sie aber eher der Führung durch ihre eigene Unwissenheit als durch sein Wissen. Als Grund für sein Schweigen nennt Dr. Stubbs eher das Übermaß als das Fehlen von Informationen. „Die gesamte Verfassungsgeschichte Englands", sagt er uns, „ist kaum mehr als ein Kommentar zur Magna Carta." [318] Vermutlich aus diesem Grund verzichtet er auf alle Erläuterungen und beschränkt sich auf eine Zusammenfassung seiner Hauptbestimmungen. Während auf diese Weise viele wertvolle Hinweise aus den Seiten der drei Bände seiner Geschichte und aus seinen anderen Werken gewonnen werden können, hat Dr. Stubbs in keiner seiner veröffentlichten Schriften einen direkten Kommentar zu Johns „Großer Charta" beigesteuert. In dieser Politik folgten ihm die Mitglieder der großen modernen Schule englischer Historiker, deren Gründer er ist. [319]

Viele wertvolle Hinweise können von anderen Autoren wie Dr. Gneist, Sir Edward Creasy, Mr. Taswell Langmead, Dr. Hannis Taylor, Miss Norgate und Sir James Ramsay erhalten werden, [320] aber ihre Bemühungen, die Bedeutung des Großen [zu] erklären Die Charta besteht eher aus unzusammenhängenden Notizen als aus erschöpfenden Kommentaren. [321]

----

310 . R. Wendover, III. 302-318.

311 . Dieses Datum wird von Bémont, *Chartes* , *lxxi.* angegeben , aber Robert Watt gibt in seiner *Bibliotheca Britannica* , Thomson, *Magna Charta* , 450, und Lowndes, *Bibliographer's Manual* , 1449, alle das Datum der frühesten Ausgabe mit 1514 an. Bémont, lxxi. und Thomson, 450–460, Watt und Lowndes liefern Einzelheiten zu den verschiedenen Ausgaben von Pynson, Redman, Berthelet, Tottel, Marshe und Wight von 1499 bis 1618. Alle diese werden jetzt durch die *Statuten des Reiches ersetzt* . veröffentlicht von der Record Commission im Jahr 1810.

312 . Der Inhalt dieser bewundernswerten Ausgabe, die heute leider selten ist, wurde in den *Tracts (1762)* desselben Autors wiedergegeben .

313 . Siehe *The Mirror of Justices* (herausgegeben für die Selden Society von Prof. Maitland), *Einleitung.* , xxiii. bis xxiv.

314 . *Ebenda.* , xxxvii. *Vgl.* xlviii.

315 . Siehe *Dictionary of National Biography* , XI. 243.

316 . Einleitung, S. ii.

317 . Siehe S. 375 der zitierten Arbeiten.

318 . Siehe *Konst. Hist.* , I. 572, und vgl. *Wählen Sie Charters* , 296.

319 . Einer der brillantesten Mitglieder dieser Schule, Herr Prothero, dessen Fähigkeit, schwierige Themen sowohl klar als auch interessant darzustellen, ihn besonders für die Aufgabe qualifiziert hätte, die Magna Carta zu erklären, lehnt die Aufgabe teilweise mit der Begründung ab, dass sie unmöglich sei. um ein neues Licht auf ein von den fähigsten Schriftstellern erschöpftes Thema zu werfen." – *S. de Montfort* , S. 14.

320 . Die Werke dieser und anderer Autoren werden im Anhang erwähnt.

321 . Es ist unnötig, mehr zu tun, als „*A Historical Treatise on Magna Charta*" von Herrn Boyd C. Barrington von der Philadelphia Bar (1899) zu erwähnen, von dem der Autor sagt (S. ii.): „Es wird kein Anspruch auf Originalität erhoben, aber ausschließlich für die Forschung, die in allen Bereichen, die ich verfolgen kann, erschöpfend war." Es wird von seinem angesehenen Landsmann Dr. Gross (*Sources and Literature of English History* , S. 348) als „von geringem Wert" abgetan.

TEXT, ÜBERSETZUNG UND KOMMENTAR.
MAGNA CARTA.

PRÄAMBEL. [322]

Johannes Dei gratia rex Anglie, dominus Hibernie, dux Normannie et Aquitannie, and come Andegavie, archiepiscopis, episcopis, abbatibus, comitibus, baronibus, justiciariis, Forestariis, vicecomitibus, prepositis, ministris et omnibus ballivis et fidelibus suis salutem. Sciatis nos intuitu Dei et pro salute anime nostre et omnium antecessorum et heredum nostrorum, ad honorem Dei and exaltationem sancte Ecclesie, and emendacionem regni nostri, per consilium venerabilium patrum nostrorum, Stephani Cantuariensis archiepiscopi tocius Anglie primatis et sancte Romane ecclesie cardinalis, Henrici Dublinensis arch iepiscopi , Willelmi Londoniensis, Petri Wintoniensis, Joscelini Bathoniensis und Glastoniensis, Hugonis Lincolniensis, Walteri Wygorniensis, Willelmi Coventriensis und Benedicti Roffensis episcoporum; magistri Pandulfi domini pape subdiaconi et familiaris, fratris Aymerici magistri milicie Templi in Anglia; et nobilium virorum Willelmi Mariscalli comitis Penbrocie, Willelmi comitis Sarresburie, Willelmi comitis Warennie, Willelmi comitis Arundellie, Alani de Galeweya constabularii Scocie, Warini filii Geroldi, Petri filii Hereberti, Huberti de Burgo senescalli Pictavie, Hugonis de Nevilla, Mathei filii Hereberti, Thome Basset , Alani Basset, Philippi de Albiniaco, Roberti de Roppeleia, Johannis Mariscalli, Johannis filii Hugonis et aliorum fidelium nostrorum.

Johannes, von Gottes Gnaden König von England, Herr von Irland, Herzog der Normandie und Aquitanien und Graf von Anjou, an die Erzbischöfe, Bischöfe, Äbte, Grafen, Barone, Justiziare, Förster, Sheriffs, Verwalter, Diener und Grüße an alle seine Vögte und Lehnsuntertanen. Wisse, dass wir im Blick auf Gott und auf die Erlösung unserer Seele und der aller unserer Vorfahren und Erben und auf die Ehre Gottes und den Fortschritt der heiligen Kirche und auf die Reform unseres Reiches [wir haben es gewährt, wie versprochen] [323] auf Anraten unserer ehrwürdigen Väter Stephen, Erzbischof von Canterbury, Primas von ganz England und Kardinal der Heiligen Römischen Kirche, Heinrich, Erzbischof von Dublin, Wilhelm von London, Peter von Winchester, Jocelyn von Bath und Glastonbury, Hugh von Lincoln, Walter von Worcester, Wilhelm von Coventry, Benedikt von Rochester, Bischöfe; von Meister Pandulf, Subdiakon und Mitglied des Haushalts unseres Herrn, des Papstes, von Bruder Aymeric (Meister der Tempelritter in England) und von den berühmten Männern, [324] William Marshall, Graf von Pembroke, William Graf von Salisbury, William, Graf Warenne, William, Graf von Arundel, Alan von Galloway, (Konstabler von Schottland), Waren Fitz Gerald, Peter Fitz Herbert, Hubert de Burgh (Seneschall von Poitou), Hugh de Neville, Matthew Fitz Herbert, Thomas Basset, Alan Basset,

Philip von Albini, Robert von Ropesle, John Marshall, John Fitz Hugh und andere, unsere Lehnsmänner.

Die Große Charta von Johannes beginnt in der Form, die allen königlichen Urkunden dieser Zeit gemeinsam ist, mit einem Gruß des Souveräns an seine Magnaten, seine Beamten und seine treuen Untertanen und verkündet in der frommen Rechtsformel, die von Gottlosen und Frommen verwendet wird Könige gleichermaßen, dass er auf Anraten der von ihm benannten Berater gewisse Bewilligungen gewährt hatte. Drei Aspekte dieser Präambel erfordern eine Stellungnahme.

I. *Der Titel des Königs.* Einige interessante Punkte lassen sich aus der Form des von Johannes übernommenen königlichen Stils ableiten, der durch einen ununterbrochenen Entwicklungsfaden mit dem Stil Wilhelms I. einerseits und Seiner Majestät Eduard VII. andererseits verbunden ist. Die Annahme des königlichen Plurals „ *Sciatis Nos* " durch Johannes liest sich im Lichte der späteren Geschichte eher als Hommage an seine Arroganz denn an seine Größe, verglichen mit der bescheideneren ersten Person Singular, die sein angesehenerer Vater konsequent verwendete. In diesem speziellen Fall war jedoch Richard und nicht John der Erneuerer des Sprachgebrauchs Heinrichs II. gewesen. [325] Für eine weitere Änderung des königlichen Stils war allein Johannes verantwortlich. Zu den Titeln, die sein Vater und sein Bruder trugen, fügte John stets den Titel „Herr von Irland" hinzu, eine Erinnerung an seine Jugend. Als die weiten Gebiete Heinrichs II. unter seinen älteren Söhnen aufgeteilt worden waren, blieb der junge John (daher bekannt als „John Lackland") ohne Erbe, bis sein Vater ihm die kürzlich angeeignete Insel Irland schenkte; und dies brachte das Recht mit sich, sich „ *Dominus Hibernie* " zu nennen. Dieser Titel seiner jüngeren Tage blieb ihm nicht unnatürlich erhalten, nachdem er alle seine Brüder überlebt und ihre weiten Ländereien und Ehren geerbt hatte.

Johannes begann seine Herrschaft im Jahr 1199 als Herrscher über die ungeteilten Besitztümer des Hauses Anjou an ihrem breitesten Abschnitt, der sich, abgesehen von den Gewässern des Ärmelkanals, ununterbrochen von den Cheviots bis zu den Pyrenäen erstreckte. Diese Ländereien wurden von John, wie auch von seinem Vater, unter verschiedenen Titeln und Bedingungen gehalten. Anjou, die ursprüngliche Heimat und Lehen der heißblütigen Plantagenet-Rasse, hatte noch immer nur den bescheidenen Grafenrang inne. Zusätzlich zu diesem väterlichen Titel verlieh Heinrich II. war in jungen Jahren Herzog der Normandie im Recht seiner Mutter und danach Herzog von Aquitanien durch Heirat mit Eleanor, ihrer Erbin, geworden. Diese drei großen Lehen wurden von Heinrich und seinen Söhnen unter dem König von Frankreich als ihrem Oberherrn gehalten.

Lange vor 1215 hatte John durch sein Unglück oder seine Inkompetenz diese ausgedehnten kontinentalen Herrschaftsgebiete verloren, mit Ausnahme des entferntesten von allen, der Mitgift seiner Mutter in Aquitanien. Seine angestammten Herrschaftsgebiete Anjou und Normandie waren unwiederbringlich verloren gegangen, aber er behielt weiterhin ihre leeren Titel; und in diesem sein Sohn Heinrich III. folgte ihm und ergriff den Schatten, lange nachdem die Substanz entflohen war. Einträge zur Gascogne erscheinen häufig in den Parlamentslisten von Edward I.; und die Könige von England wurden bis Edward III. als Herzöge von Aquitanien, Herzöge von Guienne oder Herzöge der Gascogne bezeichnet (die drei Bezeichnungen wurden gleichgültig verwendet). vereinte alle diese Titel zu einem größeren, als er den Thron von Frankreich bestieg.

Nur England, von Johns Besitztümern, real und nominell, wurde durch den höheren Stil von „ *Rex* " beherrscht, was eine streng souveräne Herrschaft bedeutete, unabhängig von jedem Oberherrn, und von John im Jahr 1215 beibehalten, obwohl er kürzlich Innozenz III. akzeptierte. als Feudalherr. Von Irland begnügte sich John immer noch damit, sich selbst als „Herr" und nicht als König zu bezeichnen. Die genaue Bedeutung des Wortes „ *Dominus* " in mittelalterlichen Urkunden, insbesondere in denen des Stephanus, ist Gegenstand vieler wissenschaftlicher Kontroversen geworden; Dies hat noch nicht zu einem Konsens über die technische Bedeutung geführt, die das Wort gegebenenfalls hat. [326] „ *Dominus* " scheint tatsächlich überall dort locker verwendet worden zu sein, wo etwas Substanzielles oder Zeremonielles der vollen Souveränität fehlte, die im spezifischeren Namen „König" impliziert ist. In diesem Zusammenhang wurde großer Wert auf das feierliche Sakrament der Krönung gelegt, das unter anderem eine formelle Weihe durch die Kirche beinhaltete. [327]

Johns Verbindung zu England wird also in zwei einfachen Worten ausgedrückt: „ *Rex Anglie* ", wobei keine Erklärung dafür vorliegt, wie er diesen Titel erworben hat. Eine solche Rechtfertigung war in der Tat nicht erforderlich, da es sich hierbei nicht um eine Krönungsurkunde handelte, da John bereits fünfzehn Jahre lang ohne ernsthaften Rivalen regiert hatte – die Ansprüche von Arthur, dem Sohn seines älteren Bruders Geoffrey, wurden in England nie ernst genommen. [328] Die einfachen Worte „ *Dei gratia rex Anglie* " können mit den detaillierten Titeln in den Krönungsurkunden Heinrichs I. bzw. Stephanus verglichen werden. Heinrich I. hatte im Jahr 1100 seine Verwandtschaft mit früheren Königen betont und sich selbst als „ *Filius Willelmi regis post obitum fratris sui Willelmi, Dei gracia rex Anglorum* " bezeichnet; [329] während Stephanus im April 1136 in seiner zweiten und bewussteren Urkunde eine völlig andere Formel verwendete: „ *Dei gracia assensu cleri et populi in regem Anglie electus, et a Willelmo Cantuarensi archiepiscopo et sancte Romane ecclesie legato consecratus, et ab. ",,Innocentio sancte Romane sedis pontifice postmodumfirmatus* ", [330] dessen mühsame Natur das Bewusstsein der Schwäche verrät.

So betonten Heinrich I. und Stephan jeweils die Stärken seines Titels und ignorierten dessen Mängel. Diese beiden Ansprüche auf das Königtum drücken in grober Form zwei konkurrierende Theorien über den Titel der englischen Krone aus – (1) erbliche Nachfolge und (2) Wahl. Keines davon ist eine genaue Widerspiegelung der gesamten Theorie und Praxis des zwölften Jahrhunderts, die beide Prinzipien in einem Verhältnis vermischte, das nicht einfach genau zu definieren ist. Professor Freeman hat das vermeintliche Recht der Witenagemot, den König zu wählen, übertrieben und alle Befugnisse ihres Vorgängers vollständig auf die normannische *Kurie* übertragen (die in gewisser Hinsicht an ihre Stelle trat). Ein neuerer deutscher Schriftsteller, Dr. Oskar Rössler, [331] ist ebenso weit in die entgegengesetzte Richtung gegangen und hat rundweg bestritten, dass die Normannen das Wahlelement überhaupt jemals zugelassen hätten. Die heute üblicherweise vertretene Theorie ist ein Mittelding zwischen diesen Extremen, nämlich dass die normannische *Kurie* (oder die Hauptmagnaten, die sie normalerweise verfassten) ein begrenztes Recht hatte, unter den Söhnen, Brüdern oder nahen Verwandten des letzten Königs den individuell besten auszuwählen geeignet, seine Nachfolge anzutreten. Ein solches Recht, das nie verbindlich verkündet wurde, sank allmählich zu einer leeren Formalität herab. An ihre Stelle trat in gewissem Maße die erfolgreiche Geltendmachung der geistlichen Macht (üblicherweise vertreten durch den Erzbischof von Canterbury), die den Anspruch geltend machte, das Weiheöl, das mit dem Segen der Kirche einherging, zu geben oder zurückzuhalten. Ohne dies könnte kein *Dominus als Rex erkannt werden* . Nach dieser Theorie waren die Beschreibungen ihrer eigenen Titel durch Heinrich I. und Stephan gleichermaßen unvollständig: Jeder ignorierte die Tatsachen, die ihm nicht passten. Johannes hingegen, sicher im Besitz, lässt sich auf keine Einzelheiten herab, sondern begnügt sich mit der knappen Behauptung der Tatsache seines Königtums: „*Johannes, dei gratia, Rex Anglie* ."

II. *Die Namen der zustimmenden Adligen.* Es war nur natürlich, dass in der Charta die Zustimmung jener Berater, die Johannes bei der Vereinbarung mit seinen Feinden zur Seite standen, und jener Magnaten, die zumindest nominell loyal blieben und daher in der Lage waren, zu dessen Gunsten als Vermittler zu fungieren, offiziell zu Protokoll gegeben wurden In den Ämtern herrschte eine Zeit lang Ruhe. [332] Die führenden Männer in England während dieser Krise lassen sich in drei Gruppen einteilen: (1) die Anführer des großen Heeres, die sich in Runnymede offen gegen Johannes stellten; (2) die Agenten von Johns Unterdrückung, extreme Männer, meist Außerirdische, von denen viele das Kommando über königliche Burgen oder Söldnertruppen hatten, die bereit waren, ins Feld zu ziehen; und (3) gemäßigte Männer, meist

Kirchenmänner oder Minister oder Verwandte von John, die, was auch immer ihre Sympathien sein mochten, dem König treu blieben und bei der Vereinbarung von Friedensbedingungen halfen – eine vergleichsweise kleine Gruppe, wie die wenigen Namen in Magna rezitieren Carta sagt aus. [333] Die Männer, die hier zu Zustimmungsberechtigten für die Gewährung der Magna Carta durch Johannes gemacht wurden, werden in Kapitel 63 erneut, wenn auch nicht namentlich, in der Eigenschaft von Zeugen erwähnt.

III. *Die Gründe des Zuschusses.* Die Präambel enthält auch eine Erklärung darüber, was Johns angebliche Gründe für die Zugeständnis der Charta sein sollen. Diese werden von Coke auf wundersame Weise umschrieben: [334] „Hier werden vier bemerkenswerte Gründe für die Erstellung dieser großen Charta geprobt. 1. Die Ehre Gottes. 2. Für die Gesundheit der Seele des Königs. 3. Für die Erhöhung der heiligen Kirche." und viertens für die Änderung des Königreichs." Der wahre Grund muss in einer anderen Richtung gesucht werden, nämlich in der Armee der Rebellen; und John hatte in späteren Tagen keine Skrupel, die unter Androhung von Gewalt erteilte Zustimmung als Grund für die Annullierung seines Stipendiums anzuführen. Die technische rechtliche „Gegenleistung", die *Gegenleistung* , die John als Preis für diese Bestätigung ihrer Freiheiten erhielt, war die Erneuerung der Huldigung und Treue durch seine Gegner, auf die sie feierlich verzichtet hatten. Diese „Erwägung" wurde in der Charta nicht erwähnt, aber die Tatsache war allen bekannt. [335]

---

322 . Die Unterteilung der Magna Carta in eine Präambel und 63 Kapitel ist aus Gründen der Übersichtlichkeit ein modernes Mittel, für das es in der Charta selbst keine Garantie gibt. Vgl. *supra* , 200. In keinem der vier bekannten Originale geht dem Inhalt der Urkunde ein Titel oder eine Überschrift voran, aber auf der Rückseite des Lincoln-Originals (vgl. *supra* , 197) sind diese Worte bestätigt; – „ *Concordia inter Regem Johannem et.* " *Barones pro Concessione Libertatum Ecclesie et Regni Anglie* . Die Form des Dokuments wird *oben* , 123-9, besprochen. Der Text ist der von den Treuhändern des British Museum auf der Basis der Cottonian-Version Nr. 2 herausgegebenen Fassung entnommen. Vgl. *oben* , 196.

323 . Der Satz wird im ersten Kapitel abgeschlossen (siehe unten *)* , wobei die hier übliche Unterteilung rein willkürlich ist.

324 . Der Ausdruck „ *nobiles viri* " wurde hier nicht im technischen Sinne verwendet; Die moderne Vorstellung einer eigenen Klasse von „Adligen" nahm erst lange nach 1215 Gestalt an. Vgl. Was wird unter „Peerage" unter CC gesagt? 14 und 39.

325 . Coke (*Second Institute* , S. 1-2) ist hier ein Irrtum; er macht John zum Erneuerer.

326 . Verschiedene Theorien finden sich in Rounds *Geoffrey de Mandeville* , 70; Dr. Rüsslers *Matilde* , 291–4; und Ramsay's *Foundations of England* , II. 403.

327 . Vgl. *oben* , S. 119 .

328 . Geoffreys Tochter Eleanor war 1215 eine Gefangene in Corfe (Castle.siehe *unten)* , ca. 59.

329 . Siehe Anhang.

330 . Siehe Anhang.

331 . *Matilde* , *passim* .

332 . Dr. Stubbs, *Const. Hist.* , I. 582, nennt als Motiv für die Benennung „die Hoffnung, die darin enthaltenen Personen an die fortgesetzte Unterstützung der hart erkämpften Freiheiten zu binden". Die Genannten waren allesamt gemäßigte Männer. M. Paris (*Chron. Maj.* II., 589) beschreibt sie als „ *quasi ex parte regis* ", während Ralph von Coggeshall (S. 172) erzählt, wie „durch die Intervention des Erzbischofs von Canterbury mit einigen seiner Bischöfe und einigen Baronen wurde eine Art Frieden geschlossen." Vgl. *Annalen von Dunstable* , III. 43. Die Neutralität der Prälaten wird durch andere Beweise bewiesen. (*a*) C. 62 gab ihnen die Befugnis, durch Zeugnisschreiben die Richtigkeit von Kopien der Charta zu bestätigen. (*b*) Der 25. Artikel der Barone überließ es ihrer Entscheidung, ob John die Privilegien eines Kreuzfahrers genießen sollte; während c. 55 räumte Langton einen besonderen Platz bei der Bestimmung der ungerechtfertigten Geldstrafen ein. (*c*) Der Tower of London wurde als neutraler Mann, dem beide Seiten vertrauen konnten, in die Obhut des Erzbischofs gegeben. (*d*) Von zwei Protesten der Prälaten zu unterschiedlichen Themen zugunsten des Königs sind Kopien erhalten. Siehe Anhang.

333 . Vgl. *siehe oben* , 43–44, und für biografische Informationen siehe die dort zitierten Quellen.

334 . *Zweites Institut* , 1, n.

335 . Vgl. *oben* , 41.

KAPITEL EINS.

In primis concessisse Deo et hac presenti carta nostra commitasse, pro nobis et heredibus nostris in perpetuum, quod Anglicana ecclesia libera sit, et habeat jura sua integra, et libertates suas illesas; et ita volumus observari; Was von ihm schien, als ob es eine freie Wahl sei, dass Maxima und Magis notwendig seien, um den kirchlichen Ruf der Anglikaner zu maximieren, mehr und spontane freiwillige, ante discordiam inter nos und barones nostros motam, concessimus und carta nostra bestätigtavimus, und eam obtinuimus a domino papa Innocencio tercio bestätigt; quam et nos observabimus et ab heredibus nostris in perpetuum bona fide volumus observari. [336] Concessimus eciam omnibus liberis hominibus regni nostri, pro nobis et heredibus nostris in perpetuum, omnes libertates subscriptas, habendas et tenendas eis et heredibus suis, de nobis et heredibus nostris.

Erstens haben wir Gott gewährt und durch diese unsere vorliegende Charta für uns und unsere Erben für immer bestätigt, dass die englische Kirche frei sein soll und ihre Rechte uneingeschränkt und ihre Freiheiten unantastbar sein sollen; und wir wollen, dass es so eingehalten wird; Daraus geht hervor, dass wir die Freiheit der Wahlen, die für die englische Kirche als das Wichtigste und Wesentlichste angesehen wird, aus reinem und uneingeschränktem Willen gewährt und durch unsere Charta bestätigt und die Ratifizierung derselben erhalten haben von unserem Herrn, Papst Innozenz III., bevor der Streit zwischen uns und unseren Baronen ausbrach, und dies werden wir beachten, und unser Wille ist, dass es von unseren Erben für immer in gutem Glauben beachtet wird. Wir haben auch allen Freien unseres Königreichs für uns und unsere Erben für immer alle garantierten Freiheiten gewährt, die sie und ihre Erben, von uns und unseren Erben für immer haben und behalten dürfen.

Dieses erste der dreiundsechzig Kapitel der Magna Carta stellt hier sozusagen in gleicher Klammer nebeneinander (*a*) eine allgemeine Bestätigung der Privilegien der englischen Nationalkirche und (*b*) eine Erklärung dar, dass die verschiedenen Bürgerrechte zu Die später im Detail spezifizierten Rechte wurden „allen Freien" des Königreichs und ihren Erben für immer gewährt. Die Art und Weise dieser Gegenüberstellung der Rechte der Kirche mit den Laienrechten der Freien lässt darauf schließen, dass klargestellt werden sollte, dass keine der beiden Gruppen als wichtiger als die andere zu behandeln war. Wenn die bürgerlichen und politischen Rechte der gesamten Nation den Großteil der Charta einnehmen und bis ins kleinste Detail definiert werden, erhalten die Rechte der Kirche, die in den Artikeln der Barone keinerlei

Erwähnung fanden, hier einen vorrangigen Platz . [337] Eine zweifache Einteilung liegt also nahe.

I. *Die Rechte der Nationalkirche.* Ein allgemeines Versprechen, dass die englische Kirche frei sein sollte, wurde von einer besonderen Bestätigung der kürzlich erteilten separaten Charta begleitet, die die Freiheit kanonischer Wahlen garantierte. (1) *Quod Anglicana ecclesia libera sit.* Diese nachdrückliche, wenn auch vage Erklärung, die in den Artikeln der Barone kein Gegenstück findet, wird in der Magna Carta zweimal wiederholt, jedes Mal an prominenter Stelle, jeweils am Anfang und am Ende. Wenn die Arbeit der Barone keine besondere Rücksicht auf die Privilegien der Kirchenmänner zeigte, achteten Stephen Langton und seine Bischöfe sorgfältig darauf, diesen Mangel in dem formellen Dokument zu beheben, mit dem John seine endgültige Zustimmung ausdrückte. Als die Prälaten dieses Versprechen einer „freien" englischen Kirche erpressten, schienen sie davon überzeugt zu sein, dass sie nichts mehr verlangen mussten; Die anderen Einzelheiten, in denen die Charta von ihrem Entwurf abweicht, lassen keine Anzeichen klerikaler Voreingenommenheit erkennen. Der verwendete Ausdruck war tatsächlich beklagenswert vage und dehnbar; Es bedarf kaum einer Dehnung, um die größten Auswüchse klerikaler Arroganz zu verdecken. Doch die Formel war keineswegs neu; Heinrich I. und Stephanus hatten nacheinander den Anspruch der heiligen Kirche auf ihre Freiheit bestätigt. [338]

Heinrich II. achtete darauf, solche Versprechungen zu vermeiden: Seine gesamte Regierungszeit war ein nicht erfolgloser Versuch, der Kirche das zu nehmen, was ihre Führer als ihre legitime „Freiheit" betrachteten, obwohl er durch die Ermordung Beckets schrecklich benachteiligt wurde. Im Jahr 1215 trat Johannes jedoch von dem von seinem Vater besetzten Gebiet zurück und bestätigte mit der Großen Charta das Versprechen, das der schwächste seiner normannischen Vorgänger gegeben hatte, wie es in allen nachfolgenden Bestätigungen wiederholt wurde.

Daraus folgt keineswegs, dass die von Stephanus versprochene „Freiheit der Kirche" genau dasselbe bedeutete wie die von Johannes und seinen Nachfolgern versprochene „Freiheit der Kirche". [339] Der Wert, der solchen Zusicherungen beizumessen war, schwankte im umgekehrten Verhältnis zur Stärke der Könige, die sie machten, und dies wird durch einen Vergleich der Urkunden von Heinrich I., Stephanus und Johannes gut veranschaulicht. Henry qualifiziert den Ausdruck durch Worte, die seine Anwendung veranschaulichen, wenn sie ihn nicht einschränken. Gottes heilige Kirche sollte frei sein, „ *so dass* ich weder etwas verkaufen noch verpachten werde, noch nach dem Tod eines Erzbischofs, Bischofs oder Abtes irgendetwas aus dem Besitz der Kirche oder von ihren Pächtern annehme, bis sein Nachfolger eingetreten ist." Besitz." [340] Dies legt eine etwas enge Interpretation der Freiheit der Kirche nahe – Befreiung hauptsächlich von den Missetaten des Rufus. Im Gegensatz dazu erklärt oder ergänzt Stephens Charta denselben Satz durch eindeutige Erklärungen, dass die Bischöfe die alleinige Gerichtsbarkeit über Kirchenmänner und ihre Güter haben sollten und dass auf alle Rechte der Vormundschaft über Kirchenland verzichtet wurde, was sie zu einem „großen und gefährlichen Versprechen" macht ." [341]

Die „Freiheit der Kirche" umfasste daher im Jahr 1136 auch „Vorteile des Klerus" in einer besonders umfassenden Form und noch vieles mehr. [342] Es ist leicht zu verstehen, warum Kirchenmänner einen dehnbaren Ausdruck schätzten, der, so weit die Privilegien bereits abgedeckt waren, leicht noch weiter ausgedehnt werden konnte. Laien hingegen plädierten für eine restriktivere Bedeutung; und die Verfassungen von Clarendon müssen in erster Linie als Versuch angesehen werden, zu eindeutigen Schlussfolgerungen über umstrittene Auslegungspunkte zu gelangen. Heinrich II. Trotz seiner nominellen Kapitulation nach Beckets Ermordung konnte er sich im Wesentlichen behaupten. Dank seiner Festigkeit schrumpfte die „Freiheit der Kirche" auf vernünftigere Ausmaße, so dass die bekannte Formel, als sie von Johannes wiederholt wurde, von einem Großteil des Inhalts entleert wurde, den die Bischöfe des Stephanus darin fanden. Wenn es immer noch „Vorteile des Klerus" implizierte, wurde dieser Ausdruck nun in einem engeren Sinne gelesen, während die Vormundschaft über vakante Bistümer von John ausdrücklich der Krone vorbehalten wurde. Kapitel 18 der Magna Carta akzeptierte, offenbar mit Zustimmung aller Klassen, den Grundsatz, dass Fragen der Kirchenpatronage (assises of darrein presentment) [343] vor den Richtern des Königs geklärt werden sollten, ein Zugeständnis an die Zivilgewalt, das mit den extremeren Maßstäben unvereinbar ist Interpretationen, die früher von Kirchenmännern zu diesem Ausdruck gegeben wurden. [344]

In späteren Regierungszeiten wurden die Ansprüche der Kirche auf eine privilegierte Behandlung allmählich auf enge Grenzen reduziert, und der Prozess der Komprimierung wurde durch genau die Elastizität erleichtert, auf die sich der Klerus als günstig für die Ausweitung seiner Ansprüche verlassen hatte. Es war die Zivilregierung, die am Ende von der Unbestimmtheit der Worte profitierte, in denen die Magna Carta „ *Quod Anglicana ecclesia libera sit* " erklärte . [345]

(2) *Kanonische Wahl.* Am 21. November 1214 wurde der Nationalkirche eine eigene Charta erteilt und am 15. Januar 1215 erneut herausgegeben. [346] Ihr Tenor kann in drei Worten ausgedrückt werden: „Freiheit der Wahl". In allen Kathedral- und Konventskirchen und Klöstern sollte die Ernennung von Prälaten künftig frei von königlicher Intervention erfolgen, vorausgesetzt, dass der König zuvor um Erlaubnis zur Besetzung der vakanten Stelle gebeten wurde. Nun handelte es sich *in Worten* um kein neues Zugeständnis,

sondern lediglich um eine Bestätigung des Konkordats, das lange zuvor zwischen Heinrich I. und Erzbischof Anselm als Lösung der rivalisierenden Ansprüche von Kirche und Staat bei der Wahl von Bischöfen und Äbten ausgehandelt worden war. [347] Der Kern dieser Vereinbarung bestand darin, ausschließlich den Kanonikern des Kapitels der vakanten Diözese das nominelle Recht zu übertragen, den neuen Bischof zu ernennen, jedoch vorbehaltlich der tatsächlichen Wahl, die am königlichen Hof oder in der Kapelle stattfand dass der König in seiner Anwesenheit versuchen könnte, die Ernennung eines Kirchenmanns zu verhindern, gegen den er Einspruch erhob. Das Ergebnis war nicht das gewesen, was Anselm und der päpstliche Hof erwartet hatten; Heinrich I. und seine Nachfolger nutzten oder missbrauchten den ihnen so vorbehaltenen Einfluss energisch: Nur königliche Günstlinge wurden jemals ernannt, und die nominell freie kanonische Wahl wurde zu einer Täuschung. Kirchenmänner hatten schon lange den Wunsch geäußert, hier Abhilfe zu schaffen: Langton erkannte seine Gelegenheit und sicherte sich am 21. November 1214 von König John, soweit bloße Worte irgendetwas erreichen konnten, dass das Wahlrecht durch die Kanoniker des Kapitels fortan abgeändert werden sollte ein Vorwand in die Realität. Die in Runnymede anwesenden Bischöfe nutzten ihren Einfluss, um eine eindeutige Bestätigung dieses jüngsten Zugeständnisses ganz oben in der Magna Carta einzufügen.

Ihre Voraussicht reichte dauerhaft nicht aus, um den königlichen Einfluss daran zu hindern, die kanonische Wahl seinem Willen zu unterwerfen. Heinrich III. wiederholte in seinen Neuauflagen zwar den Ausdruck *quod Anglicana ecclesia libera sit* , ließ jedoch jegliche Bezugnahme auf kanonische Wahlen und die Urkunden vom 21. November 1214 und 15. Januar 1215 weg. Später in seiner Regierungszeit Dies nutzte er mit Duldung oder Unterstützung des Papstes aus, um die Rechte der Domkapitel bei der Ernennung von Bischöfen erneut auf die bisherige Pfründe zu beschränken.

Es stimmt, dass Heinrich III. neigte sowohl von Natur als auch von der Politik her dazu, sich auf den päpstlichen Arm zu stützen, und eine Zeit lang dominierte die *Kurie* in Rom und nicht die *Curia Regis* die Ernennung vakanter Bistümer. Heinrich und Innozenz IV. Tatsächlich bildeten sie ein stillschweigendes Bündnis, um alle fetten Lebewesen unter ihren jeweiligen Geschöpfen, den Männern des Königs oder den Männern des Papstes, aufzuteilen, die wenig Interesse an England oder seinem Wohlergehen hatten. Eduard I., der fremden Diktaten gegenüber ungeduldig war, musste sich einer teilweisen Fortführung der „Versorgungen" für Anhänger des Papsttums in seinen Inselgebieten unterwerfen; aber die nationale Kirche hatte wenig zu gewinnen. Die Kanoniker wählten den Kandidaten für den König oder Papst, da jeder im Moment im Amt war. [348]

Es könnte sich eine interessante, wenn auch rein akademische Frage stellen, inwieweit die der englischen Kirche in der Magna Carta garantierten Rechte Freiheit von päpstlicher und königlicher Einmischung implizieren sollten. Es ist klar, dass die Bewegung, die in der Charta vom 21. November 1214 gipfelte, ihren Ursprung in England und nicht in Rom hatte; und offenbar widersetzte sich Nicholas, der damalige päpstliche Legat, den Bemühungen von Stephen Langton, es zu erhalten. Der Erzbischof betrachtete den Legaten tatsächlich als das Haupthindernis für die Reform der Missstände der Nationalkirche durch den König. [349] Trotz der Magna Carta wurde die Unabhängigkeit der Nationalkirche während der langen Allianz zwischen Heinrich III. und die aufeinanderfolgenden Besitzer des päpstlichen Throns. [350]

II. *Bürgerliche und politische Rechte.* Nachdem wir uns so kurz mit der Kirche befasst haben, geht das erste Kapitel dazu über, der Gewährung oder Bestätigung weltlicher Bräuche und Freiheiten die gleiche Bedeutung, aber ausführlicher, zu widmen. Dies erfolgt hier in Form einer allgemeinen Durchführungsklausel, wobei Einzelheiten in den verbleibenden zweiundsechzig Kapiteln der Charta festgelegt werden müssen. Einige der wichtigeren Punkte wurden bereits in der historischen Einleitung besprochen – zum Beispiel die feudale Form der Schenkung, die nach modernen Vorstellungen besser für die Übertragung eines bestimmten Grundstücks als für dessen Sicherung geeignet ist politische und bürgerliche Freiheiten einer mächtigen Nation; und die heikle Frage, welche Klassen von Engländern unter der Bezeichnung „Freemen" an diesen Rechten teilnehmen sollten. [351]

Ein weiterer interessanter, wenn auch untergeordneter Punkt erfordert eine gesonderte Behandlung. John gibt nicht an, dass seine Gewährung bürgerlicher und politischer Rechte spontan erfolgte. Ob absichtlich oder nicht, es gibt hier einen deutlichen Unterschied zwischen der Ausdrucksweise, die auf weltliche bzw. kirchliche Rechte angewendet wird. Während die Konzessionen an Kirchenmänner angeblich „ *mera et spontanea voluntate* "gewährt worden seien , wird über die Konzessionen an die Freien keine entsprechende Aussage gemacht. Johannes könnte diese Unterlassung befürwortet haben, da sie seine Behauptung bestärkte, dass die Große Charta von ihm unter Zwang besiegelt worden sei. In der dritten Neuauflage von Heinrich III. (1225) wurde dieser Mangel behoben, indem in der Präambel die Worte „ *spontanea et bona voluntate nostra* " verwendet wurden. [352] Diesem Zusatz, der den Kern einer Konzession darstellte, die durch die Übergabe eines Fünfzehntels des beweglichen Vermögens aller Güter des Reiches erworben wurde, scheint eine gewisse Bedeutung beigemessen worden zu sein.

336 . In einigen Ausgaben der Charta wird hier die Aufteilung zwischen c. 1 und c. 2.

337 . Vgl. *oben* , S. 50 .

338 . Siehe diese Chartas im Anhang.

339 . Es ist vielleicht bemerkenswert, dass in den Urkunden Heinrichs I. und Stephanus nur von der „heiligen Kirche" die Rede war, während Johannes von der „englischen Kirche" spricht. Diese Änderung deutet auf einen wachsenden Patriotismus unter den Prälaten hin, angeführt von Stephen Langton.

340 . Vgl. *oben* , 117.

341 . Vgl. Pollock und Maitland, I. 74.

342 . Vgl. *oben* , 120–1.

343 . Zur Erklärung siehe *unten* , c. 18.

344 . Andererseits c. Art. 22, das besondere Regeln für die Amtnahme begünstigter Geistlicher festlegt, bestätigte insoweit die Standesprivilegien des Klerus.

345 . Herr JH Round (*Geoffrey de Mandeville* , 3) spricht von Stephens „Eid", der Kirche ihre „Freiheit" zurückzugeben, und beschreibt dies als „einen Satz, dessen Bedeutung wohlbekannt ist". Wenn es „gut" bekannt war, war es hauptsächlich als etwas Unbestimmtes bekannt, als etwas, das sich nicht definieren ließ, weil Kirchenmänner und Laien sich nie über seinen Inhalt einigen konnten, während es auch dazu neigte, von Regierungszeit zu Regierungszeit unterschiedlich zu sein. Mr. Round versucht keine Definition. Sir James Ramsay (*Anjou Empire* , S. 475) schreibt den Ausdruck, wie er in der Charta des Johannes verwendet wird, weniger umsichtig. „Es würde den Klerus von jeglicher Laienkontrolle entbinden und von jeglicher Verpflichtung, zu den Bedürfnissen des Staates beizutragen, über die gelegentlichen Scuties hinaus, die der höhere Klerus für die Honorare seiner Ritter schuldet." Diese Definition hätte Heinrich I. als legitime Interpretation der von ihm in seiner Charta der Freiheiten verwendeten Worte sicherlich nicht befriedigt.

346 . Vgl. *oben* , S. 39 . Der Text findet sich in *Statutes of the Realm* , I. 5, und in *New Rymer* , I. 126-7. Es wurde am 30. März 1215 von Innozenz bestätigt. Siehe Potthast, *Regesta pontificum romanorum* , Nr. 4963.

347 . Vgl. *oben* , S. 22 .

348 . Vgl. *oben* , S. 167 .

349 . Siehe Miss Norgate, *John Lackland* , S. 208, und die dort zitierten Behörden.

350 . Vgl. Prothero, *Simon de Montfort*, S. 152. „Die englische Kirche war 1258 tatsächlich weniger unabhängig vom König als 1215 und weit weniger unabhängig vom Papst als in den Tagen Beckets."

351 . Siehe *oben* , S. 128-9 und 141-2 . Zur Bedeutung von „Freeman" und zur Einbeziehung von Schurken unter diesen Begriff durch Coke für einige Zwecke, für andere jedoch nicht, siehe *unten* , cc. 20 und 39.

352 . Vgl. *oben* , S. 181 .

KAPITEL ZWEI.

Si quis comitum vel baronum nostrorum, sive aliorum tenencium de nobis in capite per servicium militare, mortuus fuerit, et cum decesserit heres suus plene etatis fuerit et relevium debatte, habeat hereditatem suam per antiquum relevium; scilicet heres vel heredes comitis de baronia comitis integra per centum libras; hier ist vel heredes baronis de baronia integra per centum libras; hier ist vel heredes militis de feodo militis integro per centum solidos ad plus; et qui minus debuerit minus det secundum antiquam consuetudinem feodorum.

> Wenn einer unserer Grafen oder Barone oder andere, die uns durch Militärdienst an der Spitze hielten, gestorben ist und sein Erbe zum Zeitpunkt seines Todes volljährig sein und „Entlastung" schulden muss, erhält er sein Erbe gegen Bezahlung das alte Relief, nämlich der Erbe oder die Erben eines Grafen, 100 £ für die Baronie eines ganzen Grafen; der Erbe oder die Erben eines Barons: 100 £ für eine ganze Baronie; der Erbe oder die Erben eines Ritters, 100er. höchstens für ein ganzes Ritterhonorar; und wer weniger schuldet, der soll weniger geben, nach dem alten Lehensbrauch.

Alle vorbereitenden Arbeiten kamen zu dem Schluss, dass die Charta sofort das angriff, was in den Augen der Barone der größte Missbrauch von John war, seine willkürliche Ausweitung der feudalen Verpflichtungen. Die Artikel der Barone hatten sich tatsächlich sofort auf diese äußerst entscheidende Frage gestürzt, ohne ein Wort in Form frommer Phrasen oder juristischer Formeln, wie sie in einer regulären Charta notwendig waren.

I. *Bewertung von Überzeugungen.* Jeder „Vorfall" hatte seine eigenen besonderen Möglichkeiten des Missbrauchs, und die Große Charta befasst sich nacheinander mit jedem dieser Vorfälle. Das vorliegende Kapitel definiert die Erleichterungen, die John künftig gezahlt werden sollen. [353] Die anfängliche Unbestimmtheit der Summen war eine natürliche Folge der frühen Zweifel, ob das Erbprinzip absolut bindend sei oder nicht. Der Erbe, dessen Titel noch nicht anerkannt war, war bestrebt, sich zu einigen. Der Herr nutzte so viel, wie er aus der Unerfahrenheit oder Schüchternheit des jugendlichen Erben herausholen konnte; Der Erbe versuchte, von der Gutmütigkeit oder vorübergehenden Verlegenheiten des Herrn zu profitieren. Alles war vage; und solche Unbestimmtheit begünstigte die Stärksten oder Schlauesten.

Ein Definitionsprozess war jedoch schon früh im Gange; und machte Fortschritte, wenn auch langsam. Die öffentliche Meinung setzte der

Variation Grenzen, deren Überschreitung als unvernünftig oder sogar unanständig galt. Es wurde eine Vorstellung von einer „angemessenen Erleichterung" entwickelt. Doch das Kriterium variierte: Die Krone könnte sich Regeln widersetzen, die für andere verbindlich waren. Als Heinrich I. im Jahr 1099 Herzog Robert um den Thron bewarb, zeigte er sich in der Tat bereit, die von der zeitgenössischen Meinung gesetzten Grenzen zu akzeptieren, wenn auch nicht in der Praxis, sondern in Worten. Seine Charta der Freiheiten versprach, dass alle Erleichterungen *justa et legitima sein sollten* – zweifellos eine dehnbare Formulierung , die später von den Finanzbeamten großzügig im Sinne ihres königlichen Herrn interpretiert wurde. Als Glanvill Ende des 12. Jahrhunderts schrieb, standen die genauen Beträge fest, die Mesne-Lords erhalten konnten; obwohl es der Krone weiterhin freistand, höhere Sätze zu verlangen. *Baroniae Capitales* , so erzählt er uns, erhielten Erleichterungen, nicht in fester Höhe, sondern in Beträgen, die *juxta voluntatem et misericordiam domini regis variierten* . [354]

Jedes Jahr jedoch zur Definition gemacht; und der Brauch zeigte mit zunehmender Autorität auf die 100er-Marke. pro Ritterhonorar und 100 £ für eine Baronie. Zwei Einträge auf der Pipe Roll of 10 Richard I. veranschaulichen auf amüsante Weise die ungeklärte Praxis. Ein Betrag von 100 £ wird als „angemessene Erleichterung" für eine Baronie beschrieben, und sofort wird dieser Eintrag durch einen zweiten Eintrag einer beträchtlichen zusätzlichen Zahlung als „Geldstrafe" zunichte gemacht, um den König zu veranlassen, den Betrag zu akzeptieren, den seine eigene Liste hatte gerade für „vernünftig" erklärt. [355] John war unabhängig von der Vernunft offener. Die Pfeifenliste von 1202 zeigt, wie ein unglücklicher Erbe sein Erbe erst erhalten konnte, wenn er 300 Mark bezahlte und dem König ein jährliches „annehmbares Geschenk" versprach. [356]

Wenn John so viel fragen konnte, was hinderte ihn dann daran, mehr zu verlangen? Er könnte einen unerschwinglichen Preis festlegen und so die Erblichkeit von Lehen insgesamt zunichte machen. Solche willkürlichen Forderungen müssen ein Ende haben, so wurden die Barone 1215 bestimmt; Der Brauch muss so definiert werden, dass er fortan Vorrang vor der königlichen Diskretion hat. Die erste Forderung der Artikel der Barone lautet: „Dass volljährige Erben ihr Erbe nach dem in der Charta festgelegten alten Erbrecht erhalten sollen." Hier ist es dann ordnungsgemäß dargelegt und in Kapitel 2 der Magna Carta als 100 Pfund für eine „Grafsbaronie", 100 Pfund für eine „Baronsbaronie" und 100 Pfund definiert. für ein Ritterhonorar und einen anteiligen Teil von 100. für jeden Bruchteil eines Ritterhonorars. Diese Klausel brachte den gewünschten Effekt. Diese Sätze wurden von der Schatzkammer Heinrichs III. strikt eingehalten, wie wir aus den Pfeifenlisten seiner Regierungszeit wissen. Als beispielsweise einem gewissen William Pantoll 100 Pfund für seine Entschädigung in Rechnung gestellt wurden, weil er irrtümlicherweise annahm, er sei Inhaber einer „Baronie", protestierte er, dass er nur fünf Ritterhonorare besitze, und kam mit der Zahlung von 25 Pfund davon. [357] Die Erleichterung einer Baronie wurde anschließend von 100 £ auf 100 Mark reduziert. Das Datum dieser Änderung liegt, wenn wir uns auf Madox verlassen dürfen, [358] zwischen dem einundzwanzigsten und fünfunddreißigsten Jahr von Edward I. [359]

Anscheinend erhielten alle, die dem König Erleichterungen zahlten, eine weitere Zahlung (berechnet auf 9 Prozent der Erleichterung) im Namen von „Queen's Gold", einem Beitrag zum privaten Geldbeutel der Königingemahlin, und wurden von einem Beamten eigens eingezogen vertritt sie vor der Staatskasse. [360]

Die Charta befasst sich nur mit der Amtszeit eines Ritters; Über andere Amtszeiten wird nichts gesagt. Die Erklärung des Versäumnisses kann möglicherweise im Fall von Socage bzw. Serjeanty unterschiedlich ausfallen. [361] (*a*) *Socage*. Die Barone hatten kein so großes Interesse an der Geselligkeit, also im Normalfall an der Anstellung bescheidenerer Männer. [362] In späteren Regierungszeiten begnügte sich der König, wie ein gewöhnlicher Mesne-Lord, im Namen der Erleichterung mit einer Jahresrente für Sageland. (*b*) *Serjeanty*. Den Baronen kann das Schicksal der Serjeantien nicht gleichgültig gewesen sein, da viele von ihnen durch solche Amtszeiten große Ländereien besaßen. Möglicherweise gingen sie davon aus, dass die für Ritterhonorare und Baronien geltenden Regeln auch für Serjeantien gelten würden. Die Krone vertrat jedoch eine andere Ansicht; Häufig wurden von Heinrich III. große Summen erpresst. Unter der Herrschaft Eduards I. beschränkte sich die Staatskasse jedoch auf eine Jahresmiete (eine ausreichend strenge Forderung) [363] für Serjeanties, was somit mit der Sozialversicherung in Einklang stand. [364]

II. *Bewertungseinheiten.* Zu den drei Gruppen, in die die Krongüter auf diese Weise eingeteilt wurden, bedarf es einer Erklärung: Rittergüter, Baronien der Barone und Baronien der Grafen.

(1) *Feodum militis integrum.* Der Ursprung des Ritterhonorars wird durch ein Netz widersprüchlicher Theorien verschleiert. Manchmal wird eine Verbindung zwischen ihm und der mysteriösen Fünf-Haut-Einheit aus angelsächsischer Zeit verfolgt; Andere Autoritäten würden seine Einführung in England eindeutig einer Tat einer großen Persönlichkeit zuschreiben — entweder Wilhelm dem Eroberer, laut Selden, der sich auf eine bekannte, aber nicht vertrauenswürdige Passage in Ordericus Vitalis stützt, oder Ranulf Flambard, laut Freeman, Stubbs, und Gneist. Es ist wahrscheinlich, dass die Normannen hier wie anderswo ihre Politik verfolgten, einen offenen Bruch mit der Vergangenheit zu vermeiden, und dass der Eroberer das bestehende Landbesitzsystem so weit wie möglich an seine eigenen Bedürfnisse anpasste.

Angesichts der von Mr. Round in seinem Buch *Feudal England gesammelten Beweise besteht kaum ein Zweifel* daran, dass Wilhelm I. mündlich den Dienst einer bestimmten Anzahl von Rittern aus jedem Lehen festgelegt hat, das er seinen normannischen Anhängern verliehen hat. Das Ritterhonorar oder *Scutum* wurde somit zu einem Maß für den Militärdienst und die feudale Beurteilung; *Servitium unius militis* war eine bekannte Rechtseinheit. Ein schwieriges Problem entsteht jedoch, wenn man fragt, welche eindeutige Gleichung, wenn überhaupt, zwischen Land und Dienstleistung bestand. Es wurden drei Antworten gegeben: (*a*) Es besteht ein eindeutiges Verhältnis zwischen der Servicemenge und der Bodenausdehnung. Mit anderen Worten: Das Ritterhonorar umfasst eine festgelegte Landfläche; Alle fünf Häute schickten einen Krieger, wodurch die alte angelsächsische Einheit erhalten blieb. [365] (*b*) Das Verhältnis liegt nicht zwischen Dienst und Umfang, sondern zwischen Dienst und Wert. Ein Anwesen mit einer Jahresmiete von 20 Pfund schickt einen Ritter in die Kriege des Königs; Das normale Ritterhonorar umfasst 20 Libra Land. [366] (*c*) Andere Autoritäten bestreiten, dass überhaupt ein Verhältnis existiert: Wilhelm der Eroberer verlangte von jedem seiner Begünstigten genau so viel oder so wenig Ritterdienste, wie er für richtig hielt.

Ist es nicht möglich, diese unterschiedlichen Schlussfolgerungen in Einklang zu bringen? Zweifellos hielt sich der Eroberer an keine festen Regeln gebunden, sondern machte Ausnahmen, wo es ihm gefiel: Einige bevorzugte Stiftungen waren von jeglichem Dienst befreit. [367] Wenn er jedoch Güter nach seinem eigenen freien Willen verteilte, verteilte er sie nicht unbedingt irrational oder willkürlich. Er verlangte den Dienst von Rittern in runder Zahl, 5, 10 oder 20, je nach Anlass, und im Normalfall ließ er sich von einem lockeren Augenmaß leiten. Wenn weder ein Grund für eine Vorzugsbehandlung noch für eine besondere Strenge vorlag, würde sich die Leistung in etwa an der Fläche oder am Wert orientieren. Diese Regel war Williams Diener, nicht sein Herr, und wurde von vielen Ausnahmen abhängig gemacht, was hinreichend erklären würde, dass in späteren Tagen die Honorare der Ritter zwischen 2 Häuten und 14 Häuten schwankten, statt der normalen 5. [368] Jeweils Eine solche Gebühr, unabhängig von der Fläche oder der Miete, war für die Dienste eines Ritters geschuldet und zahlte eine Entschädigung in Höhe von 100 Schilling.

(2) *Baronia integra.* Das Wort „Baronie" lässt sich aufgrund der vielen Veränderungen, die es erfahren hat, nicht einfach definieren. [369] Eine „Baronie" bei der normannischen Eroberung unterschied sich in fast jeder Hinsicht von einer „Baronie" heute. Das Wort *baro* war ursprünglich ein Synonym für *homo* und bedeutete im feudalen Sprachgebrauch einen Vasallen eines beliebigen Herrn. Es wurde jedoch bald üblich, das Wort auf die Männer des Königs zu beschränken; „ *Barone* " waren somit identisch mit

„Kronpächtern" – zunächst eine beträchtliche Körperschaft; aber bald entstand eine neue Unterscheidung zwischen den großen Männern und den kleineren Männern unter ihnen (zwischen *Barones Majores* und *Barones Minores*). Letztere wurden üblicherweise Ritter (*milites*) genannt, während „Baron" dem Träger einer „Ehre" vorbehalten war. [370] Für die Bestimmung dessen, was eine „Ehre" darstellt, konnte jedoch kein absolutes Kriterium festgelegt werden. Bloße Größe reichte nicht aus: Ein Magnat, der einst als vollwertiger „Baron" eingestuft wurde, konnte mit Erfolg behaupten, nur ein „Ritter" zu sein, und so einige seiner feudalen Lasten erleichtern, zum Beispiel die „Reliefs". Kapitel 14 der Magna Carta trug dazu bei, die Teilung zu stereotypisieren, da es vorsah, dass jeder *Major Baro* eine individuelle Vorladung zum Rat erhalten sollte, während die *Barones Minores* gemeinsam durch den Sheriff einberufen werden mussten. Als einziger Punkt der Gewissheit, wo alles andere vage war, erlangten diese Schriftstücke eine übertriebene Bedeutung, und schließlich wurde (zu einem Zeitpunkt lange nach der Magna Carta) entschieden, dass der bloße Empfang einer besonderen Vorladung, wenn sie befolgt wird, ernannte den Empfänger zum Baron und berechtigte seine Erben zu allen Zeiten, ihm in einem Titel nachzufolgen, der sich schnell zu einem anerkannten Würdentitel entwickelte. Die „Barone" im Jahr 1215 wussten von alledem nichts; Sie wollten lediglich, dass die ihnen zustehenden Entlastungen mit einem festen Satz besteuert werden. Jede „Baronie" sollte 100 Pfund zahlen, eine Summe, die anschließend auf 100 Mark reduziert wurde.

Die Erleichterung war danach ein fester Betrag, während die Größe der Baronie jeweils unterschiedlich war. Da das Gleiche auch für das Ritterhonorar gilt, ist es doppelt lächerlich, zu versuchen, eine Gleichung zwischen dem Ritterhonorar und der Baronie auf der Grundlage des Verhältnisses der zu zahlenden Beträge zu finden. Coca-Cola war jedoch dieser Absurdität schuldig. [371]

(3) *Baronia comitis integra.* Im Text wird ein eigenartiger Ausdruck verwendet: „Earl's Barony" taucht dort auf, wo „Earldom" zu erwarten wäre. [372] Der Grund dafür ist , dass „Grafschaft" ursprünglich die Ausübung eines Amtes und nicht den Besitz von Land bedeutete, wohingegen die Entlastung für die Ländereien oder „Ehre" des Grafen und nicht für sein Amt zu zahlen war. Die Charta verwendet daher geeignete Worte, um ihre Bedeutung deutlich zu machen. Der Earl (oder *Comes*) war der Nachfolger des Ealdorman als lokaler Gouverneur eines Landkreises oder einer Gruppe von Landkreisen. Sein Titel war offiziell, nicht befristet und in früheren Zeiten sogar notwendigerweise erblich.

Einige der Ideen, die am engsten mit einem modernen Grafentum verbunden sind, waren für die normannischen Grafen eindeutig unangemessen. Heutzutage ist die Grafschaft eine von mehreren „Stufen im

Adelsstand", eine Vorstellung, die es damals noch nicht gab. Heutzutage ist damit ein Sitz im House of Lords verbunden, wohingegen bis lange nach der normannischen Eroberung kein Fall dokumentiert ist, in dem ein Graf oder ein anderer großer Mann als Recht auf Anwesenheit im Rat des Königs den Brauch der Einberufung verlangte Alle Kronpächter wurden erst unter Heinrich II. zum Stereotyp. und wurde vor Kapitel 14 der Magna Carta nicht offiziell anerkannt. Auch heute noch ist das Erbprinzip das Hauptmerkmal einer Grafschaft, während Wilhelm nicht zugab, dass das Amt notwendigerweise vom Vater auf den Sohn überging. [373]

Die Politik des Eroberers bestand darin, jede Grafschaft so weit wie möglich unter seine eigene direkte Autorität zu stellen; In vielen Bezirken gab es keine Grafen, während in anderen die Verbindung eines Grafen mit seinem Titulargrafschaft auf einen Schatten beschränkt war. Die einzigen Verbindungspunkte waren das Recht, „den dritten Penny" zu genießen (d. h. den dritten Teil pro indiviso des Grafen) . Gewinne aus der vom Bezirksgericht verwalteten Justiz) und das Recht, seinen Namen zu führen. Es ist wahr, dass der Earl darüber hinaus normalerweise wertvolle Ländereien im Auenland besaß, aber er tat dies nur wie jeder andere Landbesitzer. Für Steuerzwecke wurde sein gesamtes Land, ob in seiner eigenen Grafschaft oder anderswo, als eine Einheit gezählt, hier als *baronia comitis integra bezeichnet* , deren Entlastung mit einhundert Pfund besteuert wurde.

Ganz allmählich veränderte sich die Vorstellung einer Grafschaft im Laufe der Zeit. Der offizielle Charakter wich der Idee einer Amtszeit, und später wurde die moderne Vorstellung einer erblichen Würde formuliert, die einen bestimmten Rang und Privilegien verleiht. Die Übergangszeit, in der sich die Tenurialidee durchsetzte, wird durch den erfolgreichen Versuch von Ranulf, Graf von Chester und Lincoln, unter Heinrich III. veranschaulicht. um eines seiner beiden Grafschaften zu entfremden – von ihm als *Comitatus* von Lincoln bezeichnet. [374] Earls werden jetzt, wie Barone, durch Patentbriefe geschaffen und müssen keine Landbesitzer sein. So waren die in ihrem Ursprung und ihrer frühen Entwicklung so unterschiedlichen Wörter „Baronie" und „Grafschaft" in ihrer späteren Geschichte eng miteinander verbunden.

III. *Haftung des Kircheneigentums gegenüber „Entlastung".* Die Große Charta von Johannes erwähnt in diesem Zusammenhang im Gegensatz zur Charta von Heinrich I. nicht die Ländereien vakanter Sitze, wahrscheinlich weil die Hauptfrage schon lange zugunsten der Kirche geklärt war. Die Stellung eines Bistums war jedoch eine besondere . Jeder Prälat war ein Kronpächter, und sein Lehen galt als „Baronie", das seinem Besitzer alle Privilegien einräumte und ihm alle feudalen Pflichten eines Barons auferlegte. [375]

Es war damals nicht unnatürlich, dass die Krone beim Tod eines Prälaten von seinem Nachfolger „Entlastung" verlangte, genauso wie vom Erben eines verstorbenen Laienbarons. Solche Forderungen stießen bei William Rufus und seinem Minister Flambard auf erbitterten Widerstand. Infolgedessen war die Krone nicht bereit, auf ihre feudalen Abgaben zu verzichten, und bemühte sich daher, deren Einfluss von den Einnahmen des Bistums auf die Schultern der feudalen Unterpächter zu verlagern. Nach dem Tod von Bischof Wulfstan am 18. Januar 1095 wurde im Namen Wilhelms ein Schreiben an die Grundbesitzer des Bistums Worcester erlassen, in dem jeder von ihnen aufgefordert wurde, als Entschädigung für den Tod ihres Bischofs einen bestimmten, vom Bischof festgesetzten Betrag zu zahlen Barone der Schatzkammer. [376]

Als Rache für solche Erpressungen von Kirchengrundstücken und Pächtern haben die damaligen Historiker, die sich alle notwendigerweise aus der Klasse der Geistlichen rekrutierten, Rufus und Flambard wärmstens der Schmach der Nachwelt empfohlen. Anselm zwang Heinrich I., eine Änderung seiner Krönungsurkunde zu versprechen, die sich dazu verpflichtete, bei Vakanzen weder von der Domäne der Kirche noch von ihren Pächtern etwas zu verlangen. [377] Von Johannes wurde kein entsprechendes Versprechen verlangt, ein Beweis dafür, dass solche Forderungen aufgehört hatten. Die Krone erpresste keine Entlastung mehr von Kirchengrundstücken, obwohl die Vormundschaft ohne Protest bei Leerständen durchgesetzt wurde.

---

353 . Vgl. *oben* , S. 73 .

354 . Glanvills Worte (IX. c. 4) sind leider mehrdeutig. Er unterscheidet drei Fälle: (*a*) das normale Ritterhonorar, davon 100. war als Entlastung fällig (ob sich dies auf die Gebühren der Kronpächter erstreckt, ist nicht ersichtlich); (*b*) Sozialgrundstücke, von denen eine Jahresmiete eingenommen werden könnte; und (*c*) „ *capitales baroniae* ", die nach Ermessen des Königs den Erleichterungen unterworfen blieben. Nun war „Baronie" ein loses Wort: Baronien konnten wie Barone klein oder groß sein (vgl. *unten* , ca. 14); Alle Kronlehen gelten in gewisser Hinsicht als „Baronien", in anderer Hinsicht werden jedoch nur bestimmte größere „Ehren" als solche angesehen. Glanvill lässt diesen entscheidenden Punkt unbestimmt, aber Beweise aus anderen Quellen machen es wahrscheinlich, dass selbst kleinere Kronbesitzungen zu diesem Zweck seinen „*capitales baroniae*" zugeordnet werden sollten und nicht den Ritterhonoraren, die von Mesne-Lords erhoben werden. Zwei Passagen aus dem *Dialogus de Scaccario* (II Herren auf der anderen Seite: Nur letztere hatten ihre Reliefs festgelegt, während die ersteren im Ermessen des Königs lagen. (Die zweite Passage zeigt, wie die Finanzbeamten die Beweislast beim Erben eines Kronlehens

trugen, um zu zeigen, dass er würdig war, die Nachfolge seines Vaters anzutreten, und schlägt als beste Beweisform reiche Geschenke an den König vor.) Madox (I. 315-6) zitiert aus den Pipe Rolls große Summen, die von der Krone gefordert wurden. Gewöhnlich wird die Anzahl der gezahlten Ritterhonorare nicht angegeben, aber in einem Fall wurde eine Erleichterung von 300 £ für sechs Honorare gezahlt – also in Höhe von 50 £ pro Honorar, also genau dem Zehnfachen dessen, was ein Mesne-Lord haben könnte gefordert. (Siehe Pipe Roll, 24 Henry II., zitiert von Madox, *ibid.*) Es gibt weitere Beweise in derselben Richtung: Wenn eine Baronie der Krone entgangen war, wären die Erleichterungen der ehemaligen Unterpächter künftig direkt an die Krone zu zahlen Krone; aber es war die Praxis Heinrichs II. (bestätigt durch ca. 43 der Magna Carta, *siehe oben*), in solchen Fällen nur die niedrigeren Sätze zu berechnen, die vor dem Treuhandfall anspruchsberechtigt waren. Eine ähnliche Regel galt für Untermieter von Baronien in der Vormundschaft; siehe den Fall der Ritter des Sees von Lincoln in den Händen eines königlichen Aufsehers in Pipe Roll, 14 Heinrich II. (zitiert von Madox, *ebd.*). Es scheint daher, dass alle Inhaber von Kronlehen (nicht nur *Barones Majores*) zu Glanvills Zeiten immer noch willkürlichen Erpressungen im Namen von Erleichterungen ausgesetzt waren. Dieser Meinung sind auch die Herausgeber des *Dialogus (S. 223)*. Pollock und Maitland (I. 289) vertreten jedoch die gegenteilige Ansicht, nämlich dass die Beschränkung auf 100er. Das Honorar pro Ritter war sowohl für die Krone als auch für die Mesne-Herren bindend.

355 . Madox, I. 316.

356 . Madox, I. 317.

357 . *Ebenda.* , I. 318.

358 . *Ebenda.* , I. 321.

359 . Die erste der langen Reihe von Urkunden und Bestätigungen, die es enthält, scheint der *Inspeximus vom 10. Oktober 1297* zu sein , der aller Wahrscheinlichkeit nach lediglich eine Regel offiziell anerkannte, die von den Baronen und der öffentlichen Meinung seit langem als einfache Gerechtigkeit gefordert wurde. (Siehe Madox, I. 318, Pollock und Maitland, I. 289, und Bémont, *Chartes* , S. 47.)

360 . Siehe Anmerkung der Herausgeber von *Dialogus* , S. 238. Die Petition der Barone von 1258 (*Sel. Charters* , 382) protestierte dagegen und die Praxis wurde eingestellt.

361 . Vgl. *oben* , S. 66-9 .

362 . Man kann argumentieren, dass der Brauch der Geselligkeit bereits zu gut etabliert war, als dass er einer Bestätigung bedarf. Glanvill (IX. c. 4) gab

die Entlastung für Sacage mit dem Jahreswert eines Jahres an. Es ist jedoch nicht völlig klar, ob diese Einschränkung auch für die Krone galt. Darüber hinaus war kein Brauch, so gut etabliert er auch sein mochte, ausreichend sicher gegen die Gier des Johannes, um eine Bestätigung unnötig zu machen.

363 . Siehe Littleton, *Tenures* , II. viii., s. 154 und Madox, I. 321, der den Fall eines gewissen Henry, Sohn von William le Moigne, zitiert, der mit einer Geldstrafe von 18 Pfund belegt wurde, weil er Ländereien im Wert von 18 Pfund pro Jahr entlastet hatte, die „von der Serjeantie des King's Lardinary" gehalten wurden. "

364 . Vgl. *oben* , S. 69 .

365 . C. Pearson, *Hist. von engl.* , I. 375, Anmerkung 2.

366 . JH Round, *Feudal England* , 295.

367 . ZB Gloucester und Battle Abbeys: siehe Round, *ebenda.* , 299.

368 . Siehe Round, *Feudal England* , 294, und Pollock und Maitland, I. 235.

369 . Siehe Pollock und Maitland, I. 262, und die dort zitierten Behörden. „Eine Ehre oder Baronie wird somit als eine Ansammlung von Ländereien betrachtet, die seit jeher unter einem einzigen Titel gehalten wurden." Eine genaue Definition ist vielleicht unmöglich: Der Begriff wurde erstmals in der Frühzeit ohne technische Bedeutung verwendet; In späteren Zeiten hatte jede „Ehre" ihre Position durch präskriptiven Gebrauch gesondert festgelegt. Siehe auch Pike, *House of Lords* , S. 88-9, über die Schwierigkeit, „eine ganze Baronie" zu definieren.

370 . Diese Änderung war im Jahr 1215 noch nicht abgeschlossen, aber wenn in der Magna Carta nur „ *Barones* "*verwendet wird, scheint sich dies nur auf* „ *Barones Majores* "*zu beziehen (siehe cc. 2, 21, 61). Im Jahr c. 14 werden* „ *Barones Majores* "*den* „ *Barones Minores* "*gegenübergestellt* .

371 . Siehe Coke on *Littleton* , II. iv. S. 112 und *ebenda. Zweites Institut* , S. 7. Er stützte sich auf die spätere Praxis der Staatskasse, die von einer Baronie einhundert Mark Entlastung und von einem Ritterhonorar einhundert Schilling verlangte, und ging von der falschen Gleichung „1 Baronie = 13 ⅓ Ritterhonorar " aus . Wenn er von der früheren Praxis gewusst hätte, die der Regel von John's Charter folgte, wäre er möglicherweise zu einer anderen, ebenso falschen Gleichung übergegangen, nämlich dass „1 Baronie = 20 Ritterhonorare". In Wirklichkeit gibt es kein festes Verhältnis zwischen beiden, weder hinsichtlich des Ausmaßes noch des Wertes.

372 . Im *Inspeximus von Edward I.* ersetzt jedoch das Wort *comitatus (Grafschaft) das baronia comitis des Textes. Siehe Reichsstatuten* , I. 114.

373 . Siehe Pike, *House of Lords* , 57.

374 . Siehe Pike, *House of Lords* , 63. Dieser Begriff *comitatus* hatte viele Bedeutungen. Ursprünglich bezeichnete man damit „County" oder „County Court" und bezeichnete damit auch das Amt des Earls, der die Grafschaft regierte. Später deutete es je nach Kontext entweder auf seine titelrechtliche Verbindung mit dem Auenland, auf seine Ländereien oder auf seine Ländereien hin. sein Anteil am Gewinn der Gerechtigkeit oder sein Rang im Adelsstand.

375 . Dies wurde 1164 durch Artikel 11 der Verfassungen von Clarendon besonders bekräftigt, der vorsah, dass jeder Prälat sein Land als *Sicut Baroniam halten sollte* , lediglich eine Neuformulierung des bestehenden Rechts.

376 . *Sicut per Barones meos disposui.* Das Schreiben ist in Heming's *Cartulary* , I. 79-80, enthalten und wurde von Round, *Feudal England* , 309, nachgedruckt.

377 . Siehe Anhang.

KAPITEL DREI.

Wenn das Talium in die Obhut genommen wird, ist es auf ewig verfallen, ich habe es auf unbestimmte Zeit ererbt und auf ewig erhalten.

Wenn jedoch der Erbe einer der oben genannten Personen minderjährig ist und sich in der Obhut befindet, soll ihm sein Erbe ohne Erleichterung und ohne Geldstrafe zustehen, wenn er volljährig ist.

Der Krone ist es hier verboten, Erleichterungen zu fordern, wo sie bereits die Vormundschaft genossen hatte. Es war hart für den jungen Mann, der sich von der Führungsriege losgesagt hatte, als er „seine Livree verklagte", mit der Forderung nach einer großen Erleichterung seitens der Staatskasse konfrontiert wurde, die bereits alle seine verfügbaren Einnahmen angeeignet hatte. Dasselbe Ereignis, nämlich der Tod des Vorfahren, wurde so zum Vorwand für zwei verschiedene feudale Vorfälle gemacht. [378]

Eine solche doppelte Erpressung war den Mesne-Lords schon lange verboten; Die Magna Carta weitete lediglich ähnliche Beschränkungen auf den König aus. Die Beschwerde, über die er sich beklagte, war durch ein unfaires Mittel, das John manchmal anwendete, noch verschärft worden. In Fällen umstrittener Erbfolge begünstigte er die Ansprüche eines Minderjährigen, genoss die Vormundschaft und verzichtete anschließend ganz auf seinen Titel oder bestätigte ihn nur gegen eine exorbitante Geldstrafe. Der einzige Schutz bestand darin, vorzusehen, dass der König die Vormundschaft nicht in Anspruch nehmen sollte, bis er dem Erben erlaubt hatte, eine Huldigung zu erweisen, die das bindende Band zwischen Herrn und Vasall darstellte, den König daran hinderte, das Recht des Vasallen anzufechten, und ihn dazu verpflichtete, eine „Haftpflicht" zu erfüllen " den Titel gegen alle konkurrierenden Antragsteller. Dieses Hilfsmittel wurde tatsächlich in der überarbeiteten Charta von 1216 übernommen. [379]

Die Änderungen in dieser Neuauflage waren nicht ganz zu Gunsten des Vasallen. In einem weiteren Zusatz wurde eine sinnvolle Bestimmung zugunsten des Herrn getroffen, die nebenbei die Theorie verdeutlicht, die der Vormundschaft zugrunde liegt. Das Wesentliche der Ritterschaft war die Gewährung von Land als Gegenleistung für Militärdienste. Nur ein Ritter war in der Lage, Waffen zu tragen; Daher hielt der Herr die Ländereien in Schutz, bis der Minderjährige den Besitz des Mannes erreichen würde. Anscheinend waren raffinierte Versuche unternommen worden, diese legitimen Rechte der Feudalherren zu untergraben, indem man den kleinen Erben zum „Ritter" machte und so die Grundlage für die Vormundschaft zerstörte. Die Neuauflage von 1216 verhinderte dies, indem sie vorsah, dass die Ländereien eines Minderjährigen unter der Vormundschaft bleiben sollten, obwohl er zum Ritter ernannt wurde. [380] Übrigens wurde in derselben Charta Heinrichs einundzwanzig Jahre als Zeitraum festgelegt, in dem ein Militärpächter volljährig wurde, ein Punkt, zu dem Johns Charter geschwiegen hatte.

In einem Fall kann es ausnahmsweise vorkommen, dass sowohl Vormundschaft als auch Erleichterung aufgrund desselben Todes gefordert werden, wenn auch nicht von demselben Herrn. Wo der Verstorbene zuvor zwei Besitztümer besessen hatte, einen der Krone und einen eines Mesne-Lords, konnte die Krone die Vormundschaft über beide beanspruchen, und dann durfte der enttäuschte Mesne-Lord eine Entschädigung als Entschädigung für seinen Verlust verlangen. [381]

---

378 . Wo es bereits eine Vormundschaft gegeben hatte, war die Entlastung somit der Preis, den der Erbe zahlte, um der harten Hand des Königs zu entgehen, und wurde daher als „ *Ousterlemain* " bezeichnet. Herr Taswell-Langmead (*engl. Const. Hist.* , S. 51, n.) gibt den Betrag mit einem halben Jahresgewinn an. Er nennt hierfür keine Autoritäten und irrt sich wahrscheinlich. Der *Dialogus* , II. X. E., S. 135 verbietet die Inanspruchnahme von Erleichterungen, wenn die Vormundschaft *per aliquot annos* ausgeübt wurde .

379 . Siehe Kapitel 3 von 1216, in dem festgelegt ist, dass kein Herr die Vormundschaft über einen Erben „ *antequam homagium ejus ceperit* "haben darf . Vgl. Coke, *Zweites Institut* , S. 10.

380 . Cola, *ebenda.* , P. 12 macht eine subtile und scheinbar ungerechtfertigte Unterscheidung, die davon abhängt, ob der Minderjährige vor oder nach dem Tod seines Vorfahren zum Ritter ernannt wurde. Der Vorbehalt, so argumentiert er, gelte nicht für den erstgenannten Fall, da das verwendete Wort „ *remaneat* " sei und Ländereien nicht in der Vormundschaft „bleiben" könnten, wenn sie zuvor nicht darin gewesen seien. Eine solche Argumentation ist kindisch.

381 . Siehe *Coke on Littleton* , Buch II. C. iv. S. 112; und vgl. *infra* , cc. 37 und 43 für das „Vorrecht" der Krone.

KAPITEL VIER.

Custos terre hujusmodi heredis qui infra etatem fuerit, non capiat de terredis nisi racionabiles exitus, et racionabiles consuetudines, et racionabilia servicia, and hoc sine destroye et most hominum vel rerum; Und wenn unsere kommissarischen Verwalter den Vizekommissar und alle anderen zum Austritt verpflichten, antworten wir nicht auf die Debatte, und die Verwalter werden im Großen und Ganzen vernichtet Befragter nobis vel ei cui eos askaverimus; Und wenn es darum geht, den Hof zu verwahren, wird die Erde zerstört, und er wird nicht vernichtet, er wird verwahrt, und die Überlieferung erfolgt rechtsgültig und diskret über den Feodosia, der den Beklagten gleichstellt.

Der Hüter des Landes eines Erben, der somit minderjährig ist, darf vom Land des Erben nichts als angemessene Erzeugnisse, angemessene Bräuche und angemessene Dienstleistungen nehmen, und zwar ohne Zerstörung oder Verschwendung von Menschen oder Gütern; und wenn wir dem Sheriff oder einem anderen, der uns gegenüber für die Angelegenheiten verantwortlich ist, die Vormundschaft für das Land eines solchen Minderjährigen übertragen haben und er das, was er als Vormundschaft innehat, zerstört oder verschwendet hat, werden wir ihn wegnehmen ändert, und das Land soll zwei rechtmäßigen und diskreten Männern dieses Honorars übergeben werden, die uns gegenüber für die Angelegenheiten verantwortlich sind, oder dem, dem wir sie zuweisen werden; und wenn wir jemandem die Verwaltung eines solchen Landes übertragen oder verkauft haben und er darin Zerstörung oder Verwüstung verursacht hat, verliert er diese Verwaltung und sie wird an zwei rechtmäßige und diskrete Männer dieses Lehens übertragen, die dafür verantwortlich sind uns in gleicher Weise wie oben beschrieben.

Dieses Kapitel und die nächste Abhandlung über die Vormundschaft, [382] ein viel verhasster feudaler Vorfall, der zweifellos Anlass zu schweren Missbräuchen bot. Es ist jedoch ein Fehler, seine bloße Existenz als Missbrauch zu betrachten: Es scheint in England seit der normannischen Eroberung völlig legal gewesen zu sein, obwohl einige Autoren [383] es für eine von William Rufus und Flambard erdachte Neuerung halten. beispiellos in der Herrschaft des Eroberers. Das Hauptargument für diese falsche Ansicht ist, dass Heinrich I., als er Wiedergutmachung für mehrere anerkannte Erfindungen von Rufus versprach, auch eine Reform der Vormundschaft versprach. Dies zeigt möglicherweise, dass die Vormundschaft missbraucht wurde, beweist jedoch nicht, dass es sich um eine Neuerung handelt.

Die Charta Heinrichs verpflichtete ihn zweifellos zu drastischen Abhilfemaßnahmen, die praktisch auf die vollständige Abschaffung der Vormundschaft hinausgelaufen wären. Kapitel 4 dieses Dokuments entzog der Obhut des Herrn sowohl das Land als auch die Person des Erben und übergab sie der Witwe des verstorbenen Pächters (oder einem der Verwandten, wenn dieser Verwandte nach altem Brauch schon vorher Rechte hatte die der Witwe). [384] Dies war nur eines der vielen unaufrichtigen Versprechen, die der „Löwe der Gerechtigkeit" nie einhielt und wahrscheinlich auch nie einhalten wollte. Während der Regierungszeit von Heinrich I. und Stephanus wurde von Laienlehen weiterhin die Vormundschaft verlangt. Artikel 4 des Assize of Northampton (1176) bestätigte lediglich die bestehende Praxis, als er dem Herrn der Gebühr die Vormundschaft zuließ. [385] Die Barone unternahmen 1215 keinen Versuch, dies zu ändern oder auf die drastischen Abhilfemaßnahmen der Charta Heinrichs I. zurückzugreifen, obwohl die beklagten Übel unter Johns Missregierung noch schlimmer geworden waren.

Es muss daran erinnert werden, dass „Vormundschaft" das Eigentum und die Person des Erben der Gnade der Krone auslieferte. Auch wenn der verbreitete Glaube an das Schicksal, das Prinz Arthur durch die Hände seines Onkels ereilte, unbegründet war, war John keineswegs der Vormund, der der verwitweten Mutter eines jungen Kronpächters Vertrauen einflößte, dessen Ländereien der König für sich begehren könnte. Darüber hinaus könnte der König das Amt mit den damit verbundenen heiklen Angelegenheiten an wen auch immer übertragen. Wenn ein solches Vertrauen missbraucht wurde, war es schwierig, Wiedergutmachung zu erhalten. Im Jahr 1133 zahlte ein Vormund, angeklagt *de puella quam dicitur violasse in custodia sua*, eine Geldstrafe an die Krone, wenn auch nicht als Schweigegeld, so doch, um sich davor zu schützen, anderswo als in der *Curia Regis verklagt zu werden*. [386] Es ist leicht zu verstehen, wie gründlich dieser feudale Vorfall in England und der Normandie verabscheut worden sein muss, umso mehr, wenn er, wie Hallam behauptet, in anderen Teilen Europas nicht als feudaler Anspruch anerkannt wurde. [387]

Es gab zwei Arten von Wächtern. Der König könnte die Ländereien dem Sheriff der Grafschaft anvertrauen, in der sie liegen (oder einem seiner Gerichtsvollzieher), wobei dieser Sheriff die Einnahmen im Namen der Krone einzieht und zu gegebener Zeit bei der Staatskasse abrechnet. Alternativ könnte der König das Amt zusammen mit allen daraus erzielten Gewinnen vollständig einer Privatperson übertragen, entweder einem königlichen Günstling oder dem Bieter mit dem höchsten Preis. Spätere Kommentatoren [388] verwenden das Wort „Komitee" auf die erstere Art von Vormund und reservieren „Stipendiat" für die letztere. Diese von Glanvill erwähnte Unterscheidung [389] findet in dieser Passage der Charta

Anerkennung. Keiner von beiden dürfte die Interessen des Minderjährigen im Mittelpunkt haben. Beide würden das Maximum an Einnahmen erpressen, der eine für den König, der andere für ihn selbst. Sie hatten stets starke Anreize, den Boden, die Vorräte und das Holz auszubeuten, alles auszureißen und abzuholzen, was einen Preis einbrachte, und nichts zu ersetzen. Der Erbe fand allzu oft eine Wildnis aus verarmtem Land und leeren Scheunen vor.

Die von der Magna Carta vorgeschlagenen Abhilfemaßnahmen waren zu zaghaft und halbherzig; dennoch wurde etwas bewirkt. Es war unnötig, die anerkannte Regel zu wiederholen, dass der Minderjährige aus den Einkünften des Landes einen seinem Stand angemessenen Unterhalt und eine Ausbildung erhalten muss; aber die Krone wurde durch Kapitel 3 daran gehindert, Erleichterungen zu fordern, wenn die Vormundschaft bereits genossen worden war; Kapitel 37 verbot Johannes, in bestimmten Fällen, in denen es gesetzlich nicht vorgesehen war, eine Vormundschaft zu fordern; während hier in Kapitel 4 versucht wurde, das Anwesen vor Verschwendung zu schützen.

Zu den versprochenen Reformen gehörte eine Definition von „Abfall"; Bestrafung des verschwenderischen Vormunds; und Schutz vor Wiederholung des Missbrauchs. Jeder dieser Punkte erfordert einen Kommentar. (1) *Die Definition von Abfall.* Die Charta verwendet die Worte „ *vastum hominum vel rerum* " (eine Phrase, die auch in Bracton vorkommt). [390] Es ist leicht, die Verschwendung von Gütern zu verstehen; aber was ist „Männerverschwendung"? Eine Antwort kann in den Worten der sogenannten „unbekannten Charta der Freiheiten" gefunden werden, [391] die die Vormunde verpflichtet, das Land dem Erben zu übergeben „ *sine venditione nemorum et sine redemptione hominum* ". Offensichtlich war es eine Methode, „Männer zu verschwenden", den Schurken das Wahlrecht zu erteilen. Als der junge Erbe in den Genuss seiner Ländereien kam, durfte er seine Leibeigenen nicht emanzipiert vorfinden. [392] Die Worte der „unbekannten Charta" können zur Veranschaulichung des Textes verwendet werden, auch wenn es sich um eine Fälschung handelt, da ein Konsens der Meinung herrscht, dass er entweder zeitgenössisch oder etwas später ist. [393]

(2) *Die Bestrafung verschwenderischer Vormunde.* Die Charta sieht für jede der beiden Arten von Vormund eine eigene, aber angemessene Form der Bestrafung vor. John verspricht, von dem „Komitee", das kein persönliches Interesse an der Immobilie hatte, „Wiedergutmachung" entgegenzunehmen, die zweifellos einer Geldstrafe gleichkommt; während der „Berechtigte" die Vormundschaft einbüßen und damit einen wertvollen Vermögenswert verlieren soll, für den er wahrscheinlich einen hohen Preis, vielleicht eine ausreichende Strafe, ohne die Geltendmachung von Schadensersatz gezahlt hat.

Spätere Gesetze vertraten jedoch eine nicht so milde Sichtweise. Während das Statut von Westminster [394] lediglich die Worte der Magna Carta wiederholte, sah das Statut von Gloucester [395] vor, dass der Berechtigte, der eine Verschwendung begangen hatte, nicht nur das Sorgerecht verlieren sollte, sondern darüber hinaus dem Erben den Restbetrag zahlen sollte zwischen dem Wert des so verfallenen Mündels und dem Gesamtschaden. Härtere Strafen wurden als notwendig erachtet. Satzung 36 Edward III. In Kapitel 13 wurde festgelegt, dass die Escheatoren des Königs (Offiziere, die gegen Ende der Regierungszeit Heinrichs III. zum ersten Mal prominent wurden und im Normalfall als Wächter der Kronbezirke fungierten) bei einer Verschwendungsschuld „dem dreifachen Erben nachgeben sollten". Schadensersatz." Wenn der Junge noch minderjährig war, könnten seine Freunde in seinem Namen Klage erheben; oder wenn er volljährig war, konnte er es auf eigene Rechnung mitbringen. [396]

(3) *Vorsorge gegen eine Wiederholung der Verschwendung.* Es war nur fair, dass angemessene Vorkehrungen getroffen werden sollten, um zu verhindern, dass der bereits verletzte Erbe ein zweites Mal in ähnlicher Weise misshandelt wird. John versprach dementsprechend, den Verwalter, der sich der Verschwendung schuldig gemacht hatte, zu ersetzen, indem er zwei der vertrauenswürdigsten Grundbesitzer auf dem Nachlass des Erben zu Vormunden ernannte. Aufgrund ihrer örtlichen und persönlichen Bindungen zum jungen Erben konnte man von diesen Männern erwarten, dass sie liebevoll mit seinem Eigentum umgehen. Die bereits erwähnte „unbekannte Charta" schlug eine drastischere Abhilfe vor. Wann immer das Recht der Krone auf eine Vormundschaft eröffnet wurde, sollten die Ländereien vier Rittern des Lehens anvertraut werden, ohne abzuwarten, bis Schaden angerichtet worden war. Dieser Vorschlag hätte, wenn er umgesetzt worden wäre, die Mündel des Königs geschützt, ohne die legitimen finanziellen Interessen der Krone zu verletzen.

---

382 . Die Natur der Vormundschaft wird *oben auf* den Seiten 75–77 ausführlicher erläutert .

383 . ZB Herr Taswell-Langmead, *Engl. Konst. Geschichte* , S. 51, n.

384 . „Dies war, so scheint es, die alte englische Regel"; siehe Ramsay, *Foundations of England* , II. 230.

385 . Es ist ein häufiger Irrtum, anzunehmen, dass dieser Assize dem Herrn die Vormundschaft zurückgibt.

386 . Siehe *Pipe Roll* , 29 Henry II., zitiert Madox, I. 483.

387 . Vgl. *oben* , S. 78 .

388 . *Eg* Coke, *Zweites Institut* , S. 13.

389 . VII. C. 10.

390 . II. Blatt 87.

391 . Siehe Anhang.

392 . Eine andere Möglichkeit, Schurken zu „verschwenden", bestand darin, sie übermäßig zu beschimpfen. (Zur Bedeutung von Tallage vgl. *Infra c. 12.*) *So* offenbart Bractons *Notizbuch* , *wie ein Wächter Villanos per Tallagia destruxit* (*v.* case 485); wie ein weiterer Schuft im Wert von 300 Mark verbannt oder vernichtet wurde (Fall 574); wie ein Dritter zwei reiche Landsleute vernichtete, so dass sie arm, Bettler und Verbannte wurden (Fall 632). Vgl. auch Fall 691. Daines Barrington, der Mitte des 18. Jahrhunderts schrieb, ging zu weit, als er aus dieser Passage schlussfolgerte, „dass die Schurken, die eine Knechtschaft innehatten, als ebenso viele Neger auf einer Zuckerplantage betrachtet wurden" (Observations , S. 7.). Für eine Definition von „villein" siehe *unten* c. 20.

393 . Vgl. *oben* , S. 202–205 .

394 . 3 Edward I. c. 21.

395 . 6 Edward I. c. 5.

396 . Coke, *Zweites Institut* , S. 13 vertritt eine Lehre, die im Widerspruch zu diesem Gesetz steht und besagt, dass der Erbe, der einen Schaden erlitten hat, bei Erreichen der Volljährigkeit keinen solchen dreifachen Schadensersatz oder überhaupt keinen Schadensersatz erhalten könnte, wenn der König zuvor selbst Wiedergutmachung geleistet hätte. Coke behauptet weiter, dass die Person des Erben auch nach der Verschwendung in der Gewalt des ungerechten Vormunds verblieben sei, und erklärt, als die Charta ihm das Amt entzog, „bezieht sich dies auf das Land und nicht auf den Körper. " Es scheint jedoch keine Autorität für solche Aussagen zu geben.

KAPITEL FÜNF.

Verwalter, die ihr Land bewohnen, das Haus, den Park, das Lebewesen, den Garten, die Molendina und so weiter auf dem Land verwahren, das ihnen gehört, und das Land verlassen; Und reddat hier, bis zur Vollendung der Etatem Pervenerit, Terram Suam Totam Instauratam de Carrucis und Waynagiis, Secundum Quod Tempus Waynagii Exiget und Exitus Terres Rationalisierung Poterunt Sustinere.

Darüber hinaus soll der Vormund, solange er die Bewachung des Landes innehat, die Häuser, Parks, Viehplätze, [397] ^{Fischteiche}, Mühlen und andere Dinge, die zum Land gehören, aus den Besitztümern des Landes heraus erhalten das gleiche Land; und er soll dem Erben, wenn er volljährig geworden ist, sein gesamtes Land zurückgeben, bestückt mit Pflügen und landwirtschaftlichen Geräten, je nachdem, wie es die Jahreszeit der Landwirtschaft erfordert und die Ausgaben des Landes vernünftigerweise ertragen werden können.

Diese Bestimmungen bilden im positiven Sinne die Ergänzung der rein negativen Bestimmungen des Kapitels 4. Es reichte nicht aus, Verschwendungshandlungen zu verbieten; Der Vormund muss dafür sorgen, dass die Güter in gutem Zustand gehalten werden.

I. *Die Pflichten des Aufsehers eines Laienlehens.* Es war die Pflicht eines jeden Verwalters, das Land vor Vernachlässigung zu bewahren, zusammen mit allen Häusern, „Parks" (ein Begriff, der in Kapitel 47 erklärt wird), Fischteichen, Mühlen und den anderen üblichen Ausstattungsgegenständen eines mittelalterlichen Herrenhauses. Alle für diese Zwecke erforderlichen Ausgaben bildeten, in moderner Sprache, eine erste Belastung von den Einnahmen des Nachlasses, die abgezogen werden musste, bevor der Restbetrag vom „Grante" verwendet oder vom „Committee" an die Staatskasse gezahlt wurde. Darüber hinaus war es die Pflicht des Vormunds, dem Erben das Ganze in einem so guten Zustand zurückzugeben, wie es die Erträge des Landes vernünftigerweise erlaubten. In den Statuten von Henry wurde festgelegt, dass der Vormund das mit Pflügen bestückte Land „und mit allen anderen Einrichtungen in mindestens so gutem Zustand zurückgeben sollte, wie er es erhalten hatte". [398]

Magna Carta versuchte nicht, die Vormundschaft abzuschaffen, die viele Jahrhunderte lang in vollem Umfang in Kraft blieb und nur einige ihrer schlimmsten Missbräuche etwas beschnitten wurde. Das gesamte Thema wurde 1549 durch das Statut 32 Heinrichs VIII. geregelt. C. 46, mit dem der Court of Wards and Liveries eingeführt wurde, dessen kostspieliges und langwieriges Verfahren zunehmende Unzufriedenheit hervorrief, bis eine Anordnung beider Kammern des Parlaments vom 24. Februar 1646 ihn zusammen mit „allen Wardships, Liveries, Primer *Seisins* , und *ouster les mains* .“ [399] Diese Verordnung wurde bei der Restauration durch das Statut 12 Karls II. bestätigt. C. 24.

II. *Vormundschaft über freie Sitze.* Die Kirche hatte ihre eigenen Beschwerden, auch wenn diese eine andere Form annahmen. Die Verfassungen von Clarendon [400] hatten festgelegt, dass jeder große Prälat seine Kronländer *sicut baroniam halten sollte* ; und diese Ansicht setzte sich letztendlich durch. Daraus folgte, dass alle angemessenen feudalen Belastungen kirchliche Lehen gleichermaßen betrafen wie weltliche Lehen. Die Ländereien, die die Zeitlichkeiten eines Bistums bildeten, befanden sich jedoch in einer besonderen Lage, da sie nicht Eigentum eines Einzelnen, sondern einer unsterblichen Körperschaft waren (um die eindeutige Sprache eines späteren Zeitalters zu verwenden). Wenn ein Bischof oder Abt starb, musste sofort ein Nachfolger in angemessenem Alter und Rang ernannt werden. Eine Minderheit war daher unmöglich, und deshalb, so könnte man argumentieren, könnten auch keine Mündel entstehen. Rufus erhob Einwände gegen eine seiner Meinung nach ungerechtfertigte Befreiung von einem anerkannten feudalen Vorfall. Flambard erfand einen genialen Ersatz für gewöhnliche Mündelposten, indem er die Bistümer lange unbesetzt ließ und die Ländereien in der Zwischenzeit unter die Vormundschaft der Krone stellte. Solche Praktiken bildeten den ursprünglichen Grund für den Streit zwischen Anselm und Rufus. Heinrich I. verzichtete in seiner Charta zwar auf alle Ansprüche auf Erleichterungen, behielt aber sein Vormundschaftsrecht und versprach lediglich, dass frei gewordene Bistümer weder verkauft noch verpachtet werden sollten. Stephanus ging noch weiter und verzichtete ausdrücklich auf alle Vormundschaften über Kirchenland; aber Heinrich II. ignorierte dieses Zugeständnis und kehrte zur Praxis seines Großvaters zurück. Während seiner Regierungszeit stellte die Verwaltung der reichen Besitztümer vakanter Bistümer einen wertvollen Vermögenswert für die Staatskasse dar. Während einer Vakanz bezog die Krone nicht nur die Pachtzinsen und Grundemissionen, sondern auch die verschiedenen feudalen Zahlungen, die die Unterpächter andernfalls an den Bischof gezahlt hätten. Die Pfeifenrolle vom 14. Heinrich II. [401] verzeichnet Beträge von 30 und 20 Pfund, die von zwei Pächtern des leerstehenden Sitzes von Lincoln für sechs bzw. vier Ritterhonorare in die Staatskasse eingezahlt wurden. [402]

Die Praxis Heinrichs von Anjou wurde von seinen Söhnen übernommen. Johannes achtete besonders darauf, Vormundschaften für vakante Bistümer zu reservieren, selbst in der sehr entgegenkommenden Charta vom 21. November 1214, die das Recht auf kanonische Wahl an die Nationalkirche abgab. Stephen Langton hatte es entweder versäumt, John zum Verzicht auf die Vormundschaften zu zwingen, oder er hielt ein solches Zugeständnis für unnötig, nachdem der König auf sein Vetorecht bei Kirchenernennungen verzichtet hatte, da Vormundschaften über Kirchenland unrentabel werden würden, wenn die Wahlen nie übermäßig verzögert würden. Was auch immer der Grund war, die Charta von 1214 trug nicht dazu bei, den Missbrauch von Vormundschaften über Kirchenland zu verhindern, und die Große Charta von John schwieg ebenfalls. [403] Die Auslassung wurde 1216 ergänzt, als angeordnet wurde, dass die bereits für Laienlehen geltenden Bestimmungen auch auf unbesetzte Lehen ausgedehnt werden sollten, mit der zusätzlichen Maßgabe, dass kirchliche Vormundschaften niemals verkauft werden sollten. Die Urkunde Heinrichs III. Damit kehrte es zu der genauen Position zurück, die in der Charta von Heinrich I. definiert war. Die Ländereien vakanter Bistümer könnten einem „Komitee" unterstellt, aber niemals einem „Begünstigten" übergeben werden, um Cokes Begriffe zu verwenden.

Diese Bestimmungen wurden durch spätere Gesetze weiter ergänzt. Ein Akt vom 14. Edward III. (stat. 4, cc. 4 und 5) gewährte dem Dekan und dem Kapitel eines vakanten Sitzes ein Recht auf Vorkauf des Vormundschaftspostens zu einem fairen Preis. Wenn sie davon nicht Gebrauch machten, wurde das Recht des Königs bestätigt, Treuhänder oder andere Bewahrer zu ernennen, jedoch unter strengen Verschwendungsregeln. Dies ist eine eindeutige Bestätigung des Rechts des Königs, Kirchenland zu „übereignen", obwohl das Verbot, es zu verkaufen oder zu bewirtschaften, weiterhin in Kraft blieb.

---

397 . *Unter Vivarium* im engeren Sinne versteht man einen Ort zur Haltung von Nutzvieh, umfasst aber wahrscheinlich auch Tiere. Von Coke wird es in den *Statuten im Allgemeinen* und anderswo mit „Warren" übersetzt; aber dieses Wort hat seine lateinische Form in *warrena* . Stubbs' Glossary to *Select Charters* (S. 551) beschreibt es als „einen Fischteich", aber *Stagnum* hat diese Bedeutung. Das Statut Westminster II. (ca. 47) spricht von *stagnum molendinæ* (einem Mühlenteich). Das Statut von Merton (ca. 11) bezieht sich auf Wilderer, die *in Parcis et Vivariis gefangen genommen wurden* ; während Westminster I. (c. 1) *ne courge en autri parks, ne pesche en autri vivers* verbietet , was auf eine Änderung der Konnotation schließen lässt. Vgl. *ebenda.* , C. 20.

398 . Blackstone, *Great Charter* , lxxviii. hält dies für „einen Nachlass gegenüber den Wächtern, indem man sie nur anweist, das Land ... in dem guten Zustand herauszugeben, wie sie es vorgefunden haben, nicht in dem guten Zustand, wie es es ertragen würde." Manchmal konnte der Erbe sein Land nach Erreichen der Volljährigkeit überhaupt nicht zurückerhalten. Das Statut von Marlborough (ca. 16) gab einem solchen Mündel das Recht auf einen *Mort d'ancestor* (vgl. *unten* , S. 325) gegen einen Mesne-Lord, aber

offenbar nicht gegen die Krone. Das Statut von Westminster I. (ca. 48) berichtet, dass Erben oft leiblich entführt wurden, um sie daran zu hindern, Klagen gegen ihre Vormunde zu erheben.

399 . Siehe SR Gardiner, *Dokumente* , S. 207.

400 . Artikel 11: siehe *Select Charters* , 139.

401 . Zitiert von den Herausgebern des *Dialogus* , S. 223.

402 . Vgl. unter c. 43 *unten* .

403 . Um 46 (siehe *unten*) bestätigten *Barone* , die Abteien gegründet hatten, ihr Vormundschaftsrecht über diese während der Vakanz.

KAPITEL SECHS.

Heredes maritentur absque disparagacione, ita tamen quod, antequam contrahatur matrimonium, ostendatur propinquis de consanguinitate ipsius heredis.

Erben sollen ohne Herabwürdigung verheiratet werden, jedoch so, dass vor der Eheschließung der dem Erben am nächsten stehende Blutsverwandte davon Kenntnis erhält.

Das Recht der Krone, die Ehen von Mündeln zu regeln, war zu einem unerträglichen Missstand geworden. Der Ursprung dieses feudalen Vorfalls und seine Ausweitung auf männliche und weibliche Minderjährige wurden an anderer Stelle erläutert. [404] John verkaufte regelmäßig Mündel – junge Dienstmädchen von vierzehn Jahren und alte Witwen gleichermaßen. Eine Entschuldigung würde nicht akzeptiert werden. In der Pfeifenliste von Johns erstem Jahr [405] wird berichtet, wie einer gewissen Alice Bertram die Habe weggenommen und verkauft wurde, weil sie sich auf Aufforderung des Königs weigerte, „zu kommen, um sich selbst zu heiraten". Denjenigen, die sich weigerten, sich lebenslang mit den Männern zu paaren, an die Johannes sie verkaufte, standen nur zwei Möglichkeiten offen. Sie könnten den Schleier an sich reißen, im Gesetz tot werden und ihre Lehen einbüßen, um den damit verbundenen Lasten zu entgehen. Nur das Kloster konnte ihnen Schutz bieten; Nirgendwo in der Außenwelt waren sie sicher. Der andere Ausweg bestand darin, unliebsame Bewerber zu überbieten. Dies war nicht immer möglich, da John dazu neigte, die Gunst seiner ausländischen Glücksherren zu bevorzugen und sich so mit seinen Geschöpfen anzufreunden, während er gleichzeitig die kleine Zahl persönlich loyaler Hauptmieter *vergrößerte* . Johns Gier war unersättlich und kurze Einträge in seinen Schatzlisten fassen die Geschichte vieler Tragödien zusammen. Im ersten Jahr seiner Herrschaft bot die Witwe von Ralph von Cornhill 200 Mark sowie drei Zelter und zwei Falken an, damit sie nicht von Godfrey von Löwen verlobt würde, sondern frei bleiben könne, zu heiraten, wen sie wollte, und dennoch ihr Land behalten würde. Es handelte sich um einen Fall höchster Dringlichkeit, da Godfrey aus Liebe zur Dame oder zu ihrem Land 400 Mark für sie geboten hatte, sofern sie keinen gegenteiligen Grund vorweisen konnte. Es ist erfreulich zu erfahren, dass in diesem Fall das höhere Bestechungsgeld abgelehnt wurde und die Dame entkam. [406]

Manchmal variierte John seine Praxis, indem er nicht die Frau selbst verkaufte, sondern das *Recht* , sie zu verkaufen. Im Jahr 1203 kaufte Bartholomew de Muleton für 400 Mark die Vormundschaft über die Ländereien und den Erben eines gewissen Lambert, zusammen mit der

Witwe, um ihn zu heiraten, mit wem er wollte, aber damit sie nicht herabgesetzt würde. [407]

Selbstverständlich wurde großer Wert auf die Befreiung von der „Herabwürdigung" gelegt, also von der Zwangsverheiratung mit jemandem, der nicht seinesgleichen war. Als Wilhelm von Schottland im Vertrag vom 7. Februar 1212 John das Recht verlieh, Prinz Alexander zu heiraten, wen er wollte, wurde die Qualifikation ausdrücklich festgelegt, „jedoch immer ohne Herabwürdigung". [408] Ein solcher Vorbehalt wurde verstanden, wo er nicht zum Ausdruck gebracht wurde, und bildete offenbar die einzige von der Krone zugelassene Einschränkung dieses Vorrechts. Es ist daher nicht verwunderlich, dass dies in der Magna Carta ausdrücklich bestätigt wird. Die Artikel der Barone hatten tatsächlich einen weiteren Schutz gefordert – nämlich, dass ein königlicher Mündel nur *mit Zustimmung* der nächsten Angehörigen heiraten sollte . In unserem Text wird dies auf die bloße Andeutung einer beabsichtigten Heirat abgemildert. Damit bot sich die Gelegenheit, gegen ein unpassendes Spiel zu protestieren. So unzureichend die Bestimmung auch war, sie wurde in den Neuauflagen von Henrys Regierungszeit vollständig weggelassen. Der Verkauf der Erbinnen lief ungebremst weiter.

Magna Carta machte keinen Versuch, Herabwürdigung zu definieren, aber das Statut von Merton [409] nannte zwei Beispiele: die Heirat mit einem Schurken oder einer Bürgerin. Dies war keine erschöpfende Liste. Littleton fügt in seinem Kommentar zu diesem Statut [410] weitere Beispiele hinzu: „als ob der Erbe des Mündels mit jemandem verheiratet wäre, der nur einen Fuß oder nur eine Hand hat oder der deformiert, altersschwach oder schrecklich ist." Krankheit oder andernfalls großes und anhaltendes Gebrechen, und, wenn er ein männlicher Erbe ist, mit einer Frau verheiratet, die das gebärfähige Alter überschritten hat." Es blieb viel Spielraum, einem Mündel einen anstößigen Ehemann oder eine anstößige Ehefrau aufzuzwingen, für die jedoch nicht nachgewiesen werden konnte, dass sie unter die gesetzliche Definition von „Herabwürdigung" fielen. Die Barone argumentierten 1258, dass eine englische Erbin herabgesetzt werde, wenn sie mit jemandem verheiratet sei, der kein gebürtiger Engländer sei. [411]

Lag es in der Macht des weitsichtigen Vaters einer zukünftigen Erbin, das Recht der Krone, einen Ehemann zu nominieren, zunichte zu machen, indem er sie noch zu seinen Lebzeiten heiratete? Nicht komplett; denn die Charta von Heinrich I. (auch wenn auf die unterdrückerischere Praxis von Rufus verzichtet wurde) behielt das Recht des Königs vor, von den Baronen konsultiert zu werden, bevor sie weiblichen Verwandten die Hand reichten. Die Magna Carta schweigt zu diesem Punkt und geht davon aus, dass das bestehende Recht beibehalten werden sollte.

Bracton [412] erklärt dieses Gesetz: „Keine Frau mit einem Erbe konnte ohne die Zustimmung des Oberherrn heiraten, unter Androhung des Verlusts dieses Erbes; Dennoch war der Herr auf Nachfrage verpflichtet, seine Zustimmung zu erteilen, wenn er keine guten gegenteiligen Gründe vorlegte; Er konnte jedoch nicht gezwungen werden, die Huldigung eines Feindes oder eines anderen ungeeigneten Mieters anzunehmen. Die Rechte der Krone in solchen Angelegenheiten waren offenbar dieselben wie die eines jeden Mesne-Lords. [413]

---

404 . Siehe *oben* , 75–8 .

405 . Zitiert Madox, I. 565.

406 . Siehe *Rotuli de Oblatis et Finibus* , S. 37 und *Pipe Roll* , 2 John, zitiert von Madox, I. 515.

407 . *Pipe Roll* , 4 John, zitiert von Madox, I. 324.

408 . Siehe *unten* , c. 59.

409 . 20 Heinrich III. C. 6.

410 . *Amtszeiten* , II. iv. S. 109.

411 . Siehe Petition of Barons (*Sel. Charters* , 383). Nach und nach wurde der Begriff der Herabwürdigung erweitert, teils aufgrund der natürlichen Entwicklung von Rechtsgrundsätzen und teils aufgrund der zunehmenden Macht, die der Adel erlangte, indem er dem König seine eigenen Definitionen aufzwingen konnte. Coke erwähnt in seinem Kommentar zu Littleton (Abschnitt 107) vier Arten von Verunglimpfungen: (1) *propter vitium animi* , z. B. Wahnsinnige und andere mit Geisteskrankheit; (2) *propter vitium sanguinis* , Schurken, Bürger, Söhne bekannter Personen, Bastarde, Außerirdische oder Kinder von Außerirdischen; (3) *propter vitium corporis* , also diejenigen, die ein Glied verloren hatten oder krank oder impotent waren; und (4) *propter jacturam privilegii* oder eine solche Ehe, die den Verlust der „Vorteile des Klerus" mit sich bringen würde. Die letzte Klausel hatte möglicherweise keinen Zusammenhang mit der Rechtslage im 13. Jahrhundert, sondern beruhte auf der Tatsache, dass die Ehe mit einer Witwe oder einem Witwer in späteren Zeiten von der Kirche als Akt der Bigamie angesehen wurde und daher den Verlust der Ehe mit sich brachte zugunsten des Klerus, bis dies durch das Statut 1 Eduards VI. behoben wurde. C. 12 (§ 16).

412 . II. *Blatt* 88.

413 . Weitere Informationen zum Alter, in dem einem Mündel die Eheschließung angeboten werden kann, und zu den Strafen für die Ablehnung finden Sie in Thomson, *Magna Charta* , S. 170-1.

KAPITEL SIEBEN.

Nach dem Tode wird die Ehe auf eigene Faust geheilt und auf unbestimmte Zeit geerbt, und dann wird die Ehe für Sie, für die Ehe mit Ihnen, zur Verfügung gestellt, und Sie werden Ihre Ehe erben, wenn Sie die Ehe erben, und Sie werden den Tod Ihres Ehepartners erhalten, und Sie müssen Ihre eigene Ehe für die Ehe vererben stirbt post mortem ipsius, infra quos asketur ei dos sua.

> Eine Witwe soll nach dem Tod ihres Mannes sofort und ohne Schwierigkeiten ihren Eheanteil und ihr Erbe erhalten; Sie darf auch nichts für ihre Mitgift oder für ihren Heiratsanteil oder für das Erbe geben, das ihr Mann und sie am Tag des Todes dieses Mannes besaßen; und sie darf vierzig Tage nach seinem Tod im Haus ihres Mannes bleiben; innerhalb dieser Zeit wird ihr ihre Mitgift zugeteilt.

Keine noch so große Voraussicht seitens eines Kronpächters, der sein Haus vor seinem Tod in Ordnung brachte, konnte seine Witwe aus der äußerst unglücklichen Lage retten, in die sein Tod sie zwangsläufig stürzen würde. Er muss sie ohne angemessenen Schutz vor der Tyrannei des Königs zurücklassen, der ihm schreckliche Härten zufügen könnte, indem er die Rechte, die ihm zum Schutz der feudalen Vorfälle zustehen, die der Krone als Oberherr zustehen, hart ausübt. Nachdem sie nun ihres natürlichen Beschützers beraubt war, stand sie vor der unmittelbaren Notwendigkeit, eine Reihe heikler Verhandlungen mit einem mächtigen Gegner zu führen, der durch weitreichende und unbestimmte Vorrechte gestärkt war. Wenn sie ihrer „Estovers" beraubt würde, könnte sie sich tatsächlich für einen Moment in tatsächlicher Armut wiederfinden, bis sie ihren Handel mit der Krone abgeschlossen hätte; Sie hatte zwar (unter normalen Umständen) Anspruch auf ein Drittel der Ländereien ihres verstorbenen Mannes (ihre *dos rationalis*), zusätzlich zu allen Ländereien, die sie möglicherweise als Heiratsanteil mitgebracht hatte, aber sie konnte nur mit Erlaubnis in den Besitz gelangen des Königs, der frühere Ansprüche auf sie hatte und durch sein Vorrecht des Primer Seisin alles an sich reißen konnte. [414] Dieses Kapitel schafft Abhilfe. Witwen erhalten ihre Rechte unverzüglich, ohne Schwierigkeiten und ohne Bezahlung.

I. *Der Anteil der Witwe an der Immobilie.* Es werden drei Wörter verwendet: *dos , maritagium* und *hereditas* .

(1) *Mitgift.* Die Mitgift einer Frau ist der Teil des Landes, der ihrem Mann zur Verfügung gestellt wird, um sie während ihrer Witwenschaft zu unterstützen. Schon früh war es üblich, dass ein Bräutigam am Tag seiner Hochzeit

ausreichend für seine Braut sorgte. Eine solche Zeremonie bildete in der Tat einen malerischen Bestandteil der Hochzeitsfreude, die buchstäblich vor der Tür der Kirche stattfand, als Mann und Frau vom Altar zurückkehrten. Der so für die junge Frau reservierte Anteil am Land ihres Mannes wurde als ihre *Dos* (oder Mitgift) bezeichnet und sollte sie unterstützen, wenn ihr Mann starb. Theoretisch hatte die Transaktion zwischen den Ehegatten den Charakter eines Vertrags, in dem sie den Umfang der zu gewährenden und anzunehmenden Leistung regelten. Die Rolle der Frau war jedoch passiv; ihre Zustimmung wurde vorausgesetzt. Wenn jedoch überhaupt keine Vorkehrungen getroffen wurden, schritt das Gesetz ein und setzte die Mitgift auf ein Drittel aller seiner Ländereien fest, in der Annahme, dass die Unterlassung vom Ehemann unbeabsichtigt gewesen sei. [415]

Die Magna Carta des Johannes begnügt sich mit dem kurzen Beschluss, „dass eine Witwe ihre Mitgift erhalten soll". Die Charta von 1217 geht noch weiter und enthält eine genaue Darstellung des damaligen Gesetzes: „Die Witwe soll ihr als Mitgift den dritten Teil des gesamten Landes ihres Mannes zugewiesen haben, das er zu seinen Lebzeiten hatte (in vita sua). es sei denn, ihr wäre an der Tür der Kirche ein geringerer Anteil gegeben worden." Spätere Anwälte haben durch eine strenge Auslegung der Worte *in vita sua* sie zu einem absoluten Schutz für eine Ehefrau gegen alle Versuche ihres Mannes gemacht, ihre Mitgift durch Entfremdungen zu untergraben oder zu verringern, die während der Dauer der Ehe ohne ihre Zustimmung gewährt wurden. [416] Magna Carta enthält keinen Grund für einen solchen Vorschlag, obwohl eine spätere Klausel (Kapitel 11) die Mitgiftländer vor der Pfändung durch die Gläubiger des Ehemanns, seien es Juden oder andere, schützt.

(2) *Maritagium.* Es war Brauch, dass ein Grundbesitzer seinen Töchtern einen Teil seines Besitzes als Heiratsanteil schenkte, damit sie nicht als Bräute mit leeren Händen zu ihren Ehemännern kamen. Das so gewährte Land wurde in der Regel von allen Dienst- und Huldigungslasten befreit. Es wurde daher als *Liberum Maritagium bezeichnet* , was fast als eigenständige Form der Feudalherrschaft anerkannt wurde. Zuschüsse für diesen Zweck konnten ohne Zustimmung der werdenden Erben des Pächters gewährt werden, obwohl das frühe englische Recht die Veräußerung von Grundstücken für andere Zwecke ohne deren Zustimmung absolut untersagte. *Maritagium* war somit „eine Versorgung für eine Tochter – oder vielleicht eine andere nahe Verwandte – und ihre Nachkommen". [417] Der Ehemann der Dame wurde während der Ehe praktisch als praktischer Eigentümer behandelt; doch bei seinem Tod hatte die Witwe einen unbestreitbaren Anspruch auf Ländereien, die sie „in freier Ehe" mitgebracht hatte. [418]

Die offensichtliche Bedeutung wurde jedoch nicht immer erkannt. Coke [419] liest die Klausel so, dass sie den Witwen von Untermietern ein Recht einräumt, das (in Kapitel 8) den Witwen von Kronpächtern verweigert wird

– nämlich „die Freiheit zu heiraten, wo sie wollen, ohne Lizenz oder Zustimmung ihrer Herren." Diese Interpretation ist von Natur aus unwahrscheinlich, da die Barone von Runnymede ihrem Feind, dem König, Beschränkungen auferlegen wollten, nicht sich selbst; und es steht im Gegensatz zum Gesetz einer früheren Herrschaft, wie es von Bracton dargelegt wurde. [420]

Daines Barrington [421] erfindet einen imaginären Rechtsstaat, um eine vermeintliche Ausnahme zu erklären. Eine gewöhnliche Witwe, so erklärt er, könne im Normalfall nicht vor Ablauf eines Jahres nach dem Tod ihres ersten Mannes wieder heiraten. Einige Witwen waren jedoch besonders privilegiert. *Maritagium* war ein den Witwen von Grundbesitzern verliehenes Recht, die Trauerzeit anderer zu verkürzen. Dies ist eine völlige Umkehrung der Wahrheit; Der Besitz von Land schränkte die Ehefreiheit stets ein, anstatt sie zu erweitern. Mehrere spätere Autoritäten folgen Barringtons Fehler. [422]

Solche Fehler neuerer Autoren sind umso unentschuldbarer angesichts der klaren Erklärung, die vor einem Jahrhundert von John Reeves [423] gegeben wurde, der zwischen zwei Arten von Eheteilen unterschied: *liberum maritagium* , woraus drei Generationen lang überhaupt kein Dienst zu leisten war, und *maritagium servitio obnoxium* , das vom ersten Erben an zu den üblichen Diensten verpflichtet ist, jedoch bis nach dem Tod des dritten Erben von der Huldigung befreit ist. [424]

(3) *Erblichkeit.* Die ersten beiden Wörter sind somit leicht verständlich: Aber was ist *hereditas* ? Ist es einfach ein anderer Name für eines davon oder ist es etwas anderes? Es wird möglicherweise verwendet, um Nachlässe zu bezeichnen, die die Ehefrau nicht als Teil der Ehe, sondern auf andere Weise erworben hat, beispielsweise durch die Eröffnung einer Erbfolge beim Tod einer Person, ihres Vaters oder eines anderen Verwandten, dessen Erbin sie ist .

II. *Der Anteil der Witwe am Privatvermögen.* Das derzeit diskutierte Kapitel der Charta sagt nichts über das Recht der Witwe auf einen Teil der Güter und Besitztümer ihres verstorbenen Mannes aus. Kapitel 26 bestätigt jedoch das bestehende Gesetz, das ihr im Normalfall ein Drittel des Privatvermögens ihres Mannes sicherte, wie im Folgenden ausführlicher erläutert wird.

III. *Vorsorge für die unmittelbaren Bedürfnisse der Witwe.* Viele komplizierte Fragen könnten auftauchen, bevor es möglich wäre, das Land in aliquote Teile aufzuteilen und so genau das ihr zustehende Drittel zu „zuteilen". In der Zwischenzeit muss vorübergehend für ihre Unterstützung gesorgt werden. Dies geschah in zweierlei Hinsicht: (1) *Quarantäne.* Magna Carta bestätigte ihr das Recht, für einen Zeitraum von vierzig Tagen im Haus der Familie zu bleiben. Dies wurde von späteren Anwälten als Witwenquarantäne bezeichnet. [425] Die Charta von 1216 stellt eine Ausnahme von der allgemeinen Regel fest, zu der Johns Charta schweigt: Wenn der Hauptwohnsitz des verstorbenen Ehemanns eine Burg gewesen wäre, könnte die Witwe dort nicht bleiben; Feudalhochburgen waren nichts für Frauen. In solchen Fällen ist jedoch, so die Umschreibung von 1216 sorgfältig vorzusehen, unverzüglich ein anderer Wohnsitz zu ersetzen. Später erhielten Witwen, denen die Quarantäne unrechtmäßig entzogen wurde, Abhilfe durch einen Gerichtsbeschluss, bekannt als „ *de quarentina habenda* ", der den Sheriff anwies, ein summarisches Verfahren einzuleiten, um ihr Recht zu bekommen. [426]

(2) *Estovers of Common.* Die Witwe brauchte mehr als den Schutz eines Daches; Denn bis ihr die Mitgiftländereien übergeben worden waren, konnte kein Teil des Ertrags der Herrenhäuser ihres verstorbenen Mannes streng genommen ihr Eigentum genannt werden. Der Nachlass wurde „gemeinsam" zwischen ihr und dem Erben ihres Mannes (oder zwischen ihr und dem „Vormund" des Nachlasses dieses Erben) verwaltet. Es war nur fair, dass ihr bis zur Feststellung ihrer Rechte ein angemessener Anteil an der Ernte zugestanden wurde. Weder die Charta des Johannes noch die erste Ausgabe von Heinrich III. habe etwas zu diesem Thema gesagt. In der Neuauflage von 1217 wurde die Auslassung behoben, indem der Witwe eines Kronpächters ausdrücklich das Recht auf *rationabile estoverium suum interim de communi bestätigt wurde* . Es könnten viele Erklärungen für das Wort *Estover* (allgemein im Plural verwendet) angeführt werden: von Dr. Johnson, der es allgemein als „gesetzlich erlaubte Notwendigkeiten" definiert, bis zu Dr. Stubbs, der es auf „Brennholz" eingrenzt. [427] Es war das Recht, bestimmte Teile des natürlichen Ertrags von Land oder anderem Eigentum für die Befriedigung der persönlichen oder häuslichen Bedürfnisse zu nutzen. Der Umfang dieser Rechte variierte jedoch; vom allgemeinen Recht auf eine vollständige Versorgung mit allen lebensnotwendigen Dingen bis hin zum eingeschränkten Recht, eine Produktart nur für einen bestimmten Zweck zu verwenden. [428]

Es liegt nahe, daraus zu schließen, dass das Wort in dieser Passage der Magna Carta seine umfassendere Bedeutung hat. Dies war die Ansicht von Coke [429] , die der Ansicht war, dass dies das Recht der Witwe auf „Lebensunterhalt" jeglicher Art impliziere, einschließlich des Rechts, auf dem Herrenhaus die Ochsen zu töten, die sie als Nahrung benötigte. Estovers „of common" sollte daher so verstanden werden, dass sie das Konsumrecht der Witwe für ihren eigenen Gebrauch und den ihres Haushalts auf alle Arten von Produkten ausdehnt, die sie und der Vormund des Erben vor einer endgültigen Teilung „gemeinsam" besitzen. [430]

---

414 . Vgl. *oben* , 78–9.

415 . Siehe Pollock und Maitland, II. 422-3. Die Zeremonie an der Kirchentür war nicht länger eine Gelegenheit, einer Braut einen materiellen Beweis ihrer Zuneigung zu erbringen, sondern ein Mittel, sie um das zu betrügen, was das Gesetz als ihre legitime Versorgung ansah, indem man sie durch etwas von geringerem Wert ersetzte.

416 . Pollock und Maitland, II. 419.

417 . Siehe Pollock und Maitland, II. 15-16.

418 . *Liberum maritagium* , als Besitztum betrachtet, weist verschiedene Besonderheiten auf. Der Ehemann der Dame wurde Lehnsherr ihres Vaters. Gegenstand der Ehe waren die Erben der Ländereien, die sie als Pächter des Erben des Spenders halten würden. Drei Generationen lang waren jedoch weder Dienste noch Huldigungen fällig. Nach der dritten Übermittlung hörte das Land auf, besonders „frei" zu sein; die eigentümliche Amtszeit ging zu Ende; und der neue Eigentümer war allen üblichen Belastungen eines gewöhnlichen Mieters ausgesetzt.

419 . *Zweites Institut* , S. 16.

420 . Siehe *oben* , S. 253 .

421 . *Beobachtungen* , S. 8–10.

422 . *B.* Thomson, *Magna Charta* , S. 172. Dr. Stubbs hat seine eigene Lesart von *Maritagium* , nämlich „das Recht, einen feudalen Unterhaltsberechtigten zu heiraten". Siehe Glossar zu *Sel. Urkunden* , S. 545. Das Wort mag manchmal diese Bedeutung haben, aber nicht in der Magna Carta.

423 . Siehe seine *History of English Law* , I. 121 (3. Aufl.).

424 . Vgl. *Ebenda.* I. 242, wo Reeves zu Recht darauf hinweist, dass Coke sich irrt, obwohl er die in der kritisierten Passage gezogene Unterscheidung zwischen den Crown- und Mesne-Lords nicht bemerkt.

425 . In der „unbekannten Charta" (siehe Anhang) wurden 60 Tage festgelegt, Magna Carta legte den Zeitraum jedoch auf vierzig fest.

426 . Siehe Coke, *Second Institute* , S. 16.

427 . Siehe Glossar zur *Auswahl von Chartern* , S. 539: „Brennholz; ursprünglich Bereitstellung oder so im Allgemeinen."

428 . Es können mehrere Beispiele für die breitere Verwendung des Wortes angeführt werden. Bracton (III. *Folio* 137) erklärt, dass bis zum Prozess gegen einen wegen Verbrechens angeklagten Mann seine Ländereien und Besitztümer vom Sheriff beiseite gelegt wurden, bis durch die Verurteilung des Angeklagten entschieden wurde, ob sie Eigentum des Königs werden sollten; In der Zwischenzeit erhielten der inhaftierte Mann und seine Familie

aus den Einnahmen „angemessene Estover". (Vgl. *unten* , ca. 32.) Das Statut von Gloucester (6 Edward I. c. 4) erwähnt nebenbei eine Methode zur Festlegung einer Rückgabe aus veräußertem Eigentum, nämlich die Verpflichtung des Bewilligungsempfängers, dem Bewilligungsgeber Estover zur Verfügung zu stellen aus Fleisch oder Kleidung. („ *A trouver estovers en vivre ou en vesture* "). Blackstone wiederum (*Kommentare* , I. 441) verwendet den Namen „ *estovers* "auf den Unterhalt oder die Zulage, die einer geschiedenen Frau „für ihren Unterhalt aus dem Nachlass des Mannes" gewährt wird. Manchmal wurde das Wort jedoch in einem engeren Sinne verwendet. Coke (*Second Institute* , S. 17) sagt: „Wenn *Estover* auf Wälder beschränkt sind, bedeutet das Hausbote, Heckenbote und Pflugbote" – also Holz, das für die Reparatur von Häusern, Hecken und Pflügen benötigt wurde. Anscheinend hatte es einen noch engeren Geltungsbereich, wenn es das Recht der Bewohner der Wälder des Königs beschrieb, nämlich totes Holz als Brennholz zu nehmen. (Vgl. *unten* , ca. 44.)

429 . *Zweites Institut* , S. 17.

430 . Es scheint keinen Grund zu geben, ihre Estover auf ein Recht auf „Commons" im Sinne von Weiden und Wäldern zu beschränken, die ihr verstorbener Ehemann und die Schurken seines Herrenhauses „gemeinsam" besitzen. Eine solche Bedeutung kommt tatsächlich dem Ausdruck „Mitgift der Estover" zu, der in späteren Regierungszeiten, *z.* B. im *Jahrbuch* von 2 Edward II., vorkommt. (Selden Society), p. 58, wo festgestellt wurde, dass ein solches Recht (das als dauerhafter Teil der Mitgift beansprucht wird) *nicht* einer Witwe zustehe.

KAPITEL ACHT.

Nulla vidua distringatur ad se maritandum dum voluerit vivere sine marito; Es ist wichtig, dass wir nicht verheiratet sind, ohne dass wir es wissen, wenn wir es nicht wissen, und wenn wir wissen, dass die Herrschaft über uns selbst verfügt, wenn wir es selbst tun.

> Keine Witwe soll zur Heirat gezwungen werden, solange sie es vorzieht, ohne Ehemann zu leben; vorausgesetzt immer, dass sie die Sicherheit gibt, nicht ohne unsere Zustimmung zu heiraten, wenn sie von uns Besitz ergreift, oder ohne die Zustimmung des Herrn, von dem sie Besitz hat, wenn sie von einem anderen Besitz ergreift.

Wohlhabende Damen, die klug waren, waren froh, mit ihren Kindern Johns Fängen zu entkommen, indem sie sich bereit erklärten, alle Unterdrückungsrechte der Krone für einen Pauschalbetrag aufzukaufen. Im Jahr der Magna Carta zahlte Margaret, die Witwe von Robert Fitz Roger, 1000 Pfund; [431] und einige Jahre zuvor gab Petronilla, Gräfin von Leicester, bis zu 4000 Mark aus. [432] Obwohl die Umstände jedes dieser Fälle eigenartig gewesen zu sein scheinen, enthalten die Pipe Rolls zahlreiche kleinere Beträge; 1206 entfallen auf Juliana, die Witwe von John of Kilpec, 50 Mark und ein Zelter. [433] Pferde, Hunde und Falken wurden häufig zusätzlich zu Geldstrafen gegeben und zeugen beredt von der Gier des Königs, der Angst der Opfer und der erpresserischen Natur des gesamten Systems. Im Gegenzug wurden in der Regel formelle Urkunden erhalten, ein gutes Beispiel dafür ist eine Urkunde, die Alice, Gräfin von Warwick, vom 13. Januar 1205 [[434] erteilt wurde und viele Zugeständnisse enthielt; unter anderem, dass sie nicht zur Heirat gezwungen werden sollte; dass sie die alleinige Vormundin ihrer Söhne sein sollte; dass sie ein Drittel des Landes ihres verstorbenen Mannes als angemessene Mitgift erhalten sollte; und dass ihr während ihrer Witwerschaft die Teilnahme an den Gerichten des Auenlandes und der Hundert sowie die Zahlung von Sheriff-Beihilfen entzogen werden sollten. Eine weitere Urkunde vom 20. April 1206 zeigt, was eine Witwe zu erwarten hatte, wenn sie ihren Handel mit der Krone nicht abschließen konnte. John gewährte Richard Fleming, einem Außerirdischen, wie sein Name schon sagt, und vermutlich einem seiner nicht allzu angesehenen Söldner, die Vormundschaft über die Ländereien des verstorbenen Richard Grenvill mit dem Recht, die Witwe und die Kinder zu heiraten. [435]

Magna Carta versuchte, die Bestimmungen dieser privaten Charter, die Einzelpersonen mit ruinösem Aufwand erworben hatten, durch eine allgemeine Rechtsnorm zu ersetzen. Es enthielt keine überraschenden Neuerungen, sondern wiederholte lediglich ausführlicher die Versprechen, die Heinrich I. im entsprechenden Teil von Abschnitt 4 seiner Krönungsurkunde gemacht (und nie gehalten) hatte. Keine Witwe durfte gegen ihren Willen zu einer erneuten Heirat gezwungen werden. Diese Freiheit darf jedoch nicht zum Nachteil der gesetzlichen Rechte der Krone genutzt werden. Obwohl die Witwe den vom König ausgewählten Mann nicht ohne ihre Zustimmung als zweiten Ehemann heiraten musste, konnte sie auch nicht ohne die Zustimmung des Königs den Mann ihrer Wahl heiraten. Die Magna Carta sah ausdrücklich vor, dass sie eine entsprechende Sicherheit finden muss, eine ärgerliche, aber nicht unfaire Bedingung. Später zwang die Krone die Witwe, als ihr in der Kanzlei ihre Mitgift zugewiesen wurde, zu schwören, nicht ohne Erlaubnis zu heiraten; und wenn sie ihren Eid brach, musste sie eine Geldstrafe zahlen, die schließlich auf den Wert ihrer Mitgift eines Jahres festgesetzt wurde. [436]

---

431 . Siehe *Pipe Roll* of 16 John, zitiert nach Madox I. 491.

432 . Siehe *Pipe Roll* of 6 John, zitiert nach Madox I. 488.

433 . Siehe *Pipe Roll* of 6 John, zitiert nach Madox I. 488.

434 . *New Rymer*, I. 91.

435 . Siehe *New Rymer*, I. 92.

436 . Siehe Coke, *Second Institute*, 18.

KAPITEL NEUN.

Nec nos nec ballivi nostri seisiemus terram aliquam nec redditum pro debito aliquo, quamdiu catalla debitoris ad debitum reddendum; nec plegii ipsius debitoris distringantur quamdiu ipse Capitalis debitor sufficit ad solucionem debiti; und wenn der Schuldner nicht in der Lage ist, seine Schulden zu lösen, ohne dass er einen Kredit hat, muss der Schuldner die Schuld begleichen; Und wenn es so weit ist, habe ich Terras und redditus debitoris, dann ist es eine zufriedenstellende Debitur, die ante pro eo gelöst wurde, kein Kapitaldebitor monstraverit se es esse quietum inde versus eosdem plegios.

Weder wir noch unsere Gerichtsvollzieher dürfen Grundstücke oder Pachtzinsen für Schulden beschlagnahmen, solange die beweglichen Sachen des Schuldners ausreichen, um die Schulden zu begleichen. Auch dürfen die Bürgen des Schuldners nicht gepfändet werden, solange der Hauptschuldner in der Lage ist, die Schuld zu begleichen; und wenn der Hauptschuldner die Schuld nicht begleicht, da er nicht über die Mittel zur Begleichung verfügt, müssen die Bürgen für die Schuld einstehen. und überlassen Sie ihnen die Ländereien und Pachtzinsen des Schuldners, wenn sie dies wünschen, bis sie für die Schulden entschädigt sind, die sie für ihn bezahlt haben, es sei denn, der Hauptschuldner kann den Nachweis erbringen, dass er gegenüber den genannten Bürgschaften davon befreit ist.

Die Charta geht nun auf eine andere Gruppe von Beschwerden über. Die Kapitel 9 bis 11 befassen sich mit den verwandten Themen Schulden, Wucher und Juden und sollten im Zusammenhang miteinander und mit Kapitel 26 gelesen werden, das das Verfahren zur Pfändung des persönlichen Nachlasses verstorbener Kronpächter regelt, die auch Kronherren waren Schuldner. Obwohl das vorliegende Kapitel in seinem Wortlaut recht allgemein gehalten ist, bezieht es sich speziell auf Fälle, in denen die Krone der Gläubiger war; während in den beiden folgenden Kapiteln insbesondere Schulden gegenüber Juden oder anderen Geldverleihern behandelt wurden.

Die Tatsache, dass Johns Untertanen Schulden bei seiner Staatskasse hatten, bedeutete natürlich nicht, dass sie sich Geld vom König geliehen hatten. Die in den Schatzverzeichnissen als fällig eingetragenen Beträge stellten Verbindlichkeiten dar, die auf vielfältige Weise eingegangen waren. Angesichts feudaler Vorfälle und Scutages und willkürlicher Geldstrafen, die so hoch waren, dass sie nur in Raten bezahlt werden konnten, muss ein großer Teil der Engländer dauerhaft bei der Krone verschuldet gewesen sein. Bei Johns Thronbesteigung schuldeten die meisten nördlichen Barone noch immer die von Richard geforderten Scutages. John erließ keinen der

Rückstände, während er ihm selbst neue Lasten auferlegte: Die Versuche, diese Schulden einzutreiben, verschärften die Spannungen zwischen John und seinen Baronen. [437] Darüber hinaus war es die Praxis der Krone, ihre Schuldner nach Möglichkeit Bürgen für ihre Schulden stellen zu lassen und so den Kreis derjenigen zu erweitern, die einer Pfändung unterlagen, während die Beamten, die die Zahlung durchsetzten, sich Unregelmäßigkeiten schuldig machten, die zum Deckmantel von wurden schwere Missbräuche.

Es wurden drei gerechte Regeln festgelegt. (1) Das persönliche Vermögen eines Schuldners muss erschöpft sein, bevor sein Vermögen oder seine Einkünfte angegriffen werden. Die Wegnahme seines Landes könnte ihn letztendlich seiner Lebensgrundlage berauben, da die ihm überlassenen Besitztümer kein dauerhaftes Einkommen abwerfen könnten. [438] Die hier in der Magna Carta festgelegte Regelung hat in modernen Rechtssystemen, die in der Regel die Wahl dem Gläubiger überlassen, keinen Platz gefunden. (2) Das (sowohl reale als auch persönliche) Vermögen des Hauptschuldners musste erschöpft sein, bevor ein Verfahren gegen seine Bürgen eingeleitet werden konnte. Damit hat die Magna Carta im englischen Recht eine Regel formuliert, die in den meisten Rechtssystemen Anklang gefunden hat. Derjenige, der nur für die Schulden eines anderen bürgt, hat Anspruch auf Immunität, bis der Gläubiger alle angemessenen Schritte gegen den Hauptschuldner unternommen hat. Ein solches Recht ist im Zivilrecht als „*beneficium ordinis*" und im modernen schottischen Recht als „Vorteil der Diskussion" bekannt. (3) Wenn diese Bürgen die Schulden schließlich ganz oder teilweise begleichen mussten, wurde ihnen ein „Entlastungsrecht" gegen den Hauptschuldner zugestanden, indem sie in den Besitz seiner Ländereien und Pachtzinsen gelangten. Diese Regel weist eine gewisse Analogie zum Billigkeitsgrundsatz des modernen Rechts auf, der dem Bürgen, der die Schulden seines Auftraggebers beglichen hat, das Recht auf das Eigentum einräumt, das der Gläubiger zur Sicherheit dieser Schulden gehalten hat.

Selbst wenn die Gerichtsvollzieher der Magna Carta gehorchten und Land in Ruhe ließen, wenn Mobiliar vorhanden war, konnten sie den Schuldnern mutwillig schreckliche Härten zufügen. Manchmal beschlagnahmten sie Güter, die in keinem Verhältnis zur Schuld standen; und ein Gesetz von 1266 [439] verbot diese Praxis, wenn das Missverhältnis „unerhört" war. Manchmal versuchten sie, eine sofortige Zahlung zu erpiessen oder ihr Opfer zu ruinieren, indem sie sich die für ihn unentbehrlichsten Besitztümer aussuchten. Ochsen wurden vom Pflug genommen und ließen sie verhungern und vernachlässigen. Die Praxis der Staatskasse war in den Tagen Heinrichs II. rücksichtsvoller gewesen; Ochsen sollten soweit wie möglich geschont werden, sofern andere persönliche Gegenstände vorhanden waren.

[440] Johns Satzung enthält keine solche humane Bestimmung, [441] und der Missbrauch ging weiter. Das bereits zitierte Gesetz von 1266 verbot den Beamten, den Besitzer, der kam, um sein beschlagnahmtes Vieh zu füttern, auf eigene Kosten zu vertreiben. Die *Articuli super cartas* [442] gingen noch weiter; die Beschlagnahmung von Pflugtieren gänzlich zu verbieten, solange andere Effekte von ausreichendem Wert zur Begleichung der Schulden damit verbunden sein könnten. [443]

---

437 . Siehe *oben* , S. 89 .

438 . Der *Dialogus de Scaccario* , II. xiv., hatte ein halbes Jahrhundert zuvor Regeln festgelegt, die für den Schuldner in zweierlei Hinsicht noch günstiger waren: (*a*) die Reihenfolge, in der bewegliche Sachen verkauft werden sollten, wurde vorgeschrieben; und (*b*) bestimmte bewegliche Sachen waren ausschließlich dem Schuldner vorbehalten, *z. B.* für den Gebrauch zubereitete Lebensmittel; und im Falle eines Ritters sein Pferd mit seiner Ausrüstung.

439 . 51 Heinrich III., stat. 4 (unter „Statuten mit ungewissem Datum" in *Statutes of Realm* , I. 197).

440 . Siehe *Dialogus de Scaccario* , II. xiv.: „ *Mobilia cujusque primo vendantur; bobus autem arantibus, per quos agricultura solet exerceri, Quantum Poterint parcant* " (S. 148).

441 . Vgl. jedoch die Regelung zu Amercements in c. 20.

442 . 28 Edward I. c. 12. Siehe auch Statute of Marlborough, 52 Henry III. C. 15.

443 . Henrys Neuauflagen enthalten zwei kleine Ergänzungen, die bestimmte Detailpunkte erläutern: (*a*) die Worte „ *et ipse debitor paratus sit inde satisfacere* " stehen vor der Klausel, die eine Befreiung von Bürgschaften vorsieht; und (*b*) die Bürgen werden für pfändungspflichtig erklärt, und zwar nicht nur, wenn der Hauptschuldner nichts hat, sondern auch, wenn er zahlen kann, aber nicht zahlen will, „ *aut reddere nolit cum possit* ".

KAPITEL ZEHN.

Si quis mutuo ceperit alliquid a Judeis, plus vel minus, and moriatur antequam illud solvatur, debitum non usuret quamdiu heres fuerit infra etatem, de quocumque teneat; Und wenn es in unserer Hand liegt, werden wir es nicht tun.

Wenn jemand, der von den Juden eine große oder kleine Summe geliehen hat, stirbt, bevor das Darlehen zurückgezahlt wird, wird die Schuld nicht verzinst, solange der Erbe minderjährig ist, egal wen er beanspruchen mag; [444] und wenn die Schuld in unsere Hände fällt, werden wir nichts anderes als den in der Anleihe enthaltenen Hauptbetrag [445] nehmen .

Der Wucher, der Christen gesetzlich verboten war, wurde von Juden unter großen Nachteilen und Risiken betrieben; und die Zinssätze waren verhältnismäßig hoch und lagen im Normalfall zwischen zwei und vier Pence pro Pfund und Woche; das heißt, von 43 ⅓ bis 86 ⅔ Prozent. pro Jahr. [446] Während seiner Nonad-Zeit verfügte ein Mündel über nichts, womit er Kapital oder Zinsen begleichen konnte, da derjenige, der das Mündel innehatte, die Einnahmen bezog. Am Ende einer langen Minderheit hätte ein Erbe feststellen müssen, dass die reichsten Ländereien von Schulden verschlungen wurden, die sich automatisch um das Zehn- oder Zwanzigfache erhöht hatten. [447]

Magna Carta verhinderte dieses große Unrecht gegenüber dem Mündel; aber dadurch wurde den Geldverleihern nach modernen Maßstäben gewisses Unrecht zugefügt. Es war vorgesehen, dass Juden oder andere Wucherer während der Minderheit keinerlei Zinsen erhalten sollten; Wenn die Schuld jedoch auf die Krone übergeht, darf der König sein Vorrecht nicht nutzen, um mehr zu erpressen, als es ein Privatschuldner tun könnte; er muss sich auf die in der Schuldurkunde angegebene Hauptsumme beschränken. Die Bestimmung, dass bei Minderheiten keine Zinsen gelten sollten, wurde durch das Statut von Merton bestätigt, [448] das jedoch klarstellte, dass seine Bestimmungen nicht als Befreiung von der Hauptsumme oder den Zinsen dienen sollten, die vor dem Vorfahren aufgelaufen waren Tod. Das Statut des Judentums, dessen Datum ungewiss ist, [449] machte Zinsen auf dem Rechtsweg uneinbringlich. Alle bisherigen Gesetze gegen den Wucher wurden durch das Statut 37 Heinrichs VIII. aufgehoben. C. 9, das jedoch die Erhebung von Zinsen zu einem höheren Satz als 10 Prozent verbot, und dieser blieb der gesetzliche Zinssatz, bis er im Jahr 21 von James I. auf 8 Prozent gesenkt wurde. 17. Der Geldverleih und die Wuchergesetze sind

Themen, die eng mit den Repressionsmaßnahmen gegen die Juden verbunden sind.

I. *Die Geschichte der Juden in England.* Die Politik der Krone gegenüber den Fremden der hebräischen Rasse, die ihren Schutz suchten, war zu verschiedenen Zeiten unterschiedlich, und es lassen sich drei Perioden unterscheiden. Von der normannischen Eroberung bis zur Krönung Richards I. wurden die Juden geschröpft und geduldet; während der Regierungszeit von Richard und John und der Minderheit von Heinrich III. sie wurden geschröpft und beschützt; und schließlich wurden sie geschröpft und verfolgt; diese letzte Phase begann mit der Bildung des Bündnisses zwischen Heinrich und Innozenz IV. bis hin zur Verordnung von 1290, die alle Juden für immer aus England verbannte. Die Einzelheiten dieser langen Geschichte von Not und Unterdrückung, die immer wieder durch königliche Gnade gemildert wurde, die immer gut bezahlt werden musste, können hier nur in groben Zügen betrachtet werden. Vor der normannischen Eroberung gab es in England Juden; Der erste große Zustrom erfolgte jedoch unter der Herrschaft von Rufus, dessen Finanzgenie in ihnen ein Instrument zu seinem Gewinn erkannte und der sie umso lieber beschützen würde, da er seinem Feind, der Kirche, wahrscheinlich ein Dorn im Auge sein würde. Ein zweiter Zustrom resultierte aus der Verfolgung der Israeliten auf dem europäischen Kontinent als Folge des Scheiterns des ersten Kreuzzugs. Diese neue Einwanderung von Fremden scheint in England Misstrauen geweckt zu haben und führte 1181 zur Entwaffnung aller Juden, eine Maßnahme, die sie dem christlichen Pöbel ausgeliefert machte.

Als es bei der Krönung Richards I. am 3. September 1189 aufgrund der Unvorsichtigkeit einiger aufrührerischer Juden zu Unruhen kam, kam es in London zu einem allgemeinen Massaker, während York und andere Städte nicht zögern, dem Beispiel zu folgen. Der König war nicht so sehr über die Leiden der Juden verärgert, sondern vielmehr über die Zerstörung ihrer Bande, da dies indirekt der Krone schadete; denn je mehr die Juden hatten, desto mehr konnte man von ihnen erpressen, und als die schriftliche Schuldverschreibung verbrannt war, blieb kein Beweis für die Schuld übrig. Richard, der einige Jahre später aus seiner Gefangenschaft zurückkehrte und dringend Geld brauchte, beschloss, eine Wiederholung einer solchen Beeinträchtigung einer wertvollen Einnahmequelle zu verhindern. Sein Motiv war egoistisch, aber das war kein Grund, warum die Israeliten nicht für eine Maßnahme bezahlen sollten, die zu ihrem eigenen Schutz gedacht war. Als sie sich in Nottingham versammelten, gewährten sie großzügige Unterstützung als Gegenleistung für ein neues Mittel zur Sicherung ihrer Anleihen. Dieser Plan, dessen Einzelheiten Richard wahrscheinlich dem Genie seines großen Justiziars, Erzbischof Hubert Walter, zu verdanken hatte, war umfassend und praktisch. In London, York und anderen wichtigen

Städten wurden unter dem Schutz der Krone Büros oder Büros eingerichtet, die Schatztruhen, sogenannte *Archae*, enthielten, die mit Dreifachschlössern ausgestattet waren und nur in festgelegten Abständen in Anwesenheit besonderer Verwalter, sogenannter Chirographen, geöffnet werden durften. der die Schlüssel aufbewahrte. Bei diesen Verwaltern handelte es sich in der Regel um vier, zwei Christen und zwei Juden, die von zu diesem Zweck vom Sheriff des Landkreises speziell einberufenen Geschworenen ausgewählt wurden, und sie waren verpflichtet, Garantien dafür zu finden, dass sie ihre wichtigen Aufgaben treu erfüllen würden. Nur in ihrer Anwesenheit konnten gültige Darlehensverträge zwischen Juden und Christen abgeschlossen werden; und es war ihre Pflicht, dafür zu sorgen, dass die Bedingungen all dieser Geschäfte in regelmäßig vorgeschriebener Form in zweifacher Ausfertigung niedergeschrieben wurden. Kein Vertrag war bindend, es sei denn, eine schriftliche Kopie oder ein Chirograph war in einem dieser Aufbewahrungsorte oder Archen aufbewahrt worden, die somit allen Zwecken eines modernen Registers und auch anderen Zwecken dienten . Wenn der Geldverleiher Gewalt erlitt und seiner Kopie der Anleihe beraubt wurde, wurde der Schuldner dennoch durch das verbleibende Duplikat an seine Verpflichtungen gebunden. Wenn der Jude und alle seine Verwandten getötet wurden, entkam der Schuldner selbst dann nicht, sondern wurde von einem neuen und mächtigeren Gläubiger, dem König selbst, konfrontiert, der mit dem Chirographen bewaffnet war. Listen aller Transaktionen wurden aufbewahrt, und alle Freisprüche und Schuldabtretungen, die unter ihrem hebräischen Namen „Starrs" bekannt sind, mussten ebenfalls sorgfältig eingetragen werden. [450] Den Richtern wurden zu Beginn ihrer Tätigkeit im September 1194 detaillierte und strenge Regeln ausgehändigt, die Hubert Walter in Form einer schriftlichen Kommission festlegte. [451]

Während dieses raffinierte System den christlichen Schuldner daran hinderte, seinen Verpflichtungen zu entgehen, war auch der jüdische Gläubiger völlig der Gnade der Krone ausgeliefert; denn der genaue Reichtum eines jeden Juden konnte durch eine Prüfung des Inhalts der *Archae genau ermittelt werden* . Die Beamten des Königs waren in der Lage, auf den Penny genau zu beurteilen, wie viel aus den Kassen der Juden herausgefordert werden konnte, und ihre Anleihen konnten darüber hinaus bequem gepfändet werden, bis sie den geforderten Betrag beglichen hatten. Der Brauch, königliche Burgen als Orte für die Aufbewahrung dieser Archen festzulegen, erklärt wahrscheinlich den Ursprung der besonderen Gerichtsbarkeit, die die Konstabler des Königs über die Juden ausübten („qui turres nostras custodierunt") . [452] In den Kerkern ihrer Festungen standen schreckliche Maschinen zur Verfügung, um den Gehorsam gegenüber ihren Auszeichnungen zu erzwingen. Diese Zuständigkeit erstreckte sich jedoch rechtmäßig nur auf Bagatellschulden. [453] Alle wichtigen Klagegründe waren den Beamten der Staatskasse der Juden vorbehalten, einer besonderen

Regierungsbehörde, die das gesamte Verfahren kontrollierte und regelte. Beweise für die Existenz dieser separaten Schatzkammer wurden bis ins Jahr 1198 zurückverfolgt, obwohl keine Aufzeichnungen über ein Datum vor 1218 gefunden wurden. [454] Obwohl Johannes die Juden verachtete, erkannte er schnell, dass die Krone in ihnen eine Macht besaß Vermögenswert von großem Wert. Es war seine Politik, ihren Reichtum als Reservoir zu schützen, aus dem er in Zeiten der Not schöpfen konnte, und begnügte sich in der Zwischenzeit mit vergleichsweise bescheidenen Beträgen. So nahm er mit einer Urkunde vom 10. April 1201 4000 Mark als Gegenleistung für die Bestätigung ihrer Privilegien; und er erhielt nach seinem Bruch mit Rom eine zweite Zahlung in ähnlicher Höhe. Die Charta von 1201 war lediglich eine Bestätigung der Rechte, die bereits alle englischen Juden aufgrund der liberalen Auslegung der Bedingungen einer früheren Charta genossen, die Heinrich I. einem bestimmten Vater in Israel mit seinem Haushalt, aber später, gewährt hatte mit stillschweigender Zustimmung der Krone auf die gesamte hebräische Rasse ausgedehnt. Gemäß der Charta des Johannes genossen sie wertvolle und eindeutige Privilegien, die sie zwar vollständig in der königlichen Macht beließen, sie aber von allen Gerichtsbarkeiten außer denen des Königs und seiner Kastellane befreiten; Wenn dagegen ein Christ eine Beschwerde gegen einen Juden einbrachte, musste diese von den Standesgenossen dieses Juden beurteilt werden. [455]

Als 1203 eine Wiederholung des Massakers drohte, das die Krönung seines Bruders beschämt hatte, befahl John dem Bürgermeister und den Baronen von London umgehend, alle derartigen Versuche zu unterdrücken. In gleichermaßen verächtlichen Worten gegenüber den Londonern und den Juden erklärte er in seinem Schreiben, dass sein Schutzversprechen, „auch wenn es einem Hund gewährt wird", unantastbar gehalten werden müsse. [456] Schutz wurde ihnen jedoch nur gewährt, damit sie der Krone bei passender Gelegenheit eine reichere Beute liefern könnten. Plötzlich erließ John den Befehl zur Massenverhaftung der Juden in ganz England. Die wohlhabendsten Mitglieder ihrer Gemeinde wurden in Bristol zusammengebracht und waren am 1. November 1210 gezwungen, einer allgemeinen Erhöhung der enormen Summe von 66.000 Mark widerstrebend zuzustimmen. Anscheinend war dieser Betrag aufgrund einer übertriebenen Schätzung des Inhalts der *Archae festgesetzt worden* und lag über dem Betrag, den sie sich leisten konnten. Die von Johns Kastellanen angewandten Methoden, um den rückständigen Betrag zu erpressen, sind bekannt, insbesondere im Fall des unglücklichen Juden von Bristol, dem sieben Zähne gezogen wurden, einer jeden Tag, bis er sich bereit erklärte, die geforderte Summe zu zahlen. [457]

Es war doppelt schwer, dass die vom König so geplünderte und gefolterte Rasse von den Feinden des Königs mit der Begründung, sie seien verwöhnte

Schützlinge der Krone, hart behandelt werden musste. Doch das war der Fall: Als die Aufständischen am Sonntag, dem 17. Mai 1215, auf dem Weg nach Runnymede in London einmarschierten, beraubten und ermordeten sie die Juden und befestigten die Stadtmauern mit den Steinen ihrer Häuser. [458] Es ist daher nicht verwunderlich, dass dieselben Aufständischen, als sie König Johann die Forderungen aufzwangen, die die Grundlage der Magna Carta bildeten, Bestimmungen gegen Wucher enthielten.

Die Berater des jungen Heinrich ließen 1216 diese Klauseln weg, allerdings nicht aus Liebe zu den Juden. Sie waren nicht bereit, eine so nützliche finanzielle Ressource zu beeinträchtigen, die mit einem Schwamm verglichen wurde, der langsam den Reichtum der Nation aufsaugte, um vom König schnell wieder ausgetrocknet zu werden. Die Juden waren immer bereit, einen Teil ihrer Gewinne auszugeben, als Gegenleistung für den Schutz im Rest, selbst wenn er verächtlich und zeitweilig war; aber ihr Los wurde tatsächlich hart, als Heinrich III., angetrieben durch den Volksaufschrei und die Wünsche des Papstes, eine aktive Verfolgung einleitete, ohne die Strenge jener königlichen Forderungen zu lockern, die zuvor den Preis für den Schutz gekostet hatten. Im Jahr 1253 wurde den Hebräern durch eine strenge Verordnung eine lange Liste schikanöser Vorschriften auferlegt, die ihre Quartiere in jeder großen Stadt fast in Ghettos verwandelten, wie auf dem europäischen Kontinent. Dies war lediglich der Beginn einer Reihe unterdrückender Maßnahmen, die natürliche Folge des wachsenden Hasses, mit dem Christen Juden gegenüberstanden – ein Ergebnis teilweise der erhitzten Fantasie des Pöbels, der bereit war, nicht authentische Geschichten über die Kreuzigung christlicher Kinder zu glauben Dies lag zum Teil daran, dass reiche Juden trotz aller Verfolgungen Besitz von den Ländereien von Grundbesitzern und Adligen ergriffen hatten und behaupteten, als Herren christlicher Pächter zu fungieren, wobei sie Vormundschaften, Erbschaften und Advowsons genossen, wie es jeder christliche Baron getan hätte . Der Umfang dieser Untersuchung schließt jede detaillierte Darstellung der Phasen aus, die die repressive Gesetzgebung durchlief, bis das Los der Juden in England unerträglich wurde. Das Judenstatut [459] war jedoch von außerordentlicher Bedeutung; Den Wucherern wird das Recht entzogen, Zinsen auf dem Rechtsweg zurückzufordern, und die Zwangsvollstreckung für den Auftraggeber wird auf die Hälfte der Grundstücke und beweglichen Sachen des Schuldners beschränkt. Im Gegenzug wurden einige vorübergehende Zugeständnisse gewährt. Nach und nach wurden alle diese Privilegien entzogen, bis 1290 das Ende kam, als Eduard I. ein Dekret zur dauerhaften Verbannung erließ, das sich gezwungen sah, das geschätzte Recht, ein königliches Revier für Juden zu behalten, aus Rücksicht auf den Höhepunkt zu opfern nationaler Vorurteile in einem Sturm unbegründeten Hasses.

II. *Rechtsstellung der Juden.* Während all dieser Schicksalsschläge war der rechtliche Status der Juden in allen wesentlichen Punkten unverändert geblieben. Ihre Lage war doppelt schwierig; Sie wurden von der Krone geplündert und vom Volk verfolgt. Wenn Johannes sie davor bewahrte, von seinen christlichen Untertanen ausgeraubt zu werden, dann deshalb, weil sie den Raub durch einen christlichen König vielleicht besser wert wären. Doch für diesen Schutz, der zugleich unbeständig und interessiert war, mussten die Juden einen hohen Preis zahlen; Sie konnten nicht nur nach dem Willen des Königs willkürlich und ohne Einschränkung und ohne Berufung gegen sie erhoben werden, sondern sie wurden auch von Reichen und Armen als Verbündete des Königs gehasst. Solche Gefühle würden allein die unsympathische Behandlung von Geldverleihern durch die Magna Carta erklären; Zwei weitere Gründe trugen dazu bei. Jeglicher Wucher galt im Mittelalter als unmoralisch (wenn auch nur für Christen illegal), während übermäßige Zinsen üblicherweise verlangt wurden.

Das feudale Gesellschaftssystem sah keinen Platz für Juden und gewährte ihnen keinen Schutz. Sie hatten nicht nur die allen Ausländern gemeinsamen Behinderungen, sondern diese wurden in ihrem Fall auch nicht durch den Schutz gemildert, den ihre eigenen Herrscher und die Kirche anderen Ausländern gewährten. Als Verbannte in einem fremden Land, den Angriffen eines feindlichen Mobs ausgesetzt, waren sie gezwungen, sich absolut auf die einzige Macht zu verlassen, die stark genug war, sie zu schützen: den Arm des Königs. Die Juden wurden zu bloßen Leibeigenen, zu den Besitztümern oder Besitztümern der Krone, in ähnlicher Weise, wie die Bauern zu Leibeigenen oder Besitztümern ihrer Herren wurden. Durch königliche Duldung hatten sie vielleicht Rechte gegenüber anderen, aber gegen ihren Herrn hatten sie keinen Rechtsbehelf. Mit den Worten von Bracton [460] „konnte der Jude nichts Eigenes haben, denn was immer er erwarb, erwarb er nicht für sich selbst, sondern für den König." Sein Eigentum gehörte lediglich der königlichen Höflichkeit und stand nicht unter dem Schutz des Gesetzes. Als er starb, hatten seine Verwandten keinen Rechtsanspruch auf seine Hypotheken, Güter oder sein Geld; Der Schatzmeister, gestärkt durch die genaue Kenntnis des Ausmaßes seines Reichtums (denn dieser bestand hauptsächlich aus Namensschuldverschreibungen), betrat den Besitz und konnte tun, was er wollte. In der Praxis begnügte sich der König meist mit einem Drittel des Ganzen; aber wenn die Verwandten des verstorbenen Juden weniger als den Restbetrag von zwei Dritteln erhielten, wären sie gut beraten, keinen Einspruch zu erheben. Die Krone erkannte keine gesetzliche Verpflichtung an; und es gab niemanden, der mächtig genug oder interessiert genug war, um die Erfüllung der stillschweigenden Vereinbarung zu erzwingen, die die königlichen Ansprüche einschränkte. Was auch immer der Jude angehäuft hatte, gehörte rechtlich und potenziell nicht ihm, sondern der Krone. Indem Magna Carta gegen Geldverleiher vorging, schlug sie gegen den König vor.

------

444 . Die Worte „ *de quocumque teneat* " umfassen sowohl Kronmieter als auch Untermieter und legen nahe, dass nur Grundeigentümer Schutz von dieser Klausel erhalten sollten.

445 . *Catallum* und *Lucrum* waren die technischen Wörter, die in Anleihen und anderen formellen Dokumenten für „Kapital" bzw. „Zinsen" verwendet wurden. Siehe *z.* B. Round, *Ancient Charters* (Pipe Roll Society, Bd. X.) Nr. 51 und John's Charter to the Jews, *Rot. Diagramm.* , P. 93.

446 . Siehe Pollock und Maitland, I. 452, und Round's *Ancient Charters* , Anmerkungen zu Charter Nr. 51.

447 . Manchmal wurde die Krone eingeschaltet, um einem Gläubiger, der mit der Anhäufung von Zinsen überfordert war, eine Einigung mit seinen Gläubigern zu ermöglichen. Im Jahr 1199 schenkte Geoffrey de Neville dem König einen Zelter, der ihn dabei unterstützen sollte, „bei den Juden, denen er etwas zu verdanken hatte, eine moderate Geldstrafe zu begleichen". Siehe *Rotuli de Finibus* , S. 40. Sollten wir Johns Intervention als Versuch betrachten, einen vernünftigen Vergleich mit unvernünftigen Wucherern zu vereinbaren, oder war es einfach eine Verschwörung, um Geoffreys Gläubiger zu betrügen?

448 . 20 Heinrich III. C. 5.

449 . *Reichsstatuten* , I. 221.

450 . Vgl. JM Rigg, *Sel. Bitten der jüdischen Staatskasse* , S. xix.

451 . Siehe Kapitel 24 der *Forma procedendi in placitis coronae regis* , zitiert in *Sel. Urkunden* , 262.

452 . Siehe die Charta des Johannes an die Juden vom 10. April 1201, in *Rotuli Chartarum* , S. 93.

453 . Siehe Pollock und Maitland, I. 453, Anm.

454 . Rigg, *ebenda.* , xx.

455 . „ *Judicata sit per pares Judei.* "Siehe *Rot. Diagramm.* , I. 93.

456 . *Verrotten. Klopfen.* , I. p. 33 und *New Rymer* , I. 89. Das Datum ist der 29. Juli 1203.

457 . Siehe Rigg, *Sel. Bitten der jüdischen Staatskasse* , xxiv.

458 . Siehe Miss Morgate, *John Lackland* , S. 230.

459 . *Reichsstatuten* , I. 221.

460 . *Folio* , 386b.

KAPITEL 11.

Et si quis moriatur, et debitum debeat Judeis, uxor ejus habeat dotem suam, et nichil reddat de debito illo; und wenn der Ipsius nicht mehr existiert, wird er infra etatem remanserint, die Bereitstellung einer zweiten Mietwohnung ist für ihn nicht mehr erforderlich, und der Restschuldbefreiungsbetrag wird von Dominorum bedient; Ähnlich wie bei den Schulden, die andere als Judeis schulden.

Und wenn jemand in der Schuld der Juden stirbt, soll seine Frau ihre Mitgift erhalten und nichts von dieser Schuld bezahlen; und wenn Kinder des Verstorbenen minderjährig bleiben, müssen sie im Einklang mit dem Besitz des Verstorbenen mit dem Nötigsten versorgt werden; und aus dem Rest soll die Schuld beglichen werden, wobei jedoch die fälligen Dienste den Feudalherren vorbehalten bleiben; Ebenso soll es mit Schulden geschehen, die anderen als den Juden zustehen.

Während das vorangehende Kapitel den Juden einen Teil der von ihnen beanspruchten Zinsen entzog, entzog ihnen das vorliegende Kapitel unter bestimmten Umständen auch einen Teil der Sicherheit, für die sie das Kapital geliehen hatten. Die Mitgiftländereien der Witwe wurden von den Schulden ihres Mannes befreit, so dass nur noch zwei Drittel der ursprünglichen Sicherheit unter der Hypothek verblieben. Auch dieser muss sich einem Voranspruch unterwerfen, nämlich dem Recht der minderjährigen Kinder des Schuldners auf solche „Notwendigkeiten", die ihrer Stellung im Leben angemessen sind. Magna Carta, zugleich mit der charakteristischen Sorgfalt für die feudalen Rechte, vorausgesetzt, dass der volle Dienst, der den Lehnsherren zusteht, nicht beeinträchtigt werden darf, unabhängig davon, wer Verlust erlitten hat. Schließlich wurden diese Grundlagen eines Insolvenzgesetzes für nichtjüdische Gläubiger gleichermaßen anwendbar gemacht wie für Juden. Diese Bestimmungen wurden zusammen mit anderen, die sich nachteilig auf die königlichen Einnahmen auswirkten, im Jahr 1216 weggelassen und sollten in künftigen Urkunden nicht wiederhergestellt werden. Sie wurden jedoch in ihrem wesentlichen Prinzip, wenn auch nicht im Detail, durch das Statut des Judentums wieder in Kraft gesetzt, das die Gläubigerrechte einschränkte Vollstreckungsrechte auf einen Teil der Ländereien und Besitztümer seines Schuldners.

KAPITEL ZWÖLF.

.Nullum scutagium vel auxilium ponatur in regno nostro, nisi per community consilium regni nostri, nisi ad corpus nostrum redimendum, et primogenitum filium nostrum militem faciendum, et ad filiam nostram primogenitam semel maritandam, et ad hec non fiat nisi racionabile auxilium: simili modo fiat de Hilfseinrichtungen für die Stadt Londonie.

> Es darf in unserem Königreich keine Beschlagnahmung oder Hilfe verhängt werden, es sei denn durch gemeinsamen Rat unseres Königreichs, mit Ausnahme der Freilassung unserer Person, der Ernennung unseres ältesten Sohnes zum Ritter und der einmaligen Heirat unserer ältesten Tochter; und für diese darf nicht mehr als eine angemessene Beihilfe erhoben werden. In gleicher Weise soll mit den Hilfen der Londoner Bürger verfahren werden.

Dabei handelt es sich um eine berühmte Klausel, die zu der Zeit, als sie formuliert wurde, aufgrund ihrer präzisen Formulierungen und ihres engen Geltungsbereichs (was ein Umgehen erschwerte) hochgeschätzt wurde und später aus genau entgegengesetzten Gründen sogar noch höher geschätzt wurde. Tatsächlich wurde es von Enthusiasten in einem weiten, allgemeinen Sinne interpretiert, die die Klausel angesichts der vollständig ausgearbeiteten britischen Verfassung vor sich als Ausdruck der modernen Doktrin interpretierten, dass die Krone dem Volk ohne Zustimmung des Parlaments keinerlei finanzielle Belastung auferlegen kann. Bevor erörtert wird, inwieweit eine solche Schätzung gerechtfertigt ist, muss der historische Kontext untersucht werden, mit besonderem Bezug auf zwei Klassen von Johannes-Themen; seine feudalen Pächter bzw. die Bürger Londons.

I. *Schutz der Kronpächter vor willkürlichen Zwangsmaßnahmen.* Die finanziellen Verpflichtungen der Barone können in zwei Gruppen eingeteilt werden, je nachdem, ob sie von den eigenen Handlungen des Königs abhingen oder durch Umstände bestimmt wurden, die außerhalb der königlichen Kontrolle lagen. Zahlungen der erstgenannten Art (z. B. Erleichterungen und Amercements), die nur zu festgelegten Terminen oder beim Eintreten bestimmter Ereignisse fällig sind, wurden an anderer Stelle in der Magna Carta behandelt. Mit dem vorliegenden Kapitel soll verhindert werden, dass Johannes zusätzliche Zahlungen erpresst, entweder ganz nach eigenem Ermessen oder aufgrund von Situationen, die er absichtlich als Vorwand für die Geldforderung geschaffen hat. Der gesamte Bereich solcher willkürlichen Feudalabgaben wurde durch die Worte „scutages" und „außerordentliche Beihilfen" abgedeckt, [461] deren Verwendung die Barone vor jeder Art von

Zwangszahlung schützte, die der König nach eigenem Ermessen verlangen konnte.

(1) *Scutage*. Die Entwicklung des unter diesem Namen beschriebenen Systems wurde in der historischen Einführung nachgezeichnet. [462] Zunächst als Hilfsmittel genutzt, um nach Wahl der Krone Geldzahlungen für den Militärdienst zu ersetzen, wurde es unter John zu einer regelmäßigen Einnahmequelle, die fast jedes Jahr unter dem einen oder anderen Vorwand erhoben wurde, während es gleichzeitig erhoben wurde einer erhöhten Rate und unter Bedingungen ärgerlicher und belastender Art. Wenn eine Ursache mehr als die anderen zum Aufstand beitrug, der in Runnymede seinen Höhepunkt erreichte, dann war es Johns Methode, Scutages zu verhängen. In diesem Kapitel wurde also versucht, die gemeinsame Wurzel zu packen, aus der viele Beschwerden erwuchsen. Es sollte nicht mehr der Krone allein überlassen werden, darüber zu entscheiden, in welchen Fällen eine Scutage verlangt werden könnte. „Die allgemeine Zustimmung (oder der Rat) des Reiches" muss zunächst eingeholt werden. Wäre diese Bestimmung in die Praxis umgesetzt worden, hätte sie die oberste Kontrolle über das Scutage-System von der Krone, die das Geld erhielt, auf die Pächter der Krone übertragen, die es zahlten. Zu dieser wirklich radikalen Abhilfe gehörte auch die Abhilfe bei allen geringfügigen Missbräuchen, da die Gesamtheit der Barone, die Zahlungen bedingungslos verweigern konnten, *umso mehr* Zuschüsse unter den von ihnen gewählten Bedingungen gewähren konnten. Von nun an lag es bei ihnen, bei jeder Gelegenheit zu sagen, ob die alten normalen 20er Jahre. Das Honorar pro Ritter sollte durch einen anderen Satz ersetzt werden, entweder höher oder niedriger. Diese Bestimmung wurde nie durchgesetzt, da sie in der Neuauflage von 1216 gänzlich weggelassen wurde, während die Klausel, die sie in der Charta von 1217 ersetzte, eine völlig andere Form annahm. [463]

(2) *Feudalhilfen*. Schon früh wurde erkannt, dass feudale Vasallen in Notfällen entsprechend der Größe ihres Besitzes zum Unterhalt ihres Herrn beitragen sollten. Solche Zahlungen wurden als Hilfsmittel bezeichnet und sollten ursprünglich freiwillige Gaben sein. [464] Unter der Herrschaft von Johannes waren sie in zwei Gruppen zerfallen – gewöhnliche und außerordentliche. Erstere, drei an der Zahl, wurden in der Charta nur am Rande behandelt. [465] Mit den „außergewöhnlichen" Hilfsmitteln beschäftigt sich dieses Kapitel besonders. Diese werden in die gleiche Position wie Scutages gestellt: Die Krone kann keines von beiden verlangen, „es sei denn durch gemeinsamen Rat des Reiches".

II. *Schutz der Bürger Londons vor willkürlichen Forderungen*. Es wurde versucht, die Männer von London sowie die Pächter der Krone vor Johns Geldforderungen zu schützen. Die Anführer der Aufständischen beglichen auf diese Weise einen Teil ihrer Schulden gegenüber einem Verbündeten mit besonderen Ansprüchen auf ihre Dankbarkeit. [466] Die Satzung der Barone enthielt mehrere wichtige Bestimmungen, die das Kapital betrafen; und diese wurden in der Charta in leicht veränderten Formulierungen verankert, was darauf hindeutet, dass ein gewisser Einfluss am Werk war, der den Bürgern nicht gerade freundlich gesinnt ist. [467] Die vorliegende Klausel der abgeschlossenen Charta verwendet beispielsweise nur ein Wort, „ *Aids* ", während im 32. Artikel der Barons von „Tallagen und Aids" die Rede war. Es gibt keine Beweise dafür, ob die Unterlassung absichtlich geplant war oder lediglich das Ergebnis einer Unachtsamkeit war; und die Zweideutigkeit, die beiden Wörtern innewohnt, macht es gefährlich, eine dogmatische Meinung über die praktische Auswirkung der Änderung zu wagen. Dennoch lässt sich zwischen den jeweiligen Bedeutungen der beiden Begriffe bei ihrer technischen Verwendung eine klare Grenze ziehen.

(1) „ *Hilfe* " ist das vagere Wort, das auf jede Zahlung anwendbar ist, die in irgendeiner Weise als freiwilliges Angebot angesehen werden kann. Es umfasste Geschenke an die Krone, sei es von Prälaten, Bürgern oder Feudalbaronen. London wurde von den englischen Königen sowohl vor als auch nach John zu großzügigen Taten angeregt. Es gab Zeiten, in denen „freiwillige" Hilfen, wie die „Wohltätigkeiten" der Tudor-Zeit, nicht sicher zurückgehalten werden konnten.

(2) „ *Tallage* " war eine Steuer, die nach dem willkürlichen Willen eines Feudalherrn von mehr oder weniger unterwürfigen Angehörigen erhoben wurde, die weder die Macht noch das Recht hatten, sich zu weigern. Die Häufigkeit dieser Forderungen und die eingenommenen Beträge hingen ausschließlich von der Launenhaftigkeit des Herrn ab und wurden durch kein Gesetz eingeschränkt, sondern nur durch solche Grenzen, die ein aufgeklärtes Eigeninteresse oder die Rücksichtnahme auf die öffentliche Meinung vorschreiben könnten. Die Verpflichtung zur willkürlichen Abgabe war somit eines der Hauptmerkmale eines unfreien Status und stand im Gegensatz zu den Zöllen, die jenen Grundbesitzern auferlegt wurden, die durch Ritterdienste, Scage oder Frankalmoin lebten. Der Besitzer des kleinsten Herrenhauses könnte, wie der Besitzer der größten Baronie, seine eigenen Lehnsherren belästigen; und der König hatte ein ähnliches Privileg über ein größeres Gebiet. Seine Rechte erstreckten sich sogar auf Bürgergemeinden, die über königliche Urkunden verfügten, da Städte theoretisch auf königlichem Grundbesitz lagen und daher der Tallage unterworfen waren. Die große Stadt London trug trotz ihres wachsenden Reichtums, ihrer politischen Bedeutung und ihrer Liste an Privilegien immer noch diese Verantwortung. [468]

(3) *Vergleich von Tallage und Aid.* Die Tallage als Zwangszahlung unterschied sich somit grundlegend von der nominell kostenlosen „Hilfe", wobei auch zwei geringfügige Unterschiede festgestellt werden können. Bei der

Organisation einer Hilfe schlugen die Geber in der Regel den Betrag vor, obwohl der König das Angebot möglicherweise als unzureichend ablehnte; während die Höhe einer Tallage hingegen von der Krone willkürlich festgelegt wurde. Während es sich bei der von einer Gemeinde gewährten Hilfe um eine gemeinsame Gabe handelte, die die Bürger von ihren eigenen Beamten bewerteten und einsammelten und für die sie eine kollektive Verantwortung übernahmen, teilte die Krone selbst die jeweiligen zu zahlenden Talgeldbeträge auf wen sie wollte, zu jeder Einzelne, eine gesamtschuldnerische Haftung derjenigen, die zahlen mussten, ist ausgeschlossen. Es war offensichtlich von Vorteil für einen Bezirk, durch die Bereitstellung einer großzügigen Hilfe der erwarteten Forderung der Krone nach einer Tallage zuvorzukommen, denn so wurde der verhasste Steuereintreiber außerhalb der Stadttore gehalten. Auch war eine Hilfe für den König vorteilhafter als ein Betrag in gleicher Höhe. Er ersparte sich nicht nur die Mühe, die Kosten und die Verzögerung des Inkassos, sondern beugte auch dem Risiko eines Verlusts durch die Insolvenz einiger der ausgewählten Personen vor.

[469] erzählte Geschichte verdeutlicht den Kontrast. Zwischen dem König und den Londonern war ein Streit entstanden. Auf Heinrichs Forderung nach 3000 Mark „Tallage" antworteten sie zunächst mit einem Angebot von 2000 Mark „Hilfe", was der König jedoch ablehnte. Die Bürger lehnten daraufhin die Haftung für die Tallage gänzlich ab, wurden jedoch mit Einträgen in den Schatz- und Kanzleilisten konfrontiert, die ihrer kühnen Behauptung völlig widersprachen. Am nächsten Morgen erkannten der Bürgermeister und die Bürger an, dass sie zur Rechenschaft gezogen werden konnten, und gaben dem König die von ihm geforderte Summe.

(4) *Auswirkungen des Weglassens des Wortes „tallage" in der Magna Carta.* Da die beiden in den Artikeln der Barons vorkommenden Wörter wohlbekannte Bedeutungsunterschiede hatten, ist es unwahrscheinlich, dass die Weglassung eines davon aus der Charta als rein verbale Änderung angesehen wurde. John würde bereitwillig auf das Recht verzichten, von den wohlhabenden Händlern seiner Hauptstadt „Hilfen" zu verlangen, wenn er sich immer noch das Privileg bewahren würde, sie nach Belieben in Anspruch zu nehmen. Die Unterlassung erfolgte möglicherweise absichtlich aus Rücksicht auf Johns starke Meinung zu einem Punkt, der die Barone nicht persönlich betraf. [470] Eine weitere Auslassung ist zu beachten. Die Artikel erweiterten den Schutz nicht nur auf Londoner, sondern auch auf „Bürger anderer Orte, die von dort aus ihre Freiheiten haben", womit die Städte gemeint waren, deren verbriefte Privilegien denen der Metropolen nachempfunden waren. Die Magna Carta ignorierte in diesem Zusammenhang alle Städte außer London völlig. [471]

(5) *Die Art des durch die Magna Carta gewährten Schutzes.* Die Anordnung des vorliegenden Kapitels ist eigenartig. Nachdem die Missbräuche der Kronpächter ausführlich behandelt wurden, wird der Fall der Londoner nachlässig mit ein paar Worten dargelegt: „In gleicher Weise soll es mit den Hilfen der Londoner Bürger geschehen." Für das Wort „ *simili modo* " sind verschiedene Interpretationen möglich. Hohe Behörden gehen davon aus, dass die Klausel nichts weiter bedeutet, als dass aus London entnommene Hilfen, ebenso wie gewöhnliche Hilfen von Kronpächtern, „angemessen" sein müssen. [472] Wenn dies der Fall ist, wäre ein anderes Kriterium der Angemessenheit erforderlich als das, das für Ritterhonorare gilt; und das wäre schwer zu finden gewesen. [473]

Es ist jedoch ebenso wahrscheinlich, dass die Absicht darin bestand, die gleiche Zustimmung für die Gültigkeit der von London verlangten Beihilfen zu erteilen, wie sie zuvor im Fall von Scutages von Hauptpächtern vereinbart worden war. Wenn dem so ist, dann war die in Kapitel 14 beschriebene Methode, „den gemeinsamen Rat des Reiches einzuholen", besonders schlecht geeignet, den Männern von London eine wirksame Stimme bei der Besteuerung ihrer selbst zu verschaffen. Die Notwendigkeit der Zustimmung einer ausschließlich fürstlichen Versammlung konnte die Londoner, deren grundsätzlich unterschiedliche Interessen nicht vertreten waren, nicht ausreichend schützen.

Die spätere Geschichte wirft kein Licht auf die ursprüngliche Absicht dieser Klausel; Es gab nie eine Gelegenheit, seine Bedeutung zu prüfen, da das gesamte Kapitel, zu dem es gehört, in allen nachfolgenden Ausgaben der Charta weggelassen wurde.

(6) *Spätere Geschichte des Rechts der Krone, die Städte zu bebauen.* Selbst in ihrer ursprünglichen Form entzog die Magna Carta dem König nicht das Recht, London zu bewohnen, wie es bei jedem anderen Teil seines alten Herrschaftsgebiets der Fall war; und die Krone übte dieses Vorrecht in Abständen von 1215 bis 1340 ganz legal und fast ohne Frage weiterhin aus. Manchmal wurde tatsächlich behauptet, dass die *Bestätigung dieses Vorrecht* von 1297 beabsichtigt war, und es ist wahr, dass es sich um ein Dokument handelte Die einst als maßgebliche Version der *Confirmatio angesehene Version* trug den suggestiven Titel *„De tallagio non concedendo"* . Es ist mittlerweile allgemein bekannt, dass das letztgenannte Dokument ziemlich unauthentisch ist; Wenn die *Bestätigung* selbst jedoch dazu gedacht war, die Städte von Tallagen zu befreien, die ohne ihre Zustimmung eingenommen wurden, scheiterte sie offensichtlich. Eduard III. gelegentlich forderten sie Tallages aus London und anderen Städten. Seine Parlamente versuchten jedoch, dies zu verbieten, und es gelang ihnen 1340, ein Gesetz zu erlassen, das in besonders weitreichenden und kategorischen Worten unparlamentarische Steuern jeglicher Art abschaffte. Dieses Gesetz, das von modernen Autoren

manchmal als „das eigentliche *statutum de tallagio non concedendo* " bezeichnet wird, ist nach Ansicht von Dr. Stubbs *unter anderem die endgültige Abschaffung* des Tallage-Rechts der Krone. [474] Damit wurde das Gesetz endgültig festgelegt, aber der König hinderte ihn nicht daran, zu versuchen, dieses Gesetz zu brechen. In den folgenden Jahren Edward III. Er missachtete die dadurch seinen finanziellen Mitteln auferlegten Beschränkungen häufig und mit unterschiedlichem Erfolg. Allerdings tat er dies selten, ohne auf Proteste zu stoßen; und die im Gesetz von 1340 festgelegte Rechtsstaatlichkeit wurde nie aufgehoben.

III. *Magna Carta und die Theorie der parlamentarischen Besteuerung.* Es ist ein Gemeinplatz unserer Lehrbücher, dass die Kapitel 12 und 14 zusammengenommen darauf hinauslaufen, dass die Krone alle Befugnisse zur willkürlichen Besteuerung völlig aufgibt, und dass sie sogar eine allgemeine Doktrin des Rechts der Nation auf Selbstbesteuerung zum Ausdruck bringen. [475] Dennoch ist die Idee der „Besteuerung" in ihrer abstrakten Form im Gegensatz zu spezifischen Zöllen und Abgaben, die auf bestimmte Dinge oder Einzelpersonen erhoben werden, im Wesentlichen modern. Die damalige Lehre lautete, dass der König in normalen Zeiten wie jeder andere Landbesitzer „von sich selbst leben" sollte. Ein reguläres System der „Besteuerung" zur Deckung der gewöhnlichen Staatsausgaben war undenkbar. Es ist also zu viel anzunehmen, dass unsere Vorfahren im Jahr 1215 versuchten, etwas abzuschaffen, was streng genommen nicht existierte. In der berühmten Klausel geht es nicht um die „Besteuerung" im abstrakten Sinne, sondern um die bereits besprochenen Beihilfen und Beihilfen. Es befasst sich nicht mit den Rechten der Engländer als solchen, sondern hauptsächlich mit den Interessen derjenigen, die Grundbesitz der Krone besaßen, und nebenbei und unzureichend mit denen der Bürger Londons. Mehrere Überlegungen lassen dies außer begründetem Zweifel aufkommen.

(1) Die Bedingungen der Beschränkung sind keineswegs weit gefasst oder pauschal; aber präzise, genau und eng. Die „gemeinsame Zustimmung des Reiches" wurde zur Voraussetzung für höchstens drei Arten von Forderungen gemacht: für Scutages und für außerordentliche Hilfen, die von den feudalen Pächtern genommen wurden, und möglicherweise auch für Hilfen, die von der Stadt London genommen wurden: das ist alles. Von einer anderen Steuerform oder anderen Steuerzahlergruppen wird kein Wort verloren. Die Beschränkung kommt somit nur den Kronmietern zugute, zweifelhafterweise kommen auch die Londoner hinzu. (2) Wenn Untermieter nach Kapitel 15 einen gewissen Schutz gegen ihre Mesne-Herren erhielten, erhielten sie keinen gegen die Ansprüche des Königs. Die Charta betraf nicht die nationale „Besteuerung", sondern lediglich feudale Abgaben. (3) Das geringe Maß an Schutz erstreckte sich nicht einmal auf alle Pächter der Krone. Die Schurken des Königs waren natürlich ausgeschlossen; und das

galt auch für Grundbesitzer, deren Amtszeit nicht die des Rittertums war. Die Pächter der Socage waren Opfer von Blutschlachten und anderen Zwangsmaßnahmen, Pächter in Frankalmoin (darunter die wohlhabenden Zisterziensermönche) waren gezwungen, Beiträge aus der Wolle und den Häuten ihrer Schafe zu zahlen, während die Krone das Recht hatte, die „Farmen" aller Teile willkürlich zu errichten der eigenen Besitztümer war bewusst zurückhaltend. [476] (4) Die Initiative der Krone zur „Besteuerung" (hier beschränkt auf „Hilfen" und „Scutages") wurde unter vielen anderen Namen und Formen intakt gelassen. Der König benötigte keine Zustimmung, bevor er von Waren, die England erreichten oder verließen, nach eigenem Ermessen Preise und Zölle einnahm oder unter dem Vorwand, den Handel zu regulieren, Zölle und Bußgelder auf Binnenmärkten einnahm. Tallagen konnten nach eigenem Ermessen auch von Ausländern und Juden, von Pächtern von Grundbesitz, von London und anderen gecharterten Städten erhoben werden. (5) Der begrenzte Umfang dieser Einschränkung der Vorrechte wird weiter durch die Methode zur Einholung der „allgemeinen Zustimmung" verdeutlicht. Die zu diesem Zweck einberufene Versammlung war eine kleine Körperschaft, die weder die verschiedenen Ränge und Klassen der Gemeinschaft, noch die einzelnen nationalen Interessen, noch die verschiedenen Bezirke Englands repräsentierte. Im Gegenteil, seine Zusammensetzung war äußerst homogen, ein aristokratischer Rat der militärischen Pächter der Krone, der so einberufen war, dass wahrscheinlich nur die größeren unter ihnen teilnehmen konnten. [477]

Diese Tatsachen dienen als Warnung davor, in die Magna Carta moderne Vorstellungen hineinzuinterpretieren, die ihre eigenen Worte nicht rechtfertigen. Diese berühmte Klausel war weit davon entfernt, irgendeine nationale Doktrin der Selbstbesteuerung zu formulieren; Es war in erster Linie dazu gedacht, die Pächter der Krone vor Zöllen zu schützen, die John nicht *als* Souverän, sondern *als* Feudalherr auferlegte. So wie es war, wurde es zusammen mit seiner Folgerung (Kapitel 14) im Jahr 1216 völlig weggelassen. Die Bestimmung, die beides in der Charta von 1217 ersetzte, bezog sich nur auf Scutagen, sagte nichts über Hilfsmittel aus und kann unmöglich als solche verstanden werden ein allgemeines Verbot jeglicher willkürlicher Besteuerung durch die Krone. [478]

---

461 . „Außerordentlich" bezieht sich hier auf alle Beihilfen mit Ausnahme der drei normalen Beihilfen, die jeweils zu einem bestimmten Anlass fällig sind und in die entgegengesetzte Gruppe der festen Zahlungen fallen.

462 . Siehe *oben* , 86–93 .

463 . Siehe *oben* , 172–3 .

464 . Vgl. *oben* , 80–2 .

465 . Diese drei Hilfen wurden sorgfältig spezifiziert und ein angemessener Satz wurde festgelegt, aber nicht definiert. In dieser Hinsicht ist die Behandlung der *Beihilfen* hier weniger zufriedenstellend als die der *Erleichterungen* in Kapitel 2, in dem der zu zahlende Betrag sorgfältig festgelegt wurde. Es ist wahrscheinlich, dass sich die Verfasser dieses Kapitels auf den bestehenden Sprachgebrauch stützten, der die normale Beihilfe offenbar als ein Fünftel der normalen Erleichterung, *also* als 20er, ansah . pro Ritterhonorar. Eine alternative Erklärung ist auch möglich, dass derselbe „gemeinsame Anwalt", der das Recht hatte, außerordentliche Beihilfen abzulehnen, auch die angemessene Höhe der ordentlichen Beihilfen festlegen sollte.

466 . Siehe *oben* , S. 42 .

467 . Siehe Artikel 23 (der zu ca. 33 wurde), Artikel 31 (ca. 41) und Artikel 32 (cc. 12 und 13) und vgl. *oben* , S. 140-1 . Ob Artikel 12 (ca. 35) für Händler eher ein Vorteil als eine Einschränkung war, scheint zweifelhaft.

468 . Diese Aussage, für die *nachstehend* Beweise vorgelegt werden , wird nicht immer anerkannt. Taswell-Langmead, *Eng. Konst. Hist.* , P. 107 heißt es: „Die Stadt London kann niemals als Herrschaftsgebiet der Krone angesehen werden."

469 . I. 712, unter Berufung auf Mem. Rolle 39 Heinrich III.

470 . Alternative Erklärungen sind möglich, *z. B.* dass die Prälaten, die es gewohnt waren, ihre eigenen Angehörigen zu belästigen, ihren Einfluss erfolgreich nutzten, um diese Neuerung als „das dünne Ende des Keils" zu bekämpfen.

471 . Man könnte möglicherweise argumentieren, dass der letzte Abschnitt von Kapitel 13, der eine Bestätigung der Freiheiten und Bräuche auf alle Städte erstreckte, diese Bestimmung in Bezug auf Beihilfen umfassen sollte. Wenn ja, hat sich der Verfasser der Stellungnahme ungeschickt ausgedrückt.

472 . Dies ist die Meinung, die im *Lords' Report on the Dignity of a Peer* , I. 65, zum Ausdruck kommt.

473 . Im Jahr 1168, als Heinrich II. Als er eine Beihilfe für die Heirat seiner Tochter nahm, steuerte London 617 16 Pfund bei. 8d., was einen Präzedenzfall für eine „angemessene" Hilfe darstellen könnte. Siehe *Pipe Roll* , 14 Henry II., zitiert Madox, I. 585.

474 . Siehe *Konst. Hist.* , II. 548. „Am Umfang dieser Verordnung kann kein Zweifel bestehen; Es muss beabsichtigt gewesen sein, alle Arten von Steuern abzudecken, die nicht vom Parlament genehmigt wurden, und ... es scheint

die Wirkung gehabt zu haben, dass das königliche Vorrecht der Tallaging-Domäne abgeschafft wurde."

475 . ZB Taswell-Langmead, *engl. Konst. Hist.* , 106, und Anson, *Law and Custom of the Const.* , I. 14. Dr. Stubbs, *Const. Hist.* , I. 573, ist der Ansicht, dass diese Worte „das Recht der Nation anerkennen, Steuern festzulegen".

476 . Siehe *unten* , unter c. 25 .

477 . Selbst wenn eine Ehre der Krone entzogen wurde, waren die Inhaber dieser Ehre „keine Freier der *Curia Regis* ". Siehe *Bericht über die Würde eines Peers* , I. 60.

478 . Vgl. *oben* , S. 173-4 und *unten* , unter c. 14 .

KAPITEL DREIZEHN.

Die Londoner Bürger haben alle ihre alten Freiheiten und Freiheiten befolgt, sie sind auf der Erde, auf der anderen Seite. Preterea volumus et concedimus quod omnes alie civitates, et burgi, et ville, et portus, haveant omnes libertates et liberas consuetudines suas.

Und die Bürger Londons sollen alle ihre alten Freiheiten und freien Bräuche sowohl zu Lande als auch zu Wasser genießen; Darüber hinaus beschließen und gewähren wir, dass alle anderen Städte, Bezirke, Gemeinden und Häfen alle ihre Freiheiten und freien Bräuche haben sollen.

Eine vollständige Liste der Freiheiten und Bräuche Londons wäre lang; und ein Bericht darüber, wie jeder von ihnen wuchs und von der Krone bestätigt wurde, braucht hier nicht gegeben zu werden. Die am meisten geschätzten Privilegien, die zu Johns Zeiten genossen wurden, waren das Recht, einen Stadtvorsteher zu ernennen, der den Namen eines Bürgermeisters trug, und das Recht, eigene Sheriffs zu wählen, die die Firma [479] der Stadt (oder die an sie zu zahlende Jahresmiete) ^{einsammeln} sollten der Staatskasse), um das Eindringen königlicher Gerichtsvollzieher zu verhindern. Es braucht hier nur ein kurzer Bericht über die Art und Weise gegeben zu werden, wie die Metropole diese beiden Privilegien erlangte.

Das Hauptmerkmal Londons vor der normannischen Eroberung scheint das Fehlen einer ordnungsgemäßen kommunalen Organisation gewesen zu sein. Dr. Stubbs beschreibt die Hauptstadt im elften Jahrhundert als „ein Bündel von Gemeinden, Townships, Pfarreien und Lordschaften, von denen jede ihre eigene Verfassung hatte." [480] Es handelte sich somit um eine Ansammlung kleiner Verwaltungseinheiten und nicht um eine große Einheit. Einen Anschein rechtlicher Einheit bot zwar der Volkstag, zu dem sich die Bürger regelmäßig versammelten; von seinem kleineren Rat, bekannt als „husteng"; und vielleicht auch durch sein „cnihtengold" (wenn dieser dritte Körper tatsächlich nicht ganz mythisch ist); während die Existenz eines „Portreeve" zeigt, dass die Stadt auch aus bestimmten finanziellen Gründen als eine Einheit behandelt wurde. London verfügte jedoch vor der Herrschaft Heinrichs I. weit davon entfernt, über Maschinen zu verfügen, die den Aufgaben einer lokalen Regierung für die gesamte Gemeinschaft entsprachen.

Der erste Schritt zur Erlangung einer Stadtverfassung soll allgemein von den Bürgern getan worden sein, als sie in den letzten Jahren seiner Herrschaft (1130–1135) von Heinrich I. eine Stadturkunde erhielten. Dies ist nicht unbedingt korrekt. Zwar erlangte London durch diese Gewährung einige wertvolle Privilegien und genoss sie für kurze Zeit, aber es erhielt keine Verfassung. Die wichtigsten von Henry tatsächlich verliehenen Rechte waren wie folgt: (1) Die *Firma* wurde auf den ermäßigten Satz von 300 £ pro Jahr festgesetzt, wobei die Bürger für diese Zahlung einen unbefristeten Pachtvertrag für ihre eigene Stadt mit der umliegenden Grafschaft Middlesex erhielten. die Zuwendung wird den Bürgern und ihren Erben gewährt; (2) Sie erwarben das Recht, zu Sheriffs von London und Middlesex zu ernennen, wen sie wollten, was den Ausschluss der Steuereintreiber des Königs durch Männer ihrer Wahl bedeutete; (3) Ein ähnliches Recht, einen eigenen Kandidaten zum Justiziar zu ernennen, wurde ihnen ebenfalls zuerkannt, offenbar unter Ausschluss der königlichen Richter von Eyre. Es wurden zahlreiche kleinere Privilegien bestätigt, die hier nicht näher erläutert werden müssen. Herr JH Round [481] argumentiert mit überzeugender Kraft, dass diese Zugeständnisse, so wichtig sie auch waren, London keine bürgerliche Verfassung verliehen. Henrys Charta bestätigte seiner Meinung nach alle bereits bestehenden getrennten Gerichtsbarkeiten und Wahlrechte und verewigte damit den alten Zustand der Uneinigkeit, anstatt ein neues Prinzip des Zusammenhalts zu schaffen. Er beweist außerdem, dass diese Vorteile nur wenige Jahre nach Stephans Thronbesteigung in Kraft blieben. Dieser König wurde vom Earl of Essex dazu gezwungen, die verbrieften Rechte der Bürger zu verletzen; und London konnte den so verlorenen Boden erst unter der Herrschaft von Richard I. zurückgewinnen.

Tatsächlich erteilte Heinrich II. im Jahr 1155 den Bürgern eine Urkunde, die üblicherweise als vollständige Bestätigung aller Zugeständnisse des früheren Heinrich interpretiert wird. [482] Herr Round hat den Fehler dieser Meinung schlüssig bewiesen. [483] Die Charta von 1155 schränkte die Privilegien Londons ein, anstatt sie zu erweitern, und war vorsichtig und etwas widerwillig formuliert. Die wichtigsten Zugeständnisse der früheren Charta wurden völlig weggelassen: Die Bürger wählten nicht mehr ihre eigenen Sheriffs oder ihren eigenen Justiziar; die Reduzierung der *Firma* auf 300 £ wurde nicht bestätigt; und nachfolgende Rohrrollen zeigen, dass Henry diesen Betrag verdoppelte, obwohl die Londoner protestierten und für den niedrigeren Satz plädierten.

Die nächste Krise kam zu Beginn von Richards Regierungszeit. Damals erhielt London erstmals seine Stadtverfassung. Dann erlangte es auch die Privilegien zurück und sicherte sie dauerhaft, die es einige Jahre lang unter Heinrich I. und Stephan prekär innehatte. Die Form, in der die Verfassung schließlich entstand, war von Frankreich übernommen und war weder mehr noch weniger als die *Kommune* , die im 12. und 13. Jahrhundert auf dem Kontinent so bekannt war. Die Gemeinde London war möglicherweise der Gemeinde Rouen nachempfunden; Die Hauptstädte Englands und der

Normandie müssen enge Beziehungen gehabt haben. Herr Round [484] hat gezeigt, dass diese Zugeständnisse nicht, wie manchmal angenommen wurde, freiwillig im Jahr 1189 von Richard I. gewährt wurden, sondern von seinem jüngeren Bruder John erpresst wurden, als dieser ehrgeizige Prinz hohe Gebote abgab, um mächtige Verbündete zu unterstützen seinen Anspruch, als Regent zu fungieren. London erhielt seine erste Verfassung am 8. Oktober 1191 unter malerischen und denkwürdigen Umständen. Während Richard im Heiligen Land weilte, kam es zu Hause zu einem Gerangel um das Recht, ihn zu vertreten. Der Kanzler Longchamp war zum Regenten ernannt worden; Aber John, schlau und skrupellos, verdrängte ihn erfolgreich mit Hilfe der Männer von London. Im kritischen Moment hatte die Metropole ihre Unterstützung unter Bedingungen angeboten, zu denen die Wiederherstellung aller kurzlebigen Privilegien der Charta Heinrichs I. und darüber hinaus eine eigene Gemeindeverfassung in Form einer Kommune gehörten vom kontinentalen Typ.

Mr. Round beschreibt in einer bemerkenswerten Passage die Szene. „Als die Verwaltung in der Krise im Oktober 1191 durch den Konflikt zwischen John als Bruder des Königs und Longchamp als Vertreter des Königs gelähmt war, erkannte London, dass sie die Waage in der Hand hatte, und benannte umgehend die ‚Kommune'. als Preis für ihre Unterstützung. Die Chroniken des Tages ermöglichen es uns, uns die Szene vorzustellen, wie die aufgeregten Bürger, die über Nacht mit Laternen und Fackeln ausströmten, um John in der Hauptstadt willkommen zu heißen, am Morgen des Tages zusammenströmten ereignisreicher 8. Oktober beim wohlbekannten Klang der großen Glocke, die aus ihrem Glockenturm auf dem St. Paul's Churchyard schwingt. Dort hörten sie, wie John wie ein französischer König oder Lord den Eid auf die „Kommune" leistete; und dann London hatte zum ersten Mal eine eigene Gemeinde. [485]

Für eine genaue Definition einer Kommune suchen wir vergeblich nach zeitgenössischen Schriftstellern, die sich normalerweise von ihrer politischen Voreingenommenheit mitreißen lassen. Richard von Devizes [486] zitiert zustimmend: „ *Communia est tumor plebis, timor regni, tepor sacerdotii* ." In den letzten Jahren wurden jedoch einige Erkenntnisse über seine genaue Natur gewonnen. Eine Kommune war eine Stadt, die als Körperschaft, als Glied in der feudalen Kette anerkannt wurde, zum freien Vasallen des Königs oder eines anderen Herrn wurde und selbst in der Lage war, eigene Untervasallen zu haben. [487] Seine wichtigsten Institutionen waren ein Bürgermeister und ein Wahlrat, der im Allgemeinen aus vierundzwanzig Mitgliedern bestand, von denen einige oder alle als *échevins* oder *skivini bekannt waren* , ein Wort, das in seiner modernen Form von „Aasfresser" an böse Tage gefallen ist Damit sind nicht mehr die Stadtväter gemeint, sondern Männer, die bürgerliche Pflichten nützlicher, aber weniger würdiger Art wahrnehmen. Die wichtigste

Besonderheit der Kommune war vielleicht die Art und Weise ihrer Gründung, nämlich durch Volksvereinigung oder Verschwörung, wobei die Bürger einen mehr oder weniger revolutionären Eid ablegten und ihn anschließend von den Autoritäten ratifizierten. Es wird allgemein anerkannt, dass diese Kommunen, obwohl sie ursprünglich einen revolutionären Ursprung hatten, in ihren Sympathien nicht unbedingt demokratisch waren. Gemäß der neuen Verfassung Londons sollte die schwere Besteuerung der Herrschaft Richards stärker auf die Armen Londons lasten als auf jede andere Klasse. Die auf diese Weise im Jahr 1191 gegründete Kommune, die von der Krone zunächst eher geduldet als gefördert wurde, bildete fortan die Stadtregierung der Hauptstadt; Die Bürger wählten nicht nur ihre eigenen Sheriffs, sondern auch ihren eigenen Bürgermeister, obwohl dieser nach seiner Ernennung sein Amt auf Lebenszeit innehatte.

Als Johannes König wurde, erteilte er drei Urkunden und bestätigte die Privilegien der Hauptstadt gegen eine *Gersuma* (oder Abschlagszahlung) von 3000 Mark. [488] Alle in der alten Charta Heinrichs I. festgelegten Wahlrechte wurden nun bestätigt, mit einer Ausnahme: Die Freiheit, einen eigenen Justiziar zu ernennen, die nun als unvereinbar mit der Zentralisierungspolitik der Krone galt, wurde aufgegeben. In keiner dieser Urkunden wurde ein Bürgermeister oder eine Gemeinde erwähnt, sie bestätigten jedoch einige kleinere Privilegien, die Richard während seiner Regierungszeit erlangt hatte. [489]

Eine vierte Urkunde vom 20. März 1201 war lediglich von vorübergehendem Interesse; aber ein Fünftel, das am 9. Mai 1215, etwas mehr als einen Monat vor der Magna Carta, gewährt wurde, ist von großer Bedeutung und stellt den Köder dar, den Johannes den Bürgern auswarf, in der Hoffnung, wie er in dieser neuen Krise ihre Unterstützung zu gewinnen hatte es zuvor in der Krise von 1191 erlangt. Die fünfte Charta bestätigte den Bürgern nicht nur ausdrücklich das ihnen bereits zustehende Recht, einen Bürgermeister auf Lebenszeit zu wählen, sondern erlaubte ihnen auch, jedes Jahr einen neuen zu wählen. Miss Norgate übertreibt nicht, wenn sie dieses Zugeständnis als „das krönende Privileg einer voll konstituierten Gemeinde, das Recht, jedes Jahr ihren eigenen Bürgermeister zu wählen" beschreibt. [490] Ein jährlich gewählter Magistrat würde zweifellos seine Abhängigkeit von den Bürgern spüren, die mehr als nur ein Amt auf Lebenszeit innehaben; Es scheint jedoch wahrscheinlich, dass der Hauptwert der Bewilligung in der Bestätigung der Rechte durch Johannes als König lag, die ihm vierzehn Jahre zuvor als unbefugter Vertreter seines Bruders zugestanden hatten und die er inzwischen in einer unsicheren Amtszeit genoss. Mit der Charta vom Mai 1215 wurde der Bürgermeister, der er vorstand, durch die offizielle Anerkennung auf eine rechtliche Grundlage gestellt. Die revolutionäre Bürgerverfassung von 1191 wurde nun bestätigt. Die Bürger handelten aufgrund der ihnen erteilten Erlaubnis, ihren obersten Richter jährlich zu wechseln. Doch anstatt den König zu unterstützen, der die Bewilligung erteilte, öffneten sie ihre Tore für seine Feinde. [491]

Dies war also das London, dessen Privilegien durch die Magna Carta bestätigt wurden – eine Stadt, die langsam zu Größe herangewachsen war und nach vielen Kämpfen eine vollständige kommunale Verfassung in Form einer Kommune mit jährlich gewähltem Bürgermeister und Rat sowie eigenen Sheriffs erhalten hatte Ernennung, die die Finanzbeamten der Krone nicht nur aus dem Bezirk innerhalb ihrer Mauern, sondern aus ganz Middlesex ausschloss. Die Große Charta vermied Einzelheiten und beschränkte sich auf eine allgemeine Bestätigung ihrer alten „Freiheiten und freien Bräuche" an die Männer von London, zwei Worte, deren Unbestimmtheit in diesem Zusammenhang eine liberale Auslegung erfahren sollte. [493]

London sollte in dieser Hinsicht nicht allein dastehen; Ein ähnliches Zugeständnis wurde ausdrücklich zugunsten aller anderen Städte, Bezirke, Gemeinden und Seehäfen gemacht. Dabei handelte es sich jedoch lediglich um eine Bestätigung, die nicht als Gewährung neuer Privilegien oder Befreiungen verstanden werden durfte, sondern es wurde jedem Bezirk überlassen, seine eigenen Bräuche so gut wie möglich zu beweisen. In den Neuauflagen von Henry teilten sich diese „Barone von London" die Ehre, namentlich erwähnt zu werden, mit „den Baronen der Cinque-Häfen", die aufgrund ihres Reichtums, ihrer Lage und ihrer Flotte durchaus versöhnliche Verbündete waren . Sie spielten tatsächlich eine herausragende Rolle beim entscheidenden Seesieg, den Hubert de Burgh am 24. August 1217 errang. [494]

Andere Teile von Johns Great Charter, die die Londoner besonders betrafen, waren der letzte Abschnitt von Kapitel 12 und die Kapitel 33 und 41; während viele der in anderen Kapiteln gewährten oder bestätigten Privilegien von ihnen geteilt wurden. Es sollte hinzugefügt werden, dass der Bürgermeister von London Mitglied des 25-köpfigen Exekutivkomitees war und mit weitreichenden Befugnissen zur Durchsetzung der Bestimmungen der Charta ausgestattet war. [495]

Zu den am meisten geschätzten Privilegien, die die Stadtbezirke beanspruchten, gehörte das Recht, Zölle zu erheben und allen konkurrierenden Händlern, die nicht ihren Gilden angehörten, sowohl Ausländern als auch Einheimischen, repressive Beschränkungen aufzuerlegen. Die Bestätigung dieser Privilegien in diesem Kapitel steht im Widerspruch zu Kapitel 41, das ausländischen Kaufleuten Schutz und Immunitäten gewährt. [496] Die Inkonsistenz sollte jedoch nicht zu weit getrieben werden, da das spätere Kapitel auf die Abschaffung der „bösen Bräuche" abzielte, die vom König auferlegt wurden, nicht derjenigen, die von den Bezirken auferlegt wurden. Gleichzeitig würde jede den Außerirdischen entgegengebrachte Gunst von ihren Rivalen, den englischen Händlern, bitter verärgert werden. Wenn die Charta in ihrer Gesamtheit in Kraft gesetzt worden wäre, hätten sich die spezifischeren Privilegien zugunsten ausländischer Kaufleute gegenüber der vagen Bestätigung der „Freiheiten" der Bezirke durchgesetzt, wo immer beides zusammenstieß. [497]

479 . *Firma wird unten* erklärt , c. 25.

480 . Stubbs, *Const. Hist.* , I. 439. Vgl. Round, *Kommune London* , 220, der im Wesentlichen einverstanden ist. Miss Mary Bateson meint jedoch, dass „im Londoner Grafschaftsbezirk des 12. Jahrhunderts die Tendenz besteht, das Maß an Verwaltungseinheit ungebührlich herabzusetzen." Siehe die von ihr vorgelegten Beweise, *Engl. Hist. Rev.* , XVII. 480-510.

481 . *Geoffrey de Mandeville* , 356.

482 . Siehe *z. B.* Miss Norgate, *Angevin Kings* , II. 471.

483 . *Geoffrey* , 367.

484 . *Gemeinde London* , 222.

485 . *Gemeinde London* , 224.

486 . *Wählen Sie Charters* , S. 252.

487 . M. Luchaire, *Communes Françaises* , S. 97, definiert es als „ *seigneuriecollective populaire* ".

488 . Miss Bateson, *Engl. Hist. Rev.* , XVII. 508.

489 . *Beispielsweise* die Beseitigung von Hindernissen für die freie Schifffahrt auf Themse und Medway. Vgl. *Infra* , c. 33.

490 . *John Lackland* , 228.

491 . Ab diesem Datum weist die Liste der Bürgermeister häufige, teilweise jährliche Änderungen auf. So war Serlo der Kaufmann im Mai 1215 Bürgermeister, als London seine Tore für die Aufständischen öffnete, während William Hardell seine Nachfolge vor dem 2. Juni 1216 angetreten hatte, als er die Bürger anführte, die Ludwig willkommen hießen, um London zu seinem Hauptquartier zu machen.

492 . Beide Wörter werden *weiter unten besprochen* , c. 39.

493 . Die Charta erwähnt weder Bürgermeister noch Gemeinde, bestätigte aber wahrscheinlich implizit beide. Prof. GB Adams findet eine solche Bestätigung, nicht in c. 13, aber in c. 12 (durch die Anwendung des Wortes

auxilium auf London); und behauptet, dass mit dem Weglassen dieses Wortes in späteren Urkunden „Londons gesetzliches Recht auf eine Kommune zunichte gemacht wurde". *Engl. Hist. Rev.* , XIX. 706.

494 . Siehe *oben* , S. 170 .

495 . Siehe *unten* , c. 61.

496 . Vgl. Pollock und Maitland, I. 447-8.

497 . Vgl. *Infra* , c. 41 .

KAPITEL VIERZEHN.

Et ad habendum commune consilium regni, de auxilio assidendo aliter quam in tribus casibus Predictis, vel de scutagio assidendo, summoneri faciemus archiepiscopos, episcopos, abbates, comites, et majores barones, sigillatim per litteras nostras; et preterea faciemus summoneri in generali, per vicecomites et ballivos nostros, omnes illos qui de nobis tenent in capite; ad certum diem, scilicet ad terminum quadraginta dierum ad minus, et ad certum locum; et in omnibus litteris illius summonicionis causam summonicionis exprimemus; und sic facta summonicione negocium ad diem assignatum procedat secundum consilium illorum qui presentes fuerint, quamvis non omnes summoniti venerint.

> Und um den gemeinsamen Rat des Königreichs bezüglich der Beurteilung einer Hilfe (außer in den drei oben genannten Fällen) oder einer Scutage einzuholen, werden wir die Erzbischöfe, Bischöfe, Äbte, Grafen und Großbarone durch unsere Briefe einladen lassen unter Verschluß; und wir werden darüber hinaus allgemein durch unsere Sheriffs und Gerichtsvollzieher alle anderen, die uns an der Spitze haben, zu einem bestimmten Zeitpunkt, nämlich nach Ablauf von mindestens vierzig Tagen, und an einem bestimmten Ort einladen lassen; und in allen Schreiben einer solchen Vorladung werden wir den Grund der Vorladung angeben. Und wenn die Vorladung auf diese Weise erfolgt ist, soll die Angelegenheit am festgesetzten Tag gemäß dem Rat der Anwesenden fortgeführt werden, auch wenn nicht alle Vorgeladenen gekommen sind.

Dieses Kapitel, das unter den Artikeln der Barone kein Äquivalent hat, erscheint hier zufällig: Es hätte nie einen Platz in der Magna Carta gefunden, wenn nicht geeignete Mechanismen erforderlich gewesen wären, um die Bestimmung von Kapitel 12 in Kraft zu setzen. [498]

Steuerdoktrin enthalten soll , wird diese oft als Ausdruck einer allgemeinen *parlamentarischen Repräsentationsdoktrin zitiert* ; während die enge Verbindung zwischen den beiden Kapiteln als Hinweis auf eine ebenso enge Verbindung zwischen den beiden Konzepten angesehen wird, die ihnen zugrunde liegen sollen, und als Beweis dafür angeführt wird, dass die Verfasser der Magna Carta das im Wesentlichen moderne Prinzip verstanden hatten, dass Besteuerung und Repräsentation zusammengehören. [499] Aus dieser Sicht verdienen die Barone von Runnymede Anerkennung dafür, dass sie einige der besten Merkmale des modernen Systems der parlamentarischen Regierung vorweggenommen haben. Die Worte des Textes vertragen jedoch kaum eine so liberale Interpretation. Wesentliche Unterschiede zwischen den

Prinzipien der Magna Carta und der modernen Repräsentationslehre werden durch eine sorgfältige Analyse deutlich.

Gemäß Kapitel 12 konnten Scutages und außergewöhnliche Hilfen nur „mit gemeinsamem Rat unseres Königreichs" erhoben werden, und nun legt Kapitel 14 durch die Formulierung von Regeln für die Einberufung der Personen, deren Zustimmung somit erforderlich war, verbindlich die Zusammensetzung einer Versammlung fest, die definitiv damit beauftragt ist Funktion. Dieselben lateinischen Wörter, die gemeinsame „Zustimmung" oder Beratung bedeuten, bezeichneten somit auch eine besondere Institution, nämlich den „Gemeinsamen Rat", der später von so entscheidender verfassungsrechtlicher Bedeutung war und unter einem neuen Namen die alte Curia regis in einigen ihrer *wichtigsten* fortführte Aspekte, die wiederum in das moderne Parlament übergehen. Die Aufgaben und die verfassungsrechtliche Bedeutung dieses *Commune Concilium* können unter sechs Rubriken betrachtet werden.

I. *Art der Vorladung.* Wenn die Anwesenheit der Mitglieder erforderlich war, mussten formelle Bescheide ausgestellt werden. In diesen Schriftstücken müssen Zeit, Ort und Grund der Versammlung angegeben und mindestens vierzig Tage im Voraus offiziell angekündigt werden. In dieser Hinsicht sollten die ausgestellten Schriftstücke alle gleich sein; aber in einem entscheidenden Punkt wurde ein Unterschied erkannt. Jeder der wirklich mächtigen Männer des Reiches – Erzbischöfe, Bischöfe, Äbte, Grafen und „andere größere Barone" – muss eine separate Urkunde unter dem königlichen Siegel erhalten, die individuell und direkt an ihn gerichtet ist, während dies bei den „kleineren Baronen" der Fall war kollektiv und indirekt durch die Sheriffs und Gerichtsvollzieher jedes Bezirks vorgeladen werden.

II. *Zusammensetzung des Rates.* Es ist klar, dass es sich bei den geplanten Treffen um reine Baronialversammlungen handelte, da nur Pächter der Krone zur Teilnahme eingeladen wurden; während die individuelle Bekanntmachung unter dem Siegel des Königs nur den bedeutenderen Magnaten unter ihnen zuteil wurde. Der Gemeinsame Rat der Charta war somit eine Versammlung militärischer Kronpächter, und „die gemeinsame Zustimmung meines Königreichs" war in Johns Mund gleichbedeutend mit „der Zustimmung meiner Barone". [500]

Der Rat des Königs hatte sich zu diesem Zeitpunkt von allen komplizierten Theorien über seine eigene Zusammensetzung befreit, die ihn jemals behindert hätten. Es war jetzt äußerst homogen; eine feudale Ansammlung von Kronvasallen. Tatsächlich haben einige Historiker in ihrem Bemühen, hervorragende Abstammungslinien für ihre demokratischen Ideale zu finden, die Ursprünge der führenden Merkmale des modernen Parlaments bis in die angelsächsische Ära zurückverfolgt; Aber solche Versuche schaden den besten Interessen der Geschichte, während sie der Sache der Volksfreiheiten nicht im Geringsten förderlich sind.

Es erübrigt sich hier, die verschiedenen konkurrierenden Theorien zu untersuchen, die angeblich die Zusammensetzung des angelsächsischen Witenagemot erklären, oder den genauen Zusammenhang zwischen dieser ehrwürdigen Institution und der *Curia Regis* der normannischen Könige zu diskutieren. Tatsächlich scheint die frühe Verfassung des Hofes des Eroberers oder des Rufus eher monarchisch als aristokratisch oder demokratisch gewesen zu sein; das heißt, es hing in hohem Maße vom persönlichen Willen des Königs ab, der nach Belieben Vorladungen ausstellen oder zurückhalten konnte. Aus der Zeit vor der Großen Charta gibt es keine Beweise dafür, dass sich ein Magnat unaufgefordert in einen königlichen Rat gedrängt oder den König gezwungen hätte, eine formelle Einladung auszusprechen. Bei einer Gelegenheit tatsächlich das Vorgehen Heinrichs II. Indem er es versäumte, eine Verfügung zu erlassen, war er der Gefahr ungünstiger Kritik ausgesetzt. Dies geschah im Oktober 1164, als ein Sonderrat nach Northampton einberufen wurde, um über verschiedene Streitfragen zwischen dem König und Thomas à Becket zu entscheiden. Dem Primas wurde befohlen, zur Verurteilung zu erscheinen, aber die förmliche Vorladung, die jeder Erzbischof als Inhaber einer Baronie selbstverständlich zu erhalten pflegte, wurde absichtlich zurückgehalten. Offenbar verurteilte die zeitgenössische Meinung dieses Versäumnis. [501] Daraus lässt sich mit Sicherheit schließen, dass bereits im Jahr 1164 die Methode zur Ausstellung dieser Schriftstücke einheitlich geworden war, dieses Verfassungsverständnis jedoch erst dann auf das Schreiben reduziert wurde, als es in der Magna Carta verankert wurde. So formulierten die Magnaten Englands im Jahr 1215 zum ersten Mal einen eindeutigen Anspruch, bei den Ratsversammlungen des Königs anwesend zu sein; und selbst dann bezog sich die Forderung nur auf Versammlungen, die zu einem bestimmten Zweck einberufen wurden. Früher galt der Besuch nicht als Privileg, sondern lediglich als kostspielige Bürde, die, wie so viele andere Bürden, mit dem Besitz von Land einhergeht. [502]

III. *Stellung der „Kleinen Barone".* Indem die Große Charta eine Unterscheidung zwischen zwei Klassen von Kronpächtern anerkannte, legte sie ihr Gewicht lediglich auf die bestehende Praxis, wie sie unter Heinrich II. Gestalt angenommen hatte. Die Macht und Stellung der Kronpächter variierte im Verhältnis zur Größe ihres Landes, vom großen Grafen, der den größeren Anteil eines oder mehrerer Landkreise besaß, bis hin zum kleinen Grundbesitzer mit nur wenigen Häuten oder vielleicht auch Acres. vom Land. Irgendwo in der Mitte wurde eine grobe Einteilung vorgenommen; aber die genaue Grenze war notwendigerweise vage, und diese Unbestimmtheit wurde wahrscheinlich von der Krone gefördert, deren

Anforderungen von Zeit zu Zeit variieren konnten. [503] Die Pächter der Krone auf der einen Seite dieser schwankenden Linie wurden als *Barones Majores bezeichnet* , diejenigen auf der anderen Seite als *Barones Minores* . Die Unterscheidung war bereits zu Zeiten Heinrichs II. anerkannt worden; [504] Aber Magna Carta trug dazu bei, es zu stereotypisieren, und trug zu der wachsenden Tendenz bei, das Wort „Baron" auf die größeren Männer zu beschränken. [505] Es ist unwahrscheinlich, dass ein „kleiner Baron", der der allgemeinen Vorladung gehorchte, die gleiche Autorität genießen würde wie die einzeln per Schreiben eingeladenen Magnaten; und es ist schwer zu sagen, ob er sicher war, willkommen zu sein, und wenn ja, in welcher Eigenschaft. Zu der Stellung der „kleinen Barone" im Gemeinsamen Rat wurden zumindest drei unterschiedliche Theorien aufgestellt. (1) Die für alle belastende Anwesenheitspflicht war für die ärmeren Kronpächter besonders belastend. Es wurde daher vermutet, dass die Einladung durch eine allgemeine Vorladung als Hinweis darauf gedacht war, dass sie nicht zu kommen brauchten. Dies ist die Ansicht von Prof. Medley. [506]

(2) Dr. Hannis Taylor vertritt eine genau entgegengesetzte Meinung und liest dieses Kapitel als Ergebnis des Wunsches, die umfassendere Teilnahme der kleineren Männer sicherzustellen – als einen Versuch, „die geringeren Barone zur Ausübung von Rechten zu bewegen, die praktisch nicht mehr vorhanden waren." in die Verzweiflung." [507] Jeder der *Barones Minores* wurde somit ermutigt, für sich und seine eigenen Interessen teilzunehmen. Wenn ein solcher Versuch tatsächlich unternommen worden wäre und es ihm gelungen wäre, einen großen Teil derer zur Teilnahme zu bewegen, die zuvor ihr Recht, sich der Bürde zu entziehen, fast in Anspruch genommen hatten, wäre das Ergebnis gewesen, dass überhaupt kein Raum mehr für die zukünftige Einführung von gelassen worden wäre das repräsentative Prinzip in den Nationalrat.

(3) Eine dritte Theorie stimmt zwar darin überein, dass diejenigen, die per Generalbescheid vorgeladen wurden, dazu bestimmt waren, der Vorladung zu gehorchen, geht jedoch davon aus, dass die kleineren Pächter der Krone nicht ausschließlich jeder für sich selbst, sondern in repräsentativer Funktion aufgerufen wurden. Es wird daher vermutet, dass von einigen Rittern (wahrscheinlich von ihren Kameraden zu diesem Zweck gewählt) erwartet wurde, dass sie anwesend waren, um die anderen zu vertreten. Dr. Stubbs scheint dieser Meinung zuzustimmen, obwohl er sich mit der üblichen Vorsicht äußert. [508]

Die Gründe für die Ablehnung dieser dritten Theorie lassen sich bequemer im Zusammenhang mit der Repräsentationslehre diskutieren. Es ist vielleicht unnötig, sich zwischen den beiden anderen zu entscheiden; Aber selbst auf die Gefahr hin, den Eindruck zu erwecken, eine vierte Theorie in einer ohnehin schon zu zahlreichen Reihe zu erfinden, könnte man doch vermuten, dass es den großen Männern, die die Klausel formulierten, völlig gleichgültig gewesen sein muss, ob ihre bescheideneren Mitmieter anwesend waren oder nicht blieb weg. Die allgemeine Aufforderung brachte weder einen dringenden Wunsch nach ihrer Anwesenheit zum Ausdruck, noch deutete sie an, dass sie nicht erwünscht seien; sondern entsprach lediglich dem gängigen Brauch und überließ jedem „kleinen Baron" die Entscheidung, ob er kommen oder fernbleiben sollte. Seine Anwesenheit würde die Beratungen der Magnaten kaum beeinflussen.

IV. *Darstellung.* Es ist gut zu zögern, bevor man auf antike Institutionen ein im Grunde modernes Wort wie „Repräsentation" anwendet. In gewisser Weise „vertraten" der Vogt und die vier besten Männer jedes Dorfs schon in jungen Jahren ihre Kameraden im Bezirksgericht; und in einem etwas anderen Sinne „vertrat" der Feudalherr seine freien Pächter und Gutsbesitzer am Hofe des Königs, aber in keinem Fall gab es irgendetwas, das auch nur annähernd die sehr eindeutige Beziehung darstellte, die heute zwischen dem gewählten Parlamentsmitglied und seinen Wählern besteht "repräsentiert." Es ist wahr, dass der Unterschied in mancher Hinsicht eher gradueller als rein artbedingter Natur sein kann, und es ist weiterhin wahr, dass zwei Jahre vor dem Datum der Magna Carta ein vorläufiges Experiment in der Richtung versucht wurde, Vertreter der Landkreise in die Magna Carta einzuführen Königsrat und vollzog damit den ersten Schritt in einem langen Prozess, der letztendlich ohne absolute Kontinuitätsverletzung zum modernen Parlament führen sollte. Aber die Barone zeigten im Juni 1215 keine Lust, dem Beispiel von John im November 1213 zu folgen. Die Bedingungen, in denen die Magna Carta anordnet, dass alle minderjährigen Barone einberufen werden sollten, sind explizit und können gewinnbringend mit den in der Magna Carta verwendeten Worten kontrastiert werden das Schreiben vom 7. November 1213, das an den Sheriff von Oxford gerichtet war und ihm befahl, zusätzlich zu den bereits einberufenen Baronen und Rittern (vermutlich Barones *Minores*) die Anwesenheit von *quatuor discretos homines de comitatu tuo* (vermutlich andere als Crown) zu erzwingen Mieter). [509]

Weit entfernt, dass die Worte der Magna Carta den Wunsch erkennen lassen, diesen Präzedenzfall zu bestätigen, zeigen sie vielmehr die bewusste Absicht, ihn zu ignorieren und auf die ältere Praxis zurückzugreifen. Die Mitglieder der Versammlung, die laut Magna Carta zur „gemeinsamen Zustimmung" einberufen werden sollte, gehörten alle demselben Typus an und stammten aus demselben Teil der landbesitzenden Aristokratie, nämlich den militärischen Oberpächtern der Krone . Die Barone, große und kleine, konnten anwesend sein, jeder für sich; aber die anderen steuerzahlenden Klassen wurden völlig ignoriert. [510] Sie waren weder anwesend noch vertreten. Die Barone zeichneten sich hier, wie auch in anderen Angelegenheiten, durch die alte Feudalordnung aus, unter der sie ein weitgehendes Maß an Unabhängigkeit von der Kontrolle der Krone bewahrt hatten; wohingegen König Johann aus egoistischen Gründen die aufgeklärtere Politik seines Vaters übernahm und sogar, vielleicht unbewusst, einige Maßnahmen seines Enkels Edward Plantagenet vorwegnahm. Kurz gesagt, John war fortschrittlich, während seine Gegner konservativ waren. Das vorliegende Kapitel muss der nicht unerheblichen Liste derjenigen hinzugefügt werden, die versuchten, eine feudale Reaktion herbeizuführen. [511]

V. *Befugnisse und Funktionen des Rates.* Erst lange nach den Tagen der Magna Carta sicherte sich das Parlament die wichtigsten Funktionen, die es heute für seine Existenz als wesentlich erachtet. Die Große Charta erhob im Namen des *Commune Concilium keinen Anspruch* auf das Recht, bei der Ausarbeitung von Gesetzen oder bei der Erfüllung administrativer oder gerichtlicher Aufgaben durch die Krone konsultiert zu werden. Es wurden keine Anstrengungen unternommen, eine Doktrin der ministeriellen Verantwortung zu formulieren. Dieser Versammlung, deren Zusammensetzung eng und aristokratisch war, wurde durch die Magna Charta nur ein Recht zugesichert: eine begrenzte Kontrolle über eine Steuerform. Auch hier wurde, wie wir gesehen haben, kein allgemeiner oder pauschaler Anspruch in ihrem Namen geltend gemacht. Es hatte kein Recht auf eine Kontrolle über die Staatskasse: Die Barone beschränkten sich auf die selbstsüchtige Geltendmachung des Rechts, ihre eigenen individuellen Taschen vor einer Zunahme feudaler Belastungen zu schützen. Eine moderne Magna Carta hätte eine sorgfältige Liste der Befugnisse und Privilegien des „gemeinsamen Rates des Reiches" enthalten und dieser Liste einen herausragenden Ehrenplatz eingeräumt. [512]

VI. *Rechte von Mehrheiten und Minderheiten.* Die mittelalterliche Konzeption der Verfassungssolidarität war mangelhaft; Der Rat des Königs verhielt sich zu sehr wie eine zufällige Zusammenkunft unabhängiger Individuen und zu wenig wie ein anerkanntes Organ der Staatsgewalt. Jeder „Baron" wurde in seinem eigenen Namen vorgeladen, damit er einer vorgeschlagenen Abgabe seine individuelle Zustimmung geben konnte; während es zweifelhaft ist, inwieweit eine abweichende Minderheit an eine Entscheidung der übrigen gebunden sein könnte. Dementsprechend hielten es die Verfasser der Magna Carta für notwendig, zu behaupten, was für moderne Politiker zu offensichtlich wäre, als dass es einer Behauptung bedürfte – nämlich, dass bei ordnungsgemäßer Einberufung des *Commune Concilium* seine Befugnis zur Geschäftsabwicklung nicht beeinträchtigt werden sollte, weil ein Teil von die Vorgeladenen entschieden sich, fernzubleiben. „Das Geschäft soll am festgesetzten Tag gemäß dem Rat der Anwesenden fortgesetzt werden, auch wenn nicht alle Geladenen kommen." Allerdings waren nicht alle Unternehmen zuständig, denn der Grund der Vorladung musste in den

Schriftstücken erwähnt werden. Wenn diese Verfügungen in Ordnung waren, hatte der Rat, so können wir annehmen, die Macht, denjenigen, die abwesend waren, Beihilfen oder Schutzgelder aufzuerlegen. [513]

Es wird jedoch nichts über die Berechtigung eines Protestes derjenigen gesagt, die kamen und ihre Missbilligung darüber zum Ausdruck brachten, was die Mehrheit vereinbart hatte. Da der Inhalt dieses Kapitels in der Praxis beobachtet wurde (obwohl er in späteren Bestätigungen weggelassen wurde), kann vielleicht ein Präzedenzfall aus dem Jahr 1221 angeführt werden, um die Interpretation zu veranschaulichen, die ihm von der zeitgenössischen Praxis verliehen wird. Ein von William Marshal als Regent Heinrichs III. einberufener Rat hatte einer Scutage-Erhebung zugestimmt, und der Bischof von Winchester wurde mit 159 Mark als fälliger Betrag für seine Ritterhonorare veranschlagt. Er weigerte sich, die Zahlung zu leisten, mit der nach modernen Maßstäben völlig unhaltbaren Begründung, dass er von Anfang an mit dem Zuschuss nicht einverstanden gewesen sei. Die Tatsache seines Protests wurde von Hubert de Burgh und anderen, die beim Rat anwesend waren, bestätigt. Der Regent nahm den Antrag tatsächlich an, und die Staatskasse entschied, dass Bischof Peter von der Zahlung ausgeschlossen sei. [514] Der Vorfall zeigt, wie weit die damaligen Staatsmänner von der Verwirklichung der elementarsten Prinzipien der politischen Theorie entfernt waren. Sie hatten das Konzept eines Rates, der mit der verfassungsmäßigen Befugnis ausgestattet war, einer abweichenden Minderheit seinen Willen aufzuzwingen, noch nicht begriffen. Hier handelte es sich offenbar um eine Minderheit.

Indem die Barone 1217 einer Rückkehr zu den unter Heinrich II. üblichen festen Scutage-Sätzen zustimmten, opferten sie absichtlich das Recht auf Kontrolle über die Finanzen der Nation, das sie 1215 möglicherweise erlangt hatten. Tatsächlich zu keinem Zeitpunkt , zeigten sie Verständnis für die lebenswichtige Natur der verfassungsrechtlichen Fragen, um die es geht? Die Bedeutung des Gemeinderates und die Notwendigkeit, seine Zusammensetzung, Funktionen und Privilegien festzulegen, lagen völlig außerhalb ihres engen Sichtbereichs.

Es sollte jedoch daran erinnert werden, dass der Inhalt dieses Kapitels von Johns Charta (obwohl er in späteren Neuauflagen verworfen wurde) in der Praxis von der Krone praktisch eingehalten und von den Baronen als in Kraft gesetzt angesehen wurde. Von diesem Zeitpunkt an wurde der Gemeinsame Rat fast ausnahmslos konsultiert, bevor die Krone versuchte, solche Beiträge zu erheben; und war manchmal mutig genug, Bedingungen zu stellen oder die Zahlung ganz abzulehnen . Dies war der erste dokumentierte Fall einer völligen Ablehnung, die im Januar 1242 in einem Parlament in London stattfand. [515]

Wenn Matthew Paris sich nicht geirrt hat, waren die Barone im Oktober 1255 der Ansicht, dass die Bestimmungen der Kapitel 12 und 14 der Magna Carta des Johannes noch in Kraft seien, obwohl sie in den Neuauflagen Heinrichs III. weggelassen worden seien. Als der König um großzügige Hilfe zur Förderung seines Plans, die Krone von Sizilien für seinen Sohn Edmund zu sichern, bat, lehnten die Anwesenden im Rat dies absichtlich ab, mit der Begründung, dass einige ihrer Standesgenossen nicht „gemäß dem Tenor von Magna" einberufen worden seien Karte." Dieser Vorfall verdeutlicht die extreme verfassungsrechtliche Bedeutung, die die Barone zu Recht der strikten Einhaltung der etablierten Sitten durch die Krone bei der Einberufung des Parlaments beimessen. [516]

498 . Zum gesamten Thema des *Commune Concilium* vgl. *oben* 151-4 und auch 173-4.

499 . *Beispielsweise erklärt* Sir William R. Anson, *Law and Custom of the Constitution* , I. 14, nachdrücklich, dass einer der beiden Grundprinzipien der gesamten Charta darin besteht, „dass die Vertretung eine Vorbedingung für die Besteuerung ist".

500 . Dies wird durch einen Vergleich der im Text verwendeten Wörter mit den Formulierungen veranschaulicht, in denen Henry und seine Söhne „die gemeinsame Zustimmung" zu wichtigen Verordnungen und Urkunden zum Ausdruck brachten: z. B. (a) *das* Assize *von* Clarendon im Jahr 1166 (*Select Charters* , 143). Bären sollen von Heinrich II. geweiht worden sein. „ *de consilio omnium baronum suorum* "; (*b*) In der Charta des Johannes, in der er 1213 sein Königreich an Innozenz übergab, heißt es, er habe „ *communic consilio baronum nostrorum* " gehandelt (*Select Charters* , 285); (*c*) Matthew Paris veranlasst Earl Richard, sich bei seinem Bruder Heinrich III. zu beschweren. im Jahr 1255, dass das apulische Geschäft am „ *sine consilio suo et assensu barnagii* " eingetragen worden sei (*Chron. Maj.* V. 520).

501 . Siehe Ramsay, *Angevin Empire* , S. 54 und dort zitierte Behörden.

502 . Siehe LO Pike, *House of Lords* , 92: „Es gibt keine Spur eines Wunsches seitens der Barone, vor der Herrschaft von John als Privileg und Ehre in den großen Rat des Königs berufen zu werden." Vgl. auch *Bericht über die Würde eines Peers* , I. 389.

503 . Siehe Prof. Medley, *Engl. Konst. Hist.* , 123.

504 . Siehe *Dialogus de Scaccario* , II. X. D., „ *Baronias Scilicet Majores seu Minores* ".

505 . Vgl. *oben* , c. 2.

506 . *Engl. Konst. Hist.* , 123. „Die kleineren Obermieter würden die Generalaufforderung dankenswerterweise als eine Andeutung auffassen, fernzubleiben."

507 . *Engl. Konst.* , I. 466.

508 . Siehe *Konst. Hist.* , I. 666. „Ob der vierzehnte Artikel der Großen Charta eine Vertretung der minderjährigen Oberpächter durch eine vom Bezirksgericht gewählte Ritterschaft vorsehen sollte oder nicht" usw.

509 . Vgl. *oben* , S. 36 . Das Schreiben erscheint im *Rot. Claus* , I. 165, und auch in *Sel. Charters* , 287. Vgl. *New Rymer* , I. 117.

510 . Vgl. *oben* , c. 12.

511 . Vgl. Anson, *Law and Custom* , I. 44. „Die Bestimmungen von 1215 beschrieben eine Versammlung einer Art, die bereits verging." Vgl. was über reaktionäre Tendenzen im Zusammenhang mit CC gesagt wird. 37 und 39.

512 . Vgl. *Report on Dignity of a Peer* , I. 63, wo es als „bemerkenswert" erwähnt wird, dass kein Artikel der Charta auf die frühere Existenz einer Versammlung Bezug nimmt, die zu allgemeinen Zwecken der Gesetzgebung einberufen wurde; Die Charta enthält auch keine Bestimmung für die Einberufung einer solchen Versammlung in der Zukunft oder eine Bestimmung, die die Existenz eines Vertretungssystems im Sinne der allgemeinen Gesetzgebung gesetzlich vorgibt."

513 . Vgl. Stubbs, *Const. Hist.* , I. 607: „Abwesenheit setzt bei solchen Gelegenheiten ebenso wie Schweigen Zustimmung voraus."

514 . Siehe *Pfeifenrolle* von 5 Heinrich III., zitiert nach Madox, I. 675.

515 . Siehe Prothero, *Simon de Montfort* , 67, und die dort genannten Autoritäten.

516 . Siehe M. Paris, *Chron. Maj.* , V. 520. Seine Worte sind: „ *Et responsum fuit quod omnes tunc temporis non fuerunt juxta tenorem magnae cartae suae vocati, et ideo sine paribus suis tunc attendibus nullum voluerunt tunc responsum dare* ." Matthew hat seine Geschichte jedoch wahrscheinlich in der Erzählung verbessert, indem er Lokalkolorit aus der einzigen ihm bekannten Version der Charta hinzugefügt hat – nämlich der falschen Kopie, die er in seine eigene Geschichte aufgenommen hatte. Er wusste offensichtlich nichts über die wesentlichen Unterschiede zwischen den Urkunden von John und Henry. Die Barone im Jahr 1255 mögen ebenso unwissend gewesen sein oder auch nicht.

KAPITEL FÜNFZEHN.

Wir sind uns nicht einig, dass wir das auxilium de liberis hominibus suis, den Corpus suum redimendum und das faciendum primogenitum filium suum militem haben, und ad primogenitam filiam suam semel maritandam, und es ist kein fiat nisi racionabile auxilium.

Wir werden für die Zukunft niemandem die Erlaubnis erteilen, Hilfe von seinen eigenen freien Pächtern anzunehmen, außer um seinen Körper freizukaufen, seinen ältesten Sohn zum Ritter zu machen und einmal seine älteste Tochter zu heiraten; und in jedem dieser Fälle wird nur eine angemessene Beihilfe erhoben.

Dieses Kapitel gewährt den Pächtern von Mesne-Lords einen ähnlichen Schutz wie bereits den Pächtern der Krone: Geldbeträge dürfen von ihren Lords nicht mehr willkürlich von ihnen erpresst werden. [517] Hier mussten jedoch andere Mechanismen angewendet werden, da das in Kapitel 12 angeführte Hilfsmittel („die allgemeine Zustimmung des Reiches") eindeutig nicht anwendbar war.

I. *Unterschiede zwischen Ober- und Untermietern.* Den Pächtern der Mesne-Lords ging es in mancher Hinsicht besser als den Pächtern des Königs, [518] in anderer Hinsicht war ihre Lage jedoch deutlich schlechter. Sie mussten nicht nur die Forderungen ihres eigenen Herrn nach „Hilfen" befriedigen, sondern sie stellten im Allgemeinen auch fest, dass ein Teil jeder Last, die der König diesem Herrn auf die Schultern legte, auf ihre Schultern übertragen wurde. Bei dem Versuch, den Untermietern den Schutz zu bieten, den sie so dringend brauchten, wandte sich Magna Carta nicht an den Gemeinderat, sondern an den König. Kein Mesne-Lord durfte seine Pächter dazu zwingen, für seinen Lebensunterhalt beizutragen, ohne eine schriftliche Genehmigung der Krone einzuholen; und strenge Regeln untersagten die Ausstellung solcher Lizenzen, außer bei den üblichen drei Gelegenheiten. Vergleichen Sie dieses Verfahren mit dem, das die Mieter der Krone betraf.

(1) Während in Kapitel 12 von „Hilfsmitteln und Scutagen" gesprochen wurde, ist hier nur von „Hilfsmitteln" die Rede. Das Versäumnis lässt sich leicht erklären: Ein Mesne-Lord in England hatte kein Recht auf Privatkrieg und war logischerweise daran gehindert, aus eigener Initiative Belagerungen zu fordern. Er konnte tatsächlich einen Teil der Beute, die die Krone ihm genommen hatte, seinen Grundbesitzern zuteilen; Aber die großen Barone, die die Charta verfassten, hatten nicht die Absicht, auf ein so gerechtfertigtes Recht zu verzichten. Die Beschränkung dieser Klausel auf „Hilfsmittel" war daher beabsichtigt.

(2) Es wäre absurd gewesen, für jede von den Grundbesitzern eines Herrenhauses gezahlte Beihilfe „den gemeinsamen Rat des Reiches" zu verlangen. Das embryonale Parlament hatte keine Zeit für kleinliche lokale Angelegenheiten; und das vorliegende Kapitel macht keinen solchen Vorschlag. Es musste jedoch ein Ersatz gefunden werden. Ein natürlicher Ausweg wäre gewesen, den Mesne-Lord, der eine Beihilfe wünschte, zu zwingen, „die gemeinsame Zustimmung" der Eigentümer seines Herrenhauses einzuholen , die zu diesem Zweck in ihrem Hofbaron, wie in einem örtlichen Parlament, versammelt waren. Dieser Kurs wurde manchmal befolgt. Henry Tracey zum Beispiel berief im Jahr 1235 (obwohl mit einem königlichen Erlass bewaffnet) seine Devonshire-Ritter zusammen und holte deren kollektive Zustimmung zu einer Unterstützung von 20 Schilling ein. pro Honorar anlässlich der Hochzeit seiner Tochter. [519] Allerdings wurde den Mesne-Lords durch die Magna Carta keine solche Verpflichtung auferlegt, da sie in einer ganz anderen Richtung nach einem praktischen Ersatz für „die gemeinsame Zustimmung des Reiches" gesucht hatte, wie gleich erklärt wird.

(3) Eine Kontrolle solcher Forderungen wurde nicht durch eine Klage des Hofbarons angestrebt, sondern durch das Bedürfnis des Mesne-Lords nach einer königlichen Lizenz. Die Notwendigkeit hierfür mag zunächst eher praktischer als rechtlicher Natur gewesen sein; denn die Exekutivgewalt lag allein bei den Beamten der Krone, und der Sheriff leistete seine Dienste nur auf Befehl des Königs. [520] Die Krone übte somit praktisch ein Vetorecht über alle von Mesne-Lords in Anspruch genommenen Hilfen aus. Ein solches Recht, gewissenhaft genutzt, hätte ihrer Raubgier wirksam Einhalt geboten. John nutzte es jedoch ausschließlich zu seinem eigenen Vorteil und verkaufte Urkunden an jeden bedürftigen Lord, der vorschlug, sich (und nebenbei auch die Krone) auf Kosten seiner Pächter zu bereichern.

Magna Carta verbot den beiden Tyrannen, sich auf diese Weise gegen die Untermieter zu verbünden, und formulierte damit eine strenge Regel, die bei ordnungsgemäßer Einhaltung den Missstand an der Wurzel gepackt hätte. Das gesamte Thema der Beihilfen wurde aus dem Bereich der königlichen Willkür in den Bereich des festen Rechts verlagert. Außer in den drei bekannten Fällen konnte kein Gerichtsbescheid rechtmäßig erlassen werden.

II. *Der Einfluss der Magna Carta auf die spätere Praxis.* Dieses Kapitel wurde zusammen mit den Kapiteln 12 und 14 von Heinrich III. verworfen; und zwischen den Praktiken, die vor und nach 1215 vorherrschten, lassen sich, wenn überhaupt, nur geringe Unterschiede feststellen. Nur in einem Punkt wurden die Anforderungen der Magna Carta des Johannes beachtet, nämlich hinsichtlich der Notwendigkeit, eine königliche Lizenz zu erhalten. Nach diesem Datum baten die Herren von Mesne, was auch immer der Grund dafür gewesen sein mag, ausnahmslos um Hilfe bei der Krone, um ihre

Hilfen einzusammeln. Sie konnten ihre Anteilseigner nur durch den Sheriff rechtlich pfänden, und dies war zumindest teilweise eine Folge der Magna Carta. [521]

Heinrich III. missachtete jedoch völlig die Regelung, die die Genehmigung außergewöhnlicher Hilfen verbot. Wie seine Vorfahren war er bereit, Urteile unter fast jedem plausiblen Vorwand zu erlassen. Aus den *Patent-* und *Close Rolls* sowie aus anderen Quellen lassen sich leicht Abbildungen der früheren und späteren Praxis der Krone zusammentragen.

(1) *Scutages.* Im Jahr 1217 erteilte Heinrich beispielsweise allen Pächtern der Krone, die persönlich gedient hatten, die Erlaubnis, Scutage von ihren Rittern zu kassieren. [522]

(2) *Gewöhnliche Hilfsmittel.* (*a*) John genehmigte im Jahr 1204 die Erhebung einer „wirksamen Hilfe" von den Rittern und Grundbesitzern des Constable of Chester für das Lösegeld ihres Herrn. [523] (*b*) Ein königlicher Erlass aus dem Jahr 1235 erlaubte Henry Tracey, wie bereits erwähnt, eine Beihilfe für die Heirat seiner ältesten Tochter.

(3) *Sonderhilfen.* (*a*) Als der Abt von Peterborough im Jahr 1206 eine *Geldstrafe* von sechzig Mark verhängte, erlaubte John ihm, seine Untermieter für Beiträge zu pfänden. [524] (*b*) Ein Erbe, der *Abfindung zahlt* , könnte die Verpflichtung ebenfalls auf seine Anteilseigner übertragen. [525] (*c*) *Die Schulden* des Herrn wurden häufig von seinen Pächtern bezahlt. Die Berichte zur Untersuchung von 1170 enthalten Einzelheiten zu den „Beträgen, die individuell von etwa vierzig Bürgern von Castle Rising zur Tilgung der Hypotheken ihres Herrn, des Earl of Arundel, gegeben wurden, der eindeutig in den Händen der Juden war"; [526] Im Jahr 1234 erhielten der Earl of Oxford und der Prior von Lewes jeweils ein Briefpatent, in dem sie ihre Pächter beschlagnahmten, um zur Begleichung ihrer Schulden beizutragen. [527] Es liegen somit genügend Beweise dafür vor, dass Heinrich III. nutzte die Auslassung dieses Teils der Versprechen seines Vaters in seinen eigenen Statuten voll aus. Er stellte die Berechtigung von Anträgen auf solche Urkunden nicht allzu sehr in Frage, sofern gute Gebühren pünktlich gezahlt wurden. Seine Briefe aus den ersten Jahren seiner Herrschaft genehmigten die Inanspruchnahme einer „angemessenen" Hilfe, ohne einen Hinweis darauf zu geben, wie diese festgelegt werden könnte. Dies wird durch das von Henry Tracey im Jahr 1235 angewandte Verfahren veranschaulicht, der offenbar mit seinen versammelten Rittern von Devonshire über den zu zahlenden Betrag als „angemessen" debattierte und schließlich 20 Shilling akzeptierte. pro Gebühr. [528] Es ist jedoch interessant festzustellen, dass derselbe Mesne-Lord zwölf Jahre später eine Verfügung erhielt, in der er den Sheriff von Somerset aufforderte, ihm dabei zu helfen, „das Scutage der

Gascogne" zu einem bestimmten Satz, nämlich 40 Shilling, einzusammeln. pro Gebühr. [529]

Im ersten Statut von Westminster wurde praktisch auf die Regel von 1215 zurückgegriffen, denn seine Bestimmungen implizieren, dass Hilfen nur bei den drei bekannten Gelegenheiten in Anspruch genommen werden durften. Die vage Aussage, dass diese in ihrer Höhe angemessen sein sollten, wird durch die Festlegung eines festen Satzes ersetzt, nämlich 40 Shilling oder das Doppelte dessen, was in einem früheren Zeitraum üblich war. Allerdings könnte sich auch bei dieser Steigerung die Festlegung der Höhe und Zeitpunkte der Zahlung gelohnt haben.

517 . Das Kapitel ist daher einerseits eine notwendige Ergänzung des cc. 12 und 14, während es sich andererseits lediglich um eine besondere Anwendung des in c. formulierten allgemeinen Grundsatzes handelt. 60, das alle Vorteile, die Crown-Mietern durch frühere Kapitel zugesichert wurden, auf Untermieter ausdehnte.

518 . Die ihnen zustehenden Befreiungen werden unter c. erläutert. 43.

519 . Siehe Bracton's *Notebook* , Fall 1146, zitiert von Pollock und Maitland, I. 331.

520 . Theoretisch war zumindest in der Regierungszeit Heinrichs II. im Normalfall *kein königlicher Erlass erforderlich*. Siehe *Dialogus* , II. viii. und der Kommentar des Herausgebers (S. 191): „Normalerweise gab die Erhebung von Geldern unter irgendeinem Vorwand von einem Grundbesitzer das Recht, eine ähnliche Abgabe von seinen Unterpächtern zu erheben." Hinsichtlich *der Scutage* wurde ein Unterschied festgestellt. Der Vermieter, der tatsächlich die Miete gezahlt hat, könnte diese ohne Lizenz von seinen Untermietern einziehen; aber wenn er persönlich diente, konnte er seine Ausgaben nur durch königliche Verfügung zurückerhalten. Siehe *ebenda.* , und vgl. Madox, I. 675. Es ist jedoch notwendig, eine Verwechslung zwischen zwei Arten von Schriftsätzen zu vermeiden, (*a*) denen, die lediglich Beiträge autorisierten, ʒ . B. *de scutagio habendo* ; (*b*) das, was dem Sheriff befahl, seine aktive Hilfe zu leisten.

521 . Vgl. Pollock und Maitland, I. 331: „Die aus der Charta gestrichene Klausel scheint praktisch das Gesetz festgelegt zu haben."

522 . *Close Rolls* , I. 306, zitiert Pollock und Maitland, I. 331.

523 . *Patent Rolls* , 5 John, zitiert Madox. I. 615.

524 . *Close Rolls* , 7 John, zitiert Madox, I. 616.

525 . Siehe Glanvill, IX. 8.

526 . Siehe Round, *Commune of London* , 130.

527 . Siehe Madox, I. 617, unter Berufung auf *Patent Rolls* , 18 Henry III. Verschiedene andere Beispiele werden von Pollock und Maitland, I. 331, angeführt, z. B. „der Graf von Salisbury, um es ihm zu ermöglichen, sein Land zu bestücken.“

528 . *Supra* , S. 303, und vgl. Pollock und Maitland, I. 331.

529 . Siehe Madox, I. 677.

KAPITEL SECHZEHN.

Nullus distringatur ad faciendum majus servicium de feodo militis, nec de alio libero tenemento, quam inde debetur.

> Niemand darf gezwungen werden, für ein Ritterhonorar oder eine andere kostenlose Pacht größere Dienste zu leisten, als ihm dadurch zustehen.

Für Militärpächter war der Übergang von der Unterbringung zum Dienst eine natürliche Sache; denn es reichte nicht aus, sich vor Gelderpressungen zu schützen, wenn sie dennoch willkürlichen Naturalerpressungen ausgesetzt waren. John erklärte daher, dass kein Grundeigentümer gezwungen werden dürfe, für sein Land mehr Dienste zu leisten, als er gesetzlich verpflichtet sei. Allerdings könnte es zu Streitigkeiten darüber kommen, welcher Leistungsumfang in jedem einzelnen Fall tatsächlich geschuldet wurde, und Magna Carta hat nichts unternommen, um solche Unklarheiten zu beseitigen. Die Definitionsschwierigkeiten waren in der Tat enorm, da die Dauer und die Bedingungen des Dienstes aufgrund besonderer Befreiungen oder besonderer Belastungen, die in Eigentumsurkunden aufgeführt waren oder auf uraltem Brauch beruhten, sogar zwischen Ritterpächtern stark variieren konnten. Die Barone wären nicht bereit, sich auf eine so komplizierte und mühsame Aufgabe einzulassen, da sie befürchteten, dass die Einführung solcher Komplikationen mehr schaden als nützen könnte. Die Notwendigkeit einer genauen Definition ist ihnen möglicherweise nie in den Sinn gekommen: Der Hauptgrund ihrer Beschwerde war ihnen so deutlich vor Augen, dass sie die Möglichkeit eines Fehlers nicht anerkannten. Die militärischen Kronpächter hatten häufig Einwände dagegen erhoben, im Ausland zu dienen, insbesondere während Johns Feldzügen in Poitou, die eine lange, kostspielige Reise in eine Region erforderten, in der sie nichts auf dem Spiel hatten. [530] Sie sahen sich rechtlich nicht verpflichtet, Expeditionen in solche Teile des Anjou-Reiches zu unternehmen, die nicht den normannischen Königen gehörten, als ihre Vorfahren ihre Lehen erhielten. Sie zu zwingen, Feldzüge nach Südfrankreich zu unternehmen, oder ihnen hohe Geldstrafen aufzuerlegen, weil sie zu Hause blieben, hieße ihrer Meinung nach, sie ad faciendum *majus servicium de feodo militis quam inde debetur zu beschlagnahmen* . Als sie diese Worte in die Charta einfügten, betrachteten sie sie zweifellos auf jeden Fall als ein absolutes Verbot des Zwangsdienstes in Poitou. [531] Die Klausel war jedoch weit genug gefasst, um viele kleinere Beschwerden im Zusammenhang mit dem Dienst abzudecken. Die Barone beschränkten ihre Bestimmungen nicht einmal auf den Militärdienst, sondern weiteten sie auf andere Formen des Grundbesitzes („ *nec de alio libero tenemento* ") aus. Kein Grundeigentümer, sei es als Socage, Serjeanty oder Frankalmoin, könnte in Zukunft gezwungen werden, Dienstleistungen zu erbringen, die nicht gesetzlich geschuldet sind.

Wenn die Barone glaubten, sie hätten damit die heiklen Fragen im Zusammenhang mit dem Auslandsdienst geklärt, täuschten sie sich. Obwohl dieses Kapitel (im Gegensatz zu denen, die sich mit Scutage befassen), in allen nachfolgenden Bestätigungen in vollem Umfang in Kraft blieb, konnte es Streitigkeiten keineswegs verhindern. Doch die Streitparteien in künftigen Regierungszeiten besetzten etwas anderes Terrain. Von der Zeit Wilhelms I. bis zu der Zeit Charles II., als das Feudalsystem abgeschafft wurde, kam es häufig zu Streitigkeiten, von denen der berühmteste im Jahr 1297 in Edwards unziemlichem Streit mit den Grafen von Norfolk und Hereford gipfelte, deren Aufgabe es war, die königliche Familie zu führen Armee als erblicher Constable bzw. Marschall, der sich jedoch rundweg weigerte, sich in die Gascogne einzuschiffen, es sei denn, er war in Begleitung des Königs. [532]

[533] wurde gezeigt, wie sich die Pflichten eines Militärpächters auf natürliche Weise in drei Gruppen (Dienste, Vorfälle und Hilfen) aufteilten, während eine vierte Gruppe (Scutages) hinzugefügt wurde, als die Krone das Mittel des Pendelns eingeführt hatte Militärdienst für den Gegenwert in Geld.

Auch feudale Missstände können in vier entsprechende Gruppen eingeteilt werden, die jeweils durch Sonderklauseln der Magna Carta behoben werden: Missbrauch von *Hilfsmitteln* in den Kapiteln 12, 14 und 15; Missbrauch der feudalen *Vorfälle* , durch Kapitel 2 bis 8; Missbrauch von *Scutage* , in den Kapiteln 12 und 14; und Dienstmissbrauch , durch das vorliegende Kapitel, das damit die lange Liste von Bestimmungen vervollständigt, *die* zum Schutz der Mieter vor ihren Feudalherren dienen sollen.

---

530 . Siehe die *oben zitierten Behörden* , S. 85, nn. Ich und 2.

531 . In der sogenannten „unbekannten Charta der Freiheiten" (siehe Anhang) räumt John seinen Männern „ *ne eant in exercitu extra Angliam nisi in Normanniam et in Brittaniam* " ein, einen nicht unfairen Kompromiss, der möglicherweise den Sinn der Gegenwart widerspiegelt Das Kapitel wurde von den Baronen interpretiert.

532 . Walter von Hemingburgh, II. 121. Vgl. zum gesamten Thema der Auslandsdienstleistungen *oben* , 154.

533 . *Supra* , 72–86.

KAPITEL SIEBZEHN.

Communia placita non sequantur curiam nostram sed teneantur in aliquo loco certo.

Gemeinsame Klagen sollen nicht unserem Gericht folgen, sondern an einem festen Ort stattfinden.

Hier wurde versucht, die königliche Justiz billiger und zugänglicher zu machen. Rechtsstreitigkeiten, an denen die Krone kein besonderes Interesse hatte, sollten an einem festen, im Voraus festgelegten Ort abgehalten werden und durften nicht mehr dem König folgen, wenn er von Ort zu Ort zog. Das volle Ausmaß des Segens, den diese Reform mit sich brachte, lässt sich besser erkennen, wenn man sich kurz mit der von Heinrich II. gewählten Methode der Rechtsprechung befasst. und seine Söhne.

I. *Die Curia Regis als Gericht.* Das beklagte Übel war typisch für das Mittelalter und entstand aus der Tatsache, dass alle Regierungsabteilungen ursprünglich beim König und seinem Haushalt, der *Curia Regis* , angesiedelt waren, die königliche und nationale Geschäfte aller Art erledigte. Diese *Curia Regis* vereinte in der Tat die Funktionen des modernen Kabinetts, der Verwaltungsabteilungen (wie des Innenministeriums, des Auswärtigen Amtes und der Admiralität) und der verschiedenen Gerichtshöfe. Es war *unter anderem die Muttergesellschaft* des Gerichts von St. James und der Gerichte von Westminster. Die Tatsache, dass einer kleinen Gruppe hart arbeitender Beamter so viele und vielfältige Pflichten aufgebürdet wurden, hatte zur Folge, dass es zu einer Überlastung der Geschäftstätigkeit kam. Außerhalb des königlichen Haushalts konnte nichts unternommen werden, und dieser blieb nie lange an einem Ort. Alles war auf einen Punkt konzentriert, aber auf einen Punkt, der ständig in Bewegung war. Wohin der König auch ging, dorthin ging auch die *Curia Regis* mit all ihren Abteilungen. Die gesamte Maschinerie der königlichen Justiz folgte Heinrich II., als er, manchmal aus dem Impuls des Augenblicks, von einem seiner Lieblingsjagdsitze zum anderen wechselte. Menschenmassen drängten sich ihm auf den Fersen nach, da es schwierig war, anderswo wichtige Geschäfte zu erledigen.

Dies führte zu unerträglichen Verzögerungen, Ärger und Kosten für die Prozessparteien, die ihre Klagen für die Entscheidung des Königs vorbrachten. Der Fall von Richard d'Anesty wird oft angeführt, um die Härten zu veranschaulichen, die dieses System den Verehrern zufügte. Sein eigener Bericht ist erhalten und gibt einen anschaulichen Bericht über seine Reisen auf der Suche nach Gerechtigkeit über einen Zeitraum von fünf Jahren, in denen er im Gefolge des Königs die meisten Teile Englands, die

Normandie, Aquitanien und Anjou besuchte. Obwohl der Kläger letztendlich erfolgreich war, musste er seinen juristischen Triumph teuer bezahlen. Da er gezwungen war, Kredite von den Juden aufzunehmen, um seine enormen Ausgaben, hauptsächlich Reisekosten, zu decken, musste er seine Schulden mit Zinsanhäufungen zum ruinösen Zinssatz von 86 ⅔ Prozent begleichen. [534]

II. *Gemeinsame Klagegründe und königliche Klagegründe.* Schon lange vor 1215 wurden alle vor den königlichen Gerichten geführten Rechtsstreitigkeiten grob in zwei Klassen eingeteilt, je nachdem, ob die königlichen Interessen von der Angelegenheit besonders betroffen waren oder nicht. Diejenigen auf der einen Seite dieser schwankenden Linie wurden als königliche Klagegründe oder „Plädoyers der Krone" bezeichnet, Bestimmungen für das Halten, die in Kapitel 24 enthalten sind, diejenigen auf der anderen Seite als gewöhnliche Klagegründe oder „gemeinsame Klagegründe", zu denen allein die Das vorliegende Kapitel bezieht sich darauf. Da diese gewöhnlichen Klagen nicht in Anwesenheit des Königs entschieden werden mussten, war es daher möglich, eine spezielle Richterbank zu ernennen, die dauerhaft an einem festen Ort tagte und ein für alle Mal so ausgewählt wurde, dass sie den Interessen der Prozessparteien entsprach. In der Magna Carta wurde keine Stadt genannt; aber Westminster, schon damals der natürliche Sitz des Rechts, war wahrscheinlich von Anfang an vorgesehen. Es ist Westminster, an das Sir Frederick Pollock denkt, wenn er in Bezug auf dieses Kapitel schreibt: „Wir können auch sagen, dass die Magna Carta England eine Hauptstadt gegeben hat." [535] Als die Barone im Jahr 1215 diese Reform forderten, bestanden sie jedoch nicht auf einer überraschenden Neuerung, sondern forderten lediglich die strikte Einhaltung einer seit langem anerkannten Regel. Während des größten Teils von Johns Regierungszeit tagte in Westminster ein Gericht, das mehr oder weniger regelmäßig Recht sprach; und dort wurden die meisten „gemeinsamen Klagegründe" verhandelt, sofern Johannes nichts anderes befahl. [536] Magna Carta bestand darauf, dass alle Ausnahmen aufhören müssen; Die Rechtsstaatlichkeit muss die königliche Willkür ersetzen.

III. *Auswirkungen der Magna Carta auf die Entstehung der drei Gerichte des Common Law.* Die endgültigen Konsequenzen der Durchführung dieser Reform reichten weiter als vorhergesehen. Es hatte lediglich die Absicht, den Prozessparteien einen häufig auftretenden praktischen Beschwerdepunkt zu nehmen, hatte aber wichtige indirekte Auswirkungen auf die Entwicklung der englischen Verfassung. Durch die Sicherung eines dauerhaften Zuhauses für gemeinsame Interessen gab es den Auflösungstendenzen, die bereits im vielseitigen Haushalt des Königs am Werk waren, neuen Auftrieb. Dies trug in gewisser Weise zu dem langsamen Prozess bei, durch den sich die *Curia Regis* als Verwaltungsorgan von der *Curia* als Rechtssprecherin abgrenzte. Es trug dazu bei, die Spaltung voranzutreiben, die dazu bestimmt war, die künftigen Courts of Westminster vollständig vom Court of St. James's und von der Downing Street zu trennen. Das war aber noch nicht alles: Die besondere Behandlung „gemeinsamer Klagegründe" betonte den Unterschied zwischen ihnen und königlichen Klagegründen und trug so zur Aufspaltung derselben *Curia Regis* auf ihrer gerichtlichen Seite in zwei verschiedene Tribunale bei. Eine kleine Gruppe von Richtern wurde für die Anhörung gemeinsamer Klagegründe eingesetzt und war als „die Richter des Königs" oder kurz „die Bank" und später als „Court of Common Pleas" bekannt. Eine zweite Gruppe, die königlichen Bitten vorbehalten war, wurde zum Hof *Coram Rege* , der später als Hof von King's Bench bekannt wurde. Es gab also zwei Bänke: eine gemeinsame Bank für gemeinsame Bitten und eine königliche Bank für Bitten der Krone. [537]

Der doppelte Prozess, durch den sich diese beiden kleinen Gerichte langsam vom Stammgericht und voneinander trennten, begann lange vor der Magna Carta und wurde erst gegen Ende des 13. Jahrhunderts abgeschlossen. Diese Bänke waren auch eng mit einer dritten Bank verbunden, die jahrhundertelang als Finanzgericht bekannt war und ursprünglich nur eine Abteilung dieses Regierungsbüros, der Finanzkasse des Königs, war – jenes Büro, in dem Geld gewogen und geprüft wurde, und zwar das königliche Abrechnungen erstellt. Viele Streitigkeiten oder Klagegründe, die die Schulden und Schuldner der Krone betrafen, mussten dort entschieden werden, und zu gegebener Zeit wurde eine spezielle Gruppe von Beamten eingesetzt, um diese zu verhandeln. Diese Männer, die nicht Richter, sondern „Schatzbarone" genannt wurden, bildeten tatsächlich, wenn auch nicht dem Namen nach, eine dritte Bank oder ein drittes Gericht.

Alle drei Gerichte des Common Law – der Court of King's Bench, der Court of Common Pleas und der Court of Exchequer – waren somit Ableger des königlichen Haushalts. Theoretisch hätte sich jeder von ihnen auf die besondere Klasse von Klagen beschränken sollen, der er seinen Ursprung verdankte – auf königliche Klagegründe, allgemeine Klagegründe bzw. Schatzklagegründe; Aber nach einem Verfahren, das Anwälten und Gerichten aller Zeiten wohlbekannt war, griff jedes von ihnen eifrig in die Zuständigkeiten und Gebühren ein, die dem anderen zukamen, bis sie für die meisten Zwecke zu drei Schwestergerichten mit ähnlicher und koordinierter Autorität wurden . Sie waren verpflichtet, alle Klagen nach den technischen und unflexiblen Regeln des Gewohnheitsrechts zu entscheiden; und ihre Zuständigkeit erforderte daher eine Ergänzung, die durch die Entstehung des Court of Chancery bereitgestellt wurde, der nicht Gewohnheitsrecht, sondern Gerechtigkeit aussprach, die vorgab, Wiedergutmachung in der Sache zu gewähren (und für kurze Zeit tatsächlich auch gewährte). jeden Fall so, wie er entstand, ungehindert durch Präzedenzfälle und rechtliche Feinheiten.

IV. *Die Entwicklung des Court of Common Pleas.* Der Kommentar, der üblicherweise zu diesem Kapitel abgegeben wird, ist, dass wir hier den Ursprung des Court of Common Pleas haben. Nun entstehen rechtliche Institutionen nicht in vollem Umfang. Der Court of Common Pleas war wie seine Schwestergerichte King's Bench and Exchequer das Ergebnis eines langen Prozesses der schrittweisen Trennung von einem gemeinsamen Stamm. Vor 1215 scheint es mehrere Versuche gegeben zu haben, diese zu etablieren. Andererseits ist es wahrscheinlich, ja sogar sicher, dass der Court of Common Pleas lange nach 1215 weder seine frühe Abhängigkeit von der *Curia Regis* noch seine enge Verbindung zu seinen Schwestergerichten vollständig abgeschüttelt hat.

Drei Phasen im Evolutionsprozess können hervorgehoben werden. (1) Die früheste Spur der Existenz einer bestimmten Richterbank, die zur Prüfung allgemeiner Klagegründe eingesetzt wurde, findet sich im Jahr 1178, nicht im Jahr 1215. Als Heinrich II. Als er im vergangenen Jahr aus der Normandie zurückkehrte, stellte er fest, dass es während seiner Abwesenheit zu Unregelmäßigkeiten gekommen war. Um eine Wiederholung zu verhindern, nahm er bestimmte Änderungen an seinen gerichtlichen Regelungen vor, deren genaue Art umstritten ist. Ein zeitgenössischer Schriftsteller [538] berichtet, wie Heinrich aus den Beamten seines eigenen Haushalts zwei Beamte und drei Laien auswählte und diesen fünf Männern die Autorität gab, alle Beschwerden anzuhören und das Richtige zu tun, „ *und nicht von seinem Hof zurückzutreten* ". Es wurde lange angenommen, dass dies den Ursprung des Court of King's Bench markierte, aber Herr Pike [539] hat schlüssig bewiesen, dass die so errichtete Bank der Vorgänger war, nicht der königlichen Bank, sondern eher der Bank für gemeinsame Klagegründe.

Im Jahr 1178 wurden diese fünf Richter dann zur Anhörung gewöhnlicher Klagen eingesetzt; aber sie wurden ausdrücklich angewiesen, Heinrichs Hof nicht zu verlassen; so dass allgemeine Klagen immer noch „dem König folgten", selbst gewöhnliche Prozessparteien in nichtköniglichen Klagen mussten den König auf der Suche nach Gerechtigkeit verfolgen, während er auf der Suche nach Spaß von Ort zu Ort zog.

Es darf nicht davon ausgegangen werden, dass die auf diese Weise im Jahr 1178 getroffene Vereinbarung die Praxis für den gesamten Zeitraum von siebenunddreißig Jahren vor der Erteilung der Magna Carta regelte. Im Gegenteil, es war nur eines von vielen Experimenten des ruhelosen Reformators Heinrich von Anjou; und das damals eingerichtete separate Gericht wurde möglicherweise viele Male abgerissen und wieder aufgebaut. Die Bank, die 1178 erscheint, hatte wahrscheinlich bestenfalls eine unruhige und zeitweilige Existenz. Es gibt jedoch Hinweise darauf, dass es während der Regierungszeit von Richard und John ein solches Gericht gab und gemeinsame Klagegründe verhandelte. [540] Andererseits hatte dieses Tribunal während der Herrschaft von John aufgehört, den Bewegungen des Königs gewohnheitsmäßig zu folgen (und damit das Dekret von 1178 außer Acht zu lassen), und hatte sich in Westminster niedergelassen. [541] Im Jahr 1215 wurde es für Johannes als Missbrauch angesehen, ein gemeinsames Plädoyer anderswo zu versuchen. Die Zeiten hatten sich geändert, seit sein Vater als Segen gewährt hatte, dass eine Gruppe von Richtern ständig an „seinem Gericht" bleiben sollte, um solche Fälle zu verhandeln.

(2) Die Magna Carta von 1215 bestätigte verbindlich die bereits anerkannte Regel, dass gemeinsame Klagen in Westminster verhandelt werden sollten, anstatt mit dem König zu verhandeln. Von nun an sollten keine Ausnahmen mehr zulässig sein. Der junge Heinrich erneuerte dieses Versprechen, und die Umstände seiner Minderjährigkeit begünstigten dessen strikte Einhaltung. Ein einfacher Junge konnte nicht königlich durch das Land ziehen und dabei Gerechtigkeit üben. Dementsprechend wurden alle Klagegründe etwa zwanzig Jahre lang in Westminster verhandelt. Dieselben Umstände, die somit die Stabilität gemeinsamer Klagegründe (zusammmen mit allen anderen Arten von Klagegründen) an einem festen Ort betonten, könnten den Prozess der Spaltung zwischen den beiden Richterstellen aufgehalten haben. Da alle Richter beider Gerichte in Westminster saßen, war es umso weniger nötig, die Geschäfte genau zwischen ihnen aufzuteilen. Die beiden Bänke drohten zu verschmelzen.

(3) Um das Jahr 1234 wurde eine dritte Stufe erreicht. Heinrich begann, dem von seinen Vorfahren geschaffenen Präzedenzfall zu folgen, mit Richtern in seinem Gefolge durch sein Reich zu ziehen und überall, wo er anhielt, Bitten anzuhören. Während eine Gruppe von Richtern ihn begleitete, blieb eine andere in Westminster. Daher musste eine Möglichkeit zur Aufteilung des Geschäfts gefunden werden. Gemeinsame Klagegründe blieben im Einklang mit der Magna Carta bestehen; während die Bitten der Krone auf Reisen gingen. Die Spaltung zwischen den beiden Bänken wurde nun endgültig. Jeder versorgte sich mit separaten Aufzeichnungen. Aus dem Jahr 1234 lassen sich zwei fortlaufende Serien unterschiedlicher Rollen nachweisen, die als *Rotuli placitorum coram rege* bzw. *Rotuli placitorum de banco bekannt sind* . Wenn irgendein Datum in der Geschichte eines Gerichts, das dabei ist, zwei zu werden, als besonders bezeichnend für den Punkt der Trennung angesehen werden kann, sollte es das sein, an dem getrennte Listen erscheinen. Die *Erinnerung des Gerichts* liegt in seinen Akten, die somit eng mit seiner Identität verbunden sind. Im Jahr 1234 waren die gemeinsame Bank und die königliche Bank getrennt worden. [542] Einige Jahre später gesammelte Beweise belegen, dass man sich auf eine Definition gemeinsamer

Klagegründe geeinigt hatte und auf der Regel bestand, dass diese „an einem festen Ort" aufbewahrt werden mussten. Während Heinrich und seine Richter 1238 in Worcester ihr Urteil vertraten, protestierte ein Prozessbeteiligter gegen die Verhandlung seiner Klage vor ihnen. Es handele sich um eine „allgemeine Bitte" und deshalb, so argumentierte er, dürfe man dem König nicht folgen, was einen Verstoß gegen die Magna Carta darstelle. Nur in Westminster, nicht in Worcester oder anderswo, konnte sein Fall verhandelt werden. [543]

Bei königlichen Bitten verhielt es sich jedoch ganz anders: Lange folgten sie der Person des Königs, ohne dass es zu Protesten kam; und der Court of King's Bench ließ sich erst fast ein Jahrhundert nach der Gründung des Court of Common Pleas endgültig in Westminster nieder. Noch im Jahr 1300 ordnete Eduard I. durch die *Articuli super cartas* an, dass „die Richter seiner Richterbank" (sowie sein Kanzler) ihm folgen sollten, damit er jederzeit „einige Weise des Gesetzes" in seiner Nähe haben könne, die in der Lage sein, alle Angelegenheiten, die dem Gericht vorgelegt werden, jederzeit ordnungsgemäß zu regeln, wenn es erforderlich ist." [544]

V. *Falsche Ansichten.* Unter Eduard I. hatte man das eigentliche Motiv dieses Kapitels der Magna Charta – so schnell war die Organisation der Gerichtshöfe vorangekommen – bereits aus den Augen verloren. Der Tag der umherschweifenden gemeinsamen Bitten, wie der von Richard d'Anesty, war längst vergessen. Einige Prozessparteien zu Edwards Zeiten hatten jedoch andere Beschwerden, die mit der Anhörung ihrer Klagen zusammenhingen. Das Finanzgericht war gegen eine angemessene Gegenleistung bereit, seine besonders leistungsfähigen Mechanismen, die ursprünglich für den ausschließlichen Gebrauch des Königs entwickelt worden waren, privaten Gläubigern zur Verfügung zu stellen und behandelte so „gemeinsame Klagegründe" als „Schatzklagegründe". Gewöhnliche Schuldner, die als Angeklagte vor die *barones scaccarii geladen wurden* , wurden einer härteren Behandlung ausgesetzt, als sie anderswo erfahren hätten. Es war nicht unnatürlich, dass Angeklagte, die sich auf diese Weise gedrängt sahen, die Worte der Magna Carta in Bezug auf „gemeinsame Klagegründe" als genau auf ihren eigenen Fall zugeschnitten interpretierten. Sie machten diesen Fehler umso leichter, als das ursprüngliche Motiv vergessen worden war. Die Charta wurde daher so verstanden, dass sie das ortsansässige Finanzgericht (nicht die ständig wechselnde King's Bench) daran hinderte, gewöhnliche Klagen zu verhandeln. Diese fehlerhafte Ansicht wurde gesetzgeberisch sanktioniert. In den *Articuli super cartas* aus dem Jahr 1300 wurde erklärt, dass „im Gegensatz zur Form der Großen Charta" von nun an keine gemeinsamen Klagegründe mehr in der Staatskasse verbleiben sollten. [545]

Dies ist eine klare Fehlinterpretation der Absicht der Magna Carta. Das Finanzministerium folgte nie „der Krone"; Es blieb in Westminster, wo sich seine Büros, Zählwerke und Pfeifenrollen befanden. Die Charta hätte sich ganz anders ausgedrückt, wenn sie gemeinsame Klagegründe von der Staatskasse ausschließen wollte. Die *Articuli super Cartas* versuchten jedoch, was die Charta von 1215 nicht tat. Nach 1300 war es eindeutig illegal, Klagen in der Staatskasse zu erheben, es sei denn, sie betrafen die Krone und ihre Minister. Spätere Gesetze bestätigten dies; Ihre klare Absicht wurde jedoch immer durch den raffinierten Einsatz juristischer Fiktionen und die Duldung der Finanzbarone zunichte gemacht, die die Erhöhung ihrer Gebühren begrüßten, die mit der Zunahme der Geschäfte Schritt hielten. [546]

Das von der Magna Carta direkt angegriffene Übel war etwas ganz anderes – ein umfassenderes, dringlicheres und weniger technisches Übel, nämlich die Praxis, gewöhnliche Prozessparteien mit ihren Rechtsberatern und Zeugen dazu zu bringen, auf einem sich ständig bewegenden Gericht einen Anwesenheitstanz zu machen.

---

534 . Vgl. JF Stephen, *Hist. von Kriminalität. Gesetz* , I. 88-9.

535 . *Jurisprudence and Ethics* , 209. Manchmal wurde jedoch auch ein anderer „fester Ort" ersetzt. Der Court of Common Pleas tagte einst unter Eduard III. in York. und in Hertford unter Elizabeth. Siehe Maitland, *Select Pleas of the Crown* , xiii. Das Statut 2 Edward III. C. In Art. 11 wurde festgelegt, dass es nicht ohne vorherige Ankündigung an einen neuen Ort verlegt werden darf.

536 . Siehe Prof. Maitland, *Select Pleas of the Crown* , xiii.-xvi.

537 . Vgl. *oben* , 109.

538 . Der als Benedict Abbot bekannte Chronist, I. 107 (Rolls Series).

539 . *Oberhaus* , 32.

540 . Siehe Prof. Maitland, *Sel. Pl. Krone* , xiii.-xvi.; siehe auch in *Pipe Roll* , 7 John (zitiert Madox, I. 791), wie Geld gezahlt wurde, damit ein vor dem *Justiciarii de banco anhängiger Einspruch verhandelt* werden konnte, *coram rege* . Dieser Eintrag beweist, dass es im Jahr 1205 zwei verschiedene Gerichte gab, eines als *de banco* und das andere als *coram rege bekannt* .

541 . Siehe Maitland, *ebenda.*

542 . Siehe Maitland, *Sel. Pl. Krone* , xviii.

543 . Siehe *Placitorum Abbreviatio* (S. 105) 21 Henry III., zitiert Pike, *House of Lords* , S. 41. Vgl. auch Bracton's *Note Book* , Klagegründe Nr. 1213 und 1220.

544 . 28 Edward I. c. 5.

545 . Siehe 28 Edward I. c. 4. Es wurden schon viele Versuche unternommen, gemeinsame Klagegründe aus der Staatskasse herauszuhalten, *z. B.* die Schriften von Heinrich III. aus dem Jahr 56. und 5 Edward I. (zitiert Madox, II. 73-4) das sogenannte Statut von Rhuddlan (12 Edward I., siehe *Statutes of Realm* , I. 70). Auch Madox (II. 73-4) vertritt die irrige Ansicht, dass c. 17 der Großen Charta bezieht sich auf die Staatskasse; Das gilt auch für Herrn Bigelow (*History of Procedure* , 130–1), der noch weiter in die Irre geht, indem er den Grund der Beschwerde als die Schwierigkeit erklärt, bei der Staatskasse schnell Gerechtigkeit zu erlangen, weil die Barone sich weigerten, nach Abschluss ihrer Steuergeschäfte zu sitzen , bei den Oster- und Michaelissitzungen. Das ist ein Fehler: Die Barons of Exchequer machten keine Schwierigkeiten, die Bitten anzuhören, ganz im Gegenteil. Die Kläger waren gleichermaßen begierig darauf, die Verfügungen zu kaufen, die sie verkaufen wollten: Nur die Beklagten (Schuldner) erhoben Einwände gegen das schnelle und strenge Verfahren zur Durchsetzung von Zahlungen, das dieses effiziente Gericht eingeführt hatte. Die Sheriffs und andere, die darauf warteten, vor dem Finanzministerium Rechenschaft abzulegen, protestierten ebenfalls gegen die Überlastung des Finanzministeriums durch den Eifer der Prozessparteien, die dort auf Gerechtigkeit drängten. Siehe Madox, II. 73. Die Kläger hatten keinen Grund zur Beschwerde.

546 . Die Fiktion der „Kronschuldner" ist bekannt: Die Kläger erhielten eine Anhörung vor der Staatskasse für ihre gemeinsamen Klagegründe, indem sie behaupteten, dass sie ihnen geschuldete Schulden eintreiben wollten, „um sie in die Lage zu versetzen, die Schulden zu begleichen, die sie dem König schuldeten". Siehe Madox, II. 192.

KAPITEL ACHTZEHN.

Anerkennungen aus der neuen Dissertation, aus dem Tod vor der Tür und aus der letzten Gegenwart, nicht in eigener Verantwortung und in dieser Weise; Nos, vel si extra regnum fuerimus, Capitalis justiciarius noster, mittemus duos justiciarios per unumquemque comitatum per quatuor vices in anno, qui, cum quatuor militibus cujuslibet comitatus electis per comitatum, capiant in comitatu et in die et loco comitatus assisas previousas.

> Untersuchungen zu *Roman Disseisin*, *Mort d'Ancestor* und *Darrein Presentment* dürfen nicht anderswo als in ihren eigenen Bezirksgerichten durchgeführt werden, [547] und zwar in der folgenden Weise: - Wir, oder, wenn wir außerhalb der liegen sollten Reich wird unser oberster Justiziar viermal im Jahr zwei Justiziare durch jede Grafschaft schicken, die zusammen mit vier von der Grafschaft gewählten Rittern der Grafschaft die besagten Schwurgerichte [548] am Tag und in dem Bezirksgericht abhalten sollen der Ort der Sitzung dieses Gerichts.

Daher ist vorgesehen, dass vor den reisenden Richtern des Königs häufig und auf bequeme Weise drei Arten von gerichtlichen Untersuchungen abgehalten werden, die als „die drei kleinen Assisen" bekannt sind. Diese sind nicht nur im Zusammenhang mit der Magna Carta von außerordentlichem Interesse, sondern auch aufgrund ihres engen Zusammenhangs mit mehreren Verfassungsproblemen von größter Bedeutung; mit den Reformen Heinrichs II. einerseits und mit der Entstehung des Geschworenenprozesses und der Assize-Richter andererseits.

I. *Die Curia Regis und die reisenden Richter.* Schon früh, sicherlich seit der Thronbesteigung Heinrichs I., war es die Praxis der Krone, die Arbeiten, die ihre Beamten in den Bezirken der königlichen Schatzkammer verrichteten, durch gelegentliche Entsendung ausgewählter Personen zu ergänzen, die die Provinzen im königlichen Interesse inspizierten. Sammeln von Informationen und Einnahmen und im Übrigen Anhörung von Klagen. So wurde im Namen des Königs von seinen Delegierten in allen Grafschaften Englands Recht gesprochen, und es entstand eine Unterscheidung zwischen zwei Arten königlicher Gerichte: (1) *dem King's Council und seinen Ablegern* (einschließlich der drei Gerichte des Common Law und des Court of Chancery).), der zunächst der Person des Königs folgte, aber nach und nach, wie bereits gezeigt, [549] in Westminster eine feste Heimat fand; und (2) *die Gerichte der Wanderrichter*, die die delegierten Befugnisse ausübten, die die Krone ihnen von Zeit zu Zeit anvertraute. Der natürliche Wirkungsbereich der Arbeit dieser königlichen Kommissare, die von Distrikt zu Distrikt wechselten, war der Hof jedes Grafschaftsbezirks, der eigens zu ihrer Begegnung einberufen wurde. Sie bildeten auf diese Weise das wichtigste Bindeglied zwischen den alten lokalen Volksgerichten und dem von Heinrich II. organisierten System der königlichen Justiz, [[550] indem sie die ersteren den letzteren unterordneten, bis die Kreisgerichte praktisch zu königlichen Gerichten wurden. Diese reisenden Richter durchliefen zwei Phasen, wobei zwei unterschiedliche Typen zu unterschiedlichen Zeiten königliche Anerkennung erhielten, die Richter in Eyre bzw. die Richter von Assize.

(a) *Die Richter in Eyre* waren die früheste Form reisender Richter, obwohl ihre ursprünglichen Aufgaben eher finanzieller und administrativer Natur waren als rein richterlicher Natur. Ihre Geschichte reicht von der Herrschaft Heinrichs I. bis zum Ende des 14. Jahrhunderts. [551] Ihre herausragenden Merkmale waren der weitreichende Charakter der Aufträge, unter denen sie handelten (*ad omnia placita*), die harte und drastische Art und Weise, wie sie ihre Autorität ausübten, und ihre große Unbeliebtheit. Ihre Ankunft wurde wie eine Pest gefürchtet: Jeder Bezirk, den sie besuchten, wurde durch Geldstrafen und Strafen verarmt. Einmal flohen die Männer von Cornwall „aus Angst vor ihrem Kommen in den Wald". [552]

Auf ein Eyre wurde nur in langen Abständen zurückgegriffen – alle sieben Jahre wurde der anerkannte Begriff – und es war als strenge Methode zur Bestrafung von seit dem letzten Jahr aufgetretenen Verstößen und Justizirrtümern sowie zur Eintreibung rückständiger königlicher Abgaben gedacht. Es handelte sich nicht um einen Besuch dieser allseits verhassten Richter von Eyre, den die Barone im Jahr 1215 viermal im Jahr verlangten.

(b) *Die Richter von Assize* waren ebenfalls reisende Richter, hatten aber zumindest in ihrer ursprünglichen Form kaum eine Gemeinsamkeit mit den Richtern in Eyre. Ihre Geschichte reicht bis zur Zeit der Herrschaft Heinrichs II. zurück. bis in die Gegenwart. [553] Sie scheinen von Anfang an beliebt gewesen zu sein, da ihre Hauptfunktion darin bestand, anhängige Klagen durch eine rationale und akzeptable Verfahrensform zu entscheiden; Während der Umfang ihrer Zuständigkeit, obwohl sie mit zunehmender Popularität allmählich erweitert wurde, stets streng durch die ausdrücklichen Bedingungen ihrer Aufträge begrenzt war. Sie galten nicht als königliche Steuereintreiber, die mit harten Zwangsmitteln bewaffnet waren, sondern als willkommene Überbringer der Gerechtigkeit an die Türen derer, die sie brauchten.

Zunächst beschränkten sich ihre Aufgaben auf eine Art richterlicher Tätigkeit, nämlich auf die Leitung von Untersuchungen der im Text besonders erwähnten Art. Diese besonderen Gerichtsurteile wurden als „Assisen" bezeichnet, und die neue Art von reisenden Richtern wurde daher „Assisenrichter" genannt, ein Name, der ihnen über Jahrhunderte treu geblieben ist, obwohl ihre Gerichtsbarkeit nach und nach ausgeweitet wurde, bis sie nun sowohl Zivil- als auch Zivilgerichte umfasst Strafverfahren jeglicher Art, und obwohl inzwischen die Erfindung neuer Prozessformen die alten „Assisen" verdrängt hat und schließlich ihre völlige Abschaffung erforderlich machte. [554] Sie sind immer noch „Schwurgerichte" in einer Zeit, die nichts von Schwurgerichten kennt.

II. *Die Natur und der Ursprung der drei Kleingerichte.* Die Einrichtung der „Assisen" – besondere Formen der eidesstattlichen Untersuchung – nahm einen herausragenden Platz unter den Hilfsmitteln ein, die Heinrich II. einsetzte. hoffte, die Form des Beweises, die als Kampfversuch bekannt ist, durch ein rationaleres Verfahren ersetzen zu können. [555]

Das *Duell* , das bei der normannischen Eroberung eingeführt wurde, blieb ein Jahrhundert lang die wichtigste Methode der Oberschicht zur Entscheidung aller schwerwiegenden Klagegründe oder Rechtsstreitigkeiten. Nach und nach beschränkte man sich jedoch auf zwei wichtige Gruppen von Klagegründen, eine zivilrechtliche und eine strafrechtliche: einerseits Berufungen wegen Hochverrats und Straftaten und andererseits Klagen zur Feststellung des Landtitels. [556] Dieser Einschränkungsprozess wurde durch die bewusste Politik Heinrichs II. beschleunigt, der tatsächlich versuchte, ihn noch viel weiter voranzutreiben, indem er Mechanismen entwickelte, die dem Angeklagten oder der beschuldigten Partei, wo immer möglich, eine Option boten, auf die er zurückgreifen konnte könnte unter immer vielfältigeren Umständen der Prüfung durch den Kampf gänzlich entgehen. In Kapitel 36 wird das Mittel erläutert, das zur Vermeidung eines Kampfes im Rahmen einer Berufung wegen Hochverrats oder einer Straftat angewendet wird. Das vorliegende Kapitel bezieht sich auf das von Heinrich entwickelte Verfahren zur Überwindung des *Duells* in bestimmten wichtigen Gruppen zivilrechtlicher Klagegründe [557] und liefert im Übrigen den Beweis, dass dieser Teil seiner Reformen bereits bei den Gegnern der Krone Anklang gefunden hatte. Man beharrte nun auf der häufigen Verwendung der drei Petty Assizes, obwohl man die Grand Assize aus Gründen, die im Zusammenhang mit Kapitel 34 erläutert werden sollen, immer noch skeptisch betrachtete.

(1) *Der Grand Assize* wird in der Magna Carta nicht erwähnt; aber eine gewisse Vertrautheit damit ist eine notwendige Voraussetzung für eine angemessene Würdigung der Petty Assizes. In der unruhigen Regierungszeit Stephans – die in seinem Namen eher eine Herrschaft der Anarchie war – wechselten Ländereien häufig den Besitzer. Dies hinterließ seinem Nachfolger ein Erbe an Streitigkeiten, die allzu oft zu Blutvergießen führten. Es gab kaum ein bedeutendes Anwesen in England, auf das bei Heinrichs Thronbesteigung nicht zwei oder mehr rivalisierende Magnaten Anspruch erhoben hätten. Es

kam zu ständigen Rechtsstreitigkeiten, und die einzige legale Methode zur Entscheidung der Angelegenheit war das *Duell*.

Zu einem ungewissen Zeitpunkt, kurz vor Beginn seiner Herrschaft, ließ Heinrich II. führte eine überraschende Innovation ein. Dem *faktischen* Eigentümer einer Immobilie (d. h. dem Mann, der aufgrund eines *echten* Titels tatsächlich über die Immobilie verfügt) wurde, wenn er von einem rivalisierenden Kläger zum Kampf herausgefordert wurde, eine Option eingeräumt: Er konnte den Kläger zwingen (wenn dieser darauf bestand).), die ganze Angelegenheit auf den Eid von zwölf Rittern der Nachbarschaft zu verweisen. Henrys Verordnung legte sorgfältige Regeln für die Ernennung dieser Anerkennungsbeamten fest. Zunächst wurden vier führende Ritter der gesamten Grafschaft ausgewählt, denen die Aufgabe übertragen wurde, zwölf Ritter des jeweiligen Bezirks auszuwählen, in dem die Ländereien lagen, und diese wurden mit der gebotenen Feierlichkeit und in Anwesenheit der Justiziare des Königs unter Eid erklärt welchem Freier die Ländereien gehörten. Ihre Entscheidung war endgültig und bestimmte die Eigentumsfrage für alle Zeiten. [558] Der Name Grand Assize wurde sowohl für das Verfahren als auch für die Ritter verwendet, die das Urteil fällten. Die zwölf Ritter nahmen somit die Funktionen eines modernen Geschworenengerichts vorweg, während die Richter des Königs wie der vorsitzende Richter in einem modernen Prozess agierten. [559]

So wertvoll diese Innovation auch war, sie hatte einen offensichtlichen Mangel. Die dadurch verliehene Option könnte manchmal vom falschen Mann usurpiert werden. Es sollte im Interesse der Ordnung und Gerechtigkeit wirken, indem es *de facto den friedlichen Inhaber begünstigt*; Aber was wäre, wenn ein turbulenter und gesetzloser Antragsteller, der eine Berufung auf ein Gerichtsverfahren ablehnte, das Gesetz selbst in die Hand nahm, den vorherigen Inhaber durch die grobe Methode der Selbsthilfe vertrieb und danach den Schutz von Henrys Verordnung in Anspruch nahm? In einem solchen Fall würde der Mann der Gewalt – der Inhaber *des Mala- fide* – die Option genießen, die seinem unschuldigen Opfer zugedacht ist.

(2) *Die kleinen Schwurgerichte* können vielleicht als Ergebnis von Henrys Entschlossenheit angesehen werden, einen solchen Missbrauch seiner neuen Justizmaschine zu verhindern. Wenn ein Antragsteller behauptete, dass der andere seine Rechte durch Gewalt oder Betrug an sich gerissen hatte, ließ der König zu, dass über den so vorgebrachten vorläufigen Klagegrund durch den Eid von zwölf örtlichen Grundbesitzern nach einem Verfahren, das als „kleiner Assize" bekannt ist, summarisch entschieden wurde. Diese kleinen Gerichtsurteile, von denen es drei Arten gab, betrafen alle Fragen des „Besitzes" im Gegensatz zu Fragen des „Eigentums", die nur durch Schlacht oder durch das Große Gericht entschieden werden konnten.

(*a*) *Der Schwur der Romandisseisin.* Das Wort „Seisin", ursprünglich ein Synonym für „Besitz" im Allgemeinen, wurde von mittelalterlichen Juristen nach und nach auf den Besitz von Immobilien beschränkt. „Disseisin" bedeutete also die Unterbrechung der Seisin oder des Besitzes von Land; und war der Fachbegriff für solche gewalttätigen Räumungshandlungen, die wahrscheinlich die Absicht von Henrys Verordnung über den Grand Assize zunichtemachen würden. „Neuartige" Disseisin implizierte, dass eine solche gewaltsame Austreibung vergleichsweise jungen Datums war, denn ein summarischer Rechtsbehelf konnte nur gewährt werden, wenn es bei der Beantragung nicht zu einer unangemessenen Verzögerung gekommen war. Bei der ersten kleinen Gerichtsverhandlung handelte es sich also um eine schnelle und friedliche Methode, um anhand eidesstattlicher Zeugenaussagen vor Ort festzustellen, ob eine angebliche kürzlich erfolgte Räumung tatsächlich stattgefunden hatte oder nicht. Ohne die durch das Gesetz vorgeschriebenen Verzögerungen, ohne kostspielige Reisen zum Königshof oder nach Westminster, sondern zügig und in dem Bezirk, in dem die Ländereien lagen, entschieden zwölf Ortsansässige unter Eid alle Vorwürfe dieser Art gentlemen. Wenn die Anerkenner des kleinen Schwurgerichts mit „Ja" antworteten, würde dem vertriebenen Mann sofort „Seisin" zurückgegeben werden, und mit „Seisin" ginge die geschätzte Option einher, zu bestimmen, welcher Beweis über das „Eigentum" entscheiden sollte – ob dies der Fall sein sollte Sei es die Schlacht oder das Grand Assize. Eine Verordnung zur Einführung dieses berühmtesten der drei Kleingerichtsgerichte wurde wahrscheinlich im Jahr 1166 erlassen, einem Jahr voller rechtlicher Erleichterungen, und bildete eine notwendige Ergänzung zur Verordnung des Großen Gerichtsgerichts, um alle Gefahren abzuwenden, die die für den Mann des Friedens vorgesehene Option darstellen sollte vom Mann der Gewalt usurpiert werden. [560]

(*b*) *Das Assis des Mort d'Ancestor* . Der dem Opfer einer „neuartigen Tat" gewährte Schutz schließt nicht alle Möglichkeiten einer Fehlentscheidung der Justiz aus. Mit Ausnahme des gewaltsam vertriebenen Mannes blieben alle Beteiligten, sogar seine Erben, ungeschützt. Darüber hinaus könnte ein Erbe von seinem Herrn oder einem anderen Mitbewerber gewaltsam seines Mietshauses entzogen werden, bevor er Gelegenheit hatte, es in Besitz zu nehmen; Da er nie „in Seisin" gewesen war, konnte er sich nicht darauf berufen, dass er „Disseisin" erlitten hatte. Zu Gunsten eines solchen Erben wurde ein zweiter kleiner Assize, bekannt als „mort d'ancestor", erfunden. [561] Dies wird in Artikel 4 des Assize of Northampton erwähnt, einer von Henry im Jahr 1176 erlassenen Verordnung; und dieser früheste bekannte Hinweis markiert wahrscheinlich seinen Ursprung. Somit wurde dem Erben ein Verfahren zur Verfügung gestellt, das im Wesentlichen dem bereits beschriebenen ähnelte, wenn auch nicht ganz so schnell oder informell. Im Erfolgsfall nahm er die Ländereien vorübergehend in Besitz, vorbehaltlich aller Mängel im Titel seines Vorfahren, und überließ die Frage des absoluten Eigentums nach wie vor der Entscheidung (falls angefochten) durch die umständlicheren Mechanismen des Grand Assize.

(*c*) *Der Assize der darrein-Präsentation.* Advowson oder das Recht, den Amtsinhaber für eine vakante kirchliche Pfründe zu ernennen, war damals wie heute eine Art Immobilien. Eine solche Schirmherrschaft wurde sehr geschätzt, da sie die Möglichkeit bot, den Lebensunterhalt eines jüngeren Sohnes oder eines bedürftigen Verwandten zu sichern; oder es könnte in Bargeld umgewandelt werden. Es kam häufig zu Streitigkeiten sowohl über den Besitz als auch über das Eigentum an Advowsons. Jeder, der das absolute Recht oder Eigentum gegenüber dem Inhaber beansprucht, muss dies im Wege der Schlacht oder des Grand Assize tun, genau wie im Fall jeder anderen Form von Immobilien; und die Charta sagt dazu nichts. [562] Andererseits könnte die weniger wichtige Frage des Besitzes schneller geklärt werden. Wenn eine Pfründe frei wurde und jeder von zwei Eigentümern die Schirmherrschaft beanspruchte, konnte die Kirche nicht jahrelang ohne Hirten bleiben, bis die Titelfrage geklärt war. NEIN; Der Mann, der im Besitz war, durfte den Termin vereinbaren. Aber wer war der Mann, der sie besaß? Offensichtlich war es derjenige, der den Lebenden einen Kandidaten vorgeschlagen hatte (oder dessen Vater dies getan hatte), als die letzte Stelle frei wurde. Auch hier gab es Raum für Streitigkeiten über den Sachverhalt. Zwölf ortsansässige Männer entschieden, welcher Antragsteller tatsächlich den letzten Termin vereinbart hatte (die „Darrein-Präsentation"); und der so bevorzugte Antragsteller hatte das gesetzliche Recht, freie Stellen zu besetzen und im Besitz zu bleiben, bis jemand durch Kampf oder den Grand Assize einen besseren Titel bewies.

Alle drei Formen des kleinen Assis waren lediglich neue Anwendungen des königlichen Verfahrens durch Henry Plantagenet, das in England seit der normannischen Eroberung als *inquisitio* oder *recognitio bekannt war* . [563]

III. *Die Assisen im Jahr 1215.* Die kleinen Assisen wurden, als sie von Heinrich II. erfunden wurden, als Neuerungen bitter verärgert; aber die öffentliche Meinung hatte ein halbes Jahrhundert später die Weisheit dieses Teils seiner Reformen reichlich bestätigt. Die aufständischen Barone im Jahr 1215 waren weit davon entfernt, ihre Abschaffung zu fordern; Ihre neue Beschwerde bestand vielmehr darin, dass die Sitzungen der Schwurrichter nicht oft genug stattfanden. Sie legten die Art und Weise fest, wie diese mittlerweile so beliebten Assisen abgehalten werden sollten, und mehrere Punkte wurden besonders hervorgehoben. (1) Eine Untersuchung dieser Art sollte nicht anderswo als in dem Landkreis durchgeführt werden, in dem sich die Immobilie befand . In solchen Fällen musste die Gerechtigkeit an die Tür jedes Grundbesitzers gebracht werden, auch wenn Klagen der Krone immer noch dem König folgen konnten und gewöhnliche Klagegründe nach

Westminster gebracht werden mussten. Dies sollte Kosten sparen und den Prozessparteien, den Geschworenen und allen Beteiligten Vorteile bieten. [564] Innerhalb von zwei Jahren zeigte sich jedoch, dass diese Bestimmung zu weit ging. Es war bequemer, bestimmte Anfragen vor der Richterbank in Westminster zu führen als vor Ort. Die Neuauflage von 1217 brachte daher zwei wichtige Änderungen mit sich: (*a*) Alle Assisen der Darrein-Präsentation sollten danach vor „den Richtern der Bank" verhandelt werden. (*b*) Jede Prüfung von Novel Disseisin oder Mort d'Ancestor, die Punkte von besonderer Schwierigkeit aufdeckt, kann ebenfalls der Entscheidung des Gerichts vorbehalten sein. Dadurch entstand ein Element der Unsicherheit, das die Krone ausnutzte. In einem gemeldeten Fall aus dem Jahr 1221 wurde beschlossen, dass ein Assize über Mort d'ancestor in seiner eigenen Grafschaft und nicht in Westminster abgehalten werden sollte. [565]

(2) John's Charter besteht weiterhin auf vierteljährlichen Kreisen der Assize-Richter; damit Prozessparteien in allen Grafschaften Englands jedes Jahr viermal die Möglichkeit haben, ihre Streitigkeiten gütlich beizulegen. Eine solche übermäßige Häufigkeit war völlig unangebracht und verursachte unnötige Kosten für den König und einen Arbeitsaufwand für seine Offiziere, der in keinem Verhältnis zum erzielten Nutzen stand. Die Charta von 1217 sah dementsprechend vor, dass ein Rundgang nur einmal im Jahr durchgeführt werden sollte. Im Jahr 1285 wurde jedoch festgelegt, dass sie dreimal im Jahr abgehalten werden dürfen, jedoch nicht häufiger. [566]

(3) Die Charta spricht von den beiden Richtern und von den vier Kreisrittern, sagt aber nichts von den zwölf Rittern aus der unmittelbaren Nachbarschaft des umstrittenen Besitzes. Die Auslassung hat keine besondere Bedeutung. Magna Carta hatte in dieser Angelegenheit keine Anweisungen zu übermitteln und schwieg daher. aber die Anwesenheit der Zwölf musste vermutet werden, da ihr Urteil das wesentliche Merkmal des gesamten Verfahrens bildete. [567] Die Zwölf bildeten die Jury, und die beiden Richter waren die Richter, während die Hauptaufgabe der Vier darin bestand, die Zwölf auszuwählen. Das Kapitel wies die Richter an, „zusammen mit den vier Rittern die Schwurgerichte abzuhalten"; Es ist jedoch nicht ersichtlich, ob letztere als örtliche Beisitzer des Gerichts fungieren oder zusammen mit den zwölf Anerkennern fungieren oder als Bindeglied zwischen beiden fungieren sollten.

(4) Eine Tatsache über sie wurde klar dargelegt, nämlich die Art ihrer Ernennung. Die vier Ritter sollten vom Kreisgericht „gewählt" werden (*cum quatuor militibus ... electis per comitatum*), und auf diese Bestimmung haben Historiker bei der Suche nach antiken Prototypen moderner Institutionen großen Wert gelegt. Diese Ritter wurden als Bezirksrichter, die nach einem mehr oder weniger ausgedehnten Wahlrecht gewählt wurden, herzlich willkommen geheißen. [568]

Da die Bestimmungen der Neuauflage von 1217 nachlässiger formuliert sind und insbesondere kein Wort enthalten, das „Wahl" impliziert, wurde angenommen, dass eine Änderung der Ernennungsart beabsichtigt war; dass ein im Jahr 1215 zaghaft unternommener Schritt in Richtung einer repräsentativen Kommunalverwaltung zwei Jahre später bewusst rückgängig gemacht wurde. [569] „ *Electus* " war im mittelalterlichen Latein jedoch ein vages Wort, das sich stark von den Vorstellungen unterschied, die normalerweise mit einer modernen „Wahl" verbunden sind, und unterschiedslos auf alle Methoden der Ernennung oder Auswahl angewendet wurde, sogar auf die Verfahren der von Edward engagierten Offiziere I. die Rekrutierung der besten verfügbaren Soldaten für seine Armee zu erzwingen. Die zwölf Ritter sollten vom Bezirksgericht „ernannt" und nicht „gewählt" werden, und es bleibt zweifelhaft, ob sich der Sheriff, die Magnaten oder die Gruppe der Freier den Hauptanteil an der Ernennung gesichert hätten. Es liegen keine Beweise dafür vor, dass dem Gebrauch des Wortes „ *electus* "im Jahr 1217 besondere Bedeutung beigemessen wurde , und sein Weglassen könnte auf eine Unachtsamkeit zurückzuführen sein.

IV. *Eine falsche Ansicht.* Als Henry Hallam dieses Kapitel kommentierte, scheint er die Themen, um die es geht, falsch verstanden zu haben. „Diese Klausel stand einerseits im Widerspruch zu den Übergriffen des königlichen Hofes, der andernfalls durch die Anziehung von Landansprüchen das Recht des Freiers auf eine Jury aus der Umgebung zunichte gemacht hätte, und andererseits zu denen von die feudale Aristokratie, die jede Einmischung der Krone zur Bestrafung ihrer Gesetzesverstöße oder zur Kontrolle ihrer eigenen Gerichtsbarkeit hasste." [570] Hallam interpretiert das Kapitel daher als Hinweis auf einen Triumph der alten lokalen Volksgerichte sowohl über die Gerichte des Königs als auch über die Gerichte der feudalen Magnaten. Es bedeutete nichts dergleichen, sondern markierte in Wirklichkeit einen Triumph (soweit es ging) der königlichen Gerichte über die Tribunale der feudalen Magnaten – über die Gerichte des Barons, wie sie später genannt wurden, den wichtigsten der drei Gerichte welche herrschaftlichen Gerichtsbarkeiten sich später trennten. Die Assisen sollten zwar vor dem Bezirksgericht verhandelt werden, aber dort sollten sie von den Richtern des Königs und nicht vom Sheriff vernommen werden. Die Bezirksgerichte waren zu diesem Zeitpunkt vollständig unter die Herrschaft des Königs gefallen und waren im Grunde (und insbesondere zu diesem Zweck) königliche Gerichte. Das vorliegende Kapitel ist somit ein schlüssiger Beweis für den Triumph der königlichen Gerechtigkeit über alle Rivalen in drei wichtigen Gruppen von Klagegründen. Die königliche Justiz war das beste Produkt auf dem Markt und verdiente trotz aller Mängel die Popularität, die sie in dieser Provinz offensichtlich gewonnen hatte, selbst unter den Baronen, deren Jurisdiktion sie ablöste.

V. *Spätere Geschichte der Assize-Richter.* Was auch immer das genaue Datum gewesen sein mag, an dem reisende Richter zum ersten Mal durch England auf Tournee gingen und die Bezeichnung „Richter des Schwurgerichts" tragen durften, solche Rundgänge wurden, sobald sie eingeführt wurden, seit Beginn des Jahres 2000 in mehr oder weniger regelmäßigen Abständen abgehalten 13. Jahrhundert bis heute. Ihre Gerichtsbarkeit wurde unter aufeinanderfolgenden Königen, beginnend mit Heinrich II., stetig erweitert. an Eduard III.; und sie lösten nach und nach die älteren Richter von Eyre ab und übernahmen solche Funktionen, die nicht im Widerspruch zu den Veränderungen standen, die das mittelalterliche in das moderne Justizsystem allmählich verwandelten. [571] Es war Brauch der Krone, den Richtern neue Aufträge zu erteilen, wenn sie sich auf den Weg zu jedem neuen Bezirk machten. Fünf verschiedene Arten solcher Kommissionen übertrugen die Zuständigkeit auf fünf verschiedene Abteilungen der Justiz.

(1) *Der Schwurgerichtsausschuss* war der erste von allen und ermächtigte sie, kleine Schwurgerichte abzuhalten, nicht jedoch das große Schwurgericht. Hiervon wurde bereits genug gesagt.

(2) *Die Kommission des Nisi Prius* gewährte eine umfassendere Zivilgerichtsbarkeit, die praktisch alle zu diesem Zeitpunkt in den von ihnen besuchten Bezirken anhängigen nichtstrafrechtlichen Klagegründe umfasste. Diese Befugnisse basierten ursprünglich auf den Bestimmungen des Statuts von Westminster II., das 1285 in Kraft trat [572] und vorsah, dass alle Zivilklagen (mit bestimmten Ausnahmen) in ihren eigenen Landkreisen verhandelt werden konnten. Von nun an könnten die meisten gewöhnlichen Klagen entweder vor Ort vor den Schwurrichtern oder vor dem Richtergericht in Westminster verhandelt werden. Das Gesetz sah jedoch vor, dass Sheriffs bei der Vorladung von Geschworenen nach Westminster dies nur unter bestimmten Bedingungen tun durften – die Geschworenen mussten dort anwesend sein, es sei denn , die Schwurrichter waren bereits (nisi *prius*) *in die Grafschaft gekommen;* Das heißt, wenn die Richter inzwischen vor Ort eintrafen, wurde den Geschworenen und allen anderen Beteiligten eine Reise erspart, und die betreffenden Klagegründe wurden an Ort und Stelle verhandelt. Die Kommissionen, in deren Rahmen die reisenden Richter vor Ort solche Zivilklagen verhandelten, wurden daher als „Kommissionen des *Nisi Prius* " bezeichnet.

(3) *Der Auftrag zur Übergabe von Gefängnisstrafen* wurde ab 1299 ausnahmslos den Schwurrichtern übertragen, gemäß einem Gesetz aus diesem Jahr [573] , das sie ermächtigte, alle Gefängnisse zu inspizieren und alle gegen Gefangene erhobenen Anklagen zu untersuchen die zu Unrecht Inhaftierten freizulassen. Zuvor waren ähnliche Befugnisse gelegentlich einzelnen Kommissaren übertragen worden, die manchmal für einen solchen Trust völlig ungeeignet waren und ihre Autorität allzu oft missbraucht hatten.

(4) *Kommissionen von Oyer und Terminer* , die schon ab dem Jahr 1285 gelegentlich [574] an mehr oder weniger verantwortliche Personen vergeben wurden, wurden ab 1329 ausschließlich den Schwurrichtern übertragen, die so die Autorität erhielten [575], „zu „Anhörung und Feststellung" aller in den von ihnen besuchten Landkreisen anhängigen Strafverfahren. In Verbindung mit der Begehung einer Gefängnisstrafe kam dies einer vollständigen Gerichtsbarkeit über Verbrechen und Kriminelle jeder Art und Schwere gleich; ebenso wie die Kommissionen Assize und *Nisi Prius* ihnen zusammen die volle Zuständigkeit für alle zivilrechtlichen Klagegründe einräumten. [576]

(5) *Die ordentliche Friedenskommission* wurde seit der Herrschaft Eduards III. ausnahmslos den Schwurrichtern erteilt und übertrug ihnen ähnliche Befugnisse wie die örtlichen Friedensrichter in jedem Kreis, den sie besuchten.

Durch einen Prozess des Überlebens des Stärkeren erlangten die Assize-Richter von den kleinen Anfängen an, auf die in Johns „Großer Charta" Bezug genommen wird, nach und nach die Befugnisse, die ursprünglich von verschiedenen rivalisierenden Gruppen von Kommissaren ausgeübt wurden; und sie haben viele Jahrhunderte lang die von diesen fünf verschiedenen Kommissionen übertragenen Funktionen wahrgenommen und einen charakteristischen und unverzichtbaren Teil des englischen Justizsystems gebildet. [577]

---

547 . „ *Comitatus* " bezeichnet sowohl den Landkreis, in dem die Ländereien liegen, als auch das Gericht dieses Landkreises. Es war ursprünglich der Einflussbereich eines Grafen oder Grafen. Vgl. *oben* , c. 2, (S. 238, Anm.)

548 . „Die *genannten* Schwurgerichte" wurden früher nicht als Schwurgerichte, sondern als „Untersuchungen" (*recogniciones*) bezeichnet, ein weiter gefasster Begriff, von dem die drei hier genannten kleinen Schwurgerichte drei spezielle Anwendungen waren.

549 . Siehe *oben* , c. 17 .

550 . Vgl. *oben* , S. 106 .

551 . Siehe WS Houldsworth (*History of English Law* , S. 115), der 1397 als Datum der endgültigen Abschaffung von Eyres nennt.

552 . Das war im Jahr 1233: siehe Pollock und Maitland, I. 181.

553 . Blackstone, *Kommentare* , III. 58 weist 1176 (das Assize von Northampton) als Datum ihrer Einrichtung zu.

554 . Siehe Statut 3 und 4 Wilhelm IV. C. 27 §§ 36-7. Der letzte tatsächliche Fall eines Grand Assize ereignete sich im Fall *Davies* v. *Loundes* in den Jahren 1835 und 1838 (1. Bing. NC 597 und 5. Bing. NC 161).

555 . Der Name „Assize" sorgt manchmal für Verwirrung, da er verschiedene Bedeutungen hat. (1) Ursprünglich bezeichnete es eine Sitzung oder ein Treffen jeglicher Art. (2) Es wurde speziell für Sitzungen des Königsrats reserviert. (3) Es wurde auf alle vom König in einer solchen Sitzung erlassenen Verordnungen angewendet, z. B. auf das Assize von Clarendon oder das Assize von Northampton. (4) Es wurde auf alle durch eine solche königliche Verordnung eingerichteten Institutionen oder Verfahren ausgedehnt, (5) jedoch insbesondere auf die Institutionen oder Verfahren angewendet, die als Grand Assize und Petty Assizes bekannt sind, von denen die „Justices of Assize" abstammten Name. (6) Schließlich bezeichnet es heute eine „Sitzung" dieser Assize-Richter und verbindet so etwas von seiner frühesten Bedeutung mit etwas von seiner neuesten. In bestimmten Zusammenhängen hat es noch andere Bedeutungen, z. B. (7) eine Beurteilung oder finanzielle Belastung, die auf einer „Sitzung" des Königsrats oder einer anderen Behörde auferlegt wird.

556 . Siehe Neilson, *Trial by Combat* , 33–36, und die dort zitierten Quellen.

557 . Vgl. *supra* , S. 103-4 für die Stellung des „Kampfes" im Gerichtsverfahren; und S. 108-9 für Henrys Politik, davon abzuraten. Für die spätere Geschichte der Prüfung durch Schlacht siehe *unten* , unter c. 36.

558 . Siehe Glanvill, II. 7.

559 . Die verschiedenen Schritte des Verfahrens sollten klar verstanden werden: (*a*) Ein Kläger focht den Titel des eigentlichen Pächters im Gericht an, Baron des Herrn, von dem das Mietshaus gehalten wurde, und bot einen Kampf durch einen Streiter an, der dies tun sollte sei ein Zeuge. (*b*) Der Pächter (jetzt Angeklagter) beantragte beim König einen königlichen Erlass, dessen Ausstellung *ipso facto* alle Verfahren vor dem Gerichtsbaron beendete. (*c*) Der Kläger (Kläger) musste daher den nächsten Schritt machen bewegen; und Heinrichs Verordnung ließ ihm nur einen Schritt übrig, nämlich die Beantragung eines neuen königlichen Erlasses, allerdings eines anderen Typs. In dieser neuen Urkunde wurde die Titelfrage an zwölf Ritter des Grand Assize verwiesen. (*d*) *Bevor diese ernannt werden und ihr Urteil fällen konnten, waren zwangsläufig viele Formalitäten und Verzögerungen erforderlich, die kostspielige Reisen zur Kurie* des Königs mit sich brachten , zunächst durch die vier ernennenden Ritter und dann durch die zwölf ernannten. Bis zum endgültigen Urteil könnten Monate und sogar Jahre vergehen. Diese geniale Reform ersetzte zwar die Gerichtsverhandlungen durch Schlachten, löste aber im Übrigen auch die Gerichtsbarkeit der Mesne-Lords auf. Daher wurde das Grand Assize bei den Magnaten nie beliebt. Vgl. unter c. 34.

560 . Das Datum der Verordnung des Grand Assize ist nicht bekannt. Es wurde argumentiert, dass sein Ursprung auf ein früheres Datum als das der Gerichtsverhandlung über Roman Disseisin zurückgeführt werden kann (siehe Mr. JH Round im *Athenaeum* vom 28. Januar 1899); aber auf jeden Fall scheint die *logische* Reihenfolge die im Text angegebene zu sein. Die Frage der *zeitlichen* Abfolge ist noch offen.

561 . Erst im Jahr 1267 wurde es für notwendig befunden, das Recht des volljährigen Erben gesetzlich anzuerkennen, seinen Vormund durch ein Assis des Mort *d'Ancestor von seinem Land zu vertreiben* . Siehe Statut von Marlborough, c. 16.

562 . Dies galt noch im Jahr 1285. Das Statut von Westminster II. (13 Edward I. c. 5) erklärt maßgeblich, dass, wenn jemand zu Unrecht einen Pfarrer einer leerstehenden Kirche vorgestellt hatte, der eigentliche Patron sein Advowson nur durch einen Rechtsbescheid „quod habet terminari per duellum vel per magnam assisam" zurückerhalten *konnte* ."

563 . Die Beziehungen der Assisen zur antiken *Inquisitio* und zur modernen Jury werden *oben auf den* Seiten 158–163 erörtert .

564 . So betonen zwei aufeinanderfolgende Kapitel der Magna Carta zwei unterschiedliche Tendenzen: c. 17 hatte gefordert, dass alle „gemeinsamen Klagegründe" in Westminster abgehalten werden sollten, während c. 18 fordert, dass „Assises" dort *nicht* aufgenommen werden sollten. In beiden Fällen ging es darum, die Bequemlichkeit der Prozessparteien zu prüfen.

565 . Siehe Bracton's *Note Book* , Fall Nr. 1478; ein Fall, den auch Coke zitiert (*Second Institute, proem.*). Hätte dieses Verfahren besonders schwierige Punkte aufgeworfen, hätte es ohne Verstoß gegen die Magna Carta in Westminster abgehalten werden können.

566 . 13 Edward I. c. 30. Stephen, *History of Criminal Law* , 105–107, liefert weitere Einzelheiten.

567 . Siehe Assize of Northampton, c. 4.

568 . Siehe z. B. Stubbs, *Vorwort* zu R. Hoveden, IV. xcviii.; Blackstone, *Great Charter* , xxxvi.; Medley, *engl. Konst. Geschichte* , 130.

569 . Blackstone, *ebenda.* , weist auf diese Änderungen in der Charta von 1217 hin: „die Belassung der Zahl der Ritter und der Schwurgerichte auf unbestimmte Zeit, die Abschaffung der Wahl der ersteren und die Verkürzung der Zeiten für die Schwurgerichte auf einmal im Jahr."

570 . Siehe *Mittelalter* , II. 464.

571 . Vgl. Coke, *First Institute* , 293 b.: „Als die Macht der Gerichtsrichter durch viele Beschlüsse des Parlaments und anderer Kommissionen zunahm, verschwanden diese umherziehenden Richter nach und nach.“

572 . 13 Edward I. c. 30.

573 . 27 Edward I. c. 3.

574 . 13 Edward I. c. 39; siehe Stephen, *Hist. Strafrecht* , S. 106.

575 . 2 Eduard III. C. 2. *Ebenda.* , 110.

576 . Es ist unnötig, mehr zu tun, als die außergewöhnlichen „Kommissionen von Trailbaston“ zu beachten, die angeblich aus dem Statut von Rageman (1276) stammen und besondere Befugnisse zur Unterdrückung mächtiger Übeltäter verleihen. Diese wurden bald durch die Kommissionen von Oyer und Terminer abgelöst.

577 . Herr WS Holdsworth, *Hist. Ing. Law* , 116–123, gibt einen bewundernswerten und prägnanten Bericht über die Richter und ihre Kommissionen. Ausführlichere Informationen finden Sie in Stephen, *Hist. Strafrecht* , I. 97-111.

KAPITEL NEUNZEHN.

Und wenn das Komitee kein Recht hat, sind alle Milizen und freien Interessen von den Illegalen, die das Komitee intervenieren, abhängig, für die die Justiz ausreicht, und zweitens ist die Verhandlung höher oder niedriger.

Und wenn einer der besagten Schwurgerichte am Tag des Bezirksgerichts nicht angenommen werden kann, sollen von den Rittern und Grundbesitzern, die an diesem Tag im Bezirksgericht anwesend waren, so viele übrig bleiben, wie für eine wirksame Urteilsfindung erforderlich sind. je nach Geschäft mehr oder weniger.

In dieser Ergänzung zum vorangegangenen Kapitel wurde die Vorgehensweise beschrieben, die einzuhalten war, wenn der Druck anderer Unternehmen verhindert hatte, dass einige der auf der Tagesordnung stehenden Schwurgerichte am Gerichtstag verhandelt werden konnten. Der Shiremoot dauerte nur einen Tag, und eine vertagte Sitzung aller Bewerber am nächsten Tag würde denjenigen, deren Anwesenheit woanders erforderlich war, Schwierigkeiten bereiten. Die Verfasser der Charta standen vor dem Dilemma, die schnelle Erledigung von Geschäften mit einem Minimum an Unannehmlichkeiten für diejenigen zu vereinbaren, die vor Gericht kamen.

Die Artikel der Barone hatten zwei eindeutige Forderungen gestellt, die nicht ohne weiteres in Einklang zu bringen waren; nämlich, dass niemand außer den Geschworenen und den Parteien anhängiger Klagen zu einem Treffen mit den Schwurrichtern in ihren vierteljährlichen Runden geladen werden sollte (Artikel 8); und dass Schwurgerichte „verkürzt" werden sollten (Artikel 13), was lediglich bedeutete, dass die Verzögerungen des Gesetzes aufhören sollten.

Die Bedingungen der Magna Carta waren präziser, wie es sich für ein sorgfältig ausgearbeitetes, geschäftsmäßiges Dokument gehörte. Sie stellten klar, dass Schwurgerichte im Normalfall vor dem Bezirksgericht stattfinden sollten – ein Punkt, zu dem die Artikel geschwiegen hatten. Dies war eine heilsame Maßnahme, da die gesamte Grafschaftsdebatte von einer gesunden Öffentlichkeitsarbeit begleitet wurde. Von einer „Verkürzung" des Verfahrens wurde nichts gesagt; und die Charta zeigte ihre Wertschätzung für die Tatsache, dass es möglicherweise mehr Geschäfte gibt, als an einem Tag erledigt werden könnten. Sollte dies geschehen, muss ein Kompromiss zwischen den Ansprüchen der Prozessparteien, die eine beschleunigte Klageerhebung wünschen, und dem Wunsch anderer Personen, von der weiteren Gerichtsverhandlung entbunden zu werden, geschlossen werden. Die Richter wurden angewiesen, ihre Arbeit am nächsten Tag abzuschließen, es war ihnen jedoch untersagt, außer den eigentlichen Prozessbeteiligten und einer ausreichenden Anzahl von Geschworenen irgendjemanden anwesend zu halten. Diejenigen, die die Magna Carta auf diese Weise dazu zwang, einen zweiten Tag zu warten, waren genau diejenigen, deren Anwesenheit in den Artikeln am ersten Tag vorgesehen war – ohne jedoch die Möglichkeit zuzulassen, dass ein zweiter Tag erforderlich sein könnte. Die Diskrepanz zwischen den Schemata der beiden Dokumente könnte mit der Annahme erklärt werden, dass die Möglichkeit, den Besuch der Richter zeitlich auf das Datum der monatlichen Shirmemoot abzustimmen, erst nach der Versiegelung der Satzung der Barone ins Auge gefasst wurde. [578]

Die Charta von 1217 sah für denselben Fall eine andere Bestimmung vor. Unvollendete Assisen müssen nicht mehr am Tag nach dem Bezirksgericht in ihrem eigenen Bezirk verhandelt werden, und auch nicht an einem anderen Tag. Die Richter erhielten die volle Befugnis, sie an anderer Stelle ihres Gerichts zu einer Schlussfolgerung zu bringen, je nachdem, wie es ihnen am besten erschien. Dieses Zugeständnis an die Richter in Verbindung mit den weiteren Bestimmungen von 1217, die alle Darrein-Präsentationen zusammen mit anderen Schwurgerichten jeglicher Schwierigkeit der Entscheidung des Gerichts vorbehalten, zeigt eine vergleichsweise Missachtung der Bequemlichkeit der Geschworenen, die möglicherweise in Nach der Wahl der Richter sehen sie sich gezwungen, entweder den Geschworenen von Auenland zu Auenland zu folgen oder sich auf die beschwerliche Reise nach Westminster zu begeben, von der sie durch die Charta von 1215 befreit worden waren. [579]

---

578 . Die spätere Praxis entsprach dieser Regel nicht. Ein *Roman disseisin* oder ein *Mort d'ancestor* könnten für sich allein gehalten werden; und im Jahr 1258 wurde eine Beschwerde erhoben, dass die Sheriffs auf den Marktplätzen verkündeten, dass sich alle Ritter und Grundbesitzer zu einer solchen Untersuchung versammeln müssten, und wenn sie nicht kamen, hätten sie sie nach Belieben gemildert (pro voluntate *sua*). Siehe Petition of Barons, c. 19 (Sel. Charters, 385).

579 . Die spätere Gesetzgebung schwankte zwischen zwei Politiken, zeitweise war sie von dem Wunsch getragen, die Ermessensbefugnisse der Richter einzuschränken; und bei anderen durch die Erfahrung, dass die strikte Einhaltung unflexibler Regeln den Prozessparteien Schwierigkeiten bereitet. Das Statut von Westminster II. (13 Edward I. um 30) bestätigte die Befugnis der Richter, Fälle von Mort d'ancestor der Entscheidung durch das Gericht vorzubehalten, und gestattete *im Gegenzug* Assisen von darrein

presentment (die es in diesem Zusammenhang mit inquests *quadre impedit in Verbindung brachte*). „in ihren eigenen Kreisen" aufgenommen werden. Der Akt 6 Richard II. C. 5 schränkte die zuvor übertragenen Ermessensbefugnisse ein und ordnete an, dass Richter, die für die Annahme von Schwurgerichten und die Verkündung von Gefängnisstrafen zuständig sind, ihre Sitzungen in den Kreisstädten abhalten sollten, in denen die Grafschaftsgerichte üblicherweise abgehalten wurden. Das Statut 11 Richard II. C. 11 lockerte diese Regel noch einmal mit der Begründung, sie habe zu Unannehmlichkeiten für die Bewerber geführt. Daher wurde dem Kanzler die Befugnis übertragen, mit Rat der Richter zu bestimmen, an welchen Orten Schwurgerichte abgehalten werden könnten, ungeachtet der Bestimmungen des Statuts von fünf Jahren zuvor.

KAPITEL ZWANZIG.

Liber homo non amercietur pro parvo delicto, nisi secundum modum delicti; et pro magno delicto amercietur secundum magnitudinem delicti, salvo contenemento suo; et mercator eodem modo, salva mercandisa sua; et villanus eodem modo amercietur salvo waynagio suo, si inciderint in misericordiam nostram; et nulla predictarum misericordiarum ponatur, nisi per sacramentum proborum hominum de visneto.

> Ein Ehrenbürger darf für ein geringfügiges Vergehen nicht bestraft werden, außer entsprechend der Schwere des Vergehens; und für ein schweres Vergehen soll er entsprechend der Schwere seines Vergehens bestraft werden, jedoch stets unter Wahrung seiner „Zufriedenheit"; und ein Kaufmann auf die gleiche Weise, der seine Waren sparte; und ein Schurke soll auf die gleiche Weise gemildert werden, bis auf seinen Lohn – wenn er in unsere Gnade gefallen ist; und keine der oben genannten Schmähungen soll außer durch den Eid ehrlicher Männer der Nachbarschaft auferlegt werden.

Dies ist das erste von drei aufeinanderfolgenden Kapiteln, die darauf abzielen, schwerwiegende Missbräuche im Zusammenhang mit königlichen Übergriffen zu beheben. Um diese vollständig zu verstehen, bedarf es einiger Kenntnisse nicht nur des Rechtsverfahrenssystems, zu dem sie gehörten, sondern auch der früheren Systeme.

I. *Drei Stufen des Strafrechts*. Die im mittelalterlichen England unternommenen Bemühungen, Maschinen zur Unterdrückung der Kriminalität zu entwickeln, nahmen unterschiedliche Formen an. Es lassen sich drei Perioden unterscheiden.

(1) *Die Blutfehde*. Die früheste Methode zur Wiedergutmachung von Unrecht, von der es Beweise gibt, war die Praxis der Vergeltung oder der Blutfehde. Der Verletzte oder sein Erbe, wenn er tot war, nahm das Gesetz selbst in die Hand und forderte mit Hilfe einer Streitaxt oder eines Speeres Genugtuung. Dieses Recht auf Rache, das früher mit der gesamten Sanktion des Gesetzes verbunden war, war vor dem Anbruch der authentischen Geschichte in England praktisch verschwunden; aber seine frühere Existenz kann sicher aus gewissen Spuren abgeleitet werden, die es in den Gesetzen einer späteren Zeit hinterlassen hat.

(2) *Feste Geldzahlungen*. Zu einem frühen, aber ungewissen Zeitpunkt war es üblich geworden, Geld anstelle von Rache anzunehmen. Die neue Praxis, die zunächst eine Ausnahme war und nur auf Fälle von Unfallverletzungen angewendet wurde, wurde nach und nach auf alle Fälle ausgeweitet, in denen

die geschädigte Person bereit war, einen Kompromiss zu akzeptieren. Den Übeltätern wurde die Verpflichtung auferlegt, für jedes begangene Verbrechen ein Solatium in Geld anzubieten, und schließlich wurde es auch dem Geschädigten vorgeschrieben, es anzunehmen, wenn es ihm angeboten wurde. Zu diesem Zeitpunkt gehörte das Recht auf private Rache fast der Vergangenheit an. Sie war erst dann rechtmäßig , wenn die geschädigte Person eine Entschädigung in der anerkannten Höhe verlangt hatte und abgelehnt wurde.

Verschiedene Kodizes formulierten komplizierte Regeln zur Bestimmung der zu zahlenden Beträge. Jeder Mann hatte seinen eigenen Geldwert (vom einfachen Freeman, der auf 200 Schilling geschätzt wurde, bis hin zu den Prälaten und Laienadligen, die auf viel höhere Beträge geschätzt wurden) . Dies waren die gesetzlichen Werte, nach denen das Leben eines jeden Mannes beurteilt wurde. Kleinere Fehler könnten durch kleinere Schadensersatzbeträge, sogenannte *Bots* , *ausgeglichen werden* : so viel für einen Fuß, ein Auge oder einen Zahn. Der König oder ein anderer Feudalherr verlangte vom Übeltäter unter dem Namen „ *wites"* *weitere Zahlungen* , die manchmal als der Preis erklärt werden, den der Magistrat für die Durchsetzung der Zahlung des *Wer* oder *Bot verlangte* ; manchmal als Beträge, die der Gemeinschaft geschuldet werden, mit der Begründung, dass jede böse Tat sowohl der Gesellschaft im Allgemeinen als auch ihrem Opfer Unrecht zufügt.

(3) *Verstärkungen*. Ein drittes System war erfolgreich. Dieses war äußerst einfach und unterschied sich in vielerlei Hinsicht erheblich von dem komplizierten System, das es ersetzte. Kurz nach der Eroberung durch die Normannen war es voll funktionsfähig, galt aber bei der Thronbesteigung Heinrichs I. immer noch als Innovation. Es ist als System der Verstärkungen bekannt. Keine unserer Behörden enthält einen vollständig zufriedenstellenden Bericht darüber, wie die Änderung stattgefunden hat, aber die folgenden Vorschläge können riskant sein. Die Summen, die von einem Übeltäter verlangt wurden, der sich in den Schutz des Gesetzes und in die Gemeinschaft der Wohltäter zurückkaufen wollte, wurden immer belastender. Er musste die Ansprüche der Familie des Opfers, des Herrn des Opfers, des Herrn, auf dessen Territorium das Verbrechen begangen worden war, der Kirche, vielleicht, deren Heiligtum überfallen worden war, und anderer Herren, die Interesse zeigen konnten, befriedigen Art und schließlich des Königs als oberstem Herrn. Es wurde praktisch unmöglich, den Frieden zurückzukaufen, nachdem er gebrochen worden war. Die Krone schritt jedoch ein und bot Schutz unter bestimmten Bedingungen an: Der Täter übergab sich und alles, was er hatte, dem König, stellte sich „ *in misericordiam regis* " und lieferte ein konkretes Versprechen (*Vadium*) als Beweis und Sicherheit für das aufgeben. [580]

Obwohl der Übeltäter theoretisch sein Eigentum dem König vorbehaltlos zur Verfügung stellte, bestand eine stillschweigende Übereinkunft, dass er im Gegenzug nicht nur eine kostenlose Begnadigung, sondern auch die Wiederherstellung des Gleichgewichts seiner Besitztümer erhalten sollte, nachdem der König sich dazu bedient hatte Aktie. Ein solcher zunächst optionaler Kurs würde sich nach und nach mit absoluter Einheitlichkeit durchsetzen. Mit der Zeit ging man davon aus, dass jeder Täter diesen Fluchtweg nutzen wollte, und so wurde in den Gerichtsakten ganz selbstverständlich nach dem Namen jedes Verurteilten das Wort „in Gnade" geschrieben Verbrechen.

Es ist leicht zu verstehen, warum die normannischen Könige dieses System bevorzugten; denn die Krone erhielt somit alles, was sie verlangen wollte, während andere Anspruchsberechtigte nichts bekamen. Allmählich wurde das alte, komplizierte System aus *Wers*, *Bots* und *Wites* obsolet und geriet mit der Zeit völlig in Vergessenheit; An seiner Stelle herrschte das System der Verstärkungen. Genau genommen waren Leib und Leben des Mannes und alles, was er besaß, der Gnade des Königs ausgeliefert. [581] Die Krone stellte jedoch fest, dass sie ihre eigenen Interessen durch übermäßige Gier zunichte machen könnte; und begnügte sich im Allgemeinen mit anspruchsvollen, moderaten Beträgen. Bald wurde eine Geschäftsordnung zur eigenen Orientierung formuliert. Die jeweils erhobenen Beträge richteten sich teils nach dem Vermögen des Täters, teils nach der Schwere der Straftat. Darüber hinaus wurde es zu einer anerkannten Regel, dass die Höhe des Betrags von einer Jury ermittelt werden sollte, die praktisch aus den Nachbarn des Täters bestand; und es wurde auch versucht, ein Maximum festzulegen. [582]

So entstand eine Art Tarif, der die zu fordernden Beträge für verschiedene Straftaten allgemeinster Art festlegte. Die Krone und ihre Beamten respektierten dies in der Praxis normalerweise, gaben jedoch nie offiziell das Recht auf, mehr zu verlangen. Solche Zahlungen wurden als „Amercements" bezeichnet und technisch immer von „Geldstrafen" (oder freiwilligen Angeboten) unterschieden. Noch heute erhaltene Aufzeichnungen über die Herrschaft des Johannes zeigen uns, dass Menschen wegen sehr geringfügiger Vergehen ständig „in Gnade" versetzt wurden; zum Beispiel wegen Nichtteilnahme an Sitzungen des Hundertgerichts oder des Bezirksgerichts; für falsche oder falsche Urteile; wegen geringfügiger Verstöße gegen die Waldrechte des Königs; und für tausend andere triviale Fehler. Jeder Mann, der eine Klage erhob und dabei scheiterte, wurde beschimpft. Es ist leicht verständlich, wie wichtig es war, dass diese Amercements, die eine so verlockende Einnahmequelle für die Staatskasse darstellten, nicht missbraucht wurden. Die Charta Heinrichs I. (Kapitel 8) hatte eine zwar drastische, aber reaktionäre und unmögliche Abhilfe versprochen. Er stimmte dort zu, das System der Amercements (das damals erst kürzlich eingeführt wurde) vollständig abzuschaffen und zum früheren angelsächsischen System der Bots und Wites zurückzukehren, das bereits besprochen wurde. Dieses Versprechen Heinrichs I. wurde, wie andere auch, nur gegeben, um gebrochen zu werden. [583]

II. *Magna Carta und Amercements.* Alle Klassen hatten Interesse an diesem Thema, da niemand erwarten konnte, durchs Leben (vielleicht kaum ein einziges Jahr) zu gehen, ohne einer oder mehreren Beeinträchtigungen ausgesetzt zu sein. Drei Kapitel der Magna Carta befassen sich dementsprechend mit Heilmitteln. Kapitel 20 versucht, den einfachen Laien zu schützen; Kapitel 21, die Barone; und Kapitel 22, der Klerus – und nimmt damit vage die Vorstellung von drei Ständen des Reiches vor: Gemeine, Adlige und Geistliche. Der „dritte Stand" wird zumindest für die Zwecke dieser Klausel weiter in drei Unterteilungen analysiert – den Freien, den Schurken und den Kaufmann. [584]

(1) *Die Abtretung des Grundeigentümers.* Das große Ziel der hier versprochenen Reformen bestand darin, das Element der Willkür zu beseitigen; Die Krone muss sich an ihre eigenen Gewohnheitsregeln halten. Zu diesem Zweck wurden verschiedene Schutzmaßnahmen entwickelt, um die Einwanderung freier Bürger zu regeln. (*a*) Für ein Bagatelldelikt konnte nur ein Bagatellbetrag erhoben werden. Das war nichts Neues: Aus den Aufzeichnungen über die Regierungszeit von John geht hervor, dass sowohl vor als auch nach 1215 oft sehr kleine Beträge eingenommen wurden: Drei Pence waren eine übliche Summe. (*b*) Bei schweren Straftaten kann ein höherer Betrag festgesetzt werden, der jedoch nicht in einem unverhältnismäßigen Verhältnis zur Straftat steht. (*c*) In keinem Fall darf der Täter vollständig an die Wand gedrängt werden. Seine Lebensgrundlagen müssen ihm gesichert werden. Auch wenn alle anderen Besitztümer des säumigen Ehrenbürgers verkauft werden mussten, um den festgesetzten Betrag zu bezahlen, sollte er seinen angestammten Grundbesitz (oder „Contenement", ein Wort, das später besprochen wird) behalten. Es könnte jedoch sein, dass er für eine hohe Summe haftbar gemacht wird, die er über viele Jahre hinweg in Raten abbezahlen muss. (*d*) Eine andere Klausel sah Mechanismen vor, um alle diese Regeln in Kraft zu setzen. Die Höhe der Entschädigung muss nicht willkürlich von der Krone, sondern von unparteiischen Gutachtern „durch den Eid ehrlicher Männer der Nachbarschaft" festgelegt werden.

Es scheint wahrscheinlich, dass alle diese Bestimmungen den bestehenden Brauch deklarierten, das heißt den Brauch während der Regierungszeit des Johannes; aber offenbar war ein anderes und für Übeltäter weniger günstiges Verfahren in Mode gewesen, und zwar erst in der Regierungszeit Heinrichs II. Die Beträge waren dann nicht von örtlichen Geschworenen, sondern von den Finanzbaronen beurteilt worden, die jedoch, wenn noch

Zahlungsrückstände fällig waren, ihre eigenen Feststellungen aus früheren Jahren revidieren konnten. [585]

Die Pfeifenrolle aus dem vierzehnten Jahr Heinrichs II. [586] zeigt, wie ein gewisser Priester, der in dieser Hinsicht einem Laien genau gleichgestellt war, von William Fitz John, einem der Richter des Königs, mit 100 Mark „ *in misericordiam* " *belegt worden war, aber wie diese Summe später ausfiel* ermäßigt auf 40 Mark „ *per sacramentum vicinorum suorum* ". Es scheint eine sichere Schlussfolgerung zu sein, dass auf den Priester, der sich auf Armut berief, die Frage seiner Zahlungsfähigkeit an die örtlichen Anerkennungsbehörden weitergeleitet und das Ergebnis dargelegt wurde. Dieser Priester wurde später „wegen seiner Armut" gänzlich begnadigt. Sein Fall veranschaulicht, wie nach und nach eine wichtige Veränderung herbeigeführt wurde. Lokale Geschworene unterstützten die Finanzbarone zunächst und lösten sie dann bei der Festsetzung der als Ersatzzahlungen zu zahlenden Beträge ab. Dieser wichtige Segen, der die Entscheidung von unsympathischen Kronbeamten auf die eigenen Nachbarn des Schuldners übertrug, wurde durch die Magna Carta allen Geistlichen und allen Mitgliedern des dritten Standes bestätigt. Im Zusammenhang mit Kapitel 21 wird gezeigt, wie Grafen und Barone ein ähnliches Privileg verloren. [587]

(2) *Die Vereinbarung des Händlers.* Die Bestimmungen zugunsten der Anteilseigner wurden auf die Mitglieder der Handelsklassen ausgeweitet. Eine Änderung musste jedoch vorgenommen werden. Im Normalfall war der Lebensunterhalt des Kaufmanns seine Waren, nicht sein Grundbesitz. Diese Waren waren dementsprechend ihm vorbehalten, nicht seine „Befriedigung" (falls er eine hatte). Die Händler vieler begünstigter Städte hatten jedoch in dieser wie auch in anderen Angelegenheiten bereits besondere Privilegien erlangt, und diese hatten eine allgemeine Bestätigung durch Kapitel 13 der Großen Charta erhalten. Einige Bezirke waren der Magna Carta zuvorgekommen, indem sie in ihren eigenen Sonderurkunden entweder eine Definition des maximal zulässigen Betrags oder in einigen Fällen eine Definition des Vertragsorgans festgelegt hatten. So sieht Johns Urkunde an Dunwich vom 29. Juni 1200 [588] vor, dass die Bürger nur von sechs Männern aus dem Bezirk und sechs Männern von außerhalb beschützt werden dürfen. Die Hauptstadt hatte besondere Privilegien: In seiner Charta an die Londoner hatte Heinrich I. versprochen, dass kein Bürger *in misericordia pecuniae* eine höhere Summe als 100 Shilling zahlen sollte. (die Menge seiner *Wer*). [589] Dies wurde in der Charta von Heinrich II. bestätigt, der erklärte, „dass niemand wegen Geldverschwendung verurteilt werden darf, außer nach dem Recht der Stadt, das sie zur Zeit König Heinrichs, meines Großvaters, hatten." [590] Johns Charter an London vom 17. Juni 1199 erwähnte dies ebenfalls ausdrücklich; [591] und die allgemeine Bestätigung der Bräuche in Kapitel 13 der Magna Carta würden es weiter stärken. Aller

Wahrscheinlichkeit nach handelte es sich nur um Bagatelldelikte (z. B. die Übergabe des Täters an den König *de misericordia pecuniae*). Das vorliegende Kapitel ist in seinem Umfang umfassender, gilt sowohl für große als auch für kleine Straftaten und umfasst Kaufleute überall, nicht nur die Bürger von Charterstädten.

(3) *Die Verzweiflung des Bösewichts.* Die frühe Geschichte der Schurken als Klasse ist in den Nebel gehüllt, der immer noch die umstrittene Frage des Aufstiegs des englischen Herrenhauses umgibt. Ungeachtet der brillanten Bemühungen von Herrn Frederic Seebohm [592], den Ursprung des Bauerntums im Status der Leibeigenen zu finden, die lange vor Beginn der germanischen Einwanderung für römische Herren auf britischen Farmen oder *Villen arbeiteten, gilt immer noch eine ältere Theorie, nämlich* , dass die niederträchtigen Schurken der normannischen Zeit die Nachkommen der freigeborenen „Ceorls" der angelsächsischen Zeit waren. Nach dieser Theorie – der orthodoxen, und das zu Recht, da sie durch mehr Beweise gestützt wird – wurde der größte Teil Englands einst von freien angelsächsischen Bauernbesitzern bewirtschaftet, die ursprünglich in kleinen Gesellschaften zusammengefasst waren, von denen jede ein isoliertes Dorf bildete. Diese freien Dorfbewohner wurden als „Ceorls" bezeichnet, um sie von den „Eorls" genannten Adligen oder Adligen zu unterscheiden, die gesellschaftliche Anerkennung genossen, aber (so wird üblicherweise argumentiert) keine unfairen politischen Vorteile aufgrund ihres Adelsgeschlechts hatten. Die „Ceorls" verfielen mehrere Jahrhunderte vor 1066 langsam von ihrem ursprünglich freien Besitztum, aber der Prozess ihrer Degradierung wurde durch die harten Maßnahmen der normannischen Eroberer schnell und grob abgeschlossen. Der Großteil der einst freien Bauernschaft wurde im 11. und 12. Jahrhundert in die abhängigen Landbesitzer zerschlagen.

Welche Theorie auch immer die richtige sein mag, die wirtschaftliche, rechtliche und politische Stellung der Bauern im 13. Jahrhundert ist bis heute mit Genauigkeit und Sicherheit ermittelt worden. Aus wirtschaftlicher Sicht galten sie als Teil der notwendigen Ausstattung des Herrenhauses ihres Herrn, dessen Felder sie als Bedingung dafür bewirtschaften mussten, dass sie im Besitz von Hektar blieben, die einst, im wahrsten Sinne des Wortes, ihr Eigentum gewesen waren. Die vom Gutsbesitzer zu erwartenden Leistungen waren zunächst vage und undefiniert, wurden aber nach und nach konkretisiert und begrenzt. Sie variierten von Jahrhundert zu Jahrhundert, von Bezirk zu Bezirk und sogar von Herrenhaus zu Herrenhaus; aber im besten Fall war das Leben des Bösewichts, wie ein zeitgenössischer Schriftsteller es beschrieben hat, belastend und elend (*graviter et miserabiliter*). Nachdem er seinen vielfältigen Verpflichtungen nachgekommen war, blieb ihm nur noch wenig Zeit für das Pflügen und Ernten seines eigenen kleinen

Grundstücks. Der normale Gutsbesitzer besaß seinen Landanteil in der Größe einer Jungfrau oder einer halben Jungfrau (dreißig oder fünfzehn verstreute Acres) unter einem Herrschaftsrecht, das als *Villenagium bekannt* ist und sich deutlich von den Herrschaftsverhältnissen des Freibesitzers unterschied, sei es als Ritter, Serjeant oder Knecht. Er war ein abhängiger Bewohner eines Herrenhauses, das er nicht ohne die Erlaubnis seines Herrn verlassen durfte. Es ist wahr, dass er bestimmte Eigentumsrechte an den Hektar hatte, die er als sein Eigentum beanspruchte; Diese wurden jedoch nicht durch das Gewohnheitsrecht Englands festgelegt, sondern durch „die Sitte des Herrenhauses" oder praktisch nach dem Willen des Herrn. Diese Rechte, so wie sie waren, konnten nur vor dem üblichen Gericht des Herrenhauses geltend gemacht werden, über das der Verwalter des Lords mit weitreichenden und unbestimmten Befugnissen präsidierte. Rechtlich gesehen war der Villain ein Mieter nach Belieben, den der Lord ohne die Einmischung eines höheren Gerichts als seinem eigenen vertreiben konnte. Politisch war die Stellung des Gutsherrn jedoch eigenartig. Obwohl er keine Privilegien genießen durfte, wurde von ihm dennoch erwartet, dass er einige der Pflichten des Ehrenbürgers wahrnahm. Er nahm an den Gerichtshöfen des Auenlandes und der Hundertschaften teil, fungierte in Geschworenengerichten und übte andere öffentliche Ämter aus, wodurch er noch weitere Beeinträchtigungen des spärlichen Zeitabschnitts hinnehmen musste, den er sein Eigen nennen konnte, aber eine vage Tradition seiner früheren Freiheit für einen besseren Tag bewahrte . Die Tatsache, dass solche öffentlichen Pflichten vom Villein wahrgenommen wurden, ist eine starke Stütze für diejenigen, die für seine Abstammung vom alten „Ceorl" plädieren, der alle Rechte genoss und alle Pflichten der Freien erfüllte. Solche Pflichten wären von einer Rasse erblicher Sklaven niemals verlangt worden; Aber es ist leicht zu verstehen, wie Menschen, die ursprünglich frei waren, nach und nach ihrer gesetzlichen Rechte beraubt werden konnten, während sie ihnen überlassen wurden, gesetzliche Pflichten zu erfüllen, die für die Gesellschaft und ihre Herren so nützlich sind.

Die Worte dieses Kapitels der Magna Carta gewähren den Schurken zweifellos ein gewisses Maß an Schutz. Es können jedoch zwei Fragen gestellt werden: – Welches Maß und aus welchem Motiv? Wegen der Bedeutung, die dieser Klausel von Autoren beigemessen wird, die behaupten, dass die Magna Carta auf einer populären oder demokratischen Grundlage beruht, sind Antworten erforderlich. Eines ist klar: Die Gutsbesitzer waren nur vor dem Missbrauch solcher Beeinträchtigungen geschützt, die Johannes selbst anrichten konnte, nicht jedoch vor den Beeinträchtigungen ihrer Grundherren; denn die verwendeten Worte sind „ *si inciderint in misericordiam nostram* ". Ein Diener in der Gnade des Königs genießt die gleiche Rücksichtnahme wie der Grundbesitzer oder der Kaufmann in ähnlicher Notlage – sein „Wagen", das heißt sein Pflug mit seiner Ausrüstung, möglicherweise einschließlich der Ochsen, bleibt ihm erhalten. Was ist der Beweggrund dieser Einschränkungen? Gewöhnlich wird davon ausgegangen, dass es sich um Gnade handelte, um den humanen Wunsch, den armen Kerl nicht zur absoluten Bettlerin zu machen. Es ist jedoch möglich, sich ein ganz anderes Motiv vorzustellen; Der Gutsbesitzer war Eigentum seines Herrn, und der König musste die Interessen anderer respektieren. Dass er mit seinem eigenen Besitz, seinen Herrschaftsvillen, tun konnte, was er wollte, geht aus einer Passage hervor, die von Kommentatoren normalerweise vernachlässigt wird, nämlich Kapitel 16 der Neuauflage von 1217. Dort werden vier wichtige Worte eingeführt, die die Beschränkungen der Macht des Königs begrenzen: *Villanus alterius quam noster*. Der König durfte keinem *anderen Gutsherren als seinem eigenen völlig vernichtende Beleidigungen zufügen* und überließ die Gutsherren auf dem alten Herrschaftsgebiet somit vorbehaltlos seiner Macht. [593]

Es darf jedoch nicht angenommen werden, dass die Stellung der Landleute des Königs – „Pächter auf altem Landgut", wie sie technisch genannt wurden – schlechter war als die der Landmannen eines gewöhnlichen unköniglichen Herrenhauses. Im Gegenteil wurde deutlich gezeigt, dass die Bauern des Königs Privilegien genossen, die den Bauern anderer Herren verwehrt blieben. Die Magna Carta – dieses „Bollwerk der Volksrechte" – ließ somit den Großteil der ländlichen Bevölkerung Englands völlig schutzlos vor der Tyrannei ihrer Herren bei Aufrüstungen und anderen Dingen zurück. Der König darf den Schurken eines Lords nicht so viel wegnehmen, dass ihre Nützlichkeit als herrschaftliche Besitztümer zerstört wird; das war alles. [595]

(4) *Der Unterschied zwischen Bußgeldern und Bußgeldern*. Im 13. Jahrhundert wurden diese Begriffe stark kontrastiert. „Amercement" wurde nur auf solche Beträge angewendet, die zur Bestrafung von Missetaten auferlegt wurden, wobei der Gesetzesbrecher auf diese Weise seine Schuld gutnahm. Er hatte keine Möglichkeit, sich zu weigern, und hatte kein Mitspracherecht bei der Festsetzung des ihm auferlegten Betrags. „Fine" dagegen wurde für freiwillige Opfergaben an den König mit dem Ziel verwendet, im Gegenzug ein Zugeständnis zu erhalten – um eine Gunst zu erlangen oder einer zuvor verfügten Strafe zu entgehen. Hier lag die Initiative beim Einzelnen, der den zu zahlenden Betrag vorschlug und tatsächlich nicht rechtlich verpflichtet war, überhaupt ein Angebot abzugeben. Diese Unterscheidung zwischen Geldstrafen und Bußgeldern, so absolut sie in der Theorie war, könnte in der Praxis leicht aufgehoben werden. Der Geist der Einschränkung, die dieses Kapitel und das Gewohnheitsrecht dem Vorrecht des Königs auferlegen, Schadensersatz zu verhängen, konnte normalerweise umgangen werden, indem man die geforderten Beträge „Geldstrafen" nannte. Beispielsweise könnte die Krone ihre Opfer auf unbestimmte Zeit einsperren und ihnen dann großzügig erlauben, hohe Zahlungen anzubieten, um dem Tod durch

Fieber oder Hunger in einem abscheulichen Gefängnis zu entgehen. Der Brief der Magna Carta wurde auf diese Weise strikt eingehalten, da es dem Gefangenen nominell ebenso frei stand, gänzlich auf Opfergaben zu verzichten, wie es dem König gestattet war, alle Angebote abzulehnen, bis die Zahl ausreichte, um seine Gier anzuregen. Es könnten daher enorme *Geldstrafen* verhängt werden; während es königlichen Beamten strengstens untersagt war, willkürliche *Beleidigungen* vorzunehmen .

Mit der schrittweisen Eliminierung des freiwilligen Elements erhielt das Wort „fine" seine moderne Bedeutung, während „amercement" aus dem gewöhnlichen Gebrauch verschwand. [596]

(5) *Zufriedenheit.* Dieses Wort, das in Glanvill [597] und in Bracton [598] und auch (in seiner französischen Form) im Statut von Westminster, I., [599] sowie in der Magna Carta vorkommt, hat für viele einen Text gebildet mühsame und unbefriedigende Erklärungen von den Tagen von Sir Edward Coke [600] bis zu unseren eigenen.

Es scheint jedoch keine wirkliche Unklarheit zu geben, da es sich eindeutig um eine Verbindung aus „tenement" – einem Wort, das als exakter Fachbegriff für feudale Eigentumsverhältnisse bekannt ist – und der Vorsilbe „con" handelt. Ein „Miethaus" ist genau das, was man von einem freien Mann erwarten kann, nämlich ein eigenes Eigentumsgrundstück. Das „con" verstärkt lediglich die Bedeutung und betont die enge Verbindung zwischen dem Freien und seinem Land. Alle anderen Mietshäuser, die er besaß, konnten ihm ohne große Härte entzogen werden; aber ihm seine „Zufriedenheit" – das Land seiner Vorfahren – wegzunehmen, würde ihn in der Tat arm machen.

Das Wort kommt nicht nur in Glanvill und Bracton vor, sondern auch in mehreren Einträgen in den Schatzlisten Heinrichs III. und Edward I., gesammelt von Madox, [601] und von ihm mit anderen Einträgen zusammengestellt, die Aufschluss darüber geben, wie ein „Contenement" dem Mann gerettet werden könnte. So wurde im Jahr 40 Heinrich III. Nachdem die Beamten des Finanzministeriums den Fall eines Täters besprochen hatten, der es versäumt hatte, eine Abfindung in Höhe von 40 Mark zu zahlen, ordneten sie eine Untersuchung an, „wie viel er in der Lage war, dem König pro Jahr zu zahlen, um seinen eigenen Lebensunterhalt und den von … zu retten . " seine Frau und seine Kinder", ein Auszug, der auch die humanere Seite des Finanzamtsverfahrens veranschaulicht. Auch im Jahr 14 Edward I. stellten die damaligen Beamten bei der Suche nach Zahlungsrückständen fest, dass bestimmte arme Männer des Dorfes Doddington ihre Amercements nicht vollständig bezahlt hatten. Es wurde eine Untersuchung eingeleitet, und die Finanzbarone wurden angewiesen, die Termine festzulegen, zu denen die verschiedenen Schuldner ihre Schulden begleichen sollten (offensichtlich eine Ratenzahlungsvereinbarung), „salvo contenemento *suo* ". [602]

Diese Veranschaulichungen des tatsächlichen Verfahrens späterer Regierungszeiten zeigen, wie die Zufriedenheit eines Mannes durch die enge Übereinstimmung mit den in der Großen Charta festgelegten Regeln ohne Verlust für die Krone gerettet werden konnte. Magna Carta möchte offenbar, dass Zeit für die schrittweise Rückzahlung von Schulden gewährt wird. In der Zwischenzeit war der amerikanische Mann nicht gezwungen, den Besitz (oder die Waren oder die Hinterlassenschaft) zu verkaufen, der für den Lebensunterhalt seiner Frau und seiner Familie erforderlich war. Nachsicht könnte sich auf lange Sicht für alle Beteiligten als das Beste erweisen, auch für die Krone.

---

580 . Siehe Charta von Heinrich I. c. 8, das jedoch neben den anderen Neuerungen des Eroberers und des Rufus die gesamte Praxis verurteilt.

581 . Siehe *Dialogus de Scaccario* , II. xvi.

582 . Vgl. Pollock und Maitland, II. 511-4. Es gab jedoch Ausnahmen, z. B. Heinrich II. würde keine Geldzahlungen für bestimmte Walddelikte akzeptieren. Es kam zu Verstümmelungen. Siehe Assize of Woodstock, c. 1, und Kontrast Waldcharta von 1217, c. 10.

583 . Vgl. Pollock und Maitland (II. 512), die Henrys Versprechen als „eine Rückkehr zum alten angelsächsischen System vorab ernannter Richter" beschreiben. Um unnötige Verwirrung zu vermeiden, wurde in der oben gegebenen Darstellung keine Einteilung der Amercemente in drei Grade erwähnt, was die Unklarheit über ihren Ursprung erhöht. Der *Dialogus de Scaccario* , II. xvi. erzählt, wie (*a*) bei schweren Verbrechen Leben und Körper des Täters sowie sein Eigentum der Gnade des Königs ausgeliefert waren; (*b*) wegen weniger schwerwiegender Vergehen wurden seine Ländereien verwirkt, aber seine Person war in Sicherheit; während (*c*) bei geringfügigen Mängeln dem König nur seine beweglichen Sachen zur Verfügung standen. Im letzten Fall befand sich der Täter „ *in misericordia regis de pecunia sua* ". „In Barmherzigkeit" zu sein bedeutete also nicht immer dasselbe. Darüber hinaus könnte ein Schurke oder abhängiger Freier auf einem Herrenhaus der „Gnade" seines Herrn und des Königs unterliegen. Die Aufzeichnungen der herrschaftlichen Gerichte sind voll von kleinen Verstößen gegen die Bräuche des Herrenhauses.

584 . Sogar Coke (*Second Institute* , S. 27) muss zugeben, dass er zumindest für die Zwecke dieses Kapitels den an anderer Stelle (*ebd.* , S. 4 und S. 45) unternommenen Versuch aufgeben muss, die Schurken in die Klasse der zu bringen Freie. Unter dem Vorwand, dass der Gutsherr gegenüber Dritten

außer seinem Herrn relativ frei sei, beanspruchte er für ihn alle Vorteile, die durch die Vorwegnahme in Kapitel 1 der Charta gesichert waren, und er wandte die gleiche Doktrin im Zusammenhang mit dem Recht darauf besonders an *judicium parium* wird allen freien Männern durch Kapitel 39 zugesichert (*siehe auch*). Hier ist er jedoch gezwungen, die Unterscheidung zwischen Freeman und Villain anzuerkennen, wobei der erstere Begriff aus Gründen der Besserung praktisch mit „Freeholder" gleichgesetzt wird.

585 . Siehe Anmerkung der Herausgeber von *Dialogus de Scaccario* , S. 207.

586 . Madox, I. 527.

587 . Reeves, *History of English Law* , I. 248 (Dritte Auflage) sagt: „Nach diesem Kapitel wurde später der Writ *de moderata misericordia verfasst* , um einer Partei, die sich übermäßig geärgert hatte, Abhilfe zu verschaffen."

588 . *Rotuli Chartarum* , 51.

589 . Siehe *Select Charters* , 108.

590 . Siehe Birch, *Historical Charters of London* , S. 5.

591 . *Ebenda.* , P. 11.

592 . Siehe *English Village Community* , *passim* .

593 . Thomson, *Magna Charta* , S. 202, scheint dieses 16. Kapitel der Neuauflage von 1217 völlig missverstanden zu haben, indem er die vier eingefügten Wörter in einem Sinne interpretiert, den das Lateinische nicht ertragen kann, nämlich: „Ein Bösewicht, *obwohl er einem anderen gehörte* ." Die hier vertretene Ansicht über das Motiv, Schurken zu beschützen, wird durch die Verwendung des eigentümlichen Ausdrucks „ *vastum hominum* " in Kapitel 4 (*siehe dort*) gestärkt.

594 . Insbesondere von Professor Vinogradoff in seinem *Villeinage in England* , *passim* .

595 . Die große Kluft, die den Gutsherrn vom Freiherrn in dieser Angelegenheit der Amercements trennte, wird durch einen Eintrag in der *Pfeifenrolle* von Heinrich II. aus dem Jahr 16 gezeigt. (zitiert Madox, I. 545) *Herbertus Faber debet j marcam pro falso clamore quem fecit ut liber cum sit Rusticus.* Ein Bösewicht könnte schwer verärgert sein, wenn er nur behauptet, frei zu sein. Es ist besonders schwierig, irgendeine Theorie der Freiheit des Bösewichts mit der Lehre von Glanvill, V. c. in Einklang zu bringen. 5, der jedem, der einst ein Bürger war, das Recht verweigert, „sein Gesetz zu befolgen", auch nach der Emanzipation, wo dadurch die Interessen Dritter beeinträchtigt werden könnten.

596 . Vgl. *Infra* , c. 55, das dieses Kapitel ergänzt und die Aufhebung aller in der Vergangenheit zu Unrecht begangenen Beeinträchtigungen vorsieht, während dieses Kapitel darauf abzielt, die Zufügung neuer Beeinträchtigungen in der Zukunft zu verhindern.

597 . IX. 8.

598 . III. Folio 116 b.

599 . 3 Edward I. c. 6.

600 . *Zweites Institut* , S. 27.

601 . Siehe II. 208-9.

602 . Siehe Madox, *ebenda*.

KAPITEL EINZWANZIG.

Die Komitees und Barone waren keine Amerikaner, sie waren keine Freunde, und sie waren nicht zweitrangig.

Grafen und Barone dürfen nur durch ihre Standesgenossen und nur entsprechend der Schwere der Straftat bestraft werden.

Die Auseinandersetzung der Grafen und Barone. Die *Barones Majores* hatten natürlich die Absicht, sich Privilegien zu sichern, die denen des gewöhnlichen Grundbesitzers mindestens gleichkamen. Bei der Beurteilung ihrer Taten würden natürlich sowohl die Schwere der Straftat als auch ihre Zahlungsfähigkeit (gemessen an ihrem Vermögen) berücksichtigt. Magna Carta erwähnt nur das erstere Kriterium – es war in der Tat unnötig, den König auf die Tatsache aufmerksam zu machen, dass aus ihrem Reichtum mehr herausgeholt werden konnte als aus der vergleichsweisen Armut des gewöhnlichen Grundbesitzers. Selbstverständlich wäre auch die Ersparnis eines „contenement" an sie anzunehmen. Ein entscheidender Unterschied wurde jedoch deutlich festgestellt. Das streitende Gremium sollte nicht aus einer Jury aus guten Männern des Ortes bestehen; sondern eine Jury aus „Kollegen". [603] Die Barone fragten hier nur, was ihr unbestrittenes Recht sei – die Höhe ihrer Verluste weder von ihren feudalen Untergebenen (Eigentümern ihrer eigenen oder anderer Mesne-Lords) noch von Kronbeamten, sondern von ihren eigenen Magnaten bestimmen zu lassen Position und mit gemeinsamen Interessen. Dies war keine Innovation. Mr. Pike [604] hat gezeigt, dass in Richards Regierungszeit Barone nicht mit der gemeinsamen Herde verbündet waren: Bei einem Eyre, das 1198–1199 in Hertford stattfand, wurde eine Liste der verbündeten Personen erstellt und hinter jedem Namen wurden eindeutige Beträge eingetragen , mit zwei Ausnahmen, Gerald de Furnivall und Reginald de Argenton, denen jeweils eine Sonderbehandlung „als Baron" vorbehalten war. Ein örtliches Geschworenengericht hatte offenbar vor Ort die Streitigkeiten von Gutsbesitzern und Grundeigentümern beurteilt (in exakter Übereinstimmung mit den Regeln des Kapitels 20); aber neben jedem Namen der beiden Barone wurde folgender Eintrag gemacht: „um *bei der Staatskasse* für eine Disseisin eingekauft zu werden." Die Pfeifenrolle aus Johns erstem Jahr zeigt, dass dies später geschah. [605]

Die Magna Carta hatte also gute Präzedenzfälle dafür, dass Barone im Verlauf ihrer Amtsperioden nicht von den Richtern von Eyre belästigt werden sollten; Aber was genau bedeutete es, wenn man eine Aufhebung „von seinesgleichen" forderte? Bedeutete dies lediglich, dass ein paar Adlige, ein paar Pächter der Krone bei der Staatskasse anwesend sein sollten, wenn sie amerziert wurden? Oder war es die Forderung nach der Einberufung eines vollständigen *Gemeindekonzils zu diesem Zweck*, wie es in Kapitel 14 definiert ist?

Die Krone legte in der folgenden Regierungszeit ihre eigene Interpretation auf diese Worte und schaffte es, das, worauf die Barone als Privileg bestanden hatten, in einen besonderen Nachteil umzuwandeln. Bracton [606] wiederholt dieses Kapitel wörtlich, fügt jedoch etwas hinzu, das wie eine offizielle Glosse aussieht, und präzisiert es mit den Worten: „ *et hoc per barones de scaccario vel coram ipso rege* ". Nach dieser Interpretation der Magna Carta wurden die Amercements der Barone weder von der Gesamtheit „ihrer Standesgenossen" in einem vollständigen Rat noch von einer ausgewählten Jury der zu diesem Zweck in die Staatskasse eingesetzten Standesgenossen beurteilt, sondern von königlichen Beamten. die Finanzbarone oder die Richter von King's Bench. Somit wurden die Worte der Charta durch den Einfallsreichtum der Anwälte der Krone pervertiert, die genau das genehmigten, was sie ursprünglich verbieten sollten. [607]

Im 14. Jahrhundert sind mehrere Fälle bekannt, in deren Verlauf Säumige in der Hoffnung, mit geringeren Zahlungen davonzukommen, gegen die Anrechnung als Barone protestierten. Zum Beispiel ein gewisser Thomas de Furnivall im neunzehnten Jahr von Edward II. beklagte sich darüber, dass er als Baron „zu seinem großen Schaden und gegen die Gesetze und Sitten des Reiches" eingestuft worden sei, während er eigentlich nichts von der Baronie hielt. Der König wies den Schatzmeister und die Barone des Finanzministeriums an, „wenn es ihnen schien, dass Thomas kein Baron war und sein Land auch nicht als Baron besaß, sie ihn von der besagten auferlegten Abmachung befreien sollten; vorausgesetzt, dass Thomas gemäß dem Tenor der großen Charta der Freiheiten amerziert werden sollte", [608] das heißt als einfacher Grundbesitzer gemäß den Bestimmungen von Kapitel 20. Es ist klar, dass Thomas de Furnivall davon überzeugt war, dass er ein Einheimischer war Die Jury würde ihm einen niedrigeren Betrag als den von den Finanzbaronen festgesetzten Betrag zumuten. Einige Jahre zuvor hatte der Abt von Croyland einen ähnlichen Antrag gestellt, jedoch ohne Erfolg. [609]

Zu einem späteren Zeitpunkt gelang es den Baronen und Grafen, sich durch ein anderes Mittel ein gewisses Maß an Immunität gegen übermäßige Forderungen zu sichern. Sie hatten vor dem ersten Jahr Heinrichs VI. eine anerkannte Skala von Aufrüstungen festgelegt, mit denen sich die Krone unter normalen Umständen zufrieden geben sollte. [610] Unter Eduard IV. Ein Herzog wurde normalerweise mit 10 £ amerziert, ein Earl oder ein Bischof mit 100 £. [611]

603 . Vgl. *infra* , unter c. 39.

604 . *Oberhaus* , 255.

605 . Zitiert von Pike, *ebenda.*

606 . III., Folio 116 b.

607 . Pike, *House of Lords* , 256–7, zeigt, wie Barone manchmal beurteilt wurden – (*a*) vor den Finanzbaronen; oder (*b*) vor dem gesamten Königsrat; oder (*c*) zu einem späteren Zeitpunkt, sogar vor den Richtern der Common Pleas. Sie wurden jedoch nie vor den anwesenden Richtern beurteilt. Ist es möglich, dass ein Grund dafür, dass der Name *Barones Scaccarii* als offizieller Titel der vier Richter beibehalten wurde, die dem Finanzgericht vorstanden, der Wunsch der Krone war, die Fiktion aufrechtzuerhalten, dass diese offiziellen „ Barones " in Wirklichkeit Gleichaltrige der Inhaber von „ *Baronen* " *waren?* Baronien"?

608 . Madox, I. 535-8.

609 . Siehe Madox, *ebenda.* , und auch Pike, *House of Lords* , 257.

610 . Siehe Pike, *ebenda.*

611 . Madox, *Baronia Anglica* , 106, scheint diese Beträge als Festlegung eines Minimums und nicht eines Maximums anzusehen. „Wenn ein Baron wegen einer geringfügigen Übertretung bestraft werden sollte, betrug seine Bürgschaft üblicherweise 100 Schilling. zumindest; er könnte sich auf mehr und nicht auf weniger freuen. Ich denke, das war die Bedeutung des Begriffs *amerciater ut baro* ." Er fügt hinzu, dass ein Bürger für ein ähnliches Vergehen mit 10, 20 oder 40 Münzen davonkommen würde.

KAPITEL ZWEIUNDZWANZIG.

Nullus clericus amercietur de laico tenemento suo, nisi secundum modum aliorum predictorum, and non secundum quantitatem beneficii sui ecclesiastici.

Ein Angestellter darf in Bezug auf seinen Laienbesitz nur in der oben genannten Weise benachteiligt werden; außerdem darf er nicht entsprechend dem Umfang seiner kirchlichen Pfründe geschädigt werden.

Amercement des Klerus. Der Kirchenmann sollte in jeder Hinsicht die gleiche Vorzugsbehandlung wie der Laie genießen und ein zusätzliches Privileg genießen. Bei der Bemessung der Höhe seines Vermögens durfte der Wert seiner „kirchlichen Pfründe" nicht berücksichtigt werden. Hier wird scharf zwischen *Laicum tenementum* (oder, wie es im 10. Artikel der Barone hieß, *Laicum feodum*) und *Beneficium ecclesiasticum unterschieden* . Dieser Gegensatz zwischen „Laienhonorar" und „Almosen" – das heißt zwischen Ländereien im Besitz von Baronien, Rittern oder anderen weltlichen Besitztümern einerseits und Ländereien im Besitz von Frankalmoin andererseits – war in der Mitte bekannt Alter. [612]

Nur Ersteres konnte bei der Behebung des Fehlers des säumigen Angestellten berücksichtigt werden. Dies würde dazu führen, dass der Bischof oder Abt einer höheren Zahlung im Verhältnis zu seiner Baronie ausgesetzt wäre, während der Pfarrer aufgrund seines Pfarrhauses und seines Glebe von jeglicher Veranlagung befreit wäre. Es scheint fast so, als ob im Normalfall der Amtsinhaber, der über kein Vermögen außer den Erträgen und Renten seiner Pfründe verfügt, auf diese Weise der Missbilligung gänzlich entgehen würde; doch wenn er kein Mietshaus hätte, könnte er immer noch über Mobiliar verfügen oder zumindest Raten aus der jährlichen Steigerung seiner Ernte zahlen. Diese Befreiung zugunsten derjenigen, die Ländereien in Form von „Almosen" besaßen, könnte mehrere mögliche Gründe haben. Frankalmoin genoss viele Privilegien, darunter unter Heinrich II. völlige Immunität von der Gerichtsbarkeit aller weltlichen Gerichte. [613] Vielleicht wagte die Staatskasse es nicht, auf solche Ländereien Abgaben zu erheben. In jedem Fall wäre es offensichtlich ungerecht gewesen, den amtierenden Geistlichen so zu behandeln, als wäre er der Eigentümer des kirchlichen Erbes.

Das Wort „Sekretär" war zeit gefasst und umfasste nicht nur die gewöhnlichen Pfarrer (sei es Rektoren oder Pfarrer) mit den Diakonen und denen, die niedere Weihen angenommen hatten, sondern auch die Mönche und Ordenskanoniker (deren Armutsgelübde jedoch blieben). keine Lücke für die gesetzliche Zurückbehaltung von Privateigentum, das Schutz erfordern könnte). Dazu gehörten auch der höhere Klerus, Großprälaten, Bischöfe und Äbte, deren Status jedoch durch den Besitz von Kronland erschwert wurde. Ihr Charakter als „Baron" spielte in Verfassungsfragen oft eine größere Rolle als der eines „Gerichtsbeamten ". Ihre Behandlung im Falle von Amercementen ist ein typisches Beispiel. [614] Es konnte von Anfang an kein Zweifel bestehen, dass ein Bischof „in Barmherzigkeit" sich der Berücksichtigung seiner Baronie bei der Festlegung seiner Abmachung unterwerfen muss. Es scheint fast so, als ob die großen Prälaten in keiner Weise von dieser Ausnahme profitieren sollten. Dies wird durch eine geringfügige Änderung in der Charta von 1217 vermittelt, die das weiter gefasste „ *clericus* " des Textes durch den eingeschränkteren Ausdruck „ *ecclesiastica persona* " ersetzt – Wörter, die im dreizehnten Jahrhundert den Pfarrklerus bezeichneten und verwendet wurden so wie das Wort „Pfarrer" heutzutage in der Umgangssprache verwendet wird.

Eine gewisse Lockerheit in der Anordnung der lateinischen Wörter dieses Kapitels, so wie es ursprünglich im Jahr 1215 war, scheint auf die Notwendigkeit einer Verbesserung hingewiesen zu haben. Änderungen, offenbar mündlicher Natur, wurden in Henrys Neuauflagen mit einiger Sorgfalt vorgenommen. Das „ *de laico tenemento* " von 1215 wurde 1216 ganz weggelassen; 1217 wurde jedoch wieder auf die „Laiengebühren" des Klerus verwiesen, allerdings unter der Bedingung, dass der Satz vollständig rekonstruiert wurde, um ihn reibungsloser lesbar zu machen und so die Möglichkeit einer Missverständnisse zu vermeiden. [615]

<hr>

612 . Siehe *oben* 66-70 und vgl. Verfassungen von Clarendon (ca. 9), die *tenementum pertinens ad eleemosinam* von *ad laicum feudum unterscheiden* .

613 . Siehe Constitutions of Clarendon, *ebenda*. Die Krone entzog diese Immunität bald.

614 . Vgl. Pike, *House of Lords* , 254.

615 . In seiner endgültigen Fassung heißt es: „ *NULLA ecclesiastica persona amercietur secundum quantitatem beneficii sui ecclesiastici, sed secundum tenementum suum et secundum quantitatem delicti.* " „Dr. Stubbs, *Sel. In Charters* 345 heißt es aus merkwürdigem Versehen für „ *tenementum* " das Kompositum „ *contenementum* ", für das es offenbar keine Autorität gibt.

KAPITEL DREIUNDZWANZIG.

Es gibt keine Villa oder keinen Wohnsitz, der über Brücken zur Küste verfügt, er ist antik und von Rechts wegen verschuldet.

Keine Gemeinschaft oder Einzelperson [616] darf gezwungen werden, Brücken an Flussufern zu bauen, außer denjenigen, die seit jeher gesetzlich dazu verpflichtet sind.

Der Zweck dieses Kapitels liegt auf der Hand; den König zu zwingen, von seiner Praxis abzusehen, den Umfang einer Verpflichtung – die innerhalb der durch den antiken Brauch definierten Grenzen als vollkommen legal anerkannt wurde – der Verpflichtung, alle vorhandenen Brücken über Flüsse in gutem Zustand zu halten, illegal zu erhöhen. John könnte weiterhin das einfordern, was seine Vorfahren verlangt hatten; aber nichts weiter. So viel liegt an der Oberfläche der Charta, was jedoch weder den Ursprung der Verpflichtung noch die Gründe erklärt, die John dazu veranlassten, sie durchzusetzen.

I. *Ursprung der Brückenbaupflicht.* Die normannischen Könige scheinen ihren Anspruch, ihre Untertanen zum Unterhalt der notwendigen Brücken zu zwingen, auf eine alte dreifache Verpflichtung [616] (bekannt als *trinoda necessitas*) gestützt zu haben, die allen freien Männern während der angelsächsischen Zeit oblag. Von allen Männern Englands [617] wurden im Interesse des Gemeinwohls drei Pflichten verlangt: die Teilnahme an der Fyrd oder der örtlichen Miliz; der Bau von Straßen, die für militärische Zwecke so notwendig sind; und die Reparatur von Brücken und Befestigungen. Allmählich, als sich feudale Tendenzen durchsetzten, war die Verpflichtung zum Brückenbau nicht mehr eine persönliche Belastung für alle Freien, sondern wurde zu einer territorialen Belastung, die bestimmten Herrenhäusern oder Grundbesitzern auferlegt wurde. Mit anderen Worten, es wurde zu einem Teil der Dienstleistungen gemacht, die mit der feudalen Herrschaft bestimmter Güter verbunden waren. Das vorliegende Kapitel, das die illegale Ausweitung dieser Last auf andere Gemeinschaften oder Einzelpersonen als diejenigen verbietet, die sie als Teil der für ihr Land geschuldeten Dienste erbracht haben, scheint nur eine besondere Anwendung des in Kapitel 16 dargelegten allgemeinen Grundsatzes zu sein. Das Böse Die beklagte Person erforderte jedoch eine Sonderbehandlung wegen der herausragenden Bedeutung, die sie durch John erlangt hatte, der die Macht seiner Vorfahren für nationale Zwecke missbraucht hatte, um seine eigenen selbstsüchtigen Vergnügungen zu fördern, und zwar auf eine Art und Weise, die ihm so gut bekannt war Zeitgenossen verlangten keine Spezifizierung in der Magna Carta.

II. *Das Interesse des Königs an der Reparatur von Brücken.* Johns Beweggründe, von diesem Vorrecht einen unterdrückerischen Gebrauch zu machen, müssen in einem etwas unerwarteten Bereich gesucht werden, nämlich in den Falknereirechten des Königs und in seinem häufigen Bedarf an schnellen Mitteln, um Flüsse zu überqueren, um seine wertvollen Raubvögel zu jagen. Wann immer John vorschlug, mit seinem Falken am Handgelenk auf einem Vogelfang zu reiten, erließ er Briefe, in denen er das ganze Land dazu aufforderte, sich für die Reparatur von Brücken in jedem Bezirk einzusetzen, den er aufgrund seines launischen Vergnügens besuchen könnte. Mehrere solcher Schriften aus der Regierungszeit Heinrichs III. sind noch vorhanden. Der genaue Wortlaut variiert etwas, aber ein Vergleich ihrer Begriffe lässt keinen Zweifel an der Art der von ihnen übermittelten Befehle oder den Gründen für deren Erteilung. Diese Briefe waren zu einem geeigneten Zeitpunkt im Voraus an die Sheriffs der Grafschaften gerichtet, die der König voraussichtlich besuchen würde, und enthielten Anweisungen, dass alle notwendigen Schritte zur Vorbereitung des Raubzugs des Königs unternommen werden sollten. Die Schriftstücke enthielten zwei Befehle, einen Befehl zur Reparatur von Brücken und ein Verbot des Vogelfangens, bevor der König seinen Sport genossen hatte. Beide Punkte werden in einem Letter Close von Heinrich III. vom 26. Dezember 1234 deutlich dargelegt, der anordnete, dass „alle Brücken an den Flüssen Avon, Test und Itchen repariert werden sollten, wie es zur Zeit von König John üblich war, damit …" Wenn der Herr König in diese Gegend kommt, steht ihm die freie Durchfahrt zur „Flüssigkeit" (*ad riviandum*) auf den besagten Flüssen offen." Anschließend befahl das Schreiben dem Sheriff, vor der Ankunft des Königs ein allgemeines Verbot gegen jeden zu erlassen, der versucht, entlang der Flussufer zu „rivieren" („ne aliquis riviare praesumat per riparias *illas antequam rex illic venerit* "). [618]

Das lateinische Verb, für das „to riviate" als englisches Äquivalent geprägt wurde, ist seit langem Gegenstand falscher Vorstellungen; Kürzlich wurden jedoch schlüssige Beweise dafür vorgelegt, dass es sich um den mittelalterlichen Vogelfang handelte, also um die Jagd auf Wildvögel mit Hilfe von Habichten und Falken. [619]

Diese Schriftstücke belegen, dass die Krone ein Monopol oder zumindest ein Vorzugsrecht für diese Sportart an den Ufern bestimmter Flüsse beanspruchte und ausübte; und diese „konservierten" Flüsse sollen dementsprechend „zur Verteidigung" (*in defenso*) angelegt worden sein , eine Formulierung, die in vielen der erwähnten Schriften sowie in einem späteren Kapitel der Magna Carta vorkommt. [620]

Durch die Ausübung des Falknereirechts durch den König wurden der Nation somit zwei unterschiedliche Härten auferlegt, eine negative und eine positive. In der Zeit zwischen der Andeutung des Königs und seiner Ankunft an den angegebenen Flüssen wurde der Sport aller anderen Menschen beeinträchtigt, während die Verpflichtung zum Wiederaufbau ansonsten nutzloser Brücken eine größere materielle Belastung für jedes Dorf und jede Person darstellte, die ihr ausgesetzt war. Ein weiser König würde diese Rechte sorgfältig nutzen, um seinen Untertanen ein Minimum an Härte zuzufügen. John kannte jedoch keine Mäßigung, indem er nicht nur ein paar Ufer gleichzeitig, sondern wahllos viele Flüsse „zur Verteidigung" stellte, darunter auch solche, die zur Zeit seines Vaters noch nie so behandelt worden waren, und forderte, dass alle Brücken überall repariert werden sollten. mit dem Ziel, nicht so sehr einer echten Liebe zum Sport nachzugehen, sondern vielmehr denjenigen, die es versäumten, seinen Befehlen umgehend zu gehorchen, schwere Beleidigungen zuzufügen. Große Bestürzung löste Johns Vorgehen in Bristol im Jahr 1209 aus, als er im gesamten englischen Reich den Vogelfang verbot. [621]

Beide Beschwerden, die durch die Politik von König Johann noch verstärkt wurden, wurden durch die Magna Carta behoben, wenn auch in unterschiedlichen Klauseln. In diesem Kapitel versprach Johannes, die Last der Brückenreparatur nicht denen aufzubürden, denen sie gesetzlich nicht zusteht. [622] Kapitel 47, in dem er sich bereit erklärte, sein Verbot von allen Flüssen, die er während seiner eigenen Herrschaft „zur Verteidigung" eingesetzt hatte, aufzuheben und auch alle von ihm selbst geschaffenen Wälder abzuholzen, wurde in der Charta von 1216 vollständig weggelassen; [623] aber im Jahr 1217 tauchte es an einer neuen Stelle und mit anderen Worten wieder auf. Die Bestimmung des ursprünglichen Kapitels 47, die sich auf die Wälder bezog, wurde in die *Carta de Foresta* verbannt und dann zum ersten Mal gewährt, und der andere Teil dieses Kapitels, der sich auf die Falknerei bezog, wurde natürlich mit einer Klausel verbunden, die einen anderen Missstand behebt wächst aus derselben Wurzel. Kapitel 19 der Charta Heinrichs III. wiederholt in seiner endgültigen Fassung Wort für Wort die Bestimmungen des vorliegenden Kapitels des Johannesevangeliums, während Heinrich in Kapitel 20 damit fortfährt, zu erklären, „dass in Zukunft kein Fluss außer solchen zur Verteidigung eingesetzt werden soll waren zur Zeit König Heinrichs, unseres Großvaters, an denselben Orten und zu denselben Zeiten in der Verteidigung, wie es zu seiner Zeit üblich war."

Dieses ausdrückliche Verbot scheint die Krone daran gehindert zu haben, ihre Vorrechte in dieser Richtung weiter auszudehnen. Doch Heinrich III. hatte reichlich Gelegenheit, seine Untertanen durch einen rücksichtslosen Gebrauch der ihm noch verbliebenen Rechte zu belästigen. Indem er umfassende Befehle erließ, die jeden erhaltenen Fluss betrafen, den er zugegebenermaßen „zur Verteidigung" nutzen durfte, konnte er weitreichende und mutwillige Härten verursachen. In vielen Fällen bestanden

Zweifel an der Tatsachenfrage darüber, welche Ufer tatsächlich von Heinrich II. „verteidigt" worden waren, und ein vager Generalbefehl, der keine besonderen Flüsse nannte, ließ den zu besuchenden Bezirk in grausamer Ungewissheit. Dementsprechend machte Heinrich III. entweder dem Druck nach oder als Gegenleistung für Geldzuwendungen wichtige Zugeständnisse. Nach dem Jahr 1241 gab er stets den konkreten Fluss an, an dessen Ufern er Sport treiben wollte, und gab manchmal sogar das genaue Datum bekannt, an dem er voraussichtlich ankommen würde. Da nach 1247 keine Schriftstücke mehr erschienen, ist es möglich, dass er dazu veranlasst wurde, gänzlich auf die Ausübung eines Rechts zu verzichten, das dem Volk Härten zufügte, die in keinem Verhältnis zu den dem König gewährten Vorteilen standen. [624]

Die Krone hatte jedoch nicht auf ihre Vorrechte verzichtet, und es gibt noch mehrere Schriftstücke, die belegen, dass Eduard I. seinen großen Adligen gelegentlich erlaubte, am königlichen Sport teilzunehmen. Lizenzen zu diesem Zweck wurden 1283 dem Earl of Hereford und Reginald Fitz Peter und im folgenden Jahr dem Earl of Lincoln erteilt. Am 6. Oktober 1373 wurde Eduard III. Mit seinem Schreiben befahl er dem Sheriff von Oxfordshire, zu erklären, dass alle Brücken repariert und alle Furten mit Pfählen markiert werden sollten, damit der König „mit seinen Falken" während der bevorstehenden Wintersaison überqueren könne. [625]

III. *Fehlinterpretationen.* Es ist nicht verwunderlich, dass eine so leidenschaftlich verfolgte Freizeitbeschäftigung wie die Falknerei im Mittelalter ihre Spuren in zwei Kapiteln der Magna Carta hinterlassen hat, deren volle Tragweite von den Kommentatoren bisher nicht erkannt wurde, teilweise weil sie es versäumt hat bringen beide zusammen, aber hauptsächlich aufgrund der zu voreiligen Annahme, dass sich die in Urkunden und Urkunden vorkommenden Wörter *ad riviandum* und *in defenso eher auf die Fischerei* als auf den Vogelfang bezogen . [626]

Es wurde zuversichtlich gefolgert, dass die Verfasser der Magna Carta, als sie den Bau zusätzlicher Ufer „zu Verteidigungszwecken" verbot, ebenso wie als sie die Entfernung von „Wehren" aus nicht von Gezeiten geprägten Gewässern forderten, [627] von dem Wunsch beeinflusst waren, die Öffentlichkeit zu schützen Fischereirechte gegen Eingriffe des Königs oder privater Eigentümer. In beiden Fällen waren die Motive völlig unterschiedlich. Im Mittelalter war die Fischerei ein Mittel zur Nahrungsbeschaffung und keine Sportart: John und seine aktionsliebenden Höflinge als Vertreter der sanften Kunst von Isaac Walton darzustellen, ist ein lächerlicher Anachronismus.

Es ist völlig richtig, dass der Wert von Fisch als Nahrungsmittel im Laufe der Zeit zu einer Gesetzgebung führte, die in erster Linie auf ihren Schutz abzielte; aber anscheinend wurde vor 1285 kein Gesetz mit einem solchen Motiv erlassen. [628] Es ist weiterhin wahr, dass es in der Regierungszeit von Edward I. üblich wurde, Flüsse, über die von Uferbesitzern ausschließliche Fischereirechte festgelegt worden waren, als zu bezeichnen *in der Verteidigung* sein ; [629] Aber Flüsse könnten für mehr als einen Zweck „erhalten" werden. Ab der Herrschaft Eduards gewannen die Fischereirechte jedoch immer mehr an Bedeutung, während die Falknerei durch andere Freizeitbeschäftigungen verdrängt wurde. Dementsprechend wurde nach einer neuen Bedeutung für Bestimmungen der Magna Carta gesucht, deren ursprüngliches Motiv in Vergessenheit geraten war. Bereits im Jahr 1283 zeigen die Worte einer Petition an den König im Parlament, dass bei der Auslegung des in Kapitel 47 der Johannes-Charta erwähnten Verbots „Fischen" durch „Falken" ersetzt worden war. In diesem Jahr beschwerten sich die Männer von York darüber, dass Earl Richard in ihre Fischereirechte eingegriffen habe, indem er die Flüsse Ouse und Yore *zur Verteidigung freigegeben* habe, ein Verfahren, das sie als „gegen den Tenor der Magna Carta" bezeichneten. [630] Dieser Fehler, dessen erstes Auftreten somit auf das Jahr 1283 datiert, wird seit mehr als fünfhundert Jahren von allen Kommentatoren der Magna Carta akzeptiert. Das Verdienst für die Beseitigung dieses Problems gebührt Herrn Stuart A. Moore und Herrn HS Moore in ihrem 1903 veröffentlichten Buch „ *History and Law of Fisheries* ".

---

616 . Das Wort „ *Villa* ", das zunächst als Synonym für „Herrenhaus" verwendet wurde, wurde nicht nur für alle Dörfer, sondern auch für Charterstädte frei verwendet. Sogar London wurde in formellen Schriften als *Villa* beschrieben . „ *Homo* ", auch wenn es oft locker verwendet wurde, war das Wort, das auf natürliche Weise für einen feudalen Pächter verwendet wurde. Die von Coke gegebene Version (*Second Institute* , S. 30) lautet „ *liber homo* ", was auch die Lesart eines Manuskripts ist. des *Inspeximus* von 1297 (25 Eduard I.). Siehe *Reichsstatuten* , I. 114.

617 . Siehe *Rot. Klaus.* , 19 Henry III., zitiert nach Moore, *History and Law of Fisheries* , S. 8.

618 . Siehe *Rot. Klaus.* 19 Heinrich III., zitiert in Moore, *History and Law of Fisheries* , S. 8.

619 . Siehe Moore, *ebenda.* , 8–16. Zwei Glieder in der Beweiskette sind hervorzuheben: (*a*) Schriftstücke vom 13. November und 1. Dezember 1234, in denen die Reparatur von Brücken für die Durchreise des Königs „zusammen mit seinen Vögeln" (*cum avibus suis*) angeordnet wurde. (*b*) Eine Urkunde vom 28. Oktober 1283 gibt *aves capere* als Äquivalent von *riviare an* . Dieses Schreiben enthält eine Lizenz für den Earl of Hereford, „während der gegenwärtigen Wintersaison Flussvögel dieser Art (*riviare et aves ripariarum*

hujusmodi capere) in den Verteidigungsflüssen Lowe und Frome (*in defenso*) zu fischen und zu fangen. """

620 . *Dh* c. 47 (*siehe auch*). Jeder Bezirk oder jedes Objekt, an dem der König oder eine Privatperson alleinige Rechte jeglicher Art unter Ausschluss der Öffentlichkeit hatte, könnte offenbar in Bezug auf das Objekt dieser Rechte *in Verteidigungsposition* gestellt werden . In diesem Fall verdeutlicht das Wort „Riviation" den Gegenstand.

621 . R. Wendover, II. 49 (RS), „ *Ibi capturam avium per totam Angliam interdixit.* "

622 . Artikel 11 des Baronsgesetzes hatte verlangt, dass keine *Villa wegen der Nichtdurchführung solcher illegalen Reparaturen bestraft* werden dürfe , was sowohl Johns Politik als auch den Zusammenhang zwischen dieser Bestimmung und den unmittelbar vorhergehenden Kapiteln verdeutlichte, die sich mit Amorcements befassten.

623 . Es gehörte jedoch zu den Themen, die in der „Aufschubklausel" (ca. 42 von 1216) unter den Worten „ *de ripariis et earum custodibus* " einer weiteren Betrachtung vorbehalten waren. Vgl. *oben* , 169.

624 . Moore, *ebenda.* , 9.

625 . Moore, *ebenda.* , 12.

626 . Der *Mirror of Justices* wird als erster Hinweis darauf zitiert. Siehe Moore, *ebenda.* , 12–16, wo die allmähliche Entwicklung des Fehlers nachgezeichnet wird. Coke, *Second Institute* , 30, wurde vom *Mirror in die Irre geführt* , und er hat seinerseits andere in die Irre geführt.

627 . Vgl. *infra* , unter c. 33.

628 . Das war 13 Edward I., stat. 1, c. 47, zitiert Moore, *ebenda.* , 173.

629 . *Ebenda.* , P. 6.

630 . *Ebenda.* , P. 16.

KAPITEL VIERUNDZWANZIG.

Nullus Vicecomes, Constabularius, Coronatores, Vel Alii Ballivi Nostri, Mieter Placita Corone Nostre.

Kein Sheriff, Polizist, Gerichtsmediziner oder andere unserer Gerichtsvollzieher dürfen Bitten unserer Krone entgegennehmen.

Der Hauptzweck dieser Bestimmung steht außer Zweifel: Männer, denen Verbrechen vorgeworfen werden, müssen vor den Richtern des Königs und nicht vor örtlichen Richtern welcher Art auch immer abgeurteilt werden. Die Unschuldigen suchten zuversichtlich nach Gerechtigkeit gegenüber den Vertretern der Zentralregierung; während sie die Gerichtsbarkeit der weniger verantwortungsvollen Beamten des Landkreises fürchteten – lokale Tyrannen, deren Härte ihnen einen herzlichen und weit verbreiteten Hass eingebracht hatte. Die Sheriffs und Kastellaner hatten ihren schlechten Ruf durchaus verdient; denn die Aufzeichnungen dieser Zeit sind überfüllt mit Geschichten über ihre Grausamkeiten und illegalen Unterdrückungen. Es sollte jedoch nicht vergessen werden, dass dieses Kapitel zwar eine Verurteilung der örtlichen Rechtspflege enthält, es aber gleichzeitig von der vergleichsweisen Reinheit der von den Richtern des Königs selbst ausgesprochenen Gerechtigkeit zeugt. Bisher gibt es keine Schwierigkeiten; Es bestehen jedoch einige Meinungsverschiedenheiten hinsichtlich der genauen Bedeutung dieser Bestimmung in bestimmten Detailpunkten.

I. *Bitten der Krone.* Alle Rechtsstreitigkeiten wurden in der Regel in zwei Arten unterschieden: königliche Klagegründe und allgemeine Klagegründe, je nachdem, ob die Interessen der Krone besonders betroffen waren oder nicht. Diese Einordnung wurde bereits im Zusammenhang mit Kapitel 17 erörtert, in dem es darum ging, das Verfahren bei gemeinsamen Klagegründen zu regeln. Das vorliegende Kapitel befasst sich nur mit „Plädoyers der Krone", einem Ausdruck, der bereits im Jahr 1215 seine ursprüngliche Bedeutung erheblich verändert hatte. Im elften Jahrhundert hatte es alle königlichen Geschäfte bezeichnet, unabhängig davon, ob sie sich speziell auf rechtliche Verfahren bezogen oder nicht, und umfasste alle Angelegenheiten im Zusammenhang mit dem Haushalt des Königs oder seinen Gütern, mit der Erhebung seiner Einnahmen oder der Verwaltung seiner Justiz, sowohl ziviler als auch ziviler Natur kriminell. Allmählich veränderte sich der Gebrauch des Wortes jedoch in zweierlei Hinsicht: In einer Richtung schrumpfte es, in einer anderen dehnte es sich aus. Es wurde nicht mehr auf Finanzgeschäfte und sogar auf nichtkriminelle, gerichtliche Geschäfte angewendet; und war danach den Strafprozessen vor den Richtern des

Königs vorbehalten. Dieser Schrumpfungsprozess war vor der Thronbesteigung von Johannes nahezu abgeschlossen.

Eine andere Tendenz in die entgegengesetzte Richtung war jedoch schon seit einiger Zeit im Gange; Die in den frühen Regierungszeiten getroffene Unterscheidung zwischen geringfügigen Verfehlungen, die in der Zuständigkeit des Sheriffs blieben, und schwerwiegenden Straftaten, die allein der Aufmerksamkeit des Königs würdig waren, wurde langsam ausgelöscht. [631] Die königlichen Gerichte weiteten ihren Tätigkeitsbereich stetig auf alle noch so trivialen Missetaten aus, bis der gesamte Bereich des Strafrechts unter die Bezeichnung „Plädoyers der Krone" fiel.

Unter der Herrschaft von Johannes war dieser Prozess der Ausweitung noch lange nicht abgeschlossen: Die Worte umfassten damals zwar schwere Straftaten, die vor den Gerichten des Königs verhandelt wurden, nicht aber die zahlreichen Bagatelldelikte, die noch im Sheriff-Turnier oder anderswo verhandelt wurden. [632]

Nördlich des Tweed hat derselbe Ausdruck eine völlig andere Geschichte: Im modernen schottischen Recht ist seine Konnotation immer noch eng; und dies ist eine direkte Folge des langsamen Wachstums der schottischen Krone an Autorität und Gerichtsbarkeit, im deutlichen Gegensatz zu der Schnelligkeit, mit der die englische Krone den Höhepunkt ihrer Macht erreichte. Den schottischen Königen gelang es nicht, ihre mächtigen und widerspenstigen Vasallen zu vernichten, und infolgedessen bildeten die Klagegründe der schottischen Krone, die ausschließlich dem Obersten Gerichtshof vorbehalten waren, eine dürftige Liste – die vier abscheulichen Verbrechen Mord, Raub, Vergewaltigung und Brandstiftung. Die Feudalgerichte der schottischen Adligen behielten lange Zeit ihre umfassende Zuständigkeit für alle anderen Straftaten. Als die erblichen Gerichtsbarkeiten im Jahr 1748, hauptsächlich als Folge der Rebellion von drei Jahren zuvor, endgültig abgeschafft wurden, blieb die alte Unterscheidung, die so tief im schottischen Recht verwurzelt war, bestehen. Das Sheriff-Gericht hatte bis zum Ende des 19. Jahrhunderts keine Kenntnis über die vier Verbrechen, die speziell den Richtern des Königs vorbehalten waren. [633] So beschränkt sich der historische Ausdruck „Plädoyers of the Crown" in Schottland auch heute noch auf Mord, Raub, Vergewaltigung und Brandstiftung, während er für einen englischen Anwalt den gesamten Bereich des Strafrechts umfasst.

II. *Strafanzeigen behalten und prüfen.* Der von Heinrich II. organisierte Mechanismus zur Strafverfolgung von Kriminellen war recht ausgefeilt. Für unseren vorliegenden Zweck mag es ausreichend sein, zwei wichtige Phasen des Verfahrens hervorzuheben. Zwischen der Begehung eines schweren Verbrechens und dem formellen Prozess gegen den Verbrecher musste immer eine Zeitspanne vergehen, da man auf das Kommen der Wanderrichter warten musste, was nur in Abständen von etwa sieben Jahren stattfand. In der Zwischenzeit müssen vorbereitende Schritte unternommen werden, um Beweise für Straftaten zu sammeln und aufzuzeichnen, die andernfalls verloren gehen könnten. Der für diese vorbereitenden Schritte zuständige Richter solle die Klagegründe „behalten" (*custodire placita*), d " oder dieselben Klagegründe „bestimmen" (*placitare* oder *habere* oder *tenere placita*).

Vor der Regierungszeit von Johannes war nicht nur der grundlegende Unterschied zwischen diesen beiden Phasen des Verfahrens klar verstanden worden, sondern die beiden Funktionen waren auch zwei unterschiedlichen Arten königlicher Beamter anvertraut worden. Die örtlichen Richter jedes Bezirks „behielten" königliche Bitten bei, während nur die Richter, die die Zentralregierung vertraten, ihnen „stattgeben" konnten. Der Differenzierungsprozess beschleunigte sich gegen Ende des 12. Jahrhunderts infolge der Eifersucht, mit der die Krone auf die zunehmende Unabhängigkeit der Sheriffs blickte. Die ausführlichen Anweisungen aus dem Jahr 1194 an die Richter, die Erzbischof Hubert Walter zu einem überdurchschnittlich wichtigen Besuch in den Grafschaften entsandte, enthalten zwei Bestimmungen, die die wachsenden Ansprüche der Sheriffs in angemessenen Grenzen halten sollten. [634]

Es war ihnen ausdrücklich verboten, in ihren eigenen Bezirken als Richter zu fungieren, oder auch in allen Bezirken, in denen sie zu irgendeinem Zeitpunkt seit Richards Krönung als Sheriffs fungiert hatten. [635]

Daraus lässt sich mit Sicherheit schließen, dass die „Prüfung" königlicher Bitten die Provinz war, aus der insbesondere der Sheriff ausgeschlossen wurde. Selbst im Hinblick auf die „Aufbewahrung" oder die vorbereitenden Schritte solcher Bitten blieb dem Sheriff keineswegs die alleinige Entscheidungsgewalt überlassen. Die Richter erhielten die Anweisung [636], in jeder Grafschaft drei Ritter und einen Beamten als *„ custodes placitorum Coronae "* zu wählen . Es ist möglich, dass diese neuen örtlichen Beamten, die speziell mit der Aufgabe betraut waren, königliche Bitten zu „bewahren", eher dazu gedacht waren, mit den Sheriffs in dieser Funktion zusammenzuarbeiten, als sie zu ersetzen, aber in jedem Fall hatten die Sheriffs kein Monopol mehr Autorität in ihren Vogteien. Von da an waren ihnen Richter, die später Gerichtsmediziner genannt wurden, bei der Verwaltung des Kreises zugeteilt. [637]

Die Verordnung von 1194 scheint die spätere Praxis in beiden Punkten geregelt zu haben. Den Sheriffs stand es zwar immer noch frei, geringfügige Straftäter auf eigene Faust in ihren halbjährlichen Turnieren oder Runden zu bestrafen, sie erlaubten jedoch den Gerichtsmedizinern, königliche Bitten „zu behalten", und den Richtern, sie „zu verhandeln".

Die damalige öffentliche Meinung befürwortete nachdrücklich beide Regeln, doch John duldete und förderte Unregelmäßigkeiten und ermöglichte es den Sheriffs, sich in Bitten der Krone einzumischen, selbst wenn die Gerichtsmediziner nicht anwesend waren, um ihre willkürlichen Methoden zu überprüfen; [638] und es ihnen zu ermöglichen, ein endgültiges Urteil über solche Klagegründe zu fällen, die möglicherweise den Verlust von Leib oder Leben der für schuldig befundenen Personen beinhalten, ohne auf das Eintreffen der Richter zu warten. [639] Solche Abweichungen vom normalen Verfahrensablauf könnten nicht länger toleriert werden. Dementsprechend verbot die Magna Carta in diesem ersten einer Reihe von Kapiteln, die sich gegen die Missetaten von Sheriffs und anderen örtlichen Richtern richteten, ihnen, sich in dieser Provinz einzumischen.

III. *Die Absicht der Magna Carta.* Die Barone forderten in dieser Angelegenheit wie in so vielen anderen lediglich, dass die Krone die Regeln, die sie zu ihrer eigenen Führung aufgestellt hatte, strikt und unparteiisch einhalten sollte: Die Willkür musste dem Gesetz weichen. Sheriffs dürfen, mit oder ohne Duldung des Königs, die Funktionen von Gerichtsmedizinern nicht an sich reißen; Auch dürfen Sheriffs und Gerichtsmediziner nicht gemeinsam die Richter des Königs an sich reißen. Die Oppositionsführer brachten diese beiden Unregelmäßigkeiten natürlich miteinander in Verbindung und gingen möglicherweise sogar davon aus, dass die ausdrückliche Abschaffung der einen mit hinreichender Klarheit die Absicht implizierte, auch die andere abzuschaffen. Eine solche Annahme würde eine eigentümliche Diskrepanz zwischen den Artikeln und der Charta in ihrer endgültigen Form erklären , die ansonsten schwer zu erklären ist. Während Artikel 14 die Wiedergutmachung einer bestimmten Beschwerde forderte, gewährte Magna Carta die Wiedergutmachung eines völlig anderen. Das frühere Dokument vernachlässigt die Unterscheidung zwischen „Aufbewahrung" und „Prüfung" von Klagegründen und verlangt lediglich, dass Gerichtsmediziner (deren relative Beliebtheit durch ihre Ernennung zum Bezirksgericht erklärt wird) immer mit dem Sheriff in Verbindung gebracht werden sollten, wenn er sich in irgendeiner Weise in Klagegründe einmischt der Krone. Die Charta schweigt zu diesem Thema; verbietet jedoch Sheriffs und Gerichtsmedizinern, unabhängig davon, ob sie einzeln oder gemeinsam handeln, „zu versuchen" oder endgültig über Klagegründe dieser Art zu entscheiden. Diese beiden Bestimmungen ergänzen einander. Die Magna Carta scheint hier also unvollständig zu sein.

Das Verbot, dass Sheriffs Klagen der Krone prüfen dürfen, wurde in allen Neuauflagen der Charta wiederholt; und obwohl es unter Heinrichs Herrschaft vielleicht nicht strikt durchgesetzt wurde, wurde es bald absolut. Unter Eduard I. wurde es so interpretiert, dass niemand über solche Klagegründe entscheiden könne, wenn er nicht mit einer entsprechenden königlichen Kommission ausgestattet sei; [640] und die Kommission würde entweder die Form einer Gefängnisübergabe, eines Trailbastons oder eines Oyer und Terminer annehmen. [641]

IV. *Eine falsche Ansicht.* Hallam scheint den Zweck dieser Bestimmung missverstanden zu haben. In seinem Kommentar zum entsprechenden Kapitel von Henrys Charta von 1225 erklärt er, dass „die strafrechtliche Zuständigkeit des Sheriffs durch die Magna Charta, c. 17." [642] Dies ist ein völliger Fehler: Sowohl vor als auch nach der Erteilung der Charta übte der Sheriff die Strafgerichtsbarkeit aus, und zwar in zwei unterschiedlichen Formen. Zusammen mit den Gerichtsmedizinern führte er Voruntersuchungen durch, selbst wenn es um Klagegründe der Krone ging; Während seines Turniers (das gemäß Kapitel 42 der von Hallam zitierten Charta zweimal im Jahr abgehalten werden durfte) war er in vollem Umfang für jede Phase des Verfahrens in Bezug auf Bagatelldelikte verantwortlich. Er hörte Anklagen und verurteilte dann geringfügige Straftäter im summarischen Verfahren. [643] Mehrere Gesetze späterer Regierungszeiten bestätigten die Befugnis des Sheriffs, bei seinen Turnieren Anklage zu erheben, und regelten sie sogar, [644] bis diese Zuständigkeit durch einen Akt des fünfzehnten Jahrhunderts auf die dort versammelten Friedensrichter übertragen wurde Viertelsitzungen. [645]

Alles, was Magna Carta tat, bestand darin, darauf zu bestehen, dass kein Sheriff oder örtlicher Richter in die den königlichen Richtern vorbehaltene Provinz eindringen dürfe, nämlich die endgültige „Aburteilung" solch schwerer Verbrechen, die nun als „Plädoyer der Krone" anerkannt wurden. [646] Die Charta versuchte nicht einmal, diese zu definieren, sondern überließ die Grenze zwischen großen und kleinen Verstößen der Regelung durch Gewohnheit und Gewohnheit. Dabei handelte es sich lediglich um eine Feststellung der bestehenden Praxis und es wurde kein Versuch unternommen, die Grenze an einer neuen Stelle zu ziehen. [647]

V. *Lokale Richter unter John.* Die dringende Notwendigkeit, die kleinen Tyrannen, die die Verwaltung der verschiedenen Bezirke kontrollierten, daran zu hindern, Gerichtsbarkeit über das Leben und die Gliedmaßen freier Bürger auszuüben, lässt sich anhand der Einzelheiten aus zeitgenössischen Aufzeichnungen über die raffinierten und grausamen Unterdrückungen, zu denen sie ständig Zuflucht suchten, reichlich verdeutlichen. In der Tat waren mehr als einmal erfolglose Versuche unternommen worden, ihre bösen Praktiken einzudämmen, wie im August 1213, als der Rat von St. Alban's Anweisungen erließ, die den Sheriffs, Förstern und anderen befahlen, sich von ungerechtem Handeln zu enthalten, [648] und wiederum etwa zwei Monate später, als Johannes auf Veranlassung von Nikolaus von Tusculum, dem päpstlichen Legaten, versprach, ihre Gewalt und illegalen Forderungen einzudämmen. [649] Es wurden jedoch nur wenige oder gar keine Reformen durchgeführt; und Magna Carta enthielt zusätzlich zur Verurteilung bestimmter spezifischer Übel zwei allgemeine Bestimmungen, nämlich Kapitel 45, das angab, welche Art von Männern als Kronbeamte ernannt werden sollten, und das vorliegende Kapitel, das örtlichen Richtern verbot, in die Provinz einzugreifen die Richter des Königs. Diese örtlichen Richter werden umfassend unter vier verschiedenen Namen beschrieben. [650]

(1) *Der Sheriff.* Kein königlicher Offizier wurde besser oder zu Recht gehasst als der Sheriff. Das besprochene Kapitel liefert starke Beweise sowohl für seine Bedeutung als auch für die Eifersucht, mit der seine Macht betrachtet wurde. Hier ist nur eine knappe Skizze der Entstehung und Entwicklung des Büros möglich. Lange vor der Eroberung waren in jedem Grafschaftsgebiet Englands die finanziellen und sonstigen Interessen der Könige des Königshauses von Wessex einem von ihnen ernannten Agenten oder Geschäftsmann anvertraut worden, der als Scir-Gerefa (oder „Scir-Gerefa") bekannt *war* Shire-Reeve). Diese Offiziere wurden von den normannischen Monarchen mit erweiterten Befugnissen unter dem neuen Namen *Vice Comites weitergeführt* . [651] Es ist ein Beispiel für die Hartnäckigkeit der angelsächsischen Bräuche und Namen, dass sich dieser lateinische Titel nie durchgesetzt hat, während der alte Titel des Sheriffs bis heute Bestand hat.

Es ist wahr, dass in England während der angelsächsischen Zeit die Hauptgewalt über jedes Grafschaft oder jede Gruppe von Grafschaften zwischen drei Beamten aufgeteilt war – dem Bischof, dem Grafen und dem Sheriff. Durch die natürliche Differenzierung der Funktionen beschränkte der Bischof seine Arbeit bald auf die geistlichen Angelegenheiten seiner Diözese; während die bewusste Politik des Eroberers und seiner Nachfolger den Grafen in eine würdevolle Position verwies, die völlig vom Besitz wirklicher Macht getrennt war. Somit hatte der Sheriff keinen Rivalen in seinem Grafschaftsgebiet. Für einen Zeitraum von mindestens hundert Jahren nach der normannischen Eroberung übte er als alleiniger Tyrann der Grafschaft eine übermäßige lokale Autorität aus. Er war zwar nicht unverantwortlich, aber es war für seine Opfer schwierig, das Ohr des fernen Königs zu gewinnen, der allein stark genug war, ihn zu bestrafen. Der Höhepunkt der Macht des Sheriffs wurde jedoch im 12. Jahrhundert überschritten, und noch vor seinem Ende wurden Änderungen eingeführt, um seinen Missbräuchen Einhalt zu gebieten. Heinrich II. bestrafte seine Sheriffs häufig für ihre Missetaten und entließ sie aus dem Amt.

Es wurde bereits erläutert, wie im Jahr 1194 die Befugnisse des Sheriffs weiter eingeschränkt wurden, während in jedem Landkreis neue Beamte ernannt wurden, um die ihm noch verbliebenen Befugnisse zu teilen. Bis zum folgenden Jahr (1195) wird üblicherweise der Ursprung der Friedensrichter zurückverfolgt, die nach und nach die Hauptaufgaben des Sheriffs übernahmen, bis sie ihn praktisch als herrschende Macht in der Grafschaft abgelöst hatten. Zu Tudor-Zeiten tauchte mit dem Lord Lieutenant ein neuer Rivale auf, der zunächst in jedem Grafschaftsgebiet ernannt wurde, um die Krone in ihrer militärischen Funktion zu vertreten und insbesondere das Kommando über die Miliz der Grafschaft zu übernehmen. Der Sturz des Sheriffs von seinem früheren hohen Anwesen vollzog sich somit schrittweise, wenn auch letztlich am vollständigsten. Während er in seinem goldenen Zeitalter den Vorsitz über alle Angelegenheiten des Bezirks – Finanzen, Verwaltung, Militär und Justiz – innehatte, ist er heute in England nur noch ein ehrenamtliches Aushängeschild der Kreisverwaltung . Noch immer wählt König Eduard jedes Jahr für jedes County einen Obersheriff aus, indem er pickingzufällig einen Namen aus einer Liste von drei führenden Landbesitzern wählt, die ihm zu diesem Zweck von den Richtern vorgelegt wird. Der Herr, dem diese manchmal unwillkommene Würde auferlegt wird, ist während seines Amtsjahres immer noch nominell verantwortlich für die Ausführung aller Urteile der Obergerichte in seinem Bezirk, für die Rückgabe der Namen derjenigen, die für den Dienst im Unterhaus gewählt wurden, und für viele andere Zwecke; aber seine Verantwortung ist hauptsächlich theoretischer Natur. Alle eigentlichen Aufgaben seines Amtes werden nun praktisch von Untergebenen wahrgenommen. Was ihm wirklich bleibt, ist eine leere und teure Ehre, die normalerweise eher gemieden als umworben wird. In Schottland und Amerika gibt es den Sheriff auch heute noch, doch seine Stellung und Funktionen haben sich in diesen Ländern in sehr unterschiedliche Richtungen entwickelt. In Schottland ist der Sheriff im Gegensatz zu dem, was in England und Amerika passiert ist, nachdrücklich ein Justizbeamter geblieben, der Richter eines untergeordneten Gerichts, nämlich des örtlichen Gerichts seiner Grafschaft, das als „Sheriff Court" bekannt ist. Er hat somit seine richterlichen Funktionen beibehalten, denen die nominellen Verwaltungsaufgaben, die ihm noch verbleiben, völlig untergeordnet sind. In den Vereinigten Staaten von Amerika hingegen ist der Sheriff ein reiner Exekutivbeamter, der vielleicht mehr tatsächliche Macht besitzt, aber deutlich weniger Ehre und soziale Auszeichnung als der englische Obersheriff. Die Aufgaben seines Amtes werden manchmal von ihm persönlich wahrgenommen; Möglicherweise macht er sich sogar an der Spitze der *Posse Comitatus* auf die Suche nach Kriminellen. Somit sind drei völlig unterschiedliche Ämter aus derselben verfassungsmäßigen Wurzel hervorgegangen, und alle drei sind in England, Schottland und Amerika immer noch unter einem Namen bekannt.

(2) *Der Polizist.* Teile bestimmter Landkreise wurden ganz oder teilweise von der Vogtei des Sheriffs ausgenommen und der Autorität speziell ernannter Richter unterstellt. So wurden die aufgeforsteten Bezirke von Forstwächtern verwaltet, die von Waldverwaltern unterstützt wurden, die Sheriffs und Gerichtsmediziner ausschlossen; während königliche Festungen zusammen mit dem Land, das sie unmittelbar umgab, unter der alleinigen Führung von

Offizieren standen, die unterschiedslos als Kastellane oder Konstabler bekannt waren. [652] Die Ämter des Aufsehers eines bestimmten Waldes und des Aufsehers einer angrenzenden königlichen Burg wurden häufig derselben Person übertragen. Tatsächlich ist Kapitel 16 der Waldcharta Heinrichs III. scheint den Begriff „Castellans" als anerkannten Namen von Forstwächtern zu verwenden, denen es verbietet, „Bitten des Waldes" entgegenzunehmen, obwohl sie diese anhängen oder „behalten" dürfen (in Zusammenarbeit mit den Forstwächtern) und präsentieren Sie werden vor den Gesandten des Königs verhandelt, wenn sie das nächste Mal zu einem Wald-Eyre geschickt werden – und bieten so eine vollständige Parallele zwischen dem Verfahren bei „Forest-Plädoyers" und dem, das in diesem Kapitel für gewöhnliche Klagegründe der Krone vorgeschrieben ist. [653]

Der Name „Constable" ist mehrdeutig, da er zu unterschiedlichen Zeiten in der Geschichte auf sehr unterschiedliche Beamtentypen angewendet wurde. Der High Constable des Königs, ein Nachkomme des Horse-Thegn der angelsächsischen Könige, war ursprünglich das Mitglied des königlichen Haushalts, das speziell für die Ställe des Königs verantwortlich war. Später teilte er mit dem Earl Marshal die Aufgaben des Oberbefehlshabers der Armeen des Königs. Der Name „Constable" wurde im weiteren Sinne auch zur Bezeichnung anderer und untergeordneter königlicher Minister verwendet. Es wurde auf Kommandeure kleiner Truppenteile angewendet, sei es in Burgen oder anderswo. Später verlor das Wort seine kriegerische Assoziation und wurde im Zusammenhang mit Wach- und Mündelpflichten verwendet. Ein Polizist war eine Person, die speziell mit der Durchsetzung der Ordnung an ihrem eigenen Ort betraut war. So hatte im 14. und 15. Jahrhundert jedes Hundert seinen Oberpolizisten und jedes Dorf seinen Unterpolizisten. [654] Diese verschiedenen Beamten wurden daher zu unterschiedlichen Zeitpunkten alle mit einem Namen bezeichnet, der heute normalerweise nur gewöhnlichen Mitgliedern der Polizei vorbehalten ist.

Das in der Magna Carta verwendete Wort hatte seinen militärischen Charakter noch nicht verloren, sondern bezeichnete den Kastellan, der die Truppen befehligte, die eine königliche Burg besetzten. [655] Ein solches Amt war von großem Vertrauen geprägt; und seinem Inhaber wurden entsprechend weitreichende Befugnisse übertragen. Der Aufseher einer Burg hatte ein wichtiges militärisches Kommando inne und fungierte als Gefängniswärter der Gefangenen, denen die sichere Aufbewahrung seiner Kerker anvertraut war. Er hatte unter gewissen unklaren Einschränkungen die Befugnis, alles zu nehmen, was er für die Versorgung der Garnison für notwendig hielt – ein Privileg, dessen Ausübung häufig zu Missbräuchen führte, vor denen die Kapitel 28 und 29 der Magna Carta schützen, wo sie weiter unten besprochen werden der Leiter der Lieferung. In begrenztem Umfang verfügte er auch über richterliche Befugnisse. Er versuchte nicht nur, geringfügige Schulden einzufordern, an denen Juden beteiligt waren, sondern verfügte auch über die Gerichtsbarkeit für alle Bagatelldelikte, die auf dem Gelände des Schlosses begangen wurden, analog zu der des Sheriffs im Rest der Grafschaft. Diese Befugnis, Vergehen zu prüfen und zu bestrafen, wurde durch die Große Charta nicht aufgehoben und im Jahr 1300 stillschweigend durch ein Gesetz bestätigt, das anordnete, dass der Konstabler von Dover Castle keine „ausländischen" Klagegründe der Grafschaft, die dies taten, innerhalb des Burgtors vertreten sollte „die Wache des Schlosses" nicht beeinträchtigen. [656] Es ist nicht bekannt, wann die richterlichen Befugnisse der Polizisten außer Gebrauch gerieten; aber sie fungierten auch viel später noch als Gefängniswärter. Unter Heinrich IV. Es wurde die Beschwerde erhoben, dass Burgpolizisten zu Friedensrichtern ernannt wurden und in einer Funktion die Opfer einsperrten, die sie in einer anderen Funktion zu Unrecht verurteilt hatten. Diese Praxis wurde 1403 per Gesetz verboten. [657]

Es scheint, dass der Polizist zu einer früheren Zeit manchmal als stellvertretender Sheriff fungierte. Kapitel 12 des Assize von Northampton sah vor, dass bei Abwesenheit des Sheriffs der nächstgelegene *Kastellan* seine Stelle im Umgang mit einem verhafteten Dieb übernehmen konnte. Sein Eingreifen außerhalb seiner eigenen Bezirke muss jedoch mit großer Eifersucht betrachtet worden sein, und die Gerichtsmediziner fungierten nach ihrer Ernennung im Jahr 1194 natürlich als Stellvertreter während der Abwesenheit des Sheriffs.

(3) *Die Gerichtsmediziner.* Die Gerichtsmediziner jedes Landkreises scheinen nach ihrer Gründung im Jahr 1194 die meisten Befugnisse mit dem Sheriff geteilt zu haben, deren letzterer zuvor das Monopol genossen hatte. Die Art ihrer Aufgaben wird durch den Amtseid erklärt, der über viele Jahrhunderte hinweg mit den gleichen Worten geschworen wurde: „ *ad custodienda ea quae pertinent ad coronam* ". Ihre Aufgabe bestand darin, die königlichen Interessen im Allgemeinen zu wahren; und ihre „Bewahrung" königlicher Bitten war nur ein Aspekt dieser umfassenderen Funktion. Neben der „Befestigung" der Verbrechensverdächtigen – das heißt der Entgegennahme förmlicher Anschuldigungen und der Übernahme der nötigen Sicherheiten – war es ihre Pflicht, bei der anschließenden formellen Verhandlung alle Voruntersuchungen durchzuführen, die Aufschluss über den Fall geben könnten; Sie mussten beispielsweise die Größe und Art der Wunden des Opfers bei einer Anklage wegen Körperverletzung untersuchen. [658] Sie mussten insbesondere ein wachsames Auge auf das gesamte königliche Eigentum haben und waren für die sichere Aufbewahrung von Deodands, Wracks und Schatzkammern verantwortlich. Sie mussten auch den Wert aller dem König verfallenen Besitztümer von Kriminellen schätzen. Wenn Straftäter Zuflucht in Zufluchtsstätten suchten, war es der

Gerichtsmediziner, der dafür sorgte, dass sie das Land verließen und alles verloren, was sie hatten. Sie führten auch Aufzeichnungen über diejenigen, die geächtet worden waren, und erhielten „Berufungen" oder private Anschuldigungen wegen Strafanzeigen. [659]

Magna Carta verbot dem Gerichtsmediziner, über die Klagegründe der Krone zu entscheiden; Aber auch nach 1215 sprach er manchmal Gerechtigkeit gegenüber auf frischer Tat ertappten Verbrechern, deren Schuld ohne Gerichtsverfahren offensichtlich war. Ein Gesetz von Eduard I. [660] definierte seine Pflichten genau und ermächtigte ihn, Klagegründe der Krone beizufügen und Kriminelle den Richtern zur Verhandlung vorzustellen, verbot ihm jedoch, allein weiterzumachen.

Die ursprünglich so weitreichenden und vielfältigen Funktionen des Gerichtsmediziners wurden nach und nach eingegrenzt, bis heute praktisch nur noch eine Pflicht mit seinem Amt verbunden ist, nämlich die Durchführung einer Untersuchung über eine Leiche, wenn verdächtige Umstände vorliegen. [661] Darüber hinaus ist er jedoch weiterhin für in der Erde vergrabene Schätze oder Wertgegenstände verantwortlich und ist auch befugt, allgemein als Stellvertreter des Sheriffs zu fungieren, wenn dieser während seiner Abwesenheit erkrankt oder abwesend ist Amtsjahr.

(4) *Die Gerichtsvollzieher.* Die namentliche Erwähnung von drei Klassen örtlicher Beamter wird durch die Hinzufügung eines unbestimmten Wortes ergänzt, das ausreichend breit ist, um alle Besoldungsgruppen von Kronbeamten abzudecken. Der Begriff „Gerichtsvollzieher" kann korrekterweise auf jede Person angewendet werden, der von einer anderen Person Befugnisse jeglicher Art übertragen wurden. Im vorliegenden Fall würden dazu die Assistenten von Sheriffs und Polizisten gehören, also die Männer, die tatsächlich Gerichtsurteile ausstellten oder das Eigentum von Schuldnern beschlagnahmten; und im Allgemeinen auch alle lokalen Beamten jeglicher Art, die direkt oder indirekt Autorität von der Krone haben. Der Bezirk, über den sich sein Amt erstreckte, wurde seine „Bailiwick" genannt, ein Begriff, der oft für den Landkreis verwendet wurde, der als Arbeitsgebiet des Sheriffs galt.

---

631 . Spuren davon können bis in die Regierungszeit Heinrichs II. gefunden werden. Siehe Glanvill, I. c. 1.

632 . Der allmähliche Triumph der königlichen Justiz über alle Rivalen auf dem Gebiet des Strafrechts wird daher durch die Erweiterung des Ausdrucks „Plädoyers der Krone" symbolisiert, der durch eine Reihe von Dokumenten nachverfolgt werden kann – z. B. (a) die *Gesetze* von *Cnut* ; (*b*) Glanvill, I. cc. I, 2 und 3; (*c*) die Schwurgerichte von Clarendon und Northampton; (*d*

) die Verordnung von 1194; und (*e*) das vorliegende Kapitel der Magna Carta.

633 . Das *Criminal Procedure (Scotland)* Act von 1887 (50 und 51 Victoria, ca. 35) übertrug ihm die Zuständigkeit für drei von ihnen.

634 . Siehe *Forma procedendi in placitis coronae regis* , cc. 20 und 21, zitiert in *Sel. Urkunden* , 260.

635 . *Ebenda.* , C. 21.

636 . *Ebenda.* , C. 20.

637 . Die *Forma procedendi* von 1194 gilt üblicherweise als der früheste eindeutige Hinweis auf das Amt des Gerichtsmediziners. Dr. Gross (*History of Office of Coroner* , 1892, and *Select Cases from Coroners' Rolls* , 1896) behauptet jedoch, Spuren ihrer Existenz zu einem viel früheren Zeitpunkt gefunden zu haben. Prof. Maitland ist weiterhin nicht überzeugt (*Eng. Hist. Rev.* , VIII. 758, und Pollock und Maitland, I. 519).

638 . Dies ist die Schlussfolgerung, die aus dem 14. Artikel der Barone gezogen werden kann.

639 . Dies ist die Schlussfolgerung, die aus c gezogen werden kann. 24 der Magna Carta.

640 . Siehe Coke, *Second Institute* , 30, und die dort zitierten Behörden.

641 . Zur Erläuterung dieser Begriffe siehe *oben* , c. 18.

642 . Siehe *Mittelalter* , II. 482, n.

643 . Vgl. Stephen, *History of Criminal Law* , I. 83. Der Fehler von Hallam und anderen könnte zum Teil darauf zurückzuführen sein, dass sie die wichtige Änderung vernachlässigten, die der Ausdruck „Plädoyers of the Crown" zwischen 1215, als er noch beschränkt war, erfahren hatte einige spezifische Verbrechen von besonderer Schwere, und die Gegenwart, in der es zum Synonym für das gesamte Strafrecht geworden ist.

644 . *ZB* 13 Edward I. c. 13 und 1 Edward III., stat. 2, c. 17.

645 . 1 Eduard IV. C. 2.

646 . Contra Coke, *Second Institute , 32, der darauf hinzuweisen scheint, dass eine Auswirkung der Magna Carta darin bestand, dem Sheriff die Zuständigkeit für Diebstähle* zu entziehen, die er zuvor innehatte.

647 . Dr. Stubbs, *Const. Hist.* , I. 650, ist der Ansicht, dass die Vorschläge der Artikel und der Charta eine Tendenz zum Justizabsolutismus erkennen ließen, die nur durch die Zunahme von Gerichtsverfahren durch Geschworene gebremst wurde. Doch als die Barone gegen die

Unregelmäßigkeiten des Sheriffs vorsahen, hatten sie sicherlich nicht die Absicht, die königliche Macht zu stärken. Die Haltung der Aufständischen im Jahr 1215 deutet eher darauf hin, dass die Sheriffs nun in größerem Maße zu Instrumenten des königlichen Absolutismus geworden waren als die Richter des Königs selbst. Das Problem der Kommunalverwaltung hatte damit eine neue Form angenommen (vgl. *oben*, S. 20). Tatsächlich nutzte Eduard I. dieses Kapitel geschickt zu seinem Vorteil, indem er argumentierte, dass es jegliche private Gerichtsbarkeit über strafrechtliche Einwände aufhebt, die zuvor von Bezirken oder Einzelpersonen geltend gemacht wurden. Siehe Coke, *Second Institute*, 31, und die dort zitierten Fälle.

648. Siehe *oben*, S. 34.

649. Siehe W. Coventry, II. 214-5.

650. Missbräuche durch Sheriffs und andere Gerichtsvollzieher waren auch nach 1215 weiterhin weit verbreitet. Viele spätere Gesetze bieten anschauliche Darstellungen des repressiven Verhaltens, das sie unter Kontrolle bringen wollten. Im Jahr 1275 hielt Edward es für notwendig, vorzusehen, „dass die Sheriffs von nun an bei niemandem wohnen dürfen, der mehr als fünf oder sechs Pferde hat; und dass sie weder religiöse Männer noch andere betrüben sollen, indem sie oft kommen und übernachten, weder in ihren Häusern noch auf ihren Herrenhäusern." Siehe Statut von Westminster, c. 1, bestätigt durch 28 Edward I., stat. 3, c. 13.

651. Vgl. *oben*, S. 17–20.

652. Diese Ortschaften waren völlig unabhängig von den gewöhnlichen Exekutivbehörden des Kreises; Darüber hinaus genossen (*a*) gecharterte Bezirke und (*b*) Inhaber von Konzessionen eine teilweise Befreiung von der Kontrolle des Sheriffs.

653. Vgl. *Infra*, c. 48.

654. Siehe HB Simpson in *English Historical Review*, X. 625, und die dort zitierten Quellen.

655. Die von Coke, *Second Institute*, 31, gesammelten Beweise beweisen schlüssig die Identität dieser beiden Büros. Siehe auch Round, *Ancient Charters* Nr. 55, wo Richard I. 1159 von „*constabularia castelli Lincolniae*" spricht.

656. Siehe *Articuli super cartas*, 28 Edward I. c. 7.

657. Siehe 5 Heinrich IV. C. 10. Coke, *Second Institute*, 30, berichtet als Hinweis auf die Autorität und Ansprüche dieser Polizisten, dass sie eigene Siegel „mit ihrem Porträt zu Pferd" hatten.

658. Siehe Bracton, f. 122 v.

659 . Im Jahr 1197 ernannte Richards Assize of Measures sechs *Custodientes* in jedem Landkreis und jeder Stadt. Dabei handelte es sich um *Gerichtsmediziner* für eine begrenzte Kategorie von Straftaten, nämlich die Verwendung falscher Gewichte und Maße. Vgl. *infra* , unter c. 35.

660 . Statut von Westminster, I. c. 10.

661 . Vgl. Coke, *Second Institute* , 31, „Für den Fall, dass jemand gewaltsam oder vorzeitig stirbt, *super visum corporis* .“

Kapitel fünfundzwanzig.

Omnes comitatus, hunderte, wapentakii, et trethingic, sint ad antiquas firmas absque ullo incremento, außer dominicis maneriis nostris.

Alle Landkreise, Hunderte, Wapentakes und Trithings (mit Ausnahme unserer Grundherrschaften) bleiben zu den alten Mieten und ohne zusätzliche Zahlung.

Auch diese Bestimmung richtete sich gegen die Sheriffs und zeugt von der lobenswerten Entschlossenheit, die Krankheit an der Wurzel zu packen, anstatt nur die Symptome anzugreifen. Die Pachtzinsen, zu denen die Grafschaften (oder Teile davon) an die Sheriffs verpachtet wurden, durften nicht mehr willkürlich erhöht werden, sondern sollten auf den alten Zahlen bleiben, die durch lange Nutzung stereotyp geworden waren. Um zu verstehen, wie sich solche Erhöhungen nachteilig auf die Einwohner des Landkreises auswirken würden, sind einige Erklärungen erforderlich. Jahrhunderte vor der normannischen Eroberung war der lange Prozess bereits abgeschlossen, bei dem England nach und nach in Grafschaften eingeteilt wurde, die im Wesentlichen denen entsprachen, die noch heute existieren. Jeder Landkreis war weiter in kleinere Bezirke unterteilt, die im Süden als „Hunderte" und in den dänischen Bezirken im Norden als „Wapentakes" bekannt waren. während in einigen der besonders großen Grafschaften wie York und Lincoln ausnahmsweise Zwischenabteilungen existierten, die jeweils drei „Trithings" oder Ridings hatten.

Im Kommentar zu Kapitel 24 wurde bereits erläutert, wie die angelsächsischen Könige ihre Interessen in jeder Grafschaft einem Beamten namens Sheriff anvertrauten und wie ein ähnlicher Beamter unter den normannischen Königen praktisch zum obersten Richter und örtlichen Richter in der Grafschaft wurde . Seine finanziellen Pflichten blieben jedoch lange Zeit die wichtigsten: Wilhelm I. und seine Nachfolger hatten größere finanzielle Interessen in den englischen Grafschaften als ihre angelsächsischen Vorgänger es jemals hatten, und die Sheriffs waren ihre Agenten beim Eintreiben aller Pachtzinsen und anderer Abgaben. Doch schon vor der Eroberung war der Sheriff einer gewöhnlichen Grafschaft kein bloßer Vermittler mehr, der die Pachtzinsen des Königs erhöhte und ihm die jährlich unterschiedlichen Beträge, die er möglicherweise erhielt, Pfund für Pfund abzahlte. Er war ein *Firmenmann geworden* : Er kaufte für eine jährliche Miete das Recht, die verschiedenen Einnahmen des Kreises einzutreiben und für seine eigenen Zwecke zu verwenden. Die Krone erhielt nur den genau vereinbarten Betrag, den sogenannten *Firma Comitatus* ; während der Restbetrag, falls vorhanden, beim Sheriff verblieb. Dieser Beamte hingegen haftete für die vereinbarte Summe, auch wenn der Jahresertrag hinter seinen Erwartungen zurückblieb. Im Klartext: Der Sheriff spekulierte in den Steuererklärungen, und es war seine Aufgabe, mit fairen oder unlauteren Mitteln für einen stattlichen Überschuss zu sorgen.

Die Behörden sind unterschiedlicher Meinung hinsichtlich der genauen Liste der Artikel, die im Rahmen der sogenannten *„Firma Comitatus" gekauft werden* . Aber zweifellos waren die beiden Haupteinnahmequellen die Gewinne aus der Gerichtsbarkeit der örtlichen Gerichte sowie die Pachtzinsen und Erträge aus den verschiedenen königlichen Herrenhäusern in der Grafschaft.

Wilhelm I. erhöhte die Beträge aller dieser Höfe zu seinem eigenen Vorteil drastisch, und seine Nachfolger bemühten sich, sie, wann immer möglich, noch weiter zu steigern. Nun mag es auf den ersten Blick scheinen, dass diese zusätzlichen Belastungen ausschließlich die Krone und den Sheriff betrafen, aber das war keineswegs der Fall. Der Sheriff achtete darauf, die Last, die in erster Linie auf ihm lastete, auf die Schultern derjenigen abzuwälzen, die seiner Autorität unterstanden. Als der König mehr vom Sheriff verlangte, erhöhte dieser wiederum den Druck auf die Bewohner seines Landkreises oder seiner Landkreisgruppe. Seine Herrschaft war immer repressiv, aber seine ungerechtfertigten Geldstrafen und Forderungen verdoppelten sich, wenn der Betrag der *Firma* kürzlich erhöht worden war.

Unter der wachsamen Herrschaft Heinrichs II. Den Grafschaften wurde ein gewisses Maß an Erleichterung von den Missetaten ihrer örtlichen Tyrannen verschafft, da dieser weitsichtige König wusste, dass sein eigenes Wohl eine Einschränkung der Ansprüche der Sheriffs erforderte. Er bestrafte ihre Exzesse und entzog ihnen häufig das Amt. Unter John hatten die Sheriffs vergleichsweise freie Hand, ihre Opfer zu unterdrücken, denn er ging ein stillschweigendes Bündnis mit ihnen ein, damit die beiden Tyrannen (die Oberhäupter der Zentral- bzw. der Lokalregierung) gemeinsam die Männer des Landkreises ausplündern konnten effektiver. Zusätzlich zu den festen Jahresmieten im Namen der *Firma* , die wieder zum Klischee geworden waren, erpresste John eine zusätzliche Pauschalzahlung, die entweder als *Inkrementum* oder unter verschiedenen anderen Namen bezeichnet wurde, und erlaubte den Sheriffs, neue Härten zu verhängen, um ihre zusätzlichen Ausgaben wieder hereinzuholen . [662]

Magna Carta unternahm keinen Versuch, die Praxis der Ausbewirtschaftung der Grafschaften abzuschaffen, verbot jedoch gleichermaßen die Vergrößerung der Farm und die Einforderung eines *Inkrementums* .

Obwohl diese Reform den Männern der Grafschaften im Umgang mit den Sheriffs zugute kam, verschaffte sie den Sheriffs gleichzeitig einen unfairen Vorteil gegenüber der Staatskasse. Der Gesamtwert der verschiedenen Vermögenswerte des *Firma Comitatus* war in der Vergangenheit stark gestiegen und wird wahrscheinlich auch in Zukunft weiter steigen. Daher war es absurd, die Krone durch eine feste Regel zu binden, die diese zukünftige „unverdiente Erhöhung" praktisch dem Sheriff schenken würde. Es gehörte von Rechts wegen der Krone; und die Staatskasse hatte einen zunehmenden Bedarf an Vorräten, um die wachsenden Aufgaben der Zentralregierung zu erfüllen. Es war der Krone gegenüber unfair, das *Unternehmen* zu stereotypisieren, als Gegenleistung für ständig steigende Einnahmen bezahlt zu werden. [663] Daher ist es leicht zu verstehen, warum dieses Kapitel im Jahr 1216 und in späteren Neuauflagen vollständig weggelassen wurde. Die *Articuli super cartas* hingegen räumten zwar den Landkreisen das Recht ein, ihre eigenen Sheriffs zu wählen, bekräftigten jedoch den Grundsatz der John's Charter und erklärten, dass weder die Vogteien und Hundertschaften des Königs noch die großer Lords eingesetzt werden sollten mit zu hohen Preisen Landwirtschaft betreiben. Das Böse setzte sich jedoch in einer neuen Form fort; Während die Sheriffs selbst nur eine bescheidene Farm bezahlen, untervermieten sie Teile ihrer Provinz zu viel höheren Sätzen und vereinnahmen so den Zuschlag, der der Staatskasse verweigert wurde, während die Gerichtsvollzieher, die den Zuschlag gezahlt hatten, „den besagten Betrag nicht ohne Erpressung und Zwang eintreiben konnten". die Menschen." [664] Drei aufeinanderfolgende Gesetze verboten diese Praxis und erklärten, dass Hunderte und Wapentakes entweder in den eigenen Händen des Sheriffs gehalten oder, wenn überhaupt, nur auf den alten festen Farmen untervermietet werden dürfen. [665]

Eine Ausnahme vom Geltungsbereich ihrer eigenen Bestimmungen wurde von der Magna Carta bewusst gemacht – eine Ausnahme von wichtiger und bemerkenswerter Art; Die Herrschaftsgüter der Krone wurden absichtlich willkürlichen Erhöhungen ihrer jährlichen Pachtzinsen ausgesetzt. Die Städte befanden sich in dieser Hinsicht praktisch in der gleichen Lage wie die Grundherrschaften. Es ist wahr, dass viele von ihnen separate Urkunden erhalten hatten, in denen die jährlich unter dem Namen Farm zu zahlenden Beträge (in ihrem Fall *Firma Burgi*) festgelegt waren, und dass alle diese Urkunden in Kapitel 13 der Großen Charta eine allgemeine Bestätigung erhielten, die Krone jedoch konnte Wahrscheinlich würden sie sich diesen Versprechungen entziehen, indem sie etwaige zusätzlich gewünschte Zahlungen als „Inkrement" bezeichnen würden, oder sie könnten, falls dagegen Einspruch erhoben würde, immer noch auf eine willkürliche „Tallage" zurückgreifen, also auf das Erpressungsrecht, das ihnen durch die Magna Carta nicht entzogen worden war. Das Geld kam der Krone unter einem Namen genauso gut wie unter einem anderen. [666]

662 . Vgl. Miss Norgate (*John Lackland* , S. 214), die erklärt, dass die Krone einen Anteil am ständig steigenden Überschuss der Sheriffs beanspruchte, und „dies geschah nicht dadurch, dass die Ferm auf einen höheren Betrag

angesetzt wurde, sondern indem sie dem Sheriff eine Strafe in Rechnung stellte Zusätzliche Pauschalen wurden unter der Bezeichnung „ *Crementum* “ bzw. zu Johanns Zeiten „ *Proficuum* “ gezahlt. Dabei handelte es sich jedoch keineswegs um eine von Johannes erfundene Neuerung. Heinrich II. verlangte solche Zuschläge oft unter der Bezeichnung „ *Gersuma* “. So in der *Pfeifenrolle* Heinrichs II. (S. 11) Der Sheriff von Norfolk und Suffolk zahlte unter diesem Namen 200 Mark. Die angewandte Methode bestand praktisch darin, das Amt des Sheriffs zur Versteigerung einzurichten. Der am besten geeignete Bieter erhielt den Zuschlag, und der Betrag des erfolgreichen Gebots wurde in der Staatskasse als *Gersuma verbucht* .

663 . Vgl. Sir James Ramsay, *Angevin Empire* , 476, der diese Bestimmung als „eine unmögliche Anforderung“ beschreibt. Die Paraphrase von Dr. Stubbs ist nicht ganz erfreulich: „Die Mittel der Bezirke und anderer Gerichtsbarkeiten dürfen nicht erhöht werden.“ Siehe *Konst. Hist.* I. 575.

664 . Dies sind die Worte des unten zitierten Statuts von 1330.

665 . Siehe 4 Edward III. C. 15; 14 Eduard III. C. 9; und 4 Heinrich IV. C. 5.

666 . Vgl. *oben* , S. 278–280 .

KAPITEL SECHSUNDZWANZIG.

Si aliquis tenens de nobis laicum feodum moriatur, and vicecomes vel ballivus noster ostendat litteras our patentes de summonicione nostra de bito quod quod defunctus nobis debuit, liceat vicecomiti vel ballivo nostro attachment et inbreviare catalla defuncti, inventa in laico feodo, ad valenciam illius debiti, pro visum legalium hominum, es tamen quod nichil inde amoveatur, donec persolvatur nobis debitum quod clarum fuerit; et residuum relinquatur executoribus ad faciendum testamentum defuncti; et, si nichil nobis debeatur ab ipso, omnia catalla cedant defuncto, salvis uxori ipsius et pueris racionabilibus partibus suis.

> Wenn jemand, der ein Laienlehen von uns hält, stirbt und unser Sheriff oder Gerichtsvollzieher unsere Vorladungsschreiben für eine Schuld, die der Verstorbene uns geschuldet hat, vorlegt, ist es unserem Sheriff oder Gerichtsvollzieher rechtmäßig, die beweglichen Sachen des Verstorbenen zu pfänden und zu katalogisieren Verstorbene, die auf dem Laienlehen gefunden wurden, in Höhe des Wertes dieser Schuld, vor den Augen rechtmäßiger Männer, immer unter der Voraussetzung, dass von dort nichts entfernt wird, bis die Schuld, die offensichtlich [667] ist, vollständig an uns bezahlt ^{ist} ; und der Rest wird den Testamentsvollstreckern überlassen, um den Willen des Verstorbenen zu erfüllen; und wenn er uns nichts schuldet, gehen alle Besitztümer an den Verstorbenen, wobei der angemessene Anteil seiner Frau und seinen Kindern vorbehalten bleibt.

Das Hauptziel dieses Kapitels bestand darin, das Verfahren zu regeln, das bei der Pfändung des persönlichen Nachlasses von Pächtern der Krone, die gleichzeitig Schuldner der Krone waren, einzuhalten ist. Im Übrigen wirft es jedoch Licht auf die allgemeine Frage des Rechts der Vererbung von Eigentum.

I. *Die Art der Beschwerde*. Wenn ein Pächter der Krone starb, war es fast sicher, dass die Rückstände für die eine oder andere der zahlreichen Scutagen, Zwischenfälle oder anderen Zahlungen an die Krone unbezahlt blieben. Der Sheriff und die Gerichtsvollzieher des Bezirks, in dem die Besitztümer des Verstorbenen lagen, pflegten unter dem Vorwand, die Interessen ihres königlichen Herrn zu wahren, alles zu beschlagnahmen, was sie auf seinem Anwesen finden konnten. Sie pfändeten und verkauften Mobiliar, das in keinem Verhältnis zum tatsächlich geschuldeten Betrag stand; und nachdem die Schulden der Krone beglichen waren, verblieb oft ein großer Überschuss in den Händen des Sheriffs, den die Verwandten des verstorbenen Grundbesitzers nur äußerst schwer zur Herausgabe zwingen konnten.

Magna Carta versuchte hier, solche Unregelmäßigkeiten für die Zukunft unmöglich zu machen, indem das genaue Verfahren, das unter solchen Umständen einzuhalten ist, sorgfältig festgelegt wurde. Dem Sheriff und seinen Gerichtsvollziehern war es verboten, auch nur ein einziges Mobiliar eines verstorbenen Kronpächters anzufassen, es sei denn, sie verfügten über einen rechtskräftigen Haftbefehl in Form eines königlichen Patentbriefs, der das Bestehen und die Höhe der Kronschuld bezeugte . Selbst nachdem sie einen ordnungsgemäßen Haftbefehl vorgelegt hatten, durften die Beamten nur so viele bewegliche Sachen pfänden, wie vernünftigerweise als notwendig erachtet werden konnten, um den vollen Wert der Schulden gegenüber der Staatskasse zu begleichen; und alles, was so genommen wird, muss sorgfältig inventarisiert werden. All dies sollte „vor den Augen rechtmäßiger Männer" geschehen, respektabler, wenn auch bescheidener Nachbarn, die speziell zu diesem Zweck herbeigerufen wurden und deren Aufgabe es war, die Handlungen der Sheriffbeamten im Allgemeinen zu kontrollieren, um sie daran zu hindern, sich irgendetwas anzueignen nicht im Inventar enthalten sind, um bei der Bewertung jedes Artikels behilflich zu sein und sicherzustellen, dass nicht mehr Mobiliar als nötig gepfändet wurde. Eine Sparklausel schützte die Interessen der Krone, indem sie die Entnahme jeglicher beweglicher Sachen aus dem Lehen des Pächters verbot, auch wenn diese nicht damit verbunden waren, bis der gesamte ermittelte Betrag tatsächlich an die Staatskasse gezahlt worden war. Die Vorzugsansprüche der Krone über alles auf dem Herrenhaus blieben bestehen, bis die Schulden getilgt waren. Erst danach konnte eine Aufteilung des Nachlasses unter den Verwandten des Verstorbenen oder denen erfolgen, zu deren Gunsten er ein Testament errichtet hatte.

Diese Bestimmungen sollten im Zusammenhang mit den Bestimmungen von Kapitel 9 gelesen werden, [668], das vorsah, dass die Sorgfaltspflicht für Schulden der Krone vor der Pfändung des Eigentums des Schuldners gegen den persönlichen Nachlass erfolgen muss, und andere gerechte Regeln festlegte, die gleichermaßen auf den Fall eines Verstorbenen anwendbar waren Kronschuldner und der eines Lebenden.

II. *Das Recht auf Vererbung.* Das Hauptinteresse dieses Kapitels liegt für den Rechts- und Institutionenhistoriker jedoch in einer ganz anderen Richtung; Für ihn ist es wertvoll, weil es nebenbei Licht auf die Grenzen wirft, innerhalb derer das Recht auf Testamentserrichtung im Jahr 1215 anerkannt wurde. Das frühe Recht Englands scheint große Schwierigkeiten gehabt zu haben, zu entscheiden, inwieweit es die Ansprüche der Eigentümer von Testamenten anerkennen sollte Eigentum, sowohl reales als auch persönliches, um seinen Bestimmungsort nach dem Tod zu bestimmen. Vor der normannischen Eroberung waren verschiedene Einflüsse am Werk, die die Entwicklung dieses Rechtszweigs unlogisch und kapriziös machten. [669]

Über das Vermächtnisrecht im 12. Jahrhundert lässt sich jedoch mit größerer Sicherheit sprechen; Bestimmte Prinzipien hatten zu diesem Zeitpunkt bereits allgemeine Anerkennung gefunden. Alle testamentarischen Rechte an Grundstücken oder anderen Liegenschaften (sofern diese jemals tatsächlich bestanden) wurden nun abgeschafft, und zwar nicht, wie manchmal behauptet wurde, im Interesse des Lehnsherrn, sondern im Interesse des werdenden Erben. [670] Somit war das Recht, Land zu bebauen, vor dem Ende des 12. Jahrhunderts völlig verboten. Zu diesem Ergebnis haben viele Gründe beigetragen. Zum einen war es notwendig geworden, Kirchenmänner daran zu hindern, ihren Einfluss zu nutzen, um sterbenden Männern Landvermächtnisse abzuringen, was zur Verarmung des rechtmäßigen Erben und zur Zerstörung des gebührenden Gleichgewichts zwischen Kirche und Staat führen würde, das bereits durch die rasche Zerstörung bedroht war Anhäufung von Reichtum der verschiedenen religiösen Orden.

Als Ausgleich für die Hindernisse, die ihrer Sehnsucht nach dem Land der Sterbenden entgegenstanden, machten die Kirchenmänner ihren Anspruch geltend, alle Testamente zu regeln, die sich mit dem persönlichen Vermögen befassen; das sind Geld, Güter und Mobiliar. Sie beanspruchten und erlangten für ihre eigenen Gerichte das Recht auf ausschließliche Zuständigkeit für alle testamentarischen Bestimmungen, die jetzt natürlich nur noch für den persönlichen Nachlass zuständig sind. Die christlichen Gerichte „bewiesen" Testamente (das heißt, sie usurpierten das Recht zu bestimmen, ob es sich wirklich um gültige Handlungen des Verstorbenen handelte oder nicht) und überwachten auch deren Verwaltung. Insbesondere hatten sie die Kontrolle über die „Nachlassverwalter", die ursprünglich die Freunde waren, denen der Verstorbene seine Wünsche hinsichtlich der Verteilung seines Geldes und seiner Besitztümer bei seinem Tod mitgeteilt hatte. Die Kirchengerichte stellten sicher, dass die Testamentsvollstrecker diese Absichten loyal ausführten, und hinderten sie daran, das, was ihnen zum Wohle der Seele des Verstorbenen anvertraut worden war, für ihre eigenen Zwecke zu verwenden. In der Regierungszeit von John griffen die Krone und ihre Beamten jedoch gleichermaßen in die Rechte der Erblasser ein, Testamente zu verfassen, und in die Rechte des Bischofs der Diözese, die Verteilung zu überwachen. Die Sheriffs fanden nicht nur Vorwände, um sich selbst zu helfen; aber John scheint behauptet zu haben, dass Testamente ohne seine Zustimmung, die wie üblich bezahlt werden musste, nicht gültig seien. Dies ist zumindest die Schlussfolgerung, die aus der Existenz von Verfügungen gezogen werden kann, die die Genehmigung zur Erstellung eines Testaments erteilen oder ein bereits erstelltes Testament bestätigen. [671] Die Einmischung des Königs in diese Provinz scheint jedoch als völlig illegaler Eingriff angesehen worden zu sein.

Nach strengem Recht waren Testierungsrechte zwar verbotenes *Quoad*-Land, wurden *aber als* persönliches Quoad-Eigentum anerkannt. Es darf jedoch nicht davon ausgegangen werden, dass es dem Erblasser freistand, sein gesamtes Geld und Vermögen aufzuteilen oder zu „gestalten". Die berechtigten Ansprüche von Frau und Kindern müssen zunächst respektiert werden, und nur der freie Rest darf nach Befriedigung dieser Ansprüche verteilt werden. Es dauerte lange, bis eine genaue Regelung zur Bestimmung der Höhe dieser „angemessenen" Ansprüche festgelegt wurde. Es ließe sich viel für eine elastische Regel sagen, die es erlaubte, den Anteil des persönlichen Vermögens, der Frau und Kindern zufällt, je nach den Umständen des Einzelfalls zu variieren; aber diese Unbestimmtheit hatte einen schwerwiegenden Einwand; es kam unweigerlich zu Reibereien und Familienstreitigkeiten. Magna Carta bestätigte in dieser Hinsicht lediglich die bestehende Praxis und unternahm keinen Definitionsversuch. Im 13. Jahrhundert wurden die rechtmäßigen Anteile von Frau und Kindern jedoch durch das englische Gewohnheitsrecht definitiv festgelegt, und zwar auf genau die gleichen Anteile am gesamten persönlichen Besitz, wie sie bis heute im schottischen Recht anerkannt sind . Wenn ein schottischer Erblasser stirbt und Frau und Kinder hinterlässt, wird davon ausgegangen, dass sein beweglicher oder persönlicher Nachlass auf natürliche Weise in drei gleiche Teile zerfällt, die als Witwenteil, Kinderteil bzw. Verstorbenenteil bekannt sind. Nur mit dem letztgenannten Drittel seiner eigenen beweglichen Sachen kann er machen, was er will. Wenn er über den Rest verfügt, können Frau und Kinder ihre gesetzlichen Rechte geltend machen und „das Testament brechen". Wenn eine Frau überlebt, aber keine Kinder hat oder *umgekehrt*, erfolgt die Aufteilung in zwei gleiche Teile. Magna Carta erkennt eine ähnliche dreifache oder zweifache Entscheidung an und enthält eine klare Anerkennung dessen, was das schottische Recht bis heute urig als „den Teil der Toten" beschreibt. Es handelte sich lediglich um den Rest der Habe des Verstorbenen nach der Befriedigung der Ansprüche von Frau und Kindern, der „dem Verstorbenen zufallen sollte" und von dem auch als der Teil des persönlichen Nachlasses gesprochen wird, der den Testamentsvollstreckern „zur Erfüllung des Testaments" überlassen wurde des Verstorbenen." Dieser Teil wurde „zum Gebrauch der Toten" verwendet: Das heißt, seine Testamentsvollstrecker würden ihn unter der Führung der Kirchengerichte für die Erlösung seiner Seele verwenden. Der Verstorbene könnte entweder bestimmte Anweisungen gegeben haben oder seinen Testamentsvollstreckern (häufig Kirchenmännern) die volle Befugnis überlassen haben, die Aufteilung für wohltätige und religiöse Zwecke nach eigenem Ermessen vorzunehmen. Ein Teil könnte an bedürftige Verwandte oder die Armen des Bezirks gehen; Teil zur Ausstattung religiöser Häuser; und an Massen teilhaben für sein ewiges Wohlergehen.

Lange nach dem 13. Jahrhundert scheinen die Gesetze Englands und Schottlands hinsichtlich der Erbrechte von Frau und Kindern identisch geblieben zu sein. Das schottische Recht ist jedoch bis heute dasselbe und erkennt weiterhin das jus relictae der Witwe und das Recht der *Witwe* an In *Bezug auf die Legitimität* von Kindern hat sich das englische Gesetz in langsamen Schritten, deren Einzelheiten unklar sind, völlig verändert. Die Regelung, die den Kindern ein Recht auf ein Drittel des persönlichen Nachlasses zuerkannte, wurde nach und nach gelockert, während der Erblasser allein darüber entschied, welche Vorsorge er für seine Söhne treffen sollte, bis schließlich nur noch ein rein nomineller Geldbetrag erforderlich war. Schließlich hat sich die Macht, persönlichen Nachlass zu vererben, (im Einklang mit übertriebenen modernen Vorstellungen von der Heiligkeit der Rechte des „Eigentums") so weit ausgeweitet, dass ein Vater seine Kinder völlig mittellos zurücklassen kann; und das Gesetz wird nicht eingreifen. Das heutige englische Recht zwingt ihn nicht, seinem Sohn oder seiner Tochter nicht einmal den sprichwörtlichen Schilling zu hinterlassen. Der Ausdruck „einen Sohn mit einem Schilling abschneiden", der immer noch im Volksmund verwendet wird, setzt möglicherweise eine inzwischen vergessene Tradition einer Zwischenstufe des englischen Rechts fort, in der eine, wenn auch unzureichende, Vorkehrung getroffen werden musste, wenn das Testament vorliegt sollte stehen dürfen. [672]

---

667 . Vgl. die Verwendung des Ausdrucks „liquide Schulden" im schottischen Recht.

668 . Vgl. Was wird dort über die Unterdrückung durch den Sheriff und die Versuche gesagt, ihnen ein Ende zu setzen?

669 . Das Thema wird ausführlich von Pollock und Maitland, II., erörtert. 312-353.

670 . Siehe Pollock und Maitland, II. 324.

671 . Am 30. August 1199 (*New Rymer* , I. 78) bestätigte Johannes das Testament von Erzbischof Hubert Walter; und am 22. Juli 1202 (*ebd.* , I. 86) erteilte er seiner Mutter, der Witwe Königin Eleanor, die Erlaubnis, ein Testament zu verfassen.

672 . Die Neuauflage von 1216 nimmt hier keine Änderungen vor, aber die von 1217 lässt „ *et pueris* " weg und schützt so den „angemessenen Anteil" der Frau, nicht aber den der Söhne. Die ausgelassenen Wörter wurden 1225 wiederhergestellt. Es handelte sich wahrscheinlich nur um einen Schreibfehler.

KAPITEL SIEBENUNDZWANZIG.

Si aliquis liber homo intestatus decesserit, catalla sua per manus propinquorum parentum et amicorum suorum, per visum ecclesie distribuantur, salvis unicuique debitis que defunctus ei debebat.

Wenn ein Freier ohne Testament verstirbt, wird sein Hab und Gut durch die Hände seiner nächsten Verwandten und Freunde unter der Aufsicht der Kirche verteilt, wobei jeder die Schulden behält, die der Verstorbene ihm schuldete.

der gesetzlichen Erbfolge verbundenes Übel zu beheben , eine natürliche Fortsetzung des Themas der *testamentarischen* Erbfolge. Johannes musste versprechen, dass er die Besitztümer von Männern, die es versäumt hatten, ein Testament zu verfassen, nicht als Pfändung für seine Staatskasse beschlagnahmen würde. Im Mittelalter zeigten alle Klassen von Menschen, ob gut oder schlecht, eine extreme Abscheu vor dem Sterben ohne Testament. [673] Mehrere Ursachen trugen zu dieser Geisteshaltung bei. Aus nicht eindeutigen Beweggründen verbreiteten Kirchenmänner eifrig den Glauben, dass es die Pflicht eines Sterbenden sei, zumindest einen Teil seines persönlichen Vermögens (das einzige Eigentum, über das ihm das Gesetz die Verfügungsgewalt einräumte) für religiöse und wohltätige Zwecke zu hinterlassen. Der Bischof oder Priester, der die Macht hatte, dem Sünder, der seine Sünden bekannte, die letzte Salbung zu geben oder zu verweigern, war in einer besonders starken Position, seinen Rat den Menschen aufzuzwingen, die glaubten, die Kirche besitze die Schlüssel des Himmels. Somit hatte jeder Mann auf seinem Sterbebett starke Motive, sein Testament in einer Form zu verfassen, die von der Kirche gebilligt wurde. Motive weltlicherer Art drängten ihn in die gleiche Richtung. Wenn er ohne Testament starb, würde es zweifellos zu einem Gerangel um seine persönlichen Besitztümer kommen. Viele mächtige Antragsteller waren bereit, sich zu behaupten. Zu Glanvills Zeiten [674] beanspruchte beispielsweise jeder Feudalherr die Güter seiner unfreiwilligen Vasallen. Solche Forderungen waren schwer zu widerlegen, obwohl Bracton sie zu einem späteren Zeitpunkt [675] zumindest in Fällen plötzlichen Todes für illegal erklärte. Damals hatten die Verwandten – reiche und arme Verwandte – bestimmte Rechte, die nie ganz klar definiert waren. Auch die Kirche stand bereit, mit wohlüberlegt vagen Ansprüchen, die bei Bedarf erweitert werden konnten. Es maßte sich im allerniedrigsten Fall das Recht an, die Habseligkeiten des Verstorbenen zum Wohle seiner Seele zu verteilen, und es gibt Fälle, in denen ein willensstarker Bischof oder Abt auf einer solchen Verteilung bestand, obwohl der Verstorbene reuelos gestorben war und keine hinterlassen hatte Wille. [676]

Die Prälaten erlaubten sich einen großzügigen Ermessensspielraum hinsichtlich des „Teils der Toten", über den sie somit die Kontrolle übernahmen. Etwas könnte an die Armen gehen, aber ein großer Teil würde natürlich für Messen für die verstorbene Seele ausgegeben, während ein Teil offen als Entschädigung für die Mühe, die für diese fromme Sache aufgewendet wurde, einbehalten werden könnte. Der König war ein weiterer Konkurrent um die Güter derer, die kein Testament hinterließen; und es wurden zu verschiedenen Zeiten Versuche unternommen, die Erbschaft, insbesondere bei Angestellten, als Grund für den Verfall zu betrachten. [677] Für unseren vorliegenden Zweck ist es unnötig zu diskutieren, ob dieser Anspruch auf dem königlichen Vorrecht oder auf den Rechten des Königs in seiner Eigenschaft als Oberherr oder als Patron vakanter Sitze beruhte. [678]

Dieses Kapitel der Magna Carta richtete sich gegen alle derartigen Ansprüche der Krone oder ihrer Beamten. Wer auch immer sonst diese Glücksfälle bekommen könnte, König John darf nicht konkurrieren. So viel ist klar; Darüber hinaus wurde zwischen den beiden wahrscheinlichsten Klägern eine Art Kompromiss geschlossen. Die Magna Carta sah eine freundschaftliche Zusammenarbeit zwischen den Verwandten des Verstorbenen und der Kirche bei der Verteilung des verbleibenden persönlichen Nachlasses des Erblassers vor, nachdem alle Vorzugsansprüche der Gläubiger, Ehefrauen und Kinder befriedigt worden waren. Obwohl dieses Kapitel später aus allen Neuauflagen der Charta gestrichen wurde, scheint es in der Praxis eingehalten worden zu sein. [679] Offenbar trat jedoch das Recht der Verwandten, die Kontrolle mit der Kirche zu teilen, allmählich in den Hintergrund, während die christlichen Höfe in allen Fällen der Erbschaft die volle Autorität erlangten; So sehr, dass Kirchenmänner häufig daran erinnert werden mussten, dass sie nur die Verwalter des Verstorbenen waren und nicht berechtigt waren, die Güter für ihre eigenen Zwecke zu verwenden.

Es ist leicht zu verstehen, welche Beweggründe die Verantwortlichen für die Regierung des jungen Heinrich III. im Jahr 1216 dazu veranlassten. diese Bestimmung der Magna Carta zurückzuziehen. Die Krone brauchte damals alles Geld, das sie bekommen konnte, und solange die Ungewissheit des Gesetzes ein Gerangel um die Güter der Testamentsvollstrecker erlaubte, konnte der König nicht aufgefordert werden, mit durch eine Klausel gebundenen Händen beiseite zu treten der Magna Carta. Er würde seine Chance gemeinsam mit den anderen Klägern nutzen. Es war jedoch die Kirche und nicht die Krone, die sich den Preis schließlich sicherte. [680]

---

673 . Pollock und Maitland, II. 354.

674 . VII. Jh. 16.

675 . F. 60 b.

676 . Diesen Weg beschritt 1197 Abt Samson, dessen Taten uns Jocelyn von Brakelond zur Freude von Thomas Carlyle schildert. Siehe *Vergangenheit und Gegenwart* , *passim* . Vgl. auch Pollock und Maitland, II. 355.

677 . Siehe Pollock und Maitland, II. 354. Beispiele lassen sich leicht finden: „Als Erzbischof Roger von York im Jahr 1182 starb, gründete Heinrich II. genoss einen Glücksfall von 11.000 Pfund, ganz zu schweigen von den Löffeln und Salzstreuern." Pollock und Maitland, I. 504.

678 . Die königlichen Vorrechte waren im 12. Jahrhundert noch dehnbar und undefiniert. Heinrich II. habe sie frei, aber im Großen und Ganzen fair genutzt. Seine Söhne trieben jeden zweifelhaften Anspruch bis an die äußersten Grenzen. Die Krone war der gesetzliche Erbe aller Juden (vgl. ca. 10) und offenbar auch aller christlichen Wucherer, zumindest derjenigen, die reuelos starben. (Siehe Pollock und Maitland, II. 486, und die dort zitierten Autoritäten.) In diesem Zusammenhang ist es interessant festzustellen, dass die Erstellung eines Testaments als notwendige Bedingung für die Reue eines Wucherers angesehen wurde. (Siehe *Dialogus de Scaccario* , 224–225, nn.) Der König nahm außerdem das Vermögen aller, die als Schwerverbrecher starben (vgl. ca. 32), und der Männer, die Selbstmord begingen (selbst ein Verbrechen). John, so können wir aus der Magna Carta schließen, ging noch weiter und beschlagnahmte die Besitztümer aller Testamentsvollstrecker. Gab es Präzedenzfälle aus der Regierungszeit seines Vaters für diesen umfassenderen Anspruch? Madox (I. 346) zitiert einen Eintrag aus den *Pipe Polls* von 1172, in dem als Wert der beweglichen Sachen eines Testamentsvollstreckers 60 Mark aufgeführt sind, die der Staatskasse zustehen; und zwei Jahre später wird *de pecunia Gilleberti qui obiit intestatus* erwähnt . Es gibt keinen Hinweis darauf, ob diese Männer Wucherer waren oder nicht. Der Papst war ein weiterer Konkurrent um den Privatbesitz der Testamentsvollstrecker. Im Jahr 1246 erließ er ein Edikt, in dem er diese Forderung aufstellte. Sogar Heinrich III. (der von Rom abhängig und Verbündeter war) protestierte und das Edikt wurde zurückgezogen. (Siehe Pollock und Maitland, II. 357.)

679 . Vgl. Pollock und Maitland, II. 355. „Obwohl diese Klausel absichtlich zurückgezogen wurde, scheint sie das Gesetz geklärt zu haben."

680 . Dieses Kapitel sollte mit einer entsprechenden Bestimmung in der von Heinrich I. gewährten Charta der Freiheiten verglichen werden. William Rufus hatte sich wie John offensichtlich großzügig an der Habe der Testamentsvollstrecker bedient. Heinrich I. (ca. 7) verzichtete offenbar nur teilweise auf dieses Recht: War der Verstorbene „durch Waffen oder Gebrechlichkeit" daran gehindert, sein Testament zu machen, konnten seine Verwandten und Vasallen seine Güter für ihn verteilen. Sollen wir daraus

schließen, dass Heinrich sich das Recht vorbehielt, sie in allen anderen Fällen zu beschlagnahmen? Stephen verzichtete in seiner zweiten oder Oxford-Charta (siehe *oben* , S. 121 und Anhang) klar und eindeutig auf alle derartigen Rechte, soweit es das Eigentum von Kirchenmännern betraf. *Wenn der Tod zutiefst beschäftigt ist, ist er für den Anime zuständig und wird von der Fiat-Verteilung beraten.* Er bestätigte auch das uneingeschränkte Recht, Kirchenmännern Testamente zu machen. Wir haben bereits gesehen, dass seine Nachfolger diese Bestimmungen nicht befolgten. (Siehe *oben* , S. 383-4, und auch Pollock und Maitland, 1. 503.)

KAPITEL ACHTUNDZWANZIG.

Nullus constabularius, vel alius ballivus noster, capiat blada vel alia catalla alicujus, nisi statim inde reddat denarios, aut respectum inde havere possit of voluntate venditoris.

Kein Polizist oder sonstiger Gerichtsvollzieher von uns darf von irgendjemandem Mais oder andere Vorräte annehmen, ohne dafür sofort Geld anzubieten, es sei denn, er kann postponementdavon mit Genehmigung des Verkäufers verfügen.

Dieses Kapitel ist das erste von mehreren, die Missbräuche beheben, die einer einzigen Wurzel zugrunde liegen, nämlich der Ausübung des königlichen Lieferrechts durch die verschiedenen Vertreter der örtlichen Regierung.

I. *Belieferung im Allgemeinen.* Die normannischen und angelsächsischen Könige von England wurden durch ihre Verwaltungspflichten und die Freuden der Jagd dazu gezwungen, ihre Gerichte ständig von Bezirk zu Bezirk zu verlegen. Während dieser königlichen Fortschritte müssen die Schwierigkeiten groß gewesen sein, in Friedenszeiten ausreichend Nahrung für die riesigen Gefolgsleute rund um den König und in Kriegszeiten für seine bewaffneten Heere zu finden. Es lag im Interesse der gesamten Gemeinschaft, dass die Arbeit der Regierung und der Landesverteidigung nicht aus Mangel an Nachschub zum Stillstand gebracht werden sollte. Es gab keinen Widerstand, als der König sich das Privileg anmaßte, sich unter fairen Bedingungen die Bedarfsgüter anzueignen, die sein Haushalt benötigte. Ein solches Recht, nicht unähnlich dem, das in der Neuzeit der Kommandeur einer Armee genießt, die im Land eines Feindes lagert, wurde den Königen Englands in Friedenszeiten in ihrem eigenen Land gewährt und wurde als Vorrecht der Purpuration bezeichnet. [681] Leider blieben die Bedingungen, unter denen Vorräte beschlagnahmt werden konnten, vage: Das Privileg war daher ständigem Missbrauch ausgesetzt. Theoretisch wurde immer nur von einem Vorkaufsrecht gesprochen; Die beschlagnahmten Vorräte sollten zum marktüblichen Satz bezahlt werden, doch die Praxis wich bedauerlicherweise von der Theorie ab. In Ermangelung eines neutralen Schiedsrichters, der den Wert der Waren festlegen konnte, war der unglückliche Verkäufer oft dankbar, jeden von den königlichen Beamten angebotenen Hungerlohn anzunehmen, der später möglicherweise tatsächlich einen höheren Preis von der Krone verlangen konnte. Die Zahlung erfolgte oft auf unbestimmte Zeit oder erfolgte nicht in Münzen, sondern in Kassenzetteln, „eine ärgerliche Vorwegnahme der Besteuerung", da diese nur zur Zahlung der Kronenabgaben verwendet werden konnten.

Was noch schlimmer war: In der Eile des Augenblicks unterließen die Lieferanten des Königs oft die Formalität der Zahlung ganz.

Die Magna Carta schaffte die Lieferungen nicht ab und schränkte ihre Verwendung für den legitimen und ursprünglichen Zweck der Versorgung des Königshauses in keiner Weise ein. Ein kleiner Versuch, seine Ausübung zu kontrollieren, wurde sechzig Jahre später im Statut von Westminster I. unternommen ; aber ohne große Wirkung zu erzielen. [682] Die mit der Auslieferung verbundenen Beschwerden blieben vier Jahrhunderte lang bestehen und stellten eine fruchtbare Quelle des Ärgers für das Volk und der Spannungen zwischen dem Parlament und dem König dar. Ein Versuch des Unterhauses, James I. dazu zu bewegen, dieses Vorrecht gegen eine entsprechende Geldzuwendung aufzugeben, scheiterte mit der Aufkündigung des fehlgeschlagenen Vertrags, der als „Großer Vertrag" bekannt ist. Bei der allgemeinen Neuregelung der Einnahmen während der Restauration wurden jedoch die während des Commonwealth nicht mehr genutzten Purveyance- und Preemption-Regelungen abgeschafft. [683] Doch im folgenden Jahr belebte ein neues Gesetz [684] einen Zweig des Rechts mit wesentlichen Änderungen praktisch wieder: Wenn königliche Fortschritte in der Zukunft notwendig waren, könnten vom Board of Green Cloth Haftbefehle ausgestellt werden, die den König zur Nutzung ermächtigten solche Karren und Kutschen, die er möglicherweise benötigt, zu einem angemessenen Mietsatz, der im Gesetz des Parlaments festgelegt ist.

II. *Durch Magna Carta eingeschränkte Lieferzweige.* Eine Praxis, die trotz ihrer belastenden Natur wegen ihrer absoluten Notwendigkeit geduldet wurde, wenn sie auf ihren ursprünglichen Zweck beschränkt wurde, die Bedürfnisse des königlichen Haushalts zu decken, wurde unerträglich, wenn sie von jedem Burgverwalter, Sheriff und örtlichen Gerichtsvollzieher für sich beansprucht wurde oder behördliche Bedürfnisse. Der Ärger und die Nöte, die mit einem solchen willkürlichen Eingriff in die Rechte des Privateigentums untrennbar verbunden waren, wurden dadurch um das Zehnfache erhöht, während reichlich Ermessensbefugnis einer Klasse von Beamten übertragen wurde, die am wenigsten dazu qualifiziert waren, sie auszuüben: skrupellose ausländische Abenteurer, die von John angeheuert wurden, um die einheimische Bevölkerung einzuschüchtern, verantwortlich niemand außer dem König, und sie hüten sich davor, ihre Festungen zu verlassen, es sei denn an der Spitze ihrer rücksichtslosen Soldaten. Die Große Charta enthielt einige gemäßigte Bestimmungen zur Kontrolle des Missbrauchs der Versorgung als Instrument der örtlichen Verwaltung.

(1) *Die Bereitstellung von Burgen.* Den Festungskommandanten wurde durch die Magna Carta die völlige Freiheit gelassen, sich mit Getreide und anderen Vorräten zu versorgen, die sie für ihre Garnisonen als notwendig erachteten. Für alles, was sie beschlagnahmten, musste jedoch eine sofortige Zahlung in

aktuellen Münzen (nicht in Kassenstücken) erfolgen, es sei denn, der Eigentümer, dem ein Zwangsverkauf auferlegt wurde, stimmte einer Verschiebung des Zahlungstermins zu. Die Charta von 1216 nahm eine leichte Änderung zugunsten der Kastellane vor. Die Bezahlung von Gütern, die den Bewohnern der Stadt, in der sich die Burg befand, abgenommen wurden, konnte gesetzlich um drei Wochen verzögert werden, eine Frist, die 1217 auf vierzig Tage verlängert wurde. Eine solche Lockerung war möglicherweise notwendig, um dem Fall eines Aufsehers mit leerem Geldbeutel zu begegnen, der gegen eine unerwartete Belagerung oder einen anderen Notfall vorsorgen musste; aber die friedlichen Bürger, über deren Behausungen die dunklen Mauern einer feudalen Festung ragten, würden sich nicht als Gläubiger erweisen, die ungerechtfertigt auf Zahlungen drängten. Nach den Urkunden von Henry und John musste die sofortige Zahlung an Besitzer von Gütern erfolgen, die anderswo als in dieser Nachbarstadt lebten. [685]

(2) *Die Beschlagnahmung von Pferden und Wagen.* Die Bestimmungen von Kapitel 30, die in späteren Neuauflagen geändert wurden, zielten darauf ab, Sheriffs zu verbieten, Zwangstransporte vom Eigentum freier Männer zu verlangen.

(3) *Die Aneignung von Holz.* Das folgende Kapitel beschränkte den König und seine Offiziere auf die Verwendung von Holz, das sie von den königlichen Gütern erhalten konnten. [686]

III. *Lieferzweige, die in der Magna Carta nicht erwähnt werden.* Nachdem diesen gemäßigten Bestimmungen die gebührende Wirkung verliehen worden war, wurde ein weites Feld für die Nutzung und den Missbrauch dieses Vorrechts gelassen. Zusätzlich zu den ständigen Spannungen, die über viele Jahrhunderte hinweg durch seinen Einsatz als Mittel zur Befriedigung der Bedürfnisse des königlichen Haushalts aufrechterhalten wurden, erlangten zwei kleinere Aspekte der Versorgung in der späteren Geschichte besondere Bedeutung.

(1) *Die Anforderung von Zwangsarbeit.* Hallam weist darauf hin, dass das Vorkaufsrecht des Königs hinsichtlich der von ihm benötigten Güter analog auch auf die Arbeitskraft seiner Untertanen ausgedehnt wurde. „So verkündet Edward III. allen Sheriffs, dass William von Walsingham den Auftrag hatte, so viele Maler zu sammeln, wie ausreichen könnten, damit ‚unsere Werke in der St. Stephen's-Kapelle in Westminster so lange wie nötig zu unserem Lohn stehen'; und alle, die sich weigern oder widerspenstig sein sollten, zu verhaften und im Gefängnis zu halten, und fordert sie auf, ihre Hilfe zu leisten. Windsor Castle verdankt seine gewaltige Pracht Arbeitern aus allen Teilen des Königreichs. Es gibt sogar einen Auftrag von Edward IV., den es zu übernehmen gilt viele Arbeiter in Gold, so viel nötig war, und beschäftigte sie auf Kosten des Königs für die Ausstattung seines Hauses

und seines Hauses. [687] Vielleicht stellten solche Forderungen jedoch überhaupt keinen Zweig der Auslieferung dar, sondern waren lediglich Beispiele illegaler königlicher Übergriffe.

(2) *Einquartierung von Soldaten in Privathäusern.* Diese Praxis, die man als Handelszweig betrachten kann, war in der englischen öffentlichen Meinung schon immer ein besonders verabscheuungswürdiger Vorgang. Es ist so alt wie die Herrschaft von Johannes; Denn als dieser König 1201 York besuchte, beklagte er sich bitter darüber, dass die Bürger ihm weder entgegenkamen noch für die Bedürfnisse seiner Armbrustschützen sorgten. Seine Drohungen und Geiselforderungen konnten nur mit Mühe durch eine Geldzahlung von 100 Pfund abgewehrt werden. [688] Karl I. nutzte diesen Zweig dessen, was einst ein völlig legales Vorrecht gewesen zu sein scheint, auf unterdrückerische Weise aus und bestrafte Hausbesitzer, die sich seinen unpopulären Maßnahmen widersetzten, indem er ihnen seine ausschweifenden Soldaten zur Verfügung stellte, eine Praxis, die in der Petition of Right als illegal gebrandmarkt wurde im Jahr 1628. [689]

---

681 . Siehe Blackstone, *Commentaries* , I. 287, für eine oft zitierte Definition von Purveyance.

682 . 3 Edward I. c. 32.

683 . 12 Karl II. C. 24, ss. 11-12.

684 . 13 Karl II. C. 8.

685 . Das Statut von Westminster I. (3 Edward I. c. 7) legte fest, „dass kein Polizist oder Kastellan von nun an irgendeinen Preis oder ähnliches von irgendjemandem annehmen darf, außer von solchen, die zu seiner Stadt oder Burg gehören, und dass es bezahlt werden muss." andernfalls wird innerhalb von vierzig Tagen eine Vereinbarung getroffen, wenn es sich nicht um einen alten Preis handelt, der dem König, der Burg oder dem Burgherrn zusteht", und sah ferner vor (ca. 32), dass Lieferanten Waren für den Gebrauch des Königs oder für a Die Garnison und die Aneignung des dafür von der Staatskasse erhaltenen Preises sollten mit doppelter Zahlung und einer Gefängnisstrafe zur Zeit des Königs haftbar gemacht werden.

686 . Einzelheiten finden Sie unter cc. 30 und 31.

687 . Hallam, *Mittelalter* , III. 221.

688 . Siehe *Rotuli de oblatis et finibus* , 119.

689 . Siehe 3 Karl I. c. 1.

KAPITEL NEUNUNDZWANZIG.

Nullus constabularius disstringat aliquem militem ad dandum denarios pro custodia castri, si facere voluerit custodiam illam in propria persona sua, vel per alium probum hominem, si ipse eam facere non possit propter racionabilem causam; und wenn wir uns in der Übung befinden, erit quietus de custodia, secundum quantitatem temporis quo per nos fuerit in exercitu.

Kein Polizist darf einen Ritter dazu zwingen, Geld anstelle des Burgwächters zu geben, wenn er bereit ist, dies in seiner eigenen Person oder (wenn er es selbst aus einem vernünftigen Grund nicht tun kann) durch einen anderen verantwortlichen Mann zu tun. Wenn wir ihn außerdem zum Militärdienst geführt oder geschickt haben, wird er im Verhältnis zu der Zeit, die er unseretwegen im Militärdienst war, von der Wache entbunden.

Die Burgwache oder die Verpflichtung, in der Garnison einer königlichen Festung zu dienen, gehörte zu den feudalen Pflichten der Besitzer bestimmter Grundbesitztümer. Dieser Dienst wurde manchmal als Ersatz für den Dienst in der Armee geschuldet; Meistens schuldete der Pächter, der Garnisonsdienst schuldete, auch Ritterdienste. [690] Es war wahrscheinlich diese Verdoppelung der Aufgaben, die verhinderte, dass sich der Burgwächter zu einem eigenständigen Amt verfestigte. [691] Das Recht, diese Verpflichtungen durchzusetzen, wurde natürlich den Polizisten der verschiedenen Burgen übertragen, deren Aufgabe es war, ihre Garnisonen in voller Stärke zu halten. John zog es jedoch vor, den persönlichen Dienst als Burgwächter gegen Geldzahlungen einzutauschen (analog zu dem anstelle des Ritterdienstes gezahlten Scutage) und seine feudalen Türme mit Glücksrittern statt mit rebellischen Engländern zu besetzen. Daher pflegten die Kastellaner auch von denen, die persönliche Dienste leisteten, Geld zu verlangen. Was noch schlimmer war: Als der Grundherr John auf Ferndienst folgte, musste er eine Geldzahlung zahlen, weil er im gleichen Zeitraum nicht zu Hause geblieben war, um Garnisonsdienst zu leisten. Beide Formen dieses Missbrauchs wurden 1215 absolut verboten. Unter bestimmten Umständen hätte dieses Verbot dem König jedoch das entzogen, was ihm gerechterweise zusteht. Angenommen, er hätte demselben Pächter zwei Lehen gewährt — eines durch einfachen Ritterdienst, das andere durch Burgwächter. Ein doppelter Besitz implizierte einen doppelten Dienst; Der Pächter konnte sich fairerweise nicht darauf berufen, dass der im Ausland erbrachte Dienst eines Ritters als vollständige Entschädigung für die Dienste zweier Ritter aus seinen beiden getrennten Lehen galt. Die Burgwache muss in einem solchen Fall von einem tüchtigen Stellvertreter übernommen werden, andernfalls ist die übliche Entschädigung zu zahlen. Durch die Neuauflage von 1217 wurde die Johannes-Charta in diesem Sinne geändert. Der Dienst bei der Armee im Ausland fungierte als Entlassung eines Burgwächters im Inland, jedoch nicht, wenn der Pächter zwei Dienste für zwei verschiedene Lehen schuldete. [692]

---

690 . Siehe die Beispiele gesammelt in Pollock und Maitland, I. 257. Siehe auch in *Rotuli de oblatis et finibus* , 107, wie Ralph de Bradel John im Jahr 1200 40 Mark und einen Zelter anbot, um „von der Obhut über die Arbeit der Burg" entbunden zu werden von Grimsby."

691 . Vgl. *oben* , S. 70 .

692 . *De feodo pro quo fecit servicium in exercitu.* Diese Variation in der Charta von 1217 scheint Dr. Stubbs' Aufmerksamkeit entgangen zu sein. Siehe *Select Charters* , 346.

KAPITEL DREISSIG.

Nullus vicecomes, vel ballivus noster, vel aliquis alius, capiat equos vel carectas alicujus liberi hominis pro cariagio faciendo, nisi de voluntate ipsius liberi hominis.

Kein Sheriff oder Gerichtsvollzieher von uns oder eine andere Person darf die Pferde oder Karren eines Ehrenbürgers zum Transportdienst mitnehmen, gegen den Willen des besagten Ehrenbürgers.

Die Charta kehrte hier zum Thema der Auslieferung zurück, wobei ein Zweig davon praktisch abgeschafft wurde, mit Ausnahme derer, die sich auf die Untertanen bezogen. Kein Sheriff oder Gerichtsvollzieher durfte ohne Zustimmung des Eigentümers Karren oder Pferde eines Ehrenbürgers für die Nutzung durch die Krone beschlagnahmen. das heißt, sie konnten überhaupt nicht requiriert werden. Die Klausel war jedoch sorgfältig auf Freie beschränkt; Die Schlussfolgerung ist klar, dass die Pferde und Geräte der Dorfbewohner der Krone zur Verfügung gestellt wurden, ohne dass dafür Erlaubnis verlangt oder ein Preis für ihre Nutzung gezahlt wurde. Das entsprechende Kapitel der Neuauflage von 1216 stellte diesen Lieferzweig praktisch wieder her; Die Zustimmung des Eigentümers muss nicht eingeholt werden, selbst wenn es sich um einen Ehrenbürger handelt, sofern die Miete zu den durch alten Brauch vorgeschriebenen Sätzen bezahlt wurde. Diese Sätze wurden jedoch definitiv angegeben, nämlich 10 Tage. *pro Tag* für einen Karren mit zwei Pferden und 1 S. 2d. für eins mit drei. [693] Somit durfte das Vorrecht zwar wiederhergestellt, aber nicht missbraucht werden.

Im Jahr 1217 wurde es zugunsten der Oberschicht erneut leicht eingeschränkt. Kein Herrschaftswagen eines „Pfarrs" (*ecclesiastica persona*), eines Ritters oder einer Dame konnte von den Gerichtsvollziehern beschlagnahmt werden. Die „Herrschaftskarren" waren natürlich diejenigen, die dem Gutsbesitzer gehörten, im Gegensatz zu den Karren der Gutsbesitzer. Auch hier haben wir Belege dafür, dass darauf geachtet wurde, deutlich zu machen, dass die Untertanen, wenn schon nicht, keinen Anteil an den Vorteilen der großen Charta haben sollten, so doch zumindest, dass ihre Rechte, wenn sie überhaupt welche hatten, den wichtigeren Rechten nicht standhalten konnten der Krone. Auch Freibauern und Kleingrundbesitzer waren dieser lästigen Form der Einmischung ausgesetzt. Die Missbräuche gingen weiter. Gelegentlich griffen Lieferanten auf alle verfügbaren Pferde und Wagen auf dem Land zurück – weit mehr, als sie brauchten – und wählten vielleicht die Erntezeit oder eine ähnlich geschäftige Zeit. Die Eigentümer, die sie für ihre eigenen Zwecke dringend benötigten, zahlten Lösegeld, um wieder in den Besitz zu kommen. Edward I. verfügte, dass Täter solcher Taten „von den Marschällen schwer bestraft" werden sollten, wenn sie Mitglieder seines Haushalts waren und daher der summarischen Gerichtsbarkeit seines inländischen Tribunals unterworfen waren, oder, wenn sie keine Mitglieder waren, sollten sie das Dreifache zahlen Schadensersatz und eine Freiheitsstrafe von vierzig Tagen. [694]

---

693 . Der von Karl II. im Jahr 13 festgelegte Satz. C. 8, für die Miete der vom König requirierten Karren oder Kutschen, betrug 6d. pro Meile. Diese Miete umfasste sechs Ochsen oder alternativ zwei Pferde und vier Ochsen für jedes Fahrzeug.

694 . Siehe 3 Edward I. c. 32.

KAPITEL EINDREISSIG.

Nec nos nec ballivi nostri capiemus alienum boscum ad castra, vel alia Agenda nostra, nisi per voluntatem ipsius cujus boscus ille fuerit.

Weder wir noch unsere Gerichtsvollzieher dürfen für unsere Burgen oder für andere unsere Arbeiten Holz nehmen, das uns nicht gehört, gegen den Willen des Besitzers dieses Waldes.

Der Verkauf von Holz, das anderswo als auf königlichen Gütern wächst, ist hier grundsätzlich verboten. Im deutlichen Gegensatz zu den begrenzten Beschränkungen, die anderen Handelszweigen auferlegt werden, wird dieser Zweig nicht nur den örtlichen Beamten, sondern auch dem König selbst entzogen. [695] In diesem Fall gab es einen offensichtlichen Grund für größere Strenge: Die ausgedehnten Wälder des Königs lieferten Holz in Hülle und Fülle, sei es für Bauzwecke oder als Brennholz, und ließen ihm keine Entschuldigung, die Bäume anderer zu nehmen, schon gar nicht umsonst Menschen.

Die Lieferanten von James I. übertraten kurz nach seiner Thronbesteigung diese Bestimmung der Magna Carta, indem sie Holz für die Reparatur der Befestigungsanlagen von Calais beschlagnahmten. Im zweiten Regierungsjahr von James erließen die Finanzbarone eine Entscheidung gegen die Krone und erließen eine Proklamation mit dem Datum 23. April 1607, in der jegliches Recht auf ein solches Vorrecht abgelehnt wurde. Die schuldigen Lieferanten wurden der Sternenkammer vorgeführt. [696]

---

695 . Vgl. Sir James Ramsay, *Angevin Empire* , S. 476, der der Ansicht ist, dass die Kapitel 28 und 30 in den Zweigen der Vorrechte, mit denen sie sich jeweils befassen, „das persönliche Recht des Königs offen lassen".

696 . Siehe Coke, *Second Institute* , 36.

KAPITEL ZWEIDREISSIG.

Nos tenebimus terras illorum qui convicti fuerint de felonia, nisi per anum annum and unum diem, and tunc reddantur terre dominis feodorum.

Wir werden das Land derjenigen, die wegen eines Verbrechens verurteilt wurden, nicht länger als ein Jahr und einen Tag zurückbehalten, und das Land soll danach den Lehensherren übergeben werden.

I. *Der Anspruch der Krone auf das Eigentum von Straftätern.* Die Krone hatte nach und nach bestimmte, nicht allzu klar definierte Rechte am Eigentum aller offiziell wegen Straftaten angeklagten und verurteilten Kriminellen eingeführt. Johannes nutzte hier wie anderswo die Unbestimmtheit des Gesetzes voll aus, um die Vorrechte bis an die äußerste Grenze auszudehnen. Magna Carta versuchte daher, die genauen Grenzen seiner Rechte festzulegen. Das alte Gewohnheitsrecht scheint die Habe eines Verurteilten ausnahmslos dem Besitzer des Gerichts übergeben zu haben, das ihn verurteilt hat, und der Wunsch nach solchen Vergünstigungen muss zu einer unglücklichen Voreingenommenheit gegenüber dem Angeklagten geführt haben. Es war jedoch nicht möglich, eine so einfache Regelung in Bezug auf den Grundbesitz von Schwerverbrechern einzuführen, da dies vom Feudalherrn, dem die Ländereien gehörten, als Pfändung beansprucht wurde. Der Brauch gab das Land eines Verbrechers seinem Feudalherrn und seine Besitztümer dem Herrn, der ihn vor Gericht stellte. Die Krone griff nach und nach in die Rechte beider ein und beanspruchte den Grundbesitz von Schwerverbrechern gegenüber den Mesne-Lords und ihren persönlichen Besitz gegenüber den Lords, die die Gerichtsbarkeit hatten.

(1) *Das Land des Verbrechers.* Bei der Verurteilung von Kronpächtern traten keine Schwierigkeiten auf, da der König dort sowohl der Herr des Lehens als auch der Oberherr war und die gesamten Ländereien als Treuhandanspruch beanspruchte. Als der Verurteilte jedoch Pächter eines Mesne-Lords war, kam es zu einem Interessenkonflikt, und hier wurde eine nach und nach immer strenger werdende Unterscheidung zwischen Verrat und Verbrechen getroffen. [697] Verrat war eine Straftat gegen die Person des Herrschers, und wahrscheinlich aus diesem Grund machte der König seinen Anspruch geltend, den gesamten Besitz, sowohl real als auch persönlich, jedes zum Tode eines Verräters Verurteilten als verfallen zu beschlagnahmen. Im Hinblick auf gewöhnliche Straftäter wurde scheinbar ein Kompromiss erzielt. Der König sicherte sich das Recht, die betreffenden Ländereien innerhalb eines Jahres und eines Tages zu verwüsten und sich alles anzueignen, was er dort finden konnte; Nach Ablauf dieser Frist war er verpflichtet, den so zerstörten Grundbesitz dem Herrn zu übergeben, der

den Pfändungsanspruch geltend machte. Dies war der Brauch während der Herrschaft Heinrichs II. wie von Glanvill beschrieben, der vollkommen klar macht, dass vor der Aufgabe des Landes am Ende des Jahres die Häuser abgerissen und die Bäume ausgewurzelt wurden, wodurch der Makel des Verbrechens beseitigt und die Staatskasse mit dem Preis bereichert wurde Holz und Baustoffe. [698] Die Ausübung dieses Verschwendungsrechts fügte dem Herrn des Hinterlasses einen Schaden zu, der in keinem Verhältnis zu dem Nutzen stand, den es dem König brachte. Als der Herr schließlich in den Besitz der enteigneten Ländereien gelangte, fand er eine Wüste vor, kein wohlhabendes Herrenhaus. [699]

Coca-Cola hat versucht, die diesbezüglichen Rechte der Krone enger zu erklären, indem er behauptete, dass „Jahr und Tag" keine Ergänzung, sondern ein Ersatz für das frühere Recht der „Verschwendung" sei, auf das der König auf seine Barbarei verzichtete Ansprüche als Gegenleistung für den unbestrittenen Genuss der gewöhnlichen Produkte für nur ein Jahr und stimmten als Gegenleistung zu, das Land mit allen Gebäuden und Zubehör intakt zu übergeben. [700] Die von ihm zitierten Autoritäten sind jedoch nicht schlüssig, und die Beweislast auf der anderen Seite lässt wenig Raum für Zweifel. Der häufig verwendete Ausdruck „Jahr, Tag *und Verschwendung" schafft* nicht nur eine starke Vermutung; aber Glanvills Worte über die frühere Praxis sind völlig frei von Zweideutigkeiten, während das als *Praerogativa Regis bekannte Dokument* für einen Zeitraum lange nach der Magna Carta gleichermaßen explizit ist. [701] Verschwendung war in der Tat eine Frage des Ausmaßes, und die Krone würde wahrscheinlich nicht gewissenhaft in Bezug auf das Land von Verbrechern sein, wenn sie die mutwillige Zerstörung selbst von Kronlehen zuließ, die unter ehrenhafter Aufsicht standen. [702] Für eine gründliche Ausübung des Verschwendungsrechts war ein Jahr keineswegs zu lang.

So umfangreich die gesetzlichen Rechte der Krone auch waren, John erweiterte sie illegal. Als seine Offiziere einmal auf dem Land des Verbrechers Fuß gefasst hatten, weigerten sie sich, es nach Ablauf von Jahr und Tag dem rechtmäßigen Herrn zu übergeben. Im Jahr 1205 zahlte Thomas de Aula 40 Mark und einen Zelter, um das zu bekommen, was er umsonst hätte haben sollen, nämlich die Ländereien, die ihm durch das Verbrechen seines Pächters entzogen worden waren. [703] Magna Carta verbot solche Missbräuche für die Zukunft; Eine sofortige Evakuierung muss künftig nach Ablauf des Jahres erfolgen. und dadurch galt das Gesetz für Jahrhunderte. [704] Die Krone übte lange Zeit ihre damit eingeschränkten Rechte aus, und Heinrich III. verkaufte manchmal seinen „Jahrstag und Abfall" für beträchtliche Summen. So wurden Geoffrey von Pomeroy im Jahr 1229 20 Mark für die Rechte der Krone an den Ländereien von William de Streete sowie für sein Getreide und seine Besitztümer in Rechnung gestellt. Dieser Betrag wurde jedoch später mit der Begründung beglichen, dass der König, zweifellos durch ein höheres Gebot, dazu gebracht worden war, seine Meinung zu ändern, diese Rechte einem anderen übertragen hatte. [705]

(2) *Die beweglichen Sachen des Verbrechers.* Schon früh genoss der König wie andere Hofbesitzer das Recht auf die Güter der von ihm verurteilten Täter. Als Heinrich II. Er organisierte das gesamte System der Strafjustiz neu und formulierte in den Assizes von Clarendon und Northampton einen Plan, nach dem alle schweren Straftäter offiziell angeklagt werden sollten und der danach dem Kommen seiner eigenen Richter vorbehalten bleiben sollte. Damit etablierte er praktisch ein königliches Monopol Zuständigkeit für Straftäter; und dies implizierte logischerweise auch ein Monopol über ihre beweglichen Sachen – eine Schlussfolgerung, die durch die ausdrücklichen Bestimmungen von Artikel 5 des früheren Schwurgerichts bestätigt wurde. Da die Liste der „Plädoyers of the Crown", die in diesem Zusammenhang mit der Liste der „Felonies" identisch ist, länger wurde, wuchs dieser Zweig der königlichen Einnahmen proportional auf Kosten der privaten Eigentümer von „Courts Leet". Selbst in den zehn Jahren zwischen den Strafgesetzbüchern 1166 und 1176 kamen zwei neue Straftaten hinzu: Urkundenfälschung und Brandstiftung. Die Güter aller Gesetzlosen und Flüchtlinge, die der Justiz entkamen, fielen ebenfalls an die Staatskasse – der Sheriff, der sie beschlagnahmte, war für ihren geschätzten Wert verantwortlich. [706]

Im Jahr 1215 unternahmen die Magnaten keinerlei Versuche, in diesen Zweig der Verwaltung einzugreifen, sondern duldeten stillschweigend die Eingriffe Heinrichs II. in die Strafgerichtsbarkeit und Vergünstigungen ihrer Vorfahren. Unter Heinrich III. und Edward I. bildeten die verfallenen Güter von Schwerverbrechern weiterhin eine wertvolle Einnahmequelle. Im Jahr 1290 kaufte die Witwe eines Mannes, der Selbstmord begangen hatte und deshalb als *felo de se* verwirkt wurde, seine Güter und beweglichen Sachen für 300 £, einen hohen Preis, ab, zusätzlich zu dem die Krone ihr „Jahrstag und Verschwendung" ausdrücklich reservierte ." [707]

II. *Anklage, Verurteilung und Attainder.* Die Krone konnte sich das Eigentum von Männern nicht aneignen, die lediglich einer Straftat verdächtigt wurden, so stark die Schuldvermutung auch sein mochte. Bloße Anschuldigungen reichten nicht aus; Es war ein formelles Urteil erforderlich. Die Charta bezieht sich auf das Land eines „verurteilten" Straftäters, und die Verurteilung muss einerseits von der Anklage und andererseits von der Anklage unterschieden werden; denn diese bildeten drei Stufen des Schuldfeststellungsverfahrens.

(1) *Anklage.* Es wurde bereits gezeigt [708], wie Heinrich von Anjou versuchte, in Strafprozessen, wo immer möglich, die private Berufung durch eine Jury zu ersetzen. Der Schwurgericht von Clarendon genehmigte die Erhebung solcher Anklagen vor Sheriffs, und wir erfahren von Bracton, dass der Sheriff sofort nach Erhebung der formellen Anklage für die Sicherheit des Eigentums des Angeklagten verantwortlich wurde, sowohl des echten als auch des persönlichen Eigentums. Mit Hilfe der Gerichtsmediziner und rechtmäßiger Männer aus der Nachbarschaft muss er die beweglichen Sachen begutachten und inventarisieren lassen und sie bis zur „Verhandlung" in der Schwebe halten, um daraus in der Zwischenzeit „Estovers", das heißt ausreichende Nahrung für den Angeklagten, zu besorgen und seine Familie. [709]

Wenn der Gefangene freigesprochen wurde oder vor der Verurteilung starb, wurden die Ländereien und Besitztümer ihm oder seinen Verwandten zurückgegeben, wobei die Krone nichts erhielt. Reginald von Cornhill, Sheriff von Kent, wurde 1201 von der Haftung für den geschätzten Wert der Güter eines Mannes befreit, der nach einer Anklage wegen Hausbrandes im Gefängnis ohne Verurteilung gestorben *war*. Wie aus der *Pfeifenrolle* eindeutig hervorgeht, gehörte sein Eigentum nicht dem König. [710]

(2) *Überzeugung.* Wenn der Sheriff das gesamte Vorverfahren im Zusammenhang mit der Anklage leitete, könnten nur die Richter den Klagegrund „verhandeln", d . [711] Vor 1215 war der übliche Test gemäß dem Assize von Clarendon die Prüfung mit Wasser im gewöhnlichen Fall oder mit glühendem Eisen im Fall hochrangiger Männer oder Frauen. Scheiterte der Tatverdächtige, war das Urteil eine reine Formsache; er hatte sich selbst des Verbrechens „überführt". Als Folge der Verurteilung der Tortur durch das Laterankonzil von 1215 wurde der Schuldspruch, der von einer praktisch kleinen Jury ausgesprochen wurde, zum normalen „Test", der einen Täter als convictus *brandmarkte* . Dies galt lange Zeit als eine Neuerung, und dementsprechend weigerte sich das Gesetz, den Angeklagten gegen seinen Willen zu zwingen, sein Schicksal dieser neuen Form des Prozesses anzuvertrauen. Er könnte sich weigern, „sich seinem Land anzuschließen", und durch dieses „Stummbleiben", wie es hieß, seine eigene „Überzeugung" unmöglich machen, sich selbst der Strafe entziehen und den König seiner Habe und „Jahr und Tag" berauben. " Jahrhundertelang schreckten die Verantwortlichen davor zurück, Schweigen einem Schuldeingeständnis gleichzusetzen; Doch während die Freiheit, sich dem Urteil einer Jury nicht zu unterwerfen, theoretisch anerkannt wurde, wurden in Wirklichkeit barbarische Maßnahmen ergriffen, um die Zustimmung zu erzwingen. Das Statut von Westminster aus dem Jahr 1275 [712] sah vor, dass alle, die sich weigerten, *im Gefängnis „en le Prison forte et dure" inhaftiert werden sollten* . Das Ziel scheint darin bestanden zu haben, sicherzustellen, dass hartnäckige Straftäter

nicht völlig ungestraft davonkommen, obwohl sie ihr Eigentum dadurch retteten, dass sie einer technischen Verurteilung entgingen. Diese gesetzliche Befugnis zur strikten Inhaftierung wurde jedoch von den Agenten der Krone sehr großzügig interpretiert, die sie als rechtlichen Haftbefehl für abscheuliche Grausamkeiten betrachteten, mit dem Ziel, die Hartnäckigen zu zwingen, sich einer Jury anzuschließen. Essen und Trinken wurde ihnen praktisch verweigert, ein wenig schimmeliges Brot und ein Schluck unreines Wasser durften sie nur an wechselnden Tagen genießen; und zu einem späteren Zeitpunkt wurde der Gefangene langsam unter großen Gewichten zu Tode zerquetscht, „so schwer, ja schwerer, als er ertragen kann". Tapfere Männer, schuldig oder vielleicht unschuldig, aber misstrauisch gegenüber einer korrupten Jury, zogen es vor, auf diese Weise unter Qualen zu sterben, um ihren Frauen und Kindern das Eigentum zu retten, das bei einer Verurteilung an die Krone gefallen wäre. Es wurde sorgfältig die Fiktion aufrechterhalten, dass das Opfer einer solchen barbarischen Behandlung keiner „Folter" unterworfen wurde, die nach allgemeinem Recht immer illegal wäre, sondern lediglich „peine *forte et dure*", einer völlig legalen Überredungsmethode nach dem Gesetz von 1275. Dieses Verfahren war jedoch nicht der Fall bis 1772 abgeschafft; Erst dann wurde einem Angeklagten zum ersten Mal sein Recht auf „sein Gesetz" entzogen – sein Anspruch auf ein Gerichtsverfahren als alte Methode zum Beweis seiner Unschuld. Bis zu diesem Zeitpunkt wurde das Urteil einer Jury so behandelt, als handele es sich immer noch um eine neue und ungerechtfertigte Form des „Tests", der den Platz der Tortur an sich reißt, obwohl diese zu Beginn des 13. Jahrhunderts praktisch abgeschafft worden war. [713]

(3) *Attentäter.* In seinem Kommentar zu dieser Passage macht Coke eine weitere Unterscheidung zwischen einer „Verurteilung", die unmittelbar entweder aus einem Geständnis oder einem Schuldspruch resultierte, und einem „Angriff", der zusätzlich ein formelles Urteil des Richters erforderte . In seiner Zeit war es offenbar das Urteil, das den Verfall bedeutete; Wenn er wie üblich die Magna Carta durch die Brille des 17. Jahrhunderts betrachtet, scheint er überrascht zu sein, dass „verurteilt" dort verwendet wird, wo er „vertraut" geschrieben hätte. Doch wenn diese Unterscheidung im Jahr 1215 überhaupt anerkannt wurde, muss sie damals völlig unerheblich gewesen sein. Unter den Tudor-Herrschern wurde die Doktrin der strafrechtlichen Folgen des Attentats vollständig ausgearbeitet. Als das Urteil über einen Verbrecher gefällt wurde, traf ihn sofort eine Plage: Sein Blut war fortan in den Augen des Gesetzes unrein, und seine Verwandten konnten nichts erben, was ihm gehörte oder durch ihn kam. Niemand konnte als Blutsverwandter von jemandem behandelt werden, dessen gesamtes Blut befleckt war; und die Krone erntete natürlich den Gewinn. [714]

Eine Reihe von Gesetzen des 19. Jahrhunderts änderte die Härte, mit der diese Regel gegen die unschuldigen Verwandten des Verbrechers vorging; [715] und schließlich schaffte das Forfeiture Act von 1870 [716] die „Blutverderbnis" ab und entzog der Krone jegliches Interesse an den Nachlässen von Schwerverbrechern, sowohl an Hinterlassenschaften als auch an beweglichen Sachen. Somit ist das Wort „erreicht" praktisch obsolet geworden, und die von Coke geforderte Unterscheidung hat im modernen Recht keine Bedeutung mehr. Ein Verbrecher, der seine Strafe verbüßt, wird nicht als Mann bezeichnet, sondern einfach als „Sträfling", dasselbe Wort, das in der Magna Carta verwendet wurde.

---

697 . Pollock und Maitland, II. 500, sind der Ansicht, dass das vorliegende Kapitel einen deutlichen Einfluss auf die Betonung dieser zweifachen Klassifizierung von Verbrechen hatte.

698 . Glanvill, VII. C. 17. Vgl. Bracton, *Folio* 129, für eine anschauliche Beschreibung von „Verschwendung", zu der die Zerstörung von Gärten, das Umpflügen von Wiesenland und die Entwurzelung von Wäldern gehörte.

699 . Ist es möglich, dass der Ursprung von „Jahr und Verschwendung" auf die Schwierigkeit zurückzuführen ist, sich auf eine Definition von „realem" bzw. „persönlichem" Nachlass zu einigen? Die Krone würde alles, was sie konnte, als „bewegliches Mobiliar" beanspruchen – die Jahresernte und alles über der Erde.

700 . *Zweites Institut* , S. 36.

701 . Siehe Pollock und Maitland, I. 316. „Das apokryphe Statut *praerogativa regis* , das möglicherweise die Praxis der früheren Jahre von Edward I. darstellt." Bracton (*Folio* 129) behauptet zwar, dass die Krone beides beansprucht habe, scheint jedoch an der Rechtmäßigkeit dieses Anspruchs zu zweifeln.

702 . Vgl. *oben* , S. 244–246 .

703 . Dies ist zumindest die wahrscheinlichste Erklärung eines Eintrags in der Pfeifenrolle von 6 John (zitiert Madox, I. 488); obwohl es möglich ist, dass Thomas nur „das Jahr, den Tag und die Verschwendung" gekauft hat.

704 . Die Magna Carta ist eigenartig, da sie von Jahr und Tag spricht, ohne sich auf Verschwendung zu beziehen. Wenn damit die Abschaffung von „Verschwendung" gemeint wäre, hätte es deutlicher sein sollen. Spätere Aufzeichnungen sprechen von „ *annum et Vastum* ", *z*. B. die *Memoranda* Roll, 42 Heinrich III. (zitiert Madox, I. 315), berichtet, dass 60 Mark als Preis für das „Jahr und den Abfall" einer Mühle fällig wurden, deren Besitzer gehängt worden war.

705 . *Pipe Roll* , 13 Henry III., zitiert Madox, I. 347. In Kent waren Ländereien, die in Hammerbesitz gehalten wurden, gleichermaßen von der Erbschaft des Lords und der Verschwendung des Königs ausgenommen, gemäß der Maxime „Der Vater dem Ast, der Sohn dem Pflug." ." Siehe *z.B praerogativa regis* , c. 16.

706 . Madox. I. 344-8, zitiert viele Beispiele aus den *Pipe Rolls* .

707 . Dieser Fall wird von Madox, I. 347, aus 18 Edward I. zitiert.

708 . *Supra* , S. 108 .

709 . Siehe Bracton, II. *Folio* 123 und *Folio* 137.

710 . *Pipe Roll* , 2 John, zitiert Madox, I. 348.

711 . Vgl. *oben* , c. 24 .

712 . 3 Edward I. c. 12.

713 . Der Akt 12 Georg III. C. 20, Stummsein gleichbedeutend mit einem *Schuldeingeständnis* . Ein späterer Akt, 7. und 8. Georg IV. C. 28, machte es einem Plädoyer für *nicht schuldig gleich* . Siehe Stephen, *Hist. Kriminalität. Recht* , I. 298.

714 . Diese Fiktion von korruptem Blut basierte offenbar teilweise auf einer falschen Ableitung des Wortes „attainder". Siehe *Oxford English Dictionary* .

715 . ZB 54 Georg III. C. 145 und 3 und 4 Wilhelm IV. C. 106, s. 10.

716 . 33 und 34 Victoria, ca. 23.

Kapitel dreiunddreißig.

Alle drei wurden von Tamisia und Medewaye zum Tode verurteilt und kamen für alle Anglianer auf die Kosten der Marien.

Alle Kydells für die Zukunft sollen vollständig von der Themse und Medway sowie in ganz England, mit Ausnahme der Meeresküste, entfernt werden.

Der Gegenstand dieser Bestimmung lässt keine begründeten Zweifel zu. Ziel war es, alle Hindernisse aus den Flüssen zu entfernen, die die Schifffahrt beeinträchtigen könnten. Die volle Bedeutung einer solchen Maßnahme kann nur verstanden werden, wenn man den beklagenswerten Zustand der wenigen Straßen im Mittelalter im Auge behält. Die Wasserstraßen waren die großen Handelsstraßen; Als diese blockiert wurden, erlitten die Bürger und Händler Verluste, während diejenigen, die für ihre Bedürfnisse, Annehmlichkeiten und Luxusgüter auf sie angewiesen waren, an den allgemeinen Unannehmlichkeiten teilnahmen. Magna Carta intervenierte im Interesse aller Klassen und forderte die sofortige Beseitigung von Hindernissen, die den Binnenverkehr unterbrachen. Tatsächlich wurde nur eine Klasse von Hindernissen erwähnt, „Kydells" (oder Fischwehre), nicht wegen des Zwecks, zu dem sie eingesetzt wurden, sondern weil sie die Form der Behinderung darstellten, die im Moment repressive Maßnahmen erforderte. Dieses Wort, welche engere technische Bedeutung es auch in späteren Tagen gehabt haben mag, scheint von den Verfassern der Magna Carta in einem weiten, allgemeinen Sinne verwendet worden zu sein und bezieht sich auf alle festen und sperrigen Vorrichtungen oder „Motoren", die zum Fischfang bestimmt sind kann die freie Durchfahrt von Booten beeinträchtigen. [717]

Es wurde unbegründet angenommen, dass das Motiv für das Verbot dieser „Kydells" von ähnlicher Art gewesen sein muss wie das Motiv für ihren Bau; und dass daher das Ziel dieses Kapitels darin bestand, die Krone oder andere daran zu hindern, ein Monopol auf Fischereirechte unter Ausschluss der Öffentlichkeit zu erwerben. Über viele Jahrhunderte lang haben Gerichte und Rechtsautoren diese falsche Ansicht einhellig vertreten und die Magna Charta als ein absolutes Verbot der Schaffung „mehrerer" (oder ausschließlicher) Fischereien in Gezeitengewässern behandelt. [718] Obwohl diese Rechtslehre häufig und maßgeblich vertreten wurde, beruht sie zweifellos auf einem historischen Missverständnis. Die Große Charta zielte darauf ab, die Freiheit der Schifffahrt zu schützen, nicht die Freiheit des Fischfangs; und dies geht aus den letzten Worten des Kapitels hervor: Kydells sollen von der Themse und Medway und in ganz England „ *außer an der Meeresküste* " entfernt werden. Es wäre eine offensichtliche Absurdität gewesen, die Schaffung von Monopolen für den Fischfang im offenen Meer zuzulassen und gleichzeitig auf völliger Freiheit des Fischfangs in Flüssen zu bestehen, deren Ufer Privateigentum seien. Der Sinn ist ganz klar: Es gab keine Einwände gegen „Kydells", was auch immer sie sein mögen, solange sie die Navigation nicht behinderten.

Die irrige Ansicht hatte jedoch viele Gründe, sie zu entschuldigen, und erlangte ihre Plausibilität aus dem Umstand, dass die Zerstörung von Hindernissen für die freie Durchfahrt von Booten nebenbei auch die freie Durchfahrt für Lachse und andere Wanderfische sicherte; und dass *spätere* Gesetze, als die gesetzgeberischen Motive komplizierter geworden waren, manchmal mit Blick auf beide Ziele verabschiedet wurden. Die Änderung wird durch einen Vergleich der Worte zweier Gesetze von 1350 bzw. 1472 gut veranschaulicht. Das erste davon wiederholt den Inhalt dieses Kapitels der Magna Carta und erklärt so seinen Zweck: „Während die gemeinsame Fahrt von Booten und Schiffen auf den großen Flüssen Englands oft durch die Entstehung von Schluchten, Mühlen, Wehren und Gestank gestört wird." , Pfähle und Kydells." [719] Hier gibt es keine Anspielung auf Fisch oder Fischereirechte. Das spätere Gesetz bestätigt zwar unter Strafe frühere Gesetze zur Unterdrückung von Wehren, legt aber nicht nur seine eigene Absicht zum Ausdruck, die darin besteht, die Schifffahrt auf Flüssen zu schützen und „auch alle darin laichenden Fischbrut zu schützen". , aber rückblickend und ungerechtfertigt schreibt er der Magna Carta ein ähnliches doppeltes Motiv zu. [720]

Was die Themse und Medway betraf, enthielt diese Bestimmung nichts Neues. Für die Londoner war es tatsächlich von entscheidender Bedeutung, ihren Fluss für den Handel offen zu halten. Das Recht, alle *Kydelli* in der Themse und in Medway zu zerstören, war von Richard I. für 1500 Mark erworben worden, und eine weitere Summe war an John gezahlt worden, um dies bestätigen zu lassen. Die Urkunde von Richard I. ist vom 14. Juli 1197 datiert; und das von John, 17. Juni 1199. Jeder König erklärte in praktisch identischen Worten, dass Hubert Walter, Erzbischof von Canterbury, und andere darauf hingewiesen hätten, „dass unserer besagten Stadt London große Unannehmlichkeiten und Unannehmlichkeiten zugefügt wurden, und auch …" das besagte Reich durch die besagten Kydells." Dementsprechend wurde in jeder Charta erklärt, dass der König „gewährt und standhaft befohlen hat, dass alle Kydells, die sich in der Themse befinden, überall dort entfernt werden, wo sie sich innerhalb der Themse befinden; Außerdem haben wir alles aufgegeben, was der Direktor unseres Tower of London jedes Jahr von den besagten Kydells zu erhalten pflegte. Deshalb werden wir beständig befehlen, dass kein Aufseher des besagten Turms zu irgendeinem späteren Zeitpunkt irgendetwas von irgendjemandem verlangen, niemanden wegen der besagten Kydells belästigen, belasten oder von ihm irgendwelche Forderungen stellen darf." Johns Charta von 1199 ging weiter als die von Richard und stellte klar, dass sich das Verbot sowohl auf den Medway als auch auf die Themse bezog, und gewährte das Recht, eine Strafe von 10 £ gegen jeden zu verhängen, der gegen seine Bestimmungen verstößt. [721]

Magna Carta bestätigte lediglich ein Verbot, das die Londoner bereits speziell für ihren eigenen Fluss erlassen hatten, und dehnte es auf alle Flüsse aus. Die Bestimmung wurde in den Neuauflagen von Heinrich III. wiederholt. Die Bürger begnügten sich jedoch nicht mit einer Klausel in einer Allgemeinverfügung, sondern kauften für 5000 Mark drei neue Urkunden ausschließlich zu ihren Gunsten. Eines davon, das sich mit den Kydells in Thames und Medway befasste, wurde von Henry am 18. Februar 1227 herausgegeben, und zwar in fast identischem Wortlaut mit denen von Richard und John. [722]

---

717 . Das *Oxford English Dictionary* definiert es als „einen Damm, ein Wehr oder eine Barriere in einem Fluss mit einer Öffnung darin, die mit Netzen oder anderen Vorrichtungen zum Fischfang ausgestattet ist", und auch als „eine Anordnung von Pfahlnetzen am Meeresstrand". zum gleichen Zweck."

718 . Blackstone, *Kommentare* , IV. 424, erklärte, dass dieses Kapitel „für die Zukunft die Gewährung exklusiver Fischereirechte verbietet". Vgl. *zB* Thomson, *Magna Charta* , 214, und Norgate, *John Lackland* , 217. Siehe auch Malcolmson *v.* O'Dea (1862), 10 *H. von L. Cas.* , 593, und Neill *gegen* Duke of Devonshire (1882), 8 App. Ca. auf S. 179, – Fälle zitiert in Moore, *History and Law of Fisheries* , S. 13, wo der Irrtum aufgedeckt wird.

719 . 25 Edward III., stat. 3, c. 4.

720 . 12 Eduard IV. C. 7. Anscheinend wurde das früheste Gesetz, das sich auf Wehre als schädlich für Fische bezieht, im Jahr 1402 erlassen, nämlich im Jahr 4 Heinrich IV. C. 11, siehe Moore, *Fisheries* , S. 175.

721 . Es scheint allgemein angenommen worden zu sein, dass diese Urkunden den Bürgern Londons sowohl positive als auch negative Privilegien verliehen; dass dadurch nicht nur in ihrem Interesse die Behinderung der Schifffahrt verboten wurde, sondern dass den städtischen Behörden weitreichende Verwaltungs- und Gerichtsbarkeitsrechte über die Gewässer der Themse übertragen wurden (Rechte, die vermutlich vor 1197 vom Constable ausgeübt wurden). des Tower of London). Siehe Noorthouck, *New History of London* (1773) p. 36 und Luffman, *Charters of London* (1793) S. 13. Letzterer sagt über Richards Bewilligung im Jahr 1197: „Durch diese Charta wurden die Bürger zu Konservatoren der Themse." Die *Patentlisten* von 33 Edward I.; 5 Eduard III.; 8 Edward III. *usw* .; enthalten

Erhaltungskommissionen. Siehe Moore, *ebenda.*, P. 176. Im Jahr 1393 wurde das Statut von 17 Richard II. C. 9 erteilte dem Bürgermeister von London die Befugnis, Wehre zu regulieren, die zur Zerstörung von Fischen führen könnten, und generell die Themse von Staines abwärts zusammen mit dem Medway zu „konservieren".

722 . Siehe *Rotuli Cartarum* , unter dem Jahr 11 Heinrich III.

KAPITEL VIERDREISSIG.

Kurz gesagt, *das Vokabular* ist nicht fiat alicui de aliquo tenemento und der liber homo amitter possit curiam suam.

Die Urkunde, die *„praecipe"genannt* wird, darf in Zukunft niemandem mehr ausgestellt werden, wenn es um ein Mietshaus geht, durch das ein freier Mann seinen Hof verlieren könnte.

Indem die Barone von John das feierliche Versprechen erpressten, die Verwendung der hier genannten besonderen Urkunde einzuschränken, erlangten sie etwas von unendlich größerem Wert als eine geringfügige Reform des Gerichtsverfahrens; Sie verpflichteten ihren Feind zu einer völligen Umkehrung einer Politik, die sie mindestens ein halbes Jahrhundert lang energisch und konsequent verfolgt hatten. Der Prozess, durch den die Zuständigkeit der königlichen Gerichte die der Feudalgerichte immer weiter untergrub, sollte nun plötzlich gestoppt werden. Mit dieser scheinbar harmlosen Klausel beschäftigte sich die Magna Carta in Wirklichkeit mit einem dringenden politischen Problem der Zeit, das sowohl für den König als auch für die Barone mit gewaltigen praktischen Problemen behaftet war. Dies lässt sich nur im Zusammenhang mit den technischen Details verstehen, auf die es ankommt.

I. *Königliche Erlasse und die feudalen Gerichtsbarkeiten.* Die Klasse der Writs, die von ihrem ursprünglichen Wort her „Writs *praecipe* " genannt wurden, war umfangreich und wurde von der Krone frei verwendet, um ihren Offizieren und anderen zwingende Befehle verschiedener Art zu erteilen. Diese Bestimmung der Magna Carta bezog sich speziell nur auf eine Art dieser Schriften, das sogenannte *praecipe quod reddat* . [723] Diese sollten vor den Richtern des Königs Klagen einbringen, um das Eigentum an Eigentum entweder durch Schlacht oder durch einen großen Schwurgerichtsrat – vorzugsweise Letzteres – zu bestimmen. Sie wurden „Writs of Right" genannt, weil sie sich mit Fragen des Titels und nicht nur mit Fragen des Besitzes befassten.

Die Form eines *praecipe quod reddat* , wie es tatsächlich aus der Kanzlei Heinrichs II. herausgegeben wurde. (Wer es erfunden hat) stammt von Glanvill und seine Begriffe veranschaulichen die heimtückischen Methoden, mit denen die Krone in feudale Gerichtsbarkeiten eingriff. [724] Das Schreiben war an den Sheriff gerichtet und begann unverblümt: „Befehl" (*praecipe*) A. „zurückzugeben" (*quod reddat*) an B. ein dort angegebenes Stück Land, oder alternativ: „um zu erklären, warum." er hatte es nicht getan" (*ostensurus quadre non fecerit*). Das eigentliche Objekt erscheint jedoch nicht an der Oberfläche.

Es war keineswegs beabsichtigt, dass der Mann, dem der Befehl erteilt wurde, seinen Anspruch ohne Diskussion aufgeben sollte. Er würde natürlich die Alternative nutzen, die ihm erlaubt war, nämlich vor den Richtern des Königs zu erscheinen und dort „den Grund darzulegen", warum er der Anordnung nicht Folge geleistet hatte, indem er (wenn er könnte) einen besseren Titel für das strittige Eigentum als den vom König behaupteten nachweisen würde konkurrierender Kläger. Bei der Verfügung, die oberflächlich betrachtet lediglich eine Zusammenfassung und endgültige Anweisung zur Übergabe des Nachlasses an einen anderen darstellt, handelt es sich in Wirklichkeit um eine „ursprüngliche Verfügung", mit der ein Rechtsstreit vor dem Gericht des Königs eingeleitet wird. Eine wichtige Auswirkung des Beschlusses bestand darin, dass alle Verfahren, die vor minderwertigen Gerichten eingeleitet wurden, sofort eingestellt werden mussten.

Der Feudalherr, an dessen Hofe der Freiherr natürlich entschieden hätte, wurde dadurch vom König seiner Gerichtsbarkeit beraubt. Damit verlor er auch die Autorität über seine Pächter sowie zahlreiche Gebühren und Nebenleistungen. Der Writ *Praecipe* war somit hauptsächlich ein geniales Mittel, um eine bestimmte Sache vom herrschaftlichen Hof zum Hof des Königs zu „beschwören". [725]

Als Heinrich II. das als „Writ-Verfahren" bekannte Rechtsverfahren erfand oder systematisierte, weil sein Hauptmerkmal darin bestand, dass es jede Klage ohne königlichen Erlass verbot, hatte er zwei Ziele im Auge. Während der König dadurch die gesamte Justizverwaltung in England reformierte, hoffte er, auf diese Weise nach und nach die feudalen Privilegien seiner Magnaten zu zerstören. Er beabsichtigte, Schritt für Schritt alle Klagegründe im Zusammenhang mit Grundstücken vor seine eigenen Gerichte zu bringen. Eigentumsfragen sollten vor seinen Richtern im Kampf oder, nach Wahl des Angeklagten, im großen Schwurgericht verhandelt werden; Fragen des Besitzes (ohne Option) durch den zuständigen Schöffengerichtshof. Die Barone zeigten keine Lust, das Monopol der Krone über die kleinen Schwurgerichte anzufechten; Tatsächlich stimmten sie dem gemäß den Bestimmungen von Kapitel 18 der Charta herzlich zu. Der große Schwur war eine andere Sache; Sie weigerten sich, sich ihres Rechts berauben zu lassen, vor ihren eigenen Gerichten über Eigentumsklagen zwischen ihren eigenen Pächtern zu entscheiden. Tatsächlich hat Heinrich II. für eine solche umfassende Ausweitung der Gerichtsbarkeit des Königs auf Landangelegenheiten gesorgt. hatte absolut keinen Präzedenzfall. Er hatte die Krone stark gemacht und ihre Macht dann zu seinem eigenen Aufstieg genutzt. Die königlichen Gerichte hatten ihre Autorität, wie es ein angesehener amerikanischer Historiker ausdrückte, „durch direkte Usurpation, unter Beeinträchtigung der Rechte der Volksgerichte und herrschaftlichen Wahlrechte, auf die alleinige Autorität des Königs" erhöht. [726]

Praecipe (oder Writ of Right) das von Heinrich entwickelte Hauptinstrument zur Durchführung solcher Usurpationen . [727] Pächter, deren Titel angefochten wurden, kauften gerne solche Verfügungen, da sie die einzige Möglichkeit waren, einem Kampfverfahren zu entgehen; und John erließ sie häufig zum Nachteil der Feudalherren, deren Gerichtsbarkeit dadurch eingeschränkt wurde. Die Barone betrachteten dies im Jahr 1215 als Missstand; und Magna Carta versuchte mit ihrer Forderung nach Wiedergutmachung bewusst, den Prozess der königlichen Usurpation aufzuhalten. Das Blatt muss umgekehrt werden; Das System der Feudaljustiz, das inzwischen schnell veraltet ist, muss in seiner Gesamtheit wiederbelebt werden. Jeder freie Mann oder Baron muss ohne Konkurrenz als einzige Quelle der Gerechtigkeit gegenüber seinen eigenen Pächtern in allen Landangelegenheiten bleiben, unbehelligt durch diese neumodischen Rechtsschriften. Es war natürlich nicht beabsichtigt, die umfangreiche und nützliche Klasse der Writs *praecipe* vollständig abzuschaffen ; sondern lediglich, um zu verhindern, dass die Krone sie als Motor für Eingriffe in herrschaftliche Gerichtsbarkeiten nutzt. [728] Der König könnte seinen eigenen Hof behalten und seinen eigenen Pächtern Verfügungen ausstellen; aber er soll die Gerichte anderer respektieren. Für die Zukunft dürfen solche Verfügungen nicht mehr erlassen werden, „in Bezug auf ein Mietshaus, bei dem ein Ehrenbürger seinen Hof verlieren könnte". Writs *praecipe* dürfen für jeden anderen Zweck frei verwendet werden, jedoch nicht für diesen. Doch genau dieser eine Zweck hatte es dem großen König, der es erfunden hatte, besonders empfohlen.

Das vorliegende Kapitel muss daher als eine der reaktionärsten Bestimmungen der gesamten Charta angesehen werden. Den Baronen war es schließlich gelungen, John zu zwingen, eine völlige Umkehrung eines zentralen Teils der bewussten Politik seines Vaters zu versprechen.

Hier verbarg sich also unter dem Deckmantel einer kleinen Änderung des Rechtsverfahrens ein bemerkenswerter Triumph des Feudalismus über die Zentralisierungspolitik der Monarchie – ein Rückschritt, der, wenn er voll zur Geltung gekommen wäre, eine zweite Ära des Feudalismus hätte einläuten können feudale Turbulenzen, wie sie die Herrschaft Stephans in Ungnade gefallen hatten. Uns wird von hoher Autorität mitgeteilt, dass die Anerkennung von Johannes „der Ansprüche des Feudalherrn, ein Gericht zu halten, das die ausschließliche Zuständigkeit für Eigentumsklagen genießen soll" – eine Anerkennung war, die „Heinrich II. wäre kaum dazu gezwungen worden." [729] Das kann durchaus sein; aber John hatte diesen Vorschlag bereits mehr als einmal mit Gewalt abgelehnt. Im Jahr 1215 konnte er dem Unvermeidlichen nicht mehr entgegentreten und stimmte gezwungenermaßen Bestimmungen zu, die er nicht einhalten wollte. Das Zugeständnis war zwar unaufrichtig, aber dennoch wichtig. Der Inhalt von Kapitel 34 wurde mit einigen geringfügigen verbalen Änderungen in allen zukünftigen Ausgaben der Magna Carta wiederholt. [730]

II. *Einfluss dieser Bestimmung auf die spätere Rechtsentwicklung.* Eine wichtige Frage bleibt dennoch offen: Wurde diese Bestimmung in der Praxis eingehalten? Die Antwort lautet teilweise „Ja", aber hauptsächlich „Nein". Sein Wortlaut wurde strikt durchgesetzt; aber sein Geist wurde umgangen. (1) Die Kanzlei hat im Gehorsam gegenüber der Magna Carta aufgehört, diese besondere Form von Verfügungen in einer Weise zu erlassen, die dazu führen würde, dass ein freier Mann „seinen Hof verliert". Es wurde immer noch an Kronpächter ausgegeben; Allen Unterpächtern wurde das Recht jedoch strikt verweigert, so dass diese sich am Feudalgericht des Magnaten, von dem sie ihr Land besaßen, entschädigen mussten. [731] Die auf diese Weise der Krone im eigennützigen Interesse des Baronats aufgezwungene Maßnahme fügte den Pächtern der Mesne-Lords Härten zu, vor deren Gesicht die Türen der königlichen Tribunale, die ihnen Heinrich II. geöffnet hatte, erneut in allen Klagegründen verschlossen wurden ihre Eigentumsrechte berühren. In solchen Fällen war der Hofbaron ihres Herrn nun ihre einzige Rechtsquelle, und an diesem Gericht konnten sie nicht von den verbesserten Methoden des königlichen Verfahrens profitieren. Insbesondere das Grand Assize war ein königliches Monopol. Die Magnaten wollten es zwar übernehmen, aber dies wurde durch ein Hindernis erschwert, das die Krone ausnutzte. [732] Sie hatten Schwierigkeiten, zwölf Ritter zusammenzubringen, die bereit waren, als Geschworene zu fungieren; und sie konnten sie nicht zwingen, gegen ihren Willen ein eidesstattliches Urteil zu fällen. Der König könnte zwingen; aber ein Mesne-Lord konnte nur überzeugen. Männer mit dem erforderlichen Status lehnten die Zeitverschwendung ab und fürchteten die Gefahr, für falsche Urteile bestraft zu werden, was untrennbar mit der Pflicht verbunden ist, bei einem großen Schwurgericht mitzuwirken. Die Hoffnungen der Barone, diese Schwierigkeiten zu überwinden, wurden enttäuscht. Im Jahr 1259 wurde in den Bestimmungen von Westminster festgelegt, dass Grundeigentümer nicht gezwungen werden sollten, gegen ihren Willen zu schwören, „da niemand sie ohne die Genehmigung des Königs dazu zwingen kann". [733] Es war die bewusste Politik von Edward I., alle derartigen Schwierigkeiten zu übertreiben und den privaten Gerichten jedes Hindernis in den Weg zu legen, bis er ihre Zuständigkeiten auf Pfründe reduzierte. [734]

(2) Während der Brief der Magna Carta strikt eingehalten wurde, wurde sein Geist umgangen. Es war unmöglich, einer Verordnung, die dem gesamten Fortschrittsstrom direkt zuwiderlief, loyale Wirkung zu verleihen. Die herrschaftliche Justiz geriet schnell in Verruf und verfiel, während die

königliche Justiz effizienter und beliebter wurde und sich bald von allen Konkurrenten befreien und ein Monopol erlangen sollte. Untermieter, denen der Zugang zum königlichen Hof über den direkten Weg des „writ *praecipe*" *verwehrt blieb* , suchten nach anderen und umständlicheren Zugangsmöglichkeiten. Es wurden juristische Fiktionen erfunden. Das große Problem bestand darin, die Magna Carta zu umgehen, ohne sie offen zu verletzen. Die Richter des Königs und potenzielle Prozessparteien an den königlichen Gerichten bildeten zu diesem Zweck ein stillschweigendes Bündnis, mussten jedoch trotz des erbitterten Widerstands der mächtigen Besitzer der herrschaftlichen Gerichte langsam und vorsichtig vorgehen. Der angenommene Prozess bestand aus einer Reihe formaler Änderungen im technischen Verfahren der königlichen Gerichte. Der Schlüssel dazu liegt in den genialen Original- (oder Ursprungs-)Schriften, die von Anwälten der Krone erfunden wurden und die in Wirklichkeit eine Sache bewirkten, während sie vorgaben, etwas ganz anderes zu bewirken. Diese neuen Gerichtsurkunden waren als Einreiseurkunden bekannt und befanden sich auf halbem Weg zwischen den Rechtsschreibern (oder Praecipe-Urkunden *)* und den Kleingerichten; Auf halbem Weg zwischen Schriftsätzen, die Klagen einleiten und sich mit Titeln befassen (und daher in Kapitel 34 der Magna Carta angegriffen werden) und Schriftsätzen, die sich mit Besitz befassen (und daher in Kapitel 18 begrüßt werden). Einreiseurkunden waren also aus der Sicht des Magnaten mit seinem Privathof Wölfe im Schafspelz. Sie gaben vor, eine Frage des *Besitzes* zu klären , entschieden aber in Wirklichkeit eine Frage des *Eigentums* . Zunächst gab es nur wenige und besondere Klagegründe, auf die sie angewendet werden konnten. Es wurden immer neue Aktionsformen entwickelt, die nahezu jeden erdenklichen Fall abdecken. Der Entwicklungsprozess war langwierig, begann kurz nach 1215 und endete praktisch mit Kapitel 29 des Statuts von Marlborough, oder besser gesagt mit der liberalen Auslegung, die die Anwälte der Krone diesem Statut in der folgenden Regierungszeit gaben.

Eduard I., auf dem Höhepunkt seiner Macht und bestrebt, sein Haus in Ordnung zu bringen, schreckte vor einem offenen Verstoß gegen die Große Charta zurück und ergriff gerne subtile Mittel, um Mesne-Lords um die ihnen durch dieses Kapitel gesicherten Rechte zu bringen. Unter Eduards Herrschaft wurde die zu diesem Zweck erfundene Rechtsmaschinerie perfektioniert, so dass danach nie wieder Klagen in Bezug auf Grundbesitz vor den Gerichten des Barons der Magnaten verhandelt wurden. Alle diese Klagegründe wurden in direkter Verletzung des Geistes der Magna Carta vor den Gerichten des Königs entschieden. [735]

Der Kläger hatte also keinen Grund, gegen das Verbot des Writ *Praecipe zu verstoßen* , wenn er unter einem anderen Namen einen anderen Writ mit gleicher Wirksamkeit erhalten konnte. Ein Eintrittsbescheid war in der Tat für einen friedlichen Kläger um Längen besser als ein Writ *praecipe* , der nur an jemanden ausgestellt werden konnte, der bereit war, den Kampf anzubieten *und* die Möglichkeit zu akzeptieren, mit seinem Gegner zu lügen. Sogar Kronpächter, die das writ *praecipe erhalten konnten* , bevorzugten den moderneren Ersatz; und Klausel 34 der Magna Carta war danach praktisch veraltet.

Eine der indirekten Auswirkungen der Klausel war äußerst unglücklicher Natur. Die damit verbundene Notwendigkeit, Reformen auf verschlungenen Wegen durchzuführen, hat der Form des englischen Rechts großen und dauerhaften Schaden zugefügt. Juristische Fiktionen haben in der Tat ihren Nutzen, denn sie umgehen technische Rechtsregeln im Interesse substantieller Gerechtigkeit. Der Preis, der für diese Entlastung gezahlt wird, ist jedoch meist hoch. Es müssen komplizierte Verfahren und hinterhältige Hilfsmittel erfunden werden, die wiederum zu neuen rechtlichen Formalitäten führen, die irrationaler sind als die alten. Es wäre im Interesse der wissenschaftlichen Rechtsprechung besser gewesen, wenn ein so wünschenswertes Ergebnis auf einfachere Weise hätte erzielt werden können. Die Urheber der Magna Carta müssen die Schuld tragen. [736]

<hr>

723 . Die zahlreichen Varianten von Writs *praecipe* werden von Coke (*Second Institute* , S. 40) in drei Gruppen eingeteilt, entsprechend der Art der Befehle, die sie übermitteln sollten, nämlich: – (a) *praecipe quod reddat* ; (b) *was erlaubt ist* ; und (c) *quod faciat* . Die in diesem Kapitel besonders erwähnten sind vom ersten Typ.

724 . Der Schriftsatz lautete wie folgt: *Rex vicecomiti salutem, Praecipe A. quod sine dilatione reddat B. unam hidam terrae in villa illa, unde idem B. queritur quod praedictus A. ei deforceat: et nisi fecerit, summone eum per bonos summonitores quod sit* Ich bin mir sicher, dass die Gerechtigkeit nach acht Jahren nicht stimmt, *Paschae apud locum illum, ostensurus quare non fecerit. Et habeas ibi summonitores et hoc breve. Teste Ranulpho de Glanvilla von Clarendon.* Siehe Glanvill, I. c. 6.

725 . Vgl. Stubbs, *Const. Hist.* , I. 576.

726 . Siehe Bigelow, *Hist. of Procedure* , 78. Glanvill, zwischen den Zeilen gelesen, enthält Zugeständnisse, die diese Ansicht stützen. Obwohl er ein Freund der Vorrechte war, ist er sich der Unterscheidung zwischen der richtigen und der unangemessenen Nutzung der königlichen Gerichtsbarkeit bewusst. So im I. c. 3 spricht er davon, dass sich die Gerichte des Königs normalerweise mit „Plädoyers von Baronien" (*dh* Rechtsstreitigkeiten über Kronlehen) befassen; im I. c. 5 spricht er von dem, was er offensichtlich als eine abnormale Ausweitung dieser Gerichtsbarkeit auf jeden Anspruch auf eine freie Pacht oder ein Lehen ansieht, wenn die Krone dies wünschte – das

heißt, die Krone beanspruchte die Möglichkeit, unter Umständen, die als ungewöhnlich gelten, zu entscheiden Bitten um Lehen, die unter Mesne-Lords gehalten wurden. Diese Unterscheidung ist identisch mit der, auf der das vorliegende Kapitel der Magna Carta basiert.

727 . Das normale Verfahren scheint die folgenden Schritte umfasst zu haben: (*a*) ein Kläger vor dem Gericht des Lehensherrn bietet an, im Kampf einen besseren Titel zu beweisen als der Pächter, der das Lehen besitzt; (*b*) der Pächter beantragt beim König, die Angelegenheit durch einen großen Schwurgericht entscheiden zu lassen; (*c*) Es wird dann ein Writ *praecipe quod reddat in der von Glanvill, I. angegebenen Form ausgestellt. c.* 6, (bereits zitiert), der es dem Antragsteller praktisch verbietet, anderswo als vor dem König vorzugehen; (*d*) Es folgt ein zweites Schreiben in der von Glanvill, II. gegebenen Form. C. 8 und verbietet dem Herrn, „das Plädoyer zwischen den Prozessparteien M. und R. vor seinem Gericht zu verhandeln, weil M., der Mieter, sich meinem Schwurgericht angeschlossen hat." Vgl. *oben* , c. 18.

728 . Vgl. Bracton, Folio 281. Siehe auch Bracton's *Note Book* , Fall 1215, wo festgestellt wurde, dass ein bestimmtes Writ *Praecipe* von der Magna Carta nicht angetastet werden könne, da es keinem Mann das Gericht entzog.

729 . Pollock und Maitland, I 151.

730 . Die Version von 1216 spricht von einem „freien Mietshaus", während die von 1215 lediglich von einem „Misshaus" sprach. Durch den Zusatz ändert sich nichts, da die Gerichte des Königs in keinem Fall Klagen verhandeln könnten, die die Schurken von Mesne-Lords betreffen. Vielleicht soll mit dem Zusatz klargestellt werden, dass kein Eingriff in die Rechte des Königs an den Besitztümern seiner eigenen Untertanen auf königlichem Grundbesitz vorlag.

731 . Die so eingeschränkten Writs, dass nur Mieter *in capite* sie erhalten konnten, wurden fortan als Writs *praecipe in capite bezeichnet* . Unter diesem Namen erscheint die Urkunde in Cokes Version der Charta Heinrichs III. (*Second Institute* , S. 38) und in der Übersetzung, die in den *Statutes at Large* der Neuauflage von 1225 enthalten ist. In keinem Text der Magna Carta gibt es eine Autorität für die Hinzufügung der Wörter *in capite* und die Erklärung ihres Vorhandenseins in diesen Versionen muss in der Tendenz von Juristen in einer Zeit lange nach 1215 gesucht werden, die Magna Carta in der Fachsprache ihrer Zeit neu zu redigieren. Coke betonte die Beschränkung dieses Rechtsmittels auf Kronmieter. „Niemand sollte dieses Schreiben aus der Kanzlei aufgrund eines Vorschlags herausholen lassen, aber vor seiner Gewährung muss ein Eid geleistet werden, dass das Land dem König in capite gehört" (S. 38), und er veranschaulicht, *was* er sagt unter Bezugnahme auf zwei Fälle aus der Regierungszeit von Edward I.

732 . Ein solcher Versuch scheint 1207 von Walter de Lacy, Earl of Ulster, unternommen worden zu sein, der in seinem irischen Lehen eine sogenannte *Nova Assisa* errichtete, gegen die John protestierte. Siehe *Rot. Klopfen.* , I. 72, für ein Schreiben vom 23. Mai 1207. Zumindest in einem Fall, der zwar eine Ausnahme darstellte, stimmte John den großen Schwurgerichten zu, die vor feudalen Gerichten abgehalten wurden. Am 4. Mai 1201 erteilte er Hubert Walter (und seinen Nachfolgern) die Erlaubnis, sie für seine Pächter in Gavelkind zu halten, einem für Kent typischen Besitz. Siehe *New Rymer* , I. 83.

733 . Siehe Artikel 18 (*Select Charters* , S. 404). Andere Artikel zeigen eine ähnlich starke Voreingenommenheit gegenüber der herrschaftlichen Justiz. Vgl. Kapitel 29 der Petition of the Barons (*Select Charters* , 386) und der Kommentar von Pollock und Maitland, I. 182: „Die Stimme der Nation, oder was sich als solche Gehör verschaffte, verlangte nicht mehr, wie im Jahr 1215." Schutz für die herrschaftlichen Gerichte."

734 . Allerdings gab es noch unter Eduard III. einen teilweise erfolgreichen Versuch, die feudale Gerichtsbarkeit wiederzubeleben. Siehe Stubbs, *Const. Hist.* , II. 638-9.

735 . Technische Details werden von Pollock und Maitland, II, bewundernswert dargelegt. 63-7. Die gesamte Familie der Writs war als „Writs of Entry *sur disseisin* " bekannt; und diese wurden nach 1267 auf der Grundlage des Statuts von Marlborough für noch umfassendere Zwecke als „Writs of Entry *sur disseisin* on the *post* " angewendet. Siehe auch Maitland, Vorwort zu *Sel. Klagegründe vor herrschaftlichen Gerichten* , S. lv.

736 . Vgl. Pollock und Maitland, I. 151, und *Sel. Pleas in Manorial Courts* , bereits zitiert.

KAPITEL FÜNFUNDDREISSIG.

Eine Weinmensura sitzt für das gesamte regnum nostrum, eine Gebärmutterhalskrebs-Mensur und eine Blutmensura, ein Viertel des Londoner Viertels, ein gedämpfter Breitengrad, ein Russetorum und ein Halbergectorum, und zwar aufgrund der unteren Liste; Das Nachdenken dauert bis zur Menstruation.

Es soll in unserem ganzen Reich ein einziges Maß Wein geben; und ein Maß Bier; und ein Maß Mais, nämlich „das Londoner Viertel"; und eine Stoffbahn (ob gefärbt, rotbraun oder hellberget), nämlich zwei Ellen innerhalb der Webkante; von Gewichten sei es auch wie von Maßen.

In diesem Kapitel wurde eine wichtige Verordnung von Richard I. nachgestellt, die üblicherweise als Assize of Measures, manchmal aber auch als Assize of Cloth bekannt ist. Diese Verordnung, deren genaues Datum der 20. November 1197 ist, war nach modernen Vorstellungen vom eigentlichen Regierungsbereich teils lobenswert, teils unklug. Einerseits zeigte es den lobenswerten Wunsch, eindeutige Standards für Gewichte und Maße festzulegen, die in allen Teilen Englands einheitlich sind. Auf diese Weise versuchte man, die schwerwiegenden Unannehmlichkeiten der Händler zu überwinden, die beim Transport ihrer Waren von Ort zu Ort unterschiedliche Maßstäbe annahmen. Noch wichtiger war, dass mit dem Schwurgericht auch die Betrügereien verhindert werden sollten, die skrupellose Kaufleute unter dem Deckmantel unklarer Gewichte und Maße häufig gegenüber Käufern begehen. Das Londoner Viertel muss daher überall für Mais genutzt werden; und ein Maß für Wein oder Bier. So weit so gut. Andererseits ging die Verordnung Richards viel weiter, als moderne Vorstellungen von *Laissez-faire* zulassen würden. Insbesondere die von Roger von Hoveden berichtete Tuchverordnung beeinträchtigte die legitime Handelsfreiheit. [737] Er erzählt uns, dass kein Stoff gewebt werden sollte, außer einer einheitlichen Breite, nämlich „zwei Ellen innerhalb der Listen". [738]

Gefärbte Tücher, so hieß es, sollten durch und durch von gleicher Qualität sein, sowohl in der Mitte als auch an der Außenseite. Kaufleuten war es verboten, ihre Fenster zu verdunkeln, indem sie, um den altmodischen Wortlaut der Verordnung zu zitieren, „rote oder schwarze Stoffe oder Schilde (scuta)" aufhängten, um den Blick der Käufer zu täuschen, die gute Stoffe kaufen wollten. Farbige Stoffe durften nur in Städten oder wichtigen Bezirken verkauft werden. Hier haben wir es offenbar mit einem Luxusgesetz zu tun, das dafür sorgen sollte, dass die Unterschicht bescheidene graue Kleidung trug. Sechs rechtmäßige Männer sollten damit beauftragt werden, in jedem Landkreis und jedem wichtigen Bezirk den Assize zu führen. Diese Maßverwalter müssen dafür sorgen, dass keine Waren gekauft oder verkauft werden, die nicht den Vorschriften entsprechen; diejenigen, die für schuldig befunden wurden, andere Maßnahmen angewendet zu haben, sei es aufgrund ihres eigenen Geständnisses oder wegen Versagens im Gerichtsverfahren (*confestus vel convictus*); und beschlagnahmt im Namen des Königs die Habe der Säumigen. Wenn die *Custodes* ihre Pflichten fahrlässig erfüllten, mussten sie eine Beschlagnahme ihrer beweglichen Sachen erleiden. [739] Richards Assize of Measures wurde 1199 durch Johns Assize of Wine ergänzt, das versuchte, den Preis von Weinen verschiedener Qualitäten zu regulieren, [740] ein Versuch, der in der Magna Carta nicht wiederholt wurde.

Derselbe Autor, der uns den Text der Verordnung von 1197 zur Verfügung stellt, teilt uns auch mit, dass ihre Bestimmungen als zu streng befunden wurden und in der Praxis häufig gelockert werden mussten. [741] Dies geschah im Jahr 1201. Die Richter des Königs wollten, wie uns erzählt wird, die Stoffe bestimmter Kaufleute mit der Begründung beschlagnahmen, sie hätten weniger als die gesetzliche Breite. Sie machten jedoch Kompromisse, indem sie eine große Geldsumme „zum Nutzen des Königs und zum Schaden vieler" akzeptierten. So prangert Hoveden eine seiner Meinung nach rechtswidrige Abmachung zwischen den Richtern und den Händlern an, bei der Käufer durch die Umgehung des strengen Wortlauts der Verordnung geschädigt würden.

Viele Beispiele für Umgehung finden sich in den *Pipe Rolls* sowohl vor als auch nach der Magna Carta. Tatsächlich waren die Richter in der Regel mehr darauf bedacht, Geldstrafen für einen Verstoß zu kassieren, als auf die Durchsetzung des Schwurgerichts. Im Jahr 1203 wurden zwei Kaufleute von Worksop mit jeweils einer halben Mark bestraft, weil sie Wein entgegen dem Schwurgericht verkauft hatten, während die Verwalter der Gemeinde ebenfalls mit einer Mark wegen fahrlässiger Pflichterfüllung bestraft wurden – eine genaue Veranschaulichung des Wortlauts der Verordnung . [742] Im selben Jahr wurde gegen bestimmte Kaufleute eine Strafe von einer Mark „für das Spannen von Tuch" verhängt, um es vermutlich auf die gesetzliche Breite zu bringen. [743] Händler zahlten häufig hohe Geldstrafen, um der Verordnung insgesamt zu entgehen. [744]

Als die Barone im Jahr 1215 darauf bestanden, dass John die Verordnung seines Bruders in aller Strenge durchsetzen sollte, unternahmen sie einen Schritt in ihrem eigenen Interesse als Käufer und gegen die Interessen der Handelszünfte als Verkäufer. Obwohl diese Bestimmung in allen nachfolgenden Chartas wiederholt wurde, scheint sie nie große Wirkung gehabt zu haben. Die Schwierigkeit, solche Bestimmungen in ihrer Strenge durchzusetzen, war groß, und es kam weiterhin zu Umgehungen. Ein Beispiel mag genügen. Im zweiten Jahr Heinrichs III. [745] Die Bürger

Londons zahlten 40 Mark, um nicht wegen des Verkaufs von Stoffen mit einer Breite von weniger als zwei Metern befragt zu werden. Hier ist eine Veranschaulichung der Praxis der Richter, gegen die Hoveden Einwände erhoben hatte und die Magna Carta offenbar nicht niedergeschlagen hatte. Manchmal wurden jedoch die Bestimmungen von Richards Assize of Measures und Johns Assize of Wine dennoch durchgesetzt. Im Jahr 1219 musste ein Pfarrer aus Lincolnshire, der eine liberale Vorstellung vom Umfang seiner Pfarrpflichten hatte, 40 Schilling zahlen. für Wein wird *extra Assisam verkauft* . [746] Parsons durften offenbar Handel treiben, aber nur, wenn sie sich an die üblichen Vorschriften hielten.

---

737 . R. Hoveden, IV. 33-4.

738 . Zu einem späteren Zeitpunkt wurde auch Stoff mit einer alternativen Standardbreite legalisiert, nämlich mit einem Meter Abstand zwischen den „Listen". Daher entstand die Unterscheidung zwischen „breitem Tuch" (d. h. Stoff von zwei Metern) und „Streits" (d. h. schmalem Stoff von einer Elle). (Siehe Statut I Richard III. c. 8.) Das Wort „Breitstoff" hat seine Bedeutung längst geändert und bezeichnet nun Stoff von höchster Qualität, ganz unabhängig von der Breite. Siehe *Oxford English Dictionary* unter „Broadcloth".

739 . Vgl. *oben* , c. 20, für „amercements" und *supra* , c. 24, für „custodes" von Plädoyers (oder Gerichtsmedizinern).

740 . Siehe R. Hoveden, IV. 100.

741 . Siehe Hoveden, IV. 172 und Stubbs, *Const. Hist.* , I. 616.

742 . Siehe *Pipe Roll* , 4 John, zitiert nach Madox, I. 566.

743 . Siehe *ebenda.*

744 . Im Jahr 1203 zahlten die Männer von Worcester 100 Schilling. „ *Ut possint emere et vendere pannos tinctos sicut solebant tempore Regis Henrici* "; und die Männer von Bedford, Beverley, Norwich und anderen Städten leisteten ähnliche Zahlungen. Siehe *Pipe Roll* , 4 John, zitiert nach Madox, I. 468-9.

745 . Siehe *Pipe Roll* , zitiert Madox, I. 509.

746 . *Pipe Roll* , 3 Henry III., zitiert Madox, I. 567.

Kapitel sechsunddreißig.

Nichil verweigert dies, indem er sich kurz um Lebensfragen seiner Mitglieder kümmert, ohne Gegenleistung und nicht zu verweigern.

Für eine Inquisitionsurkunde über Leib und Leben soll in Zukunft nichts mehr gegeben oder angenommen werden, sondern sie soll aus freien Stücken gewährt und niemals verweigert werden.

Dieses Kapitel hat einen wichtigen Bezug zum Kampfprozess und überhaupt nicht zum *Habeas Corpus* , mit dem es oft in engem Zusammenhang steht. Die besondere Schrift, auf die hier so viel Wert gelegt wird, wurde von Heinrich II. erfunden. in bestimmten Fällen das gerichtliche Duell zu vermeiden, indem man dem Angeklagten erlaubte, die Frage seiner Schuld oder Unschuld praktisch auf das eidesstattliche Urteil seiner Nachbarn zu verweisen.

I. *Kampfprobe vor der Herrschaft von John.* Der entscheidende Moment in Gerichtsverfahren im Mittelalter kam, wie bereits erläutert wurde, [747] als der vom Gericht festgelegte „Test" oder „Prozess" (*lex*) von einem oder beiden Prozessbeteiligten versucht wurde. Die besondere Beweisform, auf die die kriegerischen normannischen Barone Wert legten, war das *Duell* , und es war nur natürlich, dass diejenigen aus der alten angelsächsischen Aristokratie, die mit ihnen auf Augenhöhe verbunden waren, ihre Vorurteile übernahmen. Daher wurde „Kampf" zum normalen Modus zur Entscheidung aller ernsthaften Streitigkeiten zwischen den Oberschichten. Allerdings scheint es schon von Anfang an nicht für Eigentum von weniger als 10 Shilling zuständig gewesen zu sein. an Wert, [748] und bald wurde es speziell für zwei Arten von Streitigkeiten reserviert – zivilrechtliche Klagegründe, die durch einen Rechtsbehelf eingeleitet wurden, und strafrechtliche Klagegründe, die auf eine „Berufung" folgten. Das vorliegende Kapitel befasst sich ausschließlich mit Letzterem.

Eine „Berufung" in diesem Zusammenhang war völlig anders als die moderne Berufung von einem unteren zu einem höheren Gericht. Dabei handelte es sich um eine formelle Anschuldigung des Hochverrats oder einer Straftat, die von einer Privatperson aus eigener Initiative erhoben wurde, und in der Regel folgte ein gerichtlicher Streit zwischen dem Beschwerdeführer und dem Antragsgegner, die jeweils persönlich kämpften. Ein solches Recht war in einer Zeit notwendig, in der die Regierung noch nicht die allgemeine Verantwortung dafür übernommen hatte, gewöhnliche Kriminelle vor Gericht zu bringen, oder diese Aufgabe zumindest so lax und lasche wahrnahm, dass viele Übeltäter ungestraft blieben. Die Berufung, gefolgt von der Schlacht, war ursprünglich wahrscheinlich eine Form des Rechtsverfahrens, das die ältere Blutfehde ersetzte. [749] Diejenigen, die Unrecht erlitten haben, könnten leichter von ihrem Rachefeldzug abgehalten werden, wenn ihnen stattdessen das Recht auf ein gerichtliches Duell unter fairen, vom Gericht festgelegten Bedingungen zugestanden würde. Der normannische Kampfprozess war somit ein Überbleibsel aus einer früheren Phase der Gesellschaft, als die geschädigte Person und nicht der Richter der Rächer des Verbrechens gewesen war; und dies erklärt mehrere Besonderheiten – warum zum Beispiel, als der Angeklagte „dieses hasserfüllte Wort Feigheit" ausgesprochen hatte [750] und damit gestand, dass er besiegt sei und das Schicksal eines Meineids verdiente, der siegreiche Ankläger Anspruch auf seine Rache hatte, selbst angesichts dessen eine königliche Begnadigung. Als Heinrich von Essex, Konstabler und Fahnenträger Heinrichs II., der 1163 von seinem Feind Robert de Montfort angeklagt wurde, im Kampf besiegt worden war, konnte ihn die Gunst des Königs nicht beschützen, obwohl ihm offenbar die Duldung des Königs ermöglichte, indem er auf seinen Besitz verzichtete und Mönch wurde und daher gesetzlich starb, um dem tatsächlichen Tod durch Erhängen zu entgehen. [751] Es scheint, dass das gesamte Verfahren zu einem frühen Zeitpunkt noch mehr einer legalisierten privaten Rache ähnelte, da der Beschwerdeführer, der seinen Feind besiegt hatte, ihn persönlich töten durfte. „Der alte Brauch bestand noch bis zur Zeit Heinrichs IV. darin, dass alle Verwandten des Erschlagenen den Angeklagten zum Hinrichtungsort schleppen sollten." [752]

Die Übel einer Kampfprobe liegen auf der Hand. Von Anfang an wurde es von den Händlern der Bezirke gefürchtet und gemieden, die viel für Befreiungsurkunden bezahlten. Ihre Abneigung breitete sich auf die höheren Klassen aus und wurde von Heinrich II. geteilt. Für diesen großen Staatsmann, der mit den glühenden Instinkten eines Reformators ausgestattet war, alle überholten und irrationalen Vorgehensweisen gänzlich verachtete und keinerlei Ehrfurcht vor der Tradition hatte, war die Prüfung durch den Kampf völlig abscheulich. Er hätte es gerne komplett abgeschafft, wenn er es gewagt hätte; aber er verfolgte umsichtig die subtilere Strategie, ihre Vitalität langsam zu untergraben. Zu diesem Zweck verwendete er vier Hilfsmittel, die insofern von großem Interesse sind, als sie Licht auf den Prozess werfen, durch den der Schwurgerichtsprozess den Prozess durch Schlacht ablöste. [753] (1) Jede Erleichterung wurde den Parteien eines Zivilprozesses gewährt, die bereit waren, freiwillig auf das *Duell zu verzichten*. Heinrich stellte ihnen als Ersatz ein Verfahren zur Verfügung, das seine Vorfahren speziell dem Dienst der Krone vorbehalten hatten. Prozessparteien könnten ihre rivalisierenden Ansprüche auf den Eid einer ausgewählten Gruppe lokaler Nachbarn stützen: Die alten Anerkennungsberechtigten entwickelten sich so zu den *Jurata* . Dieses

Vorgehen war jedoch nur im Einverständnis beider Parteien möglich und hatte viele Gemeinsamkeiten mit einem modernen Schiedsverfahren. (2) Bei Klagegründen im Zusammenhang mit dem Titel und dem Besitz von Land ging Henry noch weiter und gewährte dem Beklagten die Möglichkeit einer friedlichen Einigung, selbst wenn der Kläger eine Schlacht vorzog. Die Männer, auf deren Eide solche Fälle verwiesen wurden, wurden als *Assisa* und nicht als *Jurata bezeichnet* , da beide Prozessparteien nicht zugestimmt hatten. Die drei verschiedenen Gruppen von Assisen, die von den Baronen in Kapitel 18 begrüßt wurden, wurden bereits besprochen. Die *Assisa konnte* wie die *Jurata* nur auf zivilrechtliche Klagegründe angewendet werden. (3) Es wurden Versuche unternommen, ein Kampfverfahren in Strafsachen auch durch die Ausübung des Rechts auf private „Berufung", dessen natürliches Vorspiel, zu entmutigen. Die gemeinschaftliche Stimme der anklagenden Jury wurde so weit wie möglich abgegeben, um die Einzelklage des Geschädigten zu ersetzen, der sich zur Wehr setzte. Nur der nahe Blutsverwandte oder der Lehnsherr eines Ermordeten durfte die Schuld des Täters im Kampf beweisen; während das Recht der Frau, Berufung einzulegen, in engen Grenzen gehalten wurde. [754] (4) Es blieb noch ein weites Feld für private Appelle und Kämpfe übrig; aber Henry versuchte, es durch einen subtilen Trick einzugrenzen. Bei Berufungsverfahren wegen Mordes, bei denen die Anschuldigung nicht *bona fide* , sondern böswillig oder ohne wahrscheinlichen Grund erhoben wurde , wurde dem Antragsgegner eine Möglichkeit geboten, dem *Duell zu entgehen* . Er könnte die Verfügung beantragen, die Gegenstand dieses Kapitels ist.

II. *Die Urkunde über Leib und Leben*. Der hier erwähnte Writ, im mittelalterlichen England besser bekannt als Writ *de odio et atia* , [755] sollte Männer, gegen die zu Unrecht wegen Mordes Berufung eingelegt wurde, vor einem Duell schützen. Aufrührerische Ritter, die das Kämpfen zu ihrer Freizeitbeschäftigung machten, konnten voreilige oder böswillige Anschuldigungen erheben, um einen Groll gegen Händler oder andere Friedensmänner zu befriedigen, und so mancher Mann, um den es gebeten wurde, war froh, vom König die Erlaubnis zur Flucht zu erkaufen, indem er diese Gewohnheit annahm und Tonsur eines Mönchs; [756] aber Heinrich wollte unschuldige Männer ohne diese Ausflüchte vor dem Risiko eines Scheiterns im *Duell* bewahren . Wenn der Angeklagte behauptete, sein Berufungskläger habe „aus Bosheit und Hass" (*de odio et atia*) gehandelt, könnte er von der königlichen Kanzlei ein gleichnamiges Schreiben erwerben, das den so erhobenen vorläufigen Klagegrund auf das Urteil einer vereidigten Körperschaft verwies von zwölf Erkennern aus seiner eigenen Gegend. Wenn seine Nachbarn dem Einspruch stattgaben, wurden alle weiteren Berufungsverfahren eingestellt und das *Duell* vermieden. [757] Ein ähnliches Privileg wurde später auf alle Personen ausgeweitet, die sich eines Mordes zur Selbstverteidigung oder eines Mordes infolge eines Unglücks, nicht eines vorsätzlichen Mordes,

schuldig gemacht hatten. [758] Bald legte jeder Mann, ob schuldig oder
unschuldig, Berufung wegen Mordes ein und behauptete selbstverständlich,
dass er grundlos und böswillig angeklagt worden sei, bloße „Worte von
allgemeiner Form". Mit dieser Erweiterung des Wirkungsbereichs der Schrift
ging eine weitere Veränderung einher. Die Hauptfrage von Schuld oder
Unschuld, nicht nur die vorläufigen Einwände, wurde durch das Urteil der
Nachbarn entschieden, [759] das, ob für oder gegen den Angeklagten, als
endgültig angesehen wurde. Es waren keine weiteren Verfahren erforderlich;
keine wurden zugelassen. Das *Duell* konnte schließlich erfolgreich beiseite
geschoben werden, obwohl es erst 1819 abgeschafft wurde. [760]

III. *Nebenverwendungen des Schreibens.* Diese Untersuchung von Leib und Leben,
die dazu gedacht war, das *Duell* in Mordfällen durch ein eidesstattliches Urteil
zu ersetzen, wurde oft als direkter Vorläufer, wenn nicht sogar als identisch
mit dem Verfahren angesehen, das im 17. Jahrhundert so wertvoll wurde ein
Bollwerk der Freiheit des Subjekts, unter dem Namen *Habeas Corpus*. Das ist
ein Fehler; Das moderne *Habeas-Corpus-* Schreiben wurde aus einem völlig
anderen Habeas-Corpus-Schreiben entwickelt, dessen ursprünglicher Zweck
die sichere Aufbewahrung des Körpers des Gefangenen im Gefängnis war,
nicht seine Befreiung aus ungerechtfertigter Haft. [761]

Die allgemeine Meinung ist zwar fälschlicherweise vertreten, aber nicht ohne
Entschuldigung; denn die in der Magna Carta erwähnte Urkunde erfüllte
nicht nur ihren Hauptzweck, sondern wurde auch einer anderen und
untergeordneten Verwendung zugeführt, die oberflächliche Ähnlichkeit mit
der des Habeas Corpus *späterer* Jahrhunderte aufweist. Zwischen dem Antrag
des Antragsgegners auf Erlass des Inquisitionsbescheids und dem Urteil
darüber kann es zu erheblichen Verzögerungen kommen. In der
Zwischenzeit hatte der des Mordes Angeklagte im Normalfall kein Recht auf
Freilassung gegen Kaution, ein Privileg, das Personen zusteht, die weniger
schwerer Verbrechen verdächtigt werden. Dies war in Fällen schwierig, in
denen der Angeklagte Opfer böswilliger Absicht oder nur eines
gerechtfertigten Mordes geworden war. Gefangene, die sich in einer solchen
Notlage befinden, könnten von der Krone, die immer bereit ist, Gebühren
für einen guten Zweck anzunehmen, königliche Erlasse erwerben, die sie
davor bewahren würden, monatelang oder sogar jahrelang im Gefängnis zu
schmachten. Der für diesen Zweck am besten geeignete Gerichtsbescheid
war der *de odio et atia*, da er bereits zu einem anderen Zweck auf vermutlich
unschuldige Berufungsgegner anwendbar war. [762]

Als der Kampfprozess schnell obsolet wurde, geriet der ursprüngliche Zweck
des Gerichtsurteils in Vergessenheit und sein einst untergeordneter Zweck
trat stärker in den Vordergrund. Vor Bractons Tagen (möglicherweise sogar
vor dem Datum der Magna Carta) hatte diese Änderung stattgefunden: Der
Gerichtsbeschluss wurde in erster Linie als Mittel zur Freilassung gegen

Kaution von Tötungsdelikten *per infortunium* oder *se defensivendo* angesehen . Bracton erklärt in der Formulierung des Schreibens [763] , dass es ungerecht sei, dass unschuldige Männer, denen Mord vorgeworfen wird, lange im Gefängnis festgehalten werden; Deshalb, sagt er uns, wird auf Bitten trauriger Freunde üblicherweise eine Inquisition durchgeführt – unabhängig davon, ob die Anschuldigung *gutgläubig ist oder de odio et atia* erhoben wurde . Dieses erfreuliche Bild eines Königs, der von den tränenreichen Freunden angeklagter Männer zum Mitleid bewegt wurde, trifft kaum auf Johannes zu, der nur auf Freier mit langen Geldbörsen hörte, die sie bereit waren, in seine Schatzkammer zu schütten. Die Gerichtsurteile, mit denen Morde freigelassen wurden, waren zu einer wertvollen Einnahmequelle geworden. Sheriffs wurden häufig dafür gerügt, dass sie Gefangene ohne den königlichen Beschluss gegen Kaution freiließen, doch trotz heftiger Zuwiderhandlungen setzten sie ihre Unregelmäßigkeiten fort, sei es aus Gefälligkeit gegenüber Einzelpersonen oder als Gegenleistung für Bestechungsgelder. So zahlte Peter von Scudimore im Jahr 1207 eine Geldstrafe von 10 Mark an die Staatskasse, weil er ohne Genehmigung des Königs oder seiner Richter Morde auf Pfand freigelassen hatte. [764] In diesem Jahr wiederholte Johannes seine Befehle und verbot strikt, Totschläger gegen Kaution freizulassen, es sei denn auf königlichen Befehl, bis sie in Anwesenheit der Richter des Königs ein Urteil gesprochen hatten. [765]

Für John stellten die überhöhten und willkürlichen Gebühren, die für dieses Schreiben zu zahlen waren, den größten Verdienst dar; wohingegen die Barone aus bloßen Gründen der Gerechtigkeit forderten, dass es kostenlos an alle ausgegeben werden sollte, die es brauchten. Johns Akzeptanz ihrer Forderungen, die in diesem Kapitel enthalten ist, wurde in allen Neuauflagen wiederholt und offenbar in der Praxis beobachtet. Das Verfahren während der Regierungszeit Heinrichs III. wird von Bracton in einer bereits zitierten Passage beschrieben. Nach Eingang des Writ *de Odio* müsse zügig eine Untersuchung durchgeführt werden, sagt er uns, und wenn die Jury zu dem Schluss kam, dass die Anschuldigung böswillig erhoben worden sei oder dass die Tötung in Notwehr oder aus Versehen begangen worden sei, wird die … Crown sei hierüber zu informieren. Danach würde von der Kanzlei ein zweiter Writ erlassen werden, dessen Form ebenfalls von Bracton vorgegeben wird (später als Writ *tradias in ballium bekannt*), der den Sheriff anweist, für den Angeklagten, der zwölf gute Bürgen der Grafschaft gefunden hat, Folgendes zu tun: Übergeben Sie ihn gegen Kaution an diese Zwölf", bis die Richter eintreffen. Solche Verfügungen mussten jedoch immer bezahlt werden, wenn sie gewissermaßen „frei" ausgestellt wurden. Als ein gewisser Reginald, Sohn von Adam, im Jahr 1222 angeklagt wurde, bot er dem König eine Mark für ein Urteil der drei benachbarten Grafschaften an (es war ein Plädoyer von Lincolnshire), ob die Anschuldigung aufgrund „der Böswilligkeit und …" erhoben worden sei

Hass" (*per odium et atiam*), den *William de Ros, der Lord des Berufungsklägers, Reginalds Vater „ vel per verum appellum* "entgegenbrachte . [766]

Eine lange Reihe späterer Gesetze erzwang oder modifizierte dieses Verfahren. Diese wurden so interpretiert, dass sie häufige Änderungen der Richtlinien implizierten, manchmal die Abschaffung und manchmal die Wiedereinführung des Erlasses und des darauffolgenden Verfahrens. [767] Das ist ein Fehler; Die verschiedenen Gesetze führten zu keiner radikalen Änderung, sondern lediglich zu einer Änderung von Einzelheiten. Manchmal wird versucht, die Freilassung der Schuldigen gegen Kaution zu verhindern, und manchmal wird versucht, den Unschuldigen Schwierigkeiten aus dem Weg zu räumen. Das Statut von Westminster, I., zum Beispiel, nach einer Präambel, in der es um die Art und Weise geht, in der Sheriffs Geschworene einsetzen, die den Angeklagten zugute kommen, sieht vor, dass Ermittlungen „von rechtmäßigen Männern durchgeführt werden, die durch Eid ausgewählt werden (von denen mindestens zwei sind). (sollen Ritter sein), die in keiner Weise mit den Gefangenen verwandt sind oder sonstwie verdächtigt werden dürfen." [768] Das Statut von Gloucester hingegen ordnete die strikte Inhaftierung von Straftätern bis zum Gerichtsverfahren an, deren Schuld offensichtlich war. [769] Das Statut von Westminster, II. Er begünstigte erneut Gefangene und sah in Kapitel 12 die Bestrafung von falschen Berufungsklägern oder Anklägern vor, und in Kapitel 29 hieß es: „Damit die Parteien, gegen die Berufung eingelegt oder angeklagt wurde, nicht lange im Gefängnis bleiben müssen, müssen sie über ein odio et atia-Urteil verfügen, so wie es ist . " in der Magna Carta und anderen Statuten erklärt." [770]

Der fragliche Gerichtsbeschluss war im Jahr 1314 [771] in Gebrauch und scheint nie ausdrücklich abgeschafft worden zu sein, sondern allmählich in Vernachlässigung geraten zu sein, da Berufungsverfahren hinfällig wurden und immer häufiger Gefängnisstrafen angeordnet wurden.

IV. *Spätere Geschichte des Appells und der Schlacht.* Das Recht auf Privatklage wurde von Heinrich II. nur eingeschränkt, nicht abgeschafft. und seine Nachfolger. Sie konnte keinem Geschädigten verweigert werden, der nicht im Verdacht stand, sein Recht missbraucht zu haben. Strafverfolgungen im Namen des Königs durch Anklage und Schwurgerichtsverfahren ergänzten, ohne sie zu ersetzen, private Strafverfolgungen durch Berufung und Streit. Die Gefahr einer zweiten Strafverfolgung könnte über dem Kopf eines Angeklagten schweben, nachdem er „seinen Prozess bestanden" und ehrenvoll freigesprochen worden ist. ItEs sei unfair, dass er für immer in solcher Spannung gehalten werden sollte; und dementsprechend sah das Statut von Gloucester vor, dass das Recht auf Berufung verfallen sollte, sofern es nicht innerhalb eines Jahres und eines Tages nach der Begehung der Straftat ausgeübt wird. [772] Um sicherzustellen, dass der Angeklagte nicht dem Risiko einer doppelten Strafverfolgung wegen desselben Verbrechens ausgesetzt war, musste die Krone die Bestimmungen dieses Gesetzes ergänzen, indem sie die Strafverfolgung bis zum Ablauf von Jahr und Tag aufschiebt. Diese Regel wurde 1482 befolgt. Eine solche Immunität von der Anklage auf Antrag des Königs für die Dauer von zwölf Monaten (in Kombination mit den Bestimmungen des Statuts von Gloucester) hätte zweifellos die Möglichkeit zweier Prozesse für eine Straftat vermieden; Aber es verursachte ein schlimmeres Übel anderer Art, indem es Kriminellen die Flucht vor der Justiz erleichterte. Nachdem man die verderblichen Auswirkungen erfahren hatte, wurde diese Regel durch den Beschluss des Parlaments verurteilt, der die Sternenkammer einführte. [773]

Dadurch wurde das neuere Übel behoben, die alte Ungerechtigkeit jedoch wiederbelebt; Dasselbe Gesetz sah vor, dass ein Freispruch das Berufungsrecht der Ehefrau oder des nächsten Erben eines ermordeten Mannes nicht ausschließen sollte. Somit könnte ein Mann, der von einem Geschworenengericht für unschuldig erklärt wurde, dennoch einer zweiten Strafverfolgung ausgesetzt sein. Diese ungerechte Anomalie blieb bis zum 19. Jahrhundert ohne formelle Wiedergutmachung; und im Jahr 1817 war die britische Öffentlichkeit verblüfft, als sie feststellte, dass ein längst vergessenes Rechtsverfahren aus dem dunklen Zeitalter immer noch Teil des englischen Rechts war. Die Leiche eines Mädchens aus Warwickshire, Mary Ashford, wurde in einer Wassergrube unter Umständen entdeckt, die auf ein Verbrechen schließen ließen. Der Verdacht fiel auf Abraham Thornton, der in der Nacht ihres Verschwindens in ihrer Begleitung gewesen war. Nach einer Anklageerhebung und einem Prozess vor dem Warwick Assizes wegen Vergewaltigung und Mordes wurde er freigesprochen. Der älteste Bruder des Mädchens, William Ashford, war mit dem scheinbar vollkommen ehrlichen Urteil nicht zufrieden. Er versuchte, ein zweites Verfahren zu erreichen, und beanspruchte zu diesem Zweck das alte Berufungsrecht wegen Straftaten, das die Richter nicht ablehnen wollten. Ashfords Versuch, dieses veraltete Verfahren wiederzubeleben, wurde durch die Wiederbelebung seines ebenso veralteten Gegenstücks durch Thornton beantwortet. Als er vor die Richter von King's Bench gerufen wurde, bot er an, sich durch Kampf zu verteidigen, und warf als „Kampfwette" einen Handschuh mit bewährtem antiken Muster hin. Die Richter mussten sein gesetzliches Recht anerkennen, sich „durch seinen Körper" gegen die Berufung zu verteidigen, und so vereitelte Thornton erfolgreich den Versuch, ihn zu einem zweiten Prozess zu zwingen, da das Gericht nie die Möglichkeit in Betracht zog, dass tatsächlich ein mittelalterlicher Rechtsstreit ausgetragen werden könnte im neunzehnten Jahrhundert. Die Berufung wurde zurückgezogen und das Verfahren eingestellt. [774]

Die unerwartete Wiederbelebung dieser juristischen Kuriositäten einer früheren Zeit führte zu ihrer endgültigen Unterdrückung. Im Jahr 1819 wurde ein Gesetz verabschiedet, das den Beweis durch Kampf sowohl in strafrechtlichen als auch in zivilrechtlichen Fällen abschaffte; und damit fiel auch das Recht auf Berufung. [775]

747 . Siehe *oben* , S. 103–106 .

748 . Siehe *Leges Henrici primi* , c. 69, §§ 15-16.

749 . Vgl. *oben* , c. 20.

750 . „ *Illud verbum odiosum quod recreantus sit.* " „Bracton, *Folio* 153.

751 . Siehe Jocelyn of Brakelond, S. 50-2.

752 . Blackstone, *Kommentare* , IV. 316.

753 . Vgl. *supra* , 107–9, und auch 158–163.

754 . Einige Einzelheiten finden Sie unter c. 54.

755 . Bei der Identifizierung der Schrift, von der in der Magna Carta die Schrift „von Leib und Leben" gesprochen wird, mit der bekannten Schrift „writ *de odio et atia* " stützen sich die meisten Autoritäten auf eine Passage in Bracton (nämlich: *Folio* 123). Es gibt noch bessere Beweise. Das Statut von Westminster, II. C. 29 bestimmt: „Damit die Parteien, gegen die Berufung eingelegt oder angeklagt wurde, nicht lange im Gefängnis bleiben, müssen sie über ein writ *de odio et atia verfügen* , wie es in der Magna Carta und anderen Gesetzen festgelegt ist." Darüber hinaus wurden im Jahr 1231 zwölf Geschworene, die ein Urteil darüber gefällt hatten, ob eine Berufung falsch war , ohne die Erlaubnis des Königs gefragt: „ *Quo waranto fecerunt sacramentum illud de vita et membris* ". Siehe Bracton's *Note Book* , Fall 592.

756 . Madox, I. 505, hat Beispiele gesammelt.

757 . Vgl. Pollock und Maitland, II. 585-7, und Thayer, *Evidence* , 68.

758 . Es wurde auch in eine andere Richtung ausgeweitet: Einige der Feudalgerichte führten bei falschen Berufungen ein ähnliches Verfahren ein (obwohl der König Einwände dagegen hatte, dass sie dies ohne königliche Lizenz taten). Kurz nach der Abschaffung der Tortur (1215) fanden Untersuchungen am Hof des Abtes von St. Edmund statt. Siehe Bracton's *Note Book* , Fall 592.

759 . Siehe Pollock und Maitland, II. 586.

760 . 59 Georg III. C. 46.

761 . Die frühe Geschichte des *Habeas Corpus* wird von Prof. Jenks in einem wissenschaftlichen und interessanten Artikel im *Law Quarterly Review* , VIII,

nachgezeichnet. 164. Der Writ *de Odio* war zu einem Zeitpunkt vor der Erfindung des *Habeas Corpus veraltet* .

762 . Vgl. Brunner, *Entstehung der Schwurgerichte*, S. 471.

763 . Siehe *Folio* , 123.

764 . Siehe *Pipe Roll* , 8 John, zitiert nach Madox, I. 566.

765 . Siehe *Rot. Klopfen.* , I. 76, zitiert Madox, I. 494. Das Datum ist der 8. November 1207.

766 . Siehe Bracton's *Note Book* , Fall 134, und vgl. Fall 1548.

767 . Stephen, *Hist. Kriminalität. Law* , I. 242 (im Anschluss an Foster, *Crim. Cases* , 284–5), ist der Ansicht, dass es durch 6 Edward I., stat. abgeschafft wurde. 1, c. 9. Coke, *Second Institute* , 42, glaubte, dass es im Jahr 28 von Edward III. abgeschafft wurde. C. 9 (was sich jedoch offenbar überhaupt nicht darauf bezieht) und 42 von Eduard III. restauriert. C. 1 (Abschaffung aller Gesetze, die im Widerspruch zur Magna Carta stehen). Cola, *ebenda.* und Hale, *Pleas of the Crown* , II. 148, waren der Ansicht, dass das Schreiben zu ihrer Zeit nicht veraltet war. Vgl. Pollock und Maitland, II. 587, n.

768 . 3 Edward I. c. 11.

769 . 6 Edward I., stat. 1, c. 9.

770 . 13 Eduard I. cc. 12 und 29.

771 . Siehe *Rot. Parl.* , I. 323.

772 . 6 Edward I. c. 9. Gegen Ende der Plantagenet-Zeit kam es äußerst häufig zu Berufungen, insbesondere in den Tagen des „Lords Appellant". Das anschließende Berufungsverfahren fand manchmal vor dem Court of the Constable and Marshal und manchmal vor dem Parlament statt. In keinem Fall waren sie beliebt. Eine der gegen Richard II. erhobenen Anklagen. vom Parlament, das ihn abgesetzt hatte, hieß es, dass „in Verletzung der Magna Carta" (das heißt wahrscheinlich von Kapitel 39) Personen, die böswillig wegen hochverräterischer Worte angeklagt wurden, vor dem Polizisten und dem Marschall vor Gericht gestellt wurden, und obwohl sie „alt und schwach" sein mögen, verstümmelt oder gebrechlich" und dennoch gezwungen, gegen die „jungen, starken und kräftigen" Berufungskläger zu kämpfen. Siehe *Rot. Parl.* , III. 420, zitiert Neilson, *Trial by Combat* , 193. Andererseits ist das Statut 1 Heinrich IV. C. 14 sah vor, dass künftig keine Berufungen mehr vor dem Parlament, sondern nur noch vor dem Court of the Constable and Marshal eingelegt werden sollten.

773 . Siehe 3 Heinrich VII. C. 1, s. 11. In diesem Gesetz wurde betont, dass der Geschädigte mit dem Recht auf Berufung „oftmals langsam war und auch

mit ihm einverstanden war, und am Ende des Jahres ist alles vergessen, was ein weiterer Anlass für einen Mord ist".

774 . Siehe *Ashford gegen Thornton* , 1 B. und Ald. 405-461.

775 . Siehe 59 Georg III. C. 46.

KAPITEL SIEBENDREISSIG.

Si aliquis teneat de nobis per feodifirmam, vel per sokagium, vel per burgagium, and de alio terram teneat de nobis per servicium militare, nos non habebimus custodiam heredis nec terre sue que est de Feodo alterius, Occasione illius Feodifirme, vel sokagii, vel burgagii; nec habebimus custodiam illius feodifirme, vel sokagii, vel burgagii, nisi ipsa feodifirma debatte servicium militare. Wir sind hier nicht auf der Erde beschützt, unsere Lehre von Alio für den militärischen Dienst, gelegentliche Alicujus parve Serjanterie quam Lehre von uns für den Dienst an Reddendi unserer Kulte, oder Sagittas, oder Hujusmodi.

> Wenn jemand von uns durch Honorar, Gehöft oder Burgtum Besitz ergreift und durch Ritterdienste auch Land eines anderen Herrn besitzt, werden wir (aufgrund dieser Honorarfarm, des Socage oder der Burgage) nicht die Vormundschaft haben der Erbe oder dessen Land, das zum Lehen des anderen gehört; Wir dürfen auch nicht die Aufsicht über diese Honorarfarm, das Gehöft oder die Burg übernehmen, es sei denn, diese Honorarfarm schuldet Ritterdienste. Wir werden nicht aufgrund einer unbedeutenden Serjeantschaft, die irgendjemand von uns durch die Bereitstellung von Messern, Pfeilen oder Ähnlichem in Anspruch nimmt, die Vormundschaft über seinen Erben oder über das Land übernehmen, das er einem anderen Herrn durch Ritterdienste innehat.

Durch diese Bestimmungen kommt die Charta noch einmal auf das Thema der Vormundschaft zurück und legt drei Regeln fest, die besser verständlich werden, wenn ihre Reihenfolge etwas geändert wird, wobei die zweite zuerst genommen wird.

(1) *Gewöhnliche Vormundschaft.* Der Grund für die Inanspruchnahme der Vormundschaft von Ländereien, die sich im Ritterbesitz befanden, nämlich dass ein junger Pächter keinen Militärdienst leisten konnte, galt nicht für die Honorarfarm, für die Unterbringung oder für die Burgage. Die Nutzung war jedoch sehr locker; und John nutzte dies voll aus. In der Charta wurde das Gesetz ausdrücklich festgelegt; Von einem solchen Besitz wurde keine Vormundschaft geschuldet, außer in den etwas ungewöhnlichen Fällen, in denen Ländereien in Feenfarmen ausdrücklich Militärdienst schuldeten. [776] Da von kleinen Serjeantien (obwohl sie in diesem Kapitel in einem anderen Zusammenhang erwähnt werden) nicht ausdrücklich gesagt wird, dass sie diese Ausnahme teilen, kann gefolgert werden, dass die Barone Johns Vormundschaft über sie anerkannten, genau wie im Fall großer Serjeantien. Zu Littletons Zeiten war das Gesetz geändert worden. Unteroffiziere waren damals davon ausgenommen. [777]

(2) *Vormundschaftsrecht.* Wenn ein Rittergut starb und zwei getrennte Militärlehen verschiedener Mesne-Herren hinterließ, genoss jeder dieser Herren während der Minderheit die Vormundschaft über sein eigenes Lehen. Dies war für alle Parteien völlig fair; wenn der Mündel jedoch einen Besitz der Krone und einen anderen eines Mesne-Lords innehatte, beanspruchte der König die Vormundschaft über beide; und das auch dann, wenn das Kronlehen von geringem Wert war. [778] Solche Rechte wurden als „Vormundschaftsvorrechte" bezeichnet und waren daher eingeschränkt. Im Jahr 1215 waren sie völlig legal, so ungerecht sie heute auch erscheinen mögen.

(*a*) *Feenfarm, Socage und Burgage.* John dehnte dieses Recht jedoch weiter aus und übte das Vorrecht der Vormundschaft über Lehen von Mesne-Lords aus, nicht nur bei Kronlehen, die im Ritterstand gehalten wurden, sondern auch bei Kronlehen, die im Rahmen eines anderen freien Besitzes gehalten wurden. Es war daher ungeheuerlich, das Vorrecht der Vormundschaft in Bezug auf Feenfarm-, Sozial- oder Burgland zu beanspruchen, die ihrerseits von der gewöhnlichen Vormundschaft ausgenommen waren. Dementsprechend musste Johannes eine Besserung versprechen. [779]

(*b*) *Die Unteroffiziere* [780] befanden sich in einer etwas anderen Lage. Obwohl die Magna Carta die Rechte der Krone auf eine ordentliche Vormundschaft über diese nicht abgeschafft hat, verbot sie, dass dies einen Anlass für eine vorrangige Vormundschaft darstellen sollte. Der König konnte, wenn er wollte, die Obhut über sein eigenes Lehen genießen, nicht jedoch unter diesem Vorwand über die umfassenderen Lehen anderer. [781]

Vorrechte der Vormundschaft (selbst in der durch die Magna Carta zugelassenen eingeschränkten Form) könnten eine doppelte Härte für den Mesne-Lord bedeuten, der dadurch des Sorgerechts für sein Lehen beraubt wird. Angenommen, der gemeinsame Pächter besaß zusätzlich zu seinem Kronlehen Ländereien von einem Mesne-Lord unter der Bedingung, dass er beispielsweise fünf Ritter leistete. Bei seinem Tod beschlagnahmte der König beide Lehen, angeblich als Entschädigung für den Verlust des Militärdienstes, den der minderjährige Erbe nicht leisten konnte. Doch als eine Scutage stattfand, verlangte der König vom Mesne-Lord Zahlungen im Verhältnis zu seiner vollen *Quote* , ohne die Honorare für fünf Ritter zu berücksichtigen, die ihm durch die Vormundschaft entzogen wurden. Das ist kein Fantasiefall. Die Barone beschwerten sich 1258 über die Praxis und forderten Wiedergutmachung. [782]

---

776 . Vgl. *oben* , S. 66-70 und 75-7.

777 . II. viii. S. 158.

778 . Vgl. Glanvill, VII. C. 10. „Wenn jemand die Herrschaft über den König innehat, *liegt* die Vormundschaft über ihn ausschließlich beim König, unabhängig davon, ob der Erbe andere Herren hat oder nicht; denn der König kann keinen Gleichen haben, geschweige denn einen Vorgesetzten.“

779 . Glanvill, VII. C. 10, hatte festgelegt, dass die Amtszeit als Bürger nicht zu Vorrechten als Vormund führen könne.

780 . Siehe *oben* , S. 68 .

781 . Siehe Bracton, *Folio* 87 b. Das *Notizbuch* , Etui 743, enthält eine gute Illustration. Das Motiv für diese Beschränkungen bestand eindeutig darin, Unrecht gegenüber Mesne-Lords zu verhindern. Es war jedoch wahrscheinlich eine indirekte Folge der Magna Carta, dass eine ähnliche Regel angewendet wurde, wenn kein Mesne-Lord schädlich betroffen war. Im Jahr 1231 starb ein gewisser Ralf von Bradeley, der zwei getrennte Grundbesitze der Krone besessen hatte, (i) eine kleine Gebühr von einem kleinen Serjeanty, für die er zwanzig Pfeile pro Jahr zahlte, und (ii) Land von beträchtlichem Wert, das in Pfändung gehalten wurde. Die Krone nahm beide Ländereien in Besitz, in der Annahme, dass das anerkannte Vormundschaftsrecht über die Kleinserjeantie auch ein Vormundschaftsrecht über die Herrschaftsgebiete mit sich brachte (obwohl diese ausgenommen gewesen wären, wenn sie allein gestanden hätten). Der König verkaufte seine Rechte für 300 Mark. Ralfs Witwe beanspruchte die Vormundschaft über die Ländereien des Sögens, mit der Begründung, dass diese von weitaus größerem Wert seien als die Ländereien der Leibeigenen. Ihr Argument wurde bestätigt und die 300 Mark wurden dem enttäuschten Käufer von der Staatskasse zurückerstattet. Siehe *Pipe Roll* , 5 Henry III., zitiert Madox, I. 325-6.

782 . Siehe Petition of the Barons, Artikel 2 (*Select Charters* , 383). C. 53 der Magna Carta kehrt zur Vormundschaft zurück und gewährt Wiedergutmachung, jedoch keine summarische Wiedergutmachung, wenn John oder sein Vater oder Bruder diese unrechtmäßig durch Beisammensein usw. verlängert hatten. Siehe auch oben , S. 241 .

Kapitel achtunddreißig.

Der Nullus ballivus muss von alleine kommen und einfach sein, sine testibus fidelibus ad hoc inductis.

> Kein Gerichtsvollzieher wird in Zukunft irgendjemanden aufgrund seiner bloßen Mundpropaganda seinem „Gesetz" unterwerfen, ohne glaubwürdige Zeugen, die zu diesem Zweck herangezogen werden.

Die offensichtliche Absicht dieser Bestimmung bestand darin, Unregelmäßigkeiten in der kritischen Phase eines Verfahrens zu verhindern, in der versucht wurde, die vom Gericht bestellte *Lex anzuwenden*. Dieses Wort „ *lex*" kann in seinem technischen Sinn korrekt auf jede Form von gerichtlichen Prüfungen angewendet werden, beispielsweise auf ein Gerichtsverfahren, eine Tortur oder einen Kampf, wobei die genaue Bedeutung, die in jedem einzelnen Fall erforderlich ist, durch den Kontext bestimmt wird. [783] In dieser Passage der Magna Carta kann es in seiner weitesten Bedeutung verwendet werden, aber es werden sofort Gründe für die Annahme angeführt, dass die *Tortur* in den Köpfen derjenigen, die sie formuliert haben, besonders präsent war. Gerichtsvollzieher (das Wort ist weit gefasst und umfassen sicherlich auch die Sheriffs und ihre Untergebenen und möglicherweise auch die Verwalter, die in herrschaftlichen Gerichten den Vorsitz führten) [784] hatten sich offensichtlich Unregelmäßigkeiten schuldig gemacht, die die öffentliche Meinung der damaligen Zeit verurteilte. So viel ist klar: Über die genaue Art des hier verbotenen Missbrauchs gehen die Behörden jedoch weit auseinander.

I. *Wahrscheinlicher Gegenstand des Kapitels.* Den Schlüssel liefern die Worte von Artikel 4 des Assize of Clarendon, dessen Bestimmungen noch unter John die Praxis der Krone in Strafsachen regelten. In dieser Verordnung wird das Verfahren erläutert, das einzuhalten ist, wenn Räuber, Mörder oder Diebe, die von den Sheriffs bei der Anklageerhebung festgenommen wurden, den Richtern zur Verhandlung vorgeführt werden: „Und die Sheriffs sollen sie den Richtern vorführen; und mit ihnen sollen sie zwei rechtmäßige Männer aus der Hundertschaft und aus dem Dorf, in dem sie festgenommen wurden, mitbringen, um dem Landkreis und der Hundertschaft Bericht zu erstatten, warum sie festgenommen wurden; und dort sollen sie vor den Richtern ihr Gesetz erlassen." Dieses „Gesetz" wird an anderer Stelle in der Verordnung eindeutig mit der Tortur identifiziert; [785] und der Sinn des Ganzen bestand darin, dass Angeklagte nur in Anwesenheit von zwei rechtmäßigen Männern vor Gericht gestellt werden konnten, die bei der Anklage anwesend waren und eigens vor die Richter gekommen waren, um davon Zeugnis abzulegen. Mit anderen Worten: Der mündliche Bericht des Sheriffs über die Anklage „

sine testibus fidelibus ad hoc inductis " reichte nicht aus. Der „Bezirk" und die „Hundert", die den Gefangenen angeklagt hatten, mussten Vertreter entsenden, um den Sachverhalt aufzuzeichnen. [786]

Die Tortur war in der Tat eine feierliche Angelegenheit, für die sorgfältige Regeln festgelegt worden waren. Es wurden alle Vorkehrungen getroffen, um zu verhindern, dass der Sheriff seine Autorität missbraucht. Seine Darstellung der Anklage wurde durch die Anwesenheit untergeordneter Beamter sowie dieser Mitglieder der anklagenden Jury überprüft. Darüber hinaus konnten die Herren der Feudalgerichte, die dieses Wahlrecht beanspruchten, es nur unter königlicher Ermächtigung ausüben. Heinrich, der Erfinder des Systems, unterdrückte streng alle Unregelmäßigkeiten, sei es die seiner eigenen Gerichtsvollzieher oder die der Verwalter privater Grundherren. [787]

Die gleichen Verfahrensregeln galten unter John, der jedoch weniger sorgfältig als sein Vater darauf achtete, Unregelmäßigkeiten zu unterdrücken. In der Magna Carta versprach er eine Änderung. Die Anwesenheit von Zeugen, die das Assize of Clarendon vorsah, wurde erneut als Beweis für die willkürliche oder unfaire Durchführung der Tortur gefordert. Die Charta von 1216 wiederholte diese Bestimmung ohne Änderung. Im Jahr 1217 kam es jedoch zu einer Veränderung, die zweifellos eine Folge der faktischen Abschaffung der Tortur durch das Laterankonzil im Jahr 1215 war. Die Verfasser von Heinrichs zweiter Neuauflage waren nicht mehr so sehr in dringende Staatsangelegenheiten vertieft wie im Jahr zuvor Im vergangenen Jahr hatte ich Muße, administrative Details anzupassen. Der bloße Hinweis auf eine Tortur war unangemessen, da neue Formen des Prozesses an seine Stelle traten. Tatsächlich wussten die Richter kaum, welchen Test sie anordnen sollten, als Torturen verboten waren. Sie scheinen manchmal auf Vergeltung und manchmal auf den Kampf zurückgegriffen zu haben; aber das eidesstattliche Urteil der Nachbarn füllte schnell den leer gelassenen Boden. In der neuen Charta wurde dann klargestellt, dass die im Jahr 1215 auf Torturen angewandten Bestimmungen auf die anderen Tests ausgeweitet werden sollten, die nun an ihre Stelle traten. Das „ *ad legem* " der Satzung des Johannes wurde in der neuen Fassung zu „ *ad legem manifestam nec ad juramentum* ", was durchaus auch den Kampf und die Entscheidungen der Geschworenen sowie die Prüfung umfassen konnte. [788]

II. *Mittelalterliche Interpretationen der Passage.* Die Unkenntnis der genauen Art des verbotenen Missbrauchs kann heute durchaus entschuldigt werden, da sie innerhalb eines Jahrhunderts nach der Erteilung der Charta unklar geworden war. Einige juristische Notizen aus dem frühen 14. Jahrhundert sind uns überliefert, die drei alternative Vorschläge enthalten. [789]

(1) Die erste Interpretation, die in diesen Notizen diskutiert und offenbar verworfen wurde, war, dass Magna Carta mit diesem Verbot sicherstellen wollte, dass niemand in einer Jury (in juratam) sitzen sollte, es sei denn, er wurde durch eine rechtzeitige Vorladung *gewarnt* . Dieser weit hergeholte Vorschlag ist eindeutig falsch.

(2) Die nächste aufgestellte Hypothese ist, dass die Klausel den Beklagten aufgrund eines Schuldbescheids (oder eines ähnlichen Bescheids) daran gehindert hat, seinen Fall durch seinen nicht unterstützten Eid zu gewinnen, obwohl die Compurgatoren mit ihm hätten schwören sollen. Aus dieser Sicht wurde die Ausnahme gemacht, dass der Gerichtsvollzieher begünstigte *Beklagte* in Zivilklagen mit unfairer Nachsicht behandelt.

(3) Eine dritte Meinung wird vertreten und als besser gepriesen, nämlich dass die Satzung es Gerichtsvollziehern untersagte, den Klägern in Zivilklagen unangemessene Gunst zu *erweisen* . Der Beklagte auf einem Schuldbescheid (oder Ähnlichem) sollte nach dieser Auslegung der Magna Carta überhaupt nicht gezwungen werden, Beweise vorzulegen (d. h. sein „Gesetz" zu erlassen), es sei denn, der Kläger hatte „Klage" dagegen erhoben (das heißt, er hatte durch die Vorlage vorläufiger Zeugen oder eines anerkannten Äquivalents die Vermutung geäußert, dass die Klage begründet sei). [790] Diese letzte der drei Interpretationen wurde so in der Regierungszeit von Edward II. vorgeschlagen. hat seine modernen Anhänger, wie sich gleich zeigen wird; aber die in den Plantagenet-Tagen begonnene Diskussion hat noch keine verbindliche Lösung gefunden. Es wurde erst im Jahr 1700 im Court of Common Pleas erörtert [791] , und die heutigen Historiker gehen ebenso weit auseinander wie die Anwälte.

III. *Moderne Interpretationen der Passage*. Keine zwei der jüngsten Behörden vertreten genau die gleiche Meinung. Zumindest vier Ansichten lassen sich unterscheiden. (1) Die Bestimmung wird manchmal als Versuch angesehen, zu verhindern, dass Kläger in Zivilklagen zum Nachteil der Beklagten ungerechtfertigt behandelt werden. Eine „Klage" von Zeugen (*sectatores*) musste vom Kläger vor Gericht vorgelegt werden, bevor überhaupt ein „Prozess" (*lex*) stattfinden konnte. Den Gerichtsvollziehern war es verboten, durch Nachlässigkeit, Gunst oder Bestechung eine Lockerung dieser Regel zuzulassen. Diese Interpretation, die vom Autor des *Mirror of Justices* und vom Verfasser der dem bereits zitierten Jahrbuch beigefügten Notizen übernommen wurde, fand 1700 bei Oberrichter Holt Anklang. [792]

(2) Eine zweite Theorie geht davon aus, dass die Klausel Gerichtsvollziehern (ob königliche Beamte oder herrschaftliche Verwalter) verbietet, ihre Befugnisse zur Weiterleitung von Klagen zu nutzen, an denen sie zufällig beteiligt waren. Unter bestimmten Umständen, so scheint es, beanspruchte der Verwalter, der als Vertreter seines Herrn dem herrschaftlichen Gericht

vorstand, das Recht, einen Angeklagten vor Gericht zu stellen, ohne zuvor eine „Klage" oder etwas Äquivalentes vorzulegen, ein Privileg, das er jedoch ausüben konnte nur einmal im Jahr. Dieses Privileg beanspruchten die königlichen Vögte, und zwar ohne entsprechende Einschränkungen. Ein Ziel der Magna Carta bestand aus dieser Sicht darin, Gerichtsvollzieher auf eine Gleichstellung mit anderen Prozessparteien zu bringen. Ihre bloße Behauptung sollte es ihnen nicht länger ermöglichen, auf die Formalitäten zu verzichten, die das Gericht von gewöhnlichen Klägern verlangt, bevor es seine Gegner dem Risiko eines „Gesetzes" oder eines Beweises aussetzt. [793]

(3) In deutlichem Gegensatz zu diesen beiden Theorien, die die Magna Carta so interpretieren, dass sie eine ungerechtfertigte Bevorzugung der Kläger verbietet, steht eine dritte Theorie, die darin ein Verbot der unangemessenen Bevorzugung der Beklagten sieht. Es wird darauf hingewiesen, dass die Krone Juden gegenüber Christen bevorzugte, mit denen sie Rechtsstreitigkeiten eingingen. Der hebräische Angeklagte in einem Zivilprozess „könnte sich durch seinen bloßen Eid auf den Pentateuch reinigen, wohingegen in einem ähnlichen Fall ein Christ, wie das damalige Gesetz galt, gezwungen sein könnte, sein Gesetz mit zwölf Händen zu befolgen – d. h. mit elf Compurgatoren . " [794] Es wurde vermutet, dass die Magna Carta diese Vorzugsbehandlung jüdischer Prozessparteien kritisierte, die als Fremde, Kapitalisten und Christusverweigerer dreifach gehasst wurden. Wenn ja, ist der Versuch gescheitert; denn im Jahr 1275 wurde einem gewissen Hebräer namens Abraham erlaubt, „sein Gesetz allein auf seinem Buch des jüdischen Gesetzes zu erlassen", obwohl der Kläger protestierte, dass dies im Widerspruch zu den Sitten des Reiches stünde. [795]

(4) Eine vierte Theorie besagt, dass das Kapitel ein Verbot unangemessener Härte bei der Strafverfolgung darstellt. Dem „Prozess" muss immer eine formelle Anklageerhebung durch die anklagende Jury vorausgehen. Kein Gerichtsvollzieher sollte jemanden aufgrund eines Verdachts oder privater Informationen dem Wasser oder dem glühenden Eisen aussetzen. [796] Zu dieser Interpretation lässt sich soweit viel sagen; aber der Assize von Clarendon und die Magna Carta stimmen darin überein, etwas mehr zu fordern. Es genügte nicht, dass der Gerichtsverhandlung eine Anklage vorausging; Sie forderten, dass einige Mitglieder der vorlegenden Jury, die die Anklage beim ersten Landtag erhoben hatten, den Sheriff vor den Richtern beim letzten Landtag begleiten sollten, um dort sowohl über die Art des Verbrechens als auch über die Tatsache der Anklage auszusagen . Bevor jemand „seinem Gesetz" unterworfen werden kann, muss der mündliche Bericht des Sheriffs durch die Aussagen repräsentativer Geschworener bestätigt werden.

783 . Dr. Stubbs (*Const. Hist.* , I. 576) übersetzt „ *lex* “ in dieser Passage mit „Versöhnung oder Tortur“. Pollock und Maitland (II. 604, Anm.) erklären, dass das Wort „nicht unbedingt auf eine einseitige Tortur hinweist; es könnte durchaus eine Prüfung im Kampf sein.“ Thayer (*Evidence* , 199–200) erweitert es noch weiter und umfasst gerichtlich angeordnete Prüfungen aller Art – Schlacht, Feuer- oder Wasserprobe, einfacher Eid, Eid mit Compurgatoren, Urkunde, Transaktionszeugen oder eidesstattliches Urteil. Bigelow (*Placita Anglo-Normannica* , 44) zitiert Fälle aus dem Domesday Book, in denen Prozessbeteiligte Beweise *omni lege* oder *omnibus legibus* anboten , d. h. in irgendeiner Weise, die das Gericht entschied. Manchmal hatte *lex* eine eingeschränktere Bedeutung; in den Zollbestimmungen von Newcastle-on-Tyne *(Select Charters* , 112) scheint es Compurgation statt Kampf zu bedeuten.

784 . Vgl. *oben* , c. 24. Coke, *Second Institute* , S. 44 folgt der zweifelhaften Autorität des *Spiegels der Richter* und weitet es auf alle Richter und Minister des Königs aus. Das uneingeschränkte „ *ballivus* “ dieser Passage sollte vielleicht dem „ *noster ballivus* “ von cc gegenübergestellt werden. 28 und 30.

785 . Siehe Artikel 12, in dem „ *eat ad aquam* “ dem „ *non habeat legem* “ von Artikel 13 gegenübergestellt wird (*Select Charters* , 144).

786 . Das „ *ad portandum recordationem comitatus et hunderti* “ der Verordnung steht im genauen Gegensatz zum „ *simplex loquela sua* “ der Charta.

787 . So wurde im Jahr 1166 (dem Jahr des Assize von Clarendon) die „ *Soca* “ von Alverton wegen eines Mannes, der „ *ad aquam sine serviente* “ eingesetzt wurde, beschlagnahmt (*Pipe Roll* , 12. Heinrich II., S. 49 der Ausgabe der Pipe Roll Society). . Im Jahr 1185 zahlte die „ *villata* “ von Preston 5 Mark dafür, dass sie einen Mann „ *ad aquam sine waranto* “ versetzte (*Pipe Roll* , 31 Henry II., zitiert nach Madox, I. 547). Im selben Jahr schuldete ein gewisser Roger eine halbe Mark für die Anwesenheit bei einer Tortur „ *sine visu servientum regis* “: und es wurden hohe Geldstrafen von denen verlangt, die einen Mann „ *injuste ad aquam* “ gestellt hatten (*ebd.*). Anscheinend wurden die Gerichtsvollzieher manchmal als die Serjeants des Königs und manchmal als die Serjeants des Sheriffs beschrieben: In derselben Liste sind Geldstrafen für einen begrabenen Mann „ *sine visu servientum vicecomitis* “ und für einen gehängten Räuber „ *sine visu servientis regis* “ verzeichnet (*Pfeifenliste* , 31. Heinrich II .).

788 . Siehe Thayer, *Evidence* , 37, Anm. für einen Fall von 1291, wo „ *ad legem manifestam* “ nur ein Kampfgericht bedeuten kann. Das Statut von Westminster I. (3 Edward I. c. 12) beschrieb Männer, die sich weigerten, sich dem Urteil einer Jury zu unterwerfen, „ *come ceaus qui Refusent la Commune ley de la Terre* “.

789 . Diese erscheinen als Anhang zum Jahrbuch von 32-33 Edward I. (S. 516); aber die Handschrift soll aus der Zeit Eduards II. stammen.

790 . Vgl. *oben* , S. 101-2 . Die Notwendigkeit einer solchen „Klage" wurde erst 1852 gesetzlich abgeschafft (durch Statute 15 und 16 Victoria, c. 76, s. 55). Im Jahr 1343 wurde entschieden, dass die „Klage" vorliegen muss, aber nicht vor Gericht vorgelegt werden muss; und dass sie, wenn sie tatsächlich auftauchten, nicht untersucht werden könnten. Siehe Thayer, *Evidence* , 13–15.

791 . Siehe City of London *gegen* Wood, siehe *unten* .

792 . Siehe City of London *gegen* Wood (12 Modern Reports, 669). Holt vertrat die Auffassung, dass die Klausel der Magna Carta bedeute, dass der Kläger, wenn er keine Zeugen hätte, einen Angeklagten nicht unter seinen Eid stellen könne. Pollock und Maitland, II. 604 scheinen dem zuzustimmen, zumindest soweit, dass sie dies als einen der von c verurteilten Missbräuche zählen. 38: „Die Regel, die eine Zeugenklage erforderte, wurde als wertvolle Regel angesehen; 1215 forderten die Barone, dass keine Ausnahmen zugunsten königlicher Offiziere zugelassen werden sollten."

793 . Diese Lesart wird von Brunner, *Entstehungder Schwurgerichte* , 199-200, betont.

794 . Siehe JM Riggs bewundernswertes Vorwort zu Sel. *Bitten aus den Listen der jüdischen Staatskasse* , S. xii., und vgl. *oben* , c. 10.

795 . Siehe *ebenda.* , P. 89, wo der Fall zitiert wird.

796 . Diese Lesart wird von Pollock und Maitland, I. 130, Nr. unterstützt. Es besteht kein notwendiger Widerspruch zwischen der hier zitierten und der bereits zitierten Ansicht aus *ebenda.* II. 604. Dieselbe Klausel der Magna Carta zielte möglicherweise auf zwei Arten von Unregelmäßigkeiten ab, und zwar in zivil- und strafrechtlichen Klagegründen.

KAPITEL NEUNUNDDREISSIG.

Nullus liber homo capiatur, vel inprisonetur, aut disseisiatur, aut utlagetur, aut exuletur, aut aliquo modo destruatur, nec super eum ibimus, nec super eum mittemus, nisi per legale judicium parium suorum vel per legem terre.

Kein freier Mann darf verhaftet oder im Gefängnis festgehalten oder seines Eigentums beraubt oder geächtet oder verbannt oder auf irgendeine Weise belästigt werden. und wir werden nicht gegen ihn vorgehen, noch gegen ihn senden, [797] es sei denn, es liegt im rechtmäßigen Urteil seiner Standesgenossen und im Gesetz des Landes.

Dieses Kapitel nimmt in Rechtsbüchern einen herausragenden Platz ein und ist von erheblicher Bedeutung, obwohl es Gründe für die Annahme gibt, dass sein Wert stark übertrieben wurde.

I. *Sein Hauptzweck.* Es ist üblich, darin eine Garantie für ein Schwurgerichtsverfahren für alle Engländer zu lesen; als absolutes Verbot willkürlichen Engagements; und als feierliche Verpflichtung, allen und jedem ein gleiches Recht zu gewähren, vollständig, kostenlos und schnell. [798] Die traditionelle Interpretation hat es somit im weitesten Sinne zu einem Versprechen von Recht und Freiheit und einer guten Regierung für jedermann gemacht. [799] Eine sorgfältige Analyse der Worte des Satzes, gelesen im Zusammenhang mit seiner historischen Entstehung, legt die Notwendigkeit einer Modifikation dieser Sichtweise nahe. Es entsprach der praktischen Genialität dieses großartigen Dokuments, dass es seine Energie nicht auf die Äußerung vager Plattitüden und wohlklingender Allgemeinplätze, sondern auf die Reform einer spezifischen und klar definierten Gruppe von Missbräuchen richten sollte. Sein Hauptziel bestand darin, John zu verbieten, auf das zurückzugreifen, was in Schottland manchmal skurril als „Jeddart-Justiz" bekannt ist. [800] Es verbot ihm für die Zukunft, die Hinrichtung vor das Urteil zu stellen. Drei Aspekte dieses Verbots können hervorgehoben werden.

(1) *Das Urteil muss der Vollstreckung vorausgehen.* In einigen vereinzelten Fällen, die glücklicherweise nicht zahlreich sind, ging John mit Waffengewalt gegen Widerspenstige vor oder drohte damit, ohne auf ein Gerichtsverfahren zu warten, als ob er sich ihrer Schuld sicher wäre. [801] Es wurden Verhaftungen und Inhaftierungen „ohne Urteil" (*absque judicio*) beklagt; und das sind genau die Worte, die in der „unbekannten Charta" verwendet werden: „ *Concedit Rex Johannes quod non capiet homines absque judicio* ." [802] Sowohl die Artikel der Barone als auch die Magna Carta erweitern diesen Satz. *Absque judicio wird zu nisi per legale judicium parium suorum vel per legem terre* und schützt so nicht nur

vor dem offensichtlicheren Übel – Hinrichtung ohne Urteil –, sondern auch vor Johns subtilerem Trick, seine Feinde durch eine Travestie des Gerichtsverfahrens anzugreifen. Die Charta fordert nicht nur ein „Urteil", sondern ein „Urteil von Gleichaltrigen" und „gemäß dem Gesetz des Landes". Mit diesen Worten wurden zwei Arten von Unregelmäßigkeiten verurteilt; Diese werden in den beiden folgenden Unterabschnitten erläutert.

(2) *Per judicium parium* : Jedes Urteil muss von den „Gleichgestellten" des Angeklagten gefällt werden. Die Notwendigkeit eines „Urteils von Gleichaltrigen" wurde in England schon früh erkannt. [803] Es handelte sich ursprünglich nicht um ein Klassenprivileg der Aristokratie, sondern um ein Recht, das alle Klassen von Grundbesitzern teilten; Unabhängig von ihrem Rang konnten sie von ihren Untergebenen nicht vor Gericht gestellt werden. [804] In dieser Hinsicht unterschied sich der englische Brauch nicht von dem Verfahren, das der feudale Brauch auf dem europäischen Kontinent vorschrieb. [805] Zwei Anwendungen dieses allgemeinen Prinzips waren jedoch für die Verfasser der Magna Carta von besonderem Interesse: Die „Peers" eines Kronpächters waren seine Mitpächter der Krone, die normalerweise in der

Curia Regis urteilten ; während die „Peers" des Pächters eines Mesne-Lords die anderen freistehenden Pächter waren, die im Hofbaron des Herrenhauses versammelt waren. In beiden Fällen wurden Urteile *per pares curiae* gefällt , die entschieden, welcher „Test" ernannt werden sollte, die danach als Schiedsrichter fungierten, während ihr angeklagter „Peer" dies zum Erfolg oder Misserfolg durchführte, und die schließlich ein Urteil entsprechend dem Ergebnis verkündeten . Sowohl Kronpächter als auch Unterpächter beklagten sich darüber, dass sie von John des einzigen Schutzes beraubt wurden, dem sie vertrauen konnten, nämlich dem Urteil eines voll besetzten Gerichts aus Engländern ihres eigenen Ranges, die daher vermutlich keine übermäßige Vorliebe für Überzeugungen hatten. John, hier kein Erneuerer, sondern lediglich umfassend auf Praktiken zurückgreifend, die in früheren Regierungszeiten sparsam und umsichtig angewendet wurden, hatte diese Rechte offen missachtet. Seine politischen und persönlichen Feinde wurden durch das Urteil eines ausschließlich aus Kronkandidaten bestehenden Gerichts, das bereit war, jedes von John diktierte Urteil zu verhängen, häufig ins Exil verbannt oder ihres Besitzes beraubt. Magna Carta versprach eine Rückkehr zur anerkannten alten Praxis. Kein freier Mann sollte von nun an persönlich oder an seinem Eigentum infolge eines Urteils der Berufsrichter leiden, die die Kammer der Common Pleas oder die andere Kammer, die als *Coram Rege bekannt ist, bilden* . Damit sollten nicht nur die Missbräuche von Johannes abgeschafft werden, sondern auch das System Heinrichs II., das er missbrauchte.

Die unterschiedlichen Bedeutungen, die das Wort „Peers" einem mittelalterlichen Geist vermittelt, zusammen mit der Natur des *judicium parium* , können durch die Sonderregeln, die für vier außergewöhnliche

Klassen von Personen gelten, weiter veranschaulicht werden: (*a*) Alle Juden Englands und der Normandie genossen gemäß der Charta des Johannes vom 10. April 1201 das Recht, Beschwerden gegen sie von Männern ihrer eigenen Rasse beurteilen zu lassen. Für sie war ein *judicium parium* ein Urteil über Juden. [806] (*b*) Ein ausländischer Kaufmann erhielt durch spätere Gesetze das Recht auf eine besondere Form des *judicium parium* – auf eine Jury der „halben Zunge" (*de meditate linguae*), die sich teilweise aus Ausländern seines eigenen Landes zusammensetzte. [807] (*c*) Die Standesgenossen eines Walisers scheinen in einigen Streitigkeiten mit der Krone Männer gewesen zu sein, die aus den Märschen stammten, und es ist daher unwahrscheinlich, dass sie sich vollständig auf die Seite der Engländer oder der Waliser stellen. Dies ist zumindest die plausibelste Interpretation des Ausdrucks „ *in marchia per judicium parium suorum* ", der in späteren Kapiteln der Magna Carta vorkommt und den Walisern Wiedergutmachung für rechtswidrige Handlungen gewährt. [808] (*d*) Ein Lord Marcher nahm eine besondere Stellung ein und genoss Rechte, die Baronen verweigert wurden, deren Ländereien in besiedelteren Teilen Englands lagen. Im Jahr 1281 behauptete der Earl of Gloucester, der von Eduard I. wegen Treuebruchs angeklagt wurde, nicht von der Gesamtheit der Pächter der Krone beurteilt zu werden, sondern von solchen, die wie er Lords Marcher waren. [809] Diese Abbildungen zeigen, dass ein „Prozess unter Gleichaltrigen" im Mittelalter eine umfassendere und weniger stereotype Bedeutung hatte als heute. [810]

(3) *Per legem terrae.* Kein freier Mann konnte bestraft werden, außer im Einklang mit dem englischen Recht. Diese oft zitierten Wörter wurden in der Magna Carta mit besonderem, wenn auch vielleicht nicht ausschließlichem Bezug auf die enge technische Bedeutung von „ *lex* " verwendet, die im Jahr 1215 so prominent war und bereits erklärt wurde. [811] Die Große Charta versprach, dass von nun an über keinen zivil- oder strafrechtlichen Klagegrund gegen einen freien Mann entschieden werden sollte, bis dieser den üblichen „Beweis" – sei es im Kampf, bei der Prüfung oder auf andere Weise – versagt hatte. [812]

Diese ältere, eher technische Bedeutung geriet nach und nach in Vergessenheit, und „das Gesetz des Landes" wurde zur vagen und etwas bedeutungslosen Phrase der heutigen Volksrede. Es war nur natürlich, dass sich dieser Bedeutungswandel in späteren Gesetzen widerspiegelte, die die Magna Carta bekräftigten, erweiterten oder erläuterten. Eine wichtige Reihe davon wurde unter Eduard III. verabschiedet, und Richard II., zeigt, wie das *per legem terrae* von 1215 im 14. Jahrhundert als gleichbedeutend mit dem umfassenderen Ausdruck „durch ein ordnungsgemäßes Gerichtsverfahren" interpretiert wurde und wie die Große Charta so interpretiert wurde, dass sie den Prozess gegen Männer auf Leben und Tod verbot Sie werden vor dem Rat des Königs auf bloß informelle und unverantwortliche Vorschläge gelenkt, die manchmal unbegründet oder aus böswilligen und interessierten Motiven geäußert werden. [813]

Das Gesetz von 1352 zum Beispiel beharrte, nachdem es die derzeit diskutierte Bestimmung der Magna Carta rezitierte, auf der Notwendigkeit einer „Anklage oder Vorführung guter und rechtmäßiger Menschen in derselben Nachbarschaft, in der solche Taten begangen werden". Coke [814] stützt sich offenbar auf die Bestimmungen dieser Statuten aus dem 14. Jahrhundert und macht „ *per legem terrae* " der Charta gleichbedeutend mit „durch ordnungsgemäßes Gerichtsverfahren" und wiederum mit „durch Anklage oder Vorstellung guter und rechtschaffener Männer, „Damit ist die Grand Jury in der Magna Carta verankert. Die Verfasser der Petition of Right [815] interpretieren die gleichen Worte als ein Verbot, nicht nur der Inhaftierung „ohne Angabe von Gründen", sondern auch von Verfahren unter Kriegsrecht, und interpretieren so die Ziele der Gegner von König John im Lichte der Missetaten von König Charles und die Anwendung von Reformen auf das von Heinrich von Anjou eingeführte grobe System, die besser zur hochentwickelten Verwaltung der Tudors passten.

Diese Glossen müssen verworfen werden; Die Worte von Johns Charta versprachen allen freien Männern Englands eine dreifache Sicherheit. Ihre Personen und ihr Eigentum wurden vor der Willkür des Königs durch die Regel geschützt, dass der Hinrichtung ein Urteil vorausgehen sollte – ein Urteil von Standesgenossen – ein Urteil gemäß der entsprechenden altehrwürdigen „Prüfung", einem Kampf, einer Verurteilung oder einer Tortur.

(4) *Die Bedeutung von „vel."* Die eigentümliche Verwendung des Wortes „ *vel* " führte zu einem unglücklichen Element der Mehrdeutigkeit. Es sollte kein Verfahren „ohne rechtmäßiges Urteil von Gleichaltrigen oder nach dem Recht des Landes" stattfinden – „oder" also dort stattfinden, wo „und" natürlich zu erwarten wäre. Experten des mittelalterlichen Lateins sind sich jedoch einig, dass „ *vel* " manchmal gleichbedeutend mit *et ist* . [816] Ein Vergleich mit den Bestimmungen von Kapitel 52 und denen des entsprechenden Artikels der Barone stellt die Angelegenheit nahezu außer Zweifel. Der 25. Artikel der Barone sah vor, dass alle von Heinrich oder Richard entlassenen Männer „unverzüglich Anspruch auf Urteil ihrer Standesgenossen am Hofe des Königs" haben sollten, ohne einen Hinweis auf eine mögliche Alternative zum judicium parium zu *geben* . Kapitel 52 der Charta beschreibt in Ergänzung zum vorliegenden Kapitel die in beiden Fällen beklagten Übel als Taten der Intrige oder Ächtung durch den König „ *sine legale judicio parium suorum* " und lässt keinen Raum für Zweideutigkeiten.

II. *Der Umfang des gewährten Schutzes.* Das Ziel der Barone bestand darin, sich und ihre Freunde vor dem König zu schützen, und nicht darin, ein wissenschaftliches System der Rechtsprechung aufzustellen: Das *judicium parium* diente als Barriere gegen vom König eingeleitete Strafverfolgungen, nicht gegen Berufungen von Privatpersonen. Im Jahr 1471 wurde entschieden, dass Klagegründe, die auf Anschuldigungen des Geschädigten folgten, nicht unter die Worte der Magna Carta fielen. [817] Dies war eine schwerwiegende Einschränkung; aber im Vergleich zur Krone war der Umfang des durch die Große Charta gewährten Schutzes tatsächlich sehr weit. Es wurde darauf geachtet, dass der dreifache Schutz jede Form von Missbrauch abdeckt, die von John wahrscheinlich ausgeübt wird.

(1) *Capiatur vel inprisonetur.* Würde man diese beiden Wörter wörtlich interpretieren und die Bestimmung, die sie verkörpern, strikt durchsetzen, wäre jede geordnete Regierung am Ende. Wenn eine Straftat begangen wurde, muss der Täter festgenommen und vorläufig inhaftiert werden, ohne auf ein Urteil seiner Kollegen oder anderer Art zu warten. Ein Mann, der einer Straftat beschuldigt wird, kann in der Tat mit Recht drei Dinge fordern: ein Verfahren vor der Verurteilung, dass das Verfahren nicht zu lange hinausgezögert wird und dass er unter bestimmten Umständen inzwischen gegen Kaution freigelassen wird. Die Magna Carta geht noch einen Schritt weiter und verspricht völlige Befreiung von der Haftpflicht, bis ein Urteil über ihn gefällt wurde. Hier erpressten die Barone ein größeres Zugeständnis, als überhaupt durchsetzbar war. Ihre übermäßige Vorsicht hatte dazu geführt, dass sie eine lockere und gefährlich weite Formulierung verwendeten, die nicht zu wörtlich interpretiert werden sollte. [818]

(2) *Aut disseisiatur.* Geiz war eines der häufigsten Motive für Johns Unterdrückung: Die gesamte Justiz wurde in erster Linie als Motor für die Übertragung von Land und Geld in seine Staatskasse angesehen. Kronpächter mussten häufig feststellen, dass ihre Ländereien von der Krone als Pfändungen beschlagnahmt wurden. Dass dies einer ihrer Beschwerden war, dem die Barone höchste Bedeutung beimaßen, zeigt sich in vielerlei Hinsicht: durch die Sorgfalt, die im 25. Artikel der Barone und im Kapitel 52 der Charta darauf gelegt wurde, ein Verfahren für die Rückgabe von Gütern an ihre rechtmäßigen Eigentümer vorzusehen worüber sie zu Unrecht „dissistiert" worden waren [819] und durch die Bedingungen bestimmter Schriften, die John nach dem Vertrag von Runnymede erließ, zum Beispiel den Brief vom 19. Juni an seinen Halbbruder, den Earl of Salisbury, in dem dieser Frieden erläutert wurde war unter der Bedingung der sofortigen Wiederherstellung aller „Ländereien, Burgen und Franchises, von denen wir verursacht haben, dass irgendjemand *injuste et sine judicio enteignet wurde* ", gemacht worden. [820]

Spätere Versionen der Magna Carta (beginnend mit der von 1217) definieren sorgfältig die Objekte, die vor Manipulation geschützt werden sollen: „freie Mietshäuser, Konzessionen und freie Zölle". [821] (*a*) *Liberum tenementum.*

„Freie" Mietshäuser waren Eigentumswohnungen im Gegensatz zum Besitz von Gutsbesitzern. Keiner ihrer so geschützten Besitztümer wurde von den Baronen höher geschätzt als ihre feudalen Hochburgen. [822] Burgen, die von großen Herren als ihr Eigentum beansprucht wurden, werden in vielen Schriften dieser Zeit erwähnt – zum Beispiel in der bereits zitierten an den Earl of Salisbury –, während Kapitel 52 der Magna Carta ihnen einen herausragenden Platz unter den „Disseisins" einräumt. wiederhergestellt werden. (*b*) „ *Libertates* " umfassten feudale Rechte und Vorfälle, die zu immateriell waren, als dass sie angemessen als „Bestände" bezeichnet werden könnten. In gewissem Sinne waren alle durch die Magna Carta gesicherten Rechte „Freiheiten"; aber das Wort wird hier wahrscheinlich als Äquivalent zu „Franchise" verwendet und umfasst feudale Gerichtsbarkeiten, Immunitäten und Privilegien verschiedener Art, die alle im mittelalterlichen Recht als in die Kategorie „Eigentum" fallend behandelt werden. (*c*) *Consuetudines* hatte zwei Bedeutungen, eine allgemeine allgemeine und eine engere finanzielle Bedeutung. [823] Da in der Charta von 1217 ein proprietäres Pronomen verwendet wird (kein Freeman darf *seiner freien Bräuche* beraubt werden), bezieht sie sich wahrscheinlich auf Rechte wie die Erhebung von Zöllen und Abgaben. Diese Eigeninteressen hatten den Charakter von Monopolen im gesamten Gebiet des Herrn, der sie genoss; und daraus folgt, dass Coke, indem er diese Passage als einen Text behandelt, mit dem die Doktrin gepredigt werden soll, dass Monopole in England schon immer illegal waren, ungewöhnlich weit über sein Ziel hinausgeht. Zu den Worten „ *de libertatibus* " erklärt er, dass „im Allgemeinen alle Monopole gegen diese große Charta sind, weil sie gegen die Freiheit und Freiheit des Untertanen und gegen das Gesetz des Landes sind." [824] Dieser Irrtum ist ihm gewissenhaft befolgt worden. [825]

(3) *Aut utlagetur, aut exuletur, aut aliquo modo destruatur.* Die Praxis, Übeltäter, die nicht vor Gericht gestellt werden konnten, außerhalb des Schutzes des Gesetzes zu stellen, hatte ihren Ursprung in jenen Anfängen, als der bestehende Rechtsapparat der von ihm geforderten Arbeit nicht genügte. Mit dem Fortschritt der Ordnung und Organisation wurden die Chancen des Kriminellen, sich der Justiz zu entziehen, geringer; und die Erklärung der Geächteten, die nur vor dem Bezirksgericht abgegeben werden konnte, wurde tendenziell zu einer bloßen Formalität, die dem Verlust der Ländereien und Güter des Geächteten vorausging. Das Mittel empfahl sich besonders für Johns Genie; Es war seine bewusste Politik, diejenigen, mit denen er sich gestritten hatte, in Angst und Schrecken zu versetzen, bis sie aus dem Land flohen; sie dann dreimal vor das Bezirksgericht zu laden, um sich zu den gegen sie erhobenen Anklagen zu äußern, wohlwissend, dass sie es nicht wagten, sich seinen korrupten und unterwürfigen Beamten zu stellen; und schließlich, sie offiziell zu verbieten und ihr Eigentum zu beschlagnahmen. Ein solches Schicksal erlitten zwei der Baronialführer, Robert Fitz Walter und Eustace de Vesci, im Herbst 1212. [826] Die Ächtung

war in Johns Regierungszeit jedoch nicht immer eine bloße Formalität. Der Mann, der geächtet worden war, gehörte nicht zur Gesellschaft; jeder konnte ihn nach Belieben töten; In der düsteren Formulierung der damaligen Zeit trug er „einen Wolfskopf" (*Caput lupinum*) und konnte wie ein schädliches Tier gejagt werden. Für den nach Westminster gebrachten Kopf jedes Gesetzlosen wurde eine Belohnung von zwei Mark ausgesetzt. Diese Summe wurde 1196 für den Kopf von William of Elleford gezahlt. [827] Das Wort „verbannt" erklärt sich selbst; und Kommentatoren haben sehr richtig zur Kenntnis genommen, dass darauf geachtet wurde, den Anwendungsbereich der Klausel durch die Verwendung der Worte „oder auf andere Weise belästigt" zu erweitern. [828]

(4) „ *Nec super eum ibimus, nec super eum mittemus.* „Diese Worte wurden häufig falsch interpretiert. Sie müssen im Lichte der historischen Ereignisse der unmittelbar vorangegangenen Jahre betrachtet werden; und wenn man sie so liest, stellen sie keine Schwierigkeiten dar und lassen keinen Raum für Zweideutigkeiten. Ihr Ziel war es, John daran zu hindern, den Rechtsweg durch Gewalt zu ersetzen; davon abzuhalten, das Gesetz selbst in die Hand zu nehmen und mit einer Armee im Rücken „gegen sie vorzugehen" oder in ähnlicher Weise „gegen sie auszusenden". Er darf nie wieder Männer *von per vim et arma* ungeurteilt und unverurteilt angreifen.

Die Bedeutung ist klar. Dennoch hat Coke mehrere Generationen von Kommentatoren völlig in die Irre geführt, indem er seiner bösartigen Methode folgte, in irgendeinem Teil der Magna Carta anzunehmen, dass für jeden zu seiner Zeit aufgestellten Rechtsgrundsatz ein Rechtfertigungsgrund existierte. Er behauptete, John versprach, davon abzusehen, vor seinen eigenen Gerichten Klagen zu erheben, an denen er persönlich interessiert war. Bei der Ausarbeitung dieses Fehlers zog er eine feine Unterscheidung zwischen dem Hof von King's Bench, auch bekannt als *Coram Rege* , weil der König dort theoretisch immer anwesend war, und anderen Höfen, an denen nur diejenigen anwesend waren, denen er durch a die Autorität übertragen hatte Schreiben „zugesandt". Er scheint zu glauben, *dass Ibimus* im ersteren Fall angewendet wurde; im letzteren *mittemus* . Um seine eigenen Worte zu zitieren: „Niemand soll auf Antrag des Königs verurteilt werden, weder vor dem König auf seiner Bank, wo die Bitten *coram rege sind* (und so sind die Worte, *nec super eum ibimus* , zu verstehen), noch vor irgendjemandem." anderer Beauftragter oder Richter was auch immer (und so sind die Worte zu verstehen: *nec super eum mittemus*), *aber durch das Urteil seiner Standesgenossen, das heißt Gleichberechtigte, oder nach dem Gesetz des Landes.* " [829] Coca-Cola liegt völlig im Irrtum; Es war die Anwendung roher Gewalt und nicht nur eine begrenzte Form des Rechtsverfahrens, auf die Johannes mit diesen Worten verzichtete.

III. *Welche Klassen von Menschen genossen den Schutz des Judicium Parium?* Kein „freier Mann" durfte auf eine der genannten Arten belästigt werden; aber wie weit ist diese Beschreibung auf der sozialen Skala abgesunken? Coke beansprucht die Schurken für die Zwecke dieses Kapitels und von Kapitel I als frei, während er sie für die Zwecke von Kapitel 20 ablehnt. [830] Sein Recht auf den Status eines Freeman wurde bereits abgelehnt, [831] und alle möglichen Die Unklarheit hinsichtlich seines Anteils an den Vorteilen dieses Kapitels wird durch die bewussten Worte der überarbeiteten Fassung von 1217 beseitigt. Kapitel 35 dieser Neuauflage fügt nach „ disseisiatur " die Worte (bereits besprochen) ein, um die Bedeutung klarer *zu* machen) „ *de libero tenemento suo vel libertatibus vel liberis consuetudinibus suis* ." Herr Prothero schlägt vor, dass dieser Zusatz einen Fortschritt gegenüber den im Jahr 1215 gesicherten Privilegien bedeutet: „Es lohnt sich zu beachten, dass die Worte, in denen diese Freiheiten in § 35 der Charta von 1217 dargelegt werden, erheblich ausführlicher und klarer sind als die entsprechenden." Erklärung in der Charta von 1215." [832] Es ist sicherer zu schließen, dass hier keine Änderung beabsichtigt war, sondern lediglich die Beseitigung von Mehrdeutigkeiten. Wenn es zu einer Änderung kommt, handelt es sich eher um eine Verkürzung als um eine Erweiterung, die deutlich macht, dass nur „freie" Mietshäuser geschützt sind, und sorgfältig das Eigentum von Dorfbewohnern und sogar den Besitz von Villenagium (oder unfreiem Land) im Besitz von Freien *ausschließt* . [833] Daher wurde darauf geachtet, zweifelsfrei deutlich zu machen, dass kein Bösewicht Anteil oder Anteil an Rechten haben sollte, die von Generationen von Kommentatoren als nationales Erbe aller Engländer gefeiert wurden. [834]

IV. *Die reaktionäre Seite dieser Bestimmungen.* Konsequent darauf zu bestehen, dass in allen Fällen ein Urteil feudaler Peers, sei es am King's Court oder am Court Baron, an die Stelle eines Urteils der Beamten der Common Bench und der King's Bench treten sollte, bedeutete eine Umkehrung eines der herausragenden Merkmale von Die Politik Heinrichs II. In dieser Hinsicht kann das vorliegende Kapitel im Zusammenhang mit Kapitel 34 gelesen werden. Die Barone waren in der Tat keine strengen Logiker und hielten es wahrscheinlich für ratsam, mehr zu fordern, als sie durchsetzen wollten. [835] Doch in diesen Bestimmungen lauerte eine echte Gefahr; Die Klausel war, wenn man alles berücksichtigt, reaktionär und zielte auf die Wiederherstellung feudaler Privilegien und feudaler Gerichtsbarkeiten ab, die sowohl der Krone feindlich gesinnt waren, als auch auf das Wachstum wirklicher Volksfreiheiten. Johannes versprach, dass die Feudaljustiz (wie vor den Reformen seines Vaters) an Feudalgerichten ausgeübt werden sollte; und wenn dieses Versprechen eingehalten worden wäre, hätte das Ergebnis darin bestanden, dass die Entwicklung der kleinen Komitees, die in Kürze zu den Gerichten von King's Bench und Common Pleas werden sollten, gehemmt und die schnell schwindende Zuständigkeit der herrschaftlichen Gerichte wiederbelebt würde einerseits und des *Commune Concilium* andererseits. [836]

V. *Die Entstehung des Kapitels.* Die hier gegebene Interpretation dieses berühmten Kapitels wird durch einen Vergleich seiner Worte mit bestimmten früheren Dokumenten und Ereignissen unterstrichen. Die Regierungszeit von Richard und John liefert zahlreiche Beispiele für die beklagten Missbräuche. Im Jahr 1191 schloss Prinz John als Anführer der Opposition gegen den Kanzler seines Bruders, William Longchamp, einen Vertrag, der ihn und seine Verbündeten vor genau den Übeln schützte, die John später seinen eigenen Baronen antat. Die Worte dieses Vertrags von 1191 bringen auf bewundernswerte Weise zum Ausdruck, was Richards Barone zu sichern suchten und was sie entkommen wollten. Longchamp räumte in Richards Namen ein, dass die Bischöfe und Äbte, Grafen und Barone, „Vavassoren" und Freipächter nicht nach dem Willen der Richter oder Minister des Königs ihrer Ländereien und Habseligkeiten beraubt werden sollten, sondern dass sie ihnen zugeteilt werden sollten mit durch Urteil des königlichen Gerichts gemäß den gesetzlichen Bräuchen und Schwurgerichten oder durch den Befehl des Königs. [837] Die Magnaten sollten nicht von Beamten beurteilt werden, die sie als ihre gesellschaftlich Unterlegenen verachteten und denen sie als bezahlte Werkzeuge der königlichen Tyrannei misstrauten; Ihr Anspruch, vor ihresgleichen vor dem königlichen Hof verhandelt zu werden, wurde gewährt.

Der Hauptgegenstand des Schiedsverfahrens, das mit dem Vertrag endete, aus dem dieser Auszug stammt, war die Obhut bestimmter Burgen und Güter. Nachdem das Nutzungsrecht für jede einzelne streitige Burg sorgfältig festgelegt worden war, wurde dann, in den oben zitierten allgemeinen Worten, Vorkehrungen getroffen, damit diese Regelung ohne Urteil der Curia Regis nicht gestört werden *konnte* . Die Disseisin und insbesondere die Disseisin von Burgen war daher 1191, wie auch 1215, ein Thema von besonderer Bedeutung.

Zu Beginn des Jahres 1213 versuchte der König, sich an seinen Gegnern auf eine Weise zu rächen, die diese wahrscheinlich zwei Jahre später in Runnymede nicht vergessen hatten und die wahrscheinlich den Wortlaut des vorliegenden Kapitels beeinflusste. John empörte sich zutiefst über die Haltung der nördlichen Barone, die sich gleichermaßen geweigert hatten, ihn nach Poitou zu begleiten und ihm Scutage zu zahlen, und beschloss, das Gesetz selbst in die Hand zu nehmen. Ohne seine Gegner vor ein *Kommunalkonzil* seiner Feudalpächter zu rufen, ohne auch nur einen Prozess und ein Urteil durch einen seiner Bänke durchzuführen, ohne sich die Mühe zu machen, die Berechtigung oder Ungerechtigkeit ihrer Weigerungsgründe zu untersuchen, machte er sich mit einer Armee auf den Weg, um sie zu bestrafen . Er war auf seiner Rachemission bis nach Northampton vorgedrungen, als er vom Erzbischof von Canterbury, einem starken Befürworter der Versöhnung, eingeholt wurde. Am 28. August 1213 überredete Stephen Langton den König, das Zwangsverfahren aufzuschieben, *bis er* in einer formellen *Kurie ein rechtskräftiges Urteil erwirkt hatte* . [838] Dass Johannes erneut mit dem Rückgriff auf gewalttätige Methoden drohte, lässt sich mit Sicherheit aus den Worten eines Briefpatents ableiten, das im Mai 1215 ausgestellt wurde, als beide Seiten für den Krieg bewaffnet waren. Er schlug ein Schiedsverfahren vor und versprach einen Waffenstillstand, bis die Schiedsrichter ihren Schiedsspruch gefällt hätten. Die Worte dieser Verheißung sind bemerkenswert; denn sie veranschaulichen nicht nur das Verfahren vom August 1213, sondern stimmen auch weitgehend mit der zur Diskussion stehenden Klausel der Magna Carta überein. Die Worte lauten: „Wisse, dass wir unseren *Baronen* , die gegen uns sind, nachgegeben haben, dass wir sie oder ihre Männer nicht nehmen oder vertreiben werden, noch werden wir *per vim vel per arma gegen sie vorgehen* , es sei denn, es liegt im Gesetz unseres Königreichs." oder durch das Urteil ihrer Kollegen *in curia nostra* ." [839] Magna Carta wiederholt dieses Zugeständnis in allgemeineren Worten und ersetzt die „Barone" der Urkunde durch „Freie" – eine Änderung, die es erforderlich machte, die Schlussworte der Urkunde „ *in curia nostra* " aus der Satzung zu streichen; denn die Adligen der Freien, mit Ausnahme der Barone, befanden sich nicht unter den Baronen am Hof des Königs, sondern unter den Freibesitzern am Hof des Barons. [840]

Die Worte der Magna Carta, die im Zusammenhang mit dem Vertrag von 1191 und dem Schreiben von 1213 stehen, haben daher offenbar eine engere Bedeutung als die, die ihnen von späteren Kommentatoren entnommen wurde.

VI. *Spätere Geschichte des „Urteils von Gleichaltrigen".* Der von den Baronen von Runnymede geltend gemachte Anspruch wurde in etwas unterschiedlicher Form von denselben Baronen oder ihren Nachkommen bei vielen späteren Gelegenheiten erneut geltend gemacht. Dem „ *judicium parium* " war eine lange und glänzende Karriere vorbestimmt, und die Interpretationen, die ihm von der Krone bzw. der Opposition verliehen wurden, sind zwar an sich interessant, liefern aber eine starke Bestätigung für die etwas eingeschränkte Einschätzung des Umfangs dieses Kapitels , was oben dargelegt wurde.

(1) *Der Baronialstreit.* Die Grafen und Barone versuchten während der gesamten Regierungszeit von Johns unglücklichem Sohn, das Privileg, das ihnen durch dieses Kapitel zugesichert wurde, weit zu interpretieren, indem sie behaupteten, dass alle zivil- und strafrechtlichen Klagegründe (zumindest solche, die auf Veranlassung von die Krone) sollten von ihren Earls- und Baronskollegen verhandelt werden und nicht von professionellen Richtern niedrigeren Ranges.

(2) *Der königliche Streit*. Die Krone hingegen verstieß zwar nicht offen gegen die Charta, versuchte jedoch, deren Geltungsbereich einzuschränken. Die vom König ernannten Richter, die über „Plädoyers *coram rege*" entscheiden sollten, wurden, unabhängig von ihrem ursprünglichen Status, (so argumentierte die Krone) durch diese Ernennung zu den Peers eines jeden Barons oder Grafen. Diese Doktrin wurde 1233 verkündet, als Heinrich III. und sein Justiziar, Peter des Roches, verurteilten Richard, Earl Marshal, bei einem Treffen (*Kolloquium*) der Kronpächter am 14. August desselben Jahres in Gloucester als Verräter. Danach, „ *absque judicio curiae suae et parium suorum* ", wie Matthew Paris sorgfältig berichtet, [841] behandelte Heinrich den Grafen Richard und seine Freunde als Gesetzlose und schenkte ihre Ländereien seinen eigenen Poitevin-Favoriten. Bei einer anschließenden Sitzung am 9. Oktober wurde versucht, dieses Verfahren mit der bereits dargelegten Begründung rückgängig zu machen, dass es *absque judicio parium suorum* stattgefunden habe .

Die Fortsetzung verdeutlicht einen Punkt, der in Matthews Erzählung vage blieb: Vor der Beschlagnahme hatte es ein Urteil gegeben, aber nur ein Urteil der Kronbeamten *coram rege* , nicht der Grafen und Barone im *Commune Concilium* . Der Richter verteidigte das Vorgehen der Regierung mit einem schlagenden Argument: „Es gab in England keine Gleichaltrigen wie im Königreich Frankreich", und deshalb konnte John seine Richter einsetzen, um Verräter aller Ränge zu verurteilen. [842] Bischof Peter versuchte hier, die Bestimmungen der Magna Carta zu umgehen, ohne sich ihnen offen zu widersetzen, und seine Argumentation war, dass die professionellen Richter des Königs, wie niedrig geboren sie auch sein mögen, Standesgenossen eines englischen Grafen oder Barons seien. [843] Weder die königliche noch die freiherrliche Sichtweise setzten sich vollständig durch. Es muss jedoch zwischen strafrechtlichen und zivilrechtlichen Klagegründen unterschieden werden.

(3) *Strafrechtliche Einwände*. Täter im Rang eines Barons machten teilweise ihren Anspruch auf ein Verfahren unter Gleichen geltend; während alle anderen Klassen scheiterten. Eine weitere Unterscheidung ist daher erforderlich. (*a*) *Kronpächter*. Die widersprüchlichen Ansichten von König und Baron führten hier zu einem Kompromiss. In strafrechtlichen Fällen war die Krone gezwungen, von der von Peter des Roches im Jahr 1233 eingenommenen Anhöhe zurückzutreten. Widerwillig und in dem Versuch, die Tatsache der Kapitulation durch Verwirrung zu verschleiern, waren Bracton theoretisch und Heinrich III. In der Praxis wurde ein Teil der Forderung der Barone anerkannt, nämlich „dass in Fällen von mutmaßlichem Verrat und Verbrechen, bei denen es um Verfall oder Unterschlagung ging, nur von Grafen und Baronen beurteilt werden sollten". [844] Dieses Zugeständnis beruhte keineswegs auf der breiten Grundlage der

Charta. Bracton gibt nicht zu, dass die Richter des Königs keine „Peers" der Barone waren; leitet ihre Behinderung jedoch aus der engeren Überlegung ab, dass der König durch seine Beamten nicht in seinem eigenen Namen Richter sein sollte, da sein Interesse an Hinterziehungen sein Urteil beeinflussen könnte. Dies ist der Grund, warum sich das „Privileg der Gleichaltrigen", das nach und nach seine moderne Form annahm, von Bractons Tagen bis zu unseren Zeiten nie auf Vergehen ausgeweitet hat, da solche Verurteilungen niemals einen Verfall oder Hinterziehung an die Krone beinhalteten.

Bemerkenswert ist die Art und Weise, wie dieses Zugeständnis umgesetzt wird. Das *judicium parium* wurde den Grafen und Baronen in späteren Regierungszeiten gesichert, und zwar nicht nur durch die Vergabe von Sitzen auf der Richterbank an einige Inhaber von „Baronien", sondern auch dadurch, dass der Fall im Commune Concilium vor die gesamte Körperschaft der Grafen und Barone gebracht *wurde* . Was die Barone zunächst erhielten, war das „Urteil" ihrer Standesgenossen. Der eigentliche „Test" war der „Kampf", bei dem die Kameraden als Schiedsrichter fungierten und für Fairplay sorgten. [845] Obwohl sich neue Verfahrensweisen durchsetzten, behielt der Court of Peers seine Kontrolle, und das *Urteil* von Peers ging nach und nach in das moderne *Verfahren* von Peers über. [846] Das Thema wurde durch die allmähliche Verbreitung des modernen Konzepts eines „Peerage", das verschiedene Grade von „Adligen" umfasst, noch komplizierter. Im Wesentlichen sind die Rechte eines Barons (oder eines höherrangigen Magnaten), der eines Verbrechens beschuldigt wird, seit den Tagen Heinrichs III. jedoch unverändert geblieben. zu unserem eigenen. Das Privileg des „Prozesses durch Gleichaltrige", unabhängig vom Grund, erstreckt sich immer noch auf Hochverrat und Verbrechen und ist von Vergehen weiterhin ausgeschlossen. Wenn es zuständig ist, findet es immer noch vor einem „Court of Peers" statt – nämlich dem House of Lords, wenn das Parlament tagt, und dem Court of the Lord High Steward, wenn nicht. Bagatelldelikte, die von Gleichaltrigen begangen werden, fallen ebenso wie die von Bürgern begangenen Straftaten vor die ordentlichen Gerichte. Unter diesen Einschränkungen ist das Privileg eines Peers, nur im House of Lords (oder am Court of the Lord High Steward) vor Gericht gestellt zu werden, in England seit Jahrhunderten für Grafen und Barone und auch für deren Mitglieder eine Realität andere Ränge des modernen „Peerstandes", die 1215 unbekannt waren – Herzöge, Marquisen und Viscounts. [847]

(*b*) *Für Pächter eines Mesne-Lords* wurde jedoch kein ähnliches Privileg, auch nicht in eingeschränkter Form, eingeführt. Sowohl wegen Straftaten als auch wegen Vergehens werden alle freien Männer außerhalb des Adels vor den ordentlichen Gerichten vor Gericht gestellt, und das schon seit vielen Jahrhunderten. Es gibt keine privilegierte Behandlung des Ritters oder des

Gutsherrn. Alle werden vor denselben Gerichten und nach demselben Verfahren beurteilt. Private Feudalgerichte erholten sich nie von den Wunden, die Heinrich II. zufügte. Die Klauseln der Magna Carta, die sie wiederbeleben sollten, wurden durch juristische Fiktionen oder einfach durch Vernachlässigung hinfällig.

(4) *Zivilklagen.* Die Barone als Klasse oder ihre einflussreichen Mitglieder unternahmen verschiedene Versuche, in Zivilsachen einen Anspruch auf *judicium parium geltend zu machen.* [848] Das Hauptanliegen der Männer von 1215 bestand vielleicht darin, ihre Ländereien und Burgen vor der Zerrissenheit infolge solcher Bitten zu bewahren. Doch die diesbezüglichen Bemühungen der Barone blieben völlig erfolglos. Das House of Lords (außer in Fällen, in denen es um die Würde oder den Status eines Peers geht) hat nie behauptet, in Zivilsachen, an denen ein Peer beteiligt war, als Gericht erster Instanz zu fungieren. Edler und Gewöhnlicher sind hier vollkommen auf einer Ebene. Seit vielen Jahrhunderten hat kein „Peer des Reiches" darum gebeten, vor einem Sondergericht seiner Standesgenossen in einem gewöhnlichen, nicht strafrechtlichen Rechtsstreit zu plädieren, unabhängig davon, ob es sich um sein Immobilien- oder Privatvermögen handelt.

VII. *Fehlinterpretationen.* Die allgemeine Tendenz zur Unbestimmtheit und Übertreibung wurde bereits am Rande angesprochen. Zwei Fehler von ungewöhnlicher Hartnäckigkeit erfordern eine genauere Kenntnisnahme.

(1) *Die Identifizierung von* judicium parium *mit Schwurgerichtsverfahren*. Die Worte dieses Kapitels bilden den Hauptgrund, wenn nicht sogar den einzigen, auf dem dieser traditionelle Fehler beruht. [849] Der Fehler ist wahrscheinlich auf eine nicht unnatürliche Tendenz späterer Generationen von Juristen zurückzuführen, das Unbekannte in der Großen Charta durch das zu erklären, was ihnen aus eigener Erfahrung bekannt war. Sie fanden zu ihrer Zeit nichts, was dem *judicium parium von 1215* entsprach, zumindest soweit es diejenigen betraf, die keine Kronpächter waren; Sie fanden in der Magna Carta nichts (es sei denn, es wäre diese Klausel), was mit ihrem eigenen Schwurgerichtsverfahren in Zusammenhang stünde. Deshalb identifizierten sie beides und interpretierten das vorliegende Kapitel als eine allgemeine Garantie des Rechts auf ein Schwurgerichtsverfahren. [850] Herr Reeves, Dr. Gneist und andere Autoren haben diesen Fehler schon vor langer Zeit aufgedeckt, aber die schlüssigsten Widerlegungen stammen von Prof. Maitland und Herrn Pike. Die Argumente, mit denen diese Autoren beweisen, dass das „Urteil durch Kollegen" eine Sache und das „Urteil einer Jury" etwas ganz anderes ist, sind eher technischer Natur; [851] aber da ihre Bedeutung weitreichend ist, müssen sie, wenn auch kurz, erklärt werden. Es scheint hauptsächlich drei davon zu geben:

(*a*) Das kriminelle Kleingeschworenengericht kann hier nicht gemeint sein, da es 1215 nicht erfunden wurde: [852] Die Einführung eines Geschworenengerichtsverfahrens in Johns großer Satzung ist ein unverzeihlicher Anachronismus. (*b*) Die Barone hätten ein Schwurgerichtsverfahren abgelehnt, wenn sie es gewusst hätten. Sie wünschten (hier wie in Kapitel 21), dass alle sie betreffenden Fragen vor ihren Baronskollegen und im Normalfall durch das *Duell* „beurteilt" würden . Sie hätten es verachtet, sich dem Urteil der „zwölf guten Männer" ihrer eigenen Gegend zu unterwerfen. Ihre Untergebenen dürfen kein Mitspracherecht bei der Feststellung ihrer Schuld oder Unschuld haben. Dieses Gefühl wurde von den Pächtern der Mesne-Lords geteilt. (*c*) *Urteil* und *Urteil* waren wesentlich unterschiedlich. Die Funktion einer kleinen Jury bestand (nach ihrer *Erfindung*) darin, die ihr gestellte spezifische Frage zu beantworten. Die aufständischen Barone forderten mehr als das: Sie forderten eine Entscheidung über den gesamten Fall. [853] Die „Peers", die urteilten, leiteten das Verfahren von Anfang bis Ende, ernannten die Beweise, die sie für angemessen hielten, saßen als Schiedsrichter, während die Erfüllung geprüft wurde, und trafen eine endgültige Entscheidung über Erfolg oder Misserfolg.

(2) *Magna Carta und willkürliche Verpflichtung.* Eine zweite fehlerhafte Theorie muss noch diskutiert werden. In der Petition of Right wird die Magna Carta, wie bereits dargelegt, dahingehend behandelt, dass sie der Krone verbietet, Verhaftungen vorzunehmen, ohne dass ein Haftbefehl vorliegt, aus dem der Grund für die Inhaftierung hervorgeht; und die früheren Kommentatoren interpretierten es darüber hinaus so, dass alle willkürlichen Inhaftierungen durch die Krone absolut illegal seien, obwohl starke Staatsgründe die Inhaftierung gefährlicher Personen fordern könnten. Hallam erklärt beispielsweise, dass es seit der Ära der Charta von König John ein klarer Grundsatz unserer Institutionen gewesen sein muss, dass niemand ohne Gerichtsverfahren im Gefängnis festgehalten werden kann. Doch jeder König von England, von der Zeit John Lacklands bis zur Zeit Charles Stewarts, beanspruchte und übte das Vorrecht aus, jeden Mann, der verdächtigt wurde, böse Absichten gegen die Krone oder das Commonwealth zu haben, gerichtlich ins Gefängnis zu bringen. Starke Könige nutzten diese Macht frei, um diejenigen zu entfernen, die sie zum Schweigen bringen wollten. Häufig wurde kein Grund für die Verhaftung genannt und keine Erklärung abgegeben, außer den Worten „auf Befehl des Königs". In all diesen Jahrhunderten wurde die Rechtmäßigkeit eines solchen Verfahrens nie als Verstoß gegen die Magna Carta oder aus einem anderen Grund in Frage gestellt. Sogar der berühmte Protest der Richter von Königin Elizabeth, der die Existenz rechtlicher Grenzen für das königliche Vorrecht der Bindung geltend macht, beweist die Rechtmäßigkeit der allgemeinen Praxis, von der vergleichsweise unbedeutende Ausnahmen gemacht werden.

Solche der Krone innewohnenden Rechte, zweifellos gefährlich für die Freiheit, aber dennoch völlig legal, wurden nie ernsthaft in Frage gestellt, bis der Kampf zwischen Karl I. und seinen Parlamenten bereits begonnen hatte. Damals wurden alte Präzedenzfälle eifrig gesucht und für neue Zwecke genutzt. Damals wurde erstmals angedeutet, dass die Magna Carta willkürliche Verpflichtungen auf Befehl der Krone verbieten sollte. Dies war das Argument, das 1627 während des berühmten Verfahrens, das manchmal als Darnells Fall und manchmal als der Fall der Fünf Ritter bekannt war, bewusst vorgebracht wurde. Heath, der Generalstaatsanwalt, wies diese Behauptung leicht zurück: „Das Gesetz hat dem König oder seinem Geheimrat, der sein Vertretungsorgan ist, jemals diesen Spielraum eingeräumt, in außergewöhnlichen Fällen die Personen solcher Ehrenbürger aus Gründen der Staatsräson einzuschränken." Sie halten es eine Zeit lang für notwendig, ohne vorerst die Gründe dafür darzulegen." [854] Die Parlamentsführer waren jedoch zu grimmig im Ernst, um sich von der Logik abschrecken zu lassen, und waren weit davon entfernt, ihren Fehler aufzugeben, weil Heath ihn unwiderlegbar aufgedeckt hatte. Sie verkörperten es im Gegenteil in der Petition of Right, die die Praxis der Krone, politische Straftäter „ohne Angabe von Gründen" (oder nur per Speciale Mandatum Regis) zu inhaftieren, als im Widerspruch zum Tenor der Magna Carta stehend verurteilte – eine wirksame Behauptung , da ein politisches Mittel, aber im Wesentlichen rechtlich unhaltbar.

***

797 . In der entsprechenden Bestimmung der Satzung der Barone (29) wird das Wort „ *vi* " („ *nec rex eat vel mittat super eum vi* ") hinzugefügt. Die so deutlich zum Ausdruck gebrachte Idee der offenen Gewalt wird in zeitgenössischen Dokumenten durch die ausführlichere Formulierung „ *per vim et arma* " *ausgedrückt* . Die akzeptierte Übersetzung, wie sie in den *Statutes at Large enthalten* ist: „Wir werden ihn weder verurteilen noch verurteilen" ist daher unzureichend. Die Herausgeber der *Statutes of the Realm* , I. 117, schlagen als alternative Übersetzung „deal with him" vor. Cola ist, wie *weiter unten* gezeigt wird , die ursprüngliche Quelle des Fehlers, der dieses „Gehen" und „Senden" mit einem rechtlichen Verfahren verbindet.

798 . Siehe ℨ . B. Coke, *Second Institute* , 55.

799 . So Blackstone, *Commentaries* , IV. 424: „Es schützte jeden Einzelnen der Nation beim freien Genuss seines Lebens, seiner Freiheit und seines Eigentums, sofern es nicht durch das Urteil seiner Standesgenossen oder das Gesetz des Landes für verwirkt erklärt wurde." Hallam, *Mittelalter* , II. 448, Apropos cc. 39 und 40 zusammengenommen heißt es, dass sie „die persönliche Freiheit und das Eigentum aller freien Männer schützen, indem sie Sicherheit vor willkürlicher Inhaftierung und willkürlicher Enteignung

bieten." Creasy, *Englische Verfassung*, S. 151, Nr.: „Die letztendliche Wirkung dieses Kapitels bestand darin, jedem Menschen, der englische Luft atmet, vollständigen Schutz für Person und Eigentum zu gewähren und zu garantieren."

800 . Für Lidford galt die gleiche düstere Tradition wie für Jedburgh:

„Ich habe oft vom Lydford-Gesetz gehört,

Wie sie am Morgen hängen und zeichnen,

Und sitze danach im Gericht."

Siehe Neilson, *Trial by Combat*, 131, und die dort zitierten Behörden.

801 . Herr Bigelow ist der Ansicht, dass solche Fälle zahlreich waren. Siehe *Procedure*, 155: „Die Praxis, Vollstreckungstitel ohne Gerichtsverfahren zu erlassen, scheint üblich gewesen zu sein."

802 . Siehe Anhang.

803 . Die früheste bekannte Erwähnung findet sich in den sogenannten *Leges Henrici primi* (ca. 31). *Unusquisque peres suos judicandus est et ejusdem provinciae*.

804 . Vgl. Pollock und Maitland, I. 152, und Quelle zitiert. Da es in England erst lange nach der Herrschaft des Johannes ein „Peerage" im modernen Sinne (vgl. *oben, S. 237) gab, ist es offensichtlich, dass das judicium parium* der Magna Carta in einem weiteren Sinne interpretiert werden muss als jedes bloße „Privileg". eines Peers" in der Gegenwart. Die Gleichen eines jeden Mannes waren seine „Kollegen".

805 . Siehe Stubbs, *Const. Hist.*, I. 578, n., für ausländische Beispiele von *judicium parium*.

806 . „Wenn ein Christ eine Beschwerde gegen einen Juden erhebt, sollen seine jüdischen Kollegen darüber entscheiden." Siehe *Rot. Chartarum*, S. 93 und *oben* S. 269.

807 . Siehe *Carta Mercatoria*, c. 8; 27 Eduard III. stat. 2, c. 8; und 28 Edward III. C. 13; auch Thayer, *Evidence*, S. 94.

808 . Siehe *unten*, cc. 56 , 57 und 58 . Unter c. 59 wurden die Barone von England Peers des schottischen Königs genannt.

809 . Siehe *Placitorum Abbreviatio*, S. 201, zitiert Pollock und Maitland, I. 393 n.

810 . Siehe auch eine Passage in den Scots Acts of Parliament (I. 318), die David zugeschrieben wird: „Niemand soll von seinem Untergebenen beurteilt werden, der nicht seinesgleichen ist; Der Earl soll vom Earl gerichtet werden, der Baron vom Baron, der Vavassor vom Vavassor, der Bürger vom

Bürger; aber ein Untergeordneter kann von einem Vorgesetzten beurteilt werden."

811 . Siehe *oben* , S. 103 und cc. 18, 36 und 38.

812 . Siehe Thayer, *Evidence* , 200–1, für eine Diskussion des Ausdrucks „ *lex terrae* ". Siehe auch Bigelow, *History of Procedure* , 155, Anm.: „Der Ausdruck , *per legem terrae* ' erforderte lediglich ein Gerichtsverfahren, je nach der Art des Falles; das Duell, die Tortur oder die Vergeltung in Strafsachen, das Duell, Zeugen, Urkunden oder die Anerkennung in Eigentumsfällen." Die Wörter kommen in Glanvill mindestens zweimal vor, jedes Mal offenbar mit der technischen Bedeutung. Im II. C. 19 umfasst die Strafe für ein falsches Urteil den Verfall des Rechts durch die Geschworenen („ *legem terrae amittentes* "); während in V. c. 5: Ein Mann, der als Landsmann geboren wurde, kann, obwohl er von seinem Herrn befreit wurde, zum Nachteil eines Fremden sein Gesetz nicht befolgen („ *ad aliquam legem terrae faciendam* "). Die Betonung des Anspruchs des Angeklagten auf die althergebrachten Formen der *Lex* zeigt sich gut an der Schwierigkeit, ein Gerichtsverfahren durch ein Geschworenengericht zu ersetzen. Es wurde bereits gezeigt, dass das Recht auf „Stummverstehen", das heißt praktisch auf das Fordern von Prüfungen, erst im Jahr 1772 abgeschafft wurde. Siehe *oben* , S. 400 . Es dauerte also fünfeinhalb Jahrhunderte, bis das Strafrecht unter Missachtung eines Grundprinzips der Magna Carta den Mut hatte, Angeklagten ihr „Gesetz" zu entziehen.

813 . Aus dem Wortlaut dieser Statuten geht jedoch hervor, dass zu diesem Zweck die Bestimmungen der Kapitel 36 und 38 als Ergänzung zu denen des vorliegenden Kapitels herangezogen wurden, wenn sie nicht mit ihnen verwechselt wurden. Siehe 5 Edward III. C. 9; 25 Eduard III. stat. 5, c. 4; 37 Eduard III. C. 18; 38 Eduard III. C. 3; 42 Eduard III. C. 3; 17 Richard II. C. 6. Siehe auch Stubbs, *Const. Hist.* , II. 637-9, für die Petitionsserie ab 1351.

814 . *Zweites Institut* , S. 46.

815 . 3 Karl I. c. 1.

816 . Pollock und Maitland, I. 152, n., interpretieren das Wort in dieser Passage so, dass es *beide Bedeutungen hat.* Vgl. Gneist, *engl. Konst.* , Kapitel xviii. Mr. Pike, *House of Lords* , 170, vertritt eine gegenteilige Ansicht: „König John hat sich auf eine Weise gebunden, die zeigte, dass das Urteil der Standesgenossen eine Sache war, das Gesetz des Landes eine andere." Das Urteil von Gleichaltrigen war ... eine sehr einfache Angelegenheit und wurde damals gut verstanden. Das Recht des Landes umfasste alle zivil- und strafrechtlichen Verfahren mit Ausnahme des Urteils von Gleichaltrigen." Der Autor lehnt diesen Gegensatz ab, da die beiden Dinge kombiniert werden können und tatsächlich müssen. Der „Prozess" durch ein Gesetz und

das „Urteil" durch Gleiche ergänzten einander. Die Peers ernannten den Test und entschieden, ob dieser ordnungsgemäß bestanden wurde.

817 . Siehe z . B. Pike, *House of Lords* , 217, unter Berufung auf Littleton in *Year Book* , Easter, 10 Edward IV., Nr. 17, fo. 6.

818 . Wenn „ *vel* " mit „und" und „ *imprisonetur* " mit „im Gefängnis festgehalten" übersetzt werden könnte, würde die Formulierung bedeuten, dass kein freier Mann zu lange bis zu seinem Prozess im Gefängnis festgehalten oder dauerhaft ohne Prozess inhaftiert werden sollte.

819 . Zu diesem Wort vgl. *oben* , c. 18. Der von Johannes im Jahr 1191 geschlossene Vertrag (*unten besprochen*) spricht von der „disseisin of chattels" und zeigt, dass das Wort noch nicht ausschließlich auf Immobilien beschränkt war.

820 . Siehe *Rot. Klaus.* , I. 215. Herr Pike (*House of Lords* , S. 170) behauptet tatsächlich, dass die Verhinderung von disseisins „ *sine judicio* " das Haupt-, wenn nicht das einzige Ziel des diskutierten Kapitels war: „Das Urteil der Peers bezog sich hauptsächlich auf das Recht der Grundbesitzer auf ihr Land oder auf einige Angelegenheiten im Zusammenhang mit dem Feudalbesitz und seinen Vorkommnissen." Das geht zu weit: Die Barone beschränkten den durch das *judicium parium* gewährten Schutz keineswegs auf Fragen von Land und Landbesitz. Pollock und Maitland, I. 393, befürworten eine breitere Interpretation. Ein Punkt steht außer Zweifel: *Das Judicium parium wurde* auf die Beurteilung von Schadensersatzansprüchen ausgeweitet . Im Jahr c. 21 Grafen und Barone werden nur *per pares suos* im Amerzierrecht bestätigt .

821 . *De libero tenemento suo vel libertatibus vel liberis consuetudinibus suis.*

822 . Vgl. *oben* , S. 176 .

823 . Vgl. *oben* , S. 290 .

824 . *Zweites Institut* , S. 47.

825 . Siehe *zB* Creasy, *Hist. von Const.* , P. 151, Anm.: „Monopole sind im Allgemeinen gegen die Bestimmungen der Großen Charta." Siehe auch Taswell-Langmead, *Eng. Konst. Hist.* , 108.

826 . Siehe *oben* , S. 30 .

827 . Siehe *Pipe Rolls* , 7 Richard I., zitiert von Madox, I. 201.

828 . Z. B. Coke, *Second Institute* , S. 48.

829 . Siehe *Second Institute* , Seite 46. John Reeves, *History of English Law* , I. 249 (dritte Aufl.), verurteilt zwar Coke, gibt aber eine noch strengere eigene Interpretation, die auf der zufälligen Gegenüberstellung der beiden Verben

in einer Passage basiert des Digest. Aus völlig unschlüssigen Gründen zieht
er den Schluss, dass sich beide Wörter ausschließlich auf Sorgfalt gegenüber
„Gütern und beweglichen Sachen" beziehen – Sorgfalt gegenüber der Person
und Sorgfalt gegenüber Grundbesitz, die zuvor jeweils in jeweils speziell
geeigneten Worten behandelt wurden. Dr. Lingard, *Geschichte Englands*, III.
C. 1, verdient Lob als erster Kommentator, der die richtige Ansicht vertrat.

830 . *Zweites Institut*, S. 4, 27 und 45.

831 . Siehe *oben*, c. 20.

832 . *Simon de Montfort*, 17, n. Vgl. Blackstone, *Great Charter*, xxxvii.,
„umfassendere Bestimmungen gegen rechtswidrige Machenschaften."

833 . Vgl. Pollock und Maitland, I. 340, n.

834 . Vgl. *oben*, S. 142 . Andere mündliche Änderungen in der Charta von
1217 zeigen die gleiche Sorgfalt, die Dorfbewohner auszuschließen. *ZB* c. 16
überlässt die Herrschaft des Königs strikt „seiner Gnade", das heißt, sie
unterliegt vorbehaltlos jeder Änderung.

835 . Herr GH Blakesley geht in einem treffenden Artikel in der *Law Quarterly
Review*, V. 125, so weit, das gesamte Kapitel auf einen Versuch zu reduzieren,
die Feudaljustiz in ihrem Kampf mit der königlichen Justiz zu schützen. „Es
kann vernünftigerweise vermutet werden, dass Kap. 39 auch lediglich darauf
abzielte, das Gericht des Lords vor Übergriffen der Krone zu schützen."

836 . Herr Pike, *House of Lords*, 170–174, teilt diese Ansicht über den
reaktionären Charakter der Klausel, obwohl er der Ansicht ist, dass der
Anspruch eines Kronpächters auf *judicium parium durch die Anwesenheit eines oder
mehrerer Baronskollegen unter ihnen befriedigt werden könnte* Richter der „Bänke"
und beinhaltete nicht unbedingt eine vollständige Sitzung des *Commune
Concilium*, die auf die übliche Weise einberufen wurde. *Ebenda.*, P. 204. Wenn
das „Urteil" des Gesamtgerichts erforderlich war (und trotz der hohen
Autorität von Herrn Pike spricht viel für diese Behauptung), dann ist die
reaktionäre feudale Tendenz noch ausgeprägter. Diese feudale Tendenz wird
durch die Überlegung unterstrichen, dass Privatrechte und Privatschlösser zu
den Eigentumsrechten gehörten, die vor willkürlicher Beschlagnahme durch
den König geschützt waren.

837 . Siehe R. Hoveden, III. 136. Dieser Waffenstillstand, der auf den 28. Juli
1191 datiert wurde, war durch die Vermittlung des Erzbischofs von Rouen
und einiger englischer Prälaten zustande gekommen.

838 . Vgl. *oben*, S. 35 .

839 . Das Schreiben ist vom 10. Mai 1215 datiert und erscheint in *New Rymer*
, I. 128.

840 . In der Magna Carta wird auch „ *per vim et arma* "als unnötig weggelassen , obwohl die Artikel der Barone das Wort „ *vi* " enthalten hatten.

841 . *Chron. Maj.* , III. 247-8.

842 . M. Paris, *ebenda.* , III. 251-2.

843 . Pollock und Maitland, I. 393, zögern, dieses Argument zu verurteilen. „Schon der Titel der ‚Barone' des Finanzministeriums verbietet uns, dies als bloße Unverschämtheit zu betrachten." Dr. Stubbs hat solche Skrupel nicht: „Der Bischof antwortete verächtlich und mit einer perversen Falschdarstellung des englischen Gesetzes" (*Const. Hist.* , II. 49). An anderer Stelle bezeichnet er ihn weniger als verächtlich, sondern vielmehr als schlecht informiert über das Gesetz – „ein unwissender Fehler, wie er war" (II. 191). Dennoch verfügte Bischof Peter vermutlich über eine intimere Kenntnis des Gesetzes, das er 1233 als Justiziar verwaltete, als jeder moderne Schriftsteller haben kann. Zumindest bei Amercements agierten die Barone der Staatskasse als Peer der Grafen und Barone.

844 . Pike, *House of Lords* , 173. Siehe auch Bracton, f. 119; Pollock und Maitland, I. 393.

845 . „Der Prozess – die Feststellung des Sachverhalts – erfolgte daher, wenn auch unter der Leitung und Kontrolle des Court of Peers, im Kampf; aber das Urteil über den Kampfprozess sollte von den Adligen gefällt werden." Pike, *House of Lords* , 174.

846 . Pike, *ebenda.* , 174–9.

847 . Das Privileg wurde durch die Satzung 20 Heinrichs VI. auf Adlige ausgeweitet. C. 9.

848 . Der Earl of Chester beanspruchte es 1236–1237 und der Earl of Gloucester (in einer besonderen Form als Lord Marcher) 1281. Siehe Pollock und Maitland, I. 393, Nr.

849 . Vgl. *oben* , S. 158–163 .

850 . Die fälschliche Gleichsetzung des Urteils von Gleichaltrigen mit dem Schwurgerichtsverfahren findet sich weit zurück in der Rechtsgeschichte. Pollock und Maitland, II. 622-3, n., verfolgen es bis auf ein Jahrhundert nach der Magna Carta. „Dieser Fehler wurde bereits zu Zeiten Eduards I. gemacht; YB 30-1 Eduard I., S. 531." Trotz moderner Forschung ist der Fehler hartnäckig. Er taucht z. B. bei Thomson, Magna *Charta* , *223* auf und in Taswell-Langmead, *Const. Hist.* , 110. Es wurde erst neulich von einer so hohen Autorität wie Dr. Goldwin Smith in seinem kürzlich veröffentlichten Werk „ *The United Kingdom* ", I. 127, wiederholt, wo er behauptet dass Kapitel 39 der Magna Carta „das Recht auf ein Schwurgerichtsverfahren bekräftigt".

851 . Pollock und Maitland, I. 152, n., und Pike, House of Lords, 169.

852 . Vgl. *oben* , S. 161 .

853 . Vgl. Pike, *ebenda.* , 169. „Von der Zeit, als die Verhandlung durch eine Jury begann, sei es in Zivil- oder Strafsachen, bis zum heutigen Ende des 19. Jahrhunderts, hat keine Jury jemals über irgendeine Angelegenheit ein Urteil gefällt oder konnte dies auch nicht tun." Der Unterschied zwischen der antiken und der modernen Urteilsauffassung darf jedoch nicht aus den Augen verloren werden.

854 . Vgl. *Staatsprozesse* , III., S. 1 und SR Gardiner, *History* , VI. 214.

KAPITEL VIERZIG.

Nulli vendemus, nulli negabimus, aut differentemus, rectum aut justiciam.

An niemanden werden wir verkaufen, an niemanden werden wir Recht oder Gerechtigkeit verweigern oder verzögern.

In dieses Kapitel, wie auch in das vorhergehende, mit dem es so eng verbunden ist, haben Kommentatoren viel hineingelesen, was seine ursprünglichen Verfasser in Erstaunen versetzt hätte. Die Anwendung moderner Standards auf antike Praktiken hat zu einem völligen Missverständnis geführt. Die Beträge, die John wie auch seine Vorgänger üblicherweise in jedem Stadium des Gerichtsverfahrens erhielten, waren nicht unbedingt der Lohn vorsätzlicher Ungerechtigkeit. Dies geht aus mehreren Überlegungen hervor. So zahlten die Prozessparteien Geldstrafen für Wiedergutmachung gegen die Krone selbst; bei Streitigkeiten zwischen zwei Privatparteien wurde die vom Meistbietenden gebotene Summe keineswegs immer angenommen; Manchmal wurde einem Prozessparteien trotz eines umfangreichen Angebots des anderen kostenlos Gerechtigkeit zuteil. Viele Zahlungen waren also keine Bestechungsgelder an einen ungerechten Richter, sondern lediglich Hilfsmittel, um die Verzögerungen des Gesetzes zu beschleunigen oder um eine faire Anhörung für einen guten Klagegrund zu gewährleisten oder um ein ungewöhnliches, aber nicht unfaires Hilfsmittel zu erhalten, wie etwa einen besonders wirksamen Gerichtsbeschluss oder … die Anhörung eines Falles in der Staatskasse, der normalerweise woanders verhandelt worden wäre. Wenn die königlichen Gerichte höhere Gerichtsgebühren verlangten als die feudalen Gerichte, lieferten sie einen besseren Artikel. Als Heinrich von Anjou die Türen seines Hofes für alle freien Männer öffnete, die sich entschieden, für Urkunden zu bezahlen, fand er einen bereitwilligen Markt. Diese Schriften unterschieden sich stark im Preis. Einige wurden schon früh auf Antrag (writs *de cursu*) und zu einem festen Betrag ausgestellt, andere wurden nur als Zeichen der Gunst oder nach Abschluss eines Handels gewährt. Ein besonders schnelles oder zügiges Vorgehen musste gesondert vergütet werden. Es scheint daher, dass das System des Johannes nicht der uneingeschränkten und gewaltsamen Verurteilung ausgesetzt war, die es normalerweise erfährt. Hallams Sprache ist zu pauschal, wenn er sagt: „Ein Gesetz, das vorschreibt, dass Gerechtigkeit weder verkauft, verweigert noch verzögert werden darf, stempelt die Regierung, unter der sie notwendig geworden war, mit Schande ab." [855] Es war Johns Missbrauch des Systems, nicht das System selbst, der eine Verurteilung erforderte; und das Schlimmste, was man nach mittelalterlichen Maßstäben dagegen sagen konnte, war, dass es sich zu leicht für Missbrauch eignete.

Wenn die Barone wirklich wünschten, dass John weiterhin königliche Gerechtigkeit auf den von seinem Vater besetzten neuen Feldern ausüben sollte, dies jedoch ohne finanzielle Gegenleistung tun sollte, waren ihre Forderungen unfair und sogar absurd; aber wahrscheinlich wünschten sie sich nur eine strikte Einhaltung der üblichen Regeln und Anklagen, die sie im Zusammenhang mit königlichen Tribunalen als normal erwartet hatten. Tatsächlich weist das System für moderne Kritiker viele anstößige Merkmale auf; aber im zwanzigsten Jahrhundert wie im dreizehnten Jahrhundert kann man Gerechtigkeit nicht umsonst haben; und der potenzielle Prozessbeteiligte mit einer guten Forderung, aber einem knappen Budget, wird gut beraten sein, einen kleinen Verlust hinzunehmen, anstatt die Gewissheit auf sich zu nehmen, durch außergerichtliche Ausgaben noch einmal so viel zu verlieren, und das Risiko einzugehen, in der Folge ein Vielfaches mehr zu verlieren Gerichtskosten eines langwierigen Rechtsstreits. Der Mangel an freier Gerechtigkeit ist ein Vorwurf, den die Menschen von heute der Regierung des Johannes nicht mit gutem Gewissen vorwerfen können.

So wie die beklagten Übel oft übertrieben werden, so werden auch die in diesem Kapitel der Magna Carta versprochenen Reformen oft übertrieben. Es wird üblicherweise angenommen, dass John der Abschaffung von Zahlungen jeglicher Art für Gerichtsurkunden und andere Gerichtsgebühren zugestimmt hat. Im Gegensatz zu anderen wertvollen Gütern war Gerechtigkeit offenbar umsonst zu bekommen – ein Ideal, das noch nie in einer zivilisierten Gemeinschaft erreicht wurde. Der König konnte nicht dafür sorgen, dass eine Gruppe hochqualifizierter Beamter unentgeltlich jedem, der sie verlangte, Schriftstücke ausstellte, und ein Stab von Richtern, „die das Gesetz kannten und es befolgen wollten", über Klagegründe entschied, die keine Gegenleistung brachten zur Krone.

Die Absicht derjenigen, die dieses Kapitel verfasst haben, bestand wahrscheinlich darin, ein gemäßigteres und vernünftigeres Maß an Reformen sicherzustellen. Missbräuche des Systems sollten behoben werden. [856] Leider war es nicht einfach, Missbräuche zu definieren – zu bestimmen, wo legitime Zahlungen aufhörten und illegale Zahlungen begannen. Für Writs *de Cursu* sollten keine unerschwinglichen Preise verlangt werden ; Aber sollte die Krone kein Recht haben, Gnadenbriefe nach ihren eigenen Bedingungen auszustellen? Kläger, die einen besonderen Grund zur Eile hatten, zahlten häufig dafür, dass ihre Klagen schnell verhandelt wurden: War das ein Missbrauch? [857]

Was auch immer die Absicht gewesen sein mag, die praktische Wirkung der Klausel bestand *nicht* darin, die Abschaffung des Gerichts- und Gerichtsverkaufs sicherzustellen. Die Praxis unter Heinrich III. wurde von unserer höchsten Autorität beschrieben. „Anscheinend gab es einige Urkunden, die man umsonst bekommen konnte; für andere wurde eine Mark oder eine halbe Mark verlangt, während es, zumindest in Henrys frühen Jahren, andere gab, die nur zu hohen Preisen zu bekommen waren. Vielleicht Finden Sie Gläubiger, die dem König ein Viertel oder ein Drittel der Schulden versprechen, die sie zurückzuzahlen hoffen. Es scheint eine Unterscheidung zwischen Notwendigkeiten und Luxusgütern getroffen worden zu sein. Eine königliche Verfügung war für denjenigen notwendig, der Grundbesitz beanspruchte; es war ein Luxus für den Gläubiger, der eine Schuld eintreibt, denn die örtlichen Gerichte standen ihm offen und er konnte dort ohne Gerichtsbeschluss vorgehen. Aufwändige Glossen überlagerten das Versprechen des Königs, dass er Gerechtigkeit an niemanden verkaufen würde, für eine Grenze zwischen dem Preis der Gerechtigkeit und den bloßen Gerichtsgebühren, die „Dass die Armen ihre Urkunden umsonst bekommen sollten, war eine akzeptierte Maxime." [858]

Wahrscheinlich wies die Praxis vor und nach 1215 nur wenige materielle Unterschiede auf. Einige der offensichtlicheren Missbräuche des Systems wurden überprüft: Das war alles. [859] Das Parlament musste in späteren Regierungszeiten häufig Petitionen gegen den Verkauf von Gerechtigkeit unter Verstoß gegen die Magna Carta einreichen. [860] Der König erwiderte normalerweise eine politische Antwort, achtete jedoch darauf, sein Recht, hohe Beträge für Gnadenschreiben zu verlangen, niemals aufzugeben. Richard II. antwortete zum Beispiel: „Unser Herr, der König, hat nicht die Absicht, sich eines so großen Vorteils zu entledigen, der in der Kanzlei sowohl vor als auch nach der Ausarbeitung der besagten Charta in der Zeit von fortwährend genutzt wurde." alle seine edlen Vorfahren, die Könige von England waren." [861]

Es ist daher offensichtlich, dass Magna Carta die Praxis, hohe Gebühren für Schriftstücke zu erheben, nicht abgelehnt hat. Doch obwohl dieses Kapitel so häufig missverstanden und übertrieben wird, ist es dennoch von erheblicher Bedeutung. Es markiert zum einen eine Etappe in dem Prozess, in dem die Höfe des Königs nach und nach alle Rivalen überholten. Zumindest in bestimmten Provinzen blieb die königliche Justiz unbestritten im Besitz. Darin bestand die Beschwerde nicht darin, dass es zu viel königliche Gerechtigkeit gab, sondern darin, dass sie manchmal verzögert oder verweigert wurde. Hier finden wir also selbst im Moment von Johns bitterster Demütigung Beweise für den Triumph der Politik der Krone, die sein weitsichtiger Vater ein halbes Jahrhundert zuvor eingeführt hatte.

Es sind jedoch nicht solche Überlegungen, die diesem Kapitel die Bedeutung verdanken, die ihm normalerweise in juristischen Abhandlungen beigemessen wird; sondern vielmehr auf die Tatsache, dass es im weitesten Sinne als universelle Garantie unparteiischer Gerechtigkeit gegenüber Oben und Unten interpretiert wurde; und weil es, wenn es so interpretiert wird, in den Händen von Patrioten in vielen Zeitaltern zu einer mächtigen Waffe für die Sache der verfassungsmäßigen Freiheit geworden ist. In diesem Licht betrachtet, wirft Coke seine mühsame Gelehrsamkeit beiseite und schließt mit etwas, das eher einer Rhapsodie als dem Kommentar eines Anwalts gleicht: „Da der Goldfeiner nicht aus dem Staub, den Fäden oder Fetzen des Goldes herauskommt, lass auch den kleinsten Krümel durchgehen.", in Bezug auf die Vorzüglichkeit des Metalls; Deshalb sollte der gelehrte Leser im Hinblick auf die Vorzüglichkeit der Sache auch nur eine Silbe dieses Gesetzes ignorieren." [862]

---

855 . *Mittelalter*, II. 451.

856 . Vgl. Madox, I. 455: „Durch *nulli vendemus* wurden die übermäßig hohen Geldstrafen ausgeschlossen; durch *nulli negabimus* die Einstellung von Klagen oder Verfahren und die Ablehnung von Verfügungen; durch *nulli diffemus* solche Verzögerungen, wie sie zuvor durch die Gegenstrafen verursacht wurden Beklagte (die manchmal die Kläger überboten) oder durch den Willen des Fürsten."

857 . Zu diesem Zweck wurden unter Heinrich II. häufig Geldstrafen verhängt. und seine Söhne. Madox, I. 447, nennt viele Beispiele. So zahlte Ralph Fitz Simon im Jahr 1166 zwei Mark „für die Geschwindigkeitsüberschreitung seines Rechts" (*pro recto suo festinando*). Die Praxis wurde unter Heinrich III. fortgesetzt. Trotz Magna Carta. Bractons *Notizbuch* zitiert einen harten Fall (Nr. 743): Heinrich III. beanspruchte Vorrecht als Vormund, wo es gemäß c illegal war. 37 der Magna Carta (*siehe dort*). Möglicherweise hätte das Gericht die Anhörung des Plädoyers des Mesne-Lords bis zur Beendigung der Vormundschaft hinausgezögert; aber er zahlte fünf Mark *pro festinando judicio suo*. Die Strafe sei „freiwillig" (*sponte*) verhängt worden. Hat die Verwendung dieses Wortes eine Umgehung von c ermöglicht? 40 der Charta?

858 . Pollock und Maitland, I. 174. Vgl. *Ebenda.*, II. 204 und zitierte Behörden.

859 . Madox, I. 455, sagt: „Und diese Klausel in den großen Chartas scheint ihre Wirkung gehabt zu haben. Denn ... die Geldstrafen, die für Gerichtsurteile und Gerichtsverfahren gezahlt wurden, waren nach der Ausarbeitung dieser großen Urkunden moderater als früher."

860 . Die Exemplare werden von Sir TD Hardy in *Rot gesammelt. de oblatis* , S. xxi. Siehe auch Stubbs, *Const. Hist.* , II. 636-7.

861 . *Verrotten. Parl.* , III. 116, zitiert Stubbs, *Const. Hist.* , II. 637.

862 . *Zweites Institut* , 56.

Kapitel einundvierzig.

Alles, was Mercatores hattenant salvum et securum exire de Anglia, and venire in Angliam, and morari and ire for Angliam, tam per terram quam per aquam, ad emendum et vendendum, sine omnibus malis toltis, per antiquas et rectas consuetudines, preterquam in tempore gwerre, et si sint de terra contra nos gwerrina; Und wenn wir Geschichten auf unserem Land erfinden, müssen wir uns auf die Erde stürzen, ohne uns zu rächen, und uns auf die Seite unseres gerechten Kapitals stürzen, das wir auf unserem Land betreten haben, das uns auf dem Land gegenüber unserem Land Unrecht getan hat; Und wenn wir unsere Sünden gesegnet haben, sind sie auch in unserer Erde gesegnet.

Alle Kaufleute sollen eine sichere Ausreise aus England und Einreise nach England haben, mit dem Recht, dort zu bleiben und sich sowohl zu Lande als auch zu Wasser fortzubewegen, um nach den alten und rechten Bräuchen zu kaufen und zu verkaufen, frei von allen bösen Zöllen , außer (in Kriegszeiten) solche Kaufleute aus dem Land, das mit uns Krieg führt. Und wenn solche zu Beginn des Krieges in unserem Land gefunden werden, müssen sie ohne Verletzung ihrer Körper oder Güter festgehalten werden, bis wir oder unser oberster Justizbeamter Informationen darüber erhalten, wie die Kaufleute unseres Landes in der Lage waren Land, das mit uns im Krieg ist, wird behandelt; und wenn unsere Männer dort sicher sind, werden die anderen in unserem Land sicher sein.

Kaufleute und Waren hatten wie alle anderen Klassen und Interessen schwer unter Johns Gier gelitten, die nicht durch Rücksicht auf die Rechte anderer eingeschränkt wurde. Die Kontrolle des Handels war ausschließlich der persönlichen Aufsicht des Königs vorbehalten. Kein Gesetz oder traditioneller Brauch behinderte ihn im Umgang mit ausländischen Kaufleuten, die auf königliche Gunst angewiesen waren, nicht auf die Gesetze des Landes, auf das Handelsprivileg und sogar auf die persönliche Sicherheit. Kein ausländischer Kaufmann konnte nach England ein- oder ausreisen, sich in einer Stadt niederlassen, von Ort zu Ort ziehen oder kaufen und verkaufen, ohne dem König hohe Zölle zu zahlen. Dieses königliche Vorrecht erwies sich als gewinnbringend. [863]

John erhöhte die Zahl und das Ausmaß solcher Forderungen, zum Nachteil sowohl ausländischer Händler als auch ihrer Kunden. Magna Carta versuchte daher, diesen Zweig der Vorrechte einzuschränken, indem sie ihm verbot, übermäßige Zölle für die Beseitigung von Hindernissen zu erheben, die er selbst geschaffen hatte. Dies kam den Kaufleuten zugute, indem es ihnen bestimmte Rechte sicherte, die vielleicht in drei Kategorien unterteilt werden können: sicheres Geleit, das heißt den Schutz ihrer Personen und Güter vor Gewalt; Freiheit, in Friedenszeiten zu kaufen und zu verkaufen; und eine Bestätigung der alten und gerechten „Zollsätze" mit der Abschaffung der „bösen Zölle" oder zusätzlichen Zölle des Johannes.

Bisher besteht kein Zweifel an der allgemeinen Bedeutung des Erlasses; Es kam jedoch zu Diskussionen über mehrere wichtige Punkte, beispielsweise über die Nationalität der Händler, zu deren Gunsten es konzipiert wurde. die genaue Art der „bösen Zölle" wurde abgeschafft; die Motive für die Durchsetzung der Regeln; und die Beziehungen zwischen Bewohnern und ausländischen Händlern.

I. *Magna Carta bevorzugt außerirdische Händler.* Die bessere Meinung scheint zu sein, dass dieses Kapitel in erster Linie für ausländische Händler aus befreundeten Staaten galt. Es wurden in der Tat Versuche unternommen, etwas anderes zu argumentieren, nämlich dass die Bewohner gleichermaßen davon profitieren sollten wie die Fremden, wobei die Magna Carta auch zwischen ihnen das Gleichgewicht halten sollte. Dies war der Sinn einer wissenschaftlichen Rede, die William Hakewill, Anwalt von Lincoln's Inn, 1610 im Unterhaus während der Debatte über John Bates Fall hielt. [864] Sein Hauptargument war, dass bestimmte Statuten der Regierungszeit von Edward III. [865] bei dem Versuch, die Bestimmungen der Magna Carta zu bestätigen und zu erweitern, eindeutig sowohl Bürger als auch Außerirdische umfassten. Doch die Verfasser eines Gesetzes im 14. Jahrhundert haben möglicherweise den Tenor der Johannes-Charta missverstanden oder ihn absichtlich geändert.

Intrinsische und extrinsische Beweise führen zu einer starken Vermutung, dass sich die Magna Carta hauptsächlich, vielleicht sogar ausschließlich, auf Kaufleute aus fremden Ländern bezog. [866] Bürger, die in England Handel trieben, benötigten nicht die „sicheren Geleitzüge", die das Hauptzugeständnis in diesem Kapitel bilden; und ihre Kauf- und Verkaufsrechte waren bereits auf andere Weise geschützt; denn unabhängige Händler waren unbekannt, alle Kaufleute waren in den verschiedenen Städten in Zünften zusammengefasst, deren Privilegien („ *omnes libertates et liberas consuetudines* ") ihnen in einem früheren Teil der großen Charta garantiert wurden. [867] Es waren die ausländischen Kaufleute, die besonderen Schutz benötigten, da sie streng genommen keinen Status im Auge des Gesetzes hatten und ihre Privilegien vom König behielten, der es oft vorzog, auf der Linie des geringsten Widerstands zu handeln Er überfordert sie eher als seine eigenen Untertanen. [868] Die Krone könnte den Schutz, den sie benötigten, entweder freiwillig oder widerwillig und unter Bedingungen gewähren, die nach eigenem Ermessen geändert werden konnten, jedoch niemals, wenn sie nicht gut bezahlt wurden. Die Politik Heinrichs II. und seine Söhne sollten fremde Kaufleute bevorzugen, im Gegenzug aber die höchstmöglichen Abgaben verlangen, nur eingeschränkt durch ein aufgeklärtes Eigeninteresse, das an dem Punkt aufhörte, an dem der Handel durch Unrentabilität ins Stocken geraten würde. Die Schatz- und Patentlisten bieten viele Beispiele dafür, wie einzelne Händler oder Familien private Geschäfte mit der Krone über Handelsprivilegien abschlossen. Im Jahr 1181 erhielt Heinrich zwei Falken für die Erlaubnis, Mais nach Norwegen zu exportieren. Im Jahr 1197 schuldete ein gewisser Hugo Oisel 400 Mark für die Lizenz zum Handel in England und in Richards anderen Ländern sowohl in Kriegs- als auch in Friedenszeiten. [869]

Zu Beginn der Regierungszeit von John scheinen alle in England ansässigen Händler eine Bestätigung ihrer Privilegien erhalten zu haben. Dieser König erließ Letters Patent an den Bürgermeister von London, an die Magistrate vieler kleinerer Städte und an die Sheriffs der südlichen Grafschaften Englands und wies sie in einer Formulierung an, die denen der Magna Carta sehr ähnelte, allen Kaufleuten jeglichen Landes die Erlaubnis zu gewähren sicheres Kommen und Gehen mit ihren Waren. [870]

Diese Vereinbarungen waren lediglich vorübergehender Natur. John hatte nicht die Absicht, dass ein solcher allgemeiner Zuschuss ihn daran hindern sollte, bei gegebener Gelegenheit weitere Zahlungen von Einzelpersonen zu verlangen. Zum Beispiel versprach Nikolaus der Däne einem Falken jedes Mal, wenn er nach England kam, dass er kommen und gehen und „frei von allen Zöllen, die den König betreffen" Handel treiben könne. [871] Solche üblichen Abgaben zu den üblichen Sätzen wurden durch die Charta nicht abgeschafft, sondern nur die willkürlichen Zusatzzahlungen, für die es keine Rechtfertigung gab.

In diesem Punkt enthielt die Magna Carta also keine Neuerungen, und das Gleiche gilt für ihre Bestimmung zu Repressalien gegen Händler aus Ländern, in denen englische Kaufleute misshandelt wurden. Bei Kriegsausbruch schreibt die Charta vor, dass Kaufleute der feindlichen Nation festgehalten werden sollten, bis der König feststellte, wie seine eigenen Untertanen im feindlichen Gebiet behandelt wurden. Dies stellt lediglich eine Erklärung der früheren Praxis dar, die in einem Schreiben vom August 1214 veranschaulicht werden kann, in dem die Gerichtsvollzieher von Southampton angewiesen wurden, alle Flamen und ihre Güter bis zu weiteren Anweisungen festzuhalten. [872] Damit gab es Präzedenzfälle für jene Regeln für ausländische Händler, die die Bewunderung Montesquieus hervorgerufen haben. [873]

II. *Zoll und Maut*. „ *Consuetudines* " wird an dieser Stelle im engeren finanziellen Sinne verwendet und bezieht sich auf jene Zölle auf Ein- und Ausfuhren, die auch heute noch speziell „Zoll" genannt werden, sowie auf verschiedene lokale Abgaben. „Maut", wenn sie nicht als „böse Maut" stigmatisiert wird, scheint praktisch ein Synonym für diese Bräuche zu sein. Die Krone hatte der Wehrlosigkeit der Kaufleute zunächst bei jeder Gelegenheit das genommen, was sie für richtig hielt. Die Praxis etablierte bald Regeln für die normalen Tarife, die unter verschiedenen Umständen als angemessen angesehen wurden. Wenn eine Schiffsladung ausländischen Weins ankam, betrug die normale Zollgebühr „ein Fass von einer Ladung von zehn bis zwanzig Fässern und zwei Fässer von einer Ladung von zwanzig oder mehr". [874] Von anderen Waren wurde ein Anteil von einem Fünfzehntel oder manchmal einem Zehntel des Ganzen beansprucht. Solche Zölle waren ursprünglich eine Form der Erpressung, wurden aber zu Johanns Zeiten als legitimer Teil der königlichen Einnahmen angesehen. Jede willkürliche Erhöhung wurde jedoch von der öffentlichen Meinung und letztlich auch von der Magna Carta als „ *Mala Tolta* " verurteilt.

Es muss jedoch daran erinnert werden, dass der König nicht der Einzige war, der Zölle erhob. Jede Stadt in England und viele feudale Magnaten erhoben durch Verordnung oder durch königliche Bewilligung Zahlungen auf alle Waren, die auf verschiedenen Messen und Märkten gekauft oder verkauft wurden, oder die durch die Stadttore gelangten, an Flusskais entladen wurden oder bestimmte Straßen überquerten . Das Ziel jedes Bezirks bestand darin, seine eigenen Wahlrechte auf Kosten seiner Nachbarn zu vergrößern. Die freien Bräuche von Bristol zum Beispiel bedeuteten nicht nur, dass die Männer dieser Stadt von Zöllen anderer befreit sein sollten, sondern auch, dass sie das Recht haben sollten, von diesen anderen Zölle zu erheben. Ein ganzes Netz solcher Bräuche und Beschränkungen behinderte den freien Warenaustausch in allen Teilen Englands. Magna Carta hatte nicht die Absicht, diese wegzufegen, soweit sie „gerecht und alt" waren; und es ist wahrscheinlich, dass das Verbot einer willkürlichen Erhöhung der Mautgebühren nur gegen die Krone gerichtet war.

III. *Die Motive, die zu diesen Bestimmungen führen.* Es war nicht ungewöhnlich, den Verfassern der Magna Carta eine liberale Politik recht moderner Prägung zuzuschreiben; Sie werden zu Freihändlern gemacht und ihnen wird ein Wissen über wirtschaftliche Prinzipien zugeschrieben, das ihren Zeitgenossen weit voraus ist. Das ist ein völliges Missverständnis: Die Engländer hatten zu Beginn des 13. Jahrhunderts keine weitreichenden Theorien über die Rechte des Verbrauchers oder die Vorteile der Politik der offenen Tür formuliert. Die einheimischen Händler stimmten diesem Kapitel nicht zu und hätten jeden Versuch, Ausländer mit den geschützten Zünften der englischen Bezirke gleichzustellen, bitter abgelehnt. Als die Barone diese Bestimmung in die von John abgerungenen Versprechen einfügten, handelten sie aus eigener Initiative und aus rein egoistischen Motiven. Die reichen Adligen, sowohl Laien als auch Geistliche, wollten, dass nichts die ausländischen Rivalen der Inselbürger daran hindern sollte, Weine und reiche

Kleidung zu importieren, die England nicht produzieren konnte. John teilte zwar als Konsument kontinentaler Luxusgüter teilweise ihre Ansichten, aber seine kurzsichtige Politik drohte den Außenhandel abzuwürgen, indem er die damit verbundenen Belastungen schrittweise erhöhte, bis er nicht mehr rentabel war. Die Barone forderten daher in ihrem eigenen Interesse, nicht im Interesse der ausländischen Kaufleute und schon gar nicht im Interesse der einheimischen Händler, dass die Zölle auf ihren alten festen Sätzen bleiben sollten. Indem sie diese Haltung einnahmen, zeigten sie ihre selbstsüchtige Gleichgültigkeit gegenüber den ebenso selbstsüchtigen Ansprüchen englischer Händler, die, eifersüchtig auf Ausländer gleichermaßen auf ihren Heimatmärkten und im Transporthandel, ein Monopol für sich wünschten. Jeder Gefallen, der ausländischen Kaufleuten erwiesen wurde, war ein Schaden, der den Zünften der gecharterten Bezirke zugefügt wurde. Dieses Kapitel zeigt somit einen Mangel an Dankbarkeit seitens der Barone für den großen Dienst, den ihre Verbündeten, die Bürger Londons, ihrer Sache erwiesen haben. John hingegen würde kaum davor zurückschrecken, die Männer seiner Hauptstadt zu bestrafen, die, da die Tinte auf ihrer neuen Stadturkunde kaum trocken war, keine Skrupel gehabt hatten, seine Sache aufzugeben. [875] Es muss mit grimmiger Freude gewesen sein, als er am 21. Juli 1215 in strikter Übereinstimmung mit dem Tenor der Magna Carta ein Schreiben an König Philip richtete, in dem er in bestimmten Fällen zu Repressalien gegen Londoner Kaufleute in Frankreich aufforderte. [876]

In der Neufassung von 1216 wurden die Privilegien für fremde Kaufleute auf solche beschränkt, die nicht „zuvor öffentlich verboten" worden waren. Dabei handelte es sich um eine wesentliche Änderung, die zur Folge hatte, dass der König die uneingeschränkte Ermessensbefugnis über den Außenhandel zurückerhielt, da er lediglich eine allgemeine Proklamation erlassen und dann Geldstrafen für die Gewährung einer Befreiung von deren Betrieb akzeptieren musste.

IV. *Englische Bezirke und Handelsfremde.* Der Streit zwischen einheimischen und fremden Händlern erlebte in mehreren aufeinanderfolgenden Jahrhunderten viele Wechselfälle, wobei die Krone bald die eine, bald die andere Seite vertrat, je nachdem, wie es gerade ihre finanziellen Interessen erforderten. Von der Doktrin des Freihandels ist nichts zu spüren: Die in ihren Zünften zusammengeschlossenen Kaufleute jeder Stadt konzentrierten ihre Bemühungen darauf, sich das Recht auf exklusiven Handel zu sichern. Es ist wahr, dass die Männer von London kaum eifersüchtiger auf die Privilegien der Bürger von Rouen oder Paris waren als auf die von York oder Lincoln; Ihr Ziel war es, allen Rivalen gleichermaßen Beschränkungen aufzuerlegen. Der *Liber Custumarum* , eine Zusammenstellung aus dem frühen 13. Jahrhundert, legt detaillierte Regeln für die Regulierung ausländischer

Händler in London fest. Der fremde Kaufmann musste im Haus eines Bürgers Wohnung nehmen. Es war ihm strengstens untersagt, Einzelhandelsgeschäfte zu betreiben und in der Herstellung befindliche Artikel zu kaufen. Er konnte nur von denen kaufen, die die Freiheit der Stadt hatten, und konnte die Waren innerhalb der Stadtmauern nicht weiterverkaufen. Er durfte nur an die Londoner Bürger verkaufen, außer an drei bestimmten Wochentagen. Dies waren einige der Regeln, die die Londoner allen Händlern innerhalb ihrer Tore auferlegten. Der König ermutigte jedoch zeitweise Ausländer. Unter dem fördernden Schutz Heinrichs III. ließen sich Langobarden und Provenzaler in beträchtlicher Zahl in der Hauptstadt nieder; und mit Duldung des Königs gegen diese Regeln verstoßen. Als sich die Londoner beschwerten, lehnte Henry die Erleichterung ab. Ihre Loyalität war so erschüttert, dass sie sich im Krieg der Barone auf die Seite der Gegner des Königs stellten, und als die Sache der Royalisten in Evesham siegte, wurde die Hauptstadt an der Strafe beteiligt, die den Gegnern der Krone auferlegt wurde. Prinz Edward wurde 1266 zum Beschützer der ausländischen Kaufleute in England ernannt, dessen Sache vorübergehend triumphierte. Mit der Thronbesteigung dieses Prinzen erkaufte sich London vorerst wieder in die Gunst des Königs. Gleichzeitig wurde versucht, festzulegen, welche Zölle und Zölle von der Krone erhoben werden könnten. Im Jahr 1275, in Edwards erstem Parlament, wurde von „den Prälaten, Magnaten und Gemeinden auf Antrag der Kaufleute" ein Zolltarif für den größten Teil dessen festgelegt, was damals die wichtigsten Exporte Englands darstellte: eine halbe Mark auf jeden Sack Wolle, eine halbe Mark ein Zeichen auf alle dreihundert Wollfelle (das heißt ungegerbte Felle mit Vliesen) und ein Zeichen auf jeder Ladung Leder.

magna et antiqua custuma genannt , um sie von den zusätzlichen fünfzig Prozent zu unterscheiden, die später von ausländischen Kaufleuten erhoben wurden und als *parva et nova custuma* bekannt sind . Die Einigung von 1275 war keineswegs endgültig. Es kam zu neuen Streitigkeiten; und 1285 konfiszierte Eduard I. die Freiheiten Londons, unterdrückte das, was er als Missbräuche bezeichnete, und begünstigte die Außerirdischen. Im Jahr 1298 wurden die Wahlrechte der Hauptstadt wiederhergestellt, und sehr bald begannen die beklagten Missbräuche von neuem. Edward konterte 1303 mit einer Sonderverordnung namens *Carta Mercatoria* zugunsten ihrer ausländischen Rivalen, durch die die Bestimmungen des vorliegenden Kapitels der Magna Carta endlich Wirklichkeit wurden. Diese neue Charta, die das Ergebnis eines Abkommens zwischen der Krone und den ausländischen Händlern war, gewährte verschiedene Privilegien und Befreiungen als Gegenleistung für die jetzt eingeführten erhöhten Zollsätze, die fortan als parva et nova custuma bekannt *sind* . Edward I. unternahm mehrere Versuche, die höheren Steuersätze sowohl von Bürgern als auch von Fremden zu verlangen; aber darin scheiterte er. Im Jahr 1309 wurde eine Petition des Parlaments gegen die Durchsetzung der „neuen Bräuche" eingereicht, in der erklärt wurde, dass diese im Widerspruch zur Magna Carta stünden.

Im Jahr 1311 führte eine vorübergehende Gemeinschaft wirtschaftlicher und politischer Interessen zu einem Bündnis zwischen den englischen Kaufleuten und dem englischen Baronat, dessen gemeinsame Anstrengungen Eduard II. die „Verordnungen" aufzwangen und ihn zwangen, die Politik seines Vaters, Ausländer zu bevorzugen, eine Zeit lang rückgängig zu machen die Kosten einheimischer Kaufleute. Es ist unnötig, das wechselvolle Schicksal dieser Verordnungen zu verfolgen, die häufig durchgesetzt und ebenso häufig abgeschafft wurden, je nachdem wie das Schicksal der Barone oder von Edward II. waren im Moment im Aufwind. Während der Herrschaft von Eduard III. der tief verwurzelte Streit zwischen einheimischen und ausländischen Kaufleuten ging weiter; und viele politische Änderungen wurden von der Krone übernommen. Das Gesetz von 1328, das die „Klammern jenseits des Meeres und auf dieser Seite" abschaffte, sah vor, „dass alle fremden Kaufleute und Eingeweihten nach dem Tenor der Großen Charta mit ihren Waren nach England ein- und ausreisen können." [877] Sieben Jahre später wurde dies durch ein Gesetz bestätigt, das Fremden und Einheimischen in allen Handelszweigen, sowohl im Groß- als auch im Einzelhandel, in allen Einzelheiten eine genaue Gleichstellung auferlegte, unter der ausdrücklichen Erklärung, dass keine privilegierten Rechte von Chartergemeinden gewährt werden sollten seine Durchsetzung beeinträchtigen. [878] Während dieses Gesetz lediglich die allgemeine Lehre des vorliegenden Kapitels der Magna Carta wiederholte und anwendete, verstieß es direkt gegen die Bestimmungen von Kapitel 13. [879] Solche umfassenden Vorschriften waren ihrer Zeit voraus und konnten nicht ohne Revolutionierung umgesetzt werden das gesamte mittelalterliche Handels- und Gewerbesystem, das auf Kaufmannszünften, Stadtrechten und lokalen Monopolen beruhte. Der Einfluss der englischen Bezirke und ihrer politischen Verbündeten war stark genug, um die strikte Durchsetzung dieser Gesetzgebung unmöglich zu machen; und spätere Gesetze, die sich dem Unvermeidlichen beugten, stellten die Privilegien der Bezirke wieder her, während sie weiterhin eine leere allgemeine Doktrin des Freihandels gegenüber Ausländern verkündeten. [880] Die englischen Bezirke, zu denen das Parlament unter Richard II. gehörte. So stellten sie ihre Konzessionen und Monopole wieder her und waren in der Lage, die ausländische Konkurrenz zumindest in bestimmten Branchen vier Jahrhunderte lang wirksam aus ihren Mauern auszuschließen, bis das Statut von 1835 das moderne Zeitalter des Freihandels einläutete. [881]

---

863 . Bisher sind sich alle Behörden einig, es bestehen jedoch unterschiedliche Meinungen über die Quelle dieser Vorrechte. So vertritt (*a*

) Stephen Dowell, *History of Taxation and Taxes in England* , I. 75, die Auffassung, dass die Zölle auf Importe und Exporte ihren Ursprung in der Natur freiwilliger Abgaben hatten, die ausländische Kaufleute als Gegenleistung für Handelsfreiheit und königlichen Schutz zahlten ; (*b*) Hubert Hall, *Customs Revenue of England* , I. 58-62, betrachtet das Vorrecht lediglich als einen Aspekt der Auslieferung, also des Rechts des Königs, das zu beschlagnahmen, was er für seine eigenen Bedürfnisse und die seines Haushalts benötigt. Viele solcher „Theorien" sind Anachronismen. Das Vorrecht beruhte auf Tatsachen – auf der rohen Gewalt, die der Krone zur Verfügung stand. Könige nahmen, was sie konnten, und überließen es zukünftigen Zeitaltern, Theorien zu erfinden, um ihre Taten zu rechtfertigen oder zu erklären.

864 . Siehe *Staatsprozesse* , II. 407-475 und insbesondere 455-6.

865 . *ZB* 2 Edward III. C. 9 und 14 Edward III., stat. 1, c. 21.

866 . Zwei Drittel des Kapitels beschäftigen sich damit, zu erklären, dass fremde Handelsleute aus unfreundlichen Staaten keinen Nutzen daraus ziehen sollen. Herr Hakewill war sich dessen bewusst, versuchte jedoch, der natürlichen Schlussfolgerung durch Feinheiten zu entgehen, die nicht überzeugend waren.

867 . Siehe *oben* , unter c. 13.

868 . Zur rechtlichen Stellung von Ausländern siehe Pollock und Maitland, I. 441-450.

869 . Siehe *Pfeifenrollen* , 27 Heinrich II. und 8 Richard I., zitiert Madox, I. 467-8.

870 . Siehe *Rot. Diagramm.* , 60 (5. April 1200).

871 . Siehe *Pipe Roll* , 6 John, zitiert nach Madox, I. 469, wo weitere Abbildungen zu finden sind. Vgl. auch *Rot. Klopfen.* , 170. 170 *b* , 171, 172 *b* .

872 . In demselben Schreiben gebot ihnen Johannes, alle Schiffe aus dem Land des Kaisers oder des Königs von Schottland ungehindert verlassen zu dürfen, nachdem sie versichert hatten, dass sie direkt in ihre eigenen Länder segeln und nur ihre eigene Besatzung mitnehmen würden. Siehe *Rot. Klaus.* , I. 211, und vgl. Schriftenreihe in I. 210.

873 . Siehe *De l'Esprit des Lois II. 12 (Hrsg. von 1750, Edinburgh), „ Die große Chartre des Anglois verteidigt die Kontrolle und die Beschlagnahmung im Falle des Kampfes gegen die Waren fremder Händler, obwohl sie nicht durch Repressalien ersetzt werden kann." Es ist schön, dass die englische Nation einen Artikel der Freiheit geschafft hat!"*

874 . S. Dowell, *Hist. of Taxation* , I. 83, unter Berufung auf Madox, I. 525-9 [2. Aufl. I. 765-770] und *Liber Albus* , I. 247-8.

875 . Siehe *oben* , 41–2.

876 . Siehe *New Rymer*, I. 135: „Wissen Sie, dass wir dem Bürgermeister und den Sheriffs von London befohlen haben, den Kaufleuten Ihres Landes zu gestatten, ihre Waren und Besitztümer aus London zu entfernen, ohne daran gehindert zu werden, von dort aus ihren Willen zu tun; und wenn sie es nicht tun, können Sie, wenn es Ihnen gefällt, die Männer dieser Stadt (*Illius Villae*) in Ihrer Macht betrüben und belästigen, ohne dass wir es als einen Bruch des Waffenstillstands Ihrerseits ansehen.“

877 . 2 Eduard III. C. 9.

878 . Siehe 9 Edward III. C. 1 und vgl. 25 Edward III., stat. 4, c. 7.

879 . Vgl. *supra* , S. 290-1, wo auf die Inkonsistenz zwischen den beiden Teilen der Großen Charta hingewiesen wird.

880 . Siehe 2 Richard II., stat. 1, c. 1 und 11 Richard II. C. 7.

881 . Siehe 5 und 6 Wilhelm IV. C. 76, s. 14.

Kapitel zweiundvierzig.

Einzige Erlaubnis, die unser Recht aufgibt, und zurückgibt, frei und sicher, auf der Erde und auf See, wir bleiben gläubig, wir werden nicht für kurze Zeit in Anspruch genommen, wir haben das Recht mit der Gemeinschaft genutzt, es sei denn, wir sind inhaftiert und werden in zweiter Linie des Gesetzes inhaftiert, und das ist nicht der Fall Terra cont nos gwerrina, und mercatoribus de quibus fiat sicut predictum est.

In Zukunft soll es jedem erlaubt sein (ausgenommen immer diejenigen, die gemäß dem Gesetz des Königreichs inhaftiert oder geächtet sind, und Eingeborene eines Landes, das sich mit uns im Krieg befindet, und Kaufleute, die wie oben beschrieben behandelt werden sollen), unser Land zu verlassen Königreich zu bekehren und aus Gründen der öffentlichen Ordnung sicher zu Land und zu Wasser zurückzukehren, mit Ausnahme einer kurzen Zeitspanne in Kriegszeiten, wobei wir uns stets die uns gebührende Treue vorbehalten.

Die Bedingungen dieser Erlaubnis für den freien Verkehr zwischen England und fremden Ländern sind besonders weit gefasst, wobei die Ausnahmen sinnvoll und notwendig sind. Offensichtlich konnten Gefangene unsere Küsten nicht verlassen, noch konnten Gesetzlose dorthin zurückkehren: Der Fall von Kaufleuten aus feindlichen Staaten war bereits im liberalen Geist vorgesehen; während die vorübergehende Einschränkung des Verkehrs mit dem Feind bei Ausbruch der Feindseligkeiten äußerst vernünftig war.

Obwohl die Bestimmung somit einen recht allgemeinen Geltungsbereich hat und alle Klassen und Ränge von Männern umfasst, war sie für den Klerus besonders willkommen, da sie ihnen ohne königliche Erlaubnis ermöglichte, nach Rom zu reisen, um dort ihre Berufungen zu verfolgen oder ihre Ansprüche auf Vorzug geltend zu machen . So betrachtet enthält es praktisch eine Aufhebung von Artikel 4 der Verfassungen von Clarendon von 1166, der es Erzbischöfen, Bischöfen und Pfarrern (*personæ*) des Königreichs verbot, dieses Königreich ohne die Erlaubnis des Königs zu verlassen. Die Gewährung der Verkehrsfreiheit im Jahr 1215 öffnete der Kirche somit die Möglichkeit, in die königlichen Vorrechte einzugreifen; und aus diesem Grund wurde es in der Neuauflage von 1216 weggelassen und nie ersetzt. Damit wurde allen Ständen ein Segen entzogen, aus Angst, er könnte von den Geistlichen missbraucht werden. Heinrich III. nutzte die Unterlassung, um die Bewegungen von Geistlichen und Laien gleichermaßen einzudämmen. Wer das Land ohne die königliche Lizenz verließ, musste häufig Geldstrafen zahlen. [882]

Die Strenge, mit der dieses Vorrecht zunächst durchgesetzt wurde, wurde, wenn auch allmählich, immer lascher. Der König behielt das Recht weiterhin bei, übte es jedoch nur durch Proklamationen über bestimmte Klassen oder zu besonderen Anlässen aus, woraus sich schließen ließ, dass alle, die nicht eigentlich verboten waren, frei kommen und gehen konnten, wie es ihnen gefiel. So wurde 1352 Eduard III. Hätte in allen Grafschaften Englands verkündet, dass kein Graf, Baron, Ritter, Religionsmensch, Bogenschütze oder Arbeiter das Reich unter Androhung von Verhaftung und Gefängnis verlassen dürfe. [883] Die Tatsache, dass Edward es für notwendig hielt, eine solche Verordnung zu erlassen, die autokratisch und den modernen Idealen, wie sie jetzt erscheinen, widerstrebt, deutet auf einen Rückgang der königlichen Macht im Vergleich zu der von Heinrich II., Johannes oder Heinrich ausgeübten Macht hin III. Eine weitere Einschränkung der Vorrechte kann aus den Bestimmungen eines Statuts von Richard II. abgeleitet werden, das die Befugnis des Königs bestätigt, die freie Ausreise aus England zu verbieten, und zwar vorbehaltlich sehr weitreichender Ausnahmen. Gemäß ihren Bestimmungen hatte die Krone das Recht, die Einschiffung aller Arten von Personen, sowohl Beamten als auch anderen, aus jedem Hafen und jedem anderen Ort an der Seeküste unter Androhung des Verlusts aller ihrer Güter zu verbieten, „außer nur den Lords und Lords". andere große Männer des Reiches und wahre und angesehene Kaufleute und die Soldaten des Königs", die offenbar 1381 ohne die Erlaubnis des Königs das Land verlassen durften, obwohl es Grafen und Baronen 1352 verboten worden war. [884] Auch wenn dieses Gesetz dies zulässt In Bezug auf die Freiheit von Magnaten, Kaufleuten und Soldaten, ohne königliche Erlaubnis ins Ausland zu gehen (was zweifelhaft ist), waren die der Krone vorbehaltenen Vetobefugnisse nach modernen Vorstellungen immer noch übertrieben. Es blieb jedoch bis 1606 in Kraft, als es unter etwas seltsamen Umständen aufgehoben wurde. Nach der Vereinigung der Kronen überzeugte König James, bestrebt, die Bindung zu vertiefen, sein erstes englisches Parlament, eine Reihe alter Gesetze aufzuheben, die den schottischen Interessen zuwiderliefen. In diesem Zusammenhang wurde das Gesetz von Richard II. wurde (in Worten, die jedoch nicht auf Schottland beschränkt sind) für „von nun an vollständig aufgehoben" erklärt. [885] Coke behauptet nachdrücklich, dass diese Aufhebung das alte Vorrecht der Krone intakt ließ, das nicht auf Gesetzen, sondern auf dem Gewohnheitsrecht beruhte, dessen Macht die bereits zitierte Proklamation von Edward III. war lediglich eine Emanation gewesen. Er scheint daher fast zu argumentieren, dass die Krone im 17. Jahrhundert die Autorität behielt, die sich genau auf die in der Verordnung von 1352 genannten Klassen erstreckte.

Jedenfalls wurde der Krone das Vorrecht, in die Freiheit des Untertanen, England zu verlassen, einzugreifen, nie vollständig entzogen. Doch im Laufe der Jahrhunderte kam es nach und nach zu einer großen Veränderung: Die

Verantwortung wurde von dem Einzelnen, der das Königreich verlassen wollte, auf den König verlagert, der ihn festhalten wollte. Während unter Johann oder Heinrich III. der Untertan vor der Einschiffung eine Lizenz von der Krone einholen musste, stand es ihm unter späteren Königen frei, das Land zu verlassen, bis es tatsächlich durch eine besondere königliche Verfügung verboten wurde. Coke [886] spricht von der Form, die ursprünglich für diesen Zweck verwendet wurde, einer Form, die zu seiner Zeit so alt war, dass sie bereits veraltet war und als *Breve de securitate invenienda quod se non divertet ad partes externas sine licentia regis bekannt war* . Dies wurde durch das einfachere Schreiben *Ne exeat regno ersetzt* , das immer noch verwendet wird. [887] Der Geltungsbereich dieses Erlasses wurde eingeschränkt und geändert: Er war kein Motor der königlichen Tyrannei mehr und wurde nie erlassen, außer im Rahmen eines beim Court of Chancery anhängigen Rechtsstreits. Von den Gerichten des Gewohnheitsrechts immer mit Argwohn als ein Wesen der Vorrechte betrachtet, war es jahrhundertelang das besondere Instrument, das die Parteien einer Billigkeitsklage daran hinderte, sich in fremde Länder zurückzuziehen. Derzeit besteht eine gewisse Unsicherheit über den eigentlichen Zuständigkeitsbereich dieser Schriftstücke, da die Judicature Acts den Court of Chancery mit dem High Court of Justice zusammengelegt haben. [888]

Die Verwendung solcher Schriften in diesem eingeschränkten Bereich könne nicht als unterdrückender Eingriff in die Freiheit des Subjekts angesehen werden. Die vollkommene Freiheit, die Küsten Englands zu verlassen und nach Belieben zurückzukehren, die in der Magna Carta des Johannes gewährt, aber sofort als undurchführbar für das damalige Zeitalter zurückgezogen wurde, wurde im Laufe der Jahrhunderte vollständig verwirklicht. [889]

Zwei Sätze, die in diesem Kapitel auftauchen, erfordern einen Kommentar, wenn auch aus unterschiedlichen Gründen: Der eine verkörpert eine alte, inzwischen veraltete Rechtsdoktrin, der andere nimmt einen charakteristisch modernen Standpunkt vorweg. (1) *Salva fide nostra*. Diese kurzlebige Klausel der Magna Carta, die die Freiheit gewährte, das Land zu verlassen, sah zu Recht vor, dass die bloße Abwesenheit von England niemanden von der Treue zu seinem König entbinden sollte. Die alte Nationalitätslehre war in der Tat sehr streng. Die vorherrschende Herrschaft war *Nemo potest exuere patriam* . Jeder, der im Land geboren wurde, schuldete seinem König die Treue – und diese Bindung blieb ungebrochen, bis sie durch den Tod eines Untertanen oder Herrschers unterbrochen wurde; es konnte auf keine andere Weise gebrochen werden. Nach dieser Maxime muss ein Mann, der als Untertan des Königs von England geboren wurde, sein Untertan bleiben, wo immer er auch umherwandert. Eine Verletzung der Treuepflichten, die sich aus dem bloßen Zufall der Geburt ergab, könnte den Täter den unmenschlichen Schrecken aussetzen, die Verrätern zugefügt werden.

Eine Reihe von Gesetzen, die im Naturalization Act von 1870 gipfelten, haben diese alte Doktrin vollständig aufgehoben und durch eine der vollkommenen Freiheit ersetzt. Jedem in Großbritannien geborenen Menschen steht es nun frei, Untertan eines fremden Staates zu werden; und die bloße Tatsache, dass er dies absichtlich und mit allen notwendigen rechtlichen Formalitäten tat, entzieht ihm die britische Staatsangehörigkeit, durchtrennt das Band der Treue und befreit ihn von der Anwendung des Gesetzes des Hochverrats. Die Worte „ *Salva fide nostra* “ gelten nicht mehr.

(2) *Propter communem utilitatem regni.* Indem die Charta das Recht auf freien Austritt während der tatsächlichen Dauer der Feindseligkeiten einschränkte, erklärte sie, dass eine solche Beschränkung zum Wohle des Königreichs verhängt werden sollte, und brachte damit zum Ausdruck, was allgemein als eine sehr moderne Doktrin angesehen wird: Johannes war, Maßnahmen zu ergreifen, nicht für seine eigenen egoistischen Zwecke, sondern nur *pro bono publico* .

---

882 . *Eg* Coke (*Third Institute* , S. 179) zitiert aus *Rot. Finium* vom 6. Heinrich III. und *Rot. Klaus.* vom 7. Heinrich III. der folgende Fall: „ *Willielmus Marmion clericus profectus est ad regem Franciae sine licentia domini regis, et propterea finem fecit* .“ Die Praxis war offenbar vor der Magna Carta weitgehend dieselbe gewesen. Z.B Madox (I. 3) zitiert aus *der Pfeifenliste* von 29 Heinrich II. wie „ *Randulfus filius Walteri reddit compotum de XX marcis, quia exivit de terra Domini Regis* .“

883 . Siehe Coca-Cola, *ebenda.* , unter Berufung auf die Close Roll von 25 Edward III.

884 . 5 Richard II., stat. 1, c. 2.

885 . 4 Jakobus I. c. 1, s. 22.

886 . *Drittes Institut* , S. 178.

887 . Sein Ursprung ist unklar. Siehe Beames, *Brief view of the writ of Ne Exeat* , *passim* .

888 . Siehe *Encyclopaedia of Laws of England* , IX. 79.

889 . Zum gesamten Thema dieser Schriften siehe Stephen, *Commentaries* , II. 439-40 (Ausgabe 1899), und die dort zitierten Autoritäten.

Kapitel dreiundvierzig.

Wenn wir einen anderen Prinzen haben, sind die Ehrenmitglieder Wallingfordie, Notingeham, Bolonie, Lancastrie und alle anderen Prinzen, die wir in unserem Haus haben, und unser Baron, und er hat es geschafft, aber wir haben nicht einmal die Ehre, dass wir unseren Baronen keine Dienste leisten können si baronia illa esset in manu baronis; Und wir wissen, dass wir alle wissen wollen, was wir tun.

> Wenn einer, der einen Treuhandbesitz innehat (zum Beispiel die Ehre von Wallingford, Nottingham, Boulogne, Lancaster oder anderen Treuhandbesitz, der in unseren Händen liegt und Baronien sind), stirbt, darf sein Erbe keine andere Erleichterung gewähren und die Leistung erbringen kein anderer Dienst für uns, als er dem Baron erwiesen hätte, wenn diese Baronie in der Hand des Barons gewesen wäre; und wir werden es auf die gleiche Weise halten, wie der Baron es gehalten hat.

Dieses Kapitel bekräftigt eine Unterscheidung, die bereits Heinrich II. anerkannt hatte. aber von John ignoriert. Die Kronpächter wurden in zwei Klassen eingeteilt, je nachdem, ob ihre Besitztümer ursprünglich von der Krone oder von einem Mesne-Lord, dessen Baronie sich später entzogen hatte, gewährt worden waren. Letztere Klasse wurde von Heinrich II. bevorzugt behandelt. aus Gründen, die sofort erläutert werden müssen. Das ältere Treuhandgesetz war zu vage, um eine wirksame Einschränkung der königlichen Vorrechte zu beweisen; Wenn der König ein Lehen an die Krone verloren hatte, könnte er die von seinem früheren Besitzer gewährten Schenkungen für ungültig halten, indem er sich weigerte, die Titel der Unterpächter als für ihn verbindlich anzuerkennen, und alle Unterpachtverträge durch die bloße Tatsache als ausgelöscht behandelte dass das Lehen ihres Herrn an die Krone gefallen sei. Im Gegensatz dazu hatte ein Mesne-Lord keine vergleichbaren Rechte gegenüber den Untermietern seines Pächters, der betrogen worden war.

In der Praxis milderte der König in der Regel die ganze Strenge dieser Theorie ab, indem er aus Gnaden, aus politischen Gründen oder gegen Geld Ansprüche bestätigte, die er nicht als Rechtsfrage anerkennen wollte. Die Pächter enteigneter Baronien wurden als Hauptpächter *der* Krone akzeptiert. [890] Nicht nur das; aber Heinrich II. ließen nicht zu, dass sie durch die Änderung nachteilig beeinflusst wurden. Der König nahm ihnen nur die Dienste und Lehensabgaben ab, die sie dem Herrn der Baronie vor deren Enteignung zu erbringen pflegten. Diese gerechte und nachsichtige Politik erklärt den Ursprung der Aufteilung der königlichen Pächter in zwei Klassen; Pächter, die von Heinrich *ut de Corona besaßen* , und Pächter, die von ihm *ut de escaeta* , *ut de honore* oder *ut de baronia hielten* (Synonym verwendete Ausdrücke). [891] In Bezug auf Verpflichtungen, die für gewöhnliche Kronpächter schwerer waren als für Pächter von Mesne-Lords, wurden Inhaber von Kronlehen *ut de escaeta* bevorzugter behandelt. Es seien zwei Illustrationen gegeben. Während Pächter *ut de Corona* unter Heinrich II. mussten große und willkürliche Erleichterungen zahlen, die *ut de escaeta* zahlten nicht mehr als 100 Schilling. pro Ritterhonorar. [892] Auch ihre Verpflichtung zur „Klage" (oder zum Besuch des Feudalgerichts des Lehnsherrn) sollte nicht erhöht werden. „Die Pächter einer Ehre oder eines Herrenhauses, die durch Treuhand an die Krone gekommen waren, waren keine Freier der Curia Regis, sondern des Hofes der Ehre oder des Herrenhauses, die so gefiebert worden waren." [893]

John ignorierte diese Unterscheidung und weitete auf Mieter *ut de escaeta* die strengeren Regeln aus, die für Mieter *ut de Corona gelten* . Magna Carta bekräftigte die Unterscheidung; und begnügte sich nicht damit, einen allgemeinen Grundsatz zu formulieren, sondern wandte ihn in zweierlei Hinsicht an: Weder die Erleichterungen noch die Dienste ehemaliger Pächter von Baronien sollten aufgrund der Tatsache erhöht werden, dass diese Baronien der Krone entgangen waren. [894] Die Charta Heinrichs III. von 1217 betonte eine dritte Anwendung der allgemeinen Regel und erklärte, dass er aufgrund einer entzogenen Baronie keinen Anspruch auf Pfändung oder Sorgerecht für die Unterpächter dieser Baronie erheben würde. [895] Um dieses Zugeständnis zu verstehen, muss man bedenken, dass unter Heinrich III., wie auch unter Heinrich II., Unterpächter von Baronien immer noch Gefahr liefen, ihre Titel zu reduzieren, indem sie den Titel ihres Herrn herabsetzten; während die Untermieter derjenigen, die selbst Untermieter waren, nicht einem ähnlichen Unglück durch den Betrug ihres unmittelbaren Herrn ausgesetzt waren. Auch hier sollte die Stellung der Kronlehen *ut de escaeta* der der Lehen der Mesne-Lords gleichgestellt und von der der Kronlehen *ut de Corona unterschieden werden* . Untermietverträge enteigneter Baronien sollten nicht abgeschafft werden, sondern weiterbestehen, und die Krone (oder ihr Bevollmächtigter) würde den Unterpachtvertrag vorbehaltlich aller Verbindlichkeiten und Rechte der Untermieter annehmen.

Die Krone scheint diese Regel in der Praxis nicht strikt eingehalten zu haben. Artikel 12 der Petition der Barone aus dem Jahr 1258 [896] beschwerte sich darüber, dass Heinrich Urkunden verliehen hatte, die Rechte verliehen, die nicht in seiner Macht standen (*aliena jura*), die er jedoch als Hinterziehung beansprucht hatte. Ein Akt aus dem ersten Jahr von Edward III. erzählte, wie die Krone den Käufern Eigentumswohnungen entzogen hatte, die der Krone „zu Ehren" gehörten, und sie so behandelte, „als wären sie Oberhäupter des Königs, als Eigentum der Krone". Das Gesetz versprach Wiedergutmachung: [897] Unregelmäßigkeiten blieben jedoch während der früheren Tudor-Regierungszeit bestehen; und das erste Parlament von Edward VI. verabschiedete ein Gesetz zum Schutz der Käufer von Grundstücken im Zusammenhang mit der Krone entzogenen Ehrentiteln. [898]

---

890 . Die Unterpächter *kleiner,* entzogener Lehen (die nicht als Ehren- oder Baronien gelten) konnten sich in dieser Hinsicht nicht auf königliche Gnade verlassen. Dies scheint die Meinung von Madox, *Baronia Anglica , 199* zu sein : „Wenn ein von der Krone *in capite gehaltenes Honorar* dem König entzogen wurde und keine Ehre oder Baronie war, dann war das kein Honorar (das heißt, ich denke es). hat der Krone nicht die gleiche Notlage übertragen, in der sie dem besagten Pächter *in capite zugefügt wurde* .“ Vgl. auch *ebenda.* , 203.

891 . Siehe Madox, *Baronia Anglica* , 169–171; auch Pollock und Maitland, I. 261, und die dort zitierten Behörden.

892 . Siehe *Dialogus* , II. X. F und *ebenda.* , II. xxiv. Die gleiche Regel galt für Untermieter von Baronien in der Obhut (was einem vorübergehenden Verzicht entsprach). Als beispielsweise der Sitz von Lincoln im Jahr 1168 vakant war und daher an die Krone fiel, zahlten die Erben der Unterpächter Henry nur das, was sie dem Bischof gezahlt hätten; einer gab 30 Pfund für sechs Gebühren und ein weiterer 30 Mark für vier. Siehe *Pfeifenrolle* , 14 Heinrich II., und vgl. *oben* , c. 2. Auch in Sachen Scutage wurde ein Unterschied anerkannt: Während Mieter *ut de Corona* gezwungen sein könnten, persönlich zu dienen, ohne eine Option zu haben, könnten Kronmieter *ut de honore* (und a *fortiore* auch Untermieter) bei der Ausschreibung eine Befreiung beanspruchen scutage. Siehe den Fall von Thomas von Inglethorpe in 12 Edward II., zitiert von Madox, *Baronia Anglica* , 169–171.

893 . *Bericht über die Würde eines Peers* , I. 60.

894 . Die Notwendigkeit dieses besonderen Hinweises auf Erleichterung ist auf den ersten Blick nicht offensichtlich, da c. 2 der Magna Carta scheint John, indem er es John verbietet, von Kronpächtern beider Klassen die willkürlichen Beträge seines Vaters einzufordern, sie bereits vor Missbrauch geschützt zu haben. Wahrscheinlich jedoch c. 43 wollte verhindern, dass John jeden der ehemaligen Pächter der entzogenen Baronie als Inhaber einer eigenen neuen Baronie behandelte und daher einer Freiherrentlastung von 100 Pfund Sterling statt der 25 Pfund Sterling, die er für seine fünf Honorare zahlen müsste, unterliegt. oder 50 £ für seine zehn Honorare, oder je nachdem. Der Fall von William Pantol (siehe *Pipe Roll* , 9 Henry III., zitiert Madox, I. 318) scheint dies zu veranschaulichen. Ihm wurden 100 Pfund Entlastung für das Land seines Vaters in Rechnung gestellt, er protestierte

jedoch, dass er außer fünf Ritterhonoraren des Landes, das Robert von Belesme gehörte, nichts von der Krone besitze. Diesem Einwand wurde stattgegeben und 75 £ des abgebuchten Betrags wurden abgeschrieben.

895 . Siehe c. 38 von 1217, und vgl. die Glosse von Bracton (II. Folio 87, B.), die die Bedeutung etwas weniger unklar macht. Die Charta von 1217 enthielt eine rettende Klausel: „Es sei denn, der Inhaber der entzogenen Baronie besaß anderswo direkt von uns." Bracton fügte einen zweiten Vorbehalt hinzu, nämlich, es sei denn, die besagten Untermieter (jetzt Kronmieter *ut de escaeta*) seien vom König selbst belehnt worden.

896 . Siehe *Sel. Urkunden* , 384.

897 . Siehe 1 Edward III., *stat.* 2, c. 13, *Reichsstatuten* , I. 256.

898 . Siehe 1 Edward VI. C. 4, *Reichsstatuten* , III. 9.

KAPITEL VIERUNDVIERUND.

Menschen, die außer Gefecht gesetzt werden müssen, sind aus diesem Grund nicht gerechtfertigt, weil sie uns für die Beschwörung der Gemeinden zur Verfügung stellen, sie sind nicht in Ordnung, sie werden mit Aliquots belohnt, sie sind für den Wald zuständig.

Männer, die außerhalb des Waldes leben, brauchen von nun an nicht mehr auf allgemeine Vorladung vor unsere Waldrichter zu treten, mit Ausnahme derjenigen, die angeklagt sind oder Bürgen für eine oder mehrere Personen geworden sind, die wegen Walddelikten angeklagt sind.

Diese Bestimmungen sollten einen der vielen Missbräuche im Zusammenhang mit der Anwendung der repressiven Forstgesetze beheben.

I. *Die königlichen Wälder.* Mindestens ein Jahrhundert vor Johns Herrschaft hatte das Wort „Wald" eine genaue technische Bedeutung erhalten und wurde auf bestimmte weite, unregelmäßig über ganz England verstreute Bezirke angewendet, die der Krone zu Sportzwecken vorbehalten waren. Hier fanden Wildschweine und Hirsche verschiedener Arten Unterschlupf, in dem sie durch die strengen Vorschriften des „Waldgesetzes" geschützt waren. Es war die Verbreitung dieses Kodex, der die als königliche Wälder bekannten Bezirke von allen, die *außerhalb des Waldes* lagen, absolut abgrenzte ; und dies ermöglichte eine genaue Definition. Ein „Wald" war ein Bezirk, in dem dieses repressive Gesetz unter völligem Ausschluss des außerhalb herrschenden Gewohnheitsrechts herrschte. Die Wälder mit ihren Bewohnern waren bewusst aus dem Vereinigungsprozess ausgeklammert worden, durch den der Rest Englands unter einer einheitlichen *Lex Terrae assimiliert worden war* . Sie blieben weitgehend im Ermessen der Krone. Dieser Ausschluss des Gewohnheitsrechts aus den Grenzen der Wälder war die Wurzel, aus der viele Übel erwuchsen. In keinem anderen Bereich waren die Vorrechte so uneingeschränkt wie innerhalb der bezauberten Kreise, die diese königlichen Gebiete von den glücklicheren Teilen des Königreichs abgrenzten.

Aus dieser Definition eines Waldes als einer *rechtlichen* und nicht einer *physischen* Einheit folgt, dass das Wort keineswegs ein Synonym für Begriffe wie „Holz" oder „versteckt" ist, die lediglich natürliche Eigenschaften implizieren. Ein Wald war nicht zwangsläufig auf der gesamten Fläche oder auch nur im größten Teil seiner Ausdehnung mit Bäumen bedeckt. Kilometerlange Moore, Heidelandschaften und hügelige Hügel könnten dazu gehören, und sogar fruchtbare Täler, zwischen denen sich gepflügte Felder und Dörfer schmiegen. Derselbe Wald könnte tatsächlich viele Wälder enthalten, einige davon auf königlichem Grund und andere im Besitz von Privatbesitzern. An bestimmten Orten könnten die Eigentumsrechte des Königs mit seinen Forstrechten deckungsgleich sein; aber häufiger waren große Teile des *Solums* (ob bewaldet oder kahl) Eigentum von Grundbesitzern, deren Eigentumsrechte tendenziell nur nominell wurden, wenn sie durch die Jagdrechte des Königs außer Kraft gesetzt wurden. Männer konnten zwar innerhalb der Grenzen leben, und das tat sie auch, aber sie konnten keine Rechte auf persönliche Freiheit oder Eigentum genießen, die im Widerspruch zu den Regeln standen, die die Krone zum Schutz ihrer eigenen Interessen erlassen hatte. Innerhalb der imaginären Linie war die Macht des Königs überragend, und er nutzte sie offen gesagt für den Schutz der Tiere der Jagd, nicht für die gute Regierung der Männer, die zufällig dort lebten. Diese unglücklichen Wesen waren absolut dem strengen Waldgesetz unterworfen, einem Gesetz, in den ausdrucksstarken Worten von Dr. Stubbs, „grausam gegenüber Mensch und Tier". Wenn sie wegen Walddelikten angeklagt wurden, hatten sie keinen Schutz vor dem Gewohnheitsrecht Englands, genauso wenig wie vor dem Recht eines fremden Landes. Es war jedoch etwas, dass selbst in den high placesköniglichen Vorrechten Gewohnheitsregeln entstanden, verbindliche Anerkennung erlangten und sich nach und nach zu Gesetzen verfestigten, die der königlichen Willkür gewisse, wenn auch unzureichende, Grenzen setzten. Vor Johns Zeit hatte das Forstgesetz, wie es im Assize of Woodstock dargelegt und in der Praxis der Forstbeamten zum Ausdruck gebracht wurde, seinen Platz als eindeutiges Rechtssystem eingenommen, das sich sowohl vom Gewohnheitsrecht als auch vom kanonischen Recht unterschied. [899]

II. *Ursprung der Wälder.* Vor der normannischen Eroberung scheinen die Könige Englands in dieser Hinsicht keinen Anspruch auf ein ausschließliches Vorrecht erhoben zu haben. Die einzige Verordnung von Cnut zu diesem Thema, die als authentisch anerkannt wurde, sah lediglich vor, dass jeder Mann seine eigene Jagd haben sollte, während der König seine eigene haben sollte. [900] Die Rechte der Krone wurden jedoch durch die Ereignisse von 1066 und die darauf folgende Verhärtung der Feudaltheorie gestärkt und gefestigt. Alle unbewohnten Ödlande wurden königliches Eigentum; und dies waren die natürlichen Rückzugsorte der größeren Wildarten. Der König erhob Anspruch auf ein bevorzugtes und schließlich auf ein ausschließliches Recht zur Jagd auf die wichtigeren Tierarten *ferae naturae* , die als „Waldtiere" bekannt sind – darunter das Rotwild (Hirsch und Hirschkuh). Damwild (Böcke und Hirsche), Rehe beiderlei Geschlechts und das Wildschwein, in einem Wald ausnahmsweise auch der Feldhase. [901] Der Eroberer und seine Söhne legten großen Wert auf die Jagd und warnten alle Eindringlinge vor den weiten Landstrichen, die als königliche Reservate beansprucht wurden. Heinrich I. formulierte die Lehre vom Waldrecht, und ihm ist es wohl zu verdanken, dass „Wald" seine hochtechnische Bedeutung erhielt. Mit der besonderen Bedeutung kam der ausdrückliche Anspruch auf ein Jagdmonopol verbunden mit der obersten und ausschließlichen Gerichtsbarkeit. Die Unruhen unter Stephans Herrschaft schmälerten die Autorität der Krone in dieser Hinsicht wie in so vielem anderen, und Heinrich II. fand die Wälder stark eingeschränkt. Er hatte nicht die Absicht, sich damit abzufinden, aber erst 1184 versuchte er im Assize von Woodstock, die Regeln des Forstgesetzes zu formulieren. In diesem Bereich, wie auch in vielen anderen, wurde der Organisationsprozess durch Heinrich II. abgeschlossen. Aufbauend auf den von seinem Großvater gelegten Grundlagen; und die gesamte Struktur wurde seinen Söhnen in einem Zustand höchster Effizienz vermacht. Johns Einstellung zu den Forstgesetzen war nicht ganz konsistent. Der Mönch von Barnwall, dessen Werk von Walter von Coventry in sein eigenes aufgenommen wurde, bezieht sich auf Johns Verdienst, wie er im Jahr 1212 neben anderen Reformen, die das Volk besänftigen sollten, einige Lockerungen der Strenge des Forstgesetzes versuchte. [902] Eine solche Gnade war außergewöhnlich. Charakteristischer für seine normale Haltung war der am 28. Juni 1209 erlassene Befehl, Hecken niederzubrennen und Gräben einzuebnen, damit die Tiere sich von der Ernte und den Früchten ernähren konnten, während die Menschen verhungerten. [903]

III. *Forstbeamte.* Die örtlichen Richter, die den Rest Englands verwalteten, wurden von einer separaten Gruppe von Beamten aus den Wäldern ausgeschlossen. An der Spitze dieser besonderen Organisation stand in früheren Zeiten der Forstjustiziar (im Kapitel 16 der *Carta de Foresta* Oberförster genannt), dessen Aufgaben im Jahr 1238 aufgeteilt wurden, woraufhin es zwei durch die Forstverwaltung getrennte Provinzen gab Fluss Trent. [904] Seine Ernennung war unbefristet, und seine Pflichten, die zwischen den Amtszeiten fortbestehen, waren eher administrativer als juristischer Natur. Er hatte die Befugnis, nach eigenem Ermessen Eindringlinge freizulassen, die wegen Verstößen gegen die Forstgesetze inhaftiert waren. [905] Unter seiner allgemeinen Aufsicht wurde jeder Wald oder jede Waldgruppe von einem separaten *Aufseher verwaltet* , der von einer Reihe kleinerer Beamter, den sogenannten *Förstern* , *unterstützt* wurde, deren Aufgaben denen eines modernen Wildhüters entsprachen, jedoch zusätzlich über richterliche Befugnisse verfügten . Es gab zwei Klassen von Aufsehern: „diejenige, die durch Patentbriefe unter dem großen Siegel ernannt wurde und ihr Amt nach Belieben des Königs innehatte; die anderen erblichen Aufseher." [906] Zur Nutzung durch den König befand sich in oder in der Nähe jedes Waldes beliebiger Größe eine königliche Residenz, die im Mittelalter natürlich die Form einer Festung annahm. Es war praktisch, dass das Amt des Aufsehers mit dem des Konstablers dieser benachbarten Burg kombiniert werden sollte. [907] „Die Wächter waren die leitenden Beamten des Königs in seinen Wäldern. An sie wurden im Allgemeinen Schriftstücke gerichtet, die sich auf die Verwaltung von Forstbetrieben sowie auf die Lieferung von Wild- und Holzgeschenken bezogen." [908]

Das Amt war ein Amt mit Autorität und Gewinn, das normalerweise eher in Form von Sachleistungen als durch ein Gehalt bezahlt wurde. Der Aufseher besaß oft ein Lehen aufgrund einer mit dem Dienst verbundenen Amtszeit und genoss Rechte und Vergünstigungen, die immer wertvoller Natur waren, wenn auch je nach Wald unterschiedlich. Diese reichten aus, um ihm ein seiner Position angemessenes Einkommen zu verschaffen und es ihm zu ermöglichen, den Lohn seiner Unterhalter zu finden, die somit als Beamte bezahlt werden sollten. Das war die Theorie; Tatsächlich zahlten die Förster, anstatt Lohn zu erhalten, gern große Summen an den Aufseher und machten sich durch Erpressungen von den einfachen Bewohnern ihrer Vogteien mit einem reichlichen Gewinn wieder ein. [909] Es wurde ausdrücklich gesagt, dass diese unbezahlten Förster „vom Land leben" sollten. Sie bildeten eine mächtige Beamtenklasse, deren übermäßige Zahl ständig Anlass zu Beschwerden gab. Sie können auf unterschiedliche Weise eingeteilt werden, z. B. in reitende und wandernde Förster (von denen es im Normalfall einen bzw. vier gab) oder in von den Förstern ernannte Förster und in Honorarförster. Letztere hatten Eigeninteressen, die die Waldcharta sorgfältig respektierte; So wurde ihnen in Kapitel 14 das Recht vorbehalten, „Chiminage" oder Wegurlaub zu nehmen, während es anderen Arten von Förstern verwehrt blieb; Sie könnten die ihnen vorbehaltenen „erworbenen Rechte" immer noch genießen, aber nicht missbrauchen. [910]

Mit diesen professionellen Wildhütern arbeiteten zumindest in späterer Zeit mehrere Gruppen unbezahlter Richter zusammen, die aus den Rittern und Grundbesitzern des Bezirks ernannt wurden. Von diesen Ehrenbeamten, deren ursprüngliche Funktion darin bestand, zusätzliche Mechanismen zum Schutz der Rechte der Krone bereitzustellen, deren Stellung als Bezirksherren mit Anteilen am Bezirk sie jedoch dazu veranlasste, in gewissem Maße auch als Schiedsrichter zwischen dem König und externen Parteien zu fungieren, Es gab drei anerkannte Arten. (a) Gegen Ende des 12. Jahrhunderts erlangten die als *Verderer bekannten Offiziere* (normalerweise vier für jeden Wald) eine herausragende Stellung. Sie erscheinen in der *Carta de Foresta* von 1217, wurden jedoch im Assize of Woodstock von 1184 nicht erwähnt. Es ist wahrscheinlich, dass das Amt in dieser Zeit als Kontrolle der Macht des Aufsehers geschaffen wurde, da das Amt des Gerichtsmediziners eingeführt worden war in der Regierungszeit von Richard I. als Belastung für den Sheriff. In anderer wichtiger Hinsicht ähnelten die Pflichten der Waldpfleger in den Wäldern denen der Gerichtsmediziner im Rest des Landkreises. Es handelte sich nicht um königliche Angestellte, deren gesamte Zeit von Amtspflichten in Anspruch genommen und durch feste Gehälter oder Nebenleistungen vergütet wurde, sondern um örtliche Grundbesitzer, deren obrigkeitliche Dienste unbezahlt waren und vermutlich nur zu besonderen Anlässen in Anspruch genommen wurden. Sie waren direkt dem König und nicht dem Aufseher verantwortlich; und wurden vom Bezirksgericht ernannt, wobei ihre „Wahl" gemäß den Bestimmungen des Writ „ *de viredario eligendo* " erfolgte. Sie besuchten die Forstgerichte und Swanimotes, und aus Kapitel 16 von Henrys Forsturkunde geht hervor, dass es ihre Pflicht war, den Richtern in Eyre Listen aller vor den Untergerichten angeklagten Straftäter vorzulegen. Diese „Befestigungsrollen" wurden durch ihre Siegel zertifiziert. [911] (*b*) Die *Regarders* waren zwölf Ritter, die in jedem Waldbezirk ernannt wurden, um alle drei Jahre Inspektionstouren durchzuführen und Antworten auf eine Reihe von Fragen zu finden, die als „Chapters of the Regard" bekannt sind. Auf diese Weise überprüften sie die Interessen der Krone an „Wild und Vert" (die Fachbezeichnungen für Wild bzw. Nutzholz) und berichteten über alle Eingriffe: gegen Habichte und Falken, Pfeil und Bogen, Windhunde und Mastiffs (mit Sonderzeichen). Bezug auf „Beschleunigung" oder Schneiden ihrer Krallen) [912] und im Allgemeinen auf alles, was Privatpersonen gehört und den Tieren des Waldes Schaden zufügen könnte. [913] (*c*) Die *Agistors* werden in derselben Klausel des Assize of Woodstock erwähnt, in der auch die Regarders erwähnt werden. Vier Ritter wurden offenbar vom Wärter jedes Waldes ernannt, deren Aufgabe es war, die Interessen des Königs in allen Angelegenheiten im Zusammenhang mit der Schweine- und Rinderhaltung in den königlichen Wäldern zu schützen. Dreißig Tage lang durften die Schweine zu Michaelis die Freiheit haben, sich von Eicheln und Buchenmasten zu ernähren, wenn ihre Besitzer einen kleinen festen Betrag pro Tier zahlten. Die vier Ritter waren verpflichtet, die fälligen Beträge, die sogenannte „Pannage", zur Kenntnis zu nehmen und sie am Martinstag einzusammeln. [914]

Erwähnt werden sollten vielleicht auch die Privatförster, die die Waldbesitzer im Wald zu ernennen hatten. Diese „Waldwächter", wie sie manchmal genannt wurden, sollten, obwohl sie vom Besitzer des Waldes bezahlt wurden, die Interessen des Königs schützen. Insbesondere müssen sie verhindern, dass die von ihnen betreuten Bäume zerstört oder verschwendet werden: Der König war daran interessiert, da sie Schutz für sein Wild boten.

IV. *Waldgerichte.* Die juristische Seite des Forstsystems wurde auf eine ebenso aufwändige Weise entwickelt. Es müssen drei Arten von Gerichten unterschieden werden: (1) *Das Gericht für Pfändungen* (oder „Ansicht von Pfändungen") war ein kleines Gericht, dessen Hauptaufgabe sich auf die Beweisaufnahme beschränkte, die zu gegebener Zeit einem höheren Gericht vorgelegt werden sollte. In Ausnahmefällen war es jedoch befugt, Geldstrafen für geringfügige Verfehlungen gegen den „Vert" zu verhängen, nämlich für verschwenderische Handlungen, die den Wert von vier Pence nicht überstiegen. Es tagte einmal alle vierzig Tage, [915] was in der Praxis offenbar als einmal alle sechs Wochen interpretiert wurde, wobei die Treffen immer am selben Wochentag stattfanden. [916] (2) *Inquisitionsgerichte.* Als ein schwerwiegender Verstoß gegen die Forstgesetze festgestellt wurde, wurde in der Anfangszeit sofort ein Sondergericht zur Untersuchung einberufen. Die Förster und Grünpfleger führten die Ermittlungen durch, aber es war ihr Recht und ihre Pflicht, die Männer der benachbarten Gemeinden zu Hilfe zu rufen. Streng genommen könnten offenbar alle Einwohner zur Teilnahme verpflichtet werden. In der Praxis reichte es aus, wenn vier Männer und der Vogt jedes der vier angrenzenden Dörfer repräsentierten. Wann immer ein „Tier" tot im Wald gefunden wurde, mussten sich zwanzig Männer versammeln, ohne ihre eigenen Angelegenheiten zu erledigen; und sie würden leiden müssen, wenn es ihnen nicht gelänge, den Täter zu finden. Zumindest in einem Bezirk (Somerton) erstreckte sich die Definition von Jagdtieren auf den gewöhnlichen Hasen; und wir lesen [917] , wie vier Townships ein feierliches Urteil abhielten und feststellten, „dass der besagte Hase an Murrain gestorben ist und dass sie von nichts anderem als einem Unglück wussten", und wie die Townships mit einer Geldstrafe belegt wurden, obwohl dieses Urteil keine Genugtuung brachte mit dem Vorwand, dass sie nicht vollständig vertreten seien. Das eigentliche Vergehen bestand darin, dass sie den Täter nicht offengelegt hatten, was vermutlich den Wunsch untermauerte, ihn zu beschützen. Eine gewisse Erleichterung der Anwesenheitslast wurde erreicht, als irgendwann nach 1215 die *Sonderinquisitionen* durch eine *allgemeine Inquisition ersetzt wurden* , die in regelmäßigen Abständen (normalerweise alle sechs Wochen) abgehalten wurde, um alle in dieser Zeit begangenen Übertretungen aufzudecken. Diese Untersuchungsgerichte (sei es spezielle oder allgemeine) „behielten" nur Klagegründe bei, ohne sie „zu prüfen" – das heißt, sie nahmen Anschuldigungen entgegen und zeichneten sie auf, während die Urteile den Richtern vorbehalten waren. (3) *Die Gerichte der Waldrichter in Eyre.* Da die kleineren Gerichte im Normalfall Urteile und Berichte entgegennahmen, ohne die angezeigten Straftaten zu ahnden, ist es offensichtlich, dass das gesamte System letztlich von den Richtern abhing. Ihre Versammlungen fanden jedoch in großen Abständen statt – während der Herrschaft Heinrichs III. offenbar alle sieben Jahre. Zu diesem Treffen war eine sehr große Zahl von Forstbeamten und der Öffentlichkeit zusammengetrommelt. Die als Ergebnis der Arbeit der kleineren Gerichte gesammelten Beweise, ergänzt durch die Rolls of the Regard, wurden den Richtern vorgelegt, die summarisch über „Plädoyers of the Vert", die Zufügung kleinerer Beleidigungen und „Plädoyers of the Wildbret" urteilten. „Die zuvor für schuldig Befundenen wurden mit Gefängnisstrafen bestraft, bis sie sich durch hohe Geldstrafen freikauften. Diese Augen wurden als „Sitz des Gerichtshofs" bekannt, allerdings erst lange nach der Herrschaft von Johannes. Es waren keine Geschworenen anwesend und auch nicht erforderlich; Die Richter bestraften Straftäter, die bereits von Geschworenen eines niedrigeren Gerichts verurteilt worden waren.

Diese drei Klassen von Gerichten übten Funktionen aus, analogousdie denen eines modernen Gerichts ähneln. Darüber hinaus sollten zwei weitere Arten von Versammlungen erwähnt werden, die eher administrative als gerichtliche Aufgaben wahrnahmen, wie diese Begriffe heute verstanden werden. (4) Die *Ehrung*, die alle drei Jahre abgehalten wird – nicht von Beamten der Krone, sondern praktisch von einer Jury aus ortsansässigen Rittern – wurde bereits erwähnt. Diese Inspektionstouren, die manchmal als „ *visitationes nemorum* " [918] und manchmal sogar als „Expeditionsansichten" bezeichnet wurden, waren von großer praktischer Bedeutung. Der daraus resultierende Bericht wurde den Richtern von Eyre als Beweis für Waldübergriffe vorgelegt. (5) Dreimal im Jahr wurden Versammlungen abgehalten, die schon früh als „ *Swanimotes* " bekannt waren, um die Weidehaltung von Schweinen und Rindern in den königlichen Wäldern zu regeln. Vierzehn Tage vor Michaelis trafen sich die Agistoren mit den Förstern und Grünpflegern, um für die Bewirtschaftung der Wälder des Königs zu sorgen, ein Prozess, der dreißig Tage dauerte – fünfzehn vor und fünfzehn nach Michaelis. Zu Martini sammelten die Agistoren in Anwesenheit derselben Beamten die Pannage ein. Im Juni fand ein drittes Treffen der Beamten statt, um Vorkehrungen für den Ausschluss von Rindern aller Art aus den Wäldern des Königs während der Zeit zu treffen, in der die Hirsche kriechen. Dabei war die Anwesenheit der Agistoren jedoch nicht erforderlich. [919]

Die *Carta de Foresta* wendet auf diese Versammlungen und auf keine andere den Namen „Swanimotes" an – ein Wort, dessen korrekte Verwendung Gegenstand vieler Diskussionen war und dessen Mehrdeutigkeit in späteren Jahrhunderten die Quelle vieler Fehler war. Sein maßgebliches Erscheinen im Jahr 1217 ist ein starker Beweis für die ursprüngliche Bedeutung, die es hatte. In späteren Zeiten wurde es jedoch lockerer verwendet und auf Inquisitionen und auch auf Pfändungsgerichte angewendet. Dies hat zu großer Verwirrung geführt, während seine Ableitung ebenfalls Gegenstand von Diskussionen war. Bischof Stubbs leitete es vom Wort „Swain" ab, in der Annahme, dass die sogenannten Gerichte normalerweise von der Gesamtheit der Swains oder der Landbevölkerung in Anspruch genommen würden. Tatsächlich (welche Lehre auch immer philologisch korrekt sein mag) standen diese Versammlungen nicht mit „Männern", sondern mit „Schweinen" in Verbindung. Die Bauernschaft war besonders ausgenommen; wohingegen alle drei Treffen darauf abzielten, die Einfuhr bzw. den Ausschluss von Schweinen aus den Wäldern zu regeln.

V. *Verfolgungsjagden, Parks und Warrens*. Wälder waren notwendigerweise königliche Monopole und müssen aus diesem und anderen Gründen von drei Dingen unterschieden werden, mit denen sie leicht verwechselt werden können. (1) Ein „Chase" war ein Gebiet, das einst ein königlicher Wald war, der aber vom König ohne formellen Akt der Entwaldung einer Privatperson überlassen worden war. Das Ergebnis war, dass das dortige Jagdmonopol von der Krone auf den Berechtigten übertragen wurde, während sich gleichzeitig die Art der übertragenen Rechte etwas änderte. Die volle Kraft der Forstgesetze wurde abgeschwächt, obwohl das Ausmaß und die Richtung dieser Verringerung nirgends genau definiert waren und von Jagdgebiet zu Jagdgebiet unterschiedlich waren. Die weiterhin verbindlichen Bestimmungen des Forstgesetzes wurden nicht mehr von königlichen Beamten und königlichen Gerichten durchgesetzt, sondern von denen des Magnaten, der sich so ein Wahlrecht über die Jagd und die darin enthaltenen königlichen Tiere sicherte. [920] (2) Ein „Park" war jedes Stück Land, das mit einem Zaun oder einer Hecke umgeben war, sei es zum Schutz wilder Tiere oder aus anderen Gründen, und das Recht, dies zu tun, war völlig unabhängig von der königlichen Bewilligung. Wenn der Besitzer eines Herrenhauses in der Nähe eines königlichen Waldes eigene Hirsche halten wollte, die er nach Belieben töten konnte, sei es zum Spaß oder zum Essen, ohne gegen die Waldgesetze zu verstoßen, musste er ein Gehege mit Tieren bestücken rechtlich sein Eigentum zu besitzen und sie unter Bedingungen zu halten, die eine Verwechslung mit den Hirschen des Königs unmöglich machten. [921] Im Jahr 1234 machten die Barone ihr Recht geltend, private Gefängnisse für in ihren Parks gefangene Wilderer zu unterhalten (*in parcis et vivariis suis*), doch der König weigerte sich, dies zuzulassen. [922] (3) Ein „Gehege", das entweder dem König oder einem Privatbesitzer gehören konnte, brachte innerhalb seiner Grenzen das ausschließliche Recht mit sich, alle wilden Tiere zu jagen, mit Ausnahme derjenigen, die technisch als „Tiere des Waldes" definiert wurden. [923] In der Praxis umfasste es hauptsächlich Hasen und Füchse. [924] Weder Parks noch Gehege wurden durch das Waldgesetz geschützt, sondern durch den Teil des Gewohnheitsrechts, der sich auf Diebstahl und Hausfriedensbruch bezog. Dies wurde jedoch energisch zum Schutz des Wildes durchgeführt, um mit zunehmender Härte für das einfache Volk zurechtzukommen, der landbesitzenden Aristokratie ein Jagdmonopol zu sichern und nach und nach in die modernen Wildgesetze überzugehen. [925] Dr. Stubbs vertrat offenbar eine zu enge Vorstellung von „Gehege", als er es im modernen Sinne eines „Kaninchengeheges" las. [926] Es handelte sich um ein Stück Land, auf dem dem Eigentümer das ausschließliche Recht zur Jagd auf Niederwild (zusammen mit Kaninchen und anderem Ungeziefer) vorbehalten blieb. Der König konnte, wie jeder Untertan, seine Gehege und Gehege haben, und das tat er auch; und diese königlichen Kriegsherren konnten, wie alle großen und kleinen Kronbeamten, dem einfachen Volk grausames Unrecht zufügen; [927] Ihre Fähigkeit, Schaden anzurichten, war jedoch geringer als die der Förster, da sie auf das Gewohnheitsrecht angewiesen waren. Die Forstordnung galt nicht einmal für königliche Gehege. [928]

VI. *Waldrechte und Waldbeschwerden.* Es ist nicht schwer zu verstehen, welchen Wert die Könige Englands auf ihre Wälder legten. Sie schätzten sie nicht nur als Vergnügungspark, sondern auch als Einnahmequelle. Bußgelder und Bußgelder, die im Einzelnen gering waren, sich aber insgesamt auf eine große Summe beliefen, flossen in die Staatskasse. So groß die Freude und der Gewinn für den König auch waren, so groß waren die Belastungen und Verluste, die dem Volk, den Grundbesitzern und der Bauernschaft gleichermaßen, zugefügt wurden, überproportional. Nicht nur, dass das Wohl der Waldbewohner bewusst der königlichen Jagd geopfert wurde, sondern auch, dass die gesetzlichen Bußgelder, die die Staatskasse anschwellen ließen, durch die ärgerliche und verschwenderische Art und Weise, wie sie eingezogen wurden, eine dreifache Belastung darstellten; aber die Männer, die sie bezahlten, waren darüber hinaus Opfer illegaler Zwangsmaßnahmen. Diese Beschwerden können unter sieben Rubriken betrachtet werden: (1) *Die Ausdehnung der Wälder.* Die Krone war ständig bestrebt, die Grenzen zu erweitern; die Leute, die sie unter Vertrag nehmen. Der Eroberer und Rufus „aufforsteten" jeweils weite Landstriche auf, von denen der New Forest nur ein Beispiel ist. In der Urkunde von 1100 erklärte Heinrich unverblümt: „Ich behalte mit der gemeinsamen Zustimmung meiner Barone meine Wälder so in meiner Hand, wie sie mein Vater hatte." Diese Zustimmung der Magnaten, wenn sie mehr als nur eine Form und freiwillig gegeben würde, würde darauf hindeuten, dass den Baronen ein gewisser Anteil an diesen königlichen Jagdrechten gewährt wurde, was sie dazu veranlasste, hier gemeinsame Sache mit der Krone zu machen. Tatsächlich behielt Heinrich nicht nur die Wälder seines Vaters, sondern auch die von Rufus und schuf eigene neue. [929] Stephan behielt zwar die Wälder der beiden Williams, verzichtete aber auf die von Heinrich I. hinzugefügten. Unter Heinrich II. begann die Aufforstung erneut. [930] Die Worte der Großen Charta lassen keinen Zweifel daran, dass Heinrich von Anjou die Grenzen von Stephans Wäldern erweitert hatte; und dass sowohl Richard als auch John den Prozess weiterführten und nicht nur Abfall und Moor, sondern auch viele „Wälder", die Privatbesitzern gehörten, in den Kreis des grausamen Gesetzes einbrachten. Diese königlichen Übergriffe waren umso bedrückender, da sie in einer Zeit stattfanden, in der die Bevölkerung schnell zunahm und in der Rückgewinnung von Brachflächen auf dem umstrittenen Land, das die Wälder umgab, einen Ausweg suchte. Die Unbestimmtheit der Grenze verschärfte diesen Missstand, da es für den ehrlichen Landbesitzer, der unfruchtbares Land zurückeroberte, oft schwierig war, zu erkennen, ob er eine Übertretung beging, für die er möglicherweise mit einer erdrückenden Geldstrafe bestraft wurde. [931]

(2) *Das Monopol der Jagd.* Die Krone erweiterte nicht nur die Grenzen, sondern verschärfte auch das Gesetz. Die Jagdprivilegien der Barone wurden eingeschränkt, da Großwild knapp wurde. Das Beharren der Krone auf einem strikten Monopol auf die aufregenderen Formen der Jagd scheint vielleicht kein schwerwiegender Kritikpunkt zu sein, aber es war wahrscheinlich einer, der die sportbegeisterten Adligen verärgern würde. Johannes gab 1207 zu, dass seine Barone noch Reste ihres Rechts auf Beteiligung an der Jagd auf königliche Tiere besaßen. [932] Diese Rechte wurden 1217 offiziell anerkannt und definiert. Kapitel 11 der *Carta de Foresta* erlaubte jedem Magnaten, wenn er durch einen Wald ging, ein oder zwei Tiere in Sichtweite der Förster zu erlegen oder, wenn diese Beamten nicht gefunden werden konnten, dann, nachdem er ein Horn geblasen hatte, um zu zeigen, dass nichts heimlich getan wurde.

(3) *Eingriff in Eigentumsrechte.* Grundbesitzer, deren Ländereien in Gebieten lagen, die der König erfolgreich aufforsten konnte, behielten ihre Grundrechte, aber ihre Eigentumsrechte verloren die Hälfte ihres Wertes. Sie konnten keine Bäume ausreißen, um ihr eigenes Land für den Anbau freizumachen; denn das war, einen *Arsch zu begehen* . Sie konnten kein Brachland oder Weideland umpflügen (auch nicht außerhalb der Deckung) und es in Ackerland umwandeln, noch eine Mühle bauen, noch Mergel oder Kalk aus Gruben holen, noch Fischteiche anlegen, noch irgendeinen Raum mit Hecken oder Zäunen umschließen; denn diese Eigentumsakte waren *Purpresturen* . Sie durften keinen Baum zerstören oder Äste abschneiden (außer unter strengen Bedingungen), ohne sich der *Verschwendung schuldig zu machen* . [933] Sie konnten ihre Wälder erst vierzehn Tage nach Michaelis bewirtschaften, als die Bewirtschaftung der Ländereien des Königs vorüber war (womit ihm der beste Markt und die „Pannegegebühren" vorbehalten waren). [934] Unter dem Namen „Chiminage" wurden hohe Zölle von Karren und Sumpterpferden erhoben, die durch die Wälder fuhren. Auf all diese und viele andere Arten wurden die Rechte des Privateigentums an Wäldern so eingeschränkt, dass sie wertlos wurden. Die Große Charta versuchte, dem Missbrauch dieser Kronenrechte entgegenzuwirken, indem sie Mechanismen zur Abschaffung „böser Bräuche" vorsah. In der *Carta de Foresta* wurde näher darauf eingegangen. Es wurden nicht nur vergangene Verfehlungen aller drei Arten – Verschwendung, Purprestures und Assarts – geduldet, sondern das Gesetz wurde auch für die Zukunft geändert. Die lange Liste der Purprestures wurde wesentlich eingeschränkt: Es wurde einem Mann erlaubt, auf seinem eigenen Grundstück im Wald Mühlen, Teiche, Kalkgruben, Gräben und Ackerland zu errichten, vorausgesetzt, diese befanden sich nicht innerhalb der verdeckten (d. h an bewaldeten Orten, an denen sich Wild schützen lässt) und verletzte nicht die Rechte eines Nachbarn. [935] Sie könnten auch Horste halten, um Falken und andere Raubvögel zu brüten,

und Honig nehmen, den sie auf ihrem eigenen Boden finden – Rechte, die ihnen zuvor verwehrt blieben. [936]

(4) *Eingriff in die Bestrebungen der Armen.* Während die Reichen einen Schaden an ihrem Eigentum erlitten, litten die Armen noch schlimmer: Strenge Gesetze hinderten sie daran, drei ihrer Grundbedürfnisse zu decken: Nahrung, Brennholz und Baumaterialien. Auf keinen Fall durften sie Hirsche töten; während es schwierig war, Holz aus den Wäldern zu holen. [937] Zwar gewährte ihnen sogar das Assize von Woodstock das Privileg des „Estovers", also des Brennholzschlagens, allerdings nur unter strengen Regeln. Jeglicher Abfall war strengstens verboten; und „Verschwendung" war ein weit gefasstes Wort, das nicht nur mutwillige Zerstörung, sondern alle Verkäufe oder Schenkungen von Baumstämmen umfasste; während nichts genommen werden konnte, außer beim Anblick des Försters, dessen Zustimmung nicht umsonst zu erlangen war. Dies kann aus einer Zeit sechzig Jahre später als Johns Regierungszeit veranschaulicht werden: Hugh von Stratford, der dem Aufseher zweieinhalb Mark Jahresmiete für seinen Posten zahlte, machte sich wieder gut, indem er „von der Gemeinde Denshanger für jede Jungfrau Land" nahm ein Viertel Weizen als Gegenleistung dafür, dass sie für ihren Mais Paläste anlegen und totes Holz für ihren Brennstoff im Besitz des Herrn König sammeln; Und aus derselben Stadt holte er jedes Jahr aus jedem Haus eine Gans und ein Huhn. [938] Für jede Ladung Stöcke könnte eine kleine Summe verlangt werden; Die Männer von Somerset beklagten sich darüber, dass „sie von den Armen, von jedem Mann, der Holz auf seinem Rücken trägt, Sixpence nehmen." [939] Bewohnern innerhalb oder in der Nähe von Wäldern war es auch verboten, Hunde zu halten, es sei denn, ihr Wert für andere Beschäftigungen sowie für die Jagd wurde durch die Entfernung von drei Krallen des Vorderfußes zerstört. [940] Sie durften auch keine Pfeile oder Bögen mit sich führen, die zu ihrem Schutz angesichts der Gefahren, denen die Bewohner einsamer Viertel im Mittelalter ausgesetzt waren, so wichtig waren. [941] Kein Gerber oder Bleicher von Häuten durfte in den Forstbezirken ansässig sein, es sei denn innerhalb der Mauern eines Bezirks. [942]

(5) *Anwesenheit bei Forstgerichten.* Im Gegensatz zu den bereits erwähnten Beschwerden, die vor allem die Bewohner der Wälder belasteten, wurde die Last, vor den Forstgerichten „Klagen" zu führen, vor allem denjenigen übel genommen, die außerhalb des Waldes lebten. Bei jeder Inquisition mussten Vertreter benachbarter Gemeinden anwesend sein, während die gesamte Bevölkerung gezwungen war, die Richter auf ihren Waldaugen zu treffen. Heinrich II. erzwang diese Anwesenheitspflicht, wie auch immer die frühere Praxis gewesen sein mag, sowohl denjenigen außerhalb der Grenzen als auch denen innerhalb der Grenzen. Das Assize of Woodstock lässt keine Befreiung für Grafen oder Barone, für Ritter oder Freeholder zu, noch nicht

einmal (nach einer Version) für Erzbischofe oder Bischöfe. Alle und jedermann müssen an den Augen anwesend sein. Die doppelte Pflicht, vor Bezirksgerichten und vor Forstgerichten zu klagen, bedeutete einen doppelten Zeitverlust und ein doppeltes Risiko einer Auseinandersetzung. Dieser 11. Artikel des Assize wurde durch Kapitel 44 der Magna Carta aufgehoben, das die Verpflichtung auf die Waldbewohner beschränkte, ein Zugeständnis, das 1217 bestätigt wurde. [943]

(6) *Geldstrafen und Strafen.* Häufige Zwangsmaßnahmen drückten die Bewohner der königlichen Wälder in bittere Armut. Wenn sie einer der zahlreichen Inquisitionen nicht beiwohnten, zahlten sie eine Geldstrafe. Wenn sie den schuldigen Wilderer nicht preisgaben, zahlten sie eine Geldstrafe. Wenn sie falsche Angaben machten, zahlten sie ein Bußgeld. Wenn sie Holz verkauften oder verschenkten, zahlten sie eine Strafe. Wenn sie Grauhunde oder Doggen hielten, die nicht „gesetzlich" waren, also nicht über die erforderliche Anzahl an Krallen verfügten, zahlten sie eine Geldstrafe. [944] Wenn in ihrem Besitz ein Bogen oder ein Pfeil gefunden wurde, zahlten sie eine Geldstrafe. Wenn sie eine der zahlreichen Formen von Verschwendung oder Hausfriedensbruch begingen, zahlten sie eine Geldstrafe. Wahrlich, der arme Bauer muss vorsichtig vorgehen, wenn er von seinem elenden Hungerlohn genug behalten will, um sich selbst, seiner Frau und seinen Kindern am Leben und bei der Gesundheit zu erhalten.

Die Northamptonshire Eyre Roll von 1209 zeigt, wie eine ganze Gemeinde ohne eigenes Verschulden schwer leiden kann. „Der Kopf eines kürzlich verstorbenen Hirsches wurde im Wald von Henry Dawney in Maidford von den Förstern des Königs gefunden. Und der Förster des oben genannten Henry ist tot. Und weil über diesen Hirsch nichts festgestellt werden kann, wird angeordnet, dass der gesamte Die oben genannte Stadt Maidford soll in die Hand des Königs übernommen werden, mit der Begründung, dass der besagte Heinrich nichts über diesen Hirsch bezeugen kann. [945] In solchen Fällen bestand eindeutig ein starker Anreiz, jemanden für schuldig zu erklären.

In bestimmten Fällen Heinrich II. akzeptierte keine Geldstrafe, verhängte jedoch den Verlust von Gliedmaßen gegen Übertreter des königlichen Monopols. Oft war es besser, einen Mitmenschen zu töten als einen Eber oder Hirsch. Artikel 1 des Assize of Woodstock kündigte an, dass die volle Strenge der Gesetze durchgesetzt werden würde, wie unter Heinrich I., während Artikel 12 eindeutiger festlegte, dass Bürgschaften nur für zwei Straftaten akzeptiert würden. Für das dritte Vergehen würde nichts außer der Leiche des Täters genügen. Die Magna Carta des Johannes regelte diesen Punkt nicht ausdrücklich, obwohl die allgemeine Bestimmung zur Abschaffung „böser Bräuche" eine gewisse Erleichterung brachte. Kapitel 10 der *Carta de Foresta* von 1217 räumte ein, dass künftig niemand mehr wegen solcher Straftaten Leib oder Leben verlieren dürfe. Der Täter sollte ein Jahr und einen Tag lang im Gefängnis bleiben und danach Bürgen für sein künftiges gutes Benehmen finden, andernfalls sollte er aus dem Reich verbannt werden, wenn solche Bürgschaften nicht bestehen.

(7) *Willkürliche Regierung und illegale Zwangsmaßnahmen.* Wenn die Gesetze von Henrys Kodex streng und die gesetzlichen Zahlungen belastend waren, war es ein noch schlimmeres Übel, dass die Beamten der Krone sich dem Gesetz, so wie es war, sicher widersetzen konnten und dass Zahlungen völlig illegaler Natur frei eingefordert werden konnten. Innerhalb der Waldgrenzen lebte die Bauernschaft täglich in Angst vor der willkürlichen Autorität der Beamten, deren unvernünftigsten Wünschen sie sich nicht zu widersetzen wagte. Manchmal errichtete ein lokaler Tyrann eine regelrechte Schreckensherrschaft. Dies geschah im Wald von Riddlington unter Peter de Neville, wie aus den Aufzeichnungen des Rutland Eyre aus dem Jahr 1269 hervorgeht. Ein Punkt, der fast zufällig aus der langen Liste seiner bösen Taten entnommen wurde, wird genügen: „Derselbe Petrus sperrte Peter, den Sohn von Konstantin von Liddington, zwei Tage und zwei Nächte lang in Allexton ein und fesselte ihn auf Verdacht mit Eisenketten dass er in Eastwood ein bestimmtes Kaninchen gefangen hatte; und derselbe Petrus, der Sohn Konstantins, gab den Männern des oben genannten Petrus von Neville, die für ihn verantwortlich waren, zwei Pence, um ihm zu erlauben, auf einer bestimmten Bank im Gefängnis desselben Petrus zu sitzen, die voller Wasser ist ganz unten." [946] In dieser bösen Grube, die fälschlicherweise als Gefängnis bezeichnet wurde, durften Männer, die aufgrund bloßen Verdachts illegal verhaftet wurden, verrotten oder verhungern, wenn sie kein hohes Lösegeld zahlten. Andere Beispiele sind nur allzu zahlreich. Im Jahr 1225 ließ Norman Samson, ein kleiner Beamter des Waldes von Huntingdon, Männer ohne Grund foltern und erlöste sie nur gegen hohe Bestechungsgelder von ihren Qualen. Diese kleinen Despoten waren praktisch unverantwortlich, da die Wahlen alle sieben Jahre stattfanden. Selbst dann könnten die Betroffenen zögern, sich zu beschweren, aus Angst vor einem schlimmeren Schicksal, wenn den Richtern der Rücken gekehrt würde. Wenn solche Dinge nach der Erteilung der Urkunden von 1215 und 1217 passieren konnten, ist es unwahrscheinlich, dass die Förster zuvor barmherziger waren. John war immer zu gleichgültig oder zu beschäftigt, um solche Fehler wiedergutzumachen. Die einzige Garantie dafür, dass sie sich in der Zukunft nicht wiederholen, bestand darin, dass ehrliche Beamte ausgewählt wurden. Magna Carta versuchte, dies durch die Bestimmungen von Kapitel 45 zu gewährleisten, die (in den Waldklauseln vorkommend) vorsahen, dass kein Justizbeamter, Sheriff, Polizist oder Gerichtsvollzieher ernannt werden sollte, außer solchen, die das Gesetz des Landes kannten und es befolgen wollten. Das Wort „constable" umfasste die Aufseher, während „bailiff" weit genug gefasst war, um die Förster zu

umfassen. Es ist zweifelhaft, ob diese Klausel eine Verbesserung bewirkt hätte; es wurde 1216 zurückgezogen.

Aus Kapitel 16 der Waldcharta muss sich etwas Gutes ergeben haben, das es den Wächtern verbot, Klagen gegen den Wald abzuhalten, und diese den Richtern in Eyre vorbehielt. Dies hinderte die Aufseher daran, in ihrer eigenen Sache Richter zu sein; doch unter Heinrich III. kam es, wie bereits gezeigt wurde, weiterhin zu zahlreichen willkürlichen Handlungen. Erpressungen wurden unter dünnen Tarnungen gegen alle ausgeübt, die sich der unwillkommenen Aufmerksamkeit der Machthaber entziehen wollten. Sechzig Jahre nach der Magna Carta beklagten sich die Männer von Somerset darüber, dass „Förster zur Erntezeit mit Pferden kommen und jede Art von Mais in Garben innerhalb der Waldgrenzen und außerhalb des Waldes sammeln und dann aus dieser Sammlung ihr Bier herstellen, und.“ Diejenigen, die nicht dorthin kommen, um zu trinken, und nicht nach Belieben Geld geben, werden hart bestraft, wenn sie um totes Holz bitten, obwohl der König kein Herrschaftsgebiet hat; Niemand wagt es auch zu brauen, wenn die Förster brauen, und auch nicht, Bier zu verkaufen, solange die Förster irgendeine Art von Bier zu verkaufen haben; und das tut jeder Förster Jahr für Jahr zum großen Kummer des Landes.“ [947]

Jeder dieser Missbräuche war durch Kapitel 7 der *Carta de Foresta ausdrücklich verboten* , das die Herstellung von „Scotale“ und das Sammeln von Mais, Lämmern und Schweinen verboten hatte. Solche Regeln waren leichter aufzustellen als durchzusetzen.

VII. *Spätere Geschichte des Waldes und der Forstgesetze.* Die Waldcharta versäumte es eindeutig, eine reine Rechtsdurchsetzung sicherzustellen; Es waren jedoch zwei Prozesse am Werk, die die Belastungen tendenziell verringerten. Der lange Kampf um eine genaue Festlegung der Grenzen endete unter der Herrschaft von Edward II. in der Niederlage des Königs, der einer Grenzziehung nach den Wünschen der Barone zustimmte. [948] Innerhalb dieser begrenzten Grenzen milderten die Zeit und der Fortschritt der Zivilisation allmählich die Strenge des Forstgesetzes, wodurch viele Bräuche obsolet wurden. [949] Karl I. unternahm einen unüberlegten Versuch, einige der längst vergessenen Rechte der Krone wiederzubeleben. Der Graf von Holland hatte die Richtersitze inne, begleitet von Aufständen und Versuchen, die Waldgrenzen zu erweitern. [950] Das Ergebnis war ein drastischer Akt des Langen Parlaments, der sie auf ihr altes Ausmaß beschränkte. [951] Durch dieses Gesetz wurden jedoch weder die Wälder noch die Forstgesetze noch die Forstgerichte abgeschafft. Nach der Restauration erfolgte tatsächlich *pro forma* ein Richtersitz vor dem Earl of Oxford. Blackstone erklärt, dies sei die letzte, die jemals innegehabt wurde, [952] obwohl die Ämter des Richters und des Waldaufsehers erst 1817 abgeschafft wurden. [953] Die Wälder sind, wenn auch in ihrer Ausdehnung stark eingeschränkt, immer noch Eigentum der Krone, wenn auch jetzt verwaltet im Interesse der Öffentlichkeit durch die Commissioners of Woods and Forests. [954] Die Anwendung des Gewohnheitsrechts ist natürlich nicht länger von ihren Grenzen ausgeschlossen, da der alte Gegensatz zwischen dem Forstrecht und dem Recht Englands nun der Vergangenheit angehört. [955]

Kapitel fünfundvierzig.

Unsere nicht faciemus justiciarios, constabularios, Vicecomites und Ballivos, nisi de talibus qui sciant legem regni and eam bene velint observare.

Wir werden nur solche zu Richtern, Polizisten, Sheriffs oder Gerichtsvollziehern ernennen, die das Gesetz des Reiches kennen und es gut befolgen wollen.

Ziel dieser klar formulierten Klausel war es, die Ernennung ungeeigneter Männer zu verantwortungsvollen Ämtern der Krone zu verhindern. Die angegebene Liste der Beamten ist umfassend – Richter, Sheriffs, Polizisten und Gerichtsvollzieher – und umfasst alle königlichen Minister und Agenten sowohl der Zentral- als auch der lokalen Regierung, vom obersten Justizbeamten bis zum bescheidensten Serjeant. [956] Die Klausel richtete sich insbesondere gegen Johns ausländische Günstlinge wie den Poitevin-Bischof von Winchester, Peter des Roches, [957], der 1214, als der König im Ausland war, die Autorität des Obersten Justizbeamten ausgeübt und missbraucht hatte, oder wie Engelard de Cygony und die anderen Werkzeuge von Johns Erpressungen, die in einem späteren Teil der Magna Carta [958] namentlich stigmatisiert wurden und verschiedene Posten als Sheriffs, Aufseher und Beamte der Staatskasse innehatten. Für solche Männer standen in England keine Interessen auf dem Spiel und sie liebten die Bräuche und freien Traditionen Englands kaum. In Zukunft musste John eine andere Art von Dienern wählen und alle skrupellosen Männer meiden, ob Engländer oder Ausländer, die bereit waren, das Gesetz im Interesse ihres Herrn oder ihres eigenen zu brechen. Daher ist es nicht schwer zu verstehen, welche Klasse von Männern hier vom Amt ausgeschlossen wurde; aber welche Klasse sollte ihre Plätze einnehmen? Bischof Stubbs schreibt in seinem Kommentar zu dieser Passage den Verfassern der Charta die Absicht zu, die Ernennung von Männern sicherzustellen, die sich in der Rechtswissenschaft gut auskennen: „Nach diesem Grundsatz muss der Verwalter eines Gerichtsvollziehers ein gelehrter Verwalter sein." [959] Die Klausel der Magna Carta bezieht sich jedoch ausschließlich auf königliche Kandidaten, nicht auf die Beamten, die von Mesne-Herren zum Vorsitz über ihren Feudalgerichten ernannt wurden. Die Barone ernannten ihre eigenen Verwalter und Gerichtsvollzieher und wollten ihre eigene Wahlfreiheit nicht einschränken; aber nur das des Königs. Darüber hinaus wollten die Barone nicht, dass John große Anwälte beschäftigte, sondern einfache Engländer mit groben Kenntnissen des Inselgebrauchs, die willkürliche Handlungen vermeiden würden, die das Gesetz des Landes verurteilt. Die Barone von Runnymede wünschten im Jahr 1215 genau das, was der Rat von St. Albans am 4. August 1213 gewünscht hatte, als er formelle Verfügungen erließ, in denen er allen Sheriffs und Förstern befahl, die Gesetze Heinrichs I. einzuhalten und sich ungerechtfertigter Forderungen zu enthalten; [960] und es muss daran erinnert werden, dass diese Gesetze von Henry nur die älteren Gesetze von Edward Confessor waren, die leicht geändert wurden.

Die Haltung der Barone von John war die gleiche wie die von Henrys Baronen, als diese 1234 so nachdrücklich erklärten, dass sie keine Änderung der Gesetze Englands wünschten. [961] Sie hatten keineswegs den Wunsch, von Ministern regiert zu werden, die sich mit der Wissenschaft und Literatur der Rechtswissenschaft bestens auskannten, da es sich dabei zwangsläufig um Kirchenmänner und Zivilisten handelte. Die Gesetze, die die Beamten der Krone kennen und befolgen müssen, waren die alten Gewohnheitsgesetze Englands, im Gegensatz zum kanonischen Recht und dem Zivilrecht Roms. Gesucht wurden ehrliche Engländer mit dem Ruf, unkompliziert zu handeln und Verständnis für die Vorurteile der Einheimischen zu haben. Kronminister könnten in einer Zeit, in der nur eine kurze Abhandlung über das Recht Englands geschrieben worden war (die von Glanvill), auch ohne akademische Ausbildung gut zurechtkommen; während die Verwalter der Gerichtshöfe, auf die sich Bischof Stubbs bezieht, möglicherweise sogar das Gewohnheitsrecht nicht kennen, vorausgesetzt, sie sind mit den „Gepflogenheiten des Herrenhauses" vertraut.

Diese Bestimmung der Magna Carta, die sich in erster Linie gegen ausländische Sheriffs, Kastellane und andere Minister richtete, verschwand 1216 (ohne Kommentar in der sogenannten „Aufschubklausel"), zusammen mit mehreren Bestimmungen vorübergehender Natur, die sich ebenfalls gegen Ausländer richteten. Selbst wenn dieses wohlmeinende Kapitel der Großen Charta des Johannes in Kraft geblieben wäre, hätte es ohne angemessene Mechanismen zur Gewährleistung seiner Durchsetzung nicht viel bewirkt. Indem er die Auswahl solcher Minister versprach, die das Gesetz kannten und es befolgen wollten, blieb Johannes der alleinige Richter über die ernannten Männer und ihre Absichten. Die Klausel sah keinen Eignungsstandard vor, auf den Berufung eingelegt werden könnte, keinen neutralen Schiedsrichter, der zwischen Eignung und Untauglichkeit entscheiden könnte, und keine Sanktion, um einem unwilligen König die Einhaltung aufzuzwingen. Ein halbes Jahrhundert später bewiesen die Bestimmungen von Oxford einen gewissen Fortschritt in der politischen Theorie. Sie enthielten zwar ein recht grobes Mittel, um königliche Beamte zur Einhaltung des Gesetzes zu zwingen. Die Formulare für die Amtseide, die von Kastellanen und Ministern aller Ränge abzulegen waren, wurden sorgfältig bereitgestellt. [962] Auch dies war nur ein erster Schritt zur Lösung eines Problems, das erst dann vollständig gelöst werden konnte, wenn nach jahrhundertelangen Kämpfen die moderne Doktrin der Ministerverantwortung fest verankert war.

---

899 . Eine praktische Kurzdarstellung der Wälder mit ihren Sondergesetzen, Sonderbeamten und Sondergerichten findet sich in WS Houldsworths *History of English Law* , S. 340-352. Ausführlichere Informationen finden Sie unter *Dialogus de Scaccario* , I. xii.; John Manwood, *Buch der Wälder* (1598); Coke, *Viertes Institut* , 289–317; GJ Turner, Vorwort zu *Select Pleas of the Forest* (1901); und ein Artikel in der *Edinburgh Review* vom April 1902.

900 . *Wählen Sie Charters* , 156.

901 . *Wählen Sie Pleas of the Forest* , xiii.

902 . Siehe W. Coventry, II. 207 und Stubbs' Vorwort, lxxxvii. Mit einem Schreiben vom 18. Mai 1204 (*New Rymer* , I. 89) entwaldete er ganz Devonshire mit Ausnahme von Dartmouth und Exmoor.

903 . R. Wendover, III. 227. Dies ist jedoch eindeutig eine voreingenommene Darstellung der Wiederaufnahme der illegalen Bewirtschaftung von Waldgebieten durch den König im Wege der Purpresture.

904 . Siehe *Select Pleas of the Forest* , xiv. Die ständige Routinearbeit dieses Funktionärs darf nicht mit den intermittierenden Aufgaben der Richter von Forest Eyres verwechselt werden: Obwohl er fast ausnahmslos ein Mitglied der Kommission war, das auf Rundreise war: Beispielsweise ist in Kapitel 16 der Forstcharta vom Oberförster *die* Rede Bitten des Waldes haltend.

905 . *Wählen Sie Bitten aus* , xv.

906 . Herr Turner, in *Select Pleas* , xvii.

907 . Diese Doppelposition nahm beispielsweise Engelard de Cygony ein, dessen Name in Kapitel 50 erscheint. Kapitel 16 der *Carta de Foresta* verbietet *den Kastellanen* , über die Belange der Wälder zu entscheiden, und bestärkt damit die Vermutung, dass die Wächter in der Regel Polizisten waren.

908 . *Wählen Sie Bitten aus* , xix.

909 . *Ebenda.* , xxi.

910 . Im selben Kapitel wurden jedoch die Sätze für „Chiminage" festgelegt.

911 . Für die früheste Bekanntmachung von Verderern siehe *Select Pleas of the Forest* , xix., n. Ihre Ernennung zum Bezirksgericht könnte darauf hindeuten, dass sie in gewisser Weise als Kontrolle über die professionellen Förster im Interesse des Volkes im Allgemeinen sowie als Kontrolle über den Aufseher im Interesse des Königs fungierten. Innerhalb des Waldes bot der Aufseher

zusammen mit den Grün- und Förstern eine genaue Parallele zum Sheriff mit den Gerichtsmedizinern und Gerichtsvollziehern (oder Serjeants) in anderen Teilen eines Landkreises.

912 . Siehe *Carta de Foresta* , c. 6.

913 . Spätestens seit 1217 war es eine ihrer Aufgaben, die Zahl der benötigten Förster festzulegen, damit die Einwohner nicht unter einer größeren Last als nötig ächzen mussten.

914 . In einem Dokument wurden sie als *agistatores precii bezeichnet* (*Select Pleas* , S. 1), was darauf hindeutet, dass die Festsetzung des Zinssatzes ihre Hauptaufgabe war. „Agist" war ein allgemeiner Begriff; es war offenbar richtig, von „Agisting" oder wood",„Agisting von Vieh" und von „Agisting des fälligen Geldes" zu sprechen.

915 . *Carta de Foresta* , ca. 8.

916 . *Wählen Sie Pleas of the Forest* , xxx.

917 . *Wählen Sie Pleas of the Forest* , S. 42.

918 . *Dialogus* , I. xi. E.

919 . In der *Carta de Foresta* (1217) heißt es ausdrücklich , dass bei der Juni-Debatte nur die Grün- und Förster anwesend sein müssen und bei den beiden anderen dieselben Beamten zusammen mit den Agistoren. Die Öffentlichkeit war besonders ausgenommen.

920 . *Wählen Sie Pleas of the Forest* , cix. *ff.*

921 . *Ebenda.* , cxvii.

922 . Statut von Merton, c. 11.

923 . *Wählen Sie Pleas of the Forest* , cxxiii.

924 . *Ebenda.* , cxxviii-cxxix. Wildkatzen sollten vielleicht noch hinzugefügt werden.

925 . Siehe WS Houldsworth, *History of English Law* , S. 346.

926 . Siehe *Select Charters* , 552.

927 . Vor einigen davon wollte sich die Magna Carta schützen. Siehe c. 48.

928 . Manchmal wurden den Untertanen Jagdrechte auf Gebiete übertragen, die ihnen nicht gehörten. Richard I. erteilte Alan Basset per Urkunde die Erlaubnis, im gesamten Reich Füchse, Hasen und Wildkatzen zu jagen. Siehe Round, *Ancient Charters* , Nr. 18.

929 . Dies ist in den Bestimmungen von Stephens Oxford Charter impliziert. Ein Beispiel für einen Aufforstungsakt von Henry findet sich in *Select Pleas* , 45, das zeigt, wie „ein Bezirk in einem Moment durch das bloße Wort des Monarchen aufgeforstet werden konnte; Es dauerte Jahrhunderte, um es von der königlichen Herrschaft zu befreien." Siehe *Edinburgh Review* , Bd. cxcv. (1902), S. 459. Sogar die Forstcharta (cc. 1 und 3) räumte der Krone das Recht ein, Wälder auf ihrem eigenen Grund und Boden aufzuforsten – und behielt die gemeinsame Weidefläche tatsächlich denjenigen vor, die gesetzliche Rechte daran hatten.

930 . Die Politik Heinrichs I., Stephans und Heinrichs II. Dies wird am Fall des Waltham Forest in Essex gut veranschaulicht. Siehe Round, *Geoffrey de Mandeville* , 377–38.

931 . Dieser Gruppe von Beschwerden wurde teilweise durch die Kapitel 47 und 53 der Magna Carta Rechnung getragen. Ersteres sah die summarische Abholzung aller von Richard und John bewaldeten Bezirke vor, während letzteres einen eher richterlichen Geist an den Tag legte, indem es die ähnliche Arbeit ihres Vaters rückgängig machte. Die *Carta de Foresta* von 1217 enthielt Klauseln, die diese etwas groben Bestimmungen ersetzten.

932 . Siehe *Rot. Klaus.* , I. 85 (vom 11. Juni 1207).

933 . Ausführliche Informationen zu Verschwendungen, Purprestures und Assarts mit ihrer aufsteigenden Strafskala finden Sie unter *Select Pleas* , lxxxii.

934 . Siehe Assize of Woodstock, Artikel 7.

935 . Siehe *Carta de Foresta* , c. 12.

936 . *Ebenda.* , C. 13, eine weitere Klausel (ca. 14) verbot gewöhnlichen Förstern, Chiminage zu fordern, und legte die an diejenigen mit unverfallbaren Rechten zu zahlenden Sätze auf zwei Pennys für jeden Wagen pro Halbjahr und einen halben Penny für jedes Sumpfpferd fest.

937 . Siehe Assize of Woodstock, Artikel 3.

938 . Siehe *Select Pleas* , 123 (6 Edward I.).

939 . *Wählen Sie Pleas* , 127 (1278-9). Dies war eine hohe Rate, umso bemerkenswerter angesichts der Bestimmungen gegen „Chiminage" in der *Carta de Foresta* , ca. 14.

940 . Assize of Woodstock, Artikel 14. Vgl. *Carta de Foresta* , ca. 6.

941 . *Ebenda.* , Artikel 2.

942 . *Ebenda.* , Artikel 15.

943 . Siehe *Carta de Foresta* , c. 2.

944 . Früher war es offensichtlich üblich gewesen, als Wiedergutmachung für eine solche Übertretung einen Ochsen zu verlangen, so dass der Bauer keine Möglichkeit mehr hatte, sein Land zu bestellen. Die Forstcharta (Kap. 6) begrenzte die Geldstrafe auf 3 Sekunden.

945 . Siehe *Select Forest Pleas* , S. 4.

946 . *Wählen Sie Bitten* , 50.

947 . *Wählen Sie „Plädoyers"* , 126.

948 . Siehe *unten* , unter c. 47 .

949 . Die von Eduard I. im Jahr 1278 erlassene „ *Assisa et consuetudines Forestae* " könnte, obwohl sie lediglich deklaratorischer Natur war, dazu beigetragen haben, die Grenzen der Ermessensbefugnis einzuschränken. Siehe *Statutes of Realm* , I. 243, und Bémont, *Chartes* , lxv.

950 . Siehe SR Gardiner, *Hist. Engl.* , VII. 363 und VIII. 282.

951 . 16 Karl I. c. 16.

952 . *Kommentare* , III. 72.

953 . Bis 57 Georg III. C. 61.

954 . Aufgrund einer Reihe von Gesetzen, von denen 14-15 Victoria c. 42 ist die neueste.

955 . Siehe Stephen, *Kommentare* , II. 465-6.

956 . Constable und Gerichtsvollzieher werden *oben besprochen* , c. 24 und umfasst nachweislich Forstrichter, *siehe oben* , c. 44.

957 . Siehe *oben* , 36–7, und vgl. Blackstone, *Große Charta* , viii.

958 . Siehe c. 50.

959 . *Konst. Hist.* , I. 578, n.

960 . Vgl. *oben* , S. 34 .

961 . „ *Wir bitten Anglie nicht darum, ihn zu verwenden und zu genehmigen.* " „Siehe Statut von Merton, c. 9.

962 . Siehe *Select Charters* , 388–391, und Madox, II. 149, mit den dort zitierten Quellen.

Kapitel sechsundvierzig.

Alle Barone, die ihre Abtei gründeten, und die englische Staatsbürgerschaft hatten eine lange Amtszeit, hatten eine lange Zeit inne und waren verwahrt, sie hatten keine Schulden.

Alle Barone, die Abteien gegründet haben, über die sie Urkunden der Könige von England besitzen oder deren Besitz sie seit langem besitzen, sollen die Vormundschaft über sie haben, wenn sie vakant sind, wie es ihnen gebührt.

Die Ordenshäuser der verschiedenen Orden (Abteien, Priorate und Klöster), deren Zahl seit der Herrschaft Heinrichs I. so schnell zugenommen hatte, zerfielen natürlich in zwei Klassen, je nachdem, ob sie vom König oder von Privatpersonen gegründet worden waren . Der König oder der Großbaron behielt sich bei der Vergabe von Ländereien auf religiöser Grundlage entweder ausdrücklich oder stillschweigend bestimmte wertvolle Eigentumsrechte vor, darunter die Kontrolle über die Wahl des Abtes oder Priors sowie die Vormundschaft über das Lehen während dieser Zeit offene Stellen waren am wichtigsten. Obwohl König Johann durch seine gesonderte Charta für den Klerus zugunsten aller Kirchen und Klöster, Kathedralen und Konventuale, auf jegliche Kontrolle über die Wahl der Prälaten verzichtet hatte, hatte er sich seine Vormundschaftsrechte sorgfältig vorbehalten; und die Barone bestanden darauf, dass auch die Eigentumsrechte der Mesne-Lords, die religiöse Häuser gegründet hatten, respektiert werden sollten. John jedoch usurpierte, wo immer er einen plausiblen Vorwand hatte, zusätzlich zu seiner eigenen auch die Vormundschaft über private Stiftungen. Aus den Bestimmungen eines späteren Kapitels [963] geht hervor, dass die Krone im Jahr 1215 tatsächlich bestimmte von Mesne-Lords gegründete Abteien innehatte, denn dort sind Vorkehrungen für deren Wiederherstellung getroffen. Das vorliegende Kapitel blickt in die Zukunft und verbietet neue Usurpationen dieser Art.

In den Neuauflagen der Charta gibt es gewisse verbale Änderungen, aber es ist nicht klar, dass sie inhaltliche Änderungen mit sich bringen. Im Jahr 1216 wurden die Worte „und wie oben erklärt" hinzugefügt, was bedeutet, dass die Rechte der Mesne-Lords durch die zuvor in Kapitel 5 festgelegten Regeln hinsichtlich der Vormundschaft eingeschränkt werden sollten – Regeln, die insbesondere für die Ländereien der Bistümer und gelten Ordenshäuser im Jahr 1216 durch eine Klausel, die in der Charta des Johannes keine Entsprechung hatte. [964] Im Jahr 1217 führen drei weitere kleine Änderungen dazu, den Anwendungsbereich der Klausel zu erweitern. Die „Barone, die Abteien gegründet haben" von Johns Stipendium werden „die Patrone der

Abteien"; königliche „Chartas" werden expliziter zu „Chartas of Advowson"; „alte Amtszeit" wird zu „alte Amtszeit oder Besitz" erweitert. [965]

Ist es möglich, dass der Einfluss der Kirche in Runnymede stark genug war, um jegliche Erwähnung von Laien-„Gönnern" und Laienpräsentationen oder „Advowsons" zu verbieten? wohingegen es machtlos war, die Barone zwei Jahre später daran zu hindern, ihr Patronatsrecht geltend zu machen? Johns Versprechen einer freien kanonischen Wahl [966] hatte die königliche Schirmherrschaft beeinträchtigt, und Stephen Langton wäre nicht bereit, den Anspruch eines Untertanen auf Rechte anzuerkennen, zu deren Verzicht er die Krone gezwungen hatte. Tatsächlich wurde die Frage der Laienpatronage in keiner Version der Magna Carta direkt angesprochen; aber vor 1215 scheint Johannes zwischen Abteien und ihren Gründern interveniert zu haben. Am 16. August 1200 gewährte er William Marshall, Earl of Pembroke, das Privileg, den Pfarrstab der Nuthlegh Abbey zu verleihen, die zum Lehen dieses Adligen gehörte; Dies zeigt, dass Johannes Ernennungen ohne königliche Lizenz verbot. [967] Das vorliegende Kapitel der Magna Carta hat in der Praxis kaum einen Unterschied gemacht. Heinrich III. beanspruchte die Vormundschaft über Abteien und Priorate, die von Grafen und Baronen auf ihren eigenen Lehen gegründet wurden, und hielt sie leer, indem er ihre Gönner daran hinderte, ohne seine Erlaubnis Ernennungen vorzunehmen. [968]

KAPITEL SIEBENVIERZIG.

Alle Wälder, die vor unserer Zeit aufgeforstet werden, müssen abgeholzt werden; Und es ist eine Pflicht zur Verteidigung, dass wir uns vorübergehend verteidigen müssen.

Alle Wälder, die in unserer Zeit so angelegt wurden, sollen unverzüglich abgeholzt werden; und ein ähnlicher Weg soll in Bezug auf Flussufer eingeschlagen werden, die von uns in unserer Zeit „zur Verteidigung" errichtet wurden.

Es lässt sich eine Analogie zwischen den hier zusammengeführten königlichen Vorrechten der Jagd und der Falknerei verfolgen. Wilhelm der Eroberer beanspruchte weitreichende und unklar definierte Rechte zur „Aufforstung" ganzer Bezirke nach eigenem Ermessen, und zumindest in einem bekannten Fall, der Schaffung des New Forest, machte er seinen Anspruch geltend, allerdings auf Kosten viel Leids seine bescheideneren Untertanen. Große Landstriche wurden so dem Wildschwein und dem Hirsch geweiht. Der König beanspruchte ähnliche Befugnisse zum Schutz seiner Vorzugsrechte beim Vogelfang. Wenn Wälder für die Jagd „aufgeforstet" werden könnten, könnten Flüsse „zur Verteidigung" für die Jagd angelegt werden. Die Parallele darf nicht zu weit geschoben werden. Flussufer wurden nur für einen begrenzten Zeitraum erhalten, der durch den ausdrücklichen Befehl des Königs abgedeckt war; und obwohl Wächter ernannt wurden, um sie zu bewachen, [969] errichtete die Krone nie eine so absolute Kontrolle über die Flussufer wie innerhalb der als „aufgeforstet" erklärten Bezirke.

Die Bestimmung des vorliegenden Kapitels, die definiert, welche Flussufer „verteidigt" werden könnten, verschwand zusammen mit der Relativklausel von Kapitel 48 („ *ripariis et earum custodibus* ") aus der Neuauflage von 1216; In der Aufschubklausel wurden jedoch weitere Beratungen versprochen, die zu ihrer Ersetzung in Kapitel 20 der endgültigen Fassung der Magna Carta führten. [970]

Gewöhnlich wird der Bedeutung dieses Kapitels für die Grenzen der Wälder mehr Aufmerksamkeit geschenkt. John hatte, wenn er keine neuen Wälder geschaffen hätte, zumindest die Grenzen der alten erweitert. Alle derartigen Eingriffe sind sofort einzustellen. Diese summarische Wiedergutmachung, die impliziert, dass Johns Aggressionen so berüchtigt waren, dass sie keinen Streit zuließen, sollte dem eher gerichtlichen Verfahren gegenübergestellt werden, das in Kapitel 53 zur Feststellung von Übergriffen Heinrichs II. vorgesehen ist. und Richard I. Eine etwas ähnliche Unterscheidung findet sich auch in den entsprechenden Bestimmungen der Waldcharta von 1217 (Kapitel 1 und 3); aber die Grenze ist dort anders gezogen. Kapitel 1 der *Carta de Foresta* erweitert die zusammenfassenden Wiedergutmachungsmethoden auf die Abholzung aller von Richard und John geschaffenen Wälder. Die Bedingungen des späteren Dokuments sind ebenfalls detaillierter und verdeutlichen die Bedeutung der früheren Erteilung. Beide scheinen sich gegen Eingriffe in die Rechte der Grundbesitzer zu richten und bieten keinen Schutz für die Armen. Während sie der Krone das Recht absprechen, private Wälder „zum Schaden von irgendjemandem" (d. h. der Barone oder Grundbesitzer, denen sie gehören) aufzuforsten, erkennen sie die Rechtmäßigkeit früherer Handlungen an, sei es von Henry, von Richard oder von John Aufforstung von Kronland, stets vorbehaltlich einer Sparklausel zugunsten der Grundeigentümer mit dem gemeinsamen Weiderecht. [971]

Auch wenn Heinrich III. hatte herzlich mit seinen Baronen zusammengearbeitet, um alle von Heinrich II. aufgeforsteten Landstriche abzuholzen. und seine Söhne hätten Schwierigkeiten bei der Definition die Aufgabe immer noch ermüdend gemacht. Bis zum Ende der Regierungszeit von Edward Plantagenet erschwerten Kämpfe um die Festlegung der Grenzen die Beziehungen zwischen Krone und Parlament. Hier müssen nur die entscheidenden Schritte im langsamen Prozess des Sieges der Opposition erwähnt werden.

Nach der Erteilung der *Carta de Foresta* am 6. November 1217 [972] wurde im Einklang mit ihren Bestimmungen eine Maschinerie in Gang gesetzt, um die alten Grenzen festzulegen und alle neueren Ergänzungen abzuschaffen. Die Wiedergutmachungsarbeit dauerte einige Jahre an und wurde durch die Ausstellung des neuen königlichen Siegels zu Michaelis im Jahr 1218 nicht unterbrochen. [973] Trotz vieler Schwierigkeiten waren nur langsame Fortschritte möglich. Nach der Neuauflage der Urkunden am 11. Februar 1225 folgten noch energischere Anstrengungen; [974] denn fünf Tage später wurden Richter ernannt, um neue Wanderungen durchzuführen, die zur Abholzung weiter Gebiete führten. Henry fühlte sich aus irgendeinem Grund von diesen Richtern oder von den örtlichen Geschworenen, auf deren Urteile sie sich verlassen hatten, ungerecht behandelt. Nachdem er sich im Januar 1227 für volljährig erklärt hatte, stellte er ihre Feststellungen in Frage; und dies wurde als Versuch, die Waldcharta aufzuheben, fehlinterpretiert. [975]

Einige der Ritter, die durch die Wälder gewandert waren, wurden überredet oder gezwungen, anzuerkennen, dass sie Fehler gemacht hatten; und nach weiteren Nachforschungen stellte Henry die weiteren Grenzen wieder her. Seine reaktionären Maßnahmen dauerten zwei Jahre; aber danach wurden die Grenzen trotz vieler Beschwerden festgelegt, bis Eduard I. gegen Ende seiner Regierungszeit durch starken Druck gezwungen wurde, die ganze

Frage erneut aufzuwerfen. Wanderungen in den Jahren 1277 und 1279 brachten offenbar keine Ergebnisse. Auf erneute Beschwerden folgten in den Jahren 1299–1300 neue Umzüge, deren Berichte einem Parlament vorgelegt wurden, das am 25. Januar 1301 in Lincoln zusammentrat. Der König musste sich aufgrund des Zusammentreffens feindlicher Kräfte von mehreren Seiten ergeben; und am 14. Februar bestätigte er die Waldcharta und stimmte offiziell den reduzierten Grenzen zu, wie sie in den jüngsten Untersuchungen festgelegt wurden. Edward hatte unter Zwang gehandelt: Auf diese Bitte hin erwirkte er später von Papst Clemens V. eine Bulle vom 29. Dezember 1305, in der er alle in Lincoln gemachten Zugeständnisse widerrief. [976] Die Krone schien auf diese Weise erneut zu triumphieren; Doch die Barone weigerten sich, eine Niederlage hinzunehmen und drängten Edward II. dazu. die Annahme der engeren Grenzen, wie sie 1301 im Parlament seines Vaters festgelegt worden waren. Diese Regelung wurde im ersten Regierungsjahr von Eduard III. [977] per Gesetz bestätigt, und dieser König scheiterte bei allen Versuchen, ihr ^{zu} entkommen Bestimmungen. Somit lieferte die maßgebliche Erklärung des Parlaments von Lincoln im Jahr 1301 die Grundlage, auf der die langwierige Kontroverse endgültig entschieden wurde. [978]

Die weitere Geschichte der Waldgrenzen lässt sich in wenigen Sätzen erzählen. Bis zum 16. Jahrhundert wurden keine Änderungen vorgenommen. Als Heinrich VIII. 1540 bewaldete er die Bezirke rund um Hampton Court mit Zustimmung des Parlaments und unter der Bedingung, alle Geschädigten zu entschädigen. Den gleichen Weg verfolgte Karl I. bei der Gründung des Forest of Richmond im Jahr 1634. Als Ergebnis der Versuche der Stewarts, veraltete Waldrechte wiederzubeleben, wurde schließlich ein Statut des Long Parliament unter Berufung auf das Gesetz von 1327 „verordnet dass die alte Wanderung durch den Wald zur Zeit von König Edward dem Ersten von nun an in der gleichen Form beibehalten werden sollte, wie sie damals beritten und begrenzt wurde." [979]

---

963 . Siehe *unten* , c. 53.

964 . Vergleiche *oben* , S. 250 .

965 . Dieses Kapitel in seiner endgültigen Form (1217 und 1225) lautet wie folgt: *Omnes patroni abbatiarum qui habent cartas regum Anglie de advocatione vel antiquam tenuram vel Possessionem habeant earum custodiam cum vacaverint, sicut habere debent et sicut supra declaratum est* .

966 . Vgl. *oben* , S. 39 .

967 . Siehe *New Rymer* , I. 81. John hatte sich auch „in der Zeit des Interdikts" in das eingemischt, was Robert Fitz Walter als sein Patronatsrecht über das

Binham Priory (eine Zelle von St. Alban's) ansah. Siehe JH Round, *Eng. Hist. Rev.* , XIX. 710-1.

968 . Siehe Petition of Barons (ca. 11), *Sel. Urkunden* , 384.

969 . Diese Offiziere werden in c erwähnt. 48. Der Ausdruck „zur Verteidigung" wird *oben* , S. 357-358, erläutert .

970 . Vgl. *oben* , S. 356 .

971 . Herr PJ Turner, *Select Pleas of Forest* , xciii., weist darauf hin, dass, obwohl Wälder sowohl offenes Land als auch Wälder umfassten, die *Carta de Foresta* in diesem Zusammenhang nur von „Wäldern" sprach.

972 . Vgl. *oben* , S. 171 .

973 . Vgl. *supra* , 180, und siehe *Select Pleas* , xcv.

974 . Vgl. *oben* , S. 181 .

975 . Vgl. *Wählen Sie Bitten* , xcix.; und siehe auch *oben* , S. 184 .

976 . Siehe *Select Pleas* , Lebenslauf. Mr. Turners Bericht über Edwards Verhalten kann mit der Einschätzung von M. Bémont, *Chartes* , xlviii, verglichen werden.

977 . 1 Edward III., stat. 2, c. 1.

978 . Siehe *Select Pleas* , cvi. Es gab eine Ausnahme. Am 26. Dezember 1327 wurde Eduard III. musste sich in Surrey weiteren Abholzungen unterziehen.

979 . 16 Karl I. c. 16.

Kapitel achtundvierzig.

Alle männlichen Vertreter von Forst- und Warenwirtschaft, Forstwirtschaft und Warenwirtschaft, Vizekommissar und Landesminister, Rekrutierung und Verwahrung des Amtes, beauftragen die Kommission mit der Beantragung eines Komitees für zwei Beamte, die sich für ihre Angehörigen verantwortlich fühlen, und in der Folge sterben sie Post inquisicionem factam, penitus, ita quod numquam revocentur, deleantur per eosdem, ita quod nos hoc sciamus prius, vel justiciarius noster, si in Anglia non fuerimus. [980]

Alle bösen Bräuche im Zusammenhang mit Wäldern und Gehegen, Förstern und Gehegen, Sheriffs und ihren Beamten, Flussufern und ihren Aufsehern sollen in jedem Landkreis sofort von zwölf geschworenen Rittern desselben Landkreises untersucht werden, die von den ehrlichen Männern desselben Landkreises ausgewählt werden , und soll innerhalb von vierzig Tagen nach der besagten Untersuchung vollständig abgeschafft werden, so dass er nie wieder wiederhergestellt werden kann, immer vorausgesetzt, dass wir vorher eine Mitteilung davon erhalten, oder unser Justiziar, falls wir nicht in England sein sollten.

Dieses Kapitel befasst sich hauptsächlich, wenn auch nicht ausschließlich, mit dem Wald. Es sieht auf umfassende und drastische Weise die Abschaffung „böser Bräuche" vor, von denen drei Gruppen besonders hervorgehoben werden: (a) diejenigen, die mit Wäldern und Gehegen (vermutlich nur königlichen Gehegen) und ihren Beamten verbunden sind; (b) diejenigen, die mit Sheriffs und ihren Untergebenen in Verbindung stehen; und (c) diejenigen, die mit Flussufern verbunden sind, und ihre Wächter. Das Wort „Zoll" wird hier offensichtlich in einem weiteren Sinne verwendet und umfasst alle Gebräuche und Verfahren, unabhängig davon, ob sie speziell mit Geldforderungen verbunden sind oder nicht. [981] Das Wort „böse" ist nicht definiert, aber hier (im günstigen Gegensatz zu anderswo) werden Mechanismen bereitgestellt, um zu einer Definition zu gelangen. Dies geschieht in Form einer Neuanwendung der nützlichen *inquisitio* . In jeder Grafschaft sollte sofort eine örtliche Jury aus zwölf Rittern von „den guten Leuten" dieser Grafschaft gewählt werden, und diese zwölf erhielten den Auftrag, eine umfassende Untersuchung über „böse Bräuche" im Allgemeinen durchzuführen. Alle von ihnen verurteilten Praktiken (zweifellos nach Anhörung kleinerer örtlicher Geschworenen unter Eid) sollten innerhalb von vierzig Tagen nach der Untersuchung abgeschafft werden, „damit sie nie wieder wiederhergestellt werden."

Am Ende des Kapitels erscheint die Bedingung, dass vor der tatsächlichen Abschaffung eine Mitteilung an den König oder, in seiner Abwesenheit, an seinen Justiziar gesendet werden muss. Obwohl eine solche Andeutung sowohl aus politischen Gründen als auch aus Gründen der gewöhnlichen Höflichkeit absolut notwendig war, scheint es, dass diese Klausel nur auf Veranlassung der Freunde des Königs eingefügt wurde; Zumindest steht es (im Nachhinein) am Fuß von zwei Exemplaren der Großen Charta.

Unabhängig davon, ob er unter Druck oder aus politischen Gründen handelte, verlor John keine Zeit, die für die Umsetzung dieses Teils der Reformen erforderlichen Mechanismen einzurichten. Genau an dem Tag, an dem schließlich die Friedensbedingungen zwischen dem König und den Baronen in Runnymede geschlossen wurden, nämlich am 19. Juni 1215, begann er mit der Ausstellung von Urkunden an Sheriffs, Warrener und Flussvögte. Innerhalb weniger Tage hatte jeder von ihnen eine Bescheinigung über die erzielte Einigung erhalten und den Befehl erhalten, zwölf Ritter von der Grafschaft im ersten Bezirksgericht auswählen zu lassen, die eine eidesstattliche Untersuchung über böse Bräuche durchführen sollten. [982]

Diesen Befehlen wurde Folge geleistet: In den verschiedenen Landkreisen wurden Ritter ernannt, die offenbar eine liberale Einstellung zu ihren eigenen Aufgaben hatten. Weit davon entfernt, sich darauf zu beschränken, die Bräuche für schlecht zu erklären oder sie auch nur abzuschaffen, behaupteten sie, mit den Sheriffs die Ausübung der gesamten Exekutivgewalt des Kreises zu teilen. Eine gewisse Rechtfertigung für diese Ansprüche kann in den Bedingungen einer zweiten Serie von Schriftstücken gefunden werden, die im Namen des Königs am 27. Juni und den folgenden Tagen ausgestellt wurden. Diese waren gemeinsam an den Sheriff und die zwölf Ritter gerichtet und befahlen ihnen, sofort alle zu beschlagnahmen, die sich weigerten, den Gehorsamseid gegenüber den fünfundzwanzig Vollstreckern der Charta zu leisten, wie in den vorherigen Schriften gefordert. [983] Das Revolutionskomitee der Zentralregierung verfügte somit in jedem Kreis über örtliche Vertreter der zwölf Ritter, deren ursprüngliche Aufgabe darin bestand, für die Abschaffung böser Bräuche zu sorgen.

Der Hass, den alle Klassen auf die Waldgesetze hegten, wird durch den ikonoklastischen Geist veranschaulicht, in dem diese Ritter mit den Geschworenen jedes kleinen Bezirks und allen anderen Beteiligten übereinstimmten, um die drastische Behandlung von Missbräuchen zu befürworten. Gemäßigt gesinnte Männer begannen zu befürchten, dass diese weitreichenden Änderungen die königlichen Wälder (im technischen Rechtssinn) praktisch vollständig abschaffen würden. Dementsprechend legten die führenden Prälaten, die in großem Maße dafür verantwortlich waren, den König zu einem Waffenstillstand in Runnymede zu bewegen, und daher die moralische Verpflichtung hatten, alles zu tun, was sie konnten, um zu verhindern, dass die Barone ihren Glauben brechen, einen schriftlichen Protest ein. Sie erklärten, dass das betreffende Kapitel von beiden Seiten „als begrenzt" verstanden werden müsse und „dass alle jene Bräuche bestehen bleiben sollen, ohne die die Wälder nicht erhalten werden können". [984] Es bestand eindeutig die Gefahr, dass der gesamte Kodex der Forstgesetze außer Kraft gesetzt wurde, da er einen einzigen großen „bösen Brauch" darstellte. Welche Auswirkungen dieser Protest gegebenenfalls hatte, ist nicht bekannt. Das Land geriet bald in einen Bürgerkrieg, in dessen Verlauf keine Seite Muße hatte, die Missbräuche zu reformieren, so dringend erforderlich sie auch sein mochten. Im Jahr 1216 wurde das Thema für eine spätere Betrachtung „aufgeschoben", und im Jahr 1217 wurde versucht, die bösen Bräuche, die abgeschafft werden sollten, im Detail zu spezifizieren. Das gefährliche Experiment, eine solche Definition den örtlichen Geschworenen in jedem Bezirk zu überlassen, wurde nicht wiederholt.

---

980 . Die letzten 16 Wörter, einschließlich „ *per eosdem* ", erscheinen am Fuße beider Cottonian-Versionen der Magna Carta. Vgl. *oben* , 194–7.

981 . Vergleichen Sie die eingeschränktere Bedeutung desselben Wortes in c. 41.

982 . Siehe *Rot. Klopfen.* , I. 180, zitiert auch *Select Charters* , 306–7. Vgl. *oben* , S. 47 .

983 . Vgl. *Infra* , c. 61.

984 . Vgl. *oben* , S. 52 . Der Text erhält *Rot. Klaus.* , 17 John, m. 27, gest. und *New Rymer*, I. 134. Es läuft im Namen der Erzbischöfe von Canterbury und Dublin sowie der Bischöfe von London, Winchester, Bath, Lincoln, Worcester und Coventry und bildet (mit einer Ausnahme den Bischof von Rochester) genau diejenigen, die in der Präambel der Magna Carta erwähnt werden.

KAPITEL NEUNVIERZIG.

Alle sind sich einig und beharren darauf, dass wir niemanden von Anglicis befreien, um Frieden und Treue zu seinen Diensten zu gewährleisten.

Wir werden alle Geiseln und Urkunden, die uns von Engländern als Bürgen für den Frieden oder treuen Dienst übergeben wurden, sofort zurückgeben.

Ein Merkmal von Johns Regierungssystem war die ständige Forderung nach Geiseln als Garantie für die Loyalität seiner Untertanen. Tatsächlich wurde im Mittelalter bei besonderen Gelegenheiten natürlich auf ein solches Mittel zurückgegriffen, beispielsweise um die Einhaltung eines kürzlich abgeschlossenen Vertrags sicherzustellen oder wenn die Anführer einer Rebellion, nachdem sie gerade niedergeschlagen worden waren, unter der Bedingung ihrer Zukunft verschont worden waren gutes Benehmen. So nahm der Eroberer im Jahr 1067 während einer erzwungenen Abwesenheit von England unmittelbar nach seiner Übernahme Edgar Atheling und die Grafen Morkere und Eadwin mit; und viele andere Fälle kommen leicht vor. Solche Fälle waren jedoch die Ausnahme, bis John bedauerlicherweise Anspruch auf Auszeichnung als einziger König von England erhob, der jemals auf eine solche Politik zurückgriff, und zwar nicht nur angesichts der Gefahr, sondern als ständige und normale Praxis in Friedenszeiten. Es mag sein, dass sein ständiger Verdacht begründet war; aber das entschuldigt sie kaum, da es seine eigene schlechte Regierung war, die seine Untertanen in einen Zustand ständiger Unruhe versetzte.

John lebte in seiner Heimat England wie ein ausländischer Eroberer inmitten einer feindlichen Rasse und hielt Söhne und Töchter in seinen Fängen, um sich für die Aufstandsversuche ihrer Eltern zu verantworten. Diese geniale, aber unfaire Praxis passt gut zu dem, was wir über Johns Charakter und seine allgemeine Politik wissen. Es war eine Maßnahme fast teuflischer List, mit der er sein unmittelbares Ziel erreichen wollte, die er aber wahrscheinlich vor sich selbst zurückzog, sobald eine kritische Lage seines Schicksals eintrat. Seine Wirksamkeit lag darin, dass es die Hand unzufriedener Magnaten zwang und sie dazu zwang, sich für den Zeitpunkt zwischen dem verzweifelten Ausweg einer offenen Rebellion und der Auslieferung ihrer Kinder an einen skrupellosen Feind zu entscheiden, und so vielleicht für immer auf die Möglichkeit zu verzichten Widerstand oder Rache, die dann zu einem zu hohen Preis erkauft werden – das Leben der Geisel. Indem John auf diese Weise seine Feinde einen nach dem anderen lähmte, hoffte er, die Unzufriedenheit unschädlich zu machen. Jene Adligen, die der Tyrann nicht durch ihre zärtlichsten Zuneigungen kontrollierte, waren zu wenige für wirksamen Widerstand. Beim geringsten Anzeichen von Wut wurden auch sie plötzlich als Geiseln genommen und schlossen sich damit in die Reihen derer ein, die es nicht wagten, zu rebellieren. [985]

Die gesamte Regierungsgeschichte zeigt, welch übermäßige praktische Bedeutung diese Geiselfrage erlangt hatte. Es ist reich an Beispielen für die verschiedenen Vorwände, unter denen Johannes sie forderte, und für seine drastischen Methoden, mit denen er die Sünden derer, die sie verpfändet hatten, auf ihren Kopf brachte. So eroberte Johannes im Jahr 1201 die Burgen einiger seiner Barone; und einer von ihnen, Wilhelm von Albini, rettete seine Festung Belvoir nur, indem er seinen Sohn als Geisel übergab. [986] Im selben Jahr beleidigten die Männer von York den König, indem sie es versäumten, ihn in einer Prozession zu treffen, als er ihre Stadt besuchte, und indem sie es versäumten, Unterkünfte für die Unterbringung seiner Bogenschützen bereitzustellen. Der König forderte wie üblich Geiseln, erlaubte den Bürgern jedoch letztendlich die Flucht gegen eine Zahlung von 100 Pfund, um das Wohlwollen des Königs zurückzukaufen. [987]

Es verging kaum ein Jahr ohne ähnliche Vorfälle; aber offenbar wurde diese Praxis erst 1208 flächendeckend durchgesetzt. In diesem Jahr führte die tiefe Furcht des Königs vor den Auswirkungen der Absolution seiner Barone durch den Papst zu seiner Forderung, dass jeder führende Mann in England seine Söhne, Neffen oder andere Blutsverwandte den Boten des Königs übergeben sollte. [988]

Wie gefährlich es ist, solchen Forderungen nicht nachzukommen, zeigt das Schicksal von Maud von Saint-Valéry, der Frau von William de Braose, die sich rundweg weigerte, ihre Enkel einem König zu übergeben, der, wie sie unklug genug war zu sagen, „ hatte seinen gefangenen Neffen ermordet." [989] Zwei Jahre später ließ John sie und ihren ältesten Sohn verhungern, nachdem es ihm nicht gelungen war, enorme Summen im Namen von Geldstrafen zu erpressen, ein Schicksal, zu dem zweifellos ihre eigene Unvorsichtigkeit beigetragen hatte. [990] Johns drastische Methoden, mit denen er seine Geiseln behandelte, können auch aus den Chroniken seiner Herrschaft hervorgehen, beispielsweise aus dem Schicksal der Jugendlichen, die er im Juni 1211 aus Wales mitbrachte. Als er von der walisischen Rebellion im folgenden Jahr hörte , befahl er seinen Truppen, ihn in Nottingham zu treffen. Als John Anfang September bei der Musterung ankam, erwartete ihn eine große Schar, denen eine Anschauungsstunde geboten wurde, die sie noch lange in ihren Träumen verfolgen könnte. In seiner Leidenschaft bis zur Weißglut erhängte John achtundzwanzig wehrlose Jungen aus dem edelsten Blut von Wales. [991] Dieses grässliche Schauspiel konnte keiner der damals Anwesenden vergessen haben, als der König später im selben Monat in plötzlicher Panik nach London floh; und, sicher in den Festungen des Turms, verlangte er von allen Adligen, deren Treue er bezweifelte, Geiseln. Die eingefleischten

Eustace de Vesci und Robert Fitz Walter zogen es vor, Sicherheit in der Flucht zu suchen, der einzigen Alternative, die ihnen offenstand. [992] Die anderen, die den Schrecken von Nottingham noch frisch in Erinnerung hatten, waren gezwungen, ihre Söhne und Töchter mit unvorstellbaren Gefühlen der zärtlichen Gnade von John zu übergeben, der von Natur aus gerissen und grausam war und dadurch doppelt verräterisch gemacht wurde Verdacht verstärkt durch Angst.

Die Mängel dieser Politik lassen sich auf lange Sicht an den Ereignissen ablesen, die der Magna Carta vorausgingen. Als Johns Einfluss auf die Geiseln aufgrund seiner Vorbereitungen für den Feldzug von 1214 gelockert wurde und dieser in völliger Verlegenheit endete, bot sich den Unzufriedenen die lang ersehnte Gelegenheit, und der Gedanke an diese Chance regte sie zu schnellem Handeln an könnte nie wieder vorkommen. Bei seiner Rückkehr hielt John vergleichsweise wenige Geiseln fest, und die nördlichen Barone erkannten, dass sie, wenn überhaupt, handeln mussten, bevor ihre Kinder erneut in die Fänge des Tyrannen gerieten.

Sogar im Juni 1215 hatte John die Kontrolle über einige Geiseln, und das jetzt diskutierte Kapitel fordert die sofortige Wiederherstellung der Personen englischer Abstammung (die Waliser erhalten eine gesonderte Behandlung) zusammen mit den Urkunden, die John als zusätzliche Sicherheit innehatte Ein Gläubiger könnte die Eigentumsrechte an einer verpfändeten Immobilie besitzen. Diese Bestimmung der Magna Carta wurde sofort umgesetzt. An die Hüter der königlichen Geiseln wurden Briefe geschickt, in denen eine sofortige Freilassung angeordnet wurde. [993] Die Praxis der Geiselnahmen endete jedoch keineswegs mit der Erteilung der Großen Charta. Noch bevor ein Jahr verstrichen war, gelang es einigen der aufständischen Adligen, die ihre Kühnheit bereuten, mit John durch die Zahlung großer Geldsummen und die Übergabe ihrer Söhne und Töchter als Sicherheit für ihre zukünftige Treue Frieden zu schließen. So gab beispielsweise Simon Fitz Walter seine Tochter Matilda auf. [994]

---

985 . Die einzigen Magnaten, die diesem Dilemma nicht ausgesetzt waren, waren die Prälaten, deren Zölibat sie von familiären Bindungen trennte. Sie hatten keine Geiseln zu stellen und waren darüber hinaus im Normalfall frei von der Angst vor persönlicher Gewalt.

986 . Siehe R. Hoveden, IV. 161.

987 . Siehe *Rotuli de Finibus* , S. 119.

988 . Siehe R. Wendover, III. 224-5 und M. Paris, II. 523.

989 . R. Wendover und Matthew Paris, *ebenda*.

990 . Siehe die von Miss Norgate zitierten Autoritäten, *John Lackland*, S. 288.

991 . Vgl. *oben*, S. 30.

992 . Vgl. *oben*, S. 30.

993 . Siehe zum Beispiel einen oben erwähnten Brief vom 23. Juni an Stephen Harengod, *S.* 49.

994 . Siehe *Rotuli de Finibus*, 571. Das Sorgerecht für Geiseln könnte offenbar ein wünschenswertes Amt sein, da Alan, der Sohn des Grafen, im Jahr 1199 drei Windhunde für das Sorgerecht für eine bestimmte Geisel aus der Bretagne anbot; so erscheint es aus *Rotuli de Finibus*, S. 29.

KAPITEL FÜNFZIG.

Unsere Eltern, Gerardi de Athyes, sind frei von der Strafe, weil sie in Anglia nichts zu suchen haben; Engelardum de Cygony, Petrum et Gionem et Andream, de Cancellis, Gionem de Cygony, Galfridum de Martinny et fratres ejus, Philippum Marci et fratres ejus, und Galfridum nepotem ejus, und die ganze Folge davon.

> Wir werden die Verwandten von Gerard de Athyes vollständig aus ihren Vogteien entfernen (so dass sie in Zukunft keine Vogtei mehr in England haben werden), nämlich Engelard de Cygony, Peter, Gyon und Andrew von der Kanzlei, Gyon de Cygony, Geoffrey de Martyn mit seinen Brüdern, Philip Mark mit seinen Brüdern und seinem Neffen Geoffrey, und der ganze Nachwuchs desselben.

Kapitel 45 zielte darauf ab, die Ernennung geeigneter Männer zu Vertrauensposten unter der Krone sicherzustellen; Das vorliegende Kapitel schließt definitiv eine bestimmte Gruppe königlicher Günstlinge von Vogteien (ein umfassender Begriff, der alle Grade lokaler Magistratien umfasst) aus. Ihre Namen beweisen, dass sie ausländischer Abstammung sind. Sie kamen aus Brabant, Flandern und Poitou [995] und einige von ihnen blieben in England und bekleideten lukrative Posten unter Heinrich III. trotz des ihnen hier auferlegten Verbots. Die Klausel der John's Charter, die sie von ihrem Amt ausschloss, wurde in zukünftigen Neuauflagen tatsächlich weggelassen, ebenso wie Kapitel 45.

Die Gründe, die sie für die Barone unliebsam gemacht hatten, werden nicht erklärt, können sich aber leicht vorstellen. Sie hatten die unpopulären Posten von Zolleinnehmern, Waldwächtern und Kommandanten königlicher Garnisonen besetzt und sich durch ihren skrupellosen Eifer bei der Durchsetzung der Vorrechte des Königs im Zusammenhang mit Handel, Burgen, Wäldern und Lieferungen ausgezeichnet.

Die Karriere von Engelard de Cygony kann als typisch für die anderen angesehen werden. Er war ein Neffe von Gerard de Athyes [996] und genoss das Vertrauen seines Herrn, wie die Zahl der verantwortungsvollen Ämter beweist, die ihm anvertraut wurden. Wir wissen, dass er im Jahr 1211 als Sheriff von Gloucester fungierte, da er der Staatskasse für den *firma comitatus* Rechenschaft ablegte . Er begründete außerdem die *Firma Burgi* von Bristol, [997] was offenbar einen Eingriff in die Gründfreiheiten dieser Stadt impliziert. Wahrscheinlich lag es daran, dass John seine Dienste woanders benötigte, sodass einige seiner Sheriff-Aufgaben von einem Stellvertreter, einem Bürger namens Richard, der in seinem Namen Rechnungen machte, wahrgenommen wurden. Engelard wandte sich auch an die Krone für Gloucestershire und verstieß damit sowohl gegen die Verordnung von 1194, die es einem Sheriff verbot, in seiner eigenen Grafschaft als Justizbeamter zu fungieren, als auch gegen die Gewohnheitsregel (die nur durch Kapitel 24 der Magna Carta bestätigt, nicht begründet wurde) . verhinderte, dass Sheriffs Bitten der Krone entgegennahmen. [998] Mehrere Einträge berichten von Weinfässern, die er als „Prise" von Schiffen mitnahm, die in den Hafen von Bristol einliefen. Zum Beispiel erlaubten ihm die Finanzbeamten, von dem Betrag, den er als *Firma schuldete* , die Summe von 60 Shilling für vier Tonnen Rotwein abzuziehen, wie durch die königliche Urkunde bestätigt, [999] ein Eintrag, der darauf hindeutet, dass er hatte von der Krone die Gewinne abgekauft, die sich aus dem Vorrecht der Übernahme von Besitztümern ergaben; und hatte dann die für den königlichen Gebrauch tatsächlich benötigten Hogsheads für 15 Shilling an den König weiterverkauft. jede. Engelard bewachte auch einen reichen Schatz für den König in Bristol, wahrscheinlich als Polizist der dortigen Burg, wobei ihm Beträge *ad ponendum im Thesauro Regis gezahlt wurden* . [1000] Einmal wurde ihm die Verwahrung von mehr als 10.000 Mark königlichem Geld anvertraut. [1001] Geiseln sowie Goldbarren wurden seiner Obhut übergeben; Ein Schreiben vom 18. Dezember 1214 wies ihn an, drei edle Waliser zu befreien, die darin namentlich erwähnt wurden. [1002]

In dem Bürgerkrieg, zu dem der in Runnymede besiegelte Friedensvertrag den Auftakt bildete, erwies sich Engelard, damals Polizist von Windsor Castle und Aufseher des angrenzenden Waldes von Odiham, als aktiv in Johns Diensten. Er verteidigte Windsor erfolgreich gegen die französische Fraktion und unternahm heftige Angriffe, bis der König ihn ablöste. [1003] Er beschlagnahmte Vorräte, um den königlichen Bedarf zu decken; und schon lange danach, im Jahr 1232, wurde im Zusammenhang mit den auf diese Weise erbeuteten zwölf Schweinsköpfen Wein Klage gegen ihn erhoben. [1004] Er fungierte als Sheriff von Surrey unter William Marshal, dem Regenten, wurde jedoch 1218 aufgrund eines Streits mit Earl Warenne von diesem Amt suspendiert. [1005] Nach der Thronbesteigung Heinrichs III. blieb er zwanzig Jahre lang Wärter des Schlosses und der Wälder, [1006] und seine langen Dienste wurden mit Landgewährungen belohnt: In der Grafschaft Oxford besaß er mit vier Landgütern das Herrenhaus von Benzinton Hunderte und eine Hälfte, während des Königs Wohlgefallen; [1007] während sein Sohn Oliver den lukrativen Posten des Vormunds über die Ländereien und Erben von Henry de Berkley erhielt. [1008]

Im Jahr 1221 unterstützte Engelard jedoch gemeinsam mit Falkes de Bréauté, Philip Mark und anderen Kastellanen den Grafen Wilhelm von Aumâle in seinem Widerstand gegen die Forderungen von Heinrichs Ministern, alle königlichen Burgen dem König zurückzugeben. Ungeachtet der

Geheimhaltung, mit der er Männer zum Grafen auf Schloss Biham schickte, geriet er [1009] unter den Verdacht des Hochverrats und entkam der Inhaftierung nur, als er Geiseln fand, die er das Schloss Windsor für den König behalten und nach seinem Willen übergeben würde . [1010] Im Jahr 1236 wurde er von einigen seiner Ämter entbunden, jedoch nicht von allen, da er 1254 zwei Jahre mit der *Firma* des Herrenhauses von Odiham im Rückstand war. [1011] In diesem Jahr starb er offenbar; denn die Patentliste enthält eine Urkunde, die ihm die Erlaubnis erteilte, sein Testament zu erlassen, und ein Eintrag aus dem Jahr 1255 berichtet, dass „der König seinen Testamentsvollstreckern für die guten Dienste, die Engelard de Cygony zu seinen Lebzeiten dem König erwiesen hat, gewährte, dass sie entlassen werden sollten." alle von ihnen an die Staatskasse vorzulegenden Rechnungen sowie alle Durchschnittswerte der Rechnungen und aller Schulden und Abgaben." [1012] So starb Engelard , wie er gelebt hatte, der vertrauenswürdige Diener und Günstling der Könige. Sein Werdegang veranschaulicht, wie dieselben Männer, die sich als Partisanen von John Verachtung zugezogen hatten, nach dem Ende des Bürgerkriegs zu Instrumenten der Misswirtschaft seines Sohnes wurden. [1013]

---

995 . Vgl. Bémont, *Chartes* , 22, n und 116.

996 . Siehe R. Wendover, III. 238.

997 . *Pipe Roll* , 12 John, zitiert Madox, I. 333.

998 . *Ebenda.* , II. 146.

999 . *Pipe Roll* , 12 John, zitiert Madox, I. 766.

1000 . *Ebenda.* , I. 606.

1001 . *Ebenda.* , I. 384.

1002 . *Verrotten. Klopfen.* , 16 John, m. 9 (I. 125) und *New Rymer* , I. 126.

1003 . Siehe M. Paris, II. 665, der ihn „ *Ingelardus de Athie* " nennt und ihn als *vir in opere martis probatissimus* beschreibt . Vgl. *Verrotten. Klopfen.* , 9 Heinrich III. M. 9.

1004 . Siehe Bracton's *Note Book* , Nr. 684.

1005 . Siehe *Rot. Klopfen.* , 2 Heinrich III. M. 7.

1006 . *Ebenda.* , 19 Heinrich III.

1007 . Siehe *Testa de Neville* , S. 18 und *ebenda.* , P. 120.

1008 . *Verrotten. Klopfen.* , 9 Heinrich III. M. 6.

1009 . R. Wendover, IV. 66.

1010 . *Annalen von Dunstable* , III. 68.

1011 . *Mem. Roll* , 28 Heinrich III., zitiert Madox, II. 201.

1012 . *Mich. Communia* , 29 Heinrich III., zitiert Madox, II. 229.

1013 . Einige Einzelheiten zu den anderen genannten Personen finden sich in Thomson, *Magna Charta* , 244–245. Philip Mark war Constable von Nottingham unter John (R. Wendover, III. 237) und Sheriff von Nottingham sowohl vor als auch nach 1215 (siehe z. *B Verrotten. Klaus.* , I. 412), während Guy de Chancel im Jahr 1214 für die Scutage der Ehre von Gloucester verantwortlich war (Madox, I. 639) und für den Pachtzins der Baronie Wilhelm von Beauchamp (ebd., I. 717) .

KAPITEL EINUNDFÜNFZIG.

Und nach der Friedensreform wird die Herrschaft über alle außerirdischen Milizen, Balisten, Diener, Stipendiaten, die mit Equis und Armis ad nocumentum regni verehrt werden, regiert.

Sobald der Frieden wiederhergestellt ist, werden wir alle im Ausland geborenen Ritter, Armbrustschützen, Unteroffiziere und Söldnersoldaten, die mit Pferden und Waffen dem Königreich Schaden zugefügt haben, aus dem Königreich verbannen.

John verpflichtet sich hier, seine ausländischen Truppen aufzulösen, die als Agenten seiner Tyrannei fungiert hatten, um die einheimischen Engländer unter Kontrolle zu halten und immer bereit zu sein, im Falle einer Rebellion ins Feld zu ziehen. Diese Männer, die die königlichen Burgen besetzt hatten, die im Mittelalter solch gewaltige Unterdrückungsmaschinen bildeten, sollen nun verbannt werden, „sobald der Frieden wiederhergestellt ist", ein Hinweis darauf, dass bereits zum Zeitpunkt der Magna Carta ein Zustand von … herrschte Der virtuelle Krieg wurde erkannt. Dieses Versprechen wurde teilweise erfüllt. Am 23. Juni wurde die Auflösung der Söldner angeordnet. [1014] Der Wiederaufnahme des Bürgerkriegs folgte jedoch die Rekrutierung neuer Gruppen von Ausländern auf beiden Seiten, und diese Männer übten noch lange Zeit einen bösen Einfluss in England aus. Ihre Anwesenheit war einer der Hauptgründe für den Aufstand von 1224, nach dessen Niederschlagung die meisten von ihnen erneut verbannt wurden, mit ihrem Anführer Falkes de Bréauté an der Spitze.

Die Worte, mit denen diese Soldaten beschrieben werden, sind umfassend. *Stipendiarii* umfassten Söldner aller Art: *Balistarii* waren Armbrustschützen. Diese im Zuge der Kreuzzüge nach England importierte Waffe verdrängte schnell den früheren Kurzbogen, musste aber wiederum dem Langbogen unterliegen, der offenbar aus Wales stammte und als reguläre Waffe eines Zweiges entwickelt wurde der englischen Armee durch Edward I., der dadurch viele Schlachten gegen die Schotten und Waliser gewann und die späteren Triumphe des Schwarzen Prinzen und Heinrichs V. ermöglichte.

1014 . Siehe *Rot. Klopfen.* , 17 John, m. 23 (*New Rymer* , I. 134).

KAPITEL ZWEIUNDFÜNFZIG.

Wenn wir uns auf die Probe stellen oder uns verlängern, ohne rechtliche Grundlage zu sein, von Land zu Land, von Castellis, von der Freiheit, von Rechts wegen, von uns verlangt und zurückgezahlt wird; Und wenn der Inhalt erst recht ist, ist er für die Gerichtsbarkeit des fünften Barons zuständig, und wir werden ihn in der Sicherheit des Friedens unterlassen: Von all dem, was wir alle wissen, bis hin zur Verlängerung des rechtskräftigen Gerichts, bis zum Ende Ricardum regem fratrem nostrum, que in manu nostra habemus, vel que alii tenent que nos oporteat warantizare, respektum habebimus usque ad common terminum crucesignatorum; Mit Ausnahme von quibus placitum motum fuit vel inquisicio facta per preceptum nostrum, ante suscepcionem crucis nostra: cum autem redierimus de wandering nostra, vel si forte remanserimus a wandering nostra, statim inde plenum justiciam exhibebimus.

Wenn jemand von uns ohne das gerichtliche Urteil seiner Standesgenossen enteignet oder aus seinen Ländereien, Burgen, Franchises oder seinen Rechten entfernt wurde, werden wir sie ihm sofort zurückgeben ; und wenn darüber ein Streit entsteht, dann soll er von den fünfundzwanzig Baronen entschieden werden, von denen weiter unten in der Klausel zur Sicherung des Friedens die Rede ist. [1016] Darüber hinaus für all jene Besitztümer, von denen irgendjemand ohne das rechtmäßige Urteil seiner Standesgenossen von unserem Vater, König Heinrich, oder von unserem Bruder, König Richard, enteignet oder entfernt wurde und die wir in unserem behalten Hand (oder die im Besitz anderer sind, gegenüber denen wir verpflichtet sind, sie zu garantieren) haben wir eine Frist bis zur üblichen Amtszeit der Kreuzfahrer; mit Ausnahme der Dinge, zu denen unser Orden vor unserer Kreuznahme eine Bitte vorgebracht oder eine Untersuchung durchgeführt hat; aber sobald wir von unserer Expedition zurückkehren (oder wenn wir vielleicht von der Expedition absehen), werden wir darin sofort volle Gerechtigkeit gewähren.

Die Charta greift hier ein Thema von lebenswichtigem Interesse für die Barone auf, nämlich das Thema der illegalen Disseisins, das bereits in Kapitel 39 angesprochen wurde und hier ergänzt wird. Für jeden, der von der Krone enteignet wurde, besteht Rechtsbehelf „ *sine legali judicio parium suorum* ". Es wird jedoch zwischen zwei Klassen von Unrecht unterschieden, je nachdem, ob es von Johannes selbst begangen wurde, wo summarische Methoden vorherrschen sollten, oder von seinen Vorgängern, wo ein weniger überstürztes Vorgehen seinen Lauf nehmen musste.

Die Artikel der Barone hatten die gleiche Unterscheidung anerkannt, sahen jedoch eine etwas unterschiedliche Behandlung vor. Diejenigen, die von Heinrich oder Richard entlassen wurden, sollten „nach dem Urteil ihrer Standesgenossen am Hofe des Königs" Wiedergutmachung erhalten; diejenigen, die von Johannes „nach dem Urteil der fünfundzwanzig Barone", das heißt der Testamentsvollstrecker, verurteilt wurden, um später ausführlicher besprochen zu werden. Beide Fälle wurden jedoch in den Artikeln durch eine Bestimmung eingeschränkt, die einer Stellungnahme bedarf. Johannes hatte einige Monate zuvor das Kreuzfahrergelübde abgelegt und beanspruchte nun die üblichen drei Jahre „Aufschub", der denjenigen gewährt wurde, die sich auf den Heiligen Krieg vorbereiteten, von allen gegen sie gerichteten Gerichtsverfahren. Die Barone betrachteten Johns Gelübde als vorsätzlichen und berüchtigten Meineid und lehnten seinen Anspruch ab. Der Punkt wurde durch die Satzung der Barone an ein Schiedsverfahren verwiesen. Die Prälaten, deren *Judicium* in diesem Punkt für endgültig erklärt wurde („ *appellatione remota* "), *und die zu einer frühzeitigen Entscheidung („ ad certum diem* ")* verpflichtet waren , dürften nicht ohne Grund der Parteilichkeit verdächtigt worden sein, da „die Übernahme der ..." „Kreuz" war kein Schritt, der von Kirchenmännern herabgesetzt werden sollte. Dennoch scheinen sie im Geiste eines nicht unfairen Kompromisses gehandelt zu haben, wenn man die Klausel, wie sie schließlich in Johns Magna Carta erschien, als den Inhalt ihres Schiedsspruchs ansehen kann.

Das Privileg des Kreuzfahrers wurde von Langton und seinen Mitschiedsrichtern in Fällen nicht anerkannt, in denen John selbst der Schiedsrichter gewesen war; Die fünfundzwanzig Testamentsvollstrecker könnten dort unverzüglich entscheiden. Es wurde jedoch Aufschub in Bezug auf die Disseisins von Henry und Richard gewährt (es sei denn, ein Gerichtsverfahren war bereits anhängig). [1017] Die Charta sagt nichts über das Verfahren, das am Ende der drei Jahre angenommen werden soll; aber es bestand wahrscheinlich nicht die Absicht, in dieser Hinsicht von den Bestimmungen der Artikel abzuweichen, nämlich „Urteil der Standesgenossen am Hofe des Königs".

Johannes hatte guten Grund, die hier festgelegte Art und Weise zur Entscheidung von Streitigkeiten über von ihm vorgenommene Disseisinen als unfair zu betrachten. Viele heikle Punkte würden daher der zusammenfassenden Entscheidung eines Baronialkomitees überwiesen, das sich mit Sicherheit aus seinen erbittertsten Feinden zusammensetzte — vielleicht genau den Männern, die er enteignet hatte. Wenn das „Urteil der Fünfundzwanzig" für die Barone „das Urteil der Adligen" bedeutete, bedeutete es für den König das Urteil über Untergebene und Feinde. [1018]

1015 . Der *Elongatus* der Charta ersetzt den *Prolongatus* der Artikel der Barone.

1016 . Das heißt, in der sogenannten „Exekutivklausel", der „ *forma securitatis ad observandum Pacem* " der Artikel, die zu Kapitel 61 der Charta wurde (*siehe dort*).

1017 . Dieser „Vorteil eines Kreuzfahrers" wurde in drei weiteren Klagegruppen auf Johannes ausgedehnt, die in c. 53 (*siehe auch*).

1018 . Dieses Kapitel umfasste nicht nur Güter, die sich noch in Johns Besitz befanden, sondern auch solche, die neu vergeben wurden und deren Titel von der Krone garantiert worden waren. Wenn der frühere Eigentümer diese zurückerhielt, war die Krone durch das Feudalrecht gesetzlich verpflichtet, den dem jetzigen Eigentümer durch seine Räumung entstandenen Verlust auszugleichen. Der Fall der Waliser wird in c. besonders behandelt. 56 (*siehe auch*).

KAPITEL DREIUNDFÜNFZIG.

Außerdem respektieren wir das Hab und Gut, und die Justiz stellt den Wäldern den Wald vor und remansiert den Wald, als Henricus Vater uns fragt und Ricardus frater uns aufforstet, und die Verwalter, die dem fremden Feodoo geweiht sind, verwahrten die Verwalter, die den Wald verlassen hatten, und verwahrten ihn, wenn er von uns bewohnt wurde per servicium militare, et de abbaciis que fundate fuerint in feodo alterius quam nostro, in quibus dominus feodi dixerit se jus habere; und mit redierimus, vel si remanserimus a peregrinacione nostra, super hiis conquerentibus plenam justiciam statim exhibebimus. [1019]

> Darüber hinaus werden wir die gleiche Frist und die gleiche Art und Weise haben, um Gerechtigkeit zu üben in Bezug auf die Abholzung oder den Erhalt der Wälder, die Heinrich, unser Vater, und Richard, unser Bruder, aufgeforstet haben, und in Bezug auf die Verwaltung von Ländereien, die zum Lehen eines anderen gehören (nämlich , solche Vormundschaften, wie wir sie bisher aufgrund eines Lehens hatten, das irgendjemand von uns durch Ritterdienste innehatte), und in Bezug auf Abteien, die auf anderen Lehen als unserem eigenen gegründet wurden und auf die der Herr des Honorars Anspruch darauf hat, Recht zu haben; und wenn wir zurückgekehrt sind oder von unserer Expedition absehen, werden wir allen, die sich über solche Dinge beschweren, sofort volle Gerechtigkeit widerfahren lassen.

Dieses Kapitel stellt eine Weiterentwicklung der Artikel der Barone dar und erstreckt sich auf drei Arten von Missbräuchen, die dort nicht besonders erwähnt werden, sowie auf die in Kapitel 52 vorgesehene Frist für die Wiedergutmachung illegaler Machenschaften. Die „nahe Zeit", die John aufgrund seines Kreuzfahrergelübdes zugesichert wurde, umfasst (*a*) Untersuchungen über die richtigen Grenzen von Wäldern, die angeblich von seinem Vater oder seinem Bruder ausgedehnt wurden; (*b*) Vormundschaften über die Ländereien von Unterpächtern, die er aufgrund seiner illegalen Ausweitung der Vormundschaft an sich gerissen hatte, und (*c*) Abteien, die von Mesne-Lords gegründet und von John während der Vakanz unter Verletzung der Vormundschaftsrechte dieser Gründer beschlagnahmt wurden. [1020]

1019 . Die Worte „ *et eodem modo, de justicia exhibenda* " und „ *vel remansuris Forestis* " stehen am Fuße beider Cottonian-Versionen. Vgl. *supra* , 195, n. Sie verdeutlichen die Bedeutung des Rests, statt sie zu ergänzen.

1020 . Es ergänzt somit drei vorangegangene Kapitel (*a*) c. 47; (*b*) c. 37; und (*c*) c. 46 bzw.

KAPITEL VIERUNDFÜNFZIG.

Nullus capiatur nec inshaftonetur propter appellum femine de morte alterius quam viri sui.

Niemand darf auf Antrag einer Frau wegen des Todes eines anderen als ihres Mannes verhaftet oder inhaftiert werden.

Das Ziel dieses Kapitels bestand darin, Abhilfe für das zu finden, was die Barone offenbar als ungerechtfertigten Vorteil der Klägerinnen betrachteten, denen es erlaubt war, einen Streiter zu ernennen, der sie im Duell vertrat, während der Angeklagte für sich selbst kämpfen *musste*. Der Zusammenhang zwischen Berufung und Rechtsstreit sowie der Unterschied zwischen Rechtsstreit im Anschluss an die Berufung und Rechtsstreit auf Grundlage einer Urkunde wurden bereits erläutert. [1021] In Zivilprozessen, in denen der Kampf rechtlich zulässig war, konnte keine der Parteien persönlich kämpfen: Es wurde auf Champions bestanden, *angeheuerte* Champions wurden jedoch verurteilt. Theoretisch handelte es sich bei diesen Männern um Zeugen, von denen jeder schwörte, dass er das Seisin tatsächlich gesehen hatte – das heißt, er sei bei der Pfändung des Antragstellers, dessen Titel er unterstützte, oder bei der Pfändung seines Vorfahren, von dem er das Land geerbt hatte, anwesend gewesen. [1022] Bei Strafeinsprüchen hingegen müssen die Parteien in eigener Person kämpfen. Diese Unterscheidung ist nicht so unlogisch, wie es auf den ersten Blick scheint, denn der Beschwerdeführer sollte ein Augenzeuge des Verbrechens sein [1023] ; und die offensichtliche Anomalie verschwindet, wenn beide Verfahrensregeln als Schlussfolgerungen aus dem Grundsatz betrachtet werden, dass die Kombattanten in allen Fällen Zeugen waren, deren widersprüchliche Aussagen in der Schlacht abgewogen werden müssen, wobei die alles beherrschende Vorsehung die Waage hält.

Im Falle eines Mordes würde kein privater Ankläger vernommen, es sei denn, er behauptete, er habe gesehen, wie der Angeklagte die Tat tatsächlich ausgeführt habe. Die Strenge dieser Regelung wurde jedoch durch juristische Fiktionen modifiziert. Der nahe Verwandte oder der Feudalherr des Erschlagenen wurde aufgrund der engen Bluts- oder Huldigungsbande zwischen beiden als konstruktiv anwesend bei seiner Ermordung behandelt. Dies ist zumindest die plausibelste Interpretation von Glanvills Worten: „Niemand ist berechtigt, die Anschuldigung zu beweisen, es sei denn, er ist mit dem Verstorbenen blutsverwandt oder mit ihm durch ein Huldigungs- oder Herrschaftsband verbunden, so dass er sprechen kann . " des Todes nach Aussage seines eigenen Sehvermögens." [1024]

In bestimmten Fällen wurde auch die Regel gelockert, wonach ein Berufungskläger einen eigenen Beweis erbringen muss; Frauen, Männer über sechzig Jahre und solche mit gebrochenen Knochen oder Menschen, die ein Glied, ein Ohr, eine Nase oder ein Auge verloren hatten, waren nicht in der Lage, effektiv zu kämpfen und konnten daher als Stellvertreter auftreten. [1025] Das so den Frauen gewährte Privileg wurde mit großem Missfallen betrachtet, da es einen ungerechtfertigten Vorteil gegenüber den Klägerinnen verschaffte, denen es nicht gestattet war, einen Ersatz vorzulegen. Dementsprechend wurde dem Angeklagten von einer Frau eine Option eingeräumt; Er könnte sich, um es mit Glanvills Worten zu sagen, dafür entscheiden, „sich an den Beweis der Frau zu halten oder sich durch die Tortur zu reinigen". [1026] Von dieser Möglichkeit wurde frei Gebrauch gemacht; Im Jahr 1201 durfte ein Kläger zur Wasserprobe gehen, [1027] und zwei Jahre später, als die Witwe eines ermordeten Mannes anbot, ihre Anschuldigung zu beweisen, „wie das Gericht prüfen wird", durfte die Angeklagte zur Wasserprobe gehen , „denn er hat sich entschieden, das Eisen zu tragen." [1028] Nach der faktischen Abschaffung der Tortur im Jahr 1215 wurde über Berufungen von Frauen in der Regel *per Patriam entschieden* (das heißt durch das eidesstattliche Urteil einer Jury aus Nachbarn). Das ist die Lehre von Bracton, [1029] dessen Autorität durch dokumentierte Fälle hinreichend bestätigt wird. So bot im Jahr 1221 ein Mann, der von einer Frau des Mordes an ihrem Mann beschuldigt wurde, fünfzehn Mark für ein Urteil der Geschworenen. [1030]

Das Recht einer Frau auf Anklage (auch wenn sie dadurch vor Missbrauch geschützt war) war auf zwei Fälle beschränkt: den Mord an ihrem Ehemann und die Vergewaltigung ihrer eigenen Person. Magna Carta erwähnt nur einen dieser beiden Rechtsmittelgründe; Schweigen zum Thema Körperverletzung muss jedoch nicht als Hinweis auf die Absicht interpretiert werden, Frauen in solchen Fällen ihrer Rechte zu berauben. [1031]

Das vorliegende Kapitel der Großen Charta beschränkt sich auf Berufungen wegen Mordes und erklärt, dass keine Frau das Recht hat, auf diese Weise ein Verfahren wegen des Todes ihres Vaters, Sohnes oder Freundes einzuleiten, sondern nur wegen des Todes ihres Mannes. So hart diese Regel auch erscheinen mag, die Barone hier haben keine Änderungen am bestehenden Recht vorgenommen. Glanvill scheint die Möglichkeit, dass eine Frau wegen Mordes Berufung einlegen kann, außer dem Tod ihres Mannes, nicht zu erkennen. [1032] Den Grund für die Zulassung in diesem Fall scheint er aus dem bereits erläuterten Grundsatz abzuleiten: „In dieser Klage wird eine Frau gehört, die jemanden des Todes ihres Mannes beschuldigt, wenn sie als Augenzeugin der Tatsache spricht, weil „Mann und Frau sind ein Fleisch" – ein weiteres Beispiel konstruktiver Präsenz. [1033]

Für Cokes voreilige Schlussfolgerung aus den Bestimmungen dieses Kapitels, dass vor 1215 eine Frau einen Antrag auf den Tod eines ihrer „Vorfahren" gestellt hatte, scheint es keinerlei Autorität zu geben. [1034] Das Kapitel scheint trotz seines deklaratorischen Charakters ungalant zu sein, was darauf hindeutet, dass die Barone mehr darauf achteten, sich vor unnötigen Risiken zu schützen, als sich für die Sache wehrloser Frauen einzusetzen. [1035]

1021 . Vgl. *oben* , c. 36.

1022 . Bracton, *Folio* 151 *b* . , zitiert den Fall eines Champions, der zur Verstümmelung eines Fußes verurteilt wurde, weil er gestand, dass er für sein Erscheinen bezahlt wurde und nicht wirklich Zeuge war. Das Statut von Westminster, I. (3 Edward I. c. 41), legte fest, dass Verfechter nicht auf die persönliche Kenntnis dessen schwören müssen, was sie behaupteten. Siehe auch Neilson, *Trial by Combat* , 48–51.

1023 . Der Beschwerdeführer „hat in allen Fällen außer Mord, also heimlicher Tötung, als Zeuge geschworen, dass er die Tat gesehen und gehört hat." Neilson, *Trial by Combat* , 48.

1024 . Glanvill, XIV. C. 3.

1025 . Siehe Bracton, II. ff. 142 *b* , 145 *b* ; auch Neilson, *Trial by Combat* 47 und die dort zitierten Behörden.

1026 . Glanvill, XIV. C. 3.

1027 . *Sel. Bitten der Krone* , Nr. 1.

1028 . *Ebenda.* , Nr. 68. Vgl. Nr. 119.

1029 . Bracton, *Folio* 142 *b* .

1030 . *Wählen Sie „Pleas of the Crown"* , Nr. 130.

1031 . Der Akt 6 Richard II. C. 6, um die stillschweigende Duldung der Ehefrau zu verhindern, weitete das Berufungsrecht in solchen Fällen auf den Ehemann, Vater oder einen anderen nahen Verwandten der Frau aus; verweigerte dem Berufungsgegner jedoch das Recht auf die Möglichkeit, sich durch Kampf zu verteidigen – und stellte damit keine Ausnahme von der Politik dar, das *Duell* wo immer möglich zu verhindern.

1032 . Glanvill, XIV. C. 3.

1033 . Glanvill, XIV. C. 33, Fleta I. c. 3, scheint mit anderen Worten nur die gleiche Doktrin der konstruktiven Präsenz anzudeuten, wenn er in diesem Zusammenhang von „ *de morte viri sui inter brachia sua interfecti* " spricht, obwohl manchmal versucht wird, diese Passage umständlich zu erklären, *z. B. Coke,*

Second Institute, 93. Pollock und Maitland (I. 468, n.) lehnen den Ausdruck *inter brachia sua* als „nur eine malerische ‚gemeinsame Form'" ab.

1034. Siehe Coke, *Second Institute*, S. 68, und im Gegensatz dazu Pollock und Maitland, I. 468. Die Richter von John lehnten 1202 den Antrag einer Frau ab, Berufung wegen des Todes ihres Vaters einzulegen, und etwa zehn Jahre später zwei weitere Ansprüche wegen des Todes ihrer Söhne. Siehe *Select Pleas of the Crown*, Nr. 32, 117 und 118.

1035. Eine Besonderheit im Wortlaut dieser Klausel sollte vielleicht beachtet werden. Es schränkt ausdrücklich nicht die Berufung von Frauen ein, sondern lediglich die darauffolgende „Festnahme und Inhaftierung".

KAPITEL FÜNFZIG.

Alle Bußgelder, die ungerecht sind und gegen die Taten des Landes verstoßen, sind nicht gerechtfertigt, und alle in Amerika ungerechten Taten sind ungerecht und gegen das Land verstoßen, alle Eigentumsrechte, einschließlich des Gesetzes, das dem Richter vorgeworfen wird, wenn der Baron den Frieden verteidigt, oder dem Richter der großen Partei, una Als Erzbischof von Stéphano Cantuariensi, wenn er an Macht interessiert ist, und auch wenn er nicht interessiert ist, spricht er lautstark: Und wenn er kein Interesse hat, verhandelt Nichilominus auf unbestimmte Zeit, es ist so, dass er sich auch an alle anderen Menschen wendet, die Baronibus in ähnlicher Weise füttert, indem er ihnen Quantität verleiht Ad-hoc-Rechtssache und alle anderen Beamten, die sich für die Nachwirkungen eines fünfjährigen Richters einsetzen, werden dann ad hoc faciendum electi und jurati substituantur.

Alle gegen uns zu Unrecht und gegen das Gesetz des Landes verhängten Geldbußen und alle zu Unrecht und gegen das Gesetz des Landes verhängten Beeinträchtigungen sollen gänzlich erlassen werden, andernfalls soll es ihnen gegenüber gemäß der Entscheidung der Fünf- und-Gesetzgebung geschehen. zwanzig Barone, von denen unten in der Klausel zur Sicherung des Friedens oder nach dem Urteil der Mehrheit derselben die Rede ist, zusammen mit dem oben genannten Stephen, Erzbischof von Canterbury, wenn er anwesend sein kann, und allen anderen, die er kann zu diesem Zweck mitbringen möchten, und wenn er nicht anwesend sein kann, wird das Geschäft dennoch ohne ihn fortgeführt, vorausgesetzt immer, dass einer oder mehrere der oben genannten fünfundzwanzig Barone, die sich in einer ähnlichen Klage befinden, entfernt werden Was dieses besondere Urteil anbelangt, so werden andere an ihre Stelle gesetzt, nachdem sie vom Rest derselben Fünfundzwanzig nur zu diesem Zweck ausgewählt und nachdem sie vereidigt wurden.

Der siebenunddreißigste Artikel der Barone, der den Entwurf dieses Kapitels bildet, bezieht sich speziell auf eine bestimmte Klasse illegaler Geldstrafen, nämlich diejenigen, die John von wehrlosen Witwen als Gegenleistung dafür verlangte, dass sie die friedliche Ausübung ihrer gesetzlichen Eigentumsrechte genießen durften in ihrem eigenen Besitz und dem ihres Mannes (*„ pro dotibus, maritagiis, et hereditatibus "*). Es stellt somit eine natürliche Ergänzung zu Kapitel 7 dar. Das frühere Kapitel hatte Witwen in ihren Rechten für die Zukunft bestätigt; Dieser erlässt in der Vergangenheit zu Unrecht verhängte Bußgelder. Es ist wahrscheinlich, dass selbst die Klausel der Satzung der Barone nicht die Absicht hatte, ihre eigene Wirkungsweise auf diese eine Gruppe ungerechtfertigter Geldbußen zu beschränken; und es erwähnt Amercements ohne jede Einschränkung. In jedem Fall wurden die Bestimmungen der Magna Carta dahingehend erweitert, dass sie auch rechtswidrige Geldstrafen und Beeinträchtigungen aller Art umfassen. [1036]

Die Unterscheidung zwischen Bußgeldern und Bußgeldern, die in der Theorie absolut ist, in der Praxis jedoch tendenziell ausgelöscht wird, wurde in einem früheren Kapitel erläutert. [1037] Das System der willkürlichen Strafen , das im gesamten Mittelalter immer ein so ärgerliches Merkmal der Politik der Krone war, erreichte seinen Höhepunkt in der Herrschaft von Johannes, dessen Talente gut zur Entwicklung seiner genialen und gemeinen Details geeignet waren. Dr. Stubbs beschreibt das Ergebnis seiner Arbeit als „das Bußgeldsystem, das zu diesem winzigen und grotesken Folterinstrument ausgearbeitet wurde, mit dem sich alle Historiker der Herrschaft ausführlich befasst haben." [1038] Hallam kommentierte dies in einer Passage, die klassisch geworden ist. „Der Bischof von Winchester bezahlte eine Menge guten Weins dafür, dass er den König (John) nicht daran erinnerte, der Gräfin von Albemarle einen Gürtel zu geben; und Robert de Vaux fünf beste Zelter, damit derselbe König über Henry Pinels Frau Stillschweigen möge." Ein anderer zahlte vier Mark für die Essenserlaubnis (*pro licentia comedendi*)." [1039]

Dieses Kapitel bietet ein einzigartiges Verfahren zur Entscheidung von Streitigkeiten über die Rechtmäßigkeit von Geldbußen und Zuwiderhandlungen. Die Entscheidungsbefugnis lag bei einem Schiedsrichtergremium, das aus dreizehn oder mehr der fünfundzwanzig Testamentsvollstrecker sowie Stephen Langton und anderen Personen bestand, die er hinzuziehen wollte. Die Höchstzahl der Personen, die der Primas auf diese Weise nominieren könnte, wird nicht erwähnt, und es wird nicht versucht, ihre Befugnisse im Vergleich zu denen der anderen Vorstandsmitglieder zu definieren, eine etwas ungeschäftliche Unterlassung, die aber das große Vertrauen bezeugt, das man ihnen entgegenbringt Langton von denen, die seinen Bedingungen zugestimmt haben. Es wird darauf geachtet, zu verhindern, dass Mitglieder der Fünfundzwanzig, die wahrscheinlich voreingenommen sind, an Urteilen über Klagen wie ihre eigenen mitwirken – eine Bestimmung, die mit Vorteil auf mehrere andere Kapitel hätte ausgeweitet werden können.

Dieses Kapitel, wie auch andere, die sich mit den besonderen Umständen der Herrschaft des Johannes befassten, fand in künftigen Urkunden kein Echo.

1036 . In seiner erweiterten Form wird die Klausel zu einer Ergänzung, nicht nur zu c. 7 , aber auch zu cc. 20 , 21 und 22 (die das Verfahren bei Streitigkeiten definierten) und zu cc. 36 und 40 (die Johns Praxis verurteilten,

Gerichtsurkunden und Gerechtigkeit zu verweigern, bis ihnen hohe Geldstrafen auferlegt wurden).

1037 . Siehe *oben* , c. 20 .

1038 . Siehe *Vorwort* zu W. Coventry, II. lxix.

1039 . *Mittelalter* , II. 438. Hallams Beispiele stammen alle aus Madox, I. 507-9. Weitere Darstellungen von Bußgeldern und Beeinträchtigungen finden sich in mehreren der vorstehenden Kapitel. Jeder Mann, der ein Plädoyer begann und es verlor oder aufgab, war beleidigt.

KAPITEL SECHSUNDFÜNFZIG.

Si nos disseisivimus vel elongavimus Walenses de terris vel libertatibus vel rebus aliis, sine legali judicio parium suorum, in Anglia vel in Wallia, [1040] eis statim reddantur; Und wenn der Inhalt erst recht ist, dann ist dies ein Gesetz in den Märzstaaten für parium suorum, die Mietshäuser Englands, zweites Legem England, die Mietshäuser Wallies, zweites Legems Wallie, die Mietshäuser Marches, zweites Legem Marches. Idem facient Walenses nobis et nostris.

Wenn wir Waliser ohne das Rechtsurteil ihrer Standesgenossen in England oder Wales enteignet oder ihnen Ländereien, Freiheiten oder andere Dinge entzogen haben, werden sie ihnen unverzüglich zurückgegeben; und wenn darüber ein Streit entsteht, soll dieser in den Märschen durch das Urteil ihrer Kameraden entschieden werden; für Mietshäuser in England nach dem Recht von England, für Mietshäuser in Wales nach dem Recht von Wales und für Mietshäuser in den Marken nach dem Recht der Marken. Die Waliser sollen uns und den unseren das Gleiche antun.

Dies ist das erste von drei Kapiteln, die sich mit der Wiedergutmachung des den Walisern zugefügten Unrechts befassen, und die drei zusammengenommen bezeugen die Bedeutung, die die Barone dem Wert des walisischen Bündnisses beimessen. Die Wiederherstellung soll erfolgen (*a*) der von Johannes begangenen illegalen Machenschaften (Kapitel 56); (*b*) der von Heinrich II. bewirkten. und Richard I. (Kapitel 57); und (*c*) von Geiseln und Urkunden, die Johannes als Friedenspfand übergeben wurden (Kapitel 58).

Das vorliegende Kapitel tut für Waliser, was der erste Teil von Kapitel 52 bereits für Engländer getan hatte. Die Gründe für die getrennte Behandlung der Waliser waren wahrscheinlich zweierlei: teils aus Gründen der Betonung, teils weil einige geringfügige Unterschiede im Detail erforderlich waren. In beiden Fällen wurde tatsächlich das „Urteil von Gleichaltrigen" angewendet, aber für die enteigneten Waliser tritt „ *in marchia per judicium parium suorum* " an die Stelle des „ *per judicium viginti quinque baronum* ", das für Engländer in ähnlichen Fällen vorgesehen war. Der „Gerichtsort" wurde somit offenbar für alle Waliser-Fälle auf das Marschland festgelegt, obwohl je nach Situation des strittigen Eigentums drei verschiedene Arten von Gesetzen anzuwenden waren. Dieser klare Hinweis auf die Existenz dreier unterschiedlicher Rechtsorgane, eines für England, eines für Wales und eines dritten für die Marken, zeigt, dass die vereinheitlichende Aufgabe des Gewohnheitsrechts noch nicht abgeschlossen war. Es müssen immer wieder interessante Fragen aufgetaucht sein, die mit denen vergleichbar sind, die in dem Zweig der modernen Rechtswissenschaft behandelt werden, der als Internationales Privatrecht bekannt ist. Die „Peers" eines Walisers wurden nicht definiert; wahrscheinlich war aber ein Gericht gemeint, das sich aus walisischen Baronen oder Grundbesitzern zusammensetzte.

Die letzten Worte des Kapitels, in denen erklärt wird, dass die Waliser John und seinen Untertanen gegenseitige Wiedergutmachung leisten sollten, sind interessant, da sie andeuten, dass Waliser in einigen Fällen von Engländern beanspruchte Ländereien erfolgreich erobert hatten. Hier ging es den Baronen wie üblich vor allem um die Sicherung ihrer eigenen Rechte.

1040 . Die Worte „ *in Anglia vel in Wallia* " stehen am Fuß einer der Cottonian-Versionen (vgl. *oben* , 195, Anm.); aber ihr Weglassen an der richtigen Stelle ist eindeutig ein Schreibfehler, da sie *in situ* in den Artikeln der Barone erscheinen.

KAPITEL SIEBENUNDFÜNFZIG.

De omnibus autem illis de quibus aliquis walensium disseisitus fuerit vel Elongatus Sine legali Judicio Parium Suorum pro Henricum Regem Patr Nostrum vel Ricardum Regem Fratrem Nostrum, Que Nos in Manu Nostra Habemus, Vel -Que -Alii -Que -Alii -Que -Alii -Que -Alii -Que -Alii -Que -Alii -Que -Alii -Que -Alii -Que -Que -Oporte -Oporte -Oporte -Oporte -Oporte -Oporte -Oporte -Oporte -Oporte -Op -Oporte terminum crucesignatorum, illis außer quibus placitum motum fuit vel inquisicio facta per preceptum nostrum ante suscepcionem crucis nostre: cum autem redierimus, vel si forte remanserimus a wandering nostra, statim eis in de plenam justiciam exhibebimus, secundum leges Walensium et partes predictas.

> Darüber hinaus für all jene Besitztümer, die einem Waliser ohne das rechtmäßige Urteil seiner Standesleute von König Heinrich, unserem Vater, oder König Richard, unserem Bruder, entzogen oder entzogen wurden und die wir in unserer Hand behalten (oder die von anderen besessen sind). , dem gegenüber wir verpflichtet sind, sie zu garantieren) haben wir eine Frist bis zur üblichen Amtszeit der Kreuzfahrer; mit Ausnahme der Dinge, zu denen unser Orden vor der Annahme des Kreuzes eine Klage erhoben oder eine Untersuchung durchgeführt hat; aber sobald wir zurückkehren (oder wenn wir vielleicht von unserer Expedition absehen), werden wir sofort volle Gerechtigkeit in Übereinstimmung mit den Gesetzen von Wales und in Bezug auf die oben genannten Regionen gewähren.

Die hier getroffenen Bestimmungen zur Wiederherstellung von Besitztümern an Waliser, deren ihnen Henry oder Richard unrechtmäßig enteignet worden waren, werden in denselben Begriffen ausgedrückt wie die ähnlichen Bestimmungen, die im letzten Teil von Kapitel 52 für Engländer in einem ähnlichen Fall getroffen wurden, mit Ausnahme der letzten Worte: „ in Übereinstimmung mit den walisischen Gesetzen in Bezug auf die oben genannten Bezirke", was auf die drei Rechtssysteme hinweist, auf die im vorherigen Kapitel Bezug genommen wurde. Hier werden keine Mechanismen zur Erklärung oder Anwendung dieses Gesetzes angegeben; Die Notwendigkeit dafür war in der Tat durch Johns Erfolg vor den Schiedsrichtern, die beschlossen, dass ihm das Privileg eines Kreuzfahrers gewährt werden sollte, entfallen. [1041]

Die Satzung der Barone hatte jedoch das anzuwendende Verfahren erwähnt; und ein Vergleich der Bestimmungen der Artikel 25 und 44 mit denen von Kapitel 57 der Charta legt den Gegensatz zwischen „*per judicium parium suorum in curia regis* " für Engländer in solchen Fällen und „ *in marchia per judicium parium suorum* " für Waliser nahe.

1041 . Siehe *oben* , c. 52 .

KAPITEL ACHTUNDFÜNFZIG.

Nos reddemus filium Lewelini statim, and omnes obsides de Wallia, and cartas que nobis liberate fuerunt in securitatem pacis.

Wir werden den Sohn von Llywelyn und alle Geiseln von Wales sowie die uns als Sicherheit für den Frieden übergebenen Urkunden sofort übergeben.

Der Umgang mit Geiseln im Allgemeinen und walisischen Geiseln im Besonderen wurde bereits ausführlich dargestellt. [1042] Die Patent- und Abschlusslisten der Regierung zeigen ein ständiges Kommen und Gehen dieser lebendigen Unterstützer des Friedens. Ein Schreiben vom 18. Dezember 1214 befahl beispielsweise Engelard de Cygony, drei walisische Adlige nach Llywelyn zurückzugeben. [1043] Seitdem wurden neue Geiseln übergeben, darunter auch Llywelyns eigener Sohn; und auch Urkunden waren offenbar verpfändet worden. Johannes versprach nun, all dies bedingungslos wiederherzustellen; und der walisische Prinz muss freier geatmet haben, als dies erfüllt war, und erlaubte ihm, seinen Sohn an seiner Seite, leichten Herzens, sich auf die Feindseligkeiten gegen die englische Krone vorzubereiten, die lange Zeit als unvermeidlich galten und nun im Bündnis mit ihr wieder aufgenommen werden sollten die unzufriedenen englischen Barone.

In den Statuten der Barone wurde diese Frage der walisischen Geiseln und Urkunden bis zu einem gewissen Grad als eine offene Frage behandelt und ihre endgültige Entscheidung auf das Schlichtungsverfahren von Stephen Langton und anderen Personen verwiesen, die er möglicherweise zum Handeln mit ihm ernennt. Der Punkt war offenbar zugunsten der Waliser entschieden worden, bevor die Charta in ihrer endgültigen Form verabschiedet wurde. [1044]

1042 . Siehe *oben* , S. 517 .

1043 . Siehe *oben* , S. 520 .

1044 . Nr. 45 der Artikel der Barone ist durch eine grobe Klammer mit Nr. 46 (bezogen auf den König von Schottland) verbunden; und eine rettende Klausel, die somit auf beide anwendbar gemacht wird, wird mit einiger Eile hinzugefügt: „ *nisi aliter esse debeat per cartas quas rex habet, per judicium archiepiscopi et aliorum quos secum vocare voluerit* .“ Vgl. *siehe oben* , 202. Soweit es um schottische Angelegenheiten ging, fand der *Vorbehalt des Königs* , wenn auch in veränderter Form, Eingang in die Magna Carta. Siehe c. 59 .

KAPITEL NEUNUNDFÜNFZIG.

Unser Faciemus Alexandro regierte Scottorum von sororibus suis, und obsidibus reddendis, und libertatibus suis, und jure suo, secundum formam in qua faciemus aliis baronibus nostris Anglie, nisi aliter esse debatte per cartas quas habemus de Willelmo patre ipsius, quendam rege Scottorum; et hoc erit per judicium parium suorum in curia nostra.

> Wir werden gegenüber Alexander, dem König von Schottland, hinsichtlich der Rückkehr seiner Schwestern und seiner Geiseln sowie hinsichtlich seiner Wahlrechte und seiner Rechte dasselbe tun, wie wir es gegenüber unseren anderen Baronen von England tun werden, es sei denn, es sollte anders sein accordingzu den Urkunden, die wir von William, seinem Vater, dem ehemaligen König von Schottland, besitzen; und dies soll nach dem Urteil seiner Kollegen in unserem Gericht geschehen.

Ein heterogener Kräftekomplex wurde durch den gemeinsamen Hass auf Johannes zu einer vorübergehenden Vereinigung zusammengezogen. Die Barone hießen Verbündete willkommen, sei es aus Wales oder Schottland; Wenn die drei vorangegangenen Kapitel eine Bitte um Llywelyns Unterstützung waren, so war dieses von dem Wunsch geprägt, Alexander zu versöhnen. John musste dem König von Schottland versprechen, seine Schwestern und andere Geiseln zusammen mit seinen Franchises und seinem „Recht" zurückzugeben. Dieses letzte Wort bezog sich auf Alexanders Anspruch auf Unabhängigkeit und auch auf den Titel, den er sich für verschiedene englische Lehen erweisen könnte, die er angeblich unter der englischen Krone innehatte.

Die Meinungen darüber, ob und in welchem Ausmaß Schottland einer feudalen Oberherrschaft unterworfen war, waren und sind noch immer sehr unterschiedlich. An einer Tatsache kann es keinen Zweifel geben; David I. und seine Nachfolger, Könige von Schottland, pflegten den Königen von England Treue und Huldigung zu erweisen; Diese Tatsache wurde jedoch sehr unterschiedlich interpretiert. Es wird argumentiert, dass eine solche Huldigung in Bezug auf bestimmte englische Baronien erfolgte, die zufällig durch Erbrecht den Königen von Schottland gehörten, nämlich die Grafschaft Huntingdon, deren isolierte Lage es der englischen Krone ermöglichte, den Anspruch ohne Gefahr anzuerkennen und die Grafschaften Northumberland, Cumberland und Westmoreland, deren Besitz durch einen schottischen Prinzen aufgrund ihrer Nähe zur Grenze zu einer Quelle der Schwäche Englands wurde. [1045] Aus den Bedingungen, in denen der Huldigungseid geleistet wurde, ging nicht hervor, für welche Lehen er geschworen wurde – ob nur für die englischen Grafschaften oder auch für das ganze Land nördlich von Tweed.

Die Position der schottischen Könige blieb in dieser Hinsicht unklar, bis Wilhelm der Löwe durch seine Gefangennahme bei Alnwick im Jahr 1174, nachdem er den Aufstand gegen Heinrich II. unterstützt hatte, in einen schrecklichen Nachteil geriet. Um seine Freilassung zu erreichen, ratifizierte er am 8. Dezember desselben Jahres den Vertrag von Falaise, in dem er sich bereit erklärte, künftig alle seine Gebiete als Lehen der englischen Krone zu behalten. Alle seine Pächter in Schottland sollten Heinrich einen direkten Eid leisten; während Geiseln zusammen mit den Burgen Berwick, Roxburgh, Jedburgh, Edinburgh und Stirling übergeben wurden. [1046]

Diese bemerkenswerte Leistung von Heinrichs Diplomatie wurde, wie andere Teile seines Lebenswerks, von seinem Nachfolger zunichte gemacht. Richard, der sich auf seinen Kreuzzug im Jahr 1190 vorbereitete, verkaufte rücksichtslos jedes Recht, das einen Preis erzielen würde: William kaufte die Unabhängigkeit seines alten Königreichs zurück; aber diese Wiederherstellung der Beziehungen, die vor 1174 geherrscht hatten, beinhaltete eine Wiederherstellung aller alten Unklarheiten. Als Richard starb, entsandte Wilhelm Gesandte nach England, drängte seine Ansprüche gegenüber den nördlichen Grafschaften auf, versprach, Johns Titel als Gegenleistung für ihre Aufnahme zu unterstützen, und fügte Drohungen hinzu. [1047]

John vermied es, sich auf eine eindeutige Antwort festzulegen, bis seine Position in England gesichert war; danach befahl er William, bedingungslos zu huldigen. Der schottische König ignorierte die erste Aufforderung, gab aber einer zweiten nach und leistete am 21. November 1200 auf dem Gipfel des Hügels von Lincoln öffentlich den Eid, „wobei er sich stets sein eigenes Recht vorbehielt". [1048] Die Sparklausel ließ nach wie vor alles vage.

Im April 1209 erregte der König von Schottland den Unmut von Johannes, indem er Bischöfen Zuflucht gewährte, die die Politik Roms in der Angelegenheit des Interdikts unterstützt hatten. Als Geisel wurde Wilhelms einziger Sohn Alexander gefordert, alternativ mussten drei Grenzburgen ausgeliefert werden. Nach einer Weigerung gab der alte König am 7. August 1209 nach. [1049] Alexander huldigte im Namen seines Vaters „für die besagten Burgen und anderen Ländereien, die er besaß" und stellte Bürgschaft für die Zahlung von 15.000 Mark. Williams Töchter Margaret und Isabel (die beiden in der Magna Carta erwähnten Damen) wurden die Mündel von John, der das Recht hatte, sie zu heiraten – Bestimmungen, die einem Eingeständnis feudaler Vasallenschaft verdächtig nahe kommen. [1050] Es scheint jedoch eine gewisse Einigkeit darüber gegeben zu haben, dass einer von ihnen Johns ältesten Sohn heiraten sollte. [1051] Obwohl Margaret und Isabel praktisch als

Gefangene in Corfe Castle, Dorset, festgehalten wurden, wurden sie dort dennoch ehrenvoll und freundlich behandelt. Die Schlusslisten der Regierungszeit enthalten mehrere Einträge (die seltsamerweise zu den strengeren Denkmälern von Johns Diplomatie gehören), die Befehle enthalten, sie mit Komfort- und Luxusartikeln zu versorgen. So wies John am 6. Juli 1213, obwohl er mit Staatsangelegenheiten beschäftigt gewesen sein muss, den Bürgermeister von Winchester an, seiner Nichte Eleanor und den beiden schottischen Prinzessinnen eilig dunkelgrüne Gewänder (Tuniken und Hemden) zuzusenden -Tuniken) mit Umhängen aus Cambric und Pelz aus Miniver, zusammen mit dreiundzwanzig Yards gutem Leinentuch, mit leichten Schuhen für Sommerkleidung, „und der Bürgermeister soll selbst mit allen oben genannten Artikeln nach Corfe kommen, um dort die zu empfangen Geld für die gleichen Kosten." [1052] Margaret und Isabel hatten keinen Grund, sich über eine solche Behandlung zu beschweren, ganz gleich, welche Meinung der Bürgermeister von Winchester auch zu einer so liberalen Auslegung seiner bürgerlichen Pflichten gehabt haben mag.

Unterdessen hatten die Ereignisse in Schottland den englischen Ansprüchen Vorschub geleistet. Im Jahr 1212 sah sich Wilhelm, obwohl sein Sohn noch ein Jüngling war, im fortgeschrittenen Alter aufgrund innerer Probleme gezwungen, John um Hilfe zu bitten. Cuthred, ein Anwärter auf den schottischen Thron als Nachkomme von Donald Bane MacWilliam, der in Schottland eine beträchtliche Anhängerschaft erworben hatte, versuchte, König William zu entthronen; und sein Versuch schien erfolgreich zu sein, als englischer Beistand durch einen am 7. Februar 1212 in Norham unterzeichneten Vertrag erbeten und bezahlt wurde. Dadurch gewährte William John das Recht, den jungen Alexander zu heiraten, der damals vierzehn Jahre alt war: „ *sicut hominem suum ligium* ", zu wem auch immer er wollte, jederzeit innerhalb der nächsten sechs Jahre, aber immer „ohne Herabwürdigung" – ein Satz, der bereits erklärt wurde. [1053] William verpflichtete sich und sein Sohn außerdem, Johns Sohn Henry „als ihrem Lehnsherrn" gegenüber allen Sterblichen treu zu bleiben. [1054] Der junge schottische Prinz reiste anschließend im Gefolge von John südwärts, von dem er am 4. März in London zum Ritter geschlagen wurde. Im Juni marschierte eine englische Armee in Schottland ein; Der Prätendent wurde besiegt und getötet. Wilhelm hatte seine Krone gerettet, aber seine Unabhängigkeit war beeinträchtigt. Schottland verfiel allmählich in die Stellung eines Vasallenstaates. Dies wurde in Rom anerkannt. Am 28. Oktober 1213 befahl Innozenz III. dem König von Schottland und seinem Sohn neben anderen Heilungsmaßnahmen infolge der Übergabe seines Königreichs durch John, Treue und Ergebenheit gegenüber John zu zeigen, und zwar in ähnlichen Worten wie an die englischen Barone. [1055]

Wilhelm der Löwe starb am 4. Dezember 1214 in Stirling und Alexander wurde zwei Tage später in Scone gekrönt. [1056] Seine friedliche Nachfolge wurde durch das Wissen erleichtert, dass er die Unterstützung von John hatte. Am 28. April 1215 bestätigte der englische König, der bereits im Streit mit den Baronen steckte, die Aufnahme von Thomas Colville und anderen Schotten als Geiseln. [1057] Dies war die Lage, als John bei Runnymede in die Enge getrieben wurde. Die Barone waren bereit, sich um das Bündnis Alexanders zu bewerben; Dennoch war es unnötig, ein hohes Gebot abzugeben, da seine unbefriedigten Ansprüche auf die nördlichen Grafschaften ihn gegen den englischen König prädisponierten. Die Barone unternahmen daher nichts, was den Einfluss Englands auf die schottische Krone gefährden könnte. Johannes versprach, Alexanders Schwestern und andere Geiseln bedingungslos freizugeben, benutzte jedoch Worte, die ihn in keinem der umstrittenen Punkte verpflichteten. [1058] Franchiserechte und „Rechte" sollten nur insoweit wiederhergestellt werden, als sie mit den Bestimmungen der „Urkunden" von König William, wie sie durch das Urteil der englischen Barone am Hofe des englischen Königs ausgelegt wurden, übereinstimmten. [1059]

Die Anspielung auf den schottischen König als einen von „unseren anderen Baronen Englands" muss Alexander ebenso wenig entgegengehalten werden wie ähnliche Ausdrücke John, dessen Position als Herzog der Normandie und Aquitanien England keineswegs zu einem Lehen des Königreichs machte Französische Krone. In Fragen, die seine feudale Stellung in Frankreich betrafen, waren Johns Kollegen die Herzöge und Grafen dieses Landes; und ebenso waren es die englischen Grafen und Barone, die das Recht hatten, als Standesgenossen Alexanders über seine Ansprüche auf englische Lehen zu urteilen. Ein solches Tribunal würde wahrscheinlich keine Entscheidungen treffen, die die schottischen Ansprüche auf Kosten Englands begünstigen würden. [1060]

Obwohl Alexander kein Vertragspartner des Vertrags von Runnymede war, war er bereit, so viel Nutzen daraus zu ziehen, wie er konnte. Dementsprechend schickte er am 7. Juli 1215 den Erzbischof von St. Andrews und fünf Laien zu John, „wegen unserer Angelegenheiten, die wir gegen Sie haben und die vor Ihrem Gericht geklärt werden sollen". [1061] Daraus wurde nichts; und als der Bürgerkrieg begann, marschierte Alexander in England ein, um seine Ansprüche durchzusetzen. John schwor seinen üblichen Eid „bei Gottes Zähnen", dass er „das kleine rothaarige Fuchsjunge aus seinen Verstecken verjagen würde". [1062] Weder Alexanders Teilnahme am Krieg noch die anschließenden diplomatischen Bemühungen führten zu einer Lösung der Streitfragen. Keine der latenten Unklarheiten war endgültig beseitigt, als die Beziehungen zwischen den beiden Ländern durch die

Annexionsversuche von Eduard I., dem „Hammer der Schotten", in eine neue Phase traten.

1045 . Siehe Stubbs, *Const. Hist.* , I. 596.

1046 . Siehe Ramsay, *Angevin Empire* , 183–4. Im Frühjahr 1185 bestätigte Heinrich Wilhelms Anspruch auf die Grafschaft Huntingdon, und der schottische König übertrug sie vor Weihnachten 1186 an seinen Bruder David. *Ebenda.* , 226, n.

1047 . Siehe Miss Norgate, *John Lackland* , 66.

1048 . Siehe Stubbs, *Const. Hist.* , I. 596, n., und Norgate, *John Lackland* , 73, 78. Vgl. die Worte „ *salvo jure suo* " mit dem „ *et jure suo* " der Magna Carta.

1049 . *New Rymer* , I. 103, wobei „Northampton" offenbar ein Fehler für „Norham" ist. Siehe Ramsay, *Angevin Empire* , 421, n.

1050 . Ramsay, *ebenda.* und die dort zitierten Behörden.

1051 . Ramsay, *Angevin Empire* , 421, und Behörden.

1052 . *Verrotten. Klaus.* , I. 144 und I. 157. Diese Eleanor war die Schwester von Prinz Arthur. Die Kriegsglücke hatten beide im Jahr 1202 in die Hände von Johann gebracht. Arthur verschwand – angeblich ermordet; Eleanor blieb ein Leben lang gefangen; Die schottischen Prinzessinnen waren fellow-prisonerseine Zeit lang praktisch ihr Zuhause in Corfe Castle.

1053 . Siehe *oben* , c. 6 .

1054 . *New Rymer* , I. 104. Siehe auch W. Coventry, II. 206.

1055 . Siehe *New Rymer* , I. 116.

1056 . Ramsay, *Anjou-Reich* , 477, n.

1057 . Siehe *Rot. Klopfen.* , I. 134, und *New Rymer* , I. 120.

1058 . Beide Damen blieben jedoch nach der Thronbesteigung Heinrichs III. inhaftiert. Peter de Maulay, Konstabler von Corfe Castle, wurden im fünften Jahr dieses Königs die in ihrem Namen aufgewendeten Beträge gutgeschrieben. *Verrotten. Klaus.* , I. 466; siehe auch I. 483. Beide fanden dauerhafte Wohnsitze in England – Margaret als Ehefrau von Hubert de Burgh, Earl of Kent (erwähnt in der Präambel der Magna Carta); Isabel als Ehefrau von Roger Bigod, Earl of Norfolk (einem der Testamentsvollstrecker der Charta). Siehe Ramsay, *Angevin Empire* , 421, und die dort zitierten Quellen.

1059 . Dieser Verweis auf Urkunden sollte wahrscheinlich (*a*) den Vertrag von Falaise, (*b*) die Vereinbarung vom 7. August 1209 und (*c*) die Urkunde vom 7. Februar 1212 mit den anderen Urkunden, auf die er sich bezieht, abdecken . Es nannte sich selbst eine Charta und deutete andere mit den Worten *hinc et inde an* .

1060 . Nr. 46 der Satzung der Barone (wie durch die Klausel in der Klammer näher bestimmt) verwies die Frage nach Alexanders „Recht" in Bezug auf die Satzungen seines Vaters auf das Urteil von Langton und seinen Kandidaten, das durch Magna Carta durch „Urteil von" ersetzt wurde seine Kollegen in unserem Gericht."

1061 . *New Rymer* , I. 135.

1062 . Matthew Paris, *Chron. Maj.* , II. 642: „ *Sic fugabimus rubeam vulpeculam de latibulis suis* ."

Kapitel sechzig.

Alles, was wir tun, ist, vorherzusagen und zu befreien, sobald wir in unserem Besitz sind, und streben danach, uns zu würdigen, alles, was uns regiert, wir sind alle Geistlichen, wenn wir laienhaft sind, wir beobachten Quanten, die wir uns zu eigen machen.

Darüber hinaus sollen alle oben genannten Bräuche und Freiheiten, deren Einhaltung wir in unserem Königreich gewährt haben, soweit sie uns gegenüber unseren Männern betreffen, von unserem gesamten Königreich, sowohl von Geistlichen als auch von Laien, soweit sie diese betreffen, beachtet werden gegenüber ihren Männern.

Es wäre ebenso unhöflich wie offensichtlich ungerecht gewesen, wenn die Barone in ihrer Eigenschaft als Mesne-Lords ihren eigenen Pächtern – den Männern, ohne deren Unterstützung sie in Runnymede machtlos gewesen wären – genau die Forderungen auferlegen würden, die sie dem König auferlegten gegen sich selbst abschwören. Dementsprechend wurde der Vorteil der gleichen „Bräuche und Freiheiten", die John seinen feudalen Pächtern zugestanden hatte, – allerdings in etwas oberflächlicher Weise – auch auf die feudalen Pächter aller anderen Magnaten, ob Geistliche oder Laien, ausgedehnt. Obwohl die Bezugnahme auf „Bräuche und Freiheiten" recht allgemein gehalten war, scheint es naheliegend, daraus zu schließen, dass feudale Missstände hauptsächlich, wenn nicht ausschließlich, beabsichtigt waren, da die angedeutete Sicht auf die Gesellschaft eher feudal als national ist, und das ist völlig in Ordnung im Einklang mit vielen anderen Klauseln der Charta.

Diese Überlegungen deuten darauf hin, dass der Umfang dieses Kapitels manchmal zu weit und liberal betrachtet wurde. Coke betrachtete es so, als betreffe es nicht nur die Grundbesitzer, sondern die gesamte Masse des Volkes und verkündete eine Doktrin der gegenseitigen Verantwortung zwischen dem König und seinen Untertanen. „Dies ist das größte Glück eines Königreichs, wenn gute Gesetze gegenseitig von Fürst und Volk (wie hier durchgeführt) ordnungsgemäß befolgt werden." [1063] In dieser Ansicht hatte er viele Anhänger, und das vorliegende Kapitel wurde unangemessen hervorgehoben, da es eine demokratische Interpretation der Magna Carta unterstützte. [1064] Es wurde manchmal als „die einzige Klausel, die den gesamten Körper des Volkes betrifft" bezeichnet. [1065] Die bessere Ansicht ist, dass seine Bestimmungen auf Anteilseigner beschränkt waren.

Selbst Autoren, die das Kapitel in dieser eingeschränkten Anwendung interpretieren, neigen immer noch dazu, seine Bedeutung zu übertreiben.

Zwei gegensätzliche Kommentarzeilen, die jeweils für Historiker zweier unterschiedlicher Schulen sprechen, scheinen gleichermaßen einer Ergänzung zu bedürfen. (1) Diese Klausel wird manchmal als direkt aus der unkontrollierten Eigeninitiative der Barone entsprungen angesehen. Dr. Stubbs vertritt diese Ansicht und vergleicht ihren Inhalt mit ähnlichen Beschränkungen, die Heinrich I. den Baronen durch seine Charta der Freiheiten auferlegte, und betont als besonders bemerkenswert die Tatsache, dass die vorliegende Klausel „von den Lords selbst übernommen" wurde. [1066] Ein solches Lob ist unverdient; Die Barone hatten keine andere Wahl, da das Unterlassen entsprechender Bestimmungen eine eklatante Absurdität und eine äußerst unkluge Handlung gewesen wäre. (2) Andererseits wurde die ebenso ungerechtfertigte Anerkennung der Klausel manchmal John zuteil. Dr. Robert Henry sagt, dass „dieser Artikel, der sehr vernünftig war, wahrscheinlich auf Wunsch des Königs eingefügt wurde." [1067]

Der Inhalt dieses Kapitels erscheint in den Neuauflagen von 1217 und 1225; aber seine Kraft wird dort stark beeinträchtigt durch die Hinzufügung einer neuen Klausel, die nicht mit seinem Geist vereinbar ist und Erzbischöfen, Bischöfen, Äbten, Prioren, Templern, Hospitalitern, Grafen, Baronen und allen anderen Personen, sowohl kirchlichen als auch weltlichen, alle Franchises vorbehält und kostenlose Zölle, die sie zuvor hatten. [1068] Das Hauptziel dabei war vermutlich, klarzustellen, dass die Magna Carta zwar Vorteile gewährte, aber nichts wegnahm; aber es würde natürlich als eine rettende Klausel zugunsten der Aristokraten in ihren Beziehungen zu ihren Angehörigen („ *erga suos* ") sowie zur Krone interpretiert werden, wodurch die unmittelbar davor stehende Klausel modifiziert würde.

1063 . *Zweites Institut* , 77.

1064 . Vgl. *oben* , 133–4.

1065 . Thomson, *Magna Charta* , 269, und die dort zitierten Autoritäten.

1066 . *Konst. Hist.* , I. 570. Vgl. *oben* , 139–140.

1067 . *Geschichte Großbritanniens* , VI. 74. (6. Auflage, 1823). Siehe auch S. Henshall, *History of South Britain* , zitiert von Thomson, *Magna Charta* , 268-9.

1068 . Siehe c. 46 von 1217.

1069 . Die Worte „ *in perpetuum* " stehen am Fuß einer der Cottonian-Versionen. Siehe *oben* , 195, Anm.

Kapitel einundsechzig.

Cum autem pro Deo, and ad emendacionem regni nostri, and ad melius sopiendam discordiam inter nos and barones nostros ortam, hec omnia preda concesserimus, volentes ea integra et firma stabilitate in perpetuum [1069] gaudere, facimus et concedimus eis securitatem subscriptam; Sehen Sie, was die Barones eligant viginti quinque Barones de rego quos voluerint, qui debeant pro tis viribus suis observare, tenere, et facere observari, Pacem et libertates quas eis concessimus, and hac presenti carta nostra bestätigtavimus, ita scilicet quod, si nos, vel justiciarius noster vel ballivi nostri, vel aliquis de ministris nostris, in aliquo erga aliquem deliquerimus, vel aliquem articulorum pacis aut securitatis transgressi fuerimus, et delictum ostensum fuerit quatuor baronibus de predictis viginti quinque baronibus, illi quatuor barones accedant ad nos vel ad justiciarum nostrum , si fuerimus extra regnum, proponentes nobis excussum, petent ut excussum illum sine dilacione faciamus emendari. Und wenn unser Übermaß nicht emendaverimus ist, vel, si fuerimus extra regnum justiciarius noster non emendaverit, infra tempus quadraginta dierum computandum a tempore quo monstratum fuerit nobis vel justiciario nostro si extra regnum fuerimus, predi quatuor barones referant causam illam ad residuos de viginti quinque baronibus, Und die fünf Barone, die mit der Gemeinschaft verbunden sind, sind auf der Erde verstreut und gravabunt, unsere Modi omnibus quibus poterunt, scilicet per capcionem castrorum, terrarum, Possessionum, und andere Modi, die quibus poterunt sind, Donec fuerit emendatum secundum arbitrium eorum, salva persona nostra et regine nostre et liberorum nostrorum; et cum fuerit emendatum intendent nobis sicut prius fecerunt. Wir müssen uns aus rechtlicher Sicht vergewissern, dass wir die ganze Zeit voraussagen, dass wir alle fünf Jahre vorhergesagt haben, und dass wir uns mit der Rechtsprechung an uns wenden müssen, und wir sind öffentlich und frei, da wir die Erlaubnis haben, freizugeben, und es ist nicht erlaubt, dass wir es verbieten. Alle anderen Landbewohner, die an sich und spontan ihre ersten fünf Baronibusse bewohnen, die uns mitteilen und bestrafen, müssen uns von unserem Mandat leiten lassen, es wird vorhergesagt, und wenn alle anderen die fünf Baronibusse verlassen, werden wir die Erde verlassen, Wir sind alle bereit, uns impeditus zu bewegen, wir sind eine Vorhersage für die Exekutive, die für die zukünftige Vorhersage des eliganten Baronibus eligant alium loco ipsius, für unser Schiedsgericht, die gleiche Art und Weise, wie wir sie kennen, und so weiter. In all dem, was Sie tun müssen, ist es wichtig, dass Sie sich für die Zukunft engagieren, wenn Sie sich für die Zukunft entscheiden, und für alle, die Sie nicht kennen, und für alle, die Sie von Ihrer Vorladung zurückgewiesen haben, ohne dass Sie Interesse daran haben, dass Sie sich für die Zukunft entschieden haben, die Sie für die Zukunft präsentieren werden, vel preceperit, ac si omnes viginti quinque in hoc consensistent; Und sie sagten voraus, dass sie alle antedicta fideliter observabunt waren, und prototo besitzen ihre facient Observer. Et nos nichil impetrabimus ab aliquo, per nos nec per alium, per quod aliqua istarum concessionum et libertatum revocetur vel minuatur; Und wenn alle Flüssigkeiten vorhanden sind, werden sie gereizt, gereizt und unbrauchbar gemacht, und die Gebärmutter wird für uns und für jeden geschädigt.

Darüber hinaus haben wir für Gott und zur Verbesserung unseres Königreichs und zur besseren Beilegung des Streits, der zwischen uns und unseren Baronen entstanden ist, alle diese Zugeständnisse gemacht, in dem Wunsch, dass sie sie für immer in vollständiger und fester Ausdauer genießen sollten , Wir geben und gewähren ihnen die garantierte Sicherheit, nämlich dass die Barone fünfundzwanzig Barone des Königreichs wählen, wen immer sie wollen, die mit aller Macht verpflichtet sein sollen, zu beobachten und zu halten und dafür zu sorgen, dass sie beobachtet werden , den Frieden und die Freiheiten, die wir ihnen durch diese unsere vorliegende Charta gewährt und bestätigt haben, so dass, wenn wir oder unser Gerichtsvollzieher oder unsere Gerichtsvollzieher oder einer unserer Beamten in irgendetwas irgendjemandem gegenüber ein Verschulden begehen oder einen Verstoß begangen haben Jeder der Artikel des Friedens oder dieser Sicherheit und die Straftat wird vier Baronen der oben genannten fünfundzwanzig mitgeteilt, die besagten vier Barone sollen uns (oder unseren Justiziar, wenn wir uns außerhalb des Reiches befinden) entschädigen) und legen uns die Übertretung vor und bitten darum, dass diese Übertretung unverzüglich korrigiert wird. Und wenn wir die Übertretung nicht innerhalb von vierzig Tagen korrigiert haben (oder, falls wir uns außerhalb des Reiches befinden, wenn unser Richter sie nicht korrigiert hat), gerechnet von dem Zeitpunkt an, an dem sie uns (oder unserem Land) mitgeteilt wurde justiciar, wenn wir außerhalb des Reiches sein sollten), werden die oben genannten vier Barone diese Angelegenheit an die übrigen fünfundzwanzig Barone weiterleiten, und diese fünfundzwanzig Barone werden dies zusammen mit der Gemeinschaft des ganzen Landes tun , pfänden und quälen uns auf alle möglichen Arten, nämlich durch die Beschlagnahmung unserer Burgen, Ländereien, Besitztümer und auf jede andere Weise, die ihnen möglich ist, bis Wiedergutmachung erfolgt ist, wie sie es für angemessen halten, und unsere eigene Person und die unserer eigenen Person unschädlich zu machen Königin und Kinder; und wenn Wiedergutmachung erfolgt ist, werden sie ihre alten Beziehungen uns gegenüber wieder aufnehmen. Und jeder im Land soll schwören, den Befehlen der besagten five-and twentyBarone zur Ausführung aller oben genannten Angelegenheiten Folge zu leisten und uns gleichzeitig mit allen Kräften zu belästigen; und wir gestatten öffentlich und frei jedem, der schwören will, und wir werden niemandem das Schwören verbieten. Darüber hinaus werden wir alle diejenigen im Land, die aus eigenem Antrieb und aus freien Stücken nicht bereit sind, den Fünfundzwanzig zu schwören, ihnen bei der Unterdrückung und Belästigung von uns zu helfen, durch unseren Befehl dazu zwingen, in der oben genannten Weise zu schwören. Und wenn einer der fünfundzwanzig Barone gestorben ist oder das Land verlassen hat oder auf andere Weise handlungsunfähig geworden ist, die die Durchführung der oben genannten Bestimmungen verhindern würde, so werden es diejenigen der besagten fünfundzwanzig Barone tun, die noch übrig sind Wählen Sie an seiner Stelle einen anderen nach eigenem Ermessen, und er soll auf die gleiche Weise wie die anderen geschworen werden. Darüber hinaus gilt in allen Angelegenheiten, deren Ausführung diesen fünfundzwanzig Baronen anvertraut ist, wenn diese fünfundzwanzig möglicherweise anwesend sind und sich über irgendetwas nicht einig sind, oder wenn einige von ihnen nach ihrer Vorladung nicht bereit oder nicht in der Lage sind, anwesend zu sein, dass wobei die Mehrheit der anwesenden Ordinarien oder Befehlshaber als festgelegt und festgelegt angesehen werden soll, genau so, als ob alle fünfundzwanzig dem zugestimmt hätten; und die genannten Fünfundzwanzig sollen schwören, dass sie alles Vorstehende treu befolgen und dafür sorgen werden, dass es mit aller Kraft eingehalten wird. Und wir werden von niemandem, weder direkt noch indirekt, etwas erreichen, wodurch ein Teil dieser Zugeständnisse und Freiheiten widerrufen oder eingeschränkt werden könnte; und wenn so etwas beschafft wurde, soll es ungültig und nichtig sein, und wir werden es niemals persönlich oder durch andere verwenden.

Dieses wichtige Kapitel steht für sich allein und bietet Mechanismen zur Durchsetzung all dessen, was ihm vorausgeht. Sie bildet damit das, was die moderne Jurisprudenz als „Sanktion" des Ganzen bezeichnen würde, was aber in der damals üblichen Redewendung „die Form der Sicherheit" (forma securitatis *ad observandum Pacem et libertates*) genannt wurde. [1070] Es enthält die einzige Exekutivklausel der Charta, den einzigen Verfassungsmechanismus, der zur Durchsetzung der jetzt auf Pergament definierten Rechte vorgesehen ist, den einzigen Schutz gegen zukünftige Versuche des Königs, sie wirkungslos zu machen.

I. *Die Art der „Sicherheit" oder rechtlichen Sanktion.* Das Verfahren zur Durchsetzung der Charta war äußerst grob: Johannes verlieh 25 seiner erbittertsten Feinde das Recht, einen Aufstand zu organisieren, wann immer er ihrer Meinung nach gegen eine der Bestimmungen der Magna Carta verstoßen hatte. Gewalt gegen ihn könnte legal angewendet werden, bis er ihre angeblichen Beschwerden „zu ihrer eigenen Zufriedenheit" behoben hat

(*secundum arbitrium eorum*). Wenn es möglich gewesen wäre, ein so gewaltsames Mittel in die Praxis umzusetzen, wäre die „Souveränität" oder oberste Macht in England aus praktischen Gründen in zwei Teile geteilt worden. Während die alte Monarchie theoretisch intakt blieb, hätte Johannes das Zepter, das nominell immer noch ihm gehörte, nur so lange in der Hand gehalten, bis seine Gegner erklärten, er habe einen Teil der Charta gebrochen, woraufhin sie aufgrund seines eigenen, zuvor erteilten Mandats zusammen mit verabschiedet würde Die fünfundzwanzig Barone verfügten über weitreichende Zwangsvollmachten und bildeten das, was manchmal als „Komitee der Vollstrecker" bezeichnet wird, das aber eher ein Komitee der Rebellion war. [1071] Anstatt, wie es später mit immer größerem Erfolg geschah, die Verwaltungsmaschinerie des Königs und seine eigenen Diener zu nutzen, um seine eigenen Missetaten einzudämmen, zogen es die Barone vor, eine eigene konkurrierende Exekutive mit weitreichenden, aber schlecht definierten Befugnissen einzusetzen Befugnisse und sind durch keine verfassungsmäßigen Bindungen mit der älteren Exekutive verbunden. Solange eine einzige angebliche Beschwerde nicht behoben wurde, existierte eine neue Regierung, bestehend aus Johns politischen Gegnern, in einer Haltung bestenfalls bewaffneter Neutralität, Seite an Seite mit König John als Vertreter des älteren Systems der monarchischen Verwaltung.

Das Verfahren zur Behebung von Beschwerden wurde ausführlich beschrieben; Die geschädigte Partei muss ihren Fall vier der fünfundzwanzig Barone mitteilen, und diese würden ihn dann persönlich dem König mitteilen und um Wiedergutmachung bitten. John wurde Zeit gegeben, dies zu bewirken, aber wenn er sich weigerte oder verzögerte, konnte Zwang angewendet werden. Die Satzung der Barone hatte die maximale Frist für die Verzögerung nicht festgelegt und lediglich gesagt: „innerhalb einer angemessenen Frist, die in der Satzung festzulegen ist". Die Charta legte dies fest und nannte vierzig Tage. Zwang kann jede Form annehmen (z. B. Beschlagnahme von Burgen, Ländereien und persönlichem Besitz), außer Gewalt gegen die Person des Königs oder gegen seine Frau oder Kinder. Das vorliegende Kapitel enthielt also die einzige in der Charta erwähnte rechtliche Sanktion, und diese lässt sich kurz zusammenfassen als die Übertragung weitreichender Zwangsmittel gegen ihn an ein revolutionäres Komitee der Baronialopposition durch John.

II. *Kleinere Details des Schemas.* Auch wenn der ganze Lösungsweg dem modernen Geist völlig chimär erscheint, glaubten die Oppositionsführer im Jahr 1215 offenbar, sie hätten einen praktikablen Regierungsplan ausgedacht. Dies zeigt sich an der Sorgfalt, mit der sie das Verfahren ausgearbeitet haben, das in verschiedenen Phasen und für verschiedene Eventualfälle anzuwenden ist.

(1) *Ernennung der fünfundzwanzig Testamentsvollstrecker.* Die Mitglieder des Komitees sollten zunächst von den „Baronen" „gewählt" werden (ein vages Wort, das bereits besprochen wurde). Die *Majores Barones* aus Kapitel 14 hätten zweifellos die bestimmende Stimme; aber die *Minores Barones* könnten möglicherweise einen gewissen Anteil an der Ernennung gehabt haben. Freie Stellen, die durch Tod, Abwesenheit aus England oder aus anderen Gründen frei wurden, sollten nach der Methode besetzt werden, die heute als „Kooptation" bekannt ist. Sobald das Komitee ernannt wurde, würde es eine geschlossene Körperschaft bilden. Niemand, der mit der Mehrheit nicht einverstanden war, konnte Zutritt erhalten – eine Vereinbarung mit durchaus oligarchischem Flair. Die Rückstellung für die Versorgung freier Stellen aufgrund von Todesfällen beweist, dass die Regelung nicht vorübergehender Natur sein sollte, sondern zu Johns Lebzeiten oder länger bestehen sollte. Es scheinen tatsächlich 25 Magnaten ausgewählt worden zu sein. Die am 19. Juni an die Sheriffs erlassenen Schriftstücke fordern die Durchsetzung des Eides gegenüber den fünfundzwanzig Baronen, erwähnen sie jedoch nicht namentlich. Matthew Paris ergänzt die Auslassung, und obwohl er die Quelle seiner Informationen nicht preisgibt, ist es unwahrscheinlich, dass eine so umfassende Liste ausschließlich ein Werk der Fantasie sein könnte. [1072] Sie treten in der folgenden Reihenfolge auf: die Grafen von Hertford, Aumâle, Gloucester, Winchester, Hereford, Norfolk und Oxford, William Marshall der Jüngere, Robert Fitz Walter der Ältere, Gilbert de Clare, Eustace de Vesci, Hugh Bigod, William of Mowbray, William Hardell (Bürgermeister von London), William de Lanvalei, Robert de Ros, John de Lacy (Constable of Chester), Richard de Perci, John Fitz Robert, William Mallet, Geoffrey de Say, Roger de Mumbezon, William of Huntingfield, Richard de Muntfitchet und Wilhelm von Albini. [1073] Es gibt hier keine Kirchenmänner und keine Mitglieder der gemäßigten Partei, deren Namen in der Präambel erscheinen. Alle bis auf zwei oder höchstens drei der fünfundzwanzig stammten aus den Fraktionen des Baronats, die die erklärten Feinde von John waren. [1074] Es handelte sich um eine Oligarchie unzufriedener Kronpächter, deren herrschaftliche Homogenität nur durch die Anwesenheit eines Vertreters anderer Klassen, des Bürgermeisters von London, gebrochen wurde. Ein solches Komitee würde die ihm von John übertragenen übermäßigen Befugnisse wahrscheinlich nicht dazu nutzen, andere Interessen als seine eigenen zu fördern. Sogar Stephen Langton und seine Prälatenkollegen sollten dies bald feststellen, wie die beiden von ihnen vorgebrachten Proteste deutlich beweisen.

(2) *Zur Bildung eines Quorums ist die Mehrheit der Anwesenden erforderlich.* Getrieben von der Notwendigkeit des Falles ersannen oder stießen die Barone auf ein besonders modernes Mittel. Die Anwesenheit jedes Mitglieds des 25-köpfigen Ausschusses konnte vernünftigerweise nicht bei jeder Gelegenheit erwartet werden, und absolute Einstimmigkeit in Fragen der Feinheit wäre

schwer zu erreichen. Demnach war vorgesehen, dass der Wille der Mehrheit der Anwesenden Vorrang haben sollte. Es wäre in moderner Ausdrucksweise ungenau zu sagen, dass dreizehn ein Quorum bildeten, da das Quorum mit der Anzahl der Anwesenden schwankte. Es ist bemerkenswert, dass keine Vorkehrungen für die Einberufung oder Einberufung von Sitzungen des mit diesen enormen Befugnissen ausgestatteten Ausschusses getroffen wurden. Dadurch wurde Raum für überfüllte Versammlungen einer Fraktion gelassen, die eilig einberufen wurden und die Rechte der gesamten Körperschaft an sich rissen. Der so vorläufig eingeführte Präzedenzfall für das Recht der Mehrheit, für das Ganze zu handeln, wurde nur zaghaft und in langen Abständen befolgt. Dennoch markiert sein Erscheinen in der Charta des Johannes einen Schritt in der Weiterentwicklung des wertvollen Prinzips der modernen Politik, das das „Zählen der Köpfe anstelle ihres Zerschlagens" ersetzt.

(3) *Der Vierer-Unterausschuss.* Vier der fünfundzwanzig Testamentsvollstrecker sollten als Vermittler zwischen geschädigten Personen und dem König fungieren und die Aufgabe haben, Beschwerden anzuhören und sie John vorzulegen. Eine solche Position würde weitreichende Ermessensbefugnisse erfordern; denn wenn die vier Barone sich weigerten, die Berechtigung der Klage zu bestätigen, wäre auch John sicher, dies abzulehnen. [1075]

(4) *Lokale Vertreter der fünfundzwanzig Testamentsvollstrecker.* In jedem Bezirk fungierten die zwölf Ritter, deren ursprüngliche Aufgabe darin bestand, Untersuchungen über „böse Bräuche" zu leiten, als örtliche Vertreter des Revolutionskomitees, wobei sie bei der Erfüllung aller seiner Pflichten mit dem Sheriff verbunden und mit Macht ausgestattet waren zwingen Sie ihn, die Bestimmungen der Magna Carta auszuführen, so wie die Fünfundzwanzig ermächtigt waren, den König zu zwingen. Insbesondere wurde diesen Rittern die Durchsetzung des Gehorsamseids gegenüber dem Revolutionskomitee und die Beschlagnahmung des Eigentums aller Personen zur Last gelegt, die sich weigerten. [1076]

(5) *Die von der Öffentlichkeit zu spielende Rolle.* Der König ermächtigte seine Untertanen, sich auf die Seite der Testamentsvollstrecker und gegen ihn zu stellen, wenn er gegen die Charta verstoßen sollte, und sie bei Gewalttaten wie der gewaltsamen Beschlagnahme seiner Burgen, Ländereien und seines Privatbesitzes zu unterstützen; denn sein allgemeines Mandat wurde den fünfundzwanzig „ *cum communa totius terre* " erteilt, während die Lizenz „frei und öffentlich" jedem erteilt wurde, der bereit war, den Testamentsvollstreckern bei allen solchen Handlungen Gehorsam zu schwören und ihr Gewicht zum Tragen zu bringen den König nach besten Kräften. Zwei Aspekte dieser Bestimmung erfordern besondere Aufmerksamkeit: (*a*) *Ihr Zusammenhang mit Treue und Verrat.* Es sollte als

vorläufige Befreiung der Untertanen des Johannes von ihren Treue- und Huldigungseiden und damit von den Schmerzen und Strafen der Landesverratsgesetze dienen. Johannes ermächtigte seine Untertanen feierlich, unter bestimmten Umständen ihre Loyalität von sich selbst auf das Komitee seiner Feinde zu übertragen. Wenn sie sich weigerten, versprach er, sie zu zwingen; und am 27. Juni 1215 wurden tatsächlich Schriftsätze erlassen, die die Beschlagnahme der Ländereien und Güter aller anordneten, die nicht schwören wollten, den Fünfundzwanzig zu gehorchen. [1077] (*b*) *Communa totius terre.* Die „Gemeinschaft des ganzen Landes" sollte also aktiv dabei helfen, den König der Herrschaft des Gesetzes zu unterwerfen; und der Ausdruck wurde von Enthusiasten in den Dienst der Demokratie gedrängt, die moderne Vorstellungen dadurch vergrößern wollen, dass sie ihre Wurzeln in der Vergangenheit finden. Wenige Wörter des mittelalterlichen Lateins bieten für Forscher ein verlockenderes Feld als diese „ *communa* ", die mit ihren englischen und französischen Äquivalenten den Schlüssel zu vielen Problemen verfassungsrechtlichen Ursprungs enthält. Eine Gruppe interessanter Fragen gruppiert sich um die drei Wörter „Bezirk, Zunft und Kommune" und das Erscheinen einer als „Kommune" (*communa totius terre*) bezeichneten Körperschaft in der Magna Carta in Verbindung mit einem Gehorsamseid gegenüber einem Revolutionskomitee legt einen interessanten Vergleich mit der Form der bürgerlichen Verfassung nahe, die damals als „geschworene Kommune" bekannt war. [1078] Ein zweites, ebenso verlockendes Forschungsfeld ergibt sich aus der Tatsache, dass die untere Kammer der Mutter der Parlamente, das englische „House of Commons", ursprünglich aus Vertretern der verschiedenen als Counties bekannten Gemeinden oder Gemeinschaften bestand bzw. Bezirke.

Diese umfassenderen Fragen werden hier lediglich als Veranschaulichung der Schwierigkeiten herangezogen, die im Wort „Kommune" und in der ebenso verwirrenden Formulierung „Kommune des ganzen Landes" lauern. [1079] Die bloße Verwendung eines solchen Ausdrucks kann nicht als Beweis dafür akzeptiert werden, dass die Charta auf einer breiten öffentlichen Basis ruht.

III. *Kritik am Plan.* Die Mängel des Schemas liegen auf der Hand, ob theoretisch oder praktisch betrachtet. Es war eine gewalttätige und unnatürliche Maßnahme, voller unmittelbarer Gefahren und geeignet, einen verhängnisvollen Einfluss auf die Verfassungsentwicklung in der Zukunft auszuüben. Die Tatsache, dass die Magna Carta keine bessere Sanktion für ihre eigene Durchsetzung vorsah als das Recht auf legalisierte Rebellion, wurde bereits als ihr Kardinalmangel diskutiert. [1080] Anstatt den König daran zu hindern, Unrecht zuzufügen, sah es lediglich gewaltsame Maßnahmen zur Wiedergutmachung bereits begangener Taten vor und fügte so den kleineren Übeln, die es zu beseitigen suchte, das krönende Übel des Bürgerkriegs hinzu. Dass das ganze Vorhaben von vornherein zum Scheitern verurteilt war, stellt in den Augen der späteren Geschichte vielleicht den am wenigsten auffälligen Fehler dar. Es ist aufschlussreich, einige seiner anderen Mängel im Detail zu beachten.

(1) Das System widersprach der Feindseligkeit durch mangelnde Mäßigung. Ziel war es, die Krone mit einem Schlag aus der Fülle unverantwortlicher Tyrannei in eine Position erniedrigender Ohnmacht zu stürzen. In jeder schwierigen politischen Frage des Tages wäre Johns Autorität durch die von fünfundzwanzig der feindseligsten Fraktionen des Baronats ersetzt worden. Wenn der König sich durch irgendetwas verletzt fühlte, musste er seine Sache demütig vor einem Tribunal vertreten, in dem seine Gegner als Richter saßen. Der Plan war daher für die Masse der loyalen Engländer, die Respekt vor dem altehrwürdigen Prinzip der Monarchie hegten, abstoßend. Kein König mit einem Funken Selbstachtung würde sich lange Zeit zahm einer so unlogischen und erniedrigenden Position unterwerfen – ein Souverän zu bleiben, dessen „Souveränität" lediglich auf der Duldung seiner Feinde beruhte, ein Marionettenkönig, dessen Untertanen das gesetzliche Recht hatten, Zwang auszuüben ihn. Die auf diese Weise einem Baronialkomitee im Jahr 1215 übertragenen Befugnisse waren weitreichender als die einem ähnlichen Komitee im Jahr 1258 übertragenen Befugnisse, und dennoch wurde das Parlament, das dieses ernannte, wegen der Gewalttätigkeit für immer als „das verrückte Parlament" gebrandmarkt Maßnahmen gegen den König.

(2) Rebellion ist, selbst wenn sie moralisch gerechtfertigt ist, grundsätzlich und notwendigerweise illegal; Der Versuch, ihr einen legitimen Wirkungsbereich abzustecken, bedeutet, das logisch Unmögliche zu versuchen. Die Barone hatten in ihrem Mangel an politischer Erfahrung und in der äußersten Not etwas Gefährlicheres als das größte Maß an verfassungsmäßiger Autorität gefordert und erhalten. Es war ihnen nicht gelungen, die wahre Vorstellung einer begrenzten Monarchie zu verwirklichen. Ihr Plan sah einen König vor, der in einigen Angelegenheiten immer noch absolut, in anderen jedoch machtlos und erniedrigt war. Sie stellen Seite an Seite zwei rivalisierende Führungskräfte auf, jeder in unterschiedlichen Umständen. Die Beziehungen der beiden waren selbst in der Theorie alles andere als genau definiert, während es in der Praxis mit Sicherheit häufig zu Kollisionen kam. Die Befugnisse der Fünfundzwanzig, einer Körperschaft, die keine ordnungsgemäße Organisation erhielt, waren eher Angriffs- als Verwaltungsbefugnisse. Vor diesem Hintergrund rangieren die Ansprüche der Barone an konstruktive Staatskunst äußerst gering.

(3) Die Befugnisse des Revolutionskomitees, übertrieben, aber schlecht definiert, gestützt auf den Gehorsam aller Klassen der Nation, würden dazu neigen, den König völlig zu lähmen. Der nominelle Souverän, der unter diesem Damoklesschwert immer nervös ist, würde jegliche Initiativkraft

verlieren, während das Komitee, das so mächtig ist, ihn in die Ohnmacht zu stürzen, nicht in der Lage wäre, ihn zum Handeln zu bewegen oder an seiner Stelle zu handeln. Das Revolutionskomitee war als Belastung für eine schlechte Führungskraft geplant und nicht als eine gute Führungskraft, die seinen Platz einnehmen sollte.

(4) Selbst als Widerstand wäre die Effizienz des Komitees jedoch in zwei Fällen völlig zunichte gemacht worden: wenn die Barone, aus denen es bestand, untereinander uneinig waren, oder wenn der König sich weigerte, sich zu ergeben, und den Appell den Waffen vorzog. Der Monarch hatte immer die Alternative eines Bürgerkriegs, und der materielle und moralische Vorteil, in der Defensive zu agieren, lag bei ihm; während das Komitee sich den Risiken stellen musste, denen eine angreifende Partei stets ausgesetzt ist. Kein einziger Schritt, um den König zurückzuhalten, konnte legal unternommen werden, bis er die Sache durch einen eindeutigen Angriffsakt beschleunigt hatte und danach eine formelle Ankündigung erhalten hatte, gefolgt von einer Frist von vierzig Tagen, in der er seine Vorbereitungen für den Krieg ohne Furcht abschließen konnte der Unterbrechung.

(5) Auch wenn der Plan der Barone ungeeignet zu sein scheint, um den Bedürfnissen der Stunde seiner Konzeption gerecht zu werden, so war er doch mit noch größeren Gefahren für die zukünftige Entwicklung der englischen Verfassung verbunden. Das Problem, das damit gelöst werden sollte, war weder vorübergehender noch unwichtiger Natur, denn es ging um nichts Geringeres als die Entwicklung einer Rechtsmaschinerie, um den König daran zu hindern, die ihm anvertrauten Befugnisse zu missbrauchen. Die Barone suchten nach der besten Methode, königliche Reformversprechen in Gesetze umzuwandeln, denen nachfolgende Könige Folge leisten mussten. Bei dem Versuch, dies zu tun, bewegte sich die Magna Carta auf völlig falschen Wegen; die, wenn nicht rechtzeitig davon abgewichen worden wäre, jeden dauerhaften Fortschritt unmöglich gemacht hätte. Die Staatsführung, die zwar einen König auf dem Thron ließ, ihn aber in allen lebenswichtigen Fragen des Tages dem Diktat von „fünfundzwanzig Oberkönigen" unterwarf, war grob und unklug. Es ist wahr, dass die Reformpartei während der langen Regierungszeit Heinrichs III. hielt an derselben fehlerhaften Lösung fest, wenn auch mit verschiedenen Modifikationen im Detail; aber sie hatten keinen Erfolg. Nach einem halben Jahrhundert der Unruhen schien eine Einigung so weit entfernt wie zuvor. Hätte man während Eduards Herrschaft an derselben Politik festgehalten, wäre die englische Verfassung, wie sie später bekannt wurde, nie zustande gekommen. Die Gefahren und Mängel von Plänen wie denen von 1215 und 1258 werden am deutlichsten im Gegensatz zu den taktvolleren Bemühungen von Edward I. um eine echte Lösung, die zu gegebener Zeit zum vollständigen Erfolg führt.

Die wahre Politik der Barone bestand darin, die Verwaltungsmaschinerie des Königs und seine eigenen Diener zu nutzen, um den König selbst zu kontrollieren. Nach und nach etablierte sich der Grundsatz, dass der Souverän keine einzelne Vorrechthandlung ohne die Vermittlung des zuständigen Ministers oder einer Gruppe von Ministern durchführen konnte. Jede Regierungsfunktion wurde mit einem bestimmten Amt oder Organ des königlichen Haushalts verbunden. Die Rechte des offiziellen Leiters jeder Abteilung wurden stereotypisiert, und seine Position erhielt volle rechtliche Anerkennung, während sich ganz allmählich die Doktrin der ministeriellen Verantwortung entwickelte, die jeden Beamten der Krone dazu zwang, nicht nur den Gesetzen des Landes, sondern auch den Gesetzen des Landes zu gehorchen *Commune Concilium* , die sich schnell zum modernen Parlament wandelt. Die Hilfsmittel einer früheren Zeit verschwanden, da sie nicht mehr erforderlich waren, als der gute Wille des Königs durch die freundliche Kontrolle seiner eigenen Minister und nicht durch den gewaltsamen Zwang seiner Gegner gesichert wurde. Das Verdienst, die Verfassung auf die richtige Entwicklungslinie gebracht zu haben, ist zu einem großen Teil Eduard I. zu verdanken. [1081]

IV. *Dr. Gneists Kritik.* So gefährlich und sogar absurd dieser Plan auch erscheint, er hat seinen Apologeten gefunden. Dr. Gneist wirft englischen Historikern vor, „sehr unangemessene Vergleiche" zwischen diesem Baronialkomitee und den kontinentalen Zwecken derselben Zeit anzustellen. Während sich in den meisten Ländern Europas jeder Baron das Recht auf Privatkrieg gegen seinen Souverän unter Umständen anmaßte, die durch sein eigenes individuelles Urteil zu bestimmen waren, übertrug die Magna Carta den Baronen das Recht auf Rebellion nur „in ihrer kollektiven Eigenschaft" und „wie vertreten". durch bestimmte Organe." [1082] Die Ersetzung des Rechts auf Privatfehde durch kollektive Repressionsmaßnahmen stellt zweifellos einen Fortschritt dar; aber Rebellion kann, selbst wenn sie organisiert ist, nicht als zufriedenstellendes verfassungsmäßiges Mittel angesehen werden. Dr. Gneist ist kaum überzeugender, wenn er argumentiert, dass englische Historiker und Juristen ein System zu vorbehaltlos verurteilt haben, das „insofern im Einklang mit dem Geist des feudalen Staates des Mittelalters steht, als es auf einem gegenseitigen feudalen Schutzverhältnis beruhte." und Treue, das heißt auf Kompaktheit." „Die einvernehmliche Zugeständnis der Notrechte entsprach insgesamt so sehr den Rechtsauffassungen des Mittelalters, dass das Widerstandskomitee auf diese Weise einen Teil seines scheinbar revolutionären Charakters verliert." [1083] Dass das Mittelalter die Revolution befürwortete, ändert sie jedoch nicht in eine verfassungsmäßige Aktion; Die Tatsache, dass es auf der feudalen Vorstellung eines gegenseitigen Vertrags beruhte, mag zwar eine Erklärung sein, macht es aber nicht bewundernswerter. Das ganze Schema stimmte natürlich vollkommen mit der öffentlichen Meinung der Zeit überein, aber das zeigt nur, wie groß die Kluft ist, die mittelalterliche Vorstellungen von modernen trennt, und wie absurd es ist, die Große Charta zu betrachten, wie es manchmal der Fall ist getan, da es die Grundprinzipien der heutigen englischen Verfassung vorwegnimmt.

Allen Entschuldigungen zum Trotz verhindert die Grobheit der einzigen Sanktion, die die Magna Carta für ihre eigene Durchsetzung vorsieht, ihren Rang als großes Denkmal konstruktiver Staatskunst.

V. *Scheitern des Plans.* Kurz bevor die Magna Carta des Johannes in ihrer vollendeten Form unterzeichnet und versiegelt worden war, wurde die Sinnlosigkeit ihrer Sanktion erkannt. Jede Seite wurde misstrauisch und forderte neue „Sanktionen", neue Garantien, die nicht in der Charta enthalten waren.

(1) *Quis custodiet ipsos custodes?* Die Magna Carta, die offenbar davon ausging, dass vollkommenes Vertrauen in die Rechtschaffenheit und Weisheit des Revolutionskomitees gesetzt werden könne, bot keine Mechanismen zu ihrer Kontrolle und keine Garantie dafür, dass sie die Charta einhalten würden, ohne deren Bestimmungen im Sinne ihrer eigenen egoistischen Interessen falsch zu interpretieren. Die Sinnlosigkeit dieser Selbstzufriedenheit wurde bald offensichtlich. Ein Tyrann hatte die ganze Nation in Bedrängnis gebracht; und nun sollte er durch fünfundzwanzig ersetzt werden. Wer sollte die neuen Tyrannen zurückhalten? Ein zweites Komitee wurde zum Teil zur Unterstützung und zum Teil zur Kontrolle der 25 ernannt. Matthew Paris [1084] beschreibt, dass sie aus achtunddreißig „ *Obsecutores et Observatores* " bestand, darunter der Earl Marshal, Hubert de Burgh, die Earls von Arundel und Warenne und andere prominente Mitglieder der gemäßigten Partei, die dem König nicht feindlich gegenüberstanden. Dr. Stubbs weist ihre Beziehungen zu den Testamentsvollstreckern mit der Bemerkung zurück, dass sie „geschworen haben, den Befehlen der Fünfundzwanzig Folge zu leisten". [1085] Miss Norgate vertritt eine scheinbar bessere Ansicht, indem sie als Hauptgrund für ihre Ernennung die Pflicht hervorhebt, „sowohl den König als auch die Fünfundzwanzig zu zwingen, gerecht miteinander umzugehen". [1086] Die Achtunddreißig mussten die Fünfundzwanzig zwingen, so wie die Fünfundzwanzig den König zwangen. [1087]

(2) *Verdacht auf den guten Willen der Barone.* Ob die Ernennung des achtunddreißigköpfigen Komitees teilweise auf Johns Einfluss zurückzuführen war oder ausschließlich das Ergebnis gegenseitiger Eifersüchteleien in den Reihen seiner Gegner war, es gibt eindeutige Beweise dafür, dass der König dem guten Glauben der Barone misstraute verlangte seinerseits eine „Sanktion", dass sie diese Loyalität nicht erneut aufgeben würden, deren Erneuerung die *Gegenleistung war*, für die er die Charta gewährt hatte. Anscheinend erneuerten die führenden Barone am 19. Juni in

Runnymede ihren Treue- und Huldigungseid; weigerten sich jedoch, eine formelle Charta zu diesem Zweck zu erteilen, obwohl sie versprochen hatten, John jede Sicherheit zu geben, die er möglicherweise benötigte, mit Ausnahme von Geiseln oder Burgen. Als die Prälaten aufgefordert wurden, sich auf die Seite des Königs zu stellen; Sie gaben eine formelle Erklärung oder einen Protest ab und hielten das Versprechen der Barone fest und weigerten sich anschließend, es in Kraft zu setzen. Es gibt keinen Grund, an der Aussage der Prälaten zu zweifeln; Sie waren bei allen Verhandlungen anwesend, und durch ihre Vermittlung waren die in der Magna Carta verankerten Friedensbedingungen festgelegt worden. Dies war nicht die einzige Angelegenheit, in der die Bischöfe es für notwendig hielten, im Namen des Königs einzugreifen. Die neue fürstliche Exekutive und die zwölf Ritter, die in jedem Landkreis als ihre Vertreter fungierten, drängten in unfairer Weise auf die ihnen in der Magna Carta übertragene Befugnis zur Reform von Missbräuchen. Insbesondere gingen sie dazu über, die königlichen Wälder praktisch vollständig abzuschaffen, indem sie das Verfahren, auf dem dieser Zweig der Vorrechte der Krone beruhte, als böse Bräuche abschafften. Auch hierzu legten die Prälaten einen förmlichen Protest zu Protokoll. [1088]

(3) *Verdacht auf Johns Treu und Glauben.* Wenn weder der König noch die Nation als Ganzes der Ansicht waren, dass die Große Charta einen ausreichenden Schutz ihrer Interessen gegenüber dem Testamentsvollstreckerkomitee enthielt, kamen die Barone selbst bald zu dem Schluss, dass das Komitee trotz all seiner Befugnisse eine unzureichende Sanktion gegen sie darstellte John. Dementsprechend forderten sie weitere „Sicherheit". Die Stadt London wurde in ihre Hände gelegt und der Tower of London in die neutrale Obhut des Primas, als Unterpfand von Johns Treu und Glauben, bis zum 15. August oder bei Bedarf auch länger. Diese Bedingungen wurden in einem Dokument mit dem Titel „ *Conventio facta inter Regem Anglie et barones ejusdem regni* " niedergeschrieben, das somit eine neue Sanktion oder „Form der Sicherheit" vorsah, die die in Kapitel 61 der Magna Carta enthaltene Sanktion ergänzt, wenn nicht sogar ersetzt . [1089]

(4) *Vorsichtsmaßnahmen gegen päpstliche Intervention.* Die Artikel der Barone liefern zweifellos einen Beweis für den Verdacht ihrer Verfasser, dass Johannes bei Rom die Absolution von seinem Abkommen beantragen würde. Sie bewiesen beträchtliche Klugheit, als sie verlangten, dass die englischen Prälaten und der päpstliche Legat die Bürgen des Königs werden sollten, dass er vom Papst nichts erreichen würde, was die Charta ungültig machen oder ihre Wirksamkeit schmälern würde. Hätte Pandulf als akkreditierter Vertreter des Papstes ein solches Dokument tatsächlich mit seinem Siegel versehen, hätte er seinen erhabenen Meister ernsthaft in

Verlegenheit gebracht, indem er Johannes in seinem Ablehnungskurs unterstützt hätte.

Zwei wichtige Änderungen in der abgeschlossenen Charta wurden jedoch vorgenommen, ob auf Veranlassung von John oder auf Veranlassung von Pandulf oder den englischen Prälaten, ist eine Frage der Vermutung. Innocent wurde nicht namentlich erwähnt, da die Klausel in ihrem Wortlaut recht allgemein gehalten war. Johannes versprach lediglich, „von niemandem" eine Ausnahmegenehmigung zu erwirken, während die Frage der Bürgschaften stillschweigend ignoriert wurde. Der Grund für die Unterlassung liegt auf der Hand; Pandulf hätte natürlich Einwände dagegen, seinen Auftraggeber oder sich selbst zu einem solchen Versprechen zu verpflichten. Der Papst bewahrte die vollkommene Freiheit, und der Gebrauch, den er davon machte, ist allgemein bekannt. [1090]

1070 . Dieser Satz kommt im 49. (und letzten) Artikel der Barone als Titel einer Klausel vor, die von den anderen durch ein mehrzeiliges Leerzeichen auf dem Pergament getrennt ist: „Haec est forma *securitatis*" usw. Die Wörter werden im vorliegenden Kapitel selbst nicht als Überschrift verwendet, sondern c. 52 bezieht sich auf c. 61 als Klausel „ *in securitate pacis* " und c. 62 bezeichnet dasselbe als „ *super securitate ista* ".

1071 . Vgl. SR Gardiner, *Short History of England* , 183: „eine ständige Organisation zur Kriegführung gegen den König."

1072 . R. Wendover, von dem Paris so großzügig Anleihen nimmt, gibt keine Liste.

1073 . Die Liste stammt aus Matthew Paris, *Chron. Maj.* , II. 604-5, korrigiert von Blackstone, *Great Charter* , S. xx., nach Zusammenstellung mit einer Randbemerkung zum Harleian MS. der Charta (vgl. *oben* , 198, n). Paris gibt „Boys" anstelle von „Ros" und „Roger de Munbrai" anstelle von „Roger of Mumbezon". Diese Liste sollte (*a*) der in der Präambel der Magna Carta genannten gemäßigten Partei und (*b*) der in c genannten ausländischen Favoriten Johns gegenübergestellt werden . 50 . Für biografische Informationen siehe Thomson, *Magna Charta* , 270–312.

1074 . Diese drei waren Earl Aumâle (ein Titel, der offenbar manchmal gegen den des Earl of York ausgetauscht wurde, siehe Round, *Geoffrey de Mandeville* , 157, n.), Wilhelm von Albini und möglicherweise Geoffrey de Say (siehe Stubbs, *Const. Hist.* , I. 583).

1075 . Es ist auch eine alternative Erklärung möglich, nämlich dass die Funktion des Vermittlers von vier beliebigen Mitgliedern der Fünfundzwanzig ausgeübt werden könnte. Aus dieser Sicht könnte auf eine geschädigte Person Druck auf den König ausgeübt werden, wenn er vier davon überredet, gemeinsam zur Unterstützung seines Anspruchs vorzugehen. Dies würde zusätzlich zu dem bereits besprochenen Quorum unterschiedlicher Anzahl ein zweites Quorum erfordern, dieses Mal vier, für einen besonderen Zweck. In beiden Fällen wäre der Weg zur Wiedergutmachung für den großen Mann einfacher als für seinen obskuren Nachbarn.

1076 . Vgl. *oben* , c. 48 .

1077 . Siehe Anhang.

1078 . Es war erst vierzehn Jahre her, dass London (im Jahr 1191), wahrscheinlich dem Beispiel von Rouen folgend, seine „geschworene Kommune" von Prinz John als Preis für seine Unterstützung erpresst hatte (vgl. *oben* , ca. 13). Es könnte jedoch gefährlich sein, eine so verlockende Analogie zu weit zu treiben.

1079 . Vgl. *siehe oben* , S. 137–138 .

1080 . Siehe *oben* , S. 150 .

1081 . Vgl. *siehe oben* , S. 189-193 für eine Skizze von Edwards Politik.

1082 . Gneist, *englische Konst.* , 251.

1083 . *Ebenda.*

1084 . *Chron. Maj.* , II. 605-6.

1085 . *Konst. Hist.* , I. 583, n.

1086 . *John Lackland* , 236.

1087 . Eine Version der Erzählung von Matthew Paris ist viel ausführlicher als die andere. Die erste MS. sagt lediglich: „ *Isti omnes juraverunt quod obsequerentur mandato viginti quinque baronum.* " " Der zweite enthält den wichtigen Zusatz: „ *Omnes isti juraverunt cogere si opus esset ipsos xxv.* " *barones ut rectificarent regem . Et etiam cogere ipsum si mutato animo forte recalcitraret* ", II. 606, n.

1088 . Die Texte beider Proteste sind im Anhang aufgeführt.

1089 . Siehe *oben* , 51–2. Der Text befindet sich im Anhang. Dreizehn der fünfundzwanzig Testamentsvollstrecker werden namentlich erwähnt und haben diesem neuen Vertrag im Namen ihrer selbst und anderer ungenannter Grafen, Barone und Grundbesitzer zugestimmt. Vgl. R. Wendover, III. 319 („ *et turrem Londonarum* "). Eine dritte Sanktion oder Form der Sicherheit erscheint in den verstümmelten Versionen der Charta von R. Wendover (III. 317) und M. Paris (II. 603): die Polizisten der vier königlichen Schlösser

Northampton, Kenilworth und Nottingham und Scarborough sollten schwören, diese Festungen auf Befehl der fünfundzwanzig Testamentsvollstrecker zu halten. Siehe M. Paris (*ebd.*). Diese Klausel wurde in keinem bekannten Exemplar einer Ausgabe der Magna Carta gefunden. Vgl. *Vorwort* von Herrn HR Luard zum zweiten Band von Matthew Paris, S. xxxiii. bis xxxvi., wo er die Besonderheiten der Versionen von Wendover und Paris bespricht.

1090 . Vgl. *oben* , S. 55 .

Kapitel zweiundsechzig.

Et omnes malas voluntates, indignaciones, et rancores ortos inter nos and homines nostros, clericos et laicos, a tempore discordie, plene omnibus remisimus et condonavimus. Preterea omnes tatsächliche Übertretungen anlässlich einer gerechten Zwietracht, in Pascha anno no stri nostri sextodecimo usque ad pacem reformatam, plene remisimus omnibus, clericis et laicis, et Quantum ad nos pertinet plene condonavimus. Et insuper fecimus eis fieri litteras testimoniales patentes domini Stephani Cantuariensis archiepiscopi, domini Henrici Dublinensis archiepiscopi, et episcoporum predictorum, et magistri Pandulfi, super securitate isa et concessionibus prefatis.

Und all den bösen Willen, den Hass und die Bitterkeit, die seit dem Zeitpunkt des Streits zwischen uns und unseren Männern, Geistlichen und Laien, entstanden sind, haben wir allen vollständig erlassen und vergeben. Darüber hinaus haben wir von Ostern im sechzehnten Jahr unserer Herrschaft bis zur Wiederherstellung des Friedens alle Verfehlungen, die durch den besagten Streit verursacht wurden, allen, sowohl Geistlichen als auch Laien, vollständig erlassen und, soweit es uns betrifft, vollständig vergeben. Und zu diesem Thema haben wir ihnen Patentbriefe von Stephen, dem Erzbischof von Canterbury, Henry, dem Erzbischof von Dublin, den oben genannten Bischöfen und Meister Pandulf als Beweis für diese Sicherheitsklausel und die oben genannten Zugeständnisse ausfertigen lassen .

forma securitatis folgen, sind ausschließlich formaler Natur und tragen nichts zum Inhalt der Magna Carta bei. Nachdem das vorliegende Kapitel eine gut gemeinte Erklärung abgegeben hat, dass Vergangenheit Vergangenheit sein sollte und dass vollkommener Frieden und Wohlwollen überall herrschen sollten – ein frommes Streben, das zur schnellen Ernüchterung verurteilt ist –, geht es damit weiter, die Prälaten zu ermächtigen, unter ihren Siegeln beglaubigte Kopien der Bedingungen auszustellen der Großen Charta. Solche Briefe wurden tatsächlich ausgestellt und ihre Bedingungen sind im Roten Buch der Staatskasse festgehalten. [1091]

1091 . Siehe *Folio* 234. Der Text wird von Bémont, *Chartres* , S. 35 lautet wie folgt: „ Omnibus Christi fidelibus ad quos presens scriptum pervenerit, Stephanus Dei gratia Cantuariensis archiepiscopus, tocius Anglie primas et sancte romane ecclesie cardinalis, Henricus, eadem gratia Dublinensis archiepiscopus, Willelmus Londoniensis, Petrus Wintoniensis, Joscelinus,

Bathoniensis et Glastoniensis, Hugo Lincolniensis, Walterus Wigorniensis, Willelmus Coventriensis und Benedictus Roffensis, divina miseracione episcopi, und magister Pandulfus domini pape subdiaconus et familiaris, salutem in Domino. Sciatis nos inspexisse cartam quam dominus noster Johannes illustris rex Anglie fecit comitibus, baronibus et liberis hominibus suis Anglie de libertate sancte ecclesie et libertatibus et liberis consuetudinibus suis eisdem ab eo concessis sub hac forma....

.... [Hier folgt der Text von Johns Magna Carta]. ...

Und es gibt keine Form, in der Sie vorhersagen können, ob noch etwas mehr oder weniger alles möglich ist, und Sie werden das Sigilla Nostra Apposuimus schreiben.

Kapitel dreiundsechzig.

Quare volumus and firmiter precipimus quod Anglicana ecclesia libera sit et what homines in regno nostro nostro haveant and peneant omnes prefatas libertates, jura, et concessions, bene and in time, libere and quiete, plene and integre sibi et Heredibus Suis, de Nobis and Heredibus Nostris , in omnibus rebus et locis, in perpetuum, sicut predictum est. Juratum est autem tam ex parte nostra quam ex parte baronum, quod hec omnia supradicta bona fide et sine malo ingenio observabuntur. Testibus supradictis et multis aliis. Daten per manum nostram in prato quod vocatur Ronimede, zwischen Windlesoram und Stanes, fünf Dezime im Juni, anno regni nostri decimo septimo.

Deshalb ist es unser Wille und wir fordern es nachdrücklich auf, dass die englische Kirche frei ist und dass die Männer in unserem Königreich alle oben genannten Freiheiten, Rechte und Zugeständnisse haben und halten, wohl und friedvoll, frei und still, vollständig und vollständig. für sich selbst und ihre Erben, für uns und unsere Erben, in jeder Hinsicht und an allen Orten für immer, wie oben erwähnt. Darüber hinaus wurde sowohl von unserer Seite als auch von Seiten der Barone ein Eid geleistet, dass alle oben genannten Bedingungen in gutem Glauben und ohne böse Absicht eingehalten werden. Gegeben unter unserer Hand – die oben Genannten und viele andere als Zeugen – auf der Wiese namens Runnymede, zwischen Windsor und Staines, am fünfzehnten Juni, im siebzehnten Jahr unserer Herrschaft.

Dieses letzte der dreiundsechzig Kapitel, in die die Magna Carta der Einfachheit halber unterteilt wurde, nicht von ihren Verfassern, sondern von modernen Kommentatoren, enthält wenig, was einer besonderen Stellungnahme bedarf. Beginnend mit einer Wiederholung der bereits im ersten Kapitel gemachten Erklärungen, dass die englische Kirche frei sein sollte (allerdings unter Weglassung eines zweiten Hinweises auf kanonische Wahlen) und dass Homines *in regno nostro* alle oben genannten Freiheiten, Rechte und Zugeständnisse haben und halten sollten Weiter wurde festgehalten, dass beide Parteien einen Eid geleistet hätten, den Inhalt in gutem Glauben zu beachten. [1092] Die in der Präambel genannten Magnaten wurden danach zusammen mit vielen anderen, die nicht namentlich genannt wurden, gemeinsam als Zeugen bezeichnet. Die Charta endet mit der Erklärung, dass sie „von unserer Hand gegeben" wurde, wobei Ort und Datum angegeben werden, um den in Rechtsdokumenten geforderten Formalitäten zu entsprechen. Die eigentliche Schenkung durch die Hand des Johannes erfolgte durch den Aufdruck seines großen Siegels. [1093]

1092 . Vgl. *oben* , 125.

1093 . Das Dokument enthält keine Unterschriften. Die häufigen Verweise auf „die Unterzeichnung der Großen Charta" (*z*. B. Medley, *Const. Hist.* , 127) sind daher ungenau, wenn „Unterzeichnen" in der modernen Bedeutung von „Unterzeichnen" verstanden wird, können aber möglicherweise durch einen Verweis gerechtfertigt werden zu *signum* in seiner ursprünglichen Bedeutung von „Siegel". Ein Siegel einzuprägen bedeutete gewissermaßen „unterschreiben". Dass die Magna Carta trotz der Erwähnung des 15. Juni als eigenes Datum tatsächlich am 19. besiegelt wurde, wurde bereits *oben* , 48–49, behauptet. Zu den dort vorgelegten Beweisen sollte das Zeugnis der *Annals of Dunstable* , III, hinzugefügt werden. 43, die berichten, dass in Runnymede „ *die Gervasii et Protasii* " Frieden zwischen dem König und den Baronen geschlossen wurde .

ANHANG.
DOKUMENTE, DIE SICH AUF DIE MAGNA CARTA DES JOHANNES BEZIEHEN ODER DIESE VERANSCHAULICHEN.

I. Die Charta der Freiheiten Heinrichs I. [1094]

(1100.)

Anno incarnationis dominice M.CI. Henricus, filius Willelmi regis, post obitum fratris sui Willelmi Dei gratia rex Anglorum, omnibus fidelibus salutem.

1. Sciatis me Dei misericordia et communi consilio baronum totius regni Anglie, ejusdem regem coronatum esse. Et, quia regnum oppressum erat injustis precisionibus, ego, Dei respektu and amore quem erga vos habeo, sanctam Dei ecclesiam inprimis liberam facio, ita quod nec vendam, nec ad firmam ponam, nec mortuo archiepiscopo, sive episkopo, sive abbate, aliquid accipiam de Dominico Ecclesie Vel de Hominibus Ejus, Donec Nachfolger in Eam Ingrediatur. Und alles, was man braucht, ist, dass die Anglie ungerechtfertigt ist, inde aufero; quas malas consuetudines ex parte hic pono:

2. Si quis baronum, comitum meorum, sive aliorum qui de me tenent, mortuus fuerit, heres suus non redimet terram suam sicut faciebat tempore fratris mei, sed justa et legitima relevatione relevante eam. Similiter et homines baronum meorum just a legitima relevatione relevante terras as de dominis suis.

3. Et si quis baronum vel aliorum hominum meorum filiam suam nuptum tradere voluerit, sive sororem, sive neptim, sive cognatam, mecum inde loquatur; Ich muss mich für die Anerkennung meiner Lizenz einsetzen, ich verteidige sie und verteidige sie, es sei denn, sie sind jünger als ich. Et si, mortuo barone sive alio homine meo, filia heres remanserit, illam dabo consilio baronum meorum cum terra sua. Et si, mortuo viro, uxor ejus remanserit et sine liberis fuerit, dotem suam et maritationem habebit; Und eam nicht dabo marito, nisi secundum velle suum.

4. Si vero uxor cum liberis remanserit, dotem quidem and maritationem habebit dum corpus suum legitime servaverit, and eam non dabo, nisi secundum velle suum; et terre et liberorum custos erit sive uxor, sive alius propinquarius qui justius esse debatte. Und der Abgrund, den die Barone mei similiter hatten, bestand darin, ihre Familie zu vermehren und ihren hominum suorum zu töten.

5. Monetagium Commune, was capiebatur per civitates et comitatus, quod non fuit tempore regis Edwardi, hoc ne amodo sit omnino defdo. Si quis captus fuerit, sive monetarius, sive alius, cum falsa moneta, justicia recta inde fiat.

6. Omnia placita und omnia debita que fratri meo debebantur conno, außer rectis firmis meis, and without illis que pacta beant pro aliorum hereditatibus, vel pro eis rebus que justius aliis contingebant. Und wenn Sie Ihre flüssigen

Mittel vererben möchten, werden Sie sie nicht kennen, und alle Informationen, die Sie benötigen, um den Erbvertrag abzuschließen.

7. Und wenn der Baron oder sein Mann schon längst nicht mehr in der Firma sind, wird er nicht in der Lage sein, ihn finanziell zu disponieren. Was Sie tun, verhindern Sie, dass Waffen und Gebrechlichkeit entstehen, vermögen Sie nicht, zu entsorgen, leihen Sie sich Ihre Freiheit, Ihre Eltern, und rechtmäßige Männer, eam pro anima ejus dividant, sicut eis melius visum fuerit.

8. Si quis baronum vel hominum meorum forisfecerit, non dabit vadium in misericordia pecunie, sicut faciebat tempore patris mei vel fratris mei; sed, secundum modum forisfacti, ita emendabit sicut emendasset retro a tempore patris mei, in tempore aliorum antecessorum meorum. Wenn man perfide oder sceleris convictus fuerit ist, dann ist es gerechtfertigt, sic emendet zu werden.

9. Murdra etiam, retro ab illa die qua in regem coronatus fui, omnia Condono; Und je nachdem, was in der Tat geschah, wurde gerade erst nach dem Tod von Edwardi ernannt.

10. Forestas, omni consensu baronum meorum, in manu mea retinui sicut pater meus eas habit.

11. Militibus qui per loricas terras suas verteidigt, terras dominicarum carrucarum suarum quietas ab omnibus gildis and omni opere proprio dono meo concedo, ut, sicut tam magno allevamine alliviati sunt, ita se equis and armis bene instruant ad servitium meum and ad defensionem regni mei .

12. Pacem firmam in toto regno meo pono et teneri amodo precipio.

13. Lagam Edwardi regis vobis reddo cum illis emendationibus quibus pater meus eam emendavit consilio baronum suorum.

14. Si quis aliquid de rebus meis vel de rebus alicujus post obitum Willelmi regis fratris mei cepit, totum cito sine emendatione reddatur; Und wenn sie noch in flüssiger Form gehalten werden, wird sie mich sehr erfinden, weil sie mich gravitiert hat.

Testibus Mauricio Lundonie episcopo, und Gundulfo episcopo, und Willelmo electo episcopo, und Henrico comite, et Simone comite, und Waltero Giffardo, und Rodberto de Munfort, und Rogero Bigoto, und Henrico de Portu, nach Londoniam, als er starb.

II. DIE ZWEITE ODER OXFORD-CHARTA VON STEPHEN. [1095]
(1136.)

Ego Stephanus dei Gratia, Assensu Cleri et populi in Regem Anglie Electus, et a Willelmo Cantuariensi Archiepiscopo et sho. romane ecclesie legato consecratus et Ab Innocentio sante romane sedis pontifice postmodum constratus achore di. bestätigen. Nichil me in ecclesia vel rebus ecclesiasticis simoniace acturum vel permissurum esse promitto. Ecclesiasticarum personarum et omnium clericorum et rerum eorum justiciam et potestatem et distributionem honorum ecclesiasticorum in manu episcoporum esse perhibeo et bestätigt. Dignitates ecclesiarum privilegiis earum bestätigt et consuetudines earum antiquo tenore habitas inviolate manere statuo et concedo. Alle ecclesiarum Besitztümer und Tenuras, als die illa habuerunt qua Willelmus rex avus meus fuit vivus et mortuus, sine omni calumpniantium reclamatione, eis liberas et absolutas esse cesso. Wenn Sie das Eigentum oder den Besitz ante mortem erhalten, müssen Sie sich darum kümmern, dass die Kirche Ihre Wiederholung, Ablass und Dispensation vorbehaltlos verweigert. Nach dem Tod wurde Ipsius Regis liberalisiert und als Prinzip anerkannt, Opfergaben und Vergleiche wurden vorgenommen, und die Qualität der Treuhandtransmutation wurde bestätigt. Pacem et justiciam meo in omnibus facturum et pro posse meo conservaturum eis promitto.

Forestas quas Willelmus avus meus und Willelmus avunculus meus instituerunt and habuerunt myhi reservo. Alles in allem, weil Rex Henricus Superaddidit, Ecclesiis und Regno Quietas Reddo und Concedo ist.

Wenn der Episkopus und der Abbas oder andere kirchliche Persönlichkeiten ante mortem ihre Rationalität für ihren Vertrieb und die Verteilung ihrer Statuen bestimmen, muss das Unternehmen zugeben. Wenn der Tod zutiefst beschäftigt ist, sind die Anime-Mitglieder, die Gläubigen und die Fiat-Vertriebsgesellschaft an der richtigen Adresse. Dum vero sedes propriis pastoribus vacue fuerint, ipsas et ears besitzes all in manu and custodia clericorum vel proborum hominum ejusdem ecclesie committam, donec pastor canonice substituatur.

Allmähliche Forderungen und Ungerechtigkeiten und Mescheningas sive per Vicecomites vel per alios quoslibet male inductas funditus exstirpo. Bonas leges et antiquas et justas consuetudines in murdris et placitis et aliis causis observabo et observari precipio et constituo. Hec omnia concedo et confirmo, salva regia et justa dignitate mea.

Testibus Willelmo Cantuariensi Erzbischof, und Hugone Rothomagensi Erzbischof, und Henrico Wintoniensi Bischof, und Rogero Saresberiensi Bischof, und Alexandro Lincolniensi Bischof, und Nigello Eliensi Bischof, und Evrardo Norwicensi Bischof, und Simone Wigorniensi Bischof, und Bernardo Bischof von S. Davide, und Audo eno Ebroicensi bischöflich, und Ricardo Abrincensi bischöflich, und Roberto Herefordiensi bischöflich, und Johanne Rovecestriensi bischöflich, und Athelulfo Carlolensi bischöflich, und Rogero cancellario, und Henrico nepote Regis, und Roberto, zusammen mit Gloecestrie, und Willelmo, zusammen mit Warenna, und Rannulfo, mit Cestrie, und Roberto comite de Warewic., und Roberto de Ver., und Milone de Glocestria, und Brientio filio Comitis, und Roberto de Oilly conestabulis, und Willelmo Martello, und Hugone Bigot, und Hunfredo de Buhun, und Simone de Belcamp dapiferis, und Willelmo de Albiniaco , und Eudone Martello pincernis, und Roberto de Ferreriis, und Willelmo Pevrello de Notingeham, und Simone de Saintliz, und Willelmo de Albamarla, und Pagano filio Johannis, und Hamone de Sancto Claro, und liberto de Laceio. Apud Oxeneford. Anno ab incarnatione Domini MC XXXVI., regni mei primo.

III. Charta von Heinrich II. [1096]
(UM 1154.)

Henricus Dei gracia rex anglie, dux Normannie et Aquitanie, and come Andegavie, omnibus comitibus, baronibus et fidelibus suis Francis et Anglicis, salutem. Sciatis me, ad honorem Dei et sancte Ecclesie, et pro communi emendacione tocius regni mei, concessisse et reddidisse et presenti carta mea bestätigte Deo et sancte ecclesie et omnibus comitibus et baronibus et omnibus hominibus meis omnes conzessiones et donaciones et libertates et liberas consuetudines, quas rex Henricus avus meus eis dedit et concessit. Similiter eciam omnes malas consuetudines, quas ipse delevit et remisit, ego remitto et deleri concedo pro me et heredibus meis. Quare volo et firmiter precipio quod sancta ecclesia et omnes comites et barones et omnes mei mens omnes illas consuetudines and donacions et libertates et liberas consuetudines habeant and teneant libere et quiete, bene et in Pace et integre, de me et heredibus meis, sibi et herdibus Suis, adeo libere et quiete et plenary in omnibus, sicut rex Henricus avus meus eis dedit and concessit, and carta sua confirmavit. Teste Ricardo de Luci aus Westmonasterium.

IV. DIE SOGENANNTE „UNBEKANNTE CHARTA DER FREIHEITEN" VON JOHANNES [1097]

(Was vielleicht mit dem IDENTIFIZIERT WERDEN KANN

Zeitplan vom 27. April 1215).

1. Rechnen Sie mit Rex Johannes, dass er nicht in der Lage ist, ohne rechtliche Grundlage zu urteilen, und dass er nicht gerechtfertigt oder ungerechtfertigt ist.

2. Und wenn ich mich auf den Weg zu meinem Tod mache und meine Hände in Ruhe sitze, muss ich mich darum kümmern, das Rektum zu entlasten, absque magis capiendi.

3. Und wenn es sich um ein Gesetz handelt, müssen Sie ein Gericht oder eine Miliz von Rechtsanwälten beauftragen, sich in Verwahrung zu setzen, und diejenigen, die mit meiner Familie betraut sind, verlassen das Land ohne Rückzahlung und Rückzahlung an den Menschen und ohne Zerstörung von Grundstücken und Lebewesen; und tunc als ille haeres erit in aetate terram ei reddam quietam.

4. Si foemina sit haeres terrae, debeo eam maritare, consilio generis sui, ita non sit disparagiata. Und wenn ein Vize-Eam dedero, ein Amplius eam es wagt, kein Opossum zu haben, wenn er ad libitum suum verheiratet ist, wenn er sich nicht inimicis meis befindet.

5. Wenn Sie erwarten, dass Ihr Mann nicht mehr lebt, räumen Sie ihm Geld ein, wenn Sie ihn nicht teilen; Und sie sind für die Bewaffnung und die Infirmitate der Improvisation, für die Freiheit, für die Eltern und Freunde verantwortlich, die ihr Leben teilen.

6. Stellen Sie sicher, dass Sie sich nicht im XL-Hospital befinden. stirbt et donec dotem suam dezenter habuerit, et maritagium habebit.

7. Adhuc hominibus meis concedo ne eant in exercitu extra Angliam nisi in Normanniam et in Britanniam et hoc dezentral; Wenn Sie aliquis debet inde servitium decem militum, consilio baronum meorum alleviabitur.

8. Et si scutagium evenerit in terra, una marca argenti capietur de feodi militis; et si gravamen exercitus contigerit, amplius caperetur consilio baronum regni.

9. Adhuc concedo ut omnes Forestas quas pater meus et frater meus et ego afforestaverimus, deafforesto.

10. Adhuc concedo ut milites qui in antquis Forestis meis suum nemus havet, habeant nemus amodo ad herbergagia sua et ad ardendum; et habeant Foresterium suum; et ego tantum modo unum quiServet pecudes meas.

11. Et si aliquis hominum meorum moriatur qui Judaeis debatte, debitum non usurabit quamdiu haeres ejus sit infra aetatem.

12. Und es ist nicht möglich, dass ein Mensch nicht in der Lage ist, nicht zu leben.

V. DIE ARTIKEL DER BARONE. [1098]
(1215.)

Ista sunt Capitula que Barones petunt and dominus Rex conmitted.

1. Post decessum antecessorum heredes plene etatis habebunt hereditatem suam per antiquum relevium exprimendum in carta.

2. Hier ist das infra etatem sunt et fuerint in custodia, cum ad etatem pervenerint, habebunt hereditatem suam sine relevio et fine.

3. Custos terre heredis capiet rationabiles exitus, consuetudines, et servitia, sine destroye et vasto hominum et rerum suarum, et si custos terre fecerit destroyem et vatum, amittat custodiam; et custos sustentabit domos, parcos, vivaria, stagna, molendina et cetera ad terram illam pertinentia, de exitibus terre ejusdem; Es wird jedoch davon ausgegangen, dass die Marienvertretung nicht erfolgt und sie durch das Consilium Propinquorum konsanguiniert wird.

4. Verbringen Sie nicht die Flüssigkeiten, die Ihnen zur Verfügung stehen, in der Ehe, nach dem Tod Ihrer Ehe, und lassen Sie sich in Ihrem Besitz für .xl nieder. stirbt post mortem ipsius, et infra terminum illum asketur ei dos; et maritagium statim habeat et hereditatem suam.

5. Rex vel ballivus non saisiet terram aliquam pro debito dum catalla debitoris sufficiunt; nec plegii debitoris distringantur, dum Capitalis debitor sufficit adsolutionem; Wenn der Debitor des Kapitals nicht in Lösung ist, ist der Debitor nicht in der Lage, Geld zu zahlen, die Debitoren zu zahlen, das Debitum nicht zu überschreiten, der Debitor des Debitors ist nicht in der Lage, in Ruhe vor dem Pleite zu stehen.

6. Rex räumte nicht ein, dass Baroni das Auxilium de liberis hominibus suis, das Corpus suum redimendum und das faciendum primogenitum filium suum militem und das primogenitam filiam suam semel maritandam capiat auxilium de liberis hominibus suis, et hoc faciet per rationabile auxilium.

7. Ne aliquis majus servitium faciat de feodo militis quam inde debetur.

8. Ut Communia Placita Non Sequantur Curiam Domini Regis, Sed Assignentur in Aliquo Certo Loco; Und seine Anerkennungen werden in eisdem comitatibus, in hunc modum: ut rex mittat duos justiciaros per .iiii ᵒʳ . Laster in anno, qui cum .iiii ᵒᵈᵉʳ . Militibus ejusdem comitatus electis per comitatum, capiant assisas de nova dissaisina, morte antecessoris, and ultima presente, nec aliquis ob hoc sit summonitus nisi juratores et due partes.

9. Ut liber homo amercietur pro parvo delicto secundum modum delicti, et, pro magno delicto, secundum magnitudinem, delicti, salvo continemento

suo; Villanus etiam eodem modo amercietur, salvo waynagio suo; et mercator eodem modo, salva marcandisa, per sacramentum proborum hominum de visneto.

10. Ut clericus amercietur de laico feodo suo secundum modum aliorum predictorum, et non secundum beneficium ecclesiasticum.

11. Wir verfügen nicht über eine amerzielle Villa, die über Brücken zur Küste verfügt, und nicht über ein antikes Recht, das nicht teuer ist.

12. Ut mensura vini, bladi, et latitudines pannorum et rerum aliarum, emendetur; et ita de Ponderibus.

13. Ut assise de nova dissaisina et de morte antecessoris abbrevientur; et similiter de aliis assisis.

14. Ut nullus vicecomes intromittat se de placitis ad coronam pertinentibus sine coronatoribus; Und das Comitatus et hunderti Sint Ad Antiquas Firmas ist abske null inkrementell, außer der Dominikanischen Republik.

15. Wenn Sie dem regulären Reglement aliquis sind, müssen Sie den Vizekommissar oder den Alliierten des Regis einverleiben und den Ipsius-Katall für ein legales Visum für den Menschen übertragen. residuum vero relinquatur executoribus ad faciendum testamentum defuncti; Und wenn es nicht regiert wird, ist die Gesamtheit des Catalla-Zedenten verstorben.

16. Si aliquis liber homo intestatus decesserit, bona sua per manum proximorum parentum suorum et amicorum et per visum ecclesie distribuantur.

17. Ne vidue distringantur ad se maritandum, dum voluerint sine marito vivere, ita tamen quod securitatem facient quod quod non maritabunt se sine assensu regis, si de rege leasen, vel dominorum suorum de quibus leasen.

18. Ne constabularius vel alius ballivus capiat blada vel alia catalla, nisi statim denarios inde reddat, nisi respectum havere possit de voluntate venditoris.

19. Ne constabularius possit distringere aliquem militem ad dandum denarios pro custodia castri, si voluerit facere custodiam illam in persona vel per alium probum hominem, si ipse eam facere non possit per rationabilem causam; Und wenn rex eum duxerit in exercitum, sit quietus de custodia secundum quantitatem temporis.

20. Ne vicecomes, vel ballivus regis, vel aliquis alius, capiat equos vel carettas alicujus liberi hominis pro cariagio faciendo, nisi ex voluntate ipsius.

21. Ne rex vel ballivus suus capiat alienum boscum ad castra vel ad alia Agenda sua, nisi per voluntatem ipsius cujus boscus ille fuerit.

22. Ne rex teneat terram eorum qui fuerint convicti de felonia, nisi per a annum and anum diem, sed tunc reddatur domino feodi.

23. Ut omnes kidelli de cetero penitus deponantur de Tamisia et Medeweye et per totam Angliam.

24. Es ist nicht notwendig, dass der „Vorschlag" für alle anderen gilt, und der freie Homo Amittat Curiam Suam.

25. Si quis fuerit disseisitus vel prolongatus per regem sine juditio de terris, libertatibus, et jure suo, statim ei restituatur; Und wenn der Inhalt erst recht ist, steht ihm das Gericht nicht zur Verfügung .xxv. Baronum, und diejenigen, die ihn für seinen Vater und Bruder Regis dissaisititen, haben das Rektum auf unbestimmte Zeit erweitert, um in Curia Regis das parium suorum zu beurteilen; Und wenn Rex darüber debattiert, habe ich ein Ende des Willens des Unterzeichners, so dass der Archiepiscopus und die Episkope unabhängig von der Gerichtsbarkeit die Appellatione remota erhalten.

26. Für eine kurze Lebensuntersuchung innerhalb der Mitglieder müssen keine flüssigen Mittel zur Verfügung gestellt werden, ohne dass dies auf unbestimmte Zeit gewährt und nicht verweigert wird.

27. Si aliquis tenet de rege per feodi firmam, per sokagium, vel per burgagium, and de alio per servitium militis, dominus rex non havebit custodiam militum de Feodo alterius, Occasione burgagii vel sokagii, nec debet havere custodiam burgagii, sokagii, vel feodi fest; Und was für einen Mann, der nicht der Miliz angehört, ist derjenige, der den Dienst verweigert, in den Vereinigten Staaten, in denen jeder Mieter in der Lage ist, sich zu trennen, zu schützen und zu schützen.

28. Ne aliquis ballivus possit ponere aliquem ad legem simplici loquela sua sine testibus fidelibus.

29. Kein Corpus liberi hominis capiatur, keine Inhaftierung, keine Enteignung, keine Enteignung, keine Exekution, keine aliquo modo destruatur, keine rex eat vel mittat super eum vi, nisi per juditium parium suorum vel per legem terre.

30. Ne jus vendatur vel diffratur vel vetitum sit.

31. Quod mercatores habeant salvum ire et venire ad emendum vel vendendum, sine omnibus malis toltis, per antiquas et rectas consuetudines.

32. Ne scutagium vel auxilium ponatur in regno, nisi per commune consilium regni, nisi ad corpus regis redimendum, et primogenitum filium suum militem faciendum, et filiam suam primogenitam semel maritandam; et ad hoc fiat rationabile auxilium. Ähnlich wie die Art und Weise, wie sie London

bewohnen und unterstützen, und andere Bürger, die nicht befreit sind, und die Londoner Bürger verfügen über vollwertige Antiquitäten, Freiheiten und Freiheiten, die sie für sich selbst und für jeden nutzen.

33. Um ein einziges Mal zu regieren und zu reden, behalten Sie die gläubige Herrschaft bei, und Sie werden nicht für kurze Zeit von der Regierung in Anspruch genommen.

34. Wenn gegenseitig alle flüssigen Mittel zu Judeis plus und minus angenommen werden, und moriatur antequam debitum illud solvatur, debitum non usurabit quamdiu heres fuerit infra etatem, de quocumque teneat; Und wenn es im Manum Regis passiert ist, kann ich nicht sagen, dass es in der Karte keinen Inhalt gibt.

35. Si quis moriatur et debitum debeat Judeis, uxor ejus habeat dotem suam; et si liberi remanserint, Provideantur eis necessaria secundum tenementum; et de residuo solvatur debitum salvo servitio dominorum; simili modo fiat de aliis debitis; Und die Verwalter der Erde sind hier, bis zur vollständigen Verurteilung, und sie werden in der zweiten Sekunde eingesetzt, um die Rationalisierung zu gewährleisten, damit sie auf der sicheren Seite der Ehe und der Familie bleibt.

36. Wenn Sie ein Mitglied der Familie sind, die Ehrenmitglieder Walingeford, Notingeham, Bononie und Lankastrie sind, und andere Mitglieder, die in der Regierung und unter der Herrschaft des Barons stehen, und dies tun, dann ist dies nicht der Fall, da es sich nicht um ein Relevium handelt, und es besteht kein Anspruch darauf, dass es zu Diensten kommt faceret baroni; Und der Rex war derjenige, der das wollte, was er wollte.

37. Die Geldbußen sind in Wirklichkeit für Eigentum, Ehe, Erbschaft und Amerika, ungerechtfertigt und gegen das Land gerichtet, alles Eigentumsrecht; vel fiat inde pro juditium, .xxv. Baronum, nach dem Urteil der Majoris Partis eorumdem, una cum archiebiscopo et aliis quos secum vocare voluerit ita was, si aliquis vel aliqui de.xxv. fuerint in ähnlich querela, amoveantur et alii loco illorum per residuos de .xxv. substituantur.

38. Quod obsides et carte reddantur, quae liberate fuerunt regi in securitatem.

39. Ut illi qui fuerint extra Forestam non veniant coram justiciariis de Foresta per Communes summonitiones, nisi sint in placito vel plegii fuerint; et ut prave consuetudines deforestis et deforestariis, et warenniis, et vicecomitibus, et rivariis, emendentur per .xii. Milites de quolibet comitatu, qui debent eligi per probos homines ejusdem comitatus.

40. Ut rex amoveat penitus de balliva parentes and totam sequelam Gerardi de Atyes, quod de cetero balliam non haveant, scilicet Engelardum,

Andream, Petrum, et Gyonem de Cancellis, Gyonem de Cygony, Matheum de Martiny, et fratres ejus; et Galfridum nepotem ejus und Philippum Mark.

41. Und der Rex amoveat Alienigenas, Milites, Stipendiarios, Balistarios, et ruttarios, et servientes qui veniunt cum equips and armis ad nocumentum regni.

42. Ut rex faciat justiciarios, constabularios, Vicecomites, et ballivos, de talibus qui sciant legem terre and eam bene velint observare.

43. Ut Barones qui fundaverunt abbatias, ande havet cartas regum vel antiquam tenuram, haveant custodiam earum cum vacaverint.

44. Si rex Walenses dissaisierit vel elongaverit de terris vel libertatibus, vel de rebus aliis in Anglia vel in Wallia, eis statim sine placito reddantur; und wenn er sich weigerte, die Miete in England zu verlängern oder zu verlängern, ohne dass er sein eigenes Gericht versäumte, oder dass er ohne Gerichtsverhandlung regiert wurde, so war die Art und Weise, wie er ausgestellt wurde de tenementis Marchie secundum legem Marchie; idem facient Walenses regi et suis.

45. Ut rex reddat filium Lewelini and preterea omnes obsides de Wallia, and cartas que ei liberate fuerunt in securitatem pacis. . .

46. Ut rex faciat regi Scottorum de obsidibus reddendis, and de libertatibus suis, et jure suo, secundum formam quam facit baronibus Anglie. . . .

Es handelte sich jedoch um eine Debatte über die Karte, da der König dem erzbischöflichen Gerichtsstand unterstanden hatte, und aliorum quos secum vocare voluerit.

47. Und alle Wälder, die für die Dauer ihrer Entwaldung aufgeforstet werden sollen, und es ist ein Entwaldungsbefehl, der zu ihrer Verteidigung bestimmt ist.

48. Alle anderen sind bestrebt und befreien sich, wenn der König ihnen zusteht, dass Quanten für sie relevant sind, und dass sie alle Rechte haben, die sie haben, wenn sie sich für Quanten entscheiden, die für sie relevant sind.

[Hier kommt es zu einem Leerzeichen im Original.]

49. Hec est forma securitatis ad observandum Pacem et libertates inter regem et regnum. Barones eligent .xxv. Baroness de regno quos voluerint, qui debent pro totis viribus suis observare, tenere et facere observari, Pacem et libertates quas dominus rex eis concessit and carta sua confirmavit; Ita

videlicet quod si rex, vel justiciarius, vel ballivi regis, vel aliquis de ministris suis, in aliquo erga aliquem deliquerit, vel aliquem articulorum pacis aut securitatis transgressus fuerit, et delictum ostensum fuerit .iiii ᵒʳ. baronibus de praedictis .xxv. baronibus, illi .iiii ᵒᵈᵉʳ. Barone accedent ad dominum regem, vel ad justiciarium suum, si rex fuerit extra regnum; Befürworter eines Exzesses, petent ut exzessum illum sine dilatione faciat emendari; Und wenn Rex und Justiciarius nicht emendaverit sind, ist Rex für ein zusätzliches Regnum, infra rationabile tempus determinandum in carta, predi .iiii ᵒᵈᵉʳ. referent causam illam ad residuos de illis .xxv. baronibus, et illi .xxv. cum communina totius terre distringent and gravabunt regem modis omnibus quibus poterunt, scilicet per captionem castrorum, terrarum, Possessionum, et aliis modis quibus poterunt, donec fuerit emendatum secundum arbitrium eorum, salva persona domini regis et regine et liberorum suorum; et cum fuerit emendatum, Intendant Domino regi sicut prius. Es wird jedoch erwartet, dass die rechtliche Grundlage für eine bestimmte Zeit vorhergesagt wird .xxv. baronum, et gravaturum regem pro posse suo cum ipsis; Ein öffentlicher und freier König muss eine Lizenz erhalten, die das Recht freigibt, und es ist nicht gestattet, das Recht zu verbieten. Alles in allem ist das Land unvermittelt und per se nicht rechtsgültig.xxv. baronibus de distringendo et gravando regem cum eis, rex faciet jurare eosdem de mandato suo sicut predictum est. Item si aliquis de predictis .xxv. baronibus decesserit, vel a terresterit, vel aliquo modo alio impeditus fuerit quominus ista predicta possint exequi, qui residui fuerint de .xxv. eligent alium loco ipsius pro arbitrio suo, qui simili modo erit juratus quo et ceteri. Im Allgemeinen ist es jedoch .xxv. baronibus committuntur exequenda, si forte ipsi .xxv. Präsentiert und interessiere mich für alle anderen, die sich nicht um ein bestimmtes Interesse gekümmert haben, oder um ein bestimmtes Interesse, sie haben ein Vertrauen und eine Firma, die von ihrem Arbeitgeber und ihrer Vorbereitung übernommen wurde, und zwar in jedem Fall.xxv. in hoc Zustimmung; et Predicti .xxv. Jurabunt, der allumfassend antedicta fideliter observabunt und pro toto posse suo facient observari. Preterea rex faciet eos securos per cartas archiepiscopi, episcoporum und magistri Pandulfi, was nichil impetrabit a domino papa for that aliqua istarum conventionum widerrufen bis ins kleinste Detail, und, wenn alle flüssigen Geschichten impetraverit, irritiert und unsinnig sind und viele von ihnen widerrufen.

VI. SCHREIBT ERGÄNZUNG ZU JOHNS GROßER CHARTA.

(1) *Schreiben an Stephen Harengod vom 23. Juni 1215, in dem bekannt gegeben wird, dass die Bedingungen vereinbart wurden* . [1099]

Rex Stephano Harengod usw., Sciatis quod firma pax facta est per Dei gratiam inter nos and barones nostros the Veneris proximo post festum Sancte Trinitatis apud Runemed., prope Stanes; Ita quod eorum homagia eodem the ibidem cepimus. Und wenn Sie sich dazu entschließen, unsere Pflicht zu erfüllen und unsere Ehre zu erweisen und unsere Pflicht zu erfüllen, werden wir nicht in die Irre geführt, was nicht einmal von vornherein faciatis baronibus nostris vel aliis, vel fieri erlaubt ist, Anlass zu Zwietracht vor anderen Orten unter uns und anderen. Mandamus etiam vobis quod de finibus et tenseriis nobis factis Occasione illius discordie, si quid superest, reddendum, nichil capiatis. Und wenn Sie die Bilder von Veneris cepistis posten, werden diese von Reddatis illustriert. Eine Gefängniszelle und ein gefangener Obsidum und eine Detentorum-Gelegenheit, die sich im Kampf befindet, bis zum Ende oder zur Vorhersagbarkeit, ohne dass die Absicht geklärt wird. Hec Omnia Predicta, Sicut Corpus Vestrum Diligitis, Faciatis. Et in hujus usw., nobis mittimus. Teste meipso apud Runemed., xxiij. die Junii anno regni nostri xvij.

(2) *Schreiben an Hugh de Bova vom 23. Juni 1215, in dem die Auflösung der Söldner angeordnet wurde.* [1100]

Rex Hugoni de Bova, salutem. Mandamus vobis war in Treu und Glauben, weil er nicht in der Lage war, sich von der Miliz oder dem Militärdienst zu leiten, der nach Dover fuhr. Et in hujus, etc. Teste meipso apud Runimed. xxiij. die Junii anno regni nostri xvij mo.

(3) *Schriftstücke, ausgestellt an die Sheriffs der Landkreise am 19. Juni 1215.* [1101]

Rex vicecomiti, Forestariis warennariis, custodibus ripariarum et omnibus baillivis suis in eodem comitatu, salutem. Sciatis Pacem Firmam muss für Dei gratiam inter uns and Barones et Liberos homines regni nostri, sicut audire poteritis et videre per cartam nostram quam inde fieri fecimus, quam etiam legi publice precepimus for totam bailliam vestram et firmiter teneri; Volentes und Bezirkspräzipienten, die Ihr Vizekommandant für alle Ihre Sekundumformam Carte Predicte Jurare Facias xxv. baronibus de quibus mentio fit in Carta Predicta, ad mandate eorundem vel Majoris partis eorum, coram ipsis vel illis quos ad hoc atornaverint per litteras suas patentes, et ad diem et locum quos ad hoc faciendum prefixerint predi di barones vel atornati ab eis ad hoc. Volumus etiam et dia -scia -Quod xii Militen de comitatu tuo, qui teufl , Ripariis et earum custodibus, et eis delendis, sicut in ipsa carta continetur. Wir sind alle für uns da und ehren unsere Pflicht, und schreiten unsere Herrschaft voran, alles in der unantastbaren Inhaltskarte wird beobachtet und all unsere Beobachtungen werden uns auffallen, wir gehen nicht in die Schranken, aber wir gehen in die Schranken, gehen unsere Herrschaft an, was Deus avertat, es wird turbulent bleiben. Und Sie, Vicecomes, Pacem Nostram für alles, was Sie brauchen, um die Armaturenbretter zu bedecken und die Preise zu verbessern. Et in hujus usw. vobis mittimus. Teste mich ipso apud Runimede, xix. die Junii, anno regni nostri xvij ^{mo.}

(4) *Schriftstücke, ausgestellt an die Sheriffs der Landkreise am 27. Juni 1215.*
[1102]

Rex Vizekommissar Warewic. und duodecim militibus electis in eodem comitatu ad requestndum and delendum pravas consuetudines de vicecomitibus et eorum ministrisforestis etforestariis warennis et warennariis ripariis et earum custodibus salutem. Mandamus vobis war statim und sine dilatatione saisiatis in manum nostram terras et enementa et catalla omnium illorum de comitatu Warewic. Ich jurare condixerint viginti quinque baronibus secundum formam contentam in carta nostra de libertatibus vel eis quos ad hoc atornaverint. Und wenn es nach dem Tod nicht mehr so recht ist, sind wir bereits vor der Geburt unseres Landes, unseres Mietshauses und unserer Kirche in unserem Besitz saisita, alle unsere Herren und Herren werden unabhängig von den Vorschriften, die uns zur Verfügung gestellt werden, als Untergebene auf dem heiligen Boden verkauft. Terras autem et tenementa eorum in manu nostra teneatis, quousque juraverint. Et hoc provisum est per judicium domini Cantuar. Archiepiscopi et Baronum Regni Nostri. Et in hujus etc. Teste meipso, apud Winton. xxvij die Junii anno regni nostri xvij ^{mo.}

Gleiches Mandat ist das gesamte stellvertretende Komitee Englands.

(5) *Conventio facta inter Regem Anglie et barones ejusdem regni.* [1103]

Er ist eine faktische Konvention unter der Herrschaft Johanns von England, ex una parte, und Robertum filium Walteri, marescallum exercitus Dei et sancte ecclesie in Anglia, und Ricardum comitem de Clare, Gaufridum comitem Essex und Glouc., Rogerum Bigot comitem Northfolc. et Suthfolc., Saherum comitem Wint., Robertum comitem Oxon., Henricum comitem Hereford., et barones subscriptos, scilicet Willielmum Mariscallum juniorem, Eustachium de Vescy, Willielmum de Mobray, Johannem filium Roberti, Rogerum de Monte Begonis, Willielmum de Lanvalay, et Alios Comites et Barones et Liberos, alle Herren des gesamten Königreichs, ex altera parte, videlicet quod ipsi Comites et Barones et alii prescripti tenebunted civitatem London, de baillio domini regis, salvis interim domino regi firmis redditibus and claris debitis suis, usque ad summaryem beate Marie anno regni Ipsius Regis xvii ^{Mo.} et dominus Cant. Tenebit similiter de baillio domini regis turrim London, usque ad predictum terminum, salvis civitati London. Seine Freiheit und sein Freiwilligkeitswillen haben ihn in die Obhut der Türken in London gebracht und ihn vor Gericht gestellt, und er hat vorerst nicht geglaubt, dass Rex Munition oder Vires alias in der Stadt herrschte, bevor er in die Türken von London käme . Wir haben in der Tat das Ende der Sakramente für das gesamte Vereinigte Königreich vorhergesagt, fünf Baronibusse auf dem Kontinent in der Freiheitskarte und Sicherheit der Konzessionsvollmacht und der Anwalt, der fünf Baronis auf dem Kontinent in literarischen Zwölffingerdarmmilizen verteidigt, aber nicht von Forstwirtschaft und anderen befragt wird. Und vor allem am Ende aller Zeiten, in denen Komitees, Barone und andere freie Menschen in die Pflicht genommen werden, müssen die Barone in der zweiten Hälfte des 20. Jahrhunderts die Karte vorhersagen. Und es ist eine Tatsache, dass die Herrschaft, die sie innehat, nicht in der Lage ist, die Zukunft in der Stadt und in den Städten Londons vorherzusagen. Zuletzt wurde die Regierung von Salvis dazu aufgefordert, eine freie Bürgerschaft in der Schweiz und einen freien Staat zu fordern, der sich auf ein Präskript berufen hat. Und es ist eine Tatsache, die nicht erfüllt ist und für die Herrschaft bestimmt ist, dass es sich um eine nicht fiante Infrastruktur handelt, bei der die Barone die Stadt bewohnen und der Erzbischof von London eintrifft. Donec Predicta Compleantur. Und in der Zwischenzeit wurden alle Teile der Burg, die sie von Anfang an bewohnt hatten, wiedererlangt und zwischen den Herrschaften und Baronen gekämpft.

(6) *Protest der Erzbischöfe von Canterbury und Dublin und anderer Prälaten, dass Kapitel 48 der Großen Charta von beiden Seiten als begrenzt ausgelegt werden sollte.* [1104]

Omnibus Christi fidelibus ad quos presentes littere pervenerint, Sancti Dei gracia, Cantuar. archiepiscopus, tocius Anglie primas et sancte Romane ecclesie cardinalis et H. eadem gracia, archiepiscopus Dublin., W. quoque London., P. Winton., J. Bathon et Glaston., H. Lincoln., W. Wygorn., et W . Coventr., ejusdem gracie dono episcopi, salutem in Domino. Cum dominus Rex schenkte ihm seine Zustimmung und bestätigte ihn, dass alle männlichen Forstwirte, Forstwirte und Ärztinnen ihn in Untersuchungshaft genommen hatten, und er wurde von zwei Kommandeuren bevollmächtigt; qui debent eligi per probos homines ejusdem comitatus; et infra xl. stirbt post inquisitionem factam penitus, ita quod nunquam revocentur, deleantur per eosdem; dum tamen dominus Rex hoc prius sciat; Die Universität hat ein umfangreiches Mitteilungsblatt geschrieben, der Artikel ist ein intellektueller Akt, der von einem anderen Teil aus intellektuell ist, der von ihm verfasst wurde, und der Ausdruck, der alle in Anspruch nimmt, ohne dass die Schuld aufgehoben wird, ohne dass die Pflicht erfüllt ist: und der gegenwärtige Protest ist nicht möglich.

(7) Protest der Erzbischöfe von Canterbury und Dublin und anderer Prälaten, dass die Barone, die ihre Huldigung in Runnymede erneuert hatten, ihr Versprechen, ihre Eide durch formelle Urkunden zu bestätigen, zurückgewiesen hatten. [1105]

Omnibus Christi fidelibus usw. Stephanus, Dei gracia, Cantuar. Archiepiscopus, Totius Anglie Primas, et Sancte Romane Ecclesie Cardinals Henricus Dublin Archiepiscopus, Willielmus London., Petrus Winton., Joscelinus Bathon, et Glaston., Hugo Lincoln., Walterus Wigorn., Willielmus Conventr., Ricardus Cicestr., Episcopi und Magister Pandulfus Domini Pape Subdiaconus et Familiaris, salutem. Die Noverit-Universität wurde gegründet, als sie in der Tat Personen unter der Herrschaft Johanns und der Barone Anglie waren, die sich zwischen uns beiden befanden, und die Barone waren nicht anwesend und hörten, Prompt Domino Regi, was sie in Sicherheit brachten, bis hin zu der Zeit, in der sie beobachtet wurden, und ich habe sie gesehen , preter castella et obsides. Postea war wahr, als Dominus Rex abrieb, aber es war ihm klar:—

> „Omnibus usw. Sciatis nos astrictos esse per sacramenta et homagia domino nostro Johanni Regi Anglie, de fide ei servanda de vita et membris et terreno honore suo, contra omnes homines qui vivere possint et mori; et ad jura sua et heredum suorum, et ad regnum suum custodiendum et defensivedum.“

Ipsi id facere noluerunt. Et in hujus rei testimonium id ipsum per hoc scriptum protestamur.

VII. DIE GROSSE CHARTA VON HEINRICH III.

[1106]

(Zweite Neuauflage, 6. November 1217.)

Henricus Dei gratia rex Anglie, dominus Hibernie, dux Normannie, Aquitanien, und kommt Andegavie, archiepiscopis, episcopis, abbatibus, prioribus, comitibus, baronibus, vicecomitibus, prepositis, ministris et omnibus ballivis et fidelibus suis presentem cartam inspecturis, salutem. Sciatis quod intuitu Dei et pro salute anime nostre et animarum antecessorum et successorum nostrorum, ad exaltationem sancte ecclesie et emendationem regni nostri, concessimus et hac presenti carta confirmavimus pro nobis et heredibus nostris in perpetuum, de consilio venerabilis patris nostri domini Gualonis tituli Sancti Martini presbiteri cardinalis et apostolice sedis legati, domini Walteri Eboracensis archiepiscopi, Willelmi Londoniensis episcopi, et aliorum episcoporum Anglie und Willelmi Mariscalli comitis Pembrocie, rectoris nostri et regni nostri, et aliorum fidelium comitum et baronum nostrorum Anglie, hat tenendas in regno nostro Anglie in perpetuum befreit.

1. In primis concessimus Deo et hac presenti carta nostrafirmavimus pro nobis et heredibus nostris in perpetuum quod anglicana ecclesia libera sit, et habeat jura sua integra et libertates suas illesas. Concessimus etiam omnibus liberis hominibus regni nostri pro nobis et heredibus nostris in perpetuum omnes libertates subscriptas, habendas et tenendas eis et heredibus suis de nobis et heredibus nostris.

2. Si quis comitum vel baronum nostrorum sive aliorum tenencium de nobis in capite per servicium militare mortuus fuerit, et, cum decesserit, heres ejus plene etatis fuerit et relevium debatte, habeat hereditatem suam per antiquum relevium, scilicet heres vel heredes comitis de baronia comitis integra per centum libras, hier ist vel heredes baronis de baronia integra per centum libras, hier ist vel heredes militis de feodo militis integro per centum solidos ad plus; et qui minus debuerit minus det secundum antiquam consuetudinem feodorum.

3. Wenn das Eigentum nicht in der Lage ist, die Infrastruktur zu nutzen, muss die Person, die nicht in der Lage ist, die Verwaltung zu übernehmen, und die Person, die nicht auf dem Land ist, vor der Verwahrung ihr Eigentum verklagen; und, postquam talis heres fuerit in custodia, cum ad etatem pervenerit, scilicet viginti et unius anni, habeat hereditatem suam sine relevio et sine fine, ita tamen quod, si ipse, dum infra etatem fuerit, fiat miles, nichilominus terra verbleibt in custodia dominorum suorum usque ad terminum predum.

4. Custos terre hujusmodi heredis qui infra etatem fuerit non capiat de terredis nisi rationabiles exitus et rationabiles consuetudines et rationabilia

servicia, et hoc sine destroye et most hominum vel rerum; Und wenn unsere kommissarischen Verwalter den Vizekommissar und alle anderen zum Austritt beauftragen, werden wir nicht auf die Debatte reagieren, und die Verwalter werden im Großen und Ganzen zerstört nobis Befragter vel ei cui eos askaverimus; Und wenn er sich dem Verwalter und Verwalter der Erde anschließt, und er wird nicht zerstört, wird er verwahrt und überliefert, er ist rechtsgültig und diskret von Feodosia verwahrt worden, und er hat unseren Beklagten gleichgestellt.

5. Verwahren Sie Ihr Haus, Ihr Haus, Ihren Garten, Ihr Tierheim, Ihre Hütte, Ihr Haus usw. bis zum Ende Ihres Aufenthalts auf dem Land, und reddat hier, mit vollständiger und endgültiger Verwahrung, bis zum Ende Ihrer gesamten Amtszeit und aller anderen Rebus, ad minus secundum quod illam recepit. Er ist stets der Obhut des Archiepiscopatuum, Episcopatuum, Abbatiarum, Prioratuum, Ecclesiarum und Dignitatum, der alle relevanten Stellen freigibt, mit Ausnahme der Fälle, in denen die Verwahrung nicht verschuldeter Verkäufer erfolgt.

6. Heredes maritentur absque disparagatione.

7. Vidua post mortem mariti sui statim et sine hardate aliqua habeat maritagium suum et hereditatem suam, nec aliquid det pro dote sua vel pro maritagio suo vel pro hereditate sua, quam hereditatem maritus suus et ipsa sentuerint the obitus ipsius mariti, and maneat in capi mesuagio mariti sui per quadraginta stirbt post obitum ipsius mariti sui, infra quos asketur ei dos sua, nisi prius ei fuerit sentata, vel nisi domus ilia sit castrum; Und wenn Castro zurücktritt, stellen Sie sicher, dass Ihr Haus kompetent ist, wenn Sie ehrlich sein können, und Sie werden es als zweite Aufgabe übernehmen, die vorhergesagt wurde, und in der Zwischenzeit eine vernünftige Entscheidung getroffen haben. Beauftragen Sie ihn selbst mit der Aufgabe, sein Vaterland zu ehren, weil er sein Leben in seinem Leben verbracht hat, ohne dass die Minderjährigen ihn zum kirchlichen Wirt führten.

8. Keine Sorge, du bist nicht verheiratet, du lebst voluminös in der Ehe, es ist sicher, dass du es nicht vertraust, ohne dass wir es glauben, wenn du es nicht tust, ohne dass du die Herrschaft über dich vertraust, wenn du es selbst vertraust.

9. Wir sind sicher, dass unsere Schuldner nicht bereit sind, den Betrag zu belasten, solange die Schuldner ausreichend sind, um den Betrag zu begleichen, und den Schuldner in Ruhe zu lassen; nee plegii ipsius debitoris distringantur quamdiu ipse Capitalis debitor sufficiat adsolutionem debiti; Wenn der Schuldner nicht in der Lage ist, die Schulden zu lösen, haben Sie keinen Anspruch auf Rückzahlung, und der Beklagte ist nicht berechtigt, die Schulden zu begleichen. Und wenn es so weit ist, habe ich Terras und redditus debitoris, die mit der Belastung zufrieden sind, bevor wir sie gelöst

haben, und unser kapitalistischer Debitor monstraverit se esse quietum versus eosdem plegios.

10. Civitas Londonie hat alle Antiquitäten frei und frei, die sie in Anspruch nehmen. Preterea volumus et concedimus quod omnes alie civitates, et burgi, et ville, et barones de quinque portubus, et omnes portus, haveant omnes libertates et liberas consuetudines suas.

11. Nullus distringatur ad faciendum majus servicium de feodo militis nec de alio libero tenemento quam inde debetur.

12. Communia placita non sequantur curiam nostram, set teneantur in aliquo loco certo.

13. Anerkennungen der neuen Dissertation und des Todes vor dem Tod, die nicht in ihrem Komitee tätig sind, und die folgende Art und Weise: Nein, auch wenn es ein zusätzliches Regnum für Fuerimus ist, Kapitalis justiciarius noster, mittemus justiciarios per unumquemque comitatum semel in anno, qui cum militibus comitatuum capiant in comitatibus assisas Vorhersagen.

14. Und wenn ich nicht in der Lage bin, die Richter zu ernennen, die nicht terminiert werden können, müssen wir ihnen Alibi auf der Reise zuweisen; Und es ist nicht möglich, die Bank zu verweisen und sie zu terminieren.

15. Stellen Sie sicher, dass die endgültige Präsentation so lange wie möglich von der Bank gehalten und abgeschlossen wird.

16. Liber homo non amercietur pro parvo delicto nisi secundum modum ipsius delicti, et pro magno delicto, secundum magnitudinem delicti, salvo contenemento suo; et mercator eodem modo salva mercandisa sua; Und der Villanus alterius quam noster eodem modo amercietur salvo wainagio suo, si vorfall in misericordiam nostram: et nulla Predictarum misericordiarum ponatur nisi per sacramenta proborum et legalium hominum de visneto.

17. Die Komitees und Barone, die keine Amercientisten sind, sind für ihre Untertanen zuständig, und sie sind nicht nach rechtswidriger Handlung tätig.

18. Nulla ecclesiastica persona amercietur secundum quantitatem beneficii sui ecclesiastici, sed secundum laicum tenementum suum, et secundum quantitatem delicti.

19. Nec Villa, nec homo, distringatur facere pontes ad riparias nisi qui ex antiquo et de jure facere debet.

20. Keine Verteidigungsfrist, aber nicht die, die in der vorübergehenden Verteidigung regiert wird, Henrici avi nostri, per eadem orca and eosdem terminos sicut esse conseverunt temporre suo.

21. Nullus vicecomes, constabularius, Coronatores vel alii ballivi nostri teneant placita corone nostre.

22. Si aliquis tenens de nobis laicum feodum moriatur, and vicecomes vel ballivus noster ostendat litteras our patentes de summonitione e nostra de debito quod quod defunctus nobis debuit, liceat vicecomiti vel ballivo nostro attachment et inbreviare catalla defuncti inventa in laico feodo ad valenciam illius debit ich per Visum legalium hominum, ita tamen quod nichil inde amoveatur donec persolvatur nobis debitum quod clarum fuerit, et residuum relinquatur executoribus ad faciendum testamentum defuncti; et si nichil nobis debeatur ab ipso, omnia catalla cedant defuncto, salvis uxori ipsius rationalabilibus partibus suis.

23. Nullus constabularius vel ejus ballivus capiat blada vel alia catalla licujus qui non sit de villa ubi castrum situm est, nisi statim inde reddat denarios aut respectum inde havere possit of voluntate venditoris; Sobald die Villa ipsa ist, wird die Infrarot-Quadraginta um ein Vielfaches reduziert.

24. Nullus constabularius disstringat aliquem militem ad dandum denarios pro custodia castri, si ipse eam facere volerit in propria persona sua, vel for alium probum hominem, si ipse eam facere non possit propter rationabilem causam, and, si ipse eam facere voluerit in propria persona sua, vel for alium probum hominem, si ipse eam facere non possit propter rationabilem causam, and, si nos duxerimus eum vel miserimus in exercitum , erit quietus de custodia secundum quantitatem temporis quo per nos fuerit in exercitu de feodo pro quo fecit servicium in exercitu.

25. Nullus vicecomes, vel ballivus noster, vel alius capiat equos vel carettas alicujus pro cariagio faciendo, nisi reddat liberationem antiquitus statutam, scilicet pro caretta ad duos equos decem denarios per diem, et pro caretta ad tres equos quatuordecim denarios per diem.

26. Nulla caretta dominica alicujus ecclesiastice persone vel militis vel alicujus domine capiatur per ballivos predictos.

27. Nec nos nec ballivi nostri nec alli capiemus alienum boscum ad castra vel alia Agenda nostra, nisi per voluntatem illius cujus boscus ille fuerit.

28. Nos non tenebimus terras eorum qui convicti fuerint de felonia, nisi per unum annum et unum diem; et tunc reddantur terre dominis feodorum.

29. Omnes kidelli decetero deponantur penitus per Tamisiam et Medeweiam et per totam Angliam, nisi per costeram maris.

30. Kurz gesagt, das Wort „Precipe decetero non fiat alicui de aliquo tenemento", und der liber homo perdat curiam suam.

31. Eine Mensura sitzt für das gesamte regnum nostrum, eine Mensura cervisie und eine Mensura bladi, Scilicet Quarterium Londonie, und ein latitudo pannorum tinctorum et russettorum et haubergettorum, Scilicet due ulne infra listas; Das Nachdenken über die Zeit bis zur Menstruation.

32. Nichil detur de cetero pro brevi inquisitionis ab eo qui inquisitionem petit de vita vel membris, set gratis condatur et non negetur.

33. Si aliquis teneat de nobis per feodifirmam vel soccagium, vel per burgagium, et de alio terram teneat per servicium militare, nos non habebimus custodiam heredis nee terre sue que est de Feodo alterius, Occasione illius feodifirme, vel soccagii, vel burgagii, nec habebimus custodiam illius feodifirme vel soccagii vel burgagii, nisi ipsa feodifirma debatte servicium militare. Wir sind hier nicht befugt, auf der Erde die Lehre zu vertreten, die wir für den militärischen Dienst haben, und stellen uns auch die Pflicht, unsere Grundsätze für den Militärdienst zu erfüllen, und zwar alle, die uns belehren, oder uns ehren.

34. Nullus ballivus ponat decetero aliquem ad legem manifestam vel ad juramentum simplici loquela sua, sine testibus fidelibus ad hoc inductis.

35. Nullus liber homo decetero capiatur vel inprisonetur aut disseisiatur de aliquo libero tenemento suo vel libertatibus vel liberis consuetudinibus suis, aut utlagetur, aut exulet, aut aliquo alio modo desstruatur, nec super eum ibimus, nec super eum mittemus, nisi per legale judicium parium suorum, vel per legem terre.

36. Nulli vendemus, nulli negabimus aut differentemus rectum vel justiciam.

37. Alles, was Mercatores, nisi publice antea prohibiti fierint, habeant salvum et securum exire de Anglia, and venire in Angliam, and morari, and ire per Angliam tarn per terram quam per aquam ad emendum vel vendum sine omnibus toltis malis per antiquas and rectas consuetudines , preterquam in tempore gwerre, et si sint de terra contra nos gwerrina; Und wenn wir uns auf die Erde unseres Hauses begeben, müssen wir uns auf die Erde stürzen, ohne uns um das Leben zu kümmern, und wir werden uns auf den Weg machen, den wir als Justizbeamter auf unserem Land haben. Und wenn wir uns nicht segnen, werden wir uns auch auf unserer Erde segnen.

38. Wenn wir einen Alibi besitzen, der Wallingefordie, Bolonie, Notingeham, Lancastrie ehrenhaft ist, auch wenn wir ihn in unserem Besitz haben, und als Baron, und oberisiert, dann ist das kein Aliud Relevium und wir haben keine Aliud-Dienstleistung, wenn wir den Baron haben , si ilia esset in manu baronis; und wir haben uns entschieden, dass wir uns wohlfühlen; NEC nos, gelegentliche Tabs Baronie vel escaete, habebimus aliquam escaetam vel custodiam aliquorum hominum nostrorum, nisi alibi tenuerit de nobis in capite ille qui tenuit baroniam vel escaetam.

39. Nullus liber homo decetero det amplius alicui vel vendat de terra sua ut the residuo terre sue possit anscisit fieri domino feodi servicium ei debitum quod ad feodum illud.

40. Alle Patroni abbatiarum qui havet cartas regum Anglie devocatione, vel antiquam tenuram vel propertyem, haveant earum custodiam cum vacaverint, sicut habere debent, sicut supra declaratum est.

41. Nullus capiatur vel inprisonetur propter appellum femine de morte alterius quam viri sui.

42. Nullus comitatus decetero teneatur, nisi de mense in mensem; et, ubi main terminus ese solebat, main sit. Nec aliquis vicecomes vel ballivus faciat turnum suum per hundertum nisi bis in anno and non nisi in loco debito et consueto, videlicet semel post Pascha and iterum post festum sancti Michaelis. Und die Sicht des Plegios reichte bis zum Tode des heiligen Michaelis bei Gelegenheit ein, er wurde gelehrt, dass ich ihn als Gefährten befreite und ihn vorübergehend konsultierte. Das Gesetz ist dem plegiosischen Staat gegenüber sic, wir sehen, was unsere Gäste sind, und was die ganze Einheit betrifft, so ist dies nicht der Fall, und der Inhalt ist nicht erfüllt, und der Inhalt ist auch so, dass die Visu, die wir von Henrici vorläufig gesehen haben, konsultiert wurden.

43. Es ist nicht erforderlich, dass ein religiöser Gläubiger es wagt, seinen religiösen Glauben zu äußern, es ist ein Lebenslauf, den sein leibhaftiger Mensch zulässt, und er muss sich dazu entschließen, den Glauben zu äußern, der ihm zugeschrieben wird, bevor er ihn empfängt. Wenn dies nicht der Fall ist, müssen Sie Ihre religiösen Pflichten erfüllen, und sie werden in höchstem Maße konviniert, ohne dass Ihre Strafe in Kraft tritt, und die Herrschaft wird durch die anfallenden Strafen verhängt.

44. Scutagium decetero capiatur sicut capi consuevit tempore regis Henrici avi nostri.

45. Alles, was wir tun, ist, vorherzusagen und zu befreien, da wir in unserer Herrschaft ein gewisses Maß an Berechtigung haben, und wir sind für uns da, alle unsere Herrschaften sind für die Geistlichen verantwortlich, wenn sie sich für uns interessieren.

46. Salvis archiepiscopis, episcopis, abbatibus, prioribus, templariis, hospitalariis, comitibus, baronibus et omnibus aliis tam ecclesiasticis personis quam säcularibus, libertatibus et liberis consuetudinibus quas prius habuerunt.

47. Statuimus etiam, de common consilio tocius regni nostri, quod omnia castra adulterina, videlicet ea que a principio guerre mote inter dominum Johannis patre nostrum and barones suos Anglie construction forint vel

reedificata, statim diruantur. Quia vero nondum habuimus sigillum hanc
[cartam] sigillis domini legati precision and comitis Willelmi Mariscalli
rectoris [nostri] et regni nostri fecimus sigillari.

- 561 -

VIII. CARTA DE FORESTA. [1107]
(6. NOVEMBER 1217.)

Henricus Dei gratia rex Anglie, dominus Hibernie, dux Normannie, Aquitanien und kommt Andegavie, archiepiscopis, episcopis, abbatibus, prioribus, comitibus, baronibus, justiciariis, Forestariis, vicecomitibus, prepositis, ministris, et omnibus ballivis et fidelibus suis, salutem. Sciatis was, intuitu Dei and pro salute anime antecessorum and animarum antecessorum and successorum nostrorum, ad exaltacionem Sancte Ecclesie and emendacionem regni nostri, concessimus and hac presenti carta bestätigtavimus for nobis and heredibus nostris in perpetuum, de consilio venerabilis patris nostri domini Gualonis tituli sancti Martini presbiteri cardinalis et apostolice sedis legati, domini Walteri Eboracensis archiepiscopi, Willelmi Londoniensis episcopi, et aliorum episcoporum Anglie, et Willelmi Marescalli comitis Penbrocie, rectoris nostri et regni nostri, et aliorum fidelium comitum et baronum nostrorum Anglie, hat subscriptas tenendas in regno nostro Anglie befreit Lüge , auf Dauer:

1. In erster Linie bewaldet Henricus rex avus noster afforestavit videantur per bonos et legales homines et, si boscum aliquem alium quam suum dominicum afforestaverit ad dampnum illius cujus boscus fuerit, deafforestentur. Und wenn das eigene Eigentum aufgeforstet wird, der Wald verbleibt, die Gemeinschaft von Kräutern und anderen in diesem Wald gerettet wird, dann ist das, was sie tun müssen, bevor sie konsultiert wird.

2. Die Menschen, die außer Gewahrsam sein müssen, sind nicht verpflichtet, uns für die Vorladung der Kommunen einzusetzen, sie sind nicht an Ort und Stelle, und sie werden mit dem Aliquorum betraut, das sie zu ihrem Recht haben.

3. Alle anderen, die für die Aufforstung verantwortlich sind, Ricardum avunculum nostrum, und für die Aufforstung von Johannem patrem nostrum usque ad primam coronacionem nostram, statim deafforestentur, nisi fuerit dominicus boscus noster.

4. Archiepiscopi, episcopi, abbates, priores, comites et barones et milites et libere tenentes, qui boscos suos havet in Forestis, haveant boscos suos sicut eos habuerunt tempore prime Coronacionis Predicti Regis Henrici avi nostri, ita quod quieti sint in perpetuum de omnibus purpresturis , Vastis et Assartis Factis in Illis Boscis, Post illud tempus usque ad principium secundi anni Coronacionis Nostre. Und das heißt, purpresturam, vel assartum sine licencia nostra in illis fecerint, devastis et assartis Respondent.

5. Reguardores nostri eant per Forestas ad faciendum reguardum sicut fieri consuevit tempore prime Coronacionis Predicti regis Henrici avi nostri, et non aliter.

6. Inquisicio, vel visus de expeditacion canum existencium in Foresta, Decetero fiat quando debet fieri reguardum, scilicet de tercio anno in tercium annum; Und tunc fiat per visum et testimonium legalium hominum et non aliter. Und ich weiß nicht, wer der Hund ist, der erfindet, ohne es zu erwarten, und er ist für Misericordia, Tres Solidos; et cetero nullus bos capiatur pro expeditacione. Wir werden die Gemeinschaft jedoch schnellstmöglich unterstützen, wenn wir drei Orte ohne vorheriges Training absolvieren; nec expeditentur canes de cetero, nisi in locis ubi consueverunt expeditari tempore prime Coronacionis regis Henrici avi nostri.

7. Nullusforestarius vel bedellus decetero faciat scotale, vel colligat garbas, vel avenam, vel bladum aliud, vel agnos, vel porcellos, nec aliquam Collectam faciant; und per visum et sacramentum duodecim reguardorum quando facient reguardum, totforestarii ponantur adforestas custodiendas, quot ad illas custodiendas rationabiliter viderint genügen.

8. Nullum suanimotum de cetero teneatur in regno nostro nisi ter in anno; Videlicet in principio quindecim dierum ante festum Sancti Michaelis, quando agistatores conveniunt ad agistandum dominicos boscos nostros; et circa festum Sancti Martini, als unsere Agistatoren unser Rezept für Pannagium Nostrum verpfändeten; et ad ista duo suanimota conveniantforestarii, viridarii, et agistatores, et nullus alius per Districtionem; et tercium sanimotum teneatur in inicio quindecim dierum ante festum Sancti Johannis Baptiste, pro feonacione bestiarum nostrarum; et ad isud suanimotum tenendum confortarii et viridarii et nulli alii per Districtionem. Et preterea singulis quadraginta diebus per totum annum conveniant viridarii andforestarii ad videndum attachmenta de Foresta, tam de viridi, quam de venacione, per presentacionem ipsorumforestariorum, et coram ipsis attachments. Es wird davon ausgegangen, dass die Miete nicht in Anspruch genommen wird, wenn die Mieter sich darauf verlassen.

9. Unusquisque liber homo agistet boscum suum in Foresta pro voluntate sua et habeat pannagium suum. Concedimus eciam quod unusquisque liber homo possit ducere porcos suos per dominicum boscum nostrum, libere et sine inpedimento, ad agistandum eos in boscis suis eigen, vel alibi ubi voluerit. Und wenn es darum geht, den Menschen eine Nacht lang in unserem Wald zu befreien, ist es kein Anlass, dass sie ihm etwas zu essen geben.

10. Nullus de cetero amittat vitam vel menbra pro venacione nostra; set, si aliquis captus fuerit et convictus de capcione venacionis, graviter redimatur, si habeat unde redimi possit; Und wenn Sie nicht die Möglichkeit haben, eine

Strafe zu erwirken, bleiben Sie im Gefängnis für ein Jahr und ein Jahr im Gefängnis; et, si post unum annum et unum diem plegios invenire possit, exeat a crimea; Sin autem, adjuret regnum Anglie.

11. Quicunque archiepiscopus, episcopus, kommt vel baro transient per Forestam Nostram, liceat ei capere unam vel duas bestias per visumforestarii, si presens fuerit; Sonst, faciat cornari, ne videatur heimlich hoc facere.

12. Unusquisque liber homo decetero sine Occasione faciat in bosco suo, vel in terra sua quam haveat in Foresta, molendinum, vivarium, stagnum, marleram, fossatum, vel terram arabiliem extra cooperatum in terra arabili, ita quod no cud nocumentum alicujus vicini.

13. Unusquisque liber homo habeat in boscis suis arereas, ancipitrum et spervariorum et falconum, aquilarum, et de heyrinis et habeat similiter mel quod inventum fuerit in boscis suis.

14. Nullusforestarius de cetero, qui non sitforestarius de feudo reddens nobis firmam pro balliva sua, capiat chiminagium aliquod in balliva sua; Forestarius autem de feudo firmam nobis reddens pro balliva sua capiat chiminagium, videlicet pro careta per dimidium annum duos denarios, et per alium dimidium annum duos denarios, und pro equo qui portat sumagium per dimidium annum unum obolum, et per alium dimidium annum obolum, et Es gibt keine Leute, die mehr Geld verdienen, als Mercatores, die eine Lizenz erhalten haben, um Geld zu verdienen, Meremium, Corticem vel Carbonem Emendum und alias ducendum ad venendum ubi voluerint: et de nola alias careta vel sumagio aliquod capiatur: et chiminagiumnon capiatur chiminagium nisi in locis illis ubi antiquitus capi solebat et debuit. Ich weiß nicht, was wichtig ist, super dorsum suum buscam, corticem, vel carbonem, ad vendendum, quamvis inde vivant, nullum de cetero dent chiminagium. De boscis autem aliorum nullum detur chiminagium forestariisnostris, preterquam de dominicis boscis nostris.

15. Alles, was er für den Wald brauchte, war einstmals regis Henrici avi nostri usque ad primam Coronacionem nostram, veniant ad Pacem nostram sine inpedimento, and Salvos plegios inveniant quod de cetero nostrisfaciant nobis de Foresta nostra.

16. Nullus castellanus vel alius ten eat placita de Foresta sive de viridi sive de venacione, sed quilibet Forestarius de feudo attachment placita de Foresta tam de viridi quam de venacione, et ea presentet viridariis provinciarum et cum irrotulata fuerint et sub sigillis viridariorum inclusa, presententur Die Hauptstädte des Waldes werden in Teilen mit dem Namen „Venerit ad tenendum placita Foreste" und „Coram eo terminentur" versehen.

17. Hat autem libertates deforestis concessimus omnibus, salvis archiepiscopis, episcopis, abbatibus, prioribus, comitibus, baronibus,

militibus et aliis tam personis ecclesiasticis quam säcularibus, Templariis et Hospitalariis, libertatibus et liberis consuetudinibus inforestis et extra, in warennis et aliis, quas prius habuerunt. Alles, was wir tun, ist , vorherzusagen und zu befreien, da wir in unserer Regierung ein gewisses Maß an Berechtigung haben, und wir sind für uns relevant, und alle unsere Rechte sind unsere Geistlichen, wenn wir Laien beobachten, und sie sind für uns relevant. Quia vero sigillum nondum habuimus, presentem cartam sigillis venerabilis patris nostri domini Gualonis tituli Sancti Martini presbiteri cardinalis, apostolice sedis legati, et Willelmi Marescalli comitis Penbrok, rectoris nostri et regni nostri, fecimus sigillari. Testibus prenominatis et aliis multis. Datum per Manus Predictorum Legat Dominic und Willelmi Marescalli von Sanctum Paulum London, Sexto the Novembris, anno regni nostri secundo.

1094 . Der Text basiert auf dem der *Reichsstatuten* , I. 1; wurde aber auch mit dem bewundernswerten Text von M. Bémont, *Chartes* , *1–6,* zusammengestellt, dessen Korrekturen nicht nur für diese Charta, sondern für alle folgenden in diesem Anhang frei verwendet wurden. M. Bémont gibt einen ausführlichen Bericht über die Kopien des verlorenen Originals von Henrys Urkunde.

1095 . Der Text basiert auf dem der *Reichsstatuten* , I. 3. Vgl. Bémont, *Chartes* , 8–10, der die verschiedenen Ausgaben bespricht. Herr R. Lane Poole hat die Varianten eines Originals der Charta zur Kenntnis genommen, das im Munitionsraum der Kathedrale von Salisbury aufbewahrt wird; siehe *Report on Manuscripts in Different Collections* , I. 384-5 (Historical Manuscripts Commission, 1901). Zwei dieser Varianten wurden hier übernommen (a) „ *regem Anglie* “ für „ *regem Anglorum* “ und (b) „ *postmodum* “ nach „ *pontifice* “ hinzugefügt.

1096 . Der Text ist dem in *den Statutes of the Realm* , I. 4, entnommen und basiert auf einer Kopie des im British Museum aufbewahrten Originals (Cotton, Claudius D. II., *Folio* 107). Vgl. Bémont, *Chartes* , 12–14.

1097 . Siehe *oben* , S. 202-5 und Index. Der Text basiert auf dem von Herrn JH Round im *English Historical Review* , VIII, veröffentlichten Text. 288, aber die meisten der von Herrn Hubert Hall und Herrn GW Prothero vorgeschlagenen Änderungen wurden umgesetzt. Vgl. *Ebenda.* , IX. 117 und 326. Die Kopie in den französischen Archiven folgt auf demselben Pergament einer Kopie der Charta der Freiheiten Heinrichs I., von der sie durch die folgenden Worte getrennt ist (die auf die Art beider Dokumente hinweisen, dasjenige, das verschwunden war davor und das andere, das folgen sollte): „Hec est Carta Regis Henrici per quam barones querunt libertates et hec consequentia Concedit Rex Johannes.“ Dann folgen zwölf

Abschnitte, die hier der Einfachheit halber nummeriert sind, obwohl in der Kopie keine Nummern erscheinen.

1098 . Der Text ist dem der *Statutes of the Realm* , I. 7-8, entnommen, der auf dem Original im British Museum basiert. Siehe *oben* , 200–202. Vgl. Bémont, *Chartes* , 15–23.

1099 . Der Text folgt dem von *New Rymer* , I. 133, wurde jedoch mit *Rot zusammengestellt. Klopfen.* , I. 143 (17. Johannes T. 23) und zwei Korrekturen vorgenommen. Dieses Schreiben wird hier als Muster für viele in der Woche nach dem Waffenstillstand in Runnymede verschickte Schreiben gegeben, in denen angedeutet wurde, dass Frieden geschlossen worden sei, und die Freilassung von Geiseln usw. angeordnet wurde. Auf dieses Schreiben wird *oben* 48 n. verwiesen . und 49 n. wo das Datum besprochen wird.

1100 . Siehe *oben* , S. 522 . Der Text ist in *New Rymer* , I. 134 und in *Rot enthalten. Klopfen.* , I. 144 (17. Joh. T. 23).

1101 . Siehe *oben* , S. 50-51, 512–3 und 552. Der Text stammt aus *Rot. Klopfen.* , I. 180 (17. Joh. T. 23, gest.). Man findet es auch in *New Rymer* , I. 134, und in Stubbs *Sel. Diagramm.* , 306–7.

1102 . Siehe oben, S. 553 . Der Text stammt von *New Rymer* , I. 134, und in *Rot. Klopfen.* , I. 134 (17. Johannes, T. 21). Eine französische Version erscheint in D'Achery, *Spicilegium* , XII. 573, und in Bémont, *Chartes* , xxiv. N.

1103 . Siehe *oben* , S. 51-2 und 560-1. Der Text stammt aus *New Rymer* , I. 133 mit der Autorität von *Rot. Klaus.* , 17 John, m. 27 d. Abgedruckt bei Blackstone, *Great Charter* , 25–6.

1104 . Siehe *oben* , S. 52, 513 und 560. Der Protest ist im *Protokoll aufgezeichnet. Klaus.* , 17 John, m. 27 T.; und ist gedruckt in *New Rymer* , I. 134.

1105 . Siehe *oben* , 560. Der Protest ist in *Rot abgedruckt. Klopfen.* , I. 144 (17 Takte 21 Tage), und auch in *New Rymer* , I. 134.

1106 . Siehe *oben* , S. 171–179 . Der Text ist dem der *Reichsstatuten* I. 17–19 entnommen.

1107 . Siehe *oben* , S. 171-2 . Der Text ist dem der *Reichsstatuten* I. 20–21 entnommen.

WÄHLEN SIE BIBLIOGRAPHIE UND LISTE DER GENANNTEN BEHÖRDEN.

- 567 -

I. KOMMENTARE UND ANDERE WERKE ZU MAGNA CARTA (CHRONOLOGISCH GEARBEITET).

- 1. *The Mirror of Justices* , herausgegeben von William Joseph Whittaker (Selden Society); 1895.

- 2. Edward Coke, *Zweites Institut* , 1641; 17. Auflage, 1817.

- 3. Edward Cooke, *Magna Charta, erstellt im neunten Jahr von König Heinrich III. und von König Edward I. im zwanzigsten Jahr seiner Herrschaft bestätigt* ; 1684.

- 4. William Blackstone, *The Great Charter und Charter of the Forest, dem die Geschichte der Charters vorangestellt ist* ; 1759.

- 5. Daines Barrington, *Beobachtungen zu den Statuten von der Magna Charta bis 21 James I .*; 1766.

- 6. Francis Stoughton Sullivan, *Eine historische Abhandlung über das Feudalrecht, mit einem Kommentar zur Magna Charta* ; 1772.

- 7. Richard Thomson, *Ein historischer Essay über die Magna Charta von König John* ; 1829.

- 8. Thaddaeus Lau, *Die Entstehungsgeschichte der Magna Charta* ; 1856.

- 9. Charles Bémont, *Chartes des Libertés Anglaises* ; 1892.

- 10. Boyd C. Barrington, *The Magna Charta and other Great Charters of England* ; 1900.

- 11. Elemér Hantos, *Die Magna Charta der englischen und der ungarischen Verfassung* ; 1904.

II. Chroniken und Annalen.

- 1. *Annals of Dunstable* , herausgegeben von Henry Richards Luard (Rolls Series); 1866.

- 2. *Annals of Waverley* , herausgegeben von Henry Richards Luard (Rolls Series); 1865.

- 3. Benedict Abbot, *Gesta Regis Henrici Secundi* , herausgegeben von William Stubbs (Rolls Series); 1867.

- 4. Jocelyn of Brakelond, *Chronica de rebus gestis Samsonis Abbatis Monasterii Sancti Edmundi* , herausgegeben von John Gage Rokewode (Camden Society); 1840.

- 5. Matthew Paris, *Chronica Majora* , herausgegeben von Henry Richards Luard (Rolls Series); 1872.

- 6. *Memorials of St. Dunstan* , herausgegeben von William Stubbs (Bulls Series); 1874.

- 7. Ralph of Coggeshall, *Chronicon Anglicanum* , herausgegeben von Joseph Stevenson (Rolls Series); 1875.

- 8. Roger of Hoveden, *Chronica* , herausgegeben von William Stubbs (Rolls Series); 1868-1871.

- 9. Roger of Wendover, *Chronica sive Flores Historiarum* , herausgegeben von Henry Octavius Coxe (Eng. Hist. Society); 1841.

- 10. Walter of Coventry, *Memoriale* , herausgegeben von William Stubbs (Rolls Series); 1872.

- 11. Walter of Hemingburgh, *Chronicon de Gestis Regum Angliae* , herausgegeben von Hans Claude Hamilton (Eng. Hist. Society); 1848-9.

- 12. William of Malmesbury, *Gesta Regum Anglorum* , herausgegeben von William Stubbs (Rolls Series); 1887-9.

III. SAMMLUNGEN VON STATUTEN, STATUTEN UND VERTRÄGEN.

- 1. *Statuten des Reiches* (Aufzeichnungskommission); 1810-28.

- 2. *Statuten im Allgemeinen.*

- 3. *Gesetze des schottischen Parlaments von 1124 bis 1707* , herausgegeben von Thomas Thomson und Cosmo Innes; 1814-75.

- 4. *Rotuli Litterarum Clausarum in Turri Londinensi Asservata* , herausgegeben von Thomas Duffus Hardy (Record Commission); 1833.

- 5. *Rotuli Litterarum Patentum in Turri Londinensi Asservata* , herausgegeben von Thomas Duffus Hardy (Record Commission); 1835.

- 6. *Rotuli Chartarum in Turri Londinensi Asservata* , herausgegeben von Thomas Duffus Hardy (Record Commission); 1837.

- 7. *Rotuli de Oblatis et Finibus* , herausgegeben von Thomas Duffus Hardy (Record Commission); 1835-6.

- 8. *Rotuli Parliamentorum* ; 1832.

- 9. *Rotuli Hundredorum* (Aufzeichnungskommission); 1812-18.

- 10. *Testa de Neville sive Liber Feodorum* (Plattenkommission); 1807.

- 11. *The Red Book of the Exchequer* , herausgegeben von Hubert Hall (Rolls Series); 1896.

- 12. *Munimenta Gildhallae Londoniensis: Liber Albus, Liber Custumarum et Liber Horn* , herausgegeben von Henry Thomas Riley (Rolls Series); 1859-62.

- 13. Thomas Rymer, *Foedera, Conventiones, Litterae, et cujuscunque generis acta publica* ; 4. Auflage (Record Commission); 1816-69 (durchgehend als „New Rymer" bezeichnet).

- 14. *Ancient Charters, Royal and Private* , herausgegeben von John Horace Round (Pipe Roll Society, Bd. 10); 1888.

- 15. Jean Luc D'Achery, *Vetorum Scriptorum Spicilegium* ; 1655-77.

• 16. *Hemingi Chartularum Ecclesiae Wigornensis* , herausgegeben von Thomas Hearne; 1723.

• 17. August Potthast, *Regesta Pontificum Romanorum* ; 1874-5.

• 18. Alexandre Teulet, *Layettes du Trésor* ; 1863.

• 19. William Stubbs, *Select Charters and other Illustrations of English Constitutional History* ; 7. Auflage, 1890.

• 20. George Walter Prothero, *Ausgewählte Statuten und andere Verfassungsdokumente, die die Regierungszeit von Elizabeth und James I. veranschaulichen* ; 1894.

• 21. Samuel Rawson Gardiner, *The Constitutional Documents of the Puritan Revolution* ; 1889.

• 22. Walter de Gray Birch, *Historische Urkunden und Verfassungsdokumente der City of London* ; 1887.

IV. SAMMLUNGEN VON BITTEN, VERFAHREN UND ANDEREN BEWEISEN.

- 1. *Placitorum Abbreviatio* , Richard I. bis Edward II. (Aufzeichnungskommission); 1811.

- 2. Melville Madison Bigelow, *Placita Anglo-Normannica* ; 1879.

- 3. *Bracton's Note Book: a Collection of Cases* , herausgegeben von Frederic William Maitland; 1887.

- 4. Thomas Bayly Howell und Thomas Jones Howell, *Complete Collection of State Trials* ; 1809-28 (als „Staatsprozesse" bezeichnet).

- 5. *Select Pleas of the Crown* , herausgegeben von Frederic William Maitland (Selden Society); 1888.

- 6. *Select Pleas in Manorial and other Seignorial Courts* , herausgegeben von Frederic William Maitland (Selden Society); 1889.

- 7. *Select Pleas of the Forest* , herausgegeben von George James Turner (Selden Society); 1901.

- 8. *Wählen Sie Pleas, Starrs und andere Aufzeichnungen aus den Rolls of the Exchequer of the Jews* , herausgegeben von James McMullen Rigg (Selden Society); 1902.

- 9. *Year Books of the Reign of Edward I.* , herausgegeben von Alfred John Horwood und Luke Owen Pike (Rolls Series); 1863-1901.

- 10. *Jahrbücher von Edward II.* , 1307–1309, herausgegeben von Frederic William Maitland (Selden Society); 1903.

- 11. *Große Pfeifenrolle zum zwölften Regierungsjahr Heinrichs II.* (Pipe Roll Society, Bd. 9); 1888.

- 12. Thomas Madox, *Geschichte und Altertümer der Staatskasse der Könige von England* ; 2. Auflage, 1769 (durchgehend als „Madox" bezeichnet).

- 13. Thomas Madox, *Firma Burgi* ; 1726.

- 14. Thomas Madox, *Baronia Anglica* ; 1741.

V. Juristische Abhandlungen – Mittelalter.

- 1. Ranulf Glanvill, *Tractatus de Legibus et Consuetudinibus Regni Angliae* .

- 2. Richard, Sohn von Nigel, *De necessariis Observantibus Scaccarii Dialogus* (allgemein *Dialogus de Scaccario genannt*), herausgegeben von Arthur Hughes, CG Crump und C. Johnson; 1902.

- 3. Henry de Bracton, *De legibus et consuetudinibus Angliae* , herausgegeben von Sir Travers Twiss (Rolls Series); 1878-83.

- 4. Fleta, *Commentarius Juris Anglicani* ; Ausgabe von 1647.

- 5. Thomas Littleton, *Abhandlung über Amtszeiten* ; Ausgabe von 1841.

VI. Juristische Abhandlungen – modern.

- 1. William Reynell Anson, *The Law and Custom of the Constitution* ; 2. Auflage, 1892.

- 2. William Blackstone, *Kommentare zu den Gesetzen Englands* ; Ausgabe von 1826.

- 3. Edward Coke, *Institute of the Laws of England* ; 17. Auflage, 1817. (Das *First Institute* wird allgemein als „Coke on Littleton" bezeichnet.)

- 4. *Encyclopaedia of the Laws of England* , herausgegeben von Alexander Wood Renton; 1897-8.

- 5. Matthew Hale, *Historia Placitorum Coronae* ; 1736.

- 6. Edward Jenks, *Modernes Landrecht* ; 1899.

- 7. John Manwood, *Eine Abhandlung und Abhandlung über die Gesetze des Waldes* ; 1598.

- 8. Henry John Stephen, *Kommentare zu den Gesetzen Englands* ; 13. Auflage, 1899.

- 9. James Bradley Thayer, *Eine vorläufige Abhandlung über Beweise im Common Law* ; 1898.

VII. Rechts- und Verfassungsgeschichte.

- 1. Melville Madison Bigelow, *Verfahrensgeschichte in England* ; 1880.

- 2. Heinrich Brunner, *Die Entstehung der Schwurgerichte* ; 1871.

- 3. Edward Creasy, *Fortschritte der englischen Verfassung* ; 1874.

- 4. Rudolf Gneist, *The History of the English Constitution* , übersetzt von Philip A. Ashworth; Ausgabe von 1891.

- 5. Rudolf Gneist, *The English Parliament in its Transformations through a Thousand Years* , übersetzt von AH Keane; 1887.

- 6. William Searle Holdsworth, *A History of English Law* , Bd. 1; 1903.

- 7. Dudley Julius Medley, *A Student's Manual of English Constitutional History* ; 2. Auflage, 1898.

- 8. Stuart Archibald Moore und Hubert Stuart Moore, *The History and Law of Fisheries* ; 1903.

- 9. Frederic Pollock und Frederic William Maitland, *Die Geschichte des englischen Rechts vor der Zeit von Edward I* .; 1. Auflage, 1895 (durchgehend als „Pollock und Maitland" bezeichnet).

- 10. Luke Owen Pike, *A Constitutional History of the House of Lords, aus Originalquellen* ; 1894.

- 11. John Reeves, *Geschichte des englischen Rechts* ; 3. Auflage, 1783–4.

- 12. James Fitzjames Stephen, *Eine Geschichte des Strafrechts in England* ; 1893.

- 13. William Stubbs, *The Constitutional History of England in its Origin and Development* : (*a*) vol. 1, 6. Auflage, 1897; (*b*) Bd. 2, 4. Auflage, 1894; (*c*) Bd. 3, 5. Auflage, 1896.

- 14. Thomas Pitt Taswell-Langmead, *Englische Verfassungsgeschichte von der Eroberung durch die Deutschen bis zur Gegenwart* ; 5. Auflage, 1896.

- 15. Hannis Taylor, *Der Ursprung und das Wachstum der englischen Verfassung* ; 1898.

VIII. ALLGEMEINE GESCHICHTEN.

- 1. Robert Brady, *Complete History of England* ; 1685.

- 2. Henry Care, *Englische Freiheiten in der Vererbung freigeborener Untertanen* ; 1719.

- 3. John Richard Green, *Eine kurze Geschichte des englischen Volkes* ; Ausgabe von 1875.

- 4. Robert Henry, *Geschichte Großbritanniens* ; 6. Auflage, 1806.

- 5. John Lingard, *Eine Geschichte Englands bis 1688* ; 1819-30.

- 6. James Mackintosh, *Geschichte Englands* ; Ausgabe von 1853.

- 7. Goldwin Smith, *Das Vereinigte Königreich: eine politische Geschichte* ; 1899.

- 8. James Tyrrell, *Geschichte Englands, 1697–1704* .

IX. GESCHICHTEN BESONDERER PERIODEN.

- 1. Mary Bateson, *Mittelalterliches England* (Story of the Nations-Reihe); 1903.

- 2. Edward Augustus Freeman, *Die normannische Eroberung Englands* ; 1870-9.

- 3. Edward Augustus Freeman, *The Reign of William Rufus* ; 1882.

- 4. Samuel Rawson Gardiner, *Geschichte Englands von der Thronbesteigung Jakobs I. bis zum Ausbruch des Bürgerkriegs* ; 1883-4.

- 5. Henry Hallam, *Blick auf den Zustand Europas im Mittelalter* ; 7. Auflage, 1837.

- 6. John Mitchell Kemble, *Sachsen in England* ; 1849.

- 7. Kate Norgate, *England unter Angevin Kings* ; 1887.

- 8. Kate Norgate, *John Lackland* ; 1902.

- 9. Charles Pearson, *Eine Geschichte Englands im Früh- und Mittelalter* ; 1867.

- 10. George Walter Prothero, *Das Leben von Simon de Montfort, Earl of Leicester* ; 1877.

- 11. James Henry Ramsay, *Die Grundlagen Englands* ; 1898.

- 12. James Henry Ramsay, *Das Anjou-Reich* ; 1903.

X. VERSCHIEDENES.

- 1. Robert Brady, *Eine vollständige und klare Antwort* ; 1683.

- 2. Émile Boutmy, *Etudes de Droit Constitutionnel* ; 1885.

- 3. Edmund Burke, *Werke* ; Ausgabe von 1837 (Boston).

- 4. Stephen Dowell, *Steuergeschichte und Steuern in England* ; 1884.

- 5. Hubert Hall, *Geschichte der Zolleinnahmen in England* ; 1885.

- 6. Charles Gross, Vorwort zu *ausgewählten Fällen aus den Coroners' Rolls* (Selden Society); 1896.

- 7. Gaillard Thomas Lapsley, *Pfalzgrafschaft Durham* ; 1900.

- 8. Henry Richards Luard, Vorwort zu Bd. 2 von Matthew Paris, *Chronica Majora* (Rolls Series); 1872.

- 9. Achille Luchaire, *Communes Françaises* , 1890.

- 10. John Luffman, *Charters of London* ; 1793.

- 11. George Neilson, *Trial by Combat* ; 1890.

- 12. John Noorthouck, *Eine neue Geschichte Londons* ; 1773.

- 13. Jesse Macy, *Die englische Verfassung; ein Kommentar zu seiner Natur und seinem Wachstum* , 1897.

- 14. Frederic William Maitland, *Gemeinde und Bezirk* ; 1898.

- 15. Frederic William Maitland, in *Social England* , herausgegeben von Henry Duff Trail, Bd. 1; 1. Auflage, 1893.

- 16. Frederic William Maitland, Vorwort zu *Select Pleas of the Crown* (Selden Society); 1888.

- 17. Frederic William Maitland, Vorwort zu „*Select Pleas in Manorial and other Seignorial Courts*" (Selden Society); 1889.

- 18. Frederic William Maitland, Vorwort zu *The Mirror of Justices* (Selden Society); 1895.

- 19. Charles de Montesquieu, *De l'Esprit des Lois* ; Ausgabe von 1750, Edinburgh.

- 20. Frederic Pollock, *Essays in Jurisprudence and Ethics* ; 1894.

•   21. James McMullen Rigg, Vorwort zu „*Select Pleas, Starrs, and other Records from the Rolls of the Exchequer of the Jews*" (Selden Society); 1902.

•   22. Oskar Rössler, *Kaiserin Mathilde und das Zeitalter der Anarchie in England* ; 1897.

•   23. John Horace Round, redaktionelle Anmerkungen zu *Ancient Charters, Royal and Private* (Pipe Roll Society, Bd. 10); 1888.

•   24. John Horace Round, *Geoffrey de Mandeville: eine Studie über die Anarchie* ; 1892.

•   25. John Horace Round, *Feudal England: Historische Studien des 11. und 12. Jahrhunderts* ; 1895.

•   26. John Horace Round, *The Commune of London and other Studies* ; 1899.

•   27. Frederic Seebohm, *The English Village Community: ein Essay zur Wirtschaftsgeschichte* ; 1883.

•   28. William Stubbs, Vorwort zu Walter of Coventry, *Memoriale* (Rolls Series); 1872.

•   29. George James Turner, Vorwort zu *Select Pleas of the Forest* (Selden Society); 1901.

•   30. Paul Vinogradoff, *Schurkentum in England: Essays zur englischen mittelalterlichen Geschichte* ; 1892.

XI. BEITRÄGE ZUR PERIODISCHEN LITERATUR.

- 1. George B. Adams, *London and the Commune* , in *engl. Hist. Rev.* für Oktober 1904; xix. 706.

- 2. Mary Bateson, *A London Municipal Collection of the Reign of John* , in *engl. Hist. Rev.* für Juli 1902; xii. 480.

- 3. GH Blakesley, *Manorial Jurisdiction* , in *Law Quarterly Review* für April 1889; V. 113.

- 4. Hubert Hall, *An Unknown Charter of Liberties* , in *engl. Hist. Rev.* für April 1894; ix. 326.

- 5. Edward Jenks, *The Story of the Habeas Corpus* , in *Law Quarterly Review* für Januar 1902; xviii. 64.

- 6. Edward Jenks, *The Myth of Magna Carta* , in *Independent Review* vom November 1904; iv. 260.

- 7. Frederic William Maitland, Rezension von Dr. Charles Gross's *The Early Historical Influence of the Office of Coroner* , in *engl. Hist. Rev.* für

Oktober 1903; viii. 758.

- 8. Kardinal Manning, *The Pope and Magna Charta* , in *Contemporary Review* vom Dezember 1875 (später Nachdruck 1885, Baltimore).

- 9. George Walter Prothero, *Eine unbekannte Charta der Freiheiten* , in *engl. Hist. Rev.* für Januar 1894; ix. 117.

- 10. John Horace Round, *Eine unbekannte Charta der Freiheiten* , in *englischer Sprache. Hist. Rev.* für April 1893; viii. 288.

- 11. John Horace Round, *The Great Assize* , im *Athenaeum* vom 28. Januar 1899; P. 113.

- 12. HB Simpson, *The Office of Constable* , in *engl. Hist. Rev.* für Oktober 1895; X. 625.

XII. BERICHTE, BIBLIOGRAFIEN UND WÖRTERBÜCHER.

- 1. *Berichte des Lords' Committee, das damit beauftragt ist, die Tagebücher des Repräsentantenhauses, die Protokolle des Parlaments und andere Aufzeichnungen nach allen Angelegenheiten zu durchsuchen, die die Würde eines Peers berühren* ; 1. Bericht, 1820.

- 2. *Berichte des Sonderausschusses, der eingesetzt wurde, um den Zustand der öffentlichen Aufzeichnungen des Königreichs zu untersuchen* (Aufzeichnungskommission); 1800.

- 3. *Bericht über Handschriften in verschiedenen Sammlungen* (Kommission für historische Handschriften); 1901.

- 4. Charles Gross, *Die Quellen und Literatur der englischen Geschichte* ; 1900.

- 5. Robert Watt, *Bibliotheca Britannica* ; 1824.

- 6. William Thomas Lowndes, *The Bibliographer's Manual of English Literature* ; 1857-64.

- 7. *Dictionary of National Biography* , herausgegeben von Leslie Stephen und Sidney Lee; 1885-1900.

www.ingramcontent.com/pod-product-compliance
Lightning Source LLC
LaVergne TN
LVHW042341190726
843493LV00005B/882